U0542495

| 李顿调查团档案文献集 |

主编 张 生

关外团体与民众呈文（上）

编者 郭昭昭 孙洪军 唐 杨

南京大学出版社

本书由

国家社会科学基金"抗日战争研究"专项工程
"国外有关中国抗日战争史料整理与研究之一：李顿调查团档案翻译与研究"(16KZD017)

教育部人文社会科学重点研究基地"南京大学中华民国史研究中心"
重大项目"战时中国社会"(19JJD770006)

南京大学人文基金

江苏省优势学科基金第三期

资助

编译委员会

主　编　张　生
副主编　郭昭昭　陈海懿　宋书强　屈胜飞　陈志刚

编译者　张　生　南京大学中华民国史研究中心教授
　　　　　王希亮　黑龙江省社会科学院历史研究所研究员
　　　　　郭昭昭　江苏科技大学马克思主义学院副教授
　　　　　陈志刚　西南大学历史文化学院副教授
　　　　　宋书强　中国药科大学马克思主义学院讲师
　　　　　屈胜飞　浙江工业大学马克思主义学院讲师
　　　　　陈海懿　南京大学历史学院助理研究员
　　　　　万秋阳　南京晓庄学院外国语学院日语系讲师
　　　　　殷昭鲁　鲁东大学马克思主义学院副教授
　　　　　孙洪军　江苏科技大学马克思主义学院副教授
　　　　　李英姿　江苏科技大学马克思主义学院副教授
　　　　　颜桂珍　浙江工业大学马克思主义学院副教授
　　　　　黄文凯　广西大学文学院副教授
　　　　　翟意安　南京大学历史学院讲师
　　　　　杨　骏　南京大学历史学院讲师
　　　　　向　明　江苏科技大学马克思主义学院讲师
　　　　　王小强　江苏科技大学马克思主义学院讲师
　　　　　郭　欣　中国药科大学马克思主义学院讲师
　　　　　赵飞飞　鲁东大学马克思主义学院讲师
　　　　　孙绪芹　南京体育学院休闲体育系讲师
　　　　　刘　齐　南京大学历史学院博士后
　　　　　徐一鸣　南京大学历史学院博士研究生

常国栋　南京大学历史学院博士研究生
苏　凯　南京大学历史学院博士研究生
马　瑞　南京大学历史学院博士研究生
菅先锋　南京大学历史学院博士研究生
吴佳佳　南京大学历史学院博士研究生
张圣东　日本明治大学文学研究科博士研究生
张一闻　日本明治大学文学研究科博士研究生
叶　磊　中山大学历史学系博士研究生
史鑫鑫　南京大学历史学院硕士研究生
李剑星　南京大学历史学院硕士研究生
马海天　南京大学历史学院硕士研究生
张雅婷　南京大学历史学院硕士研究生
杨师琪　南京大学历史学院硕士研究生
潘　健　南京大学历史学院硕士研究生
唐　杨　南京师范大学马克思主义学院硕士研究生
郝宝平　江苏科技大学马克思主义学院硕士研究生
陈梦玲　江苏科技大学马克思主义学院硕士研究生
张　任　江南大学马克思主义学院硕士研究生
黎纹丹　西南大学外国语学院硕士研究生
朱心怡　西南大学外国语学院硕士研究生
杨　溢　西南大学外国语学院硕士研究生
孙学良　西南大学外国语学院硕士研究生
孙　莹　西南大学外国语学院硕士研究生
费　凡　浙江师范大学人文学院硕士研究生
竺丽妮　浙江师范大学外国语学院硕士研究生
戴瑶瑶　浙江师范大学外国语学院硕士研究生
杨　越　西安电子科技大学
曹文博　浙江工业大学外国语学院
余松琦　西南大学含宏学院

序　言

中国历史的奥秘,深藏于大兴安岭两侧的广袤原野。

明治维新以来,日本企图步老牌帝国主义后尘,争夺所谓"生存空间";俄国自彼得大帝新政,不断东进,寻找阳光地带和不冻港。日俄竞争于中国东北,流血漂杵;日本逐步占得上风,九一八事变发生,中国面临亡国灭种的新危机。

日本侵华之际,世界已进入全球化的新时代,民族国家成为国际社会的主体,以国际条约体系规范各国的行为,以政治和外交手段解决彼此的分歧,是国际社会付出重大代价以后得出的共识。而法西斯、军国主义国家如德、意、日,昧于世界大势,穷兵黩武,以求一逞。以故意制造的借口,发动侵华战争,霸占中国东北百余万平方公里土地、数千万人民,是日本昭显于世的侵略事实。

国际联盟(League of Nations)应中国方面之吁请,派出国联调查团处理此事。1932年1月21日,国联调查团正式成立。调查团团长由英国人李顿爵士(The Rt. Hon. The Earl of Lytton)担任,故亦称李顿调查团(Lytton Commission)。除李顿外,美国代表为麦考益将军(Gen. McCoy),法国代表为亨利·克劳德将军(Gen. Claudel),德国代表为希尼博士(Dr. Schnee),意大利代表为马柯迪伯爵(H. E. Count Aldrovandi)。为显示在中日间不做左右袒,国联理事会还决定顾维钧作为顾问代表中国参加工作,吉田伊三郎代表日方。代表团秘书长为国联秘书处哈斯(Mr. Robert Haas)。代表团另有翻译、辅助人员。1932年9月4日,代表团完成报告书,签署于中国北平。报告书确认:第一,九一八事变之责任,完全在于日本,而不在中国;第二,伪满洲国政权非由真正及自然之独立运动所产生;第三,申明东三省为中国领土。日本为此恼羞成怒,退出国联,自绝于国际社会。

《李顿调查团档案文献集》就是反映李顿调查团组建、调查过程、调查结论、各方反应和影响的中、日等国相关资料的汇编,对于研究九一八事变和李顿调查团,具有重要的参考价值。

如何看待李顿调查团来东亚调查的来龙去脉？笔者认为应有三个维度的观照：

其一,在中国发现历史。

美国历史学家柯文提出的这一范式,相比"冲击—反应"模式,即从外部冲击观察中国历史的旧范式,自有其意义。近代以来,由条约体系加持的列强,对中国社会产生了巨大的影响。中国沿海通商口岸是中国最早接触西方世界的部分,在资本主义全球化的过程中得风气之先,所谓"西风东渐",对中国旧有典章制度的影响无远弗届。近代中国在西方裹挟下步履踉跄,踽踽竭蹶,自为事实。但如果把中国近代历史仅仅看成西方列强冲击之结果,在理论、方法和事实上,均为重大缺陷。

主要从中国内部,探寻历史演进的机制和规律,是柯文提出的范式的意义所在。

事实上,九一八事变发生、国联调查团来华前后,中国社会内部对此作出了剧烈的反应。在瑞士日内瓦所藏国联巨量档案文献中,中国各界通过电报、快邮代电、信函等形式具名或匿名送达代表团的呈文引人注目,集中表达了国难当头之时中华民族谴责日本侵略、要求国际社会主持公道、收回东北主权、确保永久和平的诉求,对代表团、国联和整个国际社会形成了巨大影响,显示了近代中国社会演进的内在动力。

东北各界身受亡国之痛,电函尤多。基层民众虽文化程度不高,所怀民族国家大义却毫不含糊。东北某兵工厂机器匠张光明致信代表团称:"我是中华民国的公民,我不是'满洲国'人,我不拥护这国的伪组织。"高超尘说:"不少日子以前,'满洲国家'即已成立了,但那完全是日本人的主使,强迫我辽地居民承认。街上的行人,日人随便问'您是哪国人',你如说是'满洲人'便罢,如说是中国人,便行暴打以至死。"辽宁城西北大橡村国民小学校致函称:"逐出日本军,打到[倒]'满洲国',宁做战死鬼,不做亡国民。"陈子耕揭露说:"自事变以后,日本恶势力已伸张入全东北,如每县的政事皆由日人权势下所掌握,复又收买警察、军人、政客等,以假托民意来欺骗世界人的耳目,硬说建设'满洲国'是中华人民的意思,强迫人民全出去游行,打着欢迎建设'新国家'的旗号……我誓死不忘我的中华祖国,敢说华人莫非至心不跳时、血停时,不然一定于[与]他们周旋。"小学生何子明来信说:"我小学生告诉您们'满洲国'成立我不赞成……有一天我在学校,日本人去了,教我们大家一齐说'大日本万岁',我们要不说他就杀我们,把我迫不得已的就说了。其中有一位七岁的小孩,他说'大中华万岁!打倒小日本!'日本人听了就立刻把那个小同学杀了,真叫我想起来就愁啊。"

经济地位和文化水平较高者,则向代表团分析日本侵占中国东北的深远危害。哈尔滨商民代表函称:"虽然,满洲吞并,恐不惟中国之不利。即各国之经济,亦将受其影响。世界二次大战,迫于眉睫矣。"中国国民党青年团哈尔滨市支部分析说:"查日本军阀向有一贯之对外积极侵略政策,吾人细玩以前田中义一之满蒙大陆政策,及最近本庄繁等上日本天皇之奏折,可以看出其对外一贯之积极侵略政策,即第一步占领满蒙,第二步并吞中国,第三步征服世界是也。……以今日之日本蕞尔岛国,世界各国尚且畏之如虎,而况并有三省之后版图增大数倍,恐不数年后,即将向世界各国进攻,有孰敢撄其锋镝乎?……勿徒视为亚洲人之事,无关痛痒,失国联之威信,而贻噬脐之后悔也。"

不惟东北民众,民族危亡激起了全中国人的爱国心。清华大学自治会1932年4月12日用英文致函代表团指出:中国面临巨大的困难,好似1806年的德国和1871年的法国,但就像"青年意大利"党人一样,青年人对国家的重建充满信心。日本的侵略,不仅危害了中国,也对世界和平形成严重威胁,青年人愿意为国家流尽"最后一滴血"。而国联也面临着建立以来最大的危机,对九一八事变的处理,将考验它处理全球问题的能力。公平和正义能否实现,将影响到人类的命运。他们向代表团严正提出"五点要求":1. 日本从中国撤军;2. 上海问题与东北问题一起解决;3. 不承认日本侵略和用武力改变的现状;4. 任何解决不得损害中国的领土和主权完整;5. 日本必须对此事件的后果负责。南京海外华侨协会1932年3月16日致电代表团:日本进兵东三省和淞沪地区,"违反了国联盟约和《凯洛格—白里安公约》,扰乱了远东地区和世界的和平。

同时,日本一直在做虚假的宣传,竭力蒙蔽整个世界。我们诚挚地请求你们到现场来,亲眼看看日军对中国人民的生命财产进行怎样的恣意破坏。希望你们按照国际法及司法原则,对其进行制裁。如果你们不能完成这一使命,那么世界上将无任何公平正义可言。在这种情况下,为了民族的生存,我们将采取一切手段自卫,决不会向武力屈服。"

除了档案,中国当时的杂志、报纸,大量地报道了九一八事变和国联调查团相关情况,其关切的细致程度,说明了各界的高度投入。那些浸透着时人忧虑、带着鲜明时代特色的文字表明:九一八事变的发生,对当时的中国社会是一场精神洗礼,每个人都从东北沦陷中感受到切肤之痛。这种舆论和思想的汇合,极大地改变了此后中国社会各界的主要诉求,抗日图存成为压倒性的任务,每一种政治力量都必须对此作出回应。

其二,在世界发现中国历史。

以中国为本位,探讨中国历史的内生力量,是题中应有之义。但全球化以来,中国历史已经成为世界历史的一部分。仅仅依靠中国方面的资料,不利于我们以更加广阔的视野看待中国历史和"九一八"的历史。

事实上,奔赴世界各地"动手动脚找东西",已经成为中国学者深化中国近现代史,特别是抗战史研究的不二法门。比如,在中日历史问题中占据核心地位的南京大屠杀问题。除中国各地档案馆、图书馆外,中国学者深入美、德、英、日、俄、法、西、意、丹等国相关机构,系统全面地整理了加害者日方、受害者中方和第三方档案文献,发现了大量珍贵文献、图像资料,出版《南京大屠杀史料集》72卷。不仅证明了日军进行大屠杀的残酷性、蓄意性和计划性,也证明南京大屠杀早在发生之时,就引起了各国政府和社会舆论的关注;南京和东京两场审判,进行了繁复的质证,确保了程序和判决的正义;日方细致的粉饰,在中国人民和全世界正义人士的揭露下真相毕露。全球性的资料,不仅深化了历史研究,也为文学、社会学、心理学、新闻传播学、艺术学等跨学科方法进入相关研究提供基础;不仅摧毁了右翼的各种谬论,也迫使日本政府不敢公然否认南京大屠杀的发生和战争犯罪性质。

国际抗战资料,展现了中国抗战史的丰富侧面。如美国驻中国各地使领馆的报告,具体生动地记录了战时中国各区域的社会、政治、军事等各方面情形,对战时国共关系亦有颇有见地的分析;俄、美、日等国档案馆的细菌战资料,揭示了战时日本违反国际法研制细菌武器的规模和使用情况,记录了中国各地民众遭遇的重大伤亡和中国军民在当时条件下的应对,以及暗示了战后美国掩饰"死亡工厂"实情的目的;英美等国档案所反映的重庆大轰炸和日军对中国大中小城市的普遍的无差别轰炸,不仅记录了日本战争犯罪的普遍性,也彰显了战时中国全国军民同仇敌忾、不畏强暴的英勇气概。哈佛大学所藏费吴生档案、得克萨斯州州立大学奥斯汀分校所藏辛德贝格档案、曼彻斯特档案馆所藏田伯烈档案等则从个人角度凸显了中国抗战在"第三方"眼中的图景。

对于李顿调查团的研究,自莫能外。比如,除了前述中国各界给国联的呈文,最近在日内瓦"国联和联合国档案馆"中发现:调查团在日本与日本政要的谈话记录,在中国各地特别是在北平和九一八事变直接相关人士如张学良、王以哲、荣臻等人的谈话记录,调查团在东北实地调查、询问日军高层的记录,中共在"九一八"前后的活动,中国各界的陈情书,日本官方和东北伪组织人员、汉奸的表态,世界各国、各界的反应等。特别是张学良等人反复向代表团说明的九一八事变前夕东北军高层力避冲突的态度,王以哲、荣臻在"九一八"当晚与张学良的联系,北大营遭受日军进攻以后东北军的反应等情况,对于厘清九一八事变真相,有着不可取代的意义。

我们通过初步努力发现,李顿调查团成立前后,中方向国联提交了论证东北主权属于中国的篇幅巨大的系统性说帖,顾维钧、孟治、徐道邻等还用英文、德文进行著述。日方相应地提交了由日本旅美"学者"起草的说帖,其主攻点是中国的抗日运动、东北在张氏父子治下的惨淡、东北的"匪患",避而不谈柳条沟事件的蓄意性。日方资料表明,即使在九一八事变发生数月后,其关于"九一八"当晚情形的说辞仍然漏洞百出、逻辑混乱,在李顿询问时不能自圆其说。而欧美学者则向国联提供了第三方意见,如 *The Verdict of the League: China and Japan in Manchuria*(《国联的裁决:中日在满洲》),哈佛大学法学院教授曼利·哈德森(Manley O. Hudson)著;*Manchuria: Cradle of Conflict*(《满洲:冲突的策源地》),欧文·拉铁摩尔(Owen Lattimore)著;*The Manchuria Arena: An Australian View of the Far Eastern Conflict*(《满洲竞技场:远东冲突的澳洲视角》),卡特拉克(F.M. Cutlack)著;*The Tinder Box of Asia*(《亚洲的火药桶》),乔治·索科尔斯基(George E. Sokolsky,中文名索克斯)著;*The World's Danger Zone*(《世界的危险地带》),舍伍德·艾迪(Sherwood Eddy)著;等等,为国联理解中国东北问题提供了有益的视角。另外,收藏在美国斯坦福大学胡佛研究所的蒋介石日记等也反映了当时国民政府高层的态度和举措。

这次出版的资料中,收集了中国台湾地区的"国史馆"藏档,日本外务省藏档,国联和联合国档案馆 S 系列藏档等多卷档案。丰沛的资料说明,即使是李顿调查团这样过去在大学教材中只是以一两段话提出的问题,其实仍有海量的各种海外文献可资研究。

可以说,世界各地抗日档案和各种资料,不仅补充了中国方面的抗日资料,也弥补了"在中国发现历史"范式的不足,体现了历史唯物主义对历史研究全面性、客观性的要求,自然地延伸推导出"在世界发现中国历史"的新命题。把"中国的"和"世界的"结合起来,才能更深广、入微地揭示抗日战争史的内涵。

其三,在中国发现世界历史。

中国历史,是世界历史的重要组成部分;中国抗战,构成了第二次世界大战的东亚主战场。离开中国历史谈世界历史注定是不周全的。只有充分发掘中国历史的世界意义,世界史才能获得真正的全球史意义。

过往的抗战史国际化,说明了中国抗战的世界意义。研究发现,东北抗联资料不仅呈现了十四年抗战的艰苦过程,也说明了战时东北亚复杂的国际关系。日方资料中的"华北治安战""清乡作战"资料,从反面反映了八路军、新四军的顽强,其牵制大量日军的事实,从另一面说明中共敌后游击战所发挥的中流砥柱作用。1937 年 12 月 12 日在南京江面制造"巴纳号事件"的日军航空兵官兵,后来是制造"珍珠港事件"的主力之一,说明了中国抗战与太平洋战争的联系。参与制造九一八事变、华北事变和南京大屠杀的许多日军部队,后来在太平洋战场上被美澳等盟国军队消灭,说明了太平洋战场和中国战场的相互支持。中国军队在滇缅战场的作战和在越南等地的受降,中国对朝鲜、马来亚、越南等地游击战和抗日斗争的介入和帮助,说明了中国抗战对东亚、东南亚解放的意义和价值。对大后方英美军人、"工合"人士、新闻界和其他各界人士的研究,彰显了抗日统一战线的多重维度,等等。这对我们的研究富有启发性意义。

李顿调查团的相关资料表明,九一八事变及其后续发展,具有深刻的世界史含义。

麦金德1902年在英国皇家地理学会发表文章,提出"世界岛"的概念。麦金德认为,地球由两部分构成:由欧洲、亚洲、非洲组成的世界岛,是世界上面积最大、人口最多、最富饶的陆地组合。在"世界岛"的中央,是自伏尔加河到长江,自喜马拉雅山脉到北极的心脏地带,在世界史的发展中具有重要意义。其实,就世界近现代史而言,中国东北具有极其重要的地缘战略意义,堪称"世界之砧"——美国、俄罗斯、日本等这些当今世界的顶级力量,无不在中国东北及其周边地区倾注心力,影响世界大局。

今天看来,李顿调查团的组建,是国际社会运用国际规约积极调解大国冲突、维护当时既存的凡尔赛—华盛顿体系的一次尝试。参与各国均为当时世界强国,即为明证。

英国作为列强中在华条约利益最丰的国家,积极投入国联调查团的建立。张伯伦、麦克米伦等知名政治家均极愿加入代表团,甚至跟外交部官员暗通款曲,询问排名情况。李顿在中日间多地奔波,主导调查和报告书的起草,正是这一背景的反映。

美国作为国联非成员国,积极介入调查团,说明了美国对远东局势的关切,其态度和不承认日本用武力改变当时中国领土主权现状的"史汀生主义"是一致的。日美之间的紧张关系,一直延续到珍珠港事变发生。在日美最终谈判中,中国的领土和主权,仍然是美方的先决条件。可以说,九一八事变,从大历史的角度看,是改变日本和美国国运的大事。

苏联在国联未能采取强力措施制止日本侵略后,默认了伪满洲国的存在,后甚至通过对日条约加以承认,其对日本的忍让和妥协,延续到它对日本宣战。但日本关东军主力在苏联牵制下不敢贸然南下,影响了中国抗日战争的形态。

日本侵占中国东北,却始终得不到中国和国际主流社会的承认,乃不断扩大侵略,不仅影响了对苏备战,也使得其在"重庆政权之所以不投降,是因为有英美支持"的判断下,不断南进,最终自取灭亡。2015年8月14日,日本首相安倍晋三在战后70年讲话中承认:"日本迷失了世界大局。满洲事变以及退出国际联盟——日本逐渐变成国际社会经过巨大灾难而建立起来的新的国际秩序的挑战者,前进的方向有错误,而走上了战争的道路。其结果,70年前,日本战败了。"从这个意义上说,九一八事变—李顿调查—退出国联,成为日本近代史的转折点。

亚马孙雨林的蝴蝶振动翅膀,可能在西太平洋引发一场风暴。发生在沈阳一个小地方的九一八事变,成为今天国际秩序的肇因。其故焉在?马克思和恩格斯在《德意志意识形态》中指出:在历史演进的过程中,人的"普遍交往"逐步发展起来,"狭隘地域性的个人为世界历史性的、真正普遍的个人所代替"。近代以来中国人民的历史,与世界历史共构而存续。

回望李顿调查团的历史,我仿佛感受到了太平洋洋底的咆哮呼啸前来,如同雷鸣。

是为序。

张　生

2019年10月

出版凡例

一、本文献集所选资料,原文中的人名、地名、别字、错字及不规范用字等,为尊重历史和文献原貌,均原文照录。因此而影响读者判断、引用之处,除个别需说明情况以脚注"译者按"或"编者按"形式标出外,别字、错字在其后以"[ ]"注明正字;增补的字,以"【 】"标明之;因原文献漫漶不清而缺字处,用"□"标识。

二、凡采用民国纪年或日本天皇年号纪年者等,为尊重历史和文献原貌,均原文照录。台湾地区的文献中涉及政治人物头衔和机构名称者,按有关规定处理,在页下一并说明。

三、所选资料均在起始处说明来源,或在文后标注其详细来源信息。

四、外文文献译文中,日本人名从西文文献译出者,保留其西文拼法,以便核对;其余外国人名,均在某专题或文件中第一次出现时标其西文拼法。不同时期形成的中文文献中涉及的外国人名、地名翻译差异较大,为尊重历史和文献原貌,一般不作改动。

五、所选文献经过前人编辑而加脚注注释者,以"原编辑者注"保留在页下。

六、所选资料中原有污蔑中国人民、美化日本侵略之词,或基于立场表达其看法之处,为尊重历史和文献原貌,不改动原文,或在页下特别说明,请读者加以鉴别。

本册说明

《关外团体与民众呈文》主要收录东北各地(地理上也可称"关外",包括东北三省及内蒙古部分地区)党政军群、社会各界给李顿调查团的呈文。1932年2月3日,李顿调查团由法国勒哈弗尔港出发,经英国、美国、日本,抵达中国上海,转杭州、南京、武汉等地,后赴东北进行一月有余的调查。正在与日军周旋、战斗的东北军政当局、民众抗日武装和处在水深火热中的东北各界民众冲破日军、特务的重重阻挠,通过不同途径上书调查团,揭露日军屠杀百姓、残害妇女儿童、摧残中国传统文化、进行奴化教育的种种罪恶;揭露日军侵略东北、掠夺资源的阴谋;对调查团全面调查、国联公正裁决寄予期待;对东北抗日武装的斗争予以肯定。

东北社会上层人士文化水平高、信息渠道广、观察视野宽,对日本侵略东北的原因、在东北犯下的滔天罪行能够全面系统陈述,并附有日军政策、布告等证明材料,文字整体通顺。还有一大批市民、农民、中小学生、妇女及各行各业的普通百姓通过各种渠道递交了一大批呈文,主题聚焦于控诉日军暴行,要求国联主持正义、迫使日军撤兵,恢复中国政府对东北的主权与治权。由于这一群体文化水平整体较低,其所递呈文有诸多不通顺之处,且错别字较多。也有少部分民众受日军胁迫给李顿调查团呈文,对日方在东北的言行有称赞之词,为便于读者辨别,将此部分作为附录,单独列出。

《关外团体与民众呈文》(上册)资料来源于编者团队赴日内瓦国联与联合国档案馆拍摄的李顿调查团档案 S36、S38、S39 原件照片。

目 录

序　言 ·· 1
出版凡例 ··· 1
本册说明 ··· 1

1. 闫志峰来信 ·· 1
2. 高玉珊代表大连少数人民来信 ··· 1
3. 大连张良万、李万久来信 ·· 2
4. 商民李裕昌来信 ··· 2
5. 吉林青年救国会上国联调查团书——日本占据吉林经过情形报告书 ··· 2
6. 吉林青年救国会来信 ··· 8
7. 中国国民一份子张大可来信 ·· 9
8. 黑龙江省绥化县全境民众来信 ·· 10
9. 中华民国黑龙江省民众代表报告书 ·································· 11
10. 哈尔滨农民民众联合会来信 ·· 14
11. 哈尔滨民众团体会来信 ·· 14
12. 农民高维周来信 ··· 15
13. 东北各县农工商学警及民众上国联书 ····························· 16
14. 东北小学民众来信 ·· 17
15. 哈尔滨各法团、各工会上国联书 ··································· 17
16. 呈国际联盟会调查团麦考易委员意见书 ························· 19
17. 中华民国十二县及各乡村两千处公民请愿书 ··················· 20
18. 中华民国黑龙江省改组前各法团报告书 ························· 21
19. 吉黑民众代表团诉愿书 ··· 23
20. 哈尔滨代表张之文来信 ··· 25

21. 无名氏来信 ·· 26
22. 中国国民分子来信 ·· 26
23. 中国市民来信 ·· 27
24. 哈尔滨全体商民联合会来信 ································ 27
25. 商人公理来信 ·· 27
26. 中华民国东北三千万民众来信 ······························ 28
27. 中国国民来信 ·· 29
28. 无名氏来信 ·· 29
29. 黑龙江绥化县民众声明书 ·································· 30
30. 中国东北三省三千万民众代表来信 ·························· 31
31. 中国国民来信 ·· 32
32. 中华民国黑龙江省呼兰县全县四乡十三段民众来信 ············ 33
33. 哈尔滨公安局职员来信 ···································· 33
34. 卖纸小商人来信 ·· 33
35. 东三省无名民众来信 ······································ 34
36. 东北民众来信 ·· 34
37. 哈尔滨商民来信 ·· 35
38. 中华民国哈尔滨民众来信 ·································· 36
39. 东北三千万民众代表鲍子安来信 ···························· 36
40. 中国东北乡民等来信 ······································ 37
41. 无名氏来信 ·· 38
42. 东省商民高玉亭等来信 ···································· 38
43. 国民一份子来信 ·· 39
44. 东三省十三县二十六村公民来信 ···························· 39
45. 东省商民忧时人程远来信 ·································· 40
46. 呼兰县民众抗日救国会来信 ································ 41
47. 东省商民来信 ·· 43
48. 哈埠难民来信 ·· 44
49. 东北民意代表人尤天使来信 ································ 44
50. 无名氏来信 ·· 46
51. 无名氏来信 ·· 47

52. 中国国民一份子于谨来信	47
53. 东三省三千万民众来信	48
54. 东三省民众来信	48
55. 无名氏来信	49
56. 哈埠市民韩稼生来信	49
57. 帝国铁蹄下之呻咽者来信	51
58. 中国工人赵宜民来信	52
59. 哈商民一份子王忠升来信	53
60. 哈埠商民一份子王寿来信	53
61. 中华民国民众团体来信	54
62. 东北民众上国联调查团书——运动会秩序表	55
63. 东北民众上国联调查团书——日本违法悬案记要	58
64. 辽宁民众救国会来电	79
65. 哈埠无名氏来信	80
66. 抗日平民王者实来信	81
67. 东北民众上国联调查团书——日本田中内阁侵略满蒙积极政策	81
68. 东北民众上国联调查团书——日本对满蒙积极政策执奏之件	83
69. 呼兰全县民众来信	119
70. 小商人薛黎来信	122
71. 哈埠商民团体来信	123
72. 哈尔滨公民来信	123
73. 哈尔滨中国民众一份子来信	124
74. 哈尔滨市民抗日救国会来信	124
75. 东北民众上国联调查团书——图画内容	127
76. 哈尔滨难民来信	127
77. 学生来信	128
78. 哈尔滨东北民众团来信	129
79. 无名氏来信	129
80. 无名氏来信	130
81. 东北民众上国联调查团书——本庄繁等上日皇电文	130
82. 东北民众抗日救国团宣传部来信	132

83. 讨日军华北革命党总务部来信——大中华民国华北革命党国民军军歌	133
84. 一面坡农民李和来信	133
85. 哈尔滨市民王祥来信	134
86. 东北民众救国义勇军军政委员会致国际调查团报告书	134
87. 满洲民族代表老云图上国联调查团书	135
88. 吉黑武装民众救国报告书	137
89. 哈尔滨于东云来信	138
90. 东北民众救国义勇军军政委员会来信	141
91. 东三省安达等六县市民大会请愿书	144
92. 东三省民众申诉书	146
93. 乡民团体来信	147
94. 东北民众救国协会驻哈代表团团长张雷来信	148
95. 哈尔滨商民来信	149
96. 无名氏来信	150
97. 东北三千万民众来信	150
98. 哈埠附近农民来信	151
99. 一面坡民众来信	152
100. 滨江、阿城两县民众报告书	152
101. 中国国民一份子来信	154
102. 十月廿六日天津大公报第四版——快读这篇日本人的公理与良心讲演	154
103. 黑龙江工人小杠来信	159
104. 黑龙江省呼兰县中华民众来信	160
105. 哈尔滨市民郑某来信	160
106. 哈埠市民张仁来信	161
107. 哈尔滨全体商民联合会来信	162
108. 哈埠民众来信	163
109. 双城县工人李万茂等来信	163
110. Yuny y 来信	164
111. 学生来信	165

112. 哈尔滨民众救国抗日会来信	166
113. 一市民来信	168
114. 无名氏来信	169
115. 东北人民代表来信	169
116. 一庸人来信	170
117. 无名氏来信	171
118. 哈尔滨三千民众来信	171
119. 无名氏来信	172
120. 中国国民一份子来信	172
121. 哈尔滨农工商学各界市民敬告国联调查团书	173
122. 无名氏来信	180
123. 中国人王世荣来信	180
124. 无名氏来信	180
125. 东北民众商团宣传书	181
126. 东北民众代表孙盛昌来信	181
127. 中国东北三千万民众来信	182
128. 中国青年会来信	183
129. 王柱国来信	184
130. 民众代表李寅公等来信	185
131. 辽河县民众代表来信	186
132. 滨江市、哈尔滨市工商市民代表郭维城等来信	187
133. 中国国民党青年团哈尔滨市支部来信	198
134. 中华民国东三省三千万民众来信	202
135. 无名氏来信	203
136. 哈尔滨初级小学学生代表来信	203
137. 哈尔滨商民会来信	204
138. 无名氏来信	205
139. 劳工代表张翼鹏报告书（抄件）	205
140. 无名氏致国联调查团报告书	226
141. 吉林省公民李国权上国联调查团书——日军在东北暴行备忘录	233
142. 民众代表团来信	239

143. 劳工代表张翼鹏公函 ⋯⋯⋯⋯⋯⋯⋯⋯⋯⋯⋯⋯⋯⋯⋯⋯⋯⋯ 240
144. 东北人民代表来信 ⋯⋯⋯⋯⋯⋯⋯⋯⋯⋯⋯⋯⋯⋯⋯⋯⋯⋯⋯ 241
145. 东北民众联合会来信 ⋯⋯⋯⋯⋯⋯⋯⋯⋯⋯⋯⋯⋯⋯⋯⋯⋯ 241
146. 海伦县农会等团体来电 ⋯⋯⋯⋯⋯⋯⋯⋯⋯⋯⋯⋯⋯⋯⋯⋯ 242
147. 绥棱县二十万民众请愿书 ⋯⋯⋯⋯⋯⋯⋯⋯⋯⋯⋯⋯⋯⋯⋯ 244
148. 东三省三千万民众团体上国联调查团书 ⋯⋯⋯⋯⋯⋯⋯⋯ 246
149. 东北民众联合会来信 ⋯⋯⋯⋯⋯⋯⋯⋯⋯⋯⋯⋯⋯⋯⋯⋯⋯ 247
150. 呼兰县乐安镇公民来信 ⋯⋯⋯⋯⋯⋯⋯⋯⋯⋯⋯⋯⋯⋯⋯⋯ 248
151. 日军在中国东北虐杀民众惨状——所谓"日人之自卫行动"如此 ⋯ 249
152. 奉天难民代表金台尸来信 ⋯⋯⋯⋯⋯⋯⋯⋯⋯⋯⋯⋯⋯⋯⋯ 251
153. 无名氏来信 ⋯⋯⋯⋯⋯⋯⋯⋯⋯⋯⋯⋯⋯⋯⋯⋯⋯⋯⋯⋯⋯ 252
154. 东北小民一份子来信 ⋯⋯⋯⋯⋯⋯⋯⋯⋯⋯⋯⋯⋯⋯⋯⋯⋯ 253
155. 无名氏来信 ⋯⋯⋯⋯⋯⋯⋯⋯⋯⋯⋯⋯⋯⋯⋯⋯⋯⋯⋯⋯⋯ 253
156. 史王氏来信 ⋯⋯⋯⋯⋯⋯⋯⋯⋯⋯⋯⋯⋯⋯⋯⋯⋯⋯⋯⋯⋯ 254
157. 哈尔滨平民大会来信 ⋯⋯⋯⋯⋯⋯⋯⋯⋯⋯⋯⋯⋯⋯⋯⋯⋯ 254
158. 东北民众代表来信 ⋯⋯⋯⋯⋯⋯⋯⋯⋯⋯⋯⋯⋯⋯⋯⋯⋯⋯ 255
159. 无名氏来信 ⋯⋯⋯⋯⋯⋯⋯⋯⋯⋯⋯⋯⋯⋯⋯⋯⋯⋯⋯⋯⋯ 255
160. 东省民众来信 ⋯⋯⋯⋯⋯⋯⋯⋯⋯⋯⋯⋯⋯⋯⋯⋯⋯⋯⋯⋯ 256
161. 哈尔滨市民禁烟大会来信 ⋯⋯⋯⋯⋯⋯⋯⋯⋯⋯⋯⋯⋯⋯⋯ 256
162. 工人一份子来信 ⋯⋯⋯⋯⋯⋯⋯⋯⋯⋯⋯⋯⋯⋯⋯⋯⋯⋯⋯ 257
163. 无名氏来信 ⋯⋯⋯⋯⋯⋯⋯⋯⋯⋯⋯⋯⋯⋯⋯⋯⋯⋯⋯⋯⋯ 258
164. 中华民国民众来信 ⋯⋯⋯⋯⋯⋯⋯⋯⋯⋯⋯⋯⋯⋯⋯⋯⋯⋯ 258
165. 张翼鹏来信 ⋯⋯⋯⋯⋯⋯⋯⋯⋯⋯⋯⋯⋯⋯⋯⋯⋯⋯⋯⋯⋯ 258
166. 吉林自卫军告哈尔滨民众书 ⋯⋯⋯⋯⋯⋯⋯⋯⋯⋯⋯⋯⋯⋯ 259
167. 黑龙江省主席马占山告哈尔滨民众书 ⋯⋯⋯⋯⋯⋯⋯⋯⋯⋯ 260
168. 东三省人民代表来信 ⋯⋯⋯⋯⋯⋯⋯⋯⋯⋯⋯⋯⋯⋯⋯⋯⋯ 260
169. 东北民众救国总会来信 ⋯⋯⋯⋯⋯⋯⋯⋯⋯⋯⋯⋯⋯⋯⋯⋯ 261
170. 三百二十七家被害民户来信 ⋯⋯⋯⋯⋯⋯⋯⋯⋯⋯⋯⋯⋯⋯ 261
171. 民众一份子来信 ⋯⋯⋯⋯⋯⋯⋯⋯⋯⋯⋯⋯⋯⋯⋯⋯⋯⋯⋯ 262
172. 东北无名民众来信 ⋯⋯⋯⋯⋯⋯⋯⋯⋯⋯⋯⋯⋯⋯⋯⋯⋯⋯ 262
173. 东北三千万民众来信 ⋯⋯⋯⋯⋯⋯⋯⋯⋯⋯⋯⋯⋯⋯⋯⋯⋯ 263

174. 东北无名民众来信	263
175. 民众会来信	264
176. 中华民众会来信	264
177. 商人王秉惟来信	264
178. 东北民众来信	265
179. 哈尔滨东亚通讯社记者史澍宏来信	266
180. 东三省民众救国同盟会来信——日人强迫民众庆祝"满洲国"之证据	266
181. 东北民众救国同盟会敬告国联调查团书	267
182. 东三省商民代表来信	269
183. 哈尔滨代表张某来信	270
184. 中国东省民众来信	270
185. 中华民国哈尔滨商民代表海北天等来信	271
186. 含泪待拯小民来信	273
187. 被逼三省民众来信	273
188. 誓死救国者王志远来信	274
189. 无名氏来信	274
190. 无名氏来信	275
191. 无名氏来信	275
192. 无名氏来信	276
193. 哈市民等四百十七人来信	276
194. 中国一份子来信	277
195. 哈尔滨十万民众来信	277
196. 东省特区青年商人于州林、山石皋来信	278
197. 东三省公民来信	278
198. 东北民众二十人来信	279
199. 哈尔滨民众兰荆珊来信	282
200. 无名氏来信	283
201. 无名氏来信	285
202. 梁中愚来信	285
203. 林醒华来信	286

204. 无名氏来信	286
205. 小民来信	287
206. 王久如来信	287
207. 辽宁市民张秉钧来信	288
208. 中国公民邱成福来信	288
209. 市民张百万来信	289
210. 双城县厢白旗二屯全体农民来信	289
211. 双城县农民代表于敬一等来信	289
212. 无名氏来信	290
213. 唐子芳来信	290
214. 小学生笋及来信	293
215. 失学学生来信	293
216. 哈尔滨市民郝金声来信	294
217. 哈埠市民李维新等来信	294
218. 中国热血的勇士来信	295
219. 哈尔滨工人来信	296
220. 东北难民来信	297
221. 市民来信	297
222. 东三省三千万民众代表团来信	297
223. 中东路五家站二屯农民代表王凤宽、白全喜来信	299
224. 热血动物中华人民某人来信	300
225. 无名氏来信	300
226. 无名氏来信	301
227. 哈尔滨中国民众一份子来信	302
228. 中国哈尔滨民众来信	303
229. 东北民众代表来信	304
230. 哈尔滨市民王华来信	305
231. 黄子兴来信	306
232. 张少五来信	307
233. 上国联调查团书——颂建"国"歌	308
234. 上国联调查团书——建"国"纪念联合大运动会会歌	308

235. 大中华民国国民李思远来信 ··· 309
236. 中国东北民众来信 ··· 310
237. 哈尔滨商界公民田在苗等来信 ··· 311
238. 无名氏来信 ··· 312
239. 无名氏来信 ··· 313
240. 滨江市民来信 ··· 314
241. 哈尔滨青年团来信 ··· 314
242. 东北民众来信 ··· 314
243. 东北民众来信 ··· 315
244. 无名氏来信 ··· 315
245. 中国工人黄克敏等来信 ··· 316
246. 吉林省扶余县、阿城县、珠河县、宾县农人代表团体来信 ··· 317
247. 哈尔滨商人团体来信 ··· 318
248. 东北民众工人团体来信 ··· 318
249. 东线商人王有财来信 ··· 319
250. 无名氏来信 ··· 320
251. 乌吉密商人吴庆财来信 ··· 320
252. 中华民国东三省人民来信 ··· 321
253. 旅哈闽籍商民来信 ··· 321
254. 哈埠市民之一来信 ··· 322
255. 哈尔滨市民姜季海等来信 ··· 323
256. 中国农人张敢言来信 ··· 324
257. 中国东北民众团体来信 ··· 324
258. 东三省三千万民众代表团来信 ··· 325
259. 哈市商民来信 ··· 326
260. 哈尔滨商民李振中来信 ··· 326
261. 中华民国之民来信 ··· 328
262. 无名氏来信 ··· 329
263. 哈埠汽车工会来信 ··· 329
264. 哈埠中国民众一份子来信 ··· 330
265. 中华民国国民方一柱来信 ··· 331

266. 张冠军来信	331
267. 哈尔滨弱小市民来信	332
268. 中华民国辽宁省沈阳王圣民来信	333
269. 中国沈阳人刘阳明来信	333
270. 被难团来信	334
271. 东三省三千万民众之一来信	334
272. 辽宁省锦州人石玉民来信	335
273. 无名氏来信	335
274. 无名氏来信	336
275. 辽宁省锦西县二十万民众代表杜希清来信	336
276. 中国东三省吉林滨江县人民李德来信	337
277. 戚锦堂来信	338
278. 哈埠小贩祖光明来信	339
279. 中国人张福来信	339
280. 阿城县、一面坡、方正县商民等来信	340
281. 王化南来信	341
282. 无名氏来信	341
283. 民众刘德正来信	342
284. 哈埠民众姜鹏程、毕忠义来信	343
285. 哈埠民众李兆芳等来信	343
286. 哈尔滨市民何子玉等来信	344
287. 哈尔滨工人邵新民等来信	344
288. 东北市民来信	345
289. 北辰民众代表来信	346
290. 中国人民一份子来信	346
291. 珠河县旅哈难民代表王永祥等来信	347
292. 不堪压迫小民郑筱峰等三十一人来信	347
293. 东省平民姜维善来信	348
294. 无名氏来信	348
295. 东北民众代表来信	349
296. 中国哈尔滨市卖莱［菜］人张文魁代同业二十四人来信	349

297. 松花江下游农村联合抗日救国会代表孙铁锋来信 ········· 350
298. 东北三千万民众抗日救国会哈尔滨分会来信 ············· 350
299. 无名氏来信 ·· 352
300. 华民唐庸勃来信 ·· 353
301. 哈尔滨商民唐庸勃来信 ·· 353
302. 无名氏来信 ·· 354
303. 中国商人吴三交来信 ·· 355
304. 哈尔滨全体市民代表金观海来信 ····································· 355
305. 工人王子仁等来信 ··· 356
306. 商民来信 ··· 357
307. 弱小中国民族一份子来信 ·· 357
308. 三千万将死之民众来信 ·· 358
309. 哈尔滨公民来信 ·· 359
310. 中华民国哈尔滨市民孙复等来信 ····································· 360
311. 中国人来信 ·· 360
312. 李有年来信 ·· 361
313. 耿思源来信 ·· 362
314. 傅文有来信 ·· 362
315. 哈尔滨热血民团来信 ·· 363
316. 中国国民阎习武来信 ·· 364
317. 哈绥线工人代表来信 ·· 364
318. 哈尔滨农人王子文来信 ·· 366
319. 不敢出名的三[二]千七百五十万小民来信 ······················ 366
320. 无名氏来信 ·· 367
321. 中华民国真国民一份子来信 ·· 368
322. 不乐意当亡国奴者来信 ·· 372
323. 平民李裕民来信 ·· 373
324. 中国教育界来信 ·· 373
325. 中华民国民众申请书 ·· 374
326. 中华国民一份子许某来信 ·· 374
327. 中国民众王其正来信 ·· 375

328.	冯夷陆来信	376
329.	中华民国木工匠王富有等来信	376
330.	无名氏来信	376
331.	无名氏来信	377
332.	无名氏来信	377
333.	察哈尔省延庆县教育会等团体来电	378
334.	中华民国察哈尔省张北县教育会等团体来电	379
335.	察哈尔省涿鹿县教育会等团体来电	383
336.	绥远省农会等团体来电	383
337.	北宁铁路工会来电	388
338.	热河省围场县农会干事长潘瑞麟、副干事长张浩等来信	391
339.	绥化县农会等团体会长来信	392
340.	中华民国察哈尔省多伦县救国会等团体来电	393
341.	察哈尔省立农业专科学校学生自治会全体来电	393
342.	中华民国察哈尔省律师公会来电	394
343.	中华民国察哈尔省商会等团体来电	394
344.	高钟华等来信	398
345.	中华民国察哈尔省宣化县教育会、农会、商会来电	399
346.	绥远省农会等团体来电	399
347.	北宁铁路工会来电	402
348.	开鲁各团体代表六万人民来电	403
349.	察哈尔省商会、省救国会暨全省各人民团体来电	405
350.	中华民国察哈尔省商会等团体来电	406
351.	辽宁、吉林、黑龙江三省民众代表李国权来信——日军在东北暴行之事实备忘录	407
352.	西丰县各机关首领暨刘质文等五千公民公函	414
353.	西丰抗日护国团宣传部来信	415
354.	西丰县公民李效山来电	417
355.	东北农民希和平来信	418
356.	辽宁西丰县公民奂我来信	418
357.	辽宁省西安县公民张国屏来信	419

358. 王甫之来信 ·· 421
359. 开原县公民李敬中来信 ·· 421
360. 开原县公民陈无我来信 ·· 422
361. 东丰县公民张仲英来信 ·· 423
362. 东丰县教育会会长王子珍来信 ······································ 424
363. 辽宁省兴城、绥中等县公民代表李兴周等率廿万公民来信 ··· 424
364. 凤城县公民李啸冲来信 ·· 425
365. 辽宁省盖平县全体民众来信 ··· 426
366. 辽宁锦县民众来电 ·· 427
367. 辽宁省海城县民众代表赵德尊来信 ······························· 427
368. 中华民国辽宁梨树县全体民众来信 ······························· 428
369. 山城镇全体民众来信 ··· 429
370. 黑山县新立屯公民孙向辰来信 ······································ 430
371. 京奉石山车站全体民众来信 ··· 430
372. 辽宁省四平街全体民众代表孙铁男来信 ······················· 431
373. 辽东民众来信 ··· 432
374. 辽宁海城民众代表王永吉来信 ····································· 432
375. 康公正来信 ··· 433
376. 东省护路军总司令丁超、吉林自卫军总司令李杜暨全体将士来电
 ··· 435

说　明 ··· 439
附　录 ··· 441
　1. "满洲国"青年独立党支部代表王铁生等来信 ············· 442
　2. 前君主立宪会会长文耀来信 ·· 442
　3. 张民权来信 ·· 444
　4. 蒙古自治筹备会陈情书 ·· 445
　5. 辽西慈善联合会陈请[情]书 ······································ 454
　6. 辽西各县民众代表上国联调查团书 ····························· 456
　7. 辽西锦县家庭教育研究会陈情书 ································ 458
　8. 锦县商会陈请[情]书 ··· 458

9. 驻锦县辽西慈善联合会等团体陈请[情]书 …………………………… 459
10. 哈尔滨回教族总代表石同举来电 …………………………………… 460
11. 兴城县农民代表县农会干事长王国藩陈情书 ……………………… 461
12. 绥中县农会等团体会长暨民众代表张凌云报告书 ………………… 461
13. 南满线全区商会联合会代表李玉枢宣言书 ………………………… 462
14. 黑龙江省民治指导会意见书 ………………………………………… 463
15. 黑龙江省民众总代表许兰坡等声明书 ……………………………… 467
16. 奉天市商会工会陈情书 ……………………………………………… 470
17. "满洲国"全国民众上国联调查团书 ……………………………… 470
18. 新京农工商学各代表声明书 ………………………………………… 472
19. 黑龙江蒙古民众代表阿成嘎等陈情书 ……………………………… 473
20. 锦县教育会申告书 …………………………………………………… 476
21. 锦县农会会长赵桂龄来信 …………………………………………… 479
22. 黑龙江省民治指导会组织大纲 ……………………………………… 479
23. 奉天附近在留朝鲜人代表名单 ……………………………………… 481

索 引 ……………………………………………………………………… 482

1. 闫志峰来信

国联诸位鉴：

诸位或者知道日人近来在大连所行的吧，各处的报馆皆加一［以］调查，使一切对他国有不利的事都一起减去。一切对敌对国的信件完全扣留，把我们信件的自由而夺去了！这次又建设了"满洲国"，想要使东三省变成朝鲜"一般"，我心【充】①满了苦疼。因为我国内本不应当又为一国，日人的意思是要想错［借］用"满洲国"的名词［义］而吞东三省！我们都是很不赞成设这国的，而我的力量又很小，只求诸位知道我们不愿有"满洲国"，不愿受日人支配之中不得自由。只望诸位在中看判。

祝诸位春安！

小人闫志峰

资料来源：日内瓦国联与联合国档案馆藏李顿调查团档案，卷宗号：S36。

2. 高玉珊代表大连少数人民来信

国联诸位先生：

久仰光临，今可得用信相谈。这次的"满洲国"，我是二十四分的不赞成。因为日人在大连对我们是十分的苦，常有无辜［故］而打人，使人民得不到一点快乐。这次又要建"满洲国"，我心更痛！这事只得请诸位来相助，愿这次打破"满洲国"！

祝诸位成功！

代表大连少数人民

小妹高玉珊上

资料来源：日内瓦国联与联合国档案馆藏李顿调查团档案，卷宗号：S36。

---

① 编者按：【 】中内容表示遗漏字或为便于理解而增加的字，下同。一些普通民众文化水平较低，呈文夹带方言、用词不准，为保留原貌，尽量不大幅注释原文。

3. 大连张良万、李万久来信

国联诸位先生：

我不赞成"满洲国"成立，我不赞成的原因：

1. 日本人的行为、一切的举动，极不合人道，不配做我们的榜样。
2. 日本人的心极坏极坏，一肚子的毒法来陷害我们的同胞。
3. 日本是一系相传的君主立宪国，人民不得自由。
4. 日本用强权的手段来压迫弱小的民族。
5. 挑唆中国人做胡匪，他们暗占地盘。
6. 自事变已[以]来，本地妇女被他们侮辱的很多，真是世界上少见的日本倭奴，也是他们放弃自己的人格。

以上的几条，都是我不赞成日本在辽宁建立"新国家"的理由。

张良万、李万久上

资料来源：日内瓦国联与联合国档案馆藏李顿调查团档案，卷宗号：S36。

4. 商民李裕昌来信

诸位调查员台鉴：

敬启者：

自日本占领东北之后，东北民众日被压迫。强迫东北独立，与政府托[脱]离实出于无奈，非发于本心。日本每天在街上横行凶暴，东北民众忍无可忍，恨自己之能弱力薄，不能立时屈[驱]出。每天他所行的事，实在不堪笔述。所以，现在别无他求，只望诸位调查员设法驱除。

商民李裕昌

资料来源：日内瓦国联与联合国档案馆藏李顿调查团档案，卷宗号：S36。

5. 吉林青年救国会上国联调查团书
——日本占据吉林经过情形报告书

日本历来是抱侵略主义的，自从与我国和俄国两次战争胜利以后，更肆无忌惮,割据台湾、琉球,并吞朝鲜,强认东北三省是他的势力范围,攫取一切权力。他是刀俎,我是鱼肉,任意宰割,以达他那拒美侵俄、独霸世界的野心。我国民族爱好和平,对于日本种种侵略行为,概拿和平态度应对,这都是世界各国所共见共闻的。此次日本陡然出兵攻打上海,侵占东北三省,有计划、有组织,是预备已久、贯彻他那历来主义的。九月十九日占据辽宁,不出一日将长春、吉林相继占据,收[搜]括财富,改编警察,驻兵官署,解散学校,种种行为都是作久远打算,暴露他的侵略野心。废弃非战公约,破坏世界和平,实在是世界各国各民族的公敌,不仅仅是我们的仇恨啊!他反而是强词夺理,违背事实的在世界宣传"铲除军阀""讨平胡匪""拯救三省民众""出兵自卫"……淆惑世界各国的人心。但是,东北三省在日本进兵以前,地方秩序是平平静静的,人民是安居乐业的,各国在中国居留的人都相安无事,毫未受着灾害的,各城市乡村并没有相[像]现在这样混乱的。现在,各地方这样的混乱,各国在中国居留的人民所受的不安,中外【各】国工商业所受损失,我敢说——各国人也能相[想]象——这都是受日本的恩惠赏赐。日本又制造"满洲国",分裂我国土,成为朝鲜第二。溥仪、熙洽等纯是傀儡,一切事务完全操之日人之手。更乃假造民义[意],说是"三千万民众自决""共存共荣""中外一家"……掩耳盗铃,谁能相信!但他又怕这些内幕真相被人看破,所以,最近反对顾维钧来"满",就是这个道理。我们将日本占据吉林经过情形,诚诚实实的向你们略微说说,就请你们认真考查,主张公道,这是我们深切盼望的。

(一) 实行管理军民政务

日军于九月二十一日进吉林省城后,首先改组政府。吉林省长官熙洽、军政厅长郭恩霖、实业厅长张燕卿、官银号总办刘郁芬,皆是日本信赖之人而【被】委用的,地方公举不过假托名义而已。公安局初住日兵十余名,继则派出日人前往监视。军政厅驻日军一队,凡我国军队之集合、调动,均有严重[密]监视,并主张之。长官熙及军政厅长郭不过转达命令而已。各机构起初驻日兵,现在撤出。省署日人顾问大泊、华田等四名,财、教、实各厅均有日人顾问一名,又副手一名。既有收支款项,行政计划,事无巨细,无不实行监视。现在省政改组,设立总务厅,厅长日人原五,科长日人二,兼管全省事务,各机关之中国官吏不过供奔走使命而已。

(二)摧残教育消灭民族精神

日军进据吉林省城,先至第一师范、第五中学两校,诱两校学生移至永衡官银号,日军又赶到恫吓威胁,多有受惊成病者。又尝至女子师范,住校学生惶恐,倍受惊恐。教科书中稍有涉及日本情事者,辄目为污日反日,均令割裂撕毁之。书中若有不明了之处,则将全书携之以去,以第一中学携去书籍为最多。云各书坊亦被检查,将书封锁,小学加授孝经,中学添授四书、日语,减少英文,所用教科书均大加取缔,其意在消灭我们民族思想,阻碍我们知识的进步,不但亡我国家,并且要灭我们的民族。

(三)钳制舆论剖削人民自由

《吉长日报》原是吉林唯一的报纸,日军进占省城后停刊,另设《吉林日报》,甘做日人走狗之教育厅长荣孟枚为该报之社长,信口雌黄,颠倒黑白:"东北四省独立出路问题之研究""顾维钧入满不可"等等社论注"佛"者,皆其发表之言论。其言如此,其心可知。查其主实为日人,荣孟枚不过其喉舌耳。至其消息,亦总多虚伪捏造,迥与事实相反。日本报纸如《满洲报》等亦常割裂。中国报纸则严重取缔,绝对不许阅览。信件亦被检查,真实消息绝对不许其微有传递。吾人之自由剖削尽矣。

(四)日军之残暴行为

自吉林被日军占领迄今已有半年,人民之死丧者不可数计。各关要路皆有日人驻守,检查行人。又有衣中国服之日人稽查到处侦巡,遇有行迹微有可疑者,便即枪毙,或即逮捕,酷刑(毒打、灌油、剖肋骨)鞫讯,死于非命者日日有之。十月间,军械厂某职员之子及仆人傍晚遄行回家,经过军械厂(现驻日军)墙外,被日兵瞥见,当将二人击毙,令公安局出示,诬彼二人为匪,承认击死不讳。继又变更,登报声明二人之死非日兵所为,捏画抛射线,表明枪弹系由地方胡匪而来。前后捏造之事实,有公安局布告及《吉林日报》可证。

又,东关住户饭店掌柜赵某,将起床之际,日兵闯入,当将其枪毙。同时,北关亦有此事发生。最痛心者,为盖文华等十二人之惨死。先是,日宪兵将彼等十二人先后逮捕,日日酷刑审讯,先用水条吊打,次用石油注入鼻孔,出血方止。如此受刑多者两月,少亦□有余日,不死已成废人矣。二月二十九日晨,突将盖等十二人用汽车载至九龙口,两日人按住头脚,使之不得活动,一日人持军刀将半死之十二人一一砍死,多有受至六七刀者,少亦三四刀。死者蒙着眼,塞住口,使之目不能见,声不得出,可谓极人世间未有之至惨,不图于廿世纪文明时代见之,斯亦世界人类之羞也！报载十一人,其时［实］十二人,因日宪兵通知公安局时漏掉一人。死而不得闻其名字,抑尤冤矣。

四月一日,日兵由敦化押送一中人来吉,下车出站后即将中人用刺刀斫死。

日兵在敦化尤属残暴,开膛杀死保卫团总队长,街上枪毙行路妇女,商民、工人、农夫被杀死者不计其数。收［搜］查检验不堪其扰,均向他处逃避。街市萧条,十室九空。未逃者又迫令开门交易,处于淫威压迫之下,真无可如何。宾县、一面坡等处既被日军占后,又复派遣飞机投掷炸弹,房屋焚毁,县公署亦被炸,人民死伤(有齿舌破落来吉林送治者)无数。财产损失极重。

四月中旬,磐石中国军队开走之事,原由于日军警逮捕鲜民数名,诬为共党,严刑审讯,毒打灌油,又剜去两目,惨酷已达极点。中国军队在旁忍耐不过(恻隐之心人人有之,而日人则无之,哀哉!)上前劝阻,日军迁怒,谓："你们管不着,你们将来也是这样!"并起冲突。中国军队忿极开走,自保生路。

前财政厅长荣厚、官银号会办秦少伯、商会长张节涛、李振声等无辜【被】逮捕,监禁杀死,此皆耳目昭著。其余【被】逮捕监禁,秘密致死者不可胜数,呜呼惨矣！

(五) 用中国人杀中国人计划之失败

吉省当局承日人之意,招募警备旅、铁道守备队、剿"匪"军等,其用意拟以中国之人而亡中国,彼则坐收其利。岂知国人心未尽死,已知其奸计。去年,使中国军队——警备旅及剿"匪"军于琛征(甘心为虎作伥)为司令,出伐舒兰、五常、榆树等处国军,不战而降者极众。及至哈尔滨,已不成军,于琛征几乎被擒。日军之真面目乃现,直接与中国军队(日人诬为反吉军)交战,相持十余日。国军卒以器械不精,子弹缺乏,并受飞机之炸击,死亡极多,不得不退。王林军队孤守敦化一带,阻止吉会路之修筑(此路日本久拟修筑,以为括吞北满之政策),曾与日军冲突数次,日军亦未完全胜利,余如宁安、穆棱、密山等县保卫团之联合崛起,扶余、农安、额穆等处民众联合复兴之报频传。又如一面坡、珠河等处日军屡进屡退,得而复失。以及各处之屡起变动,均是以表现国人心尚未死，时时存恢复之志。吉林、长春等处人民处于压迫之下，不得不忍痛一时，以待时机。间有几个卖国之辈——荣孟枚、刘郁芬、郭恩霖、张燕卿——究属少数以发财为目的，不得以概其余。事实俱在，日本欲一手掩尽天下人之耳目，谓三千万民众自决，建设"新国家"，其谁欺？欺天下乎？

（六）伪建"满洲国"经过

建设"新国家"，日本御用报纸（吉林日报）——极力鼓吹。吉林省公署组设"建国促进会"，中日人合办，而实权由日人操之，中国人供驱使而已。又召集地方代表会议，其实雇佣当地之人充之，每人日给工钱八元，少则数角。代表中有日人七名，会议事项全由彼等提议表决之。游行三次，参加者名为各团体、学校，其实乃牛马行之贫民，临时招雇，工钱二角、五角不等。散发之发单、粘贴之标语均系日人制作，考其词句，全系日文语气。及"新国家"成立，本省开庆祝大会，一切办法全由日人主张，中国人承命办理，铺张扬厉，表示欢欣，全系日人心理，中国人屈服之下痛心如焚矣。

（七）长春伪政府之真相

"执政府"、"国务院"、"参议院"首脑为中国人，但实权操诸日人，主要职员亦是日人。执政徒拥虚名，毫无主权。侍从武官日人，汽车司机日人，层层包围，生活不得自由。"国务院总理"郑孝胥更是傀儡，一切政事全由总务厅长日人主持，各部院之事亦须得其允许方能施行，各部院主要职员全为日人。此种现象，绝像中国旧日影戏，中国人为被动者影人子，日人乃内幕之主动者。

（八）农商工业所受之损失

吉林自日军占据后，农田荒废，工商辍业，市面日渐萧条——源升庆、大中华、天一表局、东茂合等相继关闭。北大街商铺荒闭尤多。外县市——蛟河、敦化、舒兰、乌拉街、缸窑、五常、阿城、珠河、宾县、扶余、榆树、水曲柳岗等处均十室九空，人民流离失所，不能耕种，民食将告缺乏。日来官帖（吉省金融本位）日就毛荒。试问：日军未占据之前有此现象乎？无有也。日本军队若长此不撤，东省民众无噍类矣。

(九) 掩饰事实

近以国联调查团将到，各机构日人均改衣中服以避人耳目。又扩大宣传，抹杀事实，粉饰太平。制作中英文标语，粘贴各处——"农耕于野"、"商歌于途"、"满洲乐园"、"远东日内瓦"……并对欢迎之人严加限制，秘密告以问答之话："'满洲国'建国是我们自己之意"……欢迎之人不许多言，其他中国人不许接近调查团。种种办法唯恐其真相败露也。

(十) 日军搜检之烦难

吾人生活无日不在日军严重监视之中，飞机侦察于上空，宪兵检查于各处，住户、要路、行旅无不受其严密之检查。四月廿七日五时余，日人顾问大泊由车站行至粮米行东头，谓人行刺，当即下车搜查附近居民，将左近铁工厂正在打铁之工人四名捕去。大泊并谓"是日未曾带枪"，经日宪兵及中国警察察看出事状况，结果汽车一面玻璃窜成一孔，并无其他破处，枪子未曾出去，但是车内遍搜并无子弹，斯属可疑。有人揣测系由车内向外射者，但也无人敢向他质问。自当日下午五点钟半起（此事之发生时），城内及各关按户搜查，路上行人经过各门要按人盘查，亘一昼一夜，至二十八日夜方停止。搜查者为日本宪兵、中国宪兵及警兵，夜半直入民宅，任意检查，人民大受惊恐。不但自由剥消［削］净尽，就是生命之安全也谈不到了。警察各住所也被搜查。全城搜查，结果不但无行刺的人，私枪也未检着，概无一所得。在此事之前日，大泊顾问就要检查全城，只因公安局长负责住民，无有特别行动，未能照办。今以此事推测自有关联，日本的横暴诡诈可见一斑。我国民受压迫的痛苦实在无穷。

综合日本的出兵是有计划、有准备，实行他那侵略野心，征服全世界的主义。但是太无公理，太无国际信义，自知理屈，故在国际宣传说是"保护侨民，出于自卫"。可是，日本进兵之前，东三省各地并未发生乱事，各国侨民都相安无事。日本又说："讨平胡匪、拯救我民"、"'满洲国'建设系民众自决"。其实，日军的行为凶暴、残忍已达极点，前边所说不过是已知道的，不知道的还有很多。"满洲国"中国人完全傀儡，军政大权都操之日人手里，纯粹是朝鲜第二，这不必细说了。但是，他也知道他的阴谋、他的野心、他的横暴是无理的、是在国际所不容的。他既作了，他又怕人知道（日人国民性完全如此，故又颠倒黑白，宣传世界，蒙蔽世人耳目。此次国际调查团将到），尤其是顾维钧同行，将他那真正事实看破，所以拿着"满洲国"名义反对顾维钧同行，其实确是反对调查，也就是他那些无理的行为怕人看破。

我想调查团诸位委员都是当世名人，人格纯洁高尚，绝不能被他的甘言所愚、伪造的事实所惑。更必能详细切实调查，主张公道，保障人道，将日本侵略的事实、我们受祸的惨烈，赤条条的写出来，向国联、向全世界报告，使压迫者有所顾虑，知道世界尚有公理，国际联盟得以保持那神圣地位，被压迫者可以死里逃生。保持世界永久和平，完全在此一举。若是畏他强权，愿意和他合作，偏袒日本，灭亡弱小民族，我们独有奋斗反抗、至死方休之一途。我想调查团委员绝不能这样。我们所以用万分热诚，欢迎世界和平天使——国际调查团莅临！

吉林青年救国会启
五月二日

资料来源：日内瓦国联与联合国档案馆藏李顿调查团档案，卷宗号：S36。

6. 吉林青年救国会来信

惠牧师、柯干事：

我们东北三省自上年九月被日本占据以后，所有经过情形——日军的横暴、地方的蹂躏、人民的涂炭（敦化特甚），都是你们亲聆眼见，也无须细说。但是，在这七八个月中，我们生活在强暴压力之下，行动在严重监视之中，有冤无处诉，有话不得说，真是可怜极了，亦痛苦极了！有了，就仰仗你们二位了。

你们二位寄居吉林多有廿余年，少亦两年有余，加惠于我们社会青年实在不少。我们吉林民众对你们感情亦特别浓厚，素来钦仰。现在，我们沦为奴隶，落在黑暗窟里，如同牛马坠入深渊，重受鞭打，拔脱不出。你们崇拜耶稣基督，自然以悲天悯人为怀，看见我们这个样子，谅以[已]难乎为情了！但是空言无补，徒忧何益！

现在好了，时机到了，国际调查团将到吉林了，这正是发展服务人群精神之时，宣扬耶稣救世主义之日了！就请你们二位大发慈悲之心，主张正义人道，将日本占据吉林经过情形和我人民呻吟憔悴状况向调查团详细转达报告，使他们得到真象［相］，国际下一公正有效的裁制，【使】强暴不能再起，世界和平永久维持。我们虽忍痛一时,尚可复苏于来日,这都是你们二位之所赐啊!

谨代表东北三千万民众额手以谢!恭候道履康健!

吉林青年救国会谨启
五月三日

资料来源:日内瓦国联与联合国档案馆藏李顿调查团档案,卷宗号:S36。

7. 中国国民一份子①张大可来信

李顿委员长钧鉴:

你们来到哈尔滨,我们是十二分的欢迎,并且是十二分的感谢。现在哈埠的情形,按着我所知道的呈报你们,希望你们对于我的话要加点注意。

我们东省的民众,自九一八事变以后就受日本军阀压迫,学校的课本也给改了,念那忘国的书。对于教育的摧残,用极惨的手段,在学校里驻兵,学校的文具被日本兵抢掠一空。如若不信,可以亲往调查,即知真伪。

"建国"的标语是那[哪]个民众团体举办的?请你问市政局长,我敢断言:完全是日本人与鲍市长包办的,绝对不是民众办的!"建国"既是民众的意思,何以单要一二人来办大家的事呢?由此可证明:是日本的军阀和中国的一二人卖国贼子、走狗强奸民意,并不是出于民众的真正民意。关于市民大会既[暨]"建国"庆祝大会,全是拉夫式的野蛮举动,按着户口每家要一人去参加。但是,稍有智识的人是一个去的也没有。这种事可以问英国领事即能知之,因为他住在礼场的隔壁,一望而知。

现在,哈埠的各机关内全有日本人当顾问,每天所收到的税款,全被日本人拿去,存在日本银行内。对于新闻、电报,每天扣留,不准登载。对于信件、报纸,亦大大查验,不论华洋信件,凡有与日本有牵连者即行扣留,此顾忘[故亡]中国,然对我最亲善之友邦大英国亦大有关系。因为日本占了东省,他的材料与粮食的来源就不缺乏了。他将来借着这个要执世界牛耳,世界的和平将要被日本破坏了。未来的兵灾人祸,吾黄白种人要直接的响[享]受了。日本实为世界之海盗,人郡[群]之蟊贼。如无实力对之,其祸将不知止于胡底。

---

① 编者按:原文如此,现做"分子",下同。

此只吾个人之所见所闻,仅此奉上,并请注意为荷。

中国国民一份子张大可

资料来源:日内瓦国联与联合国档案馆藏李顿调查团档案,卷宗号:S36。

8. 黑龙江省绥化县全境民众来信

国联调查团主席李顿卿博士及各代表勋鉴:

窃以日人蔑视公约、不顾正义,抱弱肉强食之野心、肆侵略并吞之诡计,无故称兵,祸乱人国。初则借口保侨,任意出兵于三省。继则强奸民意,造成叛逆政府,贿买汉奸为走狗,威吓溥仪做傀儡,凡属伪国主要人物均由日人充任。列强诘问,则以三千万民众之同意为词。试问:占辽宁、攻吉林,侵犯黑龙江者,固日本之军队也。溥仪之离津,亦日人送炸弹、施炮火逼之使行也。举凡三省国民,除甘为奴隶、忍心卖国之二三汉奸外,无智愚贤不肖,莫不疾首痛心、义愤填胸。环观三省境内,救国义勇各军风起云涌,不过以器械不良、应援未继,未奏肤公[功]。然此蹶彼起,誓死抵抗,以期光华灿烂之青天白日旗帜再照耀于辽东半岛,使中华领土仍复完整,此固三千万民众之决心,非仅本县一隅为然也。

兹贵团莅临,实地调查,当能主持正义、履行盟约,以保世界永久和平。不然,则我中华民国财固不充,器固不良,而四万万人心固未死也,势必牺牲一切与此蔑视公约、不顾正义而又自号东亚文明国家之强暴日本抵抗到底,推倒伪国,还我河山!宁为阵前鬼,不做亡国奴!

敝国亦非敢故违公约、首开战端,诚以御侮自卫,公理所许。将来战事延长,自有祸首,敝国绝不任【其】咎。沥情上陈,伏希鉴察。

黑龙江省绥化县全境民众报告
(第一、二、三、四、五区印)①
中华民国二十一年五月□日

资料来源:日内瓦国联与联合国档案馆藏李顿调查团档案,卷宗号:S36。

---

① 编者按:括号为编者所加,意指落款处有致信人的印、章、押等,下同。

9. 中华民国黑龙江省民众代表报告书

大中华民国黑龙江省五百万民众热烈欢迎和平使者、国联调查团麦考易①委员先生远涉重洋而来东亚，原为保障世界和平，以谋人类幸福，必不肯受日本军阀一方面捏造之事实所欺骗，此为酷爱和平之中华民族所深信不疑者。但日本军阀之阴毒险诈为举世所公认，于我先生未到中国以前，即拼命令其在中国东北各地已设立之特务行政机关和所谓"满洲国"政府，从事其一切掩饰欺骗的工作。所以，我们预料：我先生必得不到横被摧残之东北真迹。如此，非特我先生虚此一行，世界和平亦属绝望。那么，我们就不能不将身受目睹的事实供献与我先生，以补充调查上的材料，略助伟大使命的完成。

从一九三一年九月十八日日本无端进兵，我们军事当局为保障和平、避免战祸起见，节节退让，以待世界公理之制裁。乃日本野心不已，得寸进尺，不数月辽、吉、黑三省竟被其暴力侵占。既占东北，复窥淞沪，此直欲整个并吞中国以达其征服全世界之野心。淞沪惨酷之遗迹及辽、吉、长、哈凋敝之情形，想我先生已明白察勘，不必再为陈述。兹仅将黑龙江省各方面所受的损害胪列于后，以求世界之公判。

一、军事之侵占

自日军进攻黑省之初，我军为自卫计在嫩江沿岸设防，并焚毁江桥。日本遂借口修理江桥，屡向我方要求。我方为避免战争计，约定各退二十华里。日本失信，竟以飞机、战车掩护猛攻，我军不得已退守海伦。日军入城后，即向商会勒取大宗给养。次日，遂占据党部、粮秣厂、军械厂、被服厂、子药库、讲武堂、实业厅、中国银行，各中学、各小学，均行占据。复将民报社强行改组为日本之宣传机关报，并占据民田。以目所见者，指陈如下：（一）距江省十八里大民屯地方一处，埋有日本陆军义地之石桩。（二）师范学校附近一处，亦埋有石桩。（三）东马路大仙堂附近一处，亦埋有石桩。粮秣厂附近一处，做其飞机场等等。均可作为侵占土地之证明。

---

① 编者按：多译为麦考益，下同。

二、内政之把持

日军入城，马主席退走海伦。日人即唆使劣绅先行组织自治委员会。蛊惑愚民，使其反乱街衢。遍贴光怪陆离之布告，挑拨是非。封闭各金融机关以扰乱经济。擅占民房，任意拆毁，搜查户口，横加暴戾。复派人屡到海伦，威胁马主席回江，以便做其傀儡。吾马主席为顾人民安全计，在强制之下暂回省城，而日本所派之大批顾问、咨议满布各机关。日本之狰狞面目益形暴露，且更变本加厉，一切内政无不干涉，虽区区一职员，亦须待其顾问等许可方敢任用。此次"满洲国"之成立，纯系日本一手造成。中国执政官吏在其淫威之下，不得不假意周旋。最近，马主席实不能忍受其凌辱，是以抛弃一切，出走黑河。参谋长谢科等亦均潜逃。至于军队，纷纷随走。各县民众纷起组织义勇军，抗日救国。此足见日本暴力压迫之甚与夫民众反对之情形也。

三、交通之破坏

（一）铁路

吾国东北近几年来因开发财源、发展经济及欲门户开放，与各友邦以种种便利起见，对于铁路敷设极多。而今，日本乘世界经济恐慌、不暇他顾时期，遽行侵占我东北，且欲长期独吞。现在，东北所有之铁路完全被其接收，重要职员均换日人矣。

（二）邮政

自日军军事发动后，即另设邮便局寄递邮件。一般日商及其侨民等亦由其军行邮便局寄递，我国此项损失实已至巨。且更不付邮资，投交吾国邮局，则其损失更可知矣。又派兵到邮局任意检查邮件，不顾万国联邮订定之邮政纲要所载于两国正式交战时检查邮件办法及手续，日人之藐视全世界，处处可以概见。今邮政以为日人假"满洲国"名义强行接收，掠夺邮权，破坏交通及万国联邮盟约。

（三）电政

电报局、电话局均派有日人监视，吾华人民发寄电报均须与日人译阅。此外，复另设日本电报局，与中国人民公开发寄，其价值尤特别取廉，借夺吾电权也。

四、工商业之垄断

江省民有创办之两家火柴工厂，日本商人不时挟其军阀势力，欲行强制收购。否则，亦要求就其在长春所设之公卖范围，以便遂其垄断东北工业之野心。复强行接收极有规模之龙江饭店。最近，任用其素供驱使之韩云阶为黑龙江实业厅长，借以订立各项合同，以遂日本单独开发东北实业之优先独霸权，以备拒抗各国将来之投资。近且计划鸦片开禁、公卖糖类、征税公卖、赌博收捐，不禁[仅]蓄[处]心积虑并吞东北，与夫准备推翻列强对中国门户开放、机会均等之前议，可以概见。

五、人民对伪国之态度

中华民族原为汉、满、蒙、回、藏五族共和，早已化而为一。语言、文字、风俗、习惯、血统本无二致，由中国四千余年之悠久历史可考，且于华盛顿会议早经确定，为世界所公认。乃日本欲达其侵略之野心，独倡荒谬无稽之论，谓"满洲国"为另一种族，向不属于中国。故劫清废帝溥仪及二三丧心病狂之官吏，组所谓"满洲国"，以便做其傀儡，借资掩饰，以亡韩故技而亡我东北。尤恐民众反对，假意收买民心，其丑行伎俩，直为人类所不齿。如在江省举行之日本庆祝会及"满洲国"成立庆祝会，遍散传单标语，强令商家贴挂在街边。游行时以日币雇贫人并逼迫商家办秧歌，更迫邮局于信件上盖"满洲国"成立纪念戳，邮局因请示上司稍迟，日人即怒目相加。凡有庆祝"满洲国"之举，均为日人强迫，商民绝无自动参加。最近，日人闻国联调查团将到东北，恐真相败露，乃令所谓"满洲国外交部"发电，拒绝我国代表入境，实无异拒绝国联。吾人欢迎国联调查团及吾国代表如赤子之望母。吾人本中华民族，东北实为中国土地，我们三千万民众绝不承认日本迫组之"满洲国"，竭诚拥护我中国现在政府。

最后，希望我先生调查完成，将暴日侵略我国之事实提交大会，即速秉公解决，以期早日恢复东亚和平。如大会仍前敷衍，则破坏和平之责任，应由日本负之。吾人早具"宁为玉碎不为瓦全"之决心，谨以诚意为我先生陈告，并祝我先生健康！

大中华民国黑龙江省民众代表
张毅新（章）梦觉（章）谨具
中华民国二十一年四月二十日

资料来源：日内瓦国联与联合国档案馆藏李顿调查团档案，卷宗号：S36。

10. 哈尔滨农民民众联合会来信

顾大人同各国委员：

来救救小民们之急难！日本狼毒心肠，杀害小民，有死无生。乌珠河一带烧的民无住处，无有吃食，车马被日军强抢去，庄家[稼]不能种，民提笔珠泪滚滚。老少无处投奔，老母七十余岁，还有大小四口，就得饿死。望求各国大委员力救我们，叫日本退去，是我们民众救命之神圣。日本杀我们如杀鸡一样，我们中央政府信仰国联，国联得给我们做主。鲍市长他是日本爹、高丽妈，不是中国人，望国联诸大委员明鉴。日本又来很多兵，上山里、上下江，望调查团神圣们到一面坡及方正、宾县去看看，我们民众有意见，[向]神圣们求救。而日本必以枪对待我们。

顾大人，咱是中国人，快快救我们吧。张景惠被日本人强迫，望各国委员不可信他们的话。我们中国报得有日本先阅过才叫印，得说他们好。他们日本人卖大烟，明的不叫中国管，害我们、杀我们。顾大人赶紧想法救小民们吧！白俄、高丽，而【被】日本买动，帮之[着]他们，欺负我们。顾大人快快告诉国联，想法救我们，我们救命的恩人来了，我们救民众的顾大人来了，快救我们！

千万得交中国顾维钧大人收。

农民民众联合会跪禀

资料来源：日内瓦国联与联合国档案馆藏李顿调查团档案，卷宗号：S36。

11. 哈尔滨民众团体会来信

近闻国联调查团奉国联使命，辱临东省，系只为中日纠纷实地调查、主持公道及世界和平而来。历经华南、华北，以至于东省沿途，沐雨栉风，受尽千辛万苦，乃是为我弱民主持公道而来的，即妇女孩童之辈，莫不感激于万一也。

窃自九一八事变以至于今日，已经数月之久，我三省民众受尽日本帝国主义之摧残，四民敢怒而不敢言。日兵所到即施其毒辣之惯技，该抱定非其土地、非其人民、非其建筑之主义，东北各处，日兵所至，几无瓦全。淫杀房劫，无所不至，我三千万胞泽何罪？受此荼毒！常此以往，少者、老者转于沟壑，年青力壮者不入于盗即入于匪，舍此无以谋生存之道。此皆日本帝国主义者之所赐也！而该又巧舌,犹云为我三千万民众谋幸福,福则未至,祸已先罹。且又酸[唆]使二三失意政客【发布】独立宣言,其真独立耶？不过名存而实亡耳。

日人不独亡我东省山河,且欲灭我东省人种。自日人至哈埠以来,各处日人、鲜人莫不明目张胆,鸦片及海洛英[因]、吗啡等毒品公然出售,且又赌博公开。查鸦片、赌博,何国不在禁列？而日本仗其武力,倡其人民作诸其事,此非灭种而何？自闻国联将来哈埠,该日人预招[召]各伪机关训话,待国联来哈之时如何对答,如何建设"新国家"之好,该之狡猾无微不至。今闻国联调查团乃是主持公道、主持和平、主持人道之天使,故特奉此草,恳求速为设法,锄其强【暴】,灭其蛮横,以重人道。务令其赔赏[偿]事变之一切的损失,恢复九一八事变以前之原状,此乃是真正公道呢。此请。

我等所作此书不敢露名,恐遭日人之毒杀,亦未知国联能否接见。如接见此信之时,乞登于国际协报之上,只云哈尔滨民众团体会之信已是足矣。

国联调查团钧鉴！

哈尔滨民众团体会上言
五月十一号

资料来源:日内瓦国联与联合国档案馆藏李顿调查团档案,卷宗号:S36。

12. 农民高维周来信

国际调查团诸君公鉴：

道德沦丧的日本以激烈手段将三省侵为己有,以严密宣传蒙蔽国际联盟会,使我们三省民众无处申述,将我们交通机关完全把住,就如同在值[蒸]锅一样。并以前清灭亡的废帝溥仪,日本以武力拥上台去,作对各国的假宣传,将我们整个的中华大国硬以强制手段使三省改为"大同国",内中的阴谋纯为日本把持,真是强奸民意,与国际公法所不许,【这是】我们数月不能申述的心意。遥闻贵团莅哈,调查中日的纠纷,其责实属为谁,遥想诸君必以公正无私为基本,并以人民趋向为公判,可想我们四千年的民族精神,焉能甘心使日本侵吞？望贵团之遥盼实达极点！

今贵团已莅哈,曷胜欢迎！奈途远不能趋前申述,谨修函以略陈。望贵团以民意取缔"大同【国】"的假面具,着日本以公理交还我们完整的中国,赔偿人民巨大损失,以维贵团之公信而免中日之激战。倘无公理之详判,我们最后的牺牲,联合民众,与日本以铁血主义作长期之奋斗,不收回已失的主权不止,不还我们自由不休。头可断,血可流,国仇焉能不复!恳请贵国际调查团公鉴,以公进行而维和平,是为远望。

庆祝国际调查团到哈!

欢迎远途而来的调查团!

希望中日事件以公理判断!

打倒日本的势力"大同国家"!!

世界和平万岁!!!

大中华民国二十一年五月十日
农民高维周谨述

资料来源:日内瓦国联与联合国档案馆藏李顿调查团档案,卷宗号:S36。

13. 东北各县农工商学警及民众上国联书

哈埠邮局现被日本人监视,查悉凡我东北民众及各法团、各机关所有呈贵调查团公文信件,完全被日人扣留。

为呈请事:

窃查东北自去岁二十年九月十八日晚,日本以匪寇手段袭击我奉天、长春及沿南满铁路线各重要县城。我国当局以堂堂国家如对外开战,势须遵照国际法,绝无用盗贼行为夺人名城巨镇之理,故通令不抵抗。乃日军得寸进尺,占吉林、攻嫩江、夺三间房、打哈尔滨。心犹不足,复袭取奉、吉、黑三省各县。利用我国汉奸,逼迫前清宣统硬为满洲国执政,强奸民意,伪设政府。我军民少[稍]有反对者,即枪杀驱除,计事变迄今,屠我无辜商民何止百万,死我军警何止十万!其惨无人道,实世界公理所不许,抑世界和平之蟊贼。故屡向贵联呼吁,拟以公理胜强权。

今幸贵调查团莅哈,我民众愤无处伸,谨将日军暴行略举梗概,足知日人此举,纯粹以亡朝鲜之法待我东北三千万民众。

贵联若不为我主张公道,我民众惟有结合一致,与野蛮日军拼命战死,誓不同卖国贼及倭寇共生存。试看日人所设之伪满洲国,其重要职员无一非日人掌握,其余我国之走狗,若院长、若部长,不过共[供]日人之指使,俨同木偶耳。至执小旗、说赞成"新国家"者,皆日人雇用或迫使者耳,那[哪]有一民人、一团体真正赞同日人伪造之政府也! 为此呈请贵调查团鉴核施行。

东北各县农工商学警及民众同呈
代表人孙执中、李德宽、裴志庭、段长龄(章)、周文武(押)
中华民国二十一年五月十一日

资料来源:日内瓦国联与联合国档案馆藏李顿调查团档案,卷宗号:S36。

14. 东北小学民众来信

东北伪政府是日本侵占满洲、掩饰世界各友邦的耳目机关。日本并吞东北就是吞并全世界的初步。东北三千万民众绝对不脱离中国政府。满洲伪新政府是日本大规模之传达宝,是日本惨杀人民的机关。日本恃武力压迫我们军队,以施展他之武力侵占政策。日本恃空军势力轰炸我们商民。

此请国联调查团先生勋鉴!

东北小学民众叩
1932.5.13

资料来源:日内瓦国联与联合国档案馆藏李顿调查团档案,卷宗号:S36。

15. 哈尔滨各法团、各工会上国联书

为报告事:

日本自去年九月十八日以武力占领东北以来,俨然以保护国自居,处处表现其侵占领土之野心。近更伪造中国民意,建设"满洲国",其用意实与吞并朝鲜如出一辙。兹将其野蛮之行为与叵测之心理分别述明:

一、建设"满洲国"绝对是违背东北民意之产物。东北是中国之东北,东北人民是中国之人民,焉有脱离中国之理!"满洲国"之建设,全系少数卖国官僚甘心为日本作走狗,以贪图个人富贵,如何能代表东北人民之意见?

二、日本对伪满洲国之利用。日本为避免列强之注意,特将其侵并手腕假手于"满洲国"行之,故伪满洲国与日本订定之条约,全为拍卖中国之国土。伪满洲国与人民之内政,全为压迫人民降服日本。

三、日本对于东三省之大破坏与屠杀。日本自出兵强占东三省以来,对于

东三省一切经济、物质之建设均破坏无余。且屠杀无辜民众,其数目之大,竟不能以数字统计。

四、日本对东三省教育之摧残。日本军队任意占用校舍,致各中学校不能开学。小学校虽有开学者,然亦受其监视与压迫。教科书皆由日本人监督删改,以行愚民政策。

五、建国庆祝的怪剧。日本强迫中国人民举行建国庆祝会。华人被迫到会者,均不肯向伪国旗行礼,某外报故意说中国人不会行礼,且遍行贴糊之标语均被人民撕掉,"满洲国"非东三省人民之本意可知。

六、强迫举办运动会。日本因调查团前来,竟伪造中国民意,令哈尔滨市民举行运动会。一方【面】欢迎贵调差团①,一方【面】表示庆祝新国。此事全系出诸日本强迫,一切一切均系日本代做,丝毫非中国人民之意。

七、借口保侨进兵哈尔滨毫无理由。哈【尔】滨日侨不过一千余人,乃日兵竟进兵逾万,借口保护侨民,实系侵略土地。

八、义勇军系被踏铁蹄下之产物。东三省住民不堪日军之屠杀压迫,不得已乃组织成义勇军以资反抗。现在,该军埠外各地皆有之。日本竟指为兵匪,乃系掩饰之词,绝非事实。

九、鲍观澄之为人。哈【尔】滨鲍市长系日本女子所生,又为土肥原秘书,且在中国犯法入狱。日兵占东三省,方由日本人释放。其一切言行当不能代表东三省民意也。

十、各国领事、各国侨民均洞悉东三省民意。东三省人民绝不愿另建新国,各国领事及各国侨民早经洞悉。奈处彼铁蹄之下,无法将此意旨宣布也。

十一、伪满洲国之弊政。伪满洲国决定鸦片公卖政策,且美名其曰维持卫生,岂非笑话!

总之,日本既欲东三省人民之失学无识,又欲东三省人民之羸弱多病。然后,彼可为所欲为,而必以待朝鲜者待东三省矣。

哈尔滨各法团、各工会谨呈

资料来源:日内瓦国联与联合国档案馆藏李顿调查团档案,卷宗号:S36。

---

① 编者按:原文如此,即"调查团"。

16. 呈国际联盟会调查团麦考易委员意见书

敬启者：

我中华不幸，内乱频仍，复值水灾。统一以还，政治、经济两未健全，邦人已觉痛苦矣。然亦不能不本民族独立自救之意旨，奋勉以求解决之。讵意暴日凶残性成，豺狼为心，数十年并吞满蒙，完成大陆政策，欲作亚洲皇帝之迷梦，竟于二十年九月十八日，假南满铁道被我人破坏为辞，乃出兵强占沈阳，杀烧奸掠，极尽其野蛮强暴之凶惨。于最短期间内，连陷辽、吉、黑三省，人民无辜横被枪杀者比比皆是。乃复违犯国际联盟之决议与劝告，乘机攻略锦州与齐齐哈尔。延至今日，不但不肯履行国联决议撤兵之约言，且军事行动迄未停止，更设立傀儡政权，唆使其久已豢养之汉奸、昏吏、劣绅成立伪满洲国，并勒令三省各县府、商农各会集取签押，拥护"满洲国"之种种胁迫，捏造不实之凭证，希冀掩尽调查团我公之耳目和全世界之观察与听闻，企图置东三省与朝鲜同样之运命。尤为未足，再加于东北之暴行延至中国工商业中心华南之上海与长江流域，华北中枢之天津、青岛，横暴凶蛮，惨无人道，极人类有史以来未有之前闻，举世界一切之和平公约于不顾。

大中国民族酷爱和平，久为吾世界人类所洞悉。九一八事变后一再忍忍，力避引起世界之二次战争。故我政府将所有被侵略经过、全体事件，提请国联，依法作公平之处。彼于理穷词尽之余，竟诬我国为未具现代形体之国家，不能受国联之保护，是根本否认中国之独立与存在。国联为维持和平，努力公正解除两国一切之纠纷，彼乃诬国联为认识不足，益彰其背弃人道与正义者也。然我民众等相信中国政治、司法、教育一切政施在革命军事残余未了、训政开始期间，一切建设多多未臻完善之境。惟我民众已在国民党领导下，一本先总理孙中山先生手创之三民主义、建国大纲、建国方略，继续努力，以求达到政施完善，促进世界之大同也。

国联一本基督救世之怀与维持世界公道和平之职责，以息事宁人的主旨，出而努力于两国纠纷之解除，我全满蒙民族万分感激。至唆使汉奸昏吏所组成之伪满洲国，声明为我满蒙民众公意所自主等情，尤为荒谬绝伦。所谓"司马昭之心世人皆知"，无庸置辩。惟我汉、满、蒙、回、藏各族，早已五族一家，成立中华民国二十一年。于兹矣，不第不受任何人离间挑拨与脱离耳，吾全满蒙民族誓不承认彼一切种种侵吞的野心与虚伪之声明,并一致拥护中华民国,赞助政府武力收复东北失地。

此心此志,天共鉴之!此呈国联调查团委员麦考易钧鉴。

东北满蒙民族代表苏克达、方万昌
恩齐(印)、哈思方(印)、刘方(印)
瓜儿锡纯、修达、修道、和普阴阿、喀音普同呈

资料来源:日内瓦国联与联合国档案馆藏李顿调查团档案,卷宗号:S36。

17. 中华民国十二县及各乡村两千处公民请愿书

谨呈报告:

受日本枪杀人命,欺逼侵占土地,强夺公权亦非一次。前炸死张作霖元帅,日人欲占奉天,我方预备在先,日本未得其便。一千九百三十一年,吉林省天宝山朝鲜人杀害中人,侵占民人土【地】,强种水稻,我中国正在求和平完结。中国明知是日本主使,朝鲜人只可忍受。此事未完,又接日本在高力[丽]主使朝鲜人枪杀中国桥[侨]民,抢夺财物,勉强忍受。日本主意欲占我中国东三省,不得入手,日本自行破坏南满铁路,借此为词,进兵占领奉天,枪杀公民,抢夺财物,即将我兵工厂内所有物品自行运出。又进兵侵占吉林省城,并占各县,杀乡民,亦非纸笔能报完全的。一千九百三十【二】年二月间以至目下,进兵宁安、密山、海陵、穆棱、宾县、五常、韦沙河、邹珠、方正、三姓、枷板站、阿什河,各乡村亦有二千余处,均受日本飞机炸旦[弹],受重大损失,往查即知。

目前,将松花江大小火船悉数强行使用,日本在我中国等等不法行为,目无国联,日本是全世界抢强抢盗[强盗]。此次,国联调查团即是中国明星,即是全世【界】救命明星。

盼望贵国联调查团公鉴。

中华民国十二县及各乡村共两千处公民叩具
中华民国二十一年五月十二日

资料来源:日内瓦国联与联合国档案馆藏李顿调查团档案,卷宗号:S36。

18. 中华民国黑龙江省改组前各法团报告书

国联调查团麦考易委员钧鉴：

窃忆国联成立十余年来，制止武力政策、维持世界和平，成绩昭著，世人共知。此次，我公受国联大会之委托，负公理和平之使命，不辞劳苦，远涉重洋，莅华调查日本侵占东北之真像［相］，欣闻之下曷胜荣幸！溯自一九三一年九月十八日，日军以暴力侵占我辽、吉、黑三省地土，杀戮我无辜人民，一切损失难以数计。复又劫制［持］废帝溥仪，嗾使叛国分子组织傀儡政府，借满蒙独立之名以行其并吞之实。似此惨无人道、不顾信义，系直接违背中日条约，即间接破坏国际公法。并在我公将来调查东北之际，彼又作种种反宣传及改设先前占地形式，借以饰其残暴行为。是故关于调查江省事件，切盼我公贯澈①主张，注意下列各点：

一、日本素有侵占东北之野心。彼自占领辽吉后，遂嗾使叛逆张海鹏攻取江省，以贯澈其大陆政策而完成东北一致之局面。我军本自卫义务之责任，誓力抵抗暴日，见张军志不得逞，即藉②口修筑洮昂路江桥为名，亲以重兵掩护，直至夺取省城。截至今日，仍占据省党部、农业、一中两校、实业、建设两厅及子药库、粮秣厂、新大旅社等处，总计数目约有一师团之多。所谓无侵占东北领土之野心，诚欺人之谈也。

二、居心破坏教育行政。盖日军入城后，首将交通、农业、一中、女师、工业、讲武堂各中等学校尽行占据，校内一切设备一并焚毁无遗，教育无形停顿。至现在，各小学部免［勉］强开学者，则对于课程限制极严，非用彼在辽吉二省删改之课本，即系采用民国十六年以前之教科书加以删改，有日人发给教育厅之删改表可证。我国青年学子失去教育中心，幼年儿童迫受过度教育，彼之处心积虑可想而知。

三、把持交通机关。查铁路、邮电系我国命脉，外人不得干涉。但日军侵入省城，即派兵监视电报、邮政局，来往函电均受严格检查。洮昂、齐克两路则派石原顾问主持路政，我国自立之交通机关已成日军专用机关，又复将呼海路

---

① 编者按：原文如此，今做"贯彻"，下同。此外，还有"澈底"、"透澈"等，亦同。
② 编者按：原文如此，今做"借"，下同。

以收买名义据为己有。

四、干涉内政情形。查日本自明治维新以来，无时不想完其大陆政策。在前有田中义一之奏章，在后有内阁秘密会议录。自占据东北三省后，又有关东厅司令长官本庄繁之上其天皇书，其欲实现大陆政策、吞并我国之野心，真是捉襟见肘、百口莫辩。查彼军入据江省后，乃嗾使少数无知华人组织维持会。至伪政府成立，则派日人为各机关顾问、咨议等职，所有一切设施均操自彼等之手，如原设之五厅制，现则改为三厅制，又委用已入日籍之华人韩云阶为实业厅长，诸如此类，不胜枚举。其向国联声明不干涉内政，今则与事实完全相反矣。

五、摧残党政机关。中国国民党系领导四万万民众脱离军阀割据之途、走入文明建设正规之政党，亦即缓和阶级斗争之党团。奈暴日利欲熏心、不顾利害，攻入省城之后即先占据省党部，并毁去中山遗像、遗嘱及建国大纲等遗迹。对党人则严行查拿，且高唱打倒三民主义邪教，此不尊重国际友谊，侮人国体，莫此为甚。

六、日本以威胁利诱手段令华人组织满洲国伪政府。所谓"满洲国"之成立，乃日人土肥原由天津威迫清废帝溥仪到长春。非系我民众拥戴而来，亦非本人欲就伪职，组织"满洲国"之初步会议乃由日本关东厅司令官本庄繁在辽宁招集之。至于伪国中央政府成立之日及各政府组织之期，均经本庄繁亲自监视分配。威胁利诱之华人，亦惟有受命唯唯。民众方面，皆在其武力压迫之下，敢怒而不敢言，不得不暂持冷静态度，以待国联公判之有无效果后，再行据理□抗，决不受其亡韩之故技。彼之宣传组织"满洲国"系出自民意者，实为掩饰其吞并东北之阴谋，藉以淆乱世人听闻也。

以上各点系谨就所知而言，不免挂一漏万。但日本之蓄意侵占东北，可略见一般［斑］也。伏望我公切实调查真像［相］，主持公道，解决中日纠纷，使中国政治、领土完整，国联威信伸张，保持世界永久和平，则中国幸甚！人类幸甚！

中华民国黑龙江省改组前各法团谨具
中华民国二十一年四月二十日

资料来源：日内瓦国联与联合国档案馆藏李顿调查团档案，卷宗号：S36。

19. 吉黑民众代表团诉愿书

为陈诉事：

窃自中华民国二十年九一八事变，日本无故逞兵，侵占辽宁，东北三省顿陷于混乱炮火之中，致使我三千万民众辗转奔走，家私靡顾，生命不保，苟延残喘。尚有一线之希望者，信仰国联主持公道，当能本诸国联规约，解决中日之交涉，以求世界永久之和平耳。日本虽鬼蜮伎俩，狡诈百端，亦不敢蔑视国联，任意蹂躏我三省也。此所以代表吉、黑两省民众，直诉日本扰乱东北实在情形，为我三省民众请命，谨将侵略情形呈列于左①：

一、日本进占各县，即添设日顾问或委员长主持县政，无论何案何事务，须日员签字方可施行。即为保侨，何竟把持中国政治？此证其侵略者一也。

二、日本到处急于开拓殖民。先行招引日侨居住，所有商民房屋不租不借，严〔俨〕如己有私产。分散高丽人于各村屯，民有房田均被强住霸种。其侵略中华民国之领土，已可概见。此证其侵略者二也。

三、摧残教育也。日军来哈，迫令教育厅全部迁出，驻扎日军，并将各中学校全驻日军。对于中等学校，决不准开学。而小学教科书重新编制，尤须日人审核许可后始能出版。日本所到之处，首重破坏教育，惨杀学生，意在灭智识阶级之爱国举动。其用愚民政策侵略东北可见矣。此证其侵略者三也。

四、侵并铁路也。日本假词出兵护路，其权益仅在南满，兹者非特侵及北满，惹起第三国际之反感，复将中国东三省所有铁路，均强行霸占，派日人掌管，中枢职员多半引用日人。呜呼！鹊巢鸠居，人类同情，谁能甘心！此证其侵略者四也。

五、侵占电政也。日军侵占东北，到处即将电政机关先为把握，如电报局、电话局、无线电、广播电，均派员监视检查并〔其〕工作。一切关于世界新闻，有利于中国者辄扣留不发。其鬼蜮伎俩之手段，有目共睹。此证其侵略者五也。

六、侵夺航权也。关于航务，日本以武力接收官商各船，任意载兵。对于中国航船学校毕业之航务员，如数驱逐、逮捕残杀之，咸派日人及俄人充任之。航务机关，尽被日人占据。此证其侵略者六也。

---

① 编者按：原文为竖排，故"于左"，下同。

七、侵夺财政也。关于财政机关,均派日人监视或设顾问,凡事非经日人许可,不能擅专。而每日收入之款,日本逐日提取以去,供彼侵略之军费。此证其侵略者七也。

八、侵略警察权也。对于警务机关,日人均设顾问数人,或设官长,事事仰承鼻息,非经日人同意,断乎难行。如开烟馆、设赌场、卖吗啡、海龙[洛]英[因],均系日本怂恿韩人实行公开,警察干涉则遭日本之非难。其欲吸尽民脂民膏,毒害我东北三千万民众也可知矣。此证其侵略者八也。

九、"满洲国"的确【是】日本造成也。日本侵略满蒙,出兵之初,恐惹起国联之干涉,仅曰护路保侨而已。今者护路,曾越权达及北满及中华民国各支路。保侨又出乎侨民住在范围外。其用吞并朝鲜之故智,助成"满洲国"之独立。日本实为造意犯,又为日本以武力压迫促成者;不然,日本何倾心效力于"满洲国"也?我东北接壤亡韩,殷鉴不远,谁愿蹈其覆辙?确为日本武力逼迫,造成此满洲伪国家。所谓积威之下,谁敢伊何,顺尔者生,逆尔者死。不然,苟使日本撤兵,则我东北伪政府亦必欣然解散矣。此证其侵略者九也。

十、侵夺航空权也。自九一八逞兵占领中国兵工厂、航空处,东北所有飞机,精锐者均被改涂红日目标,并用以掷弹,惨杀救国义勇军及爆炸各镇市房屋,商民受其害,不可数计,惨无人道已达极点。此证其侵略者十也。

近闻贵调查团北来,日军多有暂搬出各校以避口实。中国救国军、义勇军遍地蜂起。所谓日本命名之"满洲国"之新军队与救国义勇军接触时,则望影投顺,无不曰"被日军逼迫非心愿也"。以故日军忙于应付,已将驻哈各军师、旅团全部分配出发,如哈绥、哈满、哈长各线路及松花江上下游,均遍满日军。而日军所到之处杀人放火,强奸妇女,为所欲为,而终归罪于义勇军以卸其责。此诚东亚盗寇之邦。其有辱及列强文明国者,实非浅鲜。兹又示意伪国家各机关制造入会欢迎证,有证者得入会欢迎,无证者概不准入,使一般商民抱热烈欢迎之心者不得自由参与盛会。其假词曰"慎重保护",其用意在恐商民直接诉愿,揭露其侵略阴谋。

想贵团诸公明察秋毫,本诸天理良心,秉公调查,决不受其掩耳盗铃之计也。日本之侵略情形无微不至,屈指难数。民等含悲忍痛,不敢诉而不能不诉,谨将经过情形冒险直陈,绝不敢故怂听闻以欺蒙威信尊严之国联也。伏维贵团诸公鉴察事实,体恤民情,主持公道,限日本撤兵以解我民众之倒悬。依照国联条约及九国公约,保全中华民国领土,勿为日本吞并朝鲜之伎俩所欺蒙也,则中华民国四万万民众幸甚! 东北三千万民众幸甚! 即我国联亦荣幸甚焉! 吉、黑两省民众代表团谨诉。

敬祝国联万岁! 调查团诸公万岁! 敝国委员顾公万岁!

谨呈国联调查团委员长黎[李]。

吉黑民众代表团
于大文、孙成仲、王又中
中华民国二十一年五月□日

资料来源:日内瓦国联与联合国档案馆藏李顿调查团档案,卷宗号:S36。

20. 哈尔滨代表张之文来信

国联调查团诸博士公鉴:

敬启者:

朔[溯]自欧战告终,文明诸国为保持世界和平计,故有国际联盟会之组织及非战公约之成立,凡世界人民,无不和平是赖,以为世界不再有战争之发生矣。不料暴戮之日本,竟敢违反国际公法,破坏非战公约,使和平机关自此失其效力,实行其强盗之侵占行为,乃于去年九月强占东三省之地,盖日本谋夺东三省非一年半载之事,举世皆知。敝国公使提出国联公断,而日本尚强词狡赖,国际因不明细微真像[相],故有贵调查团之行。日本自知理缺,故以强迫似猴戏之伪政府成立,并以暴力迫令小民及各机关巨首,作片面之假报告与陈情书,到处作等等之假宣传,以图觅[弥]诸位博士之耳目,其奸真可恶之极矣。窃仁慈神明之调查团,能不洞烛其奸、受日本之愚弄乎? 彼日本者,乃强奸民意,反谓为我三千万民众造幸福。夫攻夺吾之领土,戮杀我之人民,恨不能寝其皮、食其肉! 终日在暴力压迫之下,以民之生命,不如鸡犬,遂[随]意杀戮、奸夺叠[迭]出,真无生存之地矣。故望贵团有如披云见日,伏望贵团洞烛其奸,提于国联,照非战协约而实施之,与[予]以有效重惩,以保持国联威信,救小民于水火,中国幸甚! 东省人民幸甚! 所可警者,而和平天使之调查团,日昨始抵哈尔滨,而日本之调兵遣将,大增其杀人利器,得意扬扬,目若无睹,视贵团如无人、国联如无物。公然戮杀我三省爱国人民,倡言操匪,日本乘[趁]火打劫,反侮主人翁为匪,不知谁是也! 不知是函能否达到贵团之前也? 伏祈贵团以真实报告,国联作公正之判断与有力之处置,而世界之和平与人类之幸福,尽在贵调查团也。

哈尔滨张之文代表呈
中华民国东三省三千万民众血泪书

资料来源:日内瓦国联与联合国档案馆藏李顿调查团档案,卷宗号:S36。

21. 无名氏来信

贵团此次由长春经过,已知伪国之底细,今次及[既]无力保护贵团于路途之间,岂能有力立国?既然有力立国,为何不能剿匪,反用日军剿匪,日人能甘心为伪国之奴隶乎?有此理由,可以明了日人之野心。

贵团当质问暴日:东三省为"满洲国"之国,何必日军剿匪?他国有军队否?看暴日有何回答。总而言之,暴日事实上已经侵占东北,已有种种证明。

贵团当急速报告国联为要。

资料来源:日内瓦国联与联合国档案馆藏李顿调查团档案,卷宗号:S36。

22. 中国国民分子来信

恨哉!暴日无故兴兵,侵占我中国领土,恐破非战公约,嗾使无智之徒,自号"满洲国",庶可藉口得施其侵掠满蒙正[整]个计画①而享受之。查此无根无据之"满洲国",实非我东省三千万人民所公认与情愿,惟有宁死于中华民国,决不承认"新国家"是何物件,坚决反对到底。

务请贵团详细调查,据实报告。国联得知经过确情,从公判断,予以相当解决,实为功德两便,庶不负秉公名义,盼甚幸甚!

为此谨请国联调查团勋鉴。

中国国民分子谨呈
五月十二日

资料来源:日内瓦国联与联合国档案馆藏李顿调查团档案,卷宗号:S36。

---

① 编者按:原文如此,今做"计划",下同。

23. 中国市民来信

国联调查团委员长暨众委员均[钧]鉴：

　　日本以武力来夺我们中国土地，借名设立"新国家"。想我东三省人民生于中华民国，享受中国保护，心中就知中华民国，并不知"新国家"是何东西，决不承认，坚持反对。请贵团好好调查，千万勿听日本愚弄，按公判断，是我们希望之快事也。

　　此请公安。

中国市民谨上

　　资料来源：日内瓦国联与联合国档案馆藏李顿调查团档案，卷宗号：S36。

24. 哈尔滨全体商民联合会来信

顾维钧先生译转李顿爵士及各团员公鉴：

启者：

　　自从暴日侵占东三省以来，我们弱小商民已被压迫达于极点。又是设立什么"新国家"，又是办什么提灯会，种种阴谋不胜枚举。总而言之，商民一举一动皆得暗中监视，就是新闻报纸出版，亦得日本设立之特务机关阅过之后，始得登载。若无日本许可，是事俱不敢为，商民苦恼已甚。即便贵团今次来哈，在日人监视之下，商民亦不敢遂[随]意欢迎，又不敢遂[随]便接见。商民苦衷即得借此纸墨，略诉商民苦恼之情。望祈贵团按公报告最神圣之国联，救我东北民众之性命为要，专此敬恳。

　　因有性命关系不敢镌刻图章。

哈【尔】滨全体商民联合会呈

　　资料来源：日内瓦国联与联合国档案馆藏李顿调查团档案，卷宗号：S36。

25. 商人公理来信

　　顷闻国联调查团各国委员到哈，不胜欢迎。本拟往访，奈因受日本压迫，故难得其面谈。今闻信件能投，故而料[聊]述我们商民困苦列下：

自由日本侵略我们古有领土以来,迄今已逾八月之久。至今还觅袭我们中国军队,非令逼服从他的"满洲国"不可。但商民本无抵抗之力,焉有不从之理? 现时,我们三省商民受日本扰乱,机[几]无生存之路。日军是[所]到各处,非以枪挑商民,即用大炮遂[随]便射击商民,房屋倒塌,死亡者不计其数,令人难睹,惨不忍观。以及种种恶化,笔难尽述。务望各国委员以公裁判,商民感激不进[尽]矣。特此布意,并俟明鉴。

商人公理谨上
中华民国二十一年五月十号

资料来源:日内瓦国联与联合国档案馆藏李顿调查团档案,卷宗号:S36。

26. 中华民国东北三千万民众来信

国联调查团钧鉴:

光临敝省,欢迎之至!东北三千万民众谨以至诚伸苦衷于贵团前,以昭大义而奠和平。

自九一八事变以来,日本无端占据我东北,戮我军警,杀我同胞,夺我主权,掠我财产,以遂其满蒙政策,使我民众共屈服于其威势下所立之"满洲国",彼复扬言"满洲国"尊民意而组成,谨举数条以证该"满洲国"非民意之国也。

1. 各省府官吏大半为日本强迫之而出世,张[臧]式毅出任奉天省长即一铁证也。而溥仪执政,亦日人之驱使、迫不得已也。

2. 所谓"满洲国"号、"大同"年号,均为日人所命名,以称其政策。

3. 奉省城满街标语,均为日人肚[杜]撰花言巧语以蒙避[蔽]观听,何曾有一实也。

4. 鲜、日杂居各地,土地房产强行居住,此日人所谓商租权之解决也。

【综】上各节,日本任意而为,何有民意在焉?且我东北各官署机关,均置日人监视,钱财收入均归日人掌握。军警任日人为指挥者,臂章复印日本宪兵部之关防,以示威严。于贵团到省之先,忽令换去,彼之阴谋不待言喻矣。

贵团诸君各有贵团驻奉领事,日本种种鬼祟之举当能洞察。而贵团诸君均为高明俊达之士,日本蓄意阴谋亦当毕见矣。观日人田中上日皇之奏章,可知其对中国之野心也。彼与伪满洲国无关系也,又何人信之!我东北三千万【民】众不图贵团袒护,只望出以公正,解[揭]穿日本阴谋,不承认此满洲伪国,则正义可伸，公理永存矣。谨祝正义公理万岁！和平使者万岁！

中华民国东北三千万民众谨启
四月廿四日

资料来源：日内瓦国联与联合国档案馆藏李顿调查团档案，卷宗号：S36。

27. 中国国民来信

含悲泣禀国联调查团诸位天使台鉴：

中国不幸遭日本之荼［荼］毒，夺我三省土地，戮我同胞，并万宝山之惨案，未知中国商民对于日本有何触犯？诸位天使乃【为】全世界和平解难，为中日而至三省，三省人民盼国联天使来哈，如大旱之望云雨，救三省百姓于水火之中。只［至］于三省改为"满洲国"，人人皆知，非溥仪之真心，亦非三省首领所为，纯乎出之日本手腕，强迫三省官长独立，【成立】"满洲国"以称日本吞占之野心。句句实言，不敢虚禀。

中国万民祝诸位天使百福并臻！

中国国民
十一号谨禀

资料来源：日内瓦国联与联合国档案馆藏李顿调查团档案，卷宗号：S36。

28. 无名氏来信

国联调查团先生勋鉴：

查自九一八，暴日以武力强侵东北。彼时，吾国武官以非战公约及保守东亚和平计，故不与抵抗，至今已数阅月矣。在此数月中，吾东北三千万民众无日不处日人铁蹄之下，忍辱含垢，泣无可诉，以为天下公理沦没殆尽，吾人惟有待毙而已矣。兹幸主持公道和平使者之国联调查团，为明真象［相］起见，竟不惮拔［跋］涉重洋，来我中国实地调查。此诚吾三千万民众之大幸，而吾人正如大旱之望雨，临饥之思食，以冀贵团之早来。谅贵团在京、沪、平、津及辽宁、长春、吉林等处，所到之地，日兵之惨暴行为，不难迎刃暴露，日人虽尽掩饰之能事，然终难蔽过。

贵团聪慧之耳目，所闻所见必有相当认识也。亦将暴日侵略阴谋陈列几

端,尚希鉴查:

凡日军每至之处,首将舆论机关强行把持,使吾国人民消息滞塞,兼以该所把持之报纸,摄[捏]造伪新国家之宣传。苟有不肯丧心受其唆使者,暴日即以违犯军法罪严厉执行,使吾国民众皆惧其威。彼即施以非法行为,摄[捏]造伪新国家之政府以朦[蒙]世界友邦。而吾东北之教育界受其威胁又甚,自暴日侵哈后,对于本埠之大、中、小各学校强迫停课,并以校趾[址]为其驻军本营,任意挥霍。及至刻下,全市民众百般通融,始将一二处之初小学校暂行开学,但无教科书及各种读本,并将原有吾中华民国之各种教科书强作私物,欲使吾国民族纯无中国教育,愚【如】牛马。犹以日侨为名,唆使鲜民……

资料来源:日内瓦国联与联合国档案馆藏李顿调查团档案,卷宗号:S36。

29. 黑龙江绥化县民众声明书

国联调查团钧鉴:

日本出兵满洲,以武力侵占东北,实行其灭韩故智,假造民意,设立傀儡式之伪政府,利用机会操纵政权,并用其巧妙之宣传,谓系我民族自决,岂非欲以一手掩尽天下耳目耶?今幸贵团秉公平忠[中]正之意,亲临调查,不第为东亚和平保障,实世界人类和平之明星也。李茂林等代表绥化三十万民众于欢迎之余,敬为贵团陈之。

查日人侵略我国由来已久,种种鬼谋笔难尽述。兹将其荦荦大者略述于下:

此次强迫张景惠成立伪国筹备委员会,并令张景惠、赵仲仁率日方所收买辽、吉、黑三省之伪代表十二人,赴旅顺敦请溥仪为伪国执政,并由日方授意溥仪三次推辞,代表三次敦请,始完成三月九日成立伪政府之使命。此后,凡伪国政府之政令,均由日人执掌。如现充伪国务院总务厅长驾井、伪高等顾问坂垣,在伪国务会议发表,将来定由日人占充。伪政府官吏之半及各省府官吏十分之四现已实现。委驹井德藏[三]为伪国务院总务长官、板[坂]谷喜一为"财政部总务司长"、大桥忠一为"外交部总务司长"、三谷清为"奉天警务厅长",总揽各省财政、警务全权。又复于土地、交通、金融、教育为积极之侵略,如伪国务院议决:(一)土地【为】官吏所有的没收,民有以半价收归一半。(二)呼海铁路强迫承受三百万押款,以期永占。(三)筹设满洲银行,仿朝鲜办法。

(四)强改学制,限用课本。复派遣泽井铁马到各县调查一切政治、财政等项时,用飞机到处示威。凡此种种,有进无已,一经揭穿,举世痛恨。窥其用兵,直等公约如废纸,视联盟如无物,开国际未有之恶例,创人类残酷之痛史。凡我民众,莫不泣血。有生之日,誓死抵抗!

今贵团来东调查,真象[相]既明,定能正义主持人道,抑彼强横,扶我弱小,使世界人类同享和平幸福。本人类互助之精神,作国际盟约之保障,民众等不胜馨香祝祷之至!

谨上国联调查团。

绥化县农会会长李茂林(章)

绥化县商会会长韩捷三(章)

绥化县教育会会长梁仑(章)

绥化律师公会会长董世洪(章)

中华民国二十一年四月二十九日

资料来源:日内瓦国联与联合国档案馆藏李顿调查团档案,卷宗号:S36。

30. 中国东北三省三千万民众代表来信

东北三千万民众敬呈国联调查团委员长:

事由:为日本无理动作迫东北独立扰害国联由。

呈为中国东北满洲三千万民众并无独立"新国"宣言,纯是暴邻日本诡谋,暨扰害国联等情,报请国联调查团鉴核详查确转[认]。窃据①东北三省被日人无理之占领时,该日人亦为中国军长,无有攻守之策②,自觉马到功成,并无敌[抵]抗之一人。岂不知我中华民国乃是理义之国,仅[谨]守国联规例而已。以为日本即如何占领国土,必有国联为之斥责,我中华以联盟拟有定例,有可依之必要。故中华政府执政元首通知东北边防司令官:如日本侵占,不准敌[抵]抗其一人。不想国联竟未能严行禁阻日军,该国竟逞其强暴手段,侵占中国领土,亦未以国联为何物。可知该日本不服国联条禁,殊为害群之马,国联将被其一国为扰乱,不能号令天下。该国并施灭朝鲜手段,假传东北三千万华

---

① 编者按:原文多一"据"字。

② 编者按:原文如此,不达意。

民之意,迫为满洲独立之"国",并严禁顾维钧随调查团入满,恐被顾将其阴谋泄漏,迫令东北官宪通缉顾某维钧,彼还以说词,对外言顾委员入满,于租界地极加保护,否则遇害。该国于东北各重要机关均设有日本专员,监督【调查团】动作,可知日本无理已达极点。伏望国联秉公取缔日本无理动作,勿以一国之私失去万国联盟之大体。诚能秉公,东北三千【万】民众幸甚!世界和平幸甚!以上日本无理情形,理合具文,报请鉴核查办,示遵施行。

谨呈国联调查团委员长。

中国东北三省三千万民代表
中华民国二十一年四月三十日

资料来源:日内瓦国联与联合国档案馆藏李顿调查团档案,卷宗号:S36。

31. 中国国民来信

国联调查团诸位委员先生钧鉴:

敬启者:

久闻诸位委员驾临我们东省,调查日本之暴劣行为,我们数千万民众不胜翘盼之至。

适贵团诸公不辞辛苦驾到东省,得以明了我们民众所受日本摧残之苦、强暴之奸。自九月十八日事变后,已半载有余。所有东三省民众受日本之蹂躏,【日军】到处奸淫妇女,杀害良民。农不得耕,田事俱废。商不得贾,门楣倒闭。侵夺我们的教育,智识无所进展。封锁我们的学校,以为屯军之所。似此恶劣行为,世界人类所不能容。日本乃欲掩饰世界各友邦之耳目,伪造民意,张贴标语,强迫民众承认伪满洲国。我们本是中华民国的民族,不能承认"满洲国"之名义。东三省本是我中国之领土,勿[无]须日本来与我们建设不正当之国家。【日本】阴谋多端,诡诈百出。诸公以盟会之使命来到敝隅东省,对于人类立和平之主义,持公正之办法,盟会之威信尤当保存,殊可救万民于水火,剿除不平等之恶徒,而吾中国民众感德无量。特此陈言,诸希谅察。

中国国民谨上

资料来源:日内瓦国联与联合国档案馆藏李顿调查团档案,卷宗号:S36。

32. 中华民国黑龙江省呼兰县全县四乡十三段民众来信

不能承认！不但不承认，并拟联合打倒，以破日本人阴谋。恭逢贵团惠临此地，特此郑重声明并祝贵团全体康健。

中华民国黑龙江省呼兰县
全县四乡十三段民众全体敬叩
五月十一日

资料来源：日内瓦国联与联合国档案馆藏李顿调查团档案，卷宗号：S36。

33. 哈尔滨公安局职员来信

反对日本强占东北！

反对日本包办"满洲政府"！

反对日本强迫东北民众脱离中央政府！

反对日本以武力压迫民众服从主义！

反对国联并无威信制止暴日！

国联调查诸先生勋鉴。

哈尔滨公安局职员同叩
1932/5/13

资料来源：日内瓦国联与联合国档案馆藏李顿调查团档案，卷宗号：S36。

34. 卖纸小商人来信

国联会先生均［钧］鉴：

敬启者：

敝将日本人来压迫侵略中国领土，戮杀中国军士商民，强占房产，明说治安地面［管理］，暗里杀除中国数千万同胞。

恳祈各国大博士搭救中国小民性【命】吧！恢复中华民国青天白【日】旗吧！铲除日本的主义，打倒"新国家"。东三省亦是各国通商地，难能叫日本人占领，各大国难能得力［利］、生财迎［营］商。

1. 日本新发现流氓,各处大街小巷林立如市。

2. 日本又大街小巷开设会赌局,烟赌亦是林立如市,中国方面不敢剿捉,日本与他们作主。

国联大博士们搭救小中华民国之民重[众]地土,就是中国人死到黄泉之下,亦不能忘大恩大德。示不尽言。

打倒日本主义!铲除"新国家"!

小小卖纸的启

资料来源:日内瓦国联与联合国档案馆藏李顿调查团档案,卷宗号:S36。

35. 东三省无名民众来信

自暴日强占东北后,即施行侵占东北之计划。首促不良份子设立自治会,但虽作蔑视公法之行动,终未敢明目张胆,专视国际联盟有无强行制止之能力为转移。而国联大会徒空口决议,毫无制止之能力,暴日即大施其武力侵占政策,不顾世界和平,强收我银行,系破坏我钱法流通、发展他之经济独占计策。强收我行政机关,改为他之特务机关。破坏我国教育,小学、中学均改他所规定之教科书。强迫我农商代表签押,脱离我国中央政府。枪杀我商民。种种凶恶,我东北三千万民众实难忍受。

谨祈贵调查团主持公道,速电国联大会制止暴日,还我领土,恢复九一八之原状,俾我民众得重见天日,是所至祷。

此请国联调查团先生钧鉴!

民众叩
一九三二年五月十二日

资料来源:日内瓦国联与联合国档案馆藏李顿调查团档案,卷宗号:S36。

36. 东北民众来信

今承贵国际联盟调查员辱临滨江,实为东北民众幸甚!民本应奔诣恭谒,聊申热忱,以表东北民众之忠诚。奈亡国之民,丢颜求见芳范,殊觉抱愧很多,惟有伏恳海涵是幸。

查我东北民众,自遭逢【民国】廿年九一八,日本军阀侵我东省主权之后,凡我东北各界民众，实皆不堪聊生，皆因日本军阀到处肆意威胁，强迫我东北民众，承认"满洲新政府"，倘民众稍有违抗者，即以违犯日本军阀命令论，付之以枪毙。斯此，日本军阀到处，我东北良善民众，无辜而被日本军阀枪毙者，不胜枚举。即以珠河县论之，民众所受日本军阀之暴击涂炭，商家所受炮弹之损失而言之：查珠河县，乃吉林省区区一小县城也，于【民国】廿一年四月间，突遭日本军阀之攻击，满街之坊[房]屋，尽被日本军阀之炮弹扫荡已[一]空，毫无存在。及被日本军阀占据后，满县民众无辜受日本军阀屠杀者，及至千余口。商家之货物、坊[房]产受炮弹之火而燃者，约计损失大洋百余万元。似此微微县城，本为中华国土，皆中华民众，无辜而遭此项生灵之涂炭，实可惜矣！若以东北民众处处之损失论之，实超出珠河县几千百倍矣。而今，我东北民众每见日本军阀威胁之状，惟有敢怒而不敢言。虽此，东北民众受日本军阀无端之侮辱，虽屈服而终于心不甘。

惟冀贵联盟调查员返欧，替我东北民众申此冤案，挽我东北民众土地国有权，恢复东北民众生活之自由，谋中华共和国久远之存在，实为东北民众幸甚。此非我东北民众妄举妄谈，谅贵调查员虽未目睹此遭兵燹之巨，耳中谅亦有闻。设非有联盟之约，暨诸位调查员不辞风尘之劳，临滨实澈[彻]调查，民众始敢倾心吐胆。否则，我东北民众将要永受日本军阀铁蹄下之蹂躏，无见天日之时。现我东北民众深望期早脱离日本帝国军阀主义铁蹄下之苛虐，重登中华共和民众之国藉[籍]，享共和之幸福，方满我东北民众之愿。若不以此介意，我东北民众决为恢复国土之后盾，抱定必死之雄心，宁作枪下鬼，不为亡国奴，誓必打倒日本军阀主义为目的。惟冀贵调查员，期早拯东北民众出此水火之境，免我东北民众最后之一战，实为公德之便。

谨呈国际联盟调查团公鉴。

东北民众谨具
西历一千九百三十二年
中华民国廿一年五月九日

资料来源：日内瓦国联与联合国档案馆藏李顿调查团档案，卷宗号：S36。

37. 哈尔滨商民来信

暨无国藉[籍]之白俄侨民，于傅家甸各处开设鸦片馆及大赌场，以破坏吾国之风化,务使吾三千万沉沦苦海,流为亡民,以至灭国丧家而后已。此即暴日强侵东北惨毒手段之几种也。务希贵团主持世界公理,代吾三千万民众呼吁,制止暴日侵略野心,保持东亚和平,即全球友邦亦无不欢悦者。

专此,借颂钧安。

哈尔滨商民同启
1932/5/13

资料来源:日内瓦国联与联合国档案馆藏李顿调查团档案,卷宗号:S36。

38. 中华民国哈尔滨民众来信

青天之调查团今日来滨,实我中华民众之幸也。克[刻],日本建设"新国家","国号大同",实日本国之别号也。"新国家"之官僚俱是日本之支配,即溥仪亦是也。我民众实不愿服从"新国家"而甘心为日本的奴隶。今日青天到此,恳祈切实调查,挽救我们民族,是敝国民之盼也。克[刻],日本侵占我东三省,竟不选[宣]而战,是贵调查团亦是知道的,我们敝国是遵从国联的公约,维持和平。因此,敝国不与敌[抵]抗。不想日本得寸进尺,实行侵略三东【东三省】之野心,为朦胧世界计,竟设立伪国家作为虚名,以免破漏。日本野恶之心,一切伪国家之虚为假作,恳祈明了,是我民众之祷也。

馑[谨]祈详查乃为荷。

国联调查团诸位先生钧鉴
敝中华民国哈尔滨民众鞠躬

资料来源:日内瓦国联与联合国档案馆藏李顿调查团档案,卷宗号:S36。

39. 东北三千万民众代表鲍子安来信

敬启者:

兹报东省由去岁九一八事变以来,而日本暴露强占中国领土野心,侵占辽宁、吉林,而又轰炸锦州,续而攻打江省。日本种种蛮横,谅欧美各友邦不察而深知之矣。我们中国是遵守国联条约及九国协约【之】威行权力,始报[抱]定不抵抗主意,藉此具文,只落得将东省领土失败。不料,日本视之国联及九国协约威行乃是一纸空文,复又将他强占手段由国联会上使一假面具,捏造遮饰。伊又在东省使真葫芦卖假药,逼迫溥仪立大同为"国家",又使金票在东省收买官僚汉奸为大臣,强迫商民赞成。而东省三千万民众既遭虏势迫之下,亦就无可奈何,而心很[恨]不能食其肉,口头亦只得佯应。现在,东省旧国军不遂[随]"新国家"者有十余万,而松花江及哈满沿线迤透[透迤]全是。不想日本野心不死,招募当地土匪,编织军队为前锋,日作后援队,在哈满线与旧国军对敌,将各站商家焚烧掠劫一空,而良民妇女捉之奸淫,种种惨状,而日本实灭天良。近来,日本又往沿线调运大兵,名称"剿匪"。确实,丁超、李杜、马占山皆系中国老派官僚,各友邦均皆知晓,名称"剿匪",是日本灭良捏造。现在,日本在哈驻兵之处,门前皆有麻袋高垒,伴有电网,是否对敌行为?日本强【行】没收江关及邮政,是否日方侵占?自己满市贴伪标语,应[硬]说取之民意,种种一切阴谋不胜枚举。务望贵调查团按礼[理]公判,东北三千万民众不胜感激。日本近又在哈街唆使高丽【人】与调查团写信,声称东三省建造伪国家,捏诬取之民意。而哈市政局,鲍观澄因在家奸毙良女,在辽宁乃是囚犯被押;今年被日本放出,他对调查团答复,由头十年就想建立伪国家,一切捏造就算丧尽天良耳。

专此欢迎庆祝,国联调查团诸位先生勋鉴。

东北三千万民众代表鲍子安书
廿一年夏历五月十四号

资料来源:日内瓦国联与联合国档案馆藏李顿调查团档案,卷宗号:S36。

40. 中国东北乡民等来信

国联调查团各国公使大老爷均[钧]鉴:

敬启者:

民等现在受日本之欺实在太甚。现在,民等已早知"满洲国"为日本之别名。至此时,好容易才盼到贵团北来,民等如见天日一班[般],望贵团千万搭救东北民众,如同东北民众再生父母一样。倘如贵团此次北来果如袖手,民等难逃活命,一不能种地,二不能为商,将来结果是否全全一命归西?望各国贵公使与我中华东北民众等设法敌日才好,因我国大官现在完全被迫为日报效。否者[则],当时即有性命之忧。现在我中国东北民众就有国联一望,除贵团外决无一条生路。倘日本不服贵团时,民众决[绝]对以死相撞,决[绝]对不能教日本在我中国竟[境]内随便占领地土。民众等虽然心中有话,奈笔难尽述,实因农汉学问太少,而此种信又不能求人,惟恐教日本知道,民等立时就得处于死罪,故将大概写上几页报告。

贵团得中国东北民众受此苦处,而又求贵团搭救众生,东北无不感大德矣!

此请各国贵公使大老爷勋启。

中国东北乡民等公呈
本月十二号

资料来源:日内瓦国联与联合国档案馆藏李顿调查团档案,卷宗号:S36。

41. 无名氏来信

国联调查团公鉴:

日人贼心不死,兽欲张狂,乘我中国南省空前大水灾,出兵东北,占我辽宁省城、吉林省城、黑龙江省城,并纷[分]占我东三省各地名城重镇。该日人夙昔供给中国奸民军火、金票,制造盗匪,扰乱治安。此时借剿灭盗匪为名,到处用大炮、机关枪、坦克车、飞机惨杀我无辜民众,以自取乐,并以示威。查自公历一九三二年二月六日以至现在,日人飞机飞到我呼兰县,日不间断。我呼兰县东西南北四乡十三段,如前井子屯、靠山屯、大荒台屯、杨木鼻子屯、赵胡窝堡屯农民被炸死、炸伤者,每一处均在十人以上,事实俱在,澈[彻]查不难。

日本并为自私自利起见,唆使中国匪类十余人假冒三千万民众代表,赴大连请满清废帝溥仪建设"满洲新国家",并拍照相片证实其事,以诬我民。查"满洲新国家"纯系日人假造,并非我中国人民本意,我中国人民誓死……

资料来源:日内瓦国联与联合国档案馆藏李顿调查团档案,卷宗号:S36。

42. 东省商民高玉亭等来信

国联调查委员勋鉴:

敬启者:

日本强占东省迄今已七阅月,在此期间,三省民众所受日人之摧残、强暴之恶状,实从来所罕闻,能不令人发指!适闻贵团驾临,责繁任重,无非欲谋东亚之和平,实行国联之威信,如此而吾三省民众莫不额手称庆,如渴思饮、饥思食,婴儿之望父母也。又如云散天开,得见天日,而吾民众幸甚!世界幸甚!

将历逾之详请[情],经过之要点,俯陈鉴察。

盖日本之强占我东省,阴谋预设,缘无机乘,故未达愿。近几年来,吾国天灾水患,民受饥馁,兵匪扰乱,相继杂出。日本乘此危机,居然强占我东省,侵我领土,抢杀黎民,仁义尽失。强淫妇女,诸恶毕备。焚烧房屋,封闭学校,掳掠资材,任其所欲。并建设伪政府,创造"新国家",以便掩饰国联、世界众人之耳目。遍处大小机关,皆受日本之管辖。此次建设"满洲国",民众断然不能承认。俄而又增兵上海,其阴恶之计谋令人莫测,事已至此,真令人忍无可忍!

惟望调查诸公以正直之韬略,剿除此不相当之恶邻,不但吾国民众感莫大之恩,即世界各国亦获益非浅鲜矣!特此肃泐,诸希见谅。

东省商民高玉亭、金玉合、任贵德同启

资料来源:日内瓦国联与联合国档案馆藏李顿调查团档案,卷宗号:S36。

43. 国民一份子来信

敬启者:

今呈奉事,只因我们大中华民国之民众现在所授[受]日本之强迫,改为大"满洲国",我们中国四万万同胞都不是所承愿的,全是日本所压迫的。

乞国联公使速迫日退出中国边界,感激无穷!

专此即请国联调查团各国公使伟鉴。

国民一份职[子]哭呈

资料来源:日内瓦国联与联合国档案馆藏李顿调查团档案,卷宗号:S36。

44. 东三省十三县二十六村公民来信

日本借此进兵,不料中国仍然忍受。日本复返,将南满铁路自行破坏,借此为词,进兵侵奉天,杀害民命,可见日本用心侵占东三省,以致如此。又主使中国无赖、土棍逼迫浦义[溥仪]设立伪满洲国,朦胧国联。日本进兵占领黑龙江省,以及哈尔滨,以及东省铁路沿线各县——宁安县、密山县、穆棱县、宾县、五常县、韦沙县、邬珠县、一面坡、方正县、三姓、依阑县、巴彦县、枷板站村、高力冒村、福山村、范家屯村、刘官村、李宝村、张秦屯村、方家村、柳官村、王柳村、黑猪沟沿江各站、洪家屯、李家营、白家大村、白家小村、顾家屯、郑家官村、伯代屯、吴家屯、家富堡、刘三堡、刘四堡、纪家疃、冯家庄、冯小庄、须多山沟、小村十八家,没名之村庄亦有十于[余]处,均被日本飞机投下最大炸弹,炸死民人二万四千三百八十六名,受重伤八千六百三十七名,轻伤者四千二百五十三人,房间、物品、牲畜均未详查。可见日本【为】破坏世界和平第一罪魁,不遵守国联约法,即是全世界障碍物。

叩恳请国联调【查】团和平使公鉴。

十三县二十六村公民同叩
一千九百三十二年五月十二日

资料来源:日内瓦国联与联合国档案馆藏李顿调查团档案,卷宗号:S36。

45. 东省商民忧时人程远来信

呈国联调查团诸公勋鉴:

敬诉者:

日人满蒙政策蓄意已久,九一八事变借端于万宝山案,进兵占我奉天、吉林、黑龙江。我中国处于暴日铁蹄之下,抱定不与抵抗;而日人得寸进尺,既占我土地,复杀我良民,妇女孩童逢之难得幸免。

今幸主持人道、公正廉明贵团来哈,应能维持世界和平,不使我国丧失主权,藉伸公理也,谨将经过情形缕晰陈之。

日军自占奉天、吉林、黑龙江以后,因师出无名,乃挟清废帝溥仪在长春设立"新国家"伪政府,命名"大同",以行其吞并朝鲜之故技,朦[蒙]蔽世人耳目。而我国人率皆敢怒而不敢言,恨之于心,又得和之于口。该日人则各处张贴"民意所归",又云"为人民造福"。哈埠行政机关及国家原有银行及公司等,均入手把持,派定日人为顾问,以主人翁自居,"新国家"明虽中国,其实势同土木,处处须听日人指挥,徒借空名而为之,官吏日人所派,职权日人所使。今之鲍市长,昔是政治犯。各机关之官吏类皆日人派定,甘作走狗。中国人民所有土地、财产,该日人没收者没收,充公者充公,所以义勇军纷纷蜂起,不甘忍受,意在复我旧有山河,日人……名曰剿匪保侨,东路线一面坡、帽儿山,珠河县、宁古塔等处,向无日本侨民,而日本则进兵骚扰,破坏交通,逢人即杀,死于炮火者不可胜数。其卑劣毒辣手段是用飞机、枪炮掩护之下,驱中国之兵,杀中国之军,死于非命者不下三五万人,纯系土地野心之伎俩。沿江之下更无日侨,该日军下令所有船只尽得听其随便运兵,近来调到日军数万,大群进攻下江。沿岸住囤见则均以炮火烘[轰]平,新甸、南天门各镇尽成焦土,人民无一幸免,其用心之险、行为之惨,令人实不忍言。而其诡诈又向为世人所共识,哈埠未事变之先,该日人两次贪夜偷放炸弹,捏造市面恐慌,借口保侨,故其进兵侵占土地也。现今,该【国】在各处又无侨可保,犹节节进兵依兰、海林等处,显然野心披露于外,狡猾行为实有目者所共睹也。

贵团此次来哈调查,东省人民均想进谒面罄苦衷。然因不敢造次,只得专函转达。谅贵团素爱和平,必能行使职权,本人道而调停,九国条约、非战公约之权威,定能使野心勃勃、蛮不讲理之日本服从而解决,不使我国丧失主权,国联会员中放一光彩,世界幸甚!东省幸甚!我中国人民幸甚!不胜焚香而祷祝也。否则公理不伸,茫此世界,强吞弱必将接踵而起,欲求和平实不可得。虽有国联之设,亦成无用之机关矣,谨具。

东省商民忧时人程远
中华民国二十一年五月十日

资料来源:日内瓦国联与联合国档案馆藏李顿调查团档案,卷宗号:S36。

46. 呼兰县民众抗日救国会来信

国联调查团委员长李顿暨各委员钧鉴:

贵团本主持正义之宗旨,不辞远路之跋涉,惠临日本铁蹄下之东北而调查其侵略之情形,我民众曷胜感激之至!谨将日人侵略东北之情形,举其荦荦大端者,具实缕陈于左:

一、假借民意建立伪国。一千九百三十一年九月十八日,日本以武力占据辽宁、长春,复又假修复嫩江桥名义,进兵袭击我军队,攻陷黑龙江省,于是,东北三省尽入日人掌握。遂用金票重爵利用少数卖国分子,组织"建国"委员会,日本官宪又通令各县举代表二人,参加此会。各代表莅会后,即强迫签字承认"新政府",以为将来蒙蔽国联之资料。

二、强迫民众参加庆祝会。今年三月九日为伪国家成立之期,于是,日本官宪强迫各地举行庆祝典礼。我中国当此强邻压境、国难当头之际,一般民众方忧虑之不暇,无论何人亦不欲举行此种仪式,故对之异常漠视。驻哈之日军睹此情形,遂向各公安分局每局界面内索商民二千人,参加庆祝会。如届时各商民不到会,除惩治各该分局长外,商民等亦以反队[对]"新国家"论罪,民众等既受此种威胁,自不得不到会以塞责。讵料日人竟摄影若干,反谓我民众举行庆祝"新国家"典礼非常踊跃,真是自欺欺人。

三、摧残教育阻挠开学。自黑龙江省与哈尔滨被日本攻陷之后,中级部以上之学校均被占为日军宿营。近闻贵团不日到哈,遂于前二日将驻于区立各中学之日军皆移驻于他处,以期掩饰其蛮横之行为。

四、蛊惑韩人暨白俄向贵团【请】愿。韩人近数年来移居于东北者颇多。而白俄自劳农政府成立后,亦纷纷来华,请入我国国籍。历来我国既未有重税繁刑之苛待,未有妄加惨杀之情形,而竟诬中国法律不能保护入籍人民或侨民,宁非捏造妄言而何?即经详细调查,始知韩人暨白俄向贵团请愿,皆由日人所主使,此种颠倒黑白、混淆是非之言,切勿信之。

五、借口保侨实行侵略。日人此次出兵之口实,即为保护侨民。若上海、哈埠有侨民之地姑置不论,我呼兰县并无日侨一人,而竟驻兵于呼海路线之松浦站,挖壕布防,如临大敌。苟无领土野心者焉能为此?最近又侵占通河,攻陷木兰,益足为其实行侵略之铁证。

六、大施[肆]破坏炸伤居民。哈埠既被攻陷以后,中国方面丁超、李度[杜]两旅长之兵皆退却,日本虽[遂]假借追击溃兵为名,派飞机十余架到处抛掷炸弹,于二月间在呼兰县界内杨木鼻子屯掷炸弹三十余枚,炸伤居民三十七名,当时毙命者十七名。【于】大方台屯掷炸弹十余枚,炸死居民七名。【于】黄花井屯掷炸弹三枚,炸死居民一人,伤一人。此【其】他被炸之村落尚多,不及详述。闻巴彦县被炸较呼兰为尤甚,其投掷之大炸弹有重华斤一百九十五斤者,除炸死居民外并炸毁建筑物甚多。于四月间又在兴隆镇投掷炸弹七枚,炸毁市房十余间,炸死居民三名。呜呼!我中国人民无辜横遭惨杀,事实具[俱]在,不难明查。务请贵团对于此灭绝人道之国家予以相当之警告,并请将日本暴行详细报告国联,以不偏不党之精神、至公至正之处置,是所切祷。

此颂勋绥。

呼兰县民众抗日救国会启

资料来源:日内瓦国联与联合国档案馆藏李顿调查团档案,卷宗号:S36。

47. 东省商民来信

贵调查团钧鉴为报告事宜：

窃自民国二十年即西历一九三一年九月十八日，日本逞[乘]我水灾匪祸之际，以武力寇我三省。曩者以灭朝鲜故智，迫我三省长官树立"满蒙国"。我长官(1)因受日本武力威胁。(2)静待国联裁判。(3)中日两国均列联盟会员，将来定有水落石出之时，故耳[而]用一劳永逸之计，暂为允诺三省"独立"。对于政治、财政及各机关均操日人之手，我长官不过任其傀儡而已。盖虽树立"满洲国"，实乃日本之代名词也。嗟呼！灿烂三省变成鼓腹地，明媚春光易为凄凉景，芸芸众生流离失所，茫茫大陆无片乐土。呜呼！东省何辜？遭次[此]荼毒！而日本跳梁，使我民众仰天椎[锥]心而泣血耶，我民众竟[境]遇至此，生不如死，死不如速，然死有余恨矣。望贵调查团速往国联拍电，以解我三省三千万民众倒悬之苦。

夫国联在全世界乃最高尚光明机关，而片言折狱、出语压鼎，决不任此日本以害群之马也。更望贵调查团要常常在上帝面前祷告，祈福与中国，使中国成为一个自治的国家，并求上帝的灵感动日本，【使】侵略的野心缩退，使日本要在上帝面前认罪，并在国联案下，把日本伪面具摘下，指定日本为犯不战条约的罪魁，以违国联条约处罚日本，以保将来世界和平之基础，是我民众厌望之致耳。民众滴泪陈词，望贵调查团幸察焉。今将日本对我民众苛酷开列于下：

日本强迫"满洲国"成立时，满街将[张]贴标语以淆惑民众，然我民众有爱国心及有知识者见日本人所贴之标语即拖之，如被日人瞥见，即以刺刀扎死或拉至日本屋内地窖，以绳勒死。我中国官，因惧日本之威不敢过问，民家丢失人口者，每日不计其数，使令我民众见则酸鼻、闻则垂泪。然自贵国联调查团到哈后，日本因惧调查之故，鲜闻此种惨事，但日本之狡诈成性，可见一斑矣。日本军占奉天后，将兵工厂搜罗一空，运载日本国内，此兵工厂乃我民众之血汗钱，一旦被如抢[强]盗式的日本人抢去，能不令我民众痛心疾首，孰可忍孰不可忍耶！

日本自占哈埠后，四郊农民牲畜均被日人拖去套车，以作军事运输。时下民间田地荒芜，农民因避兵灾房间逃亡一空，日人到处奸淫妇女，民间妇女畏之如虎,敢怒而不敢言,无辜受害者擢[擺]发难数。

以上所述,请祈屈驾派人调查,实为公便。此据。

国际联蒙[盟]调查团钧鉴。

东省商民谨呈同恳泣
民国廿十①一年五月十三号

资料来源:日内瓦国联与联合国档案馆藏李顿调查团档案,卷宗号:S36。

48. 哈埠难民来信

李顿爵氏[士]委员长钧鉴:

伏地垂泪哀禀哈埠难民呼声。敝人系吉林省万宝山庄农人也,兹因西历一九三一年,本地朝鲜人为日本之趋[驱]使,奢[射]杀我百姓、商民,横行一切,军警不敢加以干涉。并日人乘隙而入,借口保侨民,腹[复]害我同胞若干,向我东北无理交涉,行歪无词可对,虚涨[张]不能成事。九月十七日晚间,活捉我国农人数个,迫穿我国军衣,并服第七旅之附[符]号,枪毙于奉天北大营西北角南满铁路附近(作此伪证)。同时,日本军用车由北到此,其工兵自置地雷,将铁路破坏,声称中国边防军第七旅兵卒破坏该道。当时,日兵陆战队下火车,将北大营包围,并用数百发之炮弹轰炸第七旅,营房成纷纷细部,我军人肉血分红,其惨难言,其苦难述。可怜哉!可怜哉!我那些屈死的同胞,受这样无意的陷害,悲壮说之不尽。十八日早,驱逐东山咀子及东大营兵工厂卫队等军队,随[遂]占领奉天,缴械我国宪兵警察,活埋我学生军人,杀害难民百姓,迫之无处可生,难民是由……

资料来源:日内瓦国联与联合国档案馆藏李顿调查团档案,卷宗号:S36。

49. 东北民意代表人尤天使来信

驻哈大美国领事官请转国联调查团诸委员钧鉴:

余谨以至诚代表东【省】三千万民众欢迎贵团来哈调查,谨将东北民众之真正民意及日本之强制迫我东北组织"满洲国"以遂其侵略之野心,供献于贵

---

① 编者按:原文多一"十"字。

团之前。更盼贵团能以公正的、不怕暴力的逐条调查,则满洲之事变之真像[相],致必易于了解。

一、日本于去年九月十八日以前调多数兵力来满,张学良知其有意寻衅,故于事前明令各部队不准抵抗。果于九月十八日夜向长春、奉天两处同时发动,是日本之有意侵略已甚显明。

二、日本于占领奉、长两地后,凡沿南满铁路各县相继被其夺去,中国官兵以奉有张学良命令,故未敌[抵]抗,是张学良之信赖国联之过也。

三、日本于占领各地后即将各监牢【囚犯】释放,哈市长鲍观澄即其中之一。并明示各匪出外结伙,听候收编。现在,"新国家"之军队大部皆系此类匪人(此事极严密,即中国政府当局尚不知也。此是余友由牢被放后亲自告余也),是日本之有意紊乱东北,固不待言矣。东北人民现在所受之涂炭,皆日本之赐也,其居心残忍,虽虎狼犹不能及。

四、日本于占领各地后,将各官吏及其家属监禁,强迫听从日人之命令。否者[则]全家杀之,特区长官张景惠即其一也。倘贵团能保障张氏全家安然,至日内瓦询问,则余之所言,至可证实也。

五、日本自持[恃]器利,任意杀死人民。倘贵团能赴沿松花江各县一视,则日飞机炸毁之民房及尸身,至必易见。现在,日本尚在方正、通河等处杀砍中,请贵团前去看看,救救那地方的无辜百姓。东山里也是一样的屠杀。哈埠虽是未杀,但是任意逮捕,随便拘押,真是令人可怕。倘贵团肯化装出外,问问就知到[道]这里的实在情形了。

五、日人解散各中学、大学,并禁阅关内报纸及孙总理之党义诗书,意在使东北全民皆为愚人,俾其易于统治。并将东北原有之各报馆皆行监视,倘稍有不服日本之处,即将编【辑】、记者逮捕或屠杀。致与[至于]公私信件或往来电报,均须由日人检查,即各国公使之信件、电报,日人虽不敢扣留,但亦必偷录一份,以便暗中窥视各国论调。此事请向交通机【关】审讯,便知是日人之侵犯言论自由,破坏东北教育,违返[反]国际信义,已达极巅矣。

六、日本自以战胜国自居,到处强奸民女,强取公私营业。如松花江之民船,被其抢去载兵,呼海路之强行收买,奉天城西之民地勒令民人为彼纳租等事。

七、敝人本拟面谒贵团,禀陈一切,则以凡贵团所接见者必须经日方之允许,故余实不敢冒此巨险而往见也。不独此也,即此书信倘不幸贵团被日方侦知,则余亦危险万分矣。不得已,惟有垦请大美国领事先生转交贵团。但犹有言者,即此信所叙不过百分之一耳,处此日兵包围之哈市中,实实不敢再说了,因天已亮了,恐怕日兵看见了。最后,我甚希望贵团能赴方正县一带,东山里各站及呼海各地视察一遍,更盼贵团能和丁超、李杜、马占山等人接见接见,那是我们东北民众所极力欢迎的,也是贵团所应为的。否则,徒听日人势力内的言论,那是不公平的!

祝贺贵团为世界创和平之途,为弱小民族争生存之机!

东北民意代表人尤天使启
十一日

资料来源:日内瓦国联与联合国档案馆藏李顿调查团档案,卷宗号:S36。

50. 无名氏来信

呈为呈请【事】:

小民众苦述东省陷于苦海之中。贵团抵哈,视察实情,一切公断,替民做主。解除被日人主义压迫苦情。现下东省,自日军侵略东省以来,陷于苦海,无人捞救。春不能耕,商界营业均被日军扰乱,东省影响受[实]大,倒闭大半。松花大江解开以来,直至而今,船业皆无,不能售票,亦被日军【把持】,江道混乱。现下,各船全经日本人包赁妥协,留各船出兵下江,准备战事。日人现下诚心吞尽东省,民众成立"新国家"之初意,查现下将上海日军撤退,全将日军出兵转移调至哈【尔】滨,将来准备作战,打倒中国东省三千万民众,并侵吞中国土地,灭亡中国。日本人移民,开垦土地归"新国家",大有后患之望。日本人在东三省地设法害与中国人一死,又设大烟馆、吗啡面及白面,又设赌局,又设会局,均系害人之道,不正业[当]行为,被日本人扰乱搅混,十分不堪,苦言之极也。将中国政府及军队完全攻击,五方四散,不成国体。所有中国各机关,均有日本人顾问借[接]管,中国官员权力完全未有,均受日人指挥,中国官员不敢加言。作事主张,全日人计划、辖管。将来东省民众,若无贵大强国营救,着手助力,准得受日人灭亡吞【并】。复呈邀诸贵国调查团,开恩营救东北民众不死不亡,承蒙贵团救中国不亡不破。现下,中国民众无处喊冤,直[只]在贵团尊前述述一切苦海情形,以靠贵团营救中国不亡,荷蒙贵团功德无量而已。

资料来源:日内瓦国联与联合国档案馆藏李顿调查团档案,卷宗号:S36。

51. 无名氏来信

国联调查团诸公使钧鉴：

我国东北自事变以来，迄将一年，所有经过情况，谅早达洞悉。兹莅东北，谨代民众各界【将】经过及现在实情，明晰陈告，伏乞垂察，秉公平断。

一、我东北原为静[净]土，商民各界安居乐业，悉颂太平。

二、自去年九一八日，日本非法称兵，横施暴行，遍处强迫占领东北我一切所有。

三、商民失其所业，道[到]处尽成战区，流逐无方，将成饿殍，不知伊于胡底。假我东北民众，强迫伪称自愿建设独立伪满洲国，借搪国际联盟。

四、伪国新旧人员均受日本监视，悉承日本之命，反迫令声出自愿。日侨终自安全，捏词出兵保护，容心树立伪国，殃及遍处。

五、东北军民在日本范围外者，均明表反对"满洲国"，而日本伪称胡匪。

六、"满洲国"实日本吞东北之脱[托]辞，谨此禀告叩请公安。

倘示谕至帽儿山即妥派吴密来尤佳是□①。

资料来源：日内瓦国联与联合国档案馆藏李顿调查团档案，卷宗号：S36。

52. 中国国民一份子于谨来信

国联调查团委员长李顿暨委员勋鉴：

察我东省自客岁九一八以至"新国"成立，商民所受威胁压迫、无故摧残，殊有尽矣，苦何堪言！目今，无根无据之"满洲国"是非东省三千万人民所公认与甘愿，盖由于无智之徒受暴日之唆使，自专而立之，岂知彼有用意藉此得施其无赖侵占满蒙正[政]策。万乞勿听信偏[片]面愚弄之词，望请贵团详为调查，转达国联，俾知底蕴，从公判断，处以相当解决，实为公德两便。使我东省商民恢复从前安居乐业之境遇，盼甚幸甚！

为此谨请公绥，旅祺百益。

中国国民一份子于谨启

---

① 编者按：原文如此，不达意。

民国廿一年五月十号

资料来源：日内瓦国联与联合国档案馆藏李顿调查团档案，卷宗号：S36。

53. 东三省三千万民众来信

国联调查团钧鉴：

东三省是我们三千万民众的东三省，我们民众是中华民国的国民，我们是永久拥护中华民国的，没有一个人愿意组织和拥护伪国家的。伪国家的成立，是由于日本帝国主义者驱使其虎狼的军队，蹂躏我民众、压迫我官吏的原故①。我们民众至死也不能承认这个伪国家，我们不即[及]时驱逐日本帝国主义者，因为贵团是世界弱者的救星，人道公理的使者，所以专候贵团来东省作一个公正的调查，俾使我民众得以脱出不平等的苦海，这是我们民众所祈祷的。设使贵团不能收效，则我们亦不惜牺牲此三千万头颅与日本作最后的抵抗奋斗。

恭祝贵团胜利！

东三省三千万民众启

五月十二日

资料来源：日内瓦国联与联合国档案馆藏李顿调查团档案，卷宗号：S36。

54. 东三省民众来信

贵领事钧鉴：

我们是中华民国的国民，不愿受日本帝国主义的蹂躏，所以写信给国联调查团，说说我们的苦况。因为国联四周都有日本的侦探，我们无处去投递，是以敬烦贵领事代为转递。

专此并候钧祺。

东三省民众启

五月十二日

资料来源：日内瓦国联与联合国档案馆藏李顿调查团档案，卷宗号：S36。

---

① 编者按：原文如此，今做"缘故"，下同。

55. 无名氏来信

国联调查团台鉴：

狼心狗肺的日本，于去年忽然来占我们东三省。恐怕惹起公愤，找出无智之人，冒名设立"满洲新国家"。岂知东三省人民生中国脑筋中就知道中国是我们的国家，并不知"满洲新国家"是什么东西，到底永不承认。

恳请贵团详细调查，千万不可听信日本及无智之徒一面之话，按公报告判断，是中国人民至所盼望也。特此即询公安。

资料来源：日内瓦国联与联合国档案馆藏李顿调查团档案，卷宗号：S36。

56. 哈埠市民韩稼生来信

谨请顾外长译呈国联调查团主席委员李顿爵士钧鉴：

贵团为解决中日纠纷，欲判明曲直谁属，不辞劳顿，远涉重洋，前来调查，殊深感佩！但贵团初到异邦，处处生疏，欲得事实真像［相］，恐难乎其难，谨将东北事变始末、哈埠所罹灾况，略述梗概于贵团之前，借作调查时索引。

甲、事变起因

自冯阎倒蒋之役平后，石友三乘机欲试。东北边防总司令张学良恐战祸久延，乃调东北精旅数师入关，驻防津浦、平汉两线，希速弭战端。彼时，东北要人亦齐集平津，只留张作相一人留守沈阳。同时，张作相又因私事回其锦州原籍，以至三省空虚，主持无人。暴日乃派大军乘虚袭入，搭车直趋沈阳，遂构成一九三一【年】九一八之变。事非出于偶然，乃暴日数十年谋侵满蒙之既定计划也。

乙、事变经过

九一八事变既起，张学良为谨遵非战公约计，乃电令沈阳留守军队王以哲旅，以不抵抗主义行总退却。日军遂得占领沈阳，焚掠奸杀，任意横行，于是将数十年经营之兵工厂等，全行捣毁，所存军械悉数劫运而去。关东派遣军司令官本庄繁，以日亡朝鲜之政策，迫令东北政委会委员长袁金恺［铠］，亲日分子赵欣伯、于冲汉等，以地方士绅名义组织沈市治安维持会。日本将该维持会所属机关尽派去顾问，借此攫得沈阳各重要机关，复恐此数人后有反叛，暗派宪兵严行监视其家属。辽宁既得，以得寸进尺之法，又东侵吉、黑。此时，暴日侵吞满蒙之野心，尽行暴露。乃有长春南岭之役，卒因寡不敌众，为暴日所败，日军乃得直蹿吉林。吉林军署参谋熙洽，不得已乃将日军悬旗迎入，又逼令熙洽组织吉林长官公署，以熙洽任名誉长官，日本置多数顾问。是时，为便利军事计，火速完成吉会路。辽、吉既陷，本庄一面令土肥原由天津私将满清废帝宣统溥仪抢至大连，预作将来以满清再起、真龙出现之诡计，以愚弄百姓，使其同情伪国。一面派多门师团长率兵北侵龙江，利用失意军阀张海鹏、于仙舟等为先驱。复在沈阳大开日本巨头会议，以谋建立伪国之名，行吞并满蒙之实。因江省主席马占山誓死抵抗，致建"国"之策久不实现。江北大兴之役，中日伤亡甚巨，后马占山以弹尽粮绝，兼欲探得暴日侵略满蒙之真像[相]，乃由卖国贼赵仲仁、老不知休[羞]之张景惠从中勾串，始与暴日虚与委蛇。至此，伪国政府乃实现于长春，但旧吉林军驻防哈埠及沿江者尚有李杜、丁超、邢占清三个旅，及护【卫】宾州省政府之冯占海一团，均【未】屈服。暴日乃又有本年一月二十八之哈埠一役，鏖战数日，卒为暴日所败，旧吉军遂悉退入东山里之阿什河、宾州一带。日军入哈后，兵均住于教育厅及三个中学校内，教育用品悉被焚毁。利用辽宁监狱内被土肥原放出、死而复生之囚犯鲍观澄，接收市政局，齐知政接收特警处，魏绍周接收教育厅，李桂林接收路警处，李绍庚接任东铁督办。哈埠要紧机关，全入其掌握，均派有顾问，执行一切。复派员接收邮政、海关。卒因国际关系，未完全接收。所有报馆均被封闭，到邮局检查来往信件，扣留天津、上海所来之报章。使警兵迫令市民参加伪国庆祝大会，假借民意，制贴各种标语，雇佣无知农民喊呐[呐喊]伪国万岁。爱国青年，有私将标语撕下者，均被其抓去枪毙。强迫商民及各机关改用新伪国旗，种种侵略行为不一而足。今为蒙蔽贵团耳目计，迫令教育厅迁回原址，速筹令小学开学，重【新】整顿各街衢标语，筹备呈递假借民意之志愿书。今者马占山乘机又起，已有电报详细告报[报告]贵团。伪国秘密，不待调查，已可了然。各地之救国军成千累万，此仆彼起，如东路之冯占海、王德林、宫长海，沿江之李杜、丁超，南路之李海青，北路之马占山，均誓死抵抗。现日军派来北满者，已有多门及姬路两个师团，除在松浦镇防御马占山之来攻外，余均开赴沿江及东路，攻打丁超、李杜及冯占海等。现四郊异常紧张，有乘机攻哈之势，借表明中国人心之不甘屈服也。手有武器者，无不与之挣扎，如吾辈弱小平民，只可受其残害践踏。

兹当贵团莅哈，一般市民本拟将所受痛苦尽量面陈，因恐日本在外拒绝，彼日本小鬼,最欺蒙贵团者,即首先雇佣、促使一般无知鲜民,面见贵团,报告一切虚妄无稽之事。近两日来,市内报章、重要新闻不敢披露,尽受暴日强迫刊登一切之反宣传。假借民意,申述伪国之好,尽鲍观澄之所为,彼欲一手掩尽天下目,殊堪痛恨。现在,日本对于侵略满蒙之计划,已莫成功,实事昭昭,不待调查,已可自明。此乃九一八事变迄今之经过也。因贵团前来哈埠,处处受暴日之包围,用多方之反宣传及恫吓。兹恐有惑观听,难辨黑白,不揣冒昧,谨陈。

敬祝贵调查团前途光明。

哈埠市民韩稼生谨述
中华民国二十一年五月十一日

资料来源:日内瓦国联与联合国档案馆藏李顿调查团档案,卷宗号:S36。

57. 帝国铁蹄下之呻咽者来信

敬呈国联调查团公鉴:

被日本帝国主义压迫下的中国弱小民族为报告东北事变情形及过程。此次贵调查团远涉风尘,来我东省,为调查暴日在满之横行。诚然,是全国暨东北民众所信仰而极端欢迎的。窃以为贵团所抱的宗旨——主持人道、尊重公理,是全世界相信而无疑。暴日之灭亡满蒙政策不自今日始。去岁,突然发出万宝山惨案,继则鲜案。我国华侨究竟何罪而被戮?的确,暴日欲挑衅中国出兵,积极达到明治第三期政策,确无借口入地,继则不得不以中村事件为理由。我国向来主持和平为要旨,并不敢以武力为前提,可叹我旅韩华侨财产小事,生命死无葬身之地,以上诸悬案至今仍未解决。日本当局昼夜待我国出兵,欲将我国清白不分,怎样能得到满蒙殖民地。及至九一八待无可待,不得不出兵为先决问题,讹言我军毁其南满铁路,依此为出兵理由,占据沈阳,炮攻北大营。事出突然,我军丝毫未加防卫,是以抱不抵抗主义,以待国联查实,自有公理判决。东北各要埠被日本铁蹄压迫之下,所谓一等强国之军队,竟能强奸民间妇女,任意挥戮沿街,不时检查。并将我国飞机青天白日徽章涂成日机,随意掷弹,毫无人道,惨不忍睹。哈埠被占据后,相继成立"新国家"的把戏,于四月九日各地庆祝建"国"。当局通知各商派人庆祝者,"赏洋"两元。此事虽正式声明,领袖随时已将大洋附[付]齐。及至礼场,哈埠"新人物"按次演词,对于民众有何等的待遇,最后脱帽大喊"有赞成'新国家'者请举手",事出意外,民众无一人而举手者，如是者三四次，这就是所谓真正民意的"满洲国"大同民族的表现。贵团未来哈时，日本已通知各机关如何答复。种种横行不胜枚举，又如天津战事、上海战事，沿海一带几无不被侵者。请贵团调查真象［相］，谁是谁非，以维持世界和平，这就是弱小民族的希望，抑即是贵调查团的天使。

帝国铁蹄下之呻咽者
中华民国念一年五月十三日

资料来源：日内瓦国联与联合国档案馆藏李顿调查团档案，卷宗号：S36。

58. 中国工人赵宜民来信

国联调查团钧鉴：

谨陈者：

为报告所见之事实，以资调查之资料，能否有效，尚且不顾，为尽公民之义务，不得不尽此心也。兹将所见事实及经过情形，分述于下，请费神一观。

自九一八事变后，日军侵入东三省，实行其满蒙政策，积极建设伪国家，以图进行第二步的吞并。

自二月五日下午，日军侵入哈尔滨［滨］之后不久，先设有日本特务机关，以军事作为后盾，支配一切，长官公署亦在其支配之下，所有各机关，亦渐添设日本顾问，监视一切行政。宪兵队亦改为日人。由此，中国人的政权，事实上已完全失掉（所谓保侨者如此如此？）。相继又支配举行第一次庆祝大会，一般市民莫不咳［唉］声叹气。但支配警察，用拉夫式的手段，市民不得不去，但在途中多逃匿他往，所以会场人数很少。（如何见得民众之欢心？）不久，又举行第二次强迫手段，庆祝大会人数不足，则以警察问罪，是以第二次强迫的人数较多，在庆祝时间，所推消［销］之旗，皆为日人由大连运来，迫令各机关强迫代消［销］，所以各商号不得不买。此项事实，凡商民与各警察机关均能证明的。

日人专以武力迫人，实不讲理。军防任意设置沙袋、网电，设有多处（现在多移于道外江沿一带）。在八站中马路击毙路人，夜间偷行抬埋，并无故击毙特警处人员数名，既不让过问，又不让报纸登载，此项事特警处亦必有卷可查。又当日军侵入哈埠不多日后，在街上有警察行走，被日军汽车撞伤数名，此项事不但特警二署能查，市立医院亦必有调治之证据也。就现在各机关服务人员，除自辞者外，谁非心怀怨恨，忍一时之痛，而解决衣食问题耶？所谓"新国家",为日人口头的呼声,及被威迫之中国人的服从声音而已。

我是一个工人,虽然没有见识,但就所见所闻,不得不作一个报告,尽公民之义务。专此,恭请公安。

中国工人赵宜民谨上

资料来源:日内瓦国联与联合国档案馆藏李顿调查团档案,卷宗号:S36。

59. 哈商民一份子王忠升来信

大美利坚住[驻]哈领事馆总领事勋鉴:

敬恳者:

兹国联调查团将行来哈,哈埠商民一份子王忠升谨代表全市商民致调查团请愿书一封,素抑[仰]贵国酷爱和平、主持公道、扶弱抑强,望祈代转是幸。顺询旅安年①。

哈商民一份子王忠升敬求托
五月一日

资料来源:日内瓦国联与联合国档案馆藏李顿调查团档案,卷宗号:S36。

60. 哈埠商民一份子王寿来信

国联调查团诸位先生钧鉴:

今贵团幸安临东三省,日本之蛮横强暴、惨无人道之真象[相],想不难明矣。敝哈商民,今以十二万分之热情欢迎贵团,以十二万分之真情实意请愿与[于]贵调查团诸位面前,谨陈述于左。

自去岁九一八,敝中国东三省被日本以暴力侵占一[以]来,屈指计算,半载有余矣。敝哈埠商民忍耐偷生,不以铁血与强暴周旋者,盖想世界尚有公理,决能对无故强占人之领土、惨无人道之国,加以裁制者也。日本深知世界各国决不能容己所欲,并吞东三省。日本更深悉近三十年之中国人民,有国家观念,非前之庸弱可欺。故拉出中国失意政客、亲日走狗,强奸民意,组织所谓"满洲国"。扬言东三省三千万民众之真意,不堪军阀之苛政蹂躏,自愿脱离南

---

① 编者按:原文多一"年"字。

京政府。拙拙欲以一手掩尽天下人耳目,能可乎哉?贵团诸位如不相信,可暗中察观,不难洞悉。万望不可在皮毛外表上观看。因日本已早设上蔽藏贵团调查法宝①,使贵团不能窥见其狡猾惨[残]酷真面具!更拉出亲日走狗,假托各界民众代表。向贵团巧词说明愿脱离南京中国政府之意义。噫!其用心可谓苦矣!兹更将敌人之日记摘要录于下:"三月十日,有警官来铺。言明日卦[挂]新旗,庆祝'新国家'成立。(假问:)什么'新国家'成立?(答)'满洲国'成立。(问:)我不挂旗。我不乐意叛祖国。(警官说)上官有命,不挂旗,就同叛'新国家'同罪。(问:)这是上官之真意吗?(答)什么真意,有人家日本人,强迫着没有法子。连我现下有吃的,也不给日本人使用。不干,家中五六口人,就得饿着。(下午二时,商会传知明日开庆祝大会,并提灯大会。铺中有五人者,去一人。十人者,去二人。多者以此类推。)本铺中人听见了这的,气的和什么似的,(十一日,我铺去一人参加。上台演讲员演说建设'新国家'与民众谋幸福,诸位庆贺举手,竟无一举手者。)由此可窥见真正民意!士、农、工、商、兵,无一乐建"新国"者。诸位不信,可暗中询问士、农、工、商、兵。

哈埠商民一份子王寿请愿

资料来源:日内瓦国联与联合国档案馆藏李顿调查团档案,卷宗号:S36。

61. 中华民国民众团体来信

国际联盟会公正调查团诸委员钧鉴:

日昨[昨日]诸君驾临哈埠,安寓马迭尔旅馆。因我是一个中华民国的国民,不能近前面偈[谒]大驾,故特草书以代进见,并祝诸君健康。兹有陈者,恐被日本人所欺骗,特具数端,请为鉴察。自去年九月十八日,奉天日军攻击辽宁,占我北大营及兵工厂,所有中华民国之财产均被日军全行拉去,复又攻取吉、黑两省。我当局以不抵抗主义。但日本军不以为是,又到天津,以土匪绑票之手段,将溥仪强迫至奉天。到此地步,日人之思想,我中华民族已知之作用。果然,就在我长春成立伪满洲国,我当局更不敢抵抗。日本因在他范围之内,故而【如此。】再,日本声明伪国一切均属自主,决无日本之关系。查伪国政府至[之]所属各机关,均有日本人所谓顾问、咨议也。请问:伪国既能自主,何

---

① 编者按:原文如此,不达意。

必得用日本人乎？明明系日本之主使，始能有此伪国之产生。日本以此亡我东省，占我领土，破坏政治。日本军出兵中华民国，其声明保侨，实问：日兵未出以前，其侨民生命财产有否危险？现在日本军所到之处，土匪愈多，此亦系日本人所选之况，所有日侨及中华民族，日本军已[一]到，即为流离失所，此责任均在日人应担负。在调查团未到哈以前，日人制造伪标语以蒙混之。日军自到哈埠，强占各学校。至今，大、中学校未能开学，原因纯为日人之主权。仅小学开课，所有书籍等项，均依日人另行改编。所有各机关办事，日人不签字即不能执行。诸委员到各处调查，[中华]民族不能近前。即使近前，在日本范围下，也不敢直言。对于伪国政府，国际上是否成[承]认此也，是个问题。日本曾声述"满[洲]国"成立之问题，亦不以成[承]认，既不承认就无与"满[洲]国"直接关系也。再，报载之：中间报告谓日本对东省撤兵一节，谓各处有匪不能撤兵，究竟此匪是何方造成的，何日兵到处，即有匪。我华兵驻扎处，即无有土匪？有眼即可明了也。现在，伪国政府执政溥仪对于发号施令能否自主，这亦是个疑问。我当局就依公理终能胜强权。诸委员是世界和平之大使，中日之事，不求别想，即能主持公道，则我中华民国感激莫深。谨祝诸君健康。

中华民国民众团体国民泣叩
五月九日

资料来源：日内瓦国联与联合国档案馆藏李顿调查团档案，卷宗号：S36。

62. 东北民众上国联调查团书——运动会秩序表

请看这个会序奇怪否！！！

第一日"大同"元年五月十四日

1. 开会（上午九时）
2. 入场式
3. 授旗式
4. 升"满州[洲]国"旗（唱"满洲国"歌）
5. 升日本国旗（唱日本国歌）
6. 升会旗（奏乐）（唱会歌）
7. 向"国"旗会旗行敬礼（三鞠躬）

(续表)

8. 会长致开会词
9. 满日各官长致祝词
10. 来宾致祝词
11. 选手及职员绕场一周
12. 开始运动
一，满日合作团体操
二，女子舞蹈（日）
三，五十米（童子组满日俄分作）A，"满洲国"B，日本 C，俄国。
四，徒手操（满日俄分作）
五，百米 A.（成人男组预赛满日俄分作）
B.（童子男女组满日俄分作）
六，跳远（童子组满日俄分作）
七，二百米接力（童子男女组满日俄分作）
休息一小时（下午一时至二时）
八，四百米接力（童子男组满日俄混合）
九，二百米接力（童子女组满日俄混合）
十，武术（日满分作）
十一，二百米（童子组满日俄分作）
十二，五十米（成人女组满日俄分作）
十三，16 磅铅球（成人男组满日俄合作）
十四，百米（成人男组决赛满日俄分作）
十五，【一】千五百米（成人男组满日俄合作）
十六，跳远（成人男组满日俄合作）
十七，撑杆跳高（成人男组满日俄合作）
十八，二百米接力（成人男组满日俄分作）
十九，垒球掷远　A.（成人男女组满日俄合作）
B.（童子组满日俄分作）
二十，八百米接力（成人男组满日俄混合）
（下午五时）

第二日"大同"元年五月十五日

1. 开会(上午九时起)	
2. 入场式	
3. 升会旗(奏乐)	
4. 升"满州(洲)国"旗(唱歌)	
5. 升日本国旗(同)	
6. 开始运动	
一,日满合作团体操	
二,女子舞蹈(日)	
三,五十米(童子组满日俄分作)	
四,徒手操(满日俄分作)	
五,二百米(成人男组预赛满日俄分作)	
六,跳高(成人男组满日俄合作)	
七,八百米(成人男组满日俄合作)	
八,跳远(成人女组满日俄合作)	
九,四百米接力(童子男组满日俄分作)	
十　A. 8磅铅球(成人女组满日俄分作)	
B. 6磅铅球(童子组满日俄分作)	
十一,百米(成人女组满日俄分作)(童子部决赛)	
十二,标枪(成人男组满日俄合作)	
休息一小时(下午一时至二时)	
十三,武术纲引	
十四,四百米(成人男组满日俄分作)	
十五,跳高(童子组满日俄分作)	
十六,跳高(成人女组满日俄合作)	
十七,万米(成人男组满日俄合作)	
十八,二百米(成人男组决赛满日俄分作)(童子组)	
十九,铁饼(成人男组满日俄合作)	
二十,八百米接力(成人男组满日俄分作)	
二十一,一千米接力(成人男组满日俄混合)	
7. 闭会	

资料来源:日内瓦国联与联合国档案馆藏李顿调查团档案,卷宗号:S36。

63. 东北民众上国联调查团书——日本违法悬案记要

自东北事变起后,日本屡次声明,中国政府不遵守日本在条约上既得之权利。日外务省并公布悬案百数十件以为证据,以借口掩饰其在东三省暴行之罪恶,实则日本侵犯我国主权及损害我国侨民生命财产之事件,即最近十年来所发生者,亦已指不胜屈!兹搜集日本政府应负责任而迄本[未]解决之重要案件,汇综于次,其性质较次及因日本人民非法行动,致中国人民受有损害之案件,尚未列入也。

目 录

一、撤退驻华日本领事馆日警案(前清宣统元年)

二、日军驻在庙街①麻盖附近击毁华船伤害华人案(民国九年六月)

三、吉林晖春案(民国九年十月二日)

四、日人小樋弥作助匪搅乱边境案(民国十一年九月二十四日)

五、青岛观象台日员交代案(民国十一年十二月)

六、撤销南满日邮案(民国十一年)

七、长沙六一案(民国十二年六月一日)

八、日本地震惨杀华侨案(民国十二年九月)

九、日本不照协定购买青岛食盐案(民国十五年)

十、第一次朝鲜暴动案(民国十六年十二月)

十一、日人或台籍民贩卖各种毒品案(民国十七年【至】二十年,共十五件)

十二、日细野繁胜著《满蒙管理论》交涉案(民国十七年二月)

十三、日舰"谷风"枪东平潭渔民案(民国十七年二月念七日)

十四、济案损害问题案(民国十七年五月三日)

十五、日本博览会筹设满蒙馆案(民国十七年九月)

十六、日本渔船侵入我国领海捕渔案(民国十八年)

十七、日人惨杀盖平县农民张玉案(民国十八年五月念三日)

---

① 编者按:此呈中有多处地名、人名、时间前后不一致,经查由写作者文化程度不高导致。

十八、日警闯入辽宁邮局刺杀邮差案（民国十八年六月十五日）

十九、日联队在长春演习践毁民田案（民国十八年八月）

二十、辽宁日警打伤信差何友三案（民国十八年八月念三日）

念一、铁岭日兵与警察冲突擅捕保安队凌辱案（民国十八年九月）

念二、福州日商籍［籍商］民永租屋地税契案（民国十八年十月）

念三、沈阳民农［农民］被日军击毙案（民国十八年十月十七日）

念四、延吉日警包围细鳞河保卫团分所诱捕教员案（民国十九年一月十三日）

念五、日轮"东豫丸"私运军火案（民国十九年二月二十三日）

念六、延吉日军逮捕农会副会长金仁三案（民国十九年四月）

念七、韩籍私贩捣毁安东关卡案（民国十九年五月十七日）

念八、日守备队在南满铁路旁枪杀卖菜农民宁宝民案（民国十九年六月二日）

念九、日警强提安东关查获私运军火案（民国十九年六月三日）

三十、龙井村陆军连附［副］抓赌被日警殴辱案（民国十九年七月二十八日）

卅一、福州日领馆擅折［拆］烟馆封条案（民国十九年八月及二十年三月）

卅二、龙井村中日军警冲突案（民国十九年十月六日）

卅三、日军压迫安东市电灯厂案（民国二十年四月二十八日）

卅四、日舰"芙蓉"号等驶入内河案（民国二十年五月十八日）

卅五、日军强占临榆农田为靶场案（民国二十年六月）

卅六、第二次朝鲜暴动案（民国二十年七月）

卅七、长春日警借口保护万宝山韩农擅入内地案（民国二十年七月）

卅八、图们江日军演习案（民国二十年八月）

(一) 撤退驻华日军领事馆日警案（自宣统元年至十九年五月）

自前清宣统元年，中日订立图们江界约，驻在延边商埠各日本领事馆即附设日警一二人。迨民国四年以后，各该日领馆竟添设司法警察至二三十人之多。及至民国九年，延边内地亦驻日警达四百余名，迭酿事端。经随时向日本领事交涉撤退，未得要领。民国十二年以来，哈尔滨街市及车站亦发现日警，并设立派出所二处，官警共约五十名，迭经该处交涉员交涉，迄未撤退。青岛自交还中国以来,日本领事馆亦附设警察六十余人,身着制服,佩刀往来街市,交涉撤退,亦无要领。我方以驻华各日领馆,擅设日警,殊属蔑视我国行政主权,并迭准东北政务委员会咨请交涉,于十九年五月三十日照请日使即行撤退,而日方则谓:此项日警之派驻,实为充分保护及取缔日本侨民,惟为免除中国官民之误会起见,除必要外,限制着用制服,而于撤退一节,并不提及。

(二)日军舰在南街麻盖附近击毁华船伤毙华人案(民国九年八月)

九年六月间,有中国舰队所派之运柴风船一艘,在俄属麻盖附近途遇日本舰队,该船为免除误会起见,当时即下锚停泊并高悬国旗两面。而日舰竟发炮共约八九发之多,将其击沉,以致伤毙船上佣工三十四人,事后并将该船焚毁。且麻盖附近有中国运柴船一节,事前中国舰长及驻庙街中国领事均曾切告日本军官,请饬注意,该军官等亦已允诺。我方曾于九年十二月三十一日根据以上事实照会日使,提出办法四条:

一、日本政府对于本案之全体应向中国政府道歉。

二、轰击中国风船之日舰官长、兵丁应查明严办处罚,并将办理情形通告中国。

三、已死之佣工三十四人及重伤者一人应各给予抚恤金。

四、击毁之船以及船内一切物品应照数赔偿。

而日本方面则谓:该船对于日舰停泊之要求不但不理,反图逃逸。是以加以炮击,因恐该船为敌利用,故将其焚毁。日舰之措置正与一九〇九年伦敦宣言第六十二条及第四十九条,日本海战法规①第九十五条、第九十六条、第百二十六条及第百四十一等条所规定者相合,日本政府故不能负赔偿及其他之责任云云。复经前外部于十一年二月十五日根据前海军部核复,以该风船毫无抵抗能力,且当时亦无抵抗行为,依照伦敦宣言及日本海战法规,日军且未能将该风船没收,况遽加炮击。又,日军彼时之处置与伦敦宣言第四十九条及日本海战法规第百二十六条所云"不得破坏及正当检定"诸说亦完全相反,根本上不得适用其规定云云,驳复日使。并请查照前提四款,迅予同意,嗣后迭经照催,迄无结果。

---

① 编者按:原文如此,不达意。

(三）吉林珲春案（民国九年十月二日）

九年十月二日，有马贼围攻袭珲春，焚毁日本领事馆，日韩人死二十一人，伤十九人。日本即派军队四中队六大队先后入境，日使提出要求条件四款：一、抚恤。二、赔偿。三、处罚责任者。四、道歉。

十一年四月间，日使提出损失清册，要求与其他各款一并从速照办。我方以日军擅行入境，侵我主权，面商日使，道歉一节应由双方互相行之，惩办官吏碍难照办，并根据延吉道尹报告，于十一年七月间提出延边五县华民垦民等，因日军入境所受损失要求日方赔偿，至华民死二十四名，重伤四名，垦民共死三百二十四名之恤金、医药等费声明保留。嗣照日使提议，双方先行派员交换意见，日方提出日韩人吊慰金及财产损失等项共日金四十六万四千余元。我方根据延吉道尹报告，华民财产损失二十四万二千余元，垦民等一百余万元。又华民恤金等四十五万九千余元，垦民等恤金等费一百九十八万六千余元。双方委员迭次商议，日方谓韩人不能出籍垦民，即系日本人，不能由日本偿恤。至要求日政府陈谢一层，谓日本出兵系根据国际法上之自卫权，坚请撤回对案，曾经我方反驳，并表示日方能允陈谢，则垦民要求可以商议让步，日方仍执意不允接洽，因以停顿。嗣后迭经催促，日使迄未有具体答复。

（四）日人小樋弥作助匪搅乱边境案（民国十一年九月二十四日）

十一年九月二十四日，吉军剿匪，探得傻子队内有日人。在于家堡附近盘获日人小樋，并身带官帖、银饰等物，供称先充苦工，后与先加入傻子队日人远藤助匪作战，意图助长中国匪徒搅乱边境，以备本国外交之籍［借］口，期攫权利。各匪军械非伊等贩卖，系本国接济，所有机关枪两架，实由本国运至间岛头道沟，名被匪抢，实系交付钱款银饰等件，系迭抢分得贼物等语。经吉林特派员将该人移送驻吉日领处置，并提抗议。十一月十八日，我方据照日使，并告以世人早已宣传日本军事特务机关暗助马贼、搅我边陲，以遂其进兵驻警目的。观［关］于哈埠查获军火及此次日人小樋亲供情形，则日人之助长中国延边匪乱，确为不可掩饰之事实。请其转达政府严惩，并厉行取缔。嗣据复称：该日人并无协助马贼情事，前次口供系李营长胁迫而出，当即根据事实驳复日使，仍请其查照我方上次照会办理。十二年十二月十四日，复经照催，迄未答复。

(五) 青岛观象台（前称青岛测候所）日员交代案（民国十一年十二月）

民国十一年接受青岛之时，日人借口我国一时无测候专门人才，不允将青岛测候所交还。嗣经鲁案善后督办与日使迭次磋商，始订办法八条，有允许我国派员入此协同办理，日员仍旧暂时服务等语。前北京外交部迭向日方交涉，日使虽有开始商议之表示，迄无结果。迨十八年八月，我方根据山东悬案细目协定附件第五（三）乙项之规定，"将来中国测候所职员养成后与旧职员交代时，更定与日本测候所报告连[联]络之办法"，派员与日方协商，我方提出办法七条，以确定青岛观象台日员交代后，与日本测候所之报告连[联]络办法。日方亦提出办法七条，并了解事项三端，其中所拟青岛观象观测及调查地磁气，由日本技术员主持个[各]节，均与上述规定抵触，迭经交涉并未解决。十九年一月，我方续催日方从速会商，彼复指中国职员现多更换，技术方面不无退化，及所用仪器系法国式，于日方气象之报告联络颇多不便。又称中日双方在青岛观象台均有地磁气之观测，日方请互相研究比较，华方未允，径将观测所得送荷兰 Bjlt 气象台公布。兹察该台公布并不精确，殊与日轮航行青岛有关各等语，均经一一指驳，并要求速派技术员与我方会商交代后报告连络办法，嗣后迭次催促日使，迄无答复。

(六) 撤销南满日邮案（民国十一年）

华府会议我国提议撤销在华客邮一案，当时日本代表在会议席上虽经陈述关于南满铁路区域内日邮之意见，然经一再讨论，认为日本在南满铁路界内仅有通过权，日代表并无异言，嗣经大会议决定：期【于】一九二三年一月一日以前，所有英、美、法、日等国在中国各地邮局，除租借地及条约特许者外，一律撤销。十一年七月间，日使提议派员会商日邮撤销以后各种协定。八月，双方委员会议于北京，于签订各项新邮政协定外，另附文件声明南满铁路区域内日邮问题，将来再由两国政府另行接洽办理。嗣后，经照会日使重提撤销之议，迄无结果。至南满铁路区域内之日本邮局及邮便数目，据邮政总局十七年五月报告，已达六十余处。

(七) 长沙六一案（民国十二年六月一日）

十二年六月一日，日清公司商船"武陵丸"抵长沙时，适值该处市民在河岸讲演,群众聚观,阻碍搭客登岸。日本兵舰"伏见"号猝派徒手水兵上路示威。经湘省官厅竭力弹压,并向日领力任保护、要求撤回无效,该舰继复于群众渐散时派武装兵士二十余名登岸,由官长指挥突向人丛射击,立毙徒手市民六人,重伤十五人,其死伤者皆在日商码头以外,足征当时追击情形并非出于自卫行动。本案发生后,前外交部根据湘省六月三日报告,于五日向日使提出抗议,六日照湘省所提条款照会日使,原提条件如下:一、此枪杀华人之指挥官及其兵卒须按日本军法严重治罪,并将办理情形照会华官。二、须对于枪杀及受伤华人从优给恤。三、须由日本舰队司令官向湘省官厅谢罪。四、另由日本政府用正式公文向中国政府表示道歉之意。五、由日政府担保嗣后不再有此种事件发生。同时电驻日汪使向日政府交涉,部派委员赴湘调查,迭催日使及日政府承允所提之五款。日政府坚持水兵行动为正当防卫,嗣经公牍往还,双方会晤磋商,迄未结案。二十年六月四日,我方以节略提请日本代办按上开五款转电日政府迅予照办,仍无确实答复。

(八)**日本地震惨杀华侨案**(民国十二年九月)

西历一九二三年日本大地震时,日方借故残害华侨,据本国特派大员调查事实,计分三项:一、大岛町虐杀华工案。东京市外大岛町一丁目至八丁目有华工二千余人,震灾后日本自警团警察、军人诱迫华工将所有金钱一概交出,迫至八丁目附近用刀棍击毙,用煤油毁尸灭迹,余由日本军队移至兵房收管,旋即遣送回国,有一死而复苏之华人及日本绅士新闻为证。二、学生王希天被害案。震灾后王希天奔走救济华工,忽于九月十二日在东京失踪。是日早,日本武装兵士反缚王希天拘入东京象户警署以后,即行踪不明,日方诡称已释放,实系被杀无疑,有同日之华人及救世军追悼会为证。三、横滨及附近华工、学生被杀案。横滨方面华工被杀者外又有学生等三人被杀,内有二名曾有目睹,为日本自警团持械缚打至全颅全破,以上事实均为日本兵警之加害,自非因震灾混乱误杀甚明,且均在震灾日之后,并有充分证明,日官厅万难推①卸责。经迭经照会日使及日外部,并开送死伤损害各表,要求惩凶偿恤,乃均托词卸责,延不结案。计此案被害华人四百三十七名,生死不明者四十六名,受伤者七十七名,财产损失约近万元。

---

① 编者按:原文多一"推"字。

（九）日本不照协定购买青岛食盐案（民国十五年）

按照解决山东悬案细目协定，日本每年应购买青岛食盐最低额一万万斤。乃自协定成立以来，从未遵照协定范围之数量订购，甚至对于既经订之数量中途又任意减退。如民国十五年订定九千万斤中退去一千五百万斤，十七年订定八千万斤中退去六百万斤，十九年订定一万万斤中退去一千一百六十万斤，致使输出供给失其准备之标准。每年购买数量及价格之协定，仅凭日本专卖局片面之意见，强【迫】经理输出人承受，否则以减少购量相挟制。历年以来，经理输出公司赔累甚巨，外交部迭准财政部之请，向日方交涉遵照协定办理，亦无结果。

（十）第一次朝鲜暴动案（民国十六年十二月）

民国十六年十二月，朝鲜人借口报载在省取缔鲜侨，聚众暴动戕辱华侨，掠夺财物，围攻仁川领馆，蔓延几及全鲜。死华侨二人，伤四十八人，直接损失日金二万九千余元，间接损失九万余元，日使借端先提抗议，图卸疏纵之责。经我方驳复，并将死伤数目照送日使要求偿恤，其损失赔偿因尚待调查，声明保留。嗣经切催日外部，迄以转查为词，拖延未结。

（十一）日人或台籍民贩卖各种毒品案（民国十七年至二十年，共十五件）

日人或台籍民以治外法权为护符，在中国上海、天津、大连、辽宁、北平、青岛、济南、汉口、福州、厦门等或公然开设烟馆，或借名行医售药，贩卖吗啡、高根、海洛英［因］等毒品，不服地方官厅取缔，日领且抗议搜查，即经当伤［场］破获，提向日方交涉，日方辄借词搪塞，要皆隐存庇护，总无切实结果，最著者计有下列各案：

（一）大连日本交易所运销海洛【因】至天津、沈阳、石家庄、吉林等地方案（十七年）。大连商品交易所理事长伙同多数日人密运吗啡、鸦片、海洛因等毒品，民国十七年间约直［值］一百三十八万日金。十七年以前被发觉者达四百余万之巨额，以大连为总机关，运销于天津、沈阳、石家庄、吉林等地方，被检察厅发觉被检举者有白川山松、川上釜野等多人，事连东京、大连当局，遍载大连各报，所谓大连五大疑狱事件之一也。

（二）汉口日人制造毒品运销内地案（十八年二月）。日人在汉口以德国机器制造吗啡,秘密销售。经国际禁烟王代表来电报告有案。

(三)济南市查明日商百余家密售毒品案(十八年八月间)。济南日侨华北洋行猪狩宙治、回春药房大森繁、长隆洋行金奈、泰隆公司生驹清秋、天地洋行田岛定辅、射清洋行清古伴七、济南公司野中喜代治、山浦洋行山浦虎雄等八家,历来制售各种毒品。于十八年八月经山东交涉员呈准山东省政府会同公安局遴派员警前往挨次检举,当场查获大宗毒品,制造毒品原料及器具甚伙,尤以白丸为最多。我方当函驻济日领分别查封惩治、没收焚毁未准,将办理结果函复。其他侨居济南、胶州、桓台、潍县、益都等处之日人,暗售毒品者为数尚伙,亦经附表另函日使,迄未准复。

(四)日警强索烟犯崔元俊案(十八年九月间)。延吉公安局于十八年九月局子街崔元俊家搜查烟案时,日警忽来干涉,即请交涉无效。

(五)日轮"长风丸"私运鸦片案(十八年十一月)。日轮"长风丸"于十八年十一月装运鸦片至沪,行至吴淞口,经吴淞要塞司令邀同各法团当场在该轮火舱查获烟土共二十件,约三百余两,移送上海法院讯办,并函由禁烟委员会函准外交部转饬江苏交涉员向驻沪日领交涉取缔,未准日领答复。

(六)辽宁邮局扣获日人饭治私运毒品案(十八年十一月)。辽宁邮局于十八年十一月间查获自德国汉堡寄运海洛因一百二十余包,每包价五百两,收件人为日人饭治。经邮务局、辽宁省政府一再化验明确,该日商亦自认系同一性质之贝洛宁,即经省府当众焚毁,一面饬特派员交涉惩治。一面咨明外交部,据函日、德公使从严取缔。

(七)福州【日】籍民廖献章庇烟率众抢犯案(十八年十二月)。福州日籍民廖献章于十八年十二月间,当侦缉队破获判官庙烟案时竟率众开枪,持刀将烟犯抢去,枪伤探警、调查员等而逃,迄未缉或[获]。

(八)山海关日驻军强索贩卖毒品犯人案(十九年)。山海关日本屯军屡次强行索回昌黎县抓获之贩卖毒品人犯,昌黎县日人九家借名行医售药,实则专售吗啡、高根、海洛因等毒品,历经该县禁止无效,查获辄为日军索去,经禁烟委员会函准外交部,以昌黎并非通商口岸,日人不得在境营业,其私商毒品尤为不合各节,函请日使谕知该日人等勿再逗留该县,迄未答复。

(九)日人在高密县贩卖毒品军火案(十九年)。高密县日商共荣、天龙、寡川、丸山、美达、隆昌、三岛、金冈、金城等九家,贩卖毒品、军火。该县政府以高密并非通商口岸,当与直接交涉,请其出境。均恃强不理,各房东屡请迁居,亦霸屋不让。经向日方交涉,亦无答复。

(十)厦门日人烟馆二百余家交涉案(十九年一月间)。厦门日籍台民洪荣彬、周发来及王南波等开设烟馆、土栈,违抗禁令,延不歇业。在十九年一月份,计共尚有二百〇三家,经思明县政府造表函向驻厦日领交涉,迄无结果。福州更多。

(十一)青岛邮局扣留日人私运毒品案(十九年一月)。青岛日商三轮商会、吉冈洋行贩售毒品,由瑞士、德国汉堡贩来高根、海洛因,由邮局挂号寄青,共一百〇一件,经邮件检查所查获,送交卫生局验明,确系上项毒品,呈奉行政院,交由外交部函请日使转饬从严取缔,未准答复。

(十二)福州日籍民枪杀吸烟客陆细福案(十九年四月)。福州日籍民谢青云于十九年四月间在后州白舍庙台籍烟馆袖[抽]出手枪,将吸客陆细福击中额部,由腰后穿出,倒地身死。经福建省政府咨准外交部函请日使转饬协捕,迄未缉获。

(十三)上海海关扣留鸦片案(十九年十一月)。上海海关于十九年十一月间在德轮"克劳斯利克马斯"号查获烟土一百箱,只下货单注明烟土由上海转运至大连。海关以故违关章,扣留充公。本年五月,日代办函外交部称:关东厅专卖局与波商订购鸦片一百箱,由德轮"克劳斯利克马斯"号运往大连,被上海海关扣留,是否事实,据何理由?经外交部咨准财政部查复前由,即据复北平日使馆。

(十四)北平有田洋行售卖海洛因案(十九年十二月)。北平小季纱帽胡同日商有田洋行贩卖海洛因,十九年十二月间,有许春林者前往购买,购毕出门,当被巡警查获。旋据北平市公安局查明历年破获日人在平贩卖海洛因、吗啡等案件一百七十七起,均经分别送交日使馆或法院法办有案。

(十五)日人在汉销售毒品案(二十年四月)。日人谷口胜次郎售卖毒药水、检毒质药水,于二十年四月间经宪兵营查获,即检同药水,虽经市立医院化验,系亚尼尔化合物,可以危人生命,并用犬试验,犬即失知觉,遂将全案移送市政府办理,计共毒枪五支、毒水五十瓶。

(十二)日人细野繁胜著《满蒙管理论》交涉案(十七年二月)

日本细野繁胜著《满蒙管理论》于十七【年】春间刊印发行,嗣由中国人王慕甯译成汉文,定名《日本并吞满蒙管理论》,在上海出版。我方得报,即分函觅购原本并交涉,旋接驻日使馆复称,《满蒙管理论》一书,当出版时即经购来阅读,其措词荒谬,主张凶暴,深堪发指。曾面于向[面向了]日本当局指摘内容,请其禁查。彼方谓此类私家著述,纯系发表个人意见,苟非显于法律条章,未易以行政处分遽加干涉,且细野向无名望,若经查究,转引起群众注意,不啻为之刊登广告等语。辩驳再三,仍持是说,迄未得具体解决。

(十三)日舰"谷风"枪杀平潭渔民案(十七年二月二十七日)

十七年二月二十七日夜,日本商轮"锦江丸"在福建平潭大富港迷雾触礁沉没,船员三十余名及其行李物品,经我国李一臭渔船救护出险,登日舰"葵"号返国。翌日,平潭县长派员前往勘察时,突来日舰"谷风",不问情由,向该处渔船及岸上民众枪轰,击死十二人,伤二十七人。下午,日兵复持械登陆,挨户搜查而去。前福建交涉员向日领提出严重抗议,并声明保留一切要求之权。日领复称日舰驶到时,见有多数船只夺掠物品,为驱逐海盗,故发枪射击,此为军舰应取之手段等语。复由该交涉员驳以当时多数船只,均为我国渔业船,所指夺掠物品究系何种物品及用如何手段,并谓当时救护船员及其物件即此处渔船之一,足以证明该处均为善良渔船,毫无疑义。岸上民众住宅,均经日兵挨户搜查,并未查获一物,更无海盗之事实。故此次被害民众均系善良分子,提出惩凶、抚恤、赔偿、道歉、保证五项。日领复函,仍一味推卸。并复牵引与本案无关之海盗为借口。该交涉员将本案经过详情报外交部,经部详加参核,该日领所持各节理由,殊与事实不符,严令该交涉员根据所示理由驳复,日领仍颠倒是非、恃强狡辩,迄未结案。

(十四)济案损害问题案(民国十七年五月三日)

十七年五月三日济南惨案,我国军民伤亡及公私财产损失,因当时济垣在日军暴力占据之下,无法调查。嗣据公、私方面报告,统计其数目如下:关于人口伤亡者,死一万七千余人、伤三千余人、死伤九千余人(原报告死伤数目未分)、被俘五千余人、生死不明二百八十余人。关于财产损失者,公有财产(已列价者一千一百三十余万元。未列价者,待查明估计)、私有财产(已列价者,二千一百八十余万元。未列价者,待查明估计)。以上所列仅就已有报告而统计者,其全部损害当数倍于此。十八年三月二十八日,济南案解决,关于损害问题,其议定书内载明:双方各任命同数委员,设立共同调查委员会,实地调查决定之。当时,经与日使商定:各派委员三人。我方派定人员名单已于是年六月中间通知日使。日方迄未将同数委员派定通知。十九年五月,复经函催,亦置不复。

(十五) 日本博览会筹设满蒙馆案(民国十七年九月)

十七年九月名古屋举行博览会,该市新闻通信拟乘机开一新闻大会,设有满蒙馆,置诸日本属地之列。事关侵略中国主权,外交部电驻日公使查明确实,亟应抗议。旋据复称:经切实调查,果有此馆。同时,西京亦有同一情事。当向外务省抗议,彼谓此不过因出品关系分馆陈列,绝无视满蒙为日本殖民地之意。经再三辩论,彼允改用"参考馆"字样。十九年三月,奉行政院令,饬注意日人为奖励向满蒙侵略并规定步骤起见,特于本年间筹设满蒙馆于东京各节,经部于三月二十八日电驻日使馆查明;据复称:向日外务省、商工省、东京府各处探查,并无在东京筹设满蒙馆计划。惟日本产业协会自本年三月至五月在上野公园开设海空博览会,会场内有南满铁道株式会社出品室陈列大连、旅顺物产,并无"满蒙"字样。复据该使馆十九年五月七、八两日电称:东京上野【松】坡屋吴服店有筹设满蒙博览会之计划,曾经与该店经理接洽,劝其中止。彼之该博览会内容纯系商业上招徕贸易性质,绝无政治意味,未肯中止。惟改由南满铁道会社出名承办,经向日外务省切实交涉,据有田局长称:此种展览会专以介绍外国事情,并无政治意味。如中国设立关于日本事情之博览会,日本必无反对等语。当与再三争辩,始允设法改为满蒙事情介绍博览会,在松坡屋吴服店六层楼上举行,陈列风景等真人、物产样本,规模甚小,会期定为二十日等情。随又闻日本在昂维期博览会中将满洲列为该国属地之事,我方据电驻比使馆查明,迄未得复。

(十六) 日本渔船侵入我国领海捕鱼案(民国十八年)

自十八年起,龙口至羊角沟一带有日本渔【船】百只,撞入我国网场。其他如大竹山、北戴河及山东之石岛、石臼所等处,亦有日轮侵入,网罟被毁,一个月内损失达三万余元。是年六月,日本电网船越临榆县境捕鱼,挂损渔户计关云等渔钩十余筐①,惊散鱼群,损失甚巨。十月至十一月间,日本汽船十三只

---

① 编者按:原文如此,不达意。

在新民区海面捕鱼。十八年至十九年间,日渔船轮"博多丸"等十余艘在花鸟山东北任意捕鱼。十九年春,日舰率领鱼船千余只满布临洪口外及泰山迤东一带。一月二十六日,朱顺发渔船在温州方面被日轮撞沉,船身及渔网、渔具损失约三千元,生鱼二千余斤,损失约六百元。五月至十月间,日轮"飞隼丸"保护电力渔轮驶近莱州湾芙蓉岛外捕鱼。九月间,吴淞、烟台、宝山一带有日渔船出没。吴淞至烟台及宝山至烟台两水线,屡为所毁。十月间,日本蓬莱涌业公司配置渔船深入粤省沿海捕鱼。十一月间,日本铁壳渔轮二十余只侵入余山洋面捕鱼。二十年一月,日本电船九艘装载枪炮驶入榆林港、牙龙港捕鱼。二月间,日渔轮"玄明丸"、"大连丸"、"满千丸"等三十余艘在江浙洋面捕鱼。我方以日渔轮侵入中国领海自由捕鱼,对于中国鱼船夺帆破网、任意蹂躏,并有日舰往来梭巡,禁阻华方渔民捕鱼,甚至猛撞渔船,实属侵害中国主权,由外交部照会日方,请令饬日渔船勿悬挂中国国旗,不得任意侵入、肆行捕鱼,速即退出中国领海、领港,免滋纠纷。而日方答复则谓:日渔船均系在公海捕鱼,从无在中国领海内捕鱼事情。亦并无中国渔船被日舰迫害之事。至日本派舰取缔舰船有不正当行为,同时亦可加以取缔,此外并无他意。日本舰船对于中国渔船捕鱼有所防[妨]害,事实上全无根据。

　　嗣后,中国如派取缔舰船,甚愿能与日方面协力,俾得圆满解决。经部汇案,咨商主管各部统筹办法,为防止秘[密]输及取缔日鱼[渔]轮以中国港为根据地、从事渔业起见,呈准行政院,训令每关对于凡未满百吨之蒸汽船及发动机船,在中国港及海外间从事贸易者,自二十年二月一日以后一律禁止。又,凡自外国港输入,除由善意商船执有货单者输入鱼类,自二十年五月一日以后一律禁止。嗣因日方向财政部关务署声请将日本渔船列诸禁令以外,该署以该船户等骤被禁止,生计不无影响,允其饬令海关缓期三个月执行禁令,俾资另筹。迄四月间,日本代办来文,对于上项禁令表示异议,请采用必要措置,仍准日渔船在接近中国公海继续从事渔业。经我方据理驳复,同时日方请将禁令酌予展期,又准财政部四月念七日电,以关务署据总税务司报告实行禁令,不免有困难之处。外交部当即商得实业部同意,咨由财政部在交涉期间电饬各海关将禁令暂缓实行。六月二十日,外交、实业、财政三部派员会商,决议关于禁止日本渔轮以中国海港为根据地事,由外交当局向日本代办交涉,限期退出,如无结果即由海关执行禁令。

（十七）日人惨杀盖平县农民张玉堂案（民国十八年五月二十三日）

盖平分水车站开设吗啡馆主日人被刺事后，日警署派人在中国境内妄捕凶犯，迭经该县长向日警署要求禁止。十八年五月二十三日，日警三人在芭蕉岭拘捕农民张玉堂，指为刺吗啡馆主人嫌疑，带至大石桥日警署时该农民畏惧图逃，日警连放手枪伤及大腿。翌日，日警署派人要求村长领回医治未果，二十五日伤重身死，尸身由村长领回安葬。盖平县长向日警署交涉，要求惩凶抚恤，并保证以后不得有越界捕人等事。一面呈请营口交涉员严重交涉，迄未结案。

（十八）日警闯入辽宁邮局刺伤邮差案（民国十八年六月十五日）

十八年六月十五日夜十时半，有日警日限一名，乘人力车由辽宁邮务管理局北面铁栅栏门闯入，穿过局院，直到南门，见门已闭，不得通过，遂大声喊令开门，此时门房有值班信差李万林并邮务佐甄占魁闻声走出，向其婉言劝说：此门已锁，最好仍由北门出去。该日警蛮横异常，李、甄二人伴送行至东楼宿舍门首，该日警忽掣佩刀乱砍，当将李差头部砍伤，血流如注，该差不顾创痛，竭力将日警抱住不放，甄见有性命之险，乃冒险上前将日警凶刀夺去，跑至就近分所报告，由分局派人将日警携去。一面由邮局将被伤信差送医院诊治。此案经辽宁交涉署提向当地日总领事交涉，尚未得结果。

（十九）日联队在长春演习践毁民田案（民国十八年八月）

日本驻长春联队时作野外演习，置农民生产于不顾。十八年八月间，将二道沟李思恭田园九亩蹈毁，经前长春交涉署派员会同日领及日军联队查勘，估计损失为日金一百二十元。其他如黄瓜沟林香臣等十六户田园六晌①，大田地十晌，恒裕乡宁荣轩等四户园地十二晌，稗子沟李恭一户高粱地七亩，太平村任凤书等三十余户园地百五十余晌，损失数万元，迭函日领请其会同查勘并要求赔偿损失，日领延不答复。至本年一月间，日领函送金票二十元，称李思恭田禾损害一百二十元未免过巨，现在日军联队以与被害人李思恭直接商洽，以金票二十元作为了事，请转给。并称宁荣轩等并无何等损害之事实等语。

---

① 编者按：原文如此，今做"垧"，下同。

该交涉员以李思恭所受损失,于查勘时早经确定,决非日金二十元可以了结。询之李思恭,始悉日领所称与日联队商洽各节,全非事实。盖日领因李思恭一户,业经会同查勘,无可抵赖,始以日金二十元捏词塘[搪]塞,其他各户损失则因事隔年余,痕迹消减,即以并无何等损害之事实为词,当即驳复日领,迄未答复。

(二十)辽宁日警打伤信差何友三案(民国十八年八月二十三日)

辽宁邮局信差何友三于十八年八月二十三日在南满铁路附属地内投递邮件时,突有日警强挟至隅田町日本警所,翻检信兜,将信件抛掷地下,扣留《醒世报》三份,并将该信差何友三踢打,邮务长验明手指、胫部均确有伤痕,当即分别往晤日领、内田日警署长乾武,口头交涉,要求惩办肇事警察,该日领暨该署长虽均表示遗憾,即予调查。但旋准日本总领事复称,警署所得报告与信差所述不符,未允照办。当经辽宁邮务管理局将全案移送辽宁交涉署继续办理,迄今未据该交涉署报告结案。

(念一)铁岭日本与警察冲突擅捕保安队凌辱案(民国十八年九月)

十八年九月三十日,铁岭县日军与该县保安队兵因口角细故发生冲突,日军即退回,集合队兵百余人,将保安大队部包围,大街两旁满布阵势,保安队紧闭大门。适交涉局长、县政府科长会同日警署长赶到查勘,日领及日军联队长等亦到,正磋商间,交涉局长往寻公安局长负责维持,日兵竟乘间将大门撬开,闯入队部,将兵缴械,并令其同拘得之附近商民排跪平地,百般凌辱。临行绑去官兵三十余名,枪支、子弹多件,将附近杨雨奇等数家器具捣毁,衣饰携去。被绑之兵备受拷掠,迭经交涉,始陆续派兵枪交回。经交涉局根据县政府所拟条件七项,向日方交涉惩凶、赔偿、道歉、保障及以后日军非经通知我方许可不得持械擅入内地等事,迄未得圆满解决。

(念二)福州日籍民永租屋地税契案(民国十八年十月)

日商及台湾籍民在福州行屋地址,仅向日本领事署登记,并不遵照正式手续将契据送请中国官厅查明印花,其中以台湾籍民居十之八九,往往因此发生争执产权之纠纷。前福建交涉公署于十八年十月十二日间,先后函请驻福州日领转饬日侨尊[遵]照历来办法,将契据送请中国官厅查明印税,并声明如不依照办理,将来发生争执,中国官厅未便承认,惟日侨迄不照办。二十年二月,我方提向日使交涉,彼以此项办法日政府从未承认,不应对日侨强制执行。我方查得英货及其他各国侨商在福州通商口岸及教会在内地所有永租屋地,自来一律将契据送请中国官厅查明印税,发还给执,历办无异。日商方面台湾银行、日本居留民会及博爱医院等三家,亦已遵照前项手续办理,则日使所称该项办法从未承认一节显非事实。复于同年五月间,函请日使转饬遵照办理,迄未准复。

(念三)沈阳农民被日军击毙案(民国十八年十月十七日)

十八年十月十七日,沈阳农民经过南满铁路侧,日本守备队开枪击毙,经当地官厅查明抗议,日守备队以为在守卫范围内,得行使守卫权不负责任为词,经福建农民协会呈奉中央转行外交部电请辽宁省政切实交涉,迄未就范。

(念四)延吉日警包围细鳞河保卫团分所诱捕教员案(民国十九年一月十三日)

十九年一月十三日下午四时,头道沟日领分馆警部补竹田伯次突率武装日警二十一名,包围细鳞河保卫【团】分所,声称找十一校垦民韩兴立有事,(学校与分所同在一院)该校校长与队附正在屋内与之交涉,而室外日警竟将韩教员诱出带走,经头道沟商埠分局向该日领分馆交涉,称系奉总领事命令逮捕,业已解往龙井村。即当特派吉林交涉员与日总领事交涉释放,要求惩处、道歉、保障等条件,并由外交部函请日使转饬照办。旋准日使复称,此事已经延吉市政筹备处长与日本总领事接洽,业已圆满解决等语。但据外交部令据吉林交涉员查复,该韩兴立并未回校。复经据催日使迅予转饬办理,去后迄未得复。

(念五)日轮"东豫丸"私运军火案(民国十九年二月二十三日)

十九年二月二十三日,日轮"东豫丸"密运军火来华,计枪弹子药一百〇五箱,被石岛海关查获,会同当地警军将日人福由藤吉等及军火一并扣留,驻烟台日领要求日人由领署看管。三月八日,日领亲自带去,声明负责交回,并保证"东豫丸"不令离开本港。翌日,日军舰"桑"号即带领"东豫丸"出口而去,经向日领交涉,据复该船因起卸军火,船身受损,故令其开往大连修理,业经我方据函日本公使,请其转饬驻烟台日领将"东豫丸"及船员交回法办。复称当时"东豫丸"出口赴大连修理时,适值日舶因陆军纪念驶回旅顺之必要,系同时出口之误会,并谓本案人犯已由烟台、青岛、关东厅方面搜集证据、严正审理等语。

(念六)延吉日警逮捕农会副会长金仁三案(民国十九平[年]四月)

延吉尚义乡乡农会副会长金仁三被日警捕去,送入日本领事馆。时在十九年四月三十日。先是,四月十三日,日警在龙井村逮捕学生等二十余名。十四日,在头道沟捕去甲长李世元一名,在小五道沟捕去垦民学校教员、学生及金甲长等五十余名,及北沟垦民杨太喜等二十余名。迭经延吉市政筹备处、龙井村、商埠局先后向日方抗议、交涉,日方辄强词夺理、不允照办。延吉市政筹备处乃函由吉林特派交涉员呈准外交部向日使抗议,要求转饬当地日领迅予一律释放,迄今未准照复。

(念七)韩籍私贩捣毁安东关卡案(民国十九年五月十七日)

十九年五月十六日,安东海关缉获韩籍私贩大批私货,约值海关金单位九千七百元之巨,试[该]私贩等寻仇报复,于十七日两度捣毁渡江分卡。日本警察署近在咫尺,竟不加制止。税务司向日领抗议,并请其派警守备兼保护关员,而日领亦置【之】不理。经外交部照会日使,要求缉获肇事韩人归案法办,对海关查缉私货并须协同取缔。据复取缔私贩当尽力协助,犯罪者亦经各处徒刑等语。十月五日,该关稽查员偕同巡缉队员身者[着]制服在埠头执行职务时,日警阻止前进,并将巡缉员之木棒夺去。经该关税务司与日领交涉,日领谓关吏携带木棒为职权外之行动,我方以巡缉员为执行职务携带自卫木棒,不能视为职权外之行动,照请日使转饬日领不得干涉,此事尚未解决。十月二十八日,安东关江桥出口分卡复有日人三名拒绝关员检查,另一韩人将该关第十一号巡缉员无端殴打,三日人中名野泽者突出短刃刺伤第十二号巡缉员右臂,并将所持短刃递交韩籍暴徒偕同逃走,当时江桥日警袖手旁观。追关员等将两凶徒追获,日警又将韩犯截留释放。其十二号巡缉员受伤甚重,颇有生命之虞,税务司提出抗议,日领意存袒护,反要求解除巡缉员武装。我方复于十二月十八日照会日使要求惩凶、赔偿、缉犯,并予释放韩犯之日警以处分,均不答复。

(念八)日守备队在南满铁路旁枪杀卖菜农民宁宝臣案(民国十九年六月二日)

十九年六月二日,日本守备队在南满铁路旁距长春驿南二千米突之通行口,遇见行人即以枪击,农民宁宝臣赴市卖菜经过其间,被日兵击毙。经长春县长查明详情,呈请筹备市政处长向日领交涉,并提出抚恤、惩凶等项。日领复以满铁沿线电话线时有盗窃,此次日兵在附近警戒,该宁宝臣有盗窃行为,致遭枪击。当即驳复日方:该宁宝臣系善良农民,并当时尸旁留有菜筐、扁担等物证,何得指良为盗?应仍查照前提要求办理,迄未答复。

(念九)日警强提安东关查获私运军火案(民国十九年六月三日)

十九年六月三日,安东关缉获手枪六十九支、子弹七千粒、弹夹一百三十八件,旋有日本警察擅将此项缉获品提去,并不填给收据。日领且强指系日方首先缉获,应由日方处置,实属违反民国十年安东关与日领对于在车站缉获禁品处置问题协定办法。经外【交】部向驻华日人代办交涉,十月六日准该代办复称:此案偷运人现在大阪裁判所审理中,一俟判决确定后,当饬驻安东本国领事交还该项缉获品于当地税关等,因现在事隔年余,是否判决?未据日方通知。

(三十)龙井村陆军连附抓赌被日警殴辱案(民国十九年七月二十八日)

十九年七月二十八日,延吉县龙井村驻防陆军第十三旅七团一营,因有鲜人成伙,在本城筑山坡聚赌,当以地方治安关系遣派连附[副]张凤全带兵四名前去抓拿,遂将赌犯抓获三名,余皆逃窜。不意行经大通路,日警派出所门前突出日警多名,将赌犯截夺,复将张连附[副]抓住拳棒交加,营长去质问,日方一味搪塞,当场验悉该连附[副]制服【被】撕毁,遍体鳞伤,当将该连附[副]送院医治,由院具被伤诊断书。由延吉市政筹备处长向日领严重交涉,两次照会提出道歉、惩办、赔偿、撤警各条件,日领口颂[头]答复,诿为误会。复经谈判多次,允副领事代表至延吉镇守使署道歉、赔偿军衣、医药、慰问各费日洋五十洋,并惩办日警暨严儆将来,但要求停止正式照会,现尚未结。

(卅一) 福州日领馆擅拆烟馆封条案（民国十九年八月及二十年三月）

福州市高节里五号意发洋行烟馆，前经驻福州日领声明与籍民无关。十九年八月十五日，该烟馆经官厅破获，移送法院讯办，并将房屋标封。日领忽又声称意发洋行虽经声明与籍民无关，但嗣据籍民侯意呈请在该屋内营业海产时，领事馆曾许可之，要求启封，准该侯意暂任一个半月。正在接洽之间，日领突于十月二十二日派员将该屋印封拆毁，籍民侯意又将零星杂货重行在该馆陈列。又二十年三月，驻福州日领又将奉令标封之后田二同二号烟屋封条私自拆除，加贴福州日本帝国总领事馆封。该烟屋亦系籍民林罗古所有，我方更据事实，先后备文向驻华日使交涉，迄今不见复。

(卅二) 龙井村中日军警冲突案（民国十九年十月六日）

十九年十月六日晚九时前后，延吉龙井村埠正在戒严期内，有武装者十余人行进新安街陆军哨所，经向诘询，遽开枪射击，哨兵还击。事后查悉：毙二人，伤一人，均为日警。日本借此调派多数武装警自由入境，即经我方函请驻华日本代办迅电日本政府饬将到龙日警立即悉数撤回。一面电东北政务委员会调查真相，并将就近与日本领事洽商解决。十一月二十日，准东北政务委员会电称，此案业经延吉市政筹备处长与日本总领事交涉解决。其解决办法：一、处长至总领事馆表示惋惜。二、处罚责任者及行为者，择一口头通知。三、吊慰金日币一万元，医药费二百元，吊慰金于一星期内照付。现该案是否已结，尚未据地方报告。

(卅三) 日军压迫安东市电灯厂案（民国二十年四月二十八日）

本年四月二十八日，安东市电灯厂派工至八道沟铁路之北换立木杆，正在施工之际，日人护路警瞥见，忽调来守备队数十名，将工人看守，并将施工绳索取出。该厂厂长闻讯，赶即偕同县政府秘书前往理论，加以解释。是时，续到之守备队已达五六百人，荷枪实弹，百般威吓，勒令县政府秘书当场立据道歉，其守备队队长纵横尤甚，迨其暴行尽兴，始将工人放回。

(卅四) 日舰"芙蓉"等驶入内河案（民国二十年五月十八日）

本年五月十八日下午三时，有日本巡洋舰"芙蓉"号由灌河口经双港直驶进向水口，沿途摄影，停泊约十余分钟。嗣因观者众多，该舰遂将所悬日旗收下，启碇出口。外交部根据江苏省政府及财政部来咨于六月二十日照会驻华日代办，以日舰事前未得我政府许可，擅行驶入中国内河，且复沿途摄影，实属违背国际惯例，蔑视中国主权，严饬日舰嗣后勿再擅行驶入中国内部。据日方七月九日复称：日舰"芙蓉"号虽有曾自河口驶向水口沿途摄影情事，但系依照向来一般和平所为者而为之，并非有任何敌意，且其摄影系在要塞地带以外，不过前往观光，并无违背国际惯例或侵害主权等语。我方再于七月三十一日照会日方谓：外舰未经知照本国政府不得径行驶入，此乃国际惯例，为各国所公认，仍请严饬日舰遵照。乃日方八月十八日复称：外舰在条约上可以驶入中国，无论任何之港口，征诸历来之惯例，于上述之原则，亦无任何疑问之余地等情。我方又准湖南省政府电称：有日炮舰"鸟羽"号驶赴湘潭之事，于九月五日并案照会日方，抗议外舰在条约上以驶入中国无论任何之港口一节，按诸早已满期之中日商约，亦并无此规定。日方于九月十六日复并外舰在条约上可以驶入中国任何之港口，日舰根据最惠国借款可以均沾，征诸中日两国关于维持中日通商条约及条约关系、现状之谅解，并无疑问云云。

（卅五）日军强占临榆农田为靶场案（民国二十年六月）

河北临榆县民人王子良、迟程九、赵景绪、初成名等四人，有坐落该县第一区十六乡涂家庄地亩，据［距］日本守备队营盘约有二里有奇。该守备队并不通知王子良等及佃户，强行将田苗铲除，占作打靶场，且在两傍［旁］挖掘长约四百弓、宽约五十弓之壕溜［沟］为界，经王等与其佃户及涂家庄闾邻长等向其理论，该守备队竟蛮不讲理，依然霸占。二十年六月王等呈控到外交部。

（卅六）第二次朝鲜暴动案（民国二十年七月）

本年七月二日，日鲜报纸借万宝山事件发行号外（捏造事实，激惹朝鲜人群起仇华暴动）。仁川、京城、平壤、镇南浦、元山、新义州等处惨杀华侨相继而起，尤之平壤为烈，蔓及全鲜之广，延长旬余之久，计华侨死亡一百四十三人，失踪七十二人，伤三百四十三人，直接损失约日金三百万元，间接损失无算。当时经驻朝鲜总领事交涉保护取缔，彼方一味支吾，后亦不认真戒备，有意疏纵，案证具［俱］在。经照会日使抗议，而彼方屡以万宝山事为词，推不负责，后经提出道歉、惩凶、死亡及伤害偿恤、损失赔偿、现在及将来之保障等八款，为解决于［余］案，迄未准复。

（卅七）长春日厅［警］借口保护万宝山韩农擅入内地案（民国二十年七月）

长春长农公司经理郝永德于本年四月间在万宝山屯租得荒甸四百余响，于入韩籍人种稻，经县批饬查未准立案（租约定明如县政府不准仍作无效）。讵郝即擅引韩人百八十余民入境，挖掘水道长二十余里，占毁民田，直通河岸，截河筑坝。附近人民以两岸数万亩熟地，势必毁弃，当集代表请县政府暨市政筹备处制止。经县、处派警压弹前往，解散韩人。乃日领已派警六人，到场干涉。嗣经由省府与日领商定撤警再议。撤警后，复由长春双方当局约定：韩人停工，双方会查定夺。会查后，市政处拟具解决方法，提交日馆。讵日领对于恢复掘毁农田、停筑河坝等项，完全拒绝。复领大帮韩人并派便衣警察五六十人携带机关枪前来，强占民房，声言保护工作及河坝工中完成。遂有民众三四百人，于七月一日各持锹锄往填水道。乃日警遽向民众开枪，我警极力弹压，未肇大事。经长春市政处据理抗争，日方悉悍然不顾，吉林省政府乃电准外交部，于七月念二日照会日使，以万宝山非垦居地域，韩农不得前往。其与郝永德之租佃契约亦未经呈准立案。地方官厅有维持公安、保护外侨之责，日警何得擅入内地各节，请日使转饬讯将前派日警撤退。韩农与郝永德所订之契约当然不能生效，如因承租损失自应予补偿。而华农因挖掘水道等侵毁田地之损失，亦应由该韩农负责。关于两方补偿问题，即由长春双方当局持平调处。外部此项照会态度公正，原期早日持平解决，借免纠葛。讵日使于八月二十六日照复：对于郝永德无权与韩农订立契约，韩农更无权占有万宝山农田各节，迄未加以注意。反谓日领派遣武装日警援助韩农非法工作为必要，而认中国警察依法解散非法开垦万宝山农田、挖沟筑坝之韩农为贯澈压迫方针，举条约法理事实，概置不顾。复经外交部于九月十五日驳复日使大意：

一、此次韩农垦田、挖沟、筑坝犯及刑事，我警阻止系依法行使行政权应有之职责，不得谓为压迫韩农。日本照会谓韩农与郝租约曾经县长承认，与水路用地之地主亦成立谅解，是以四月中着手水路工程，地方官及关系地主从未干涉等语，并非事实。且韩农与郝之租约，并未经县府承认有案，而韩农四月间往孙永清等地内时即经孙永清、万宝山等阻止停工，嗣是停而复兴、兴而复阻、复停者至于数次，何谓先有谅解？

二、日本照会谓韩农举动全系善意，又谓如因水道工程发生水灾，韩农预备赔偿等语。查郝永德原租契约未经该县核准,自始即属无效,则不论韩农之承租是否善意,韩农与郝永德间之契约自不能产生任何权利,即韩农之垦田、挖沟、筑坝等行动,均属非法。况其挖沟更在其与郝租约荒地之外,更【属】非法举动。韩农亦自知非法,故预备赔偿损失,殊难免刑事上之责任。

三、依图们江界约,韩农仅得在图们江北延吉和龙汪清时定区域内垦地居住,假定本案韩农承租之地,在该区域范范[围]以内,亦必以契约之无效不能取得任何权利。矧本案在条约允许区域之外,其所订契约又属无效。至日方照会提及民国四年中日条约问题,查该项问题在上述论断之下,对于本案原属枝节,况民国十二年三月间曾向日方正式声明。

四、总之,中国官厅依法取缔不依法而欲取得权利者,毫无压迫韩农之意。兹按照上述理由,【韩】农不能在万宝山垦居占有农田,应请转饬该韩农等速即退出,该地韩农与郝永德间因契约无效而发生之法律关系自应设法处理,华农损失仍应由韩农及早补偿,以资解决。外部是项第二次照会发出后,日方迄未照复。

(卅八) 图们江日军演习案(民国二十年八月)

本年八月间东北政府委员会电称,据朝鲜会宁工兵队【称】:自是月四日起,预订三星期在城川江岸演习,架桥行军,图们江日岸城川开到日兵二百余名。八日,中国江岸已见日军用船,城川日兵增舟四百余,搭帐篷八座,并从会宁驶下风船三十只,载日兵百余,前赴城川。迄十一日,日工兵三十四名,侵入我国江岸,埋设木桩二根,并插红绿小旗,以备架桥及测量用。经长春县长一再向该处日领当面抗议,转知中止架桥,日领虽允照转,但言演习定准方式,恐难中止。查图们江系中日两国共管河流,日军在该流域内演习架桥,实属违反国际公法,侵害中国主权。经我方于十四日照会日使,请予制止,以后不得再有此种举动。讵十五日午后一小时,日工兵六七名在江心放水雷二十五响。四时余,工兵三十名乘小火轮两只在江心游行。九时许,日守备队三十余名带机关枪两架过我江岸演习,放响三次。我方仍查照十四日照会所举理由,于二十六日二次照会日使严予制止,均未准复。又据东北边防军司令公署报称:十七日上午,日本第十九师团长森寿来珲,至午后六时始去。是日下午四时,日工兵将浮游桥脚用铁船运走七只。十八日又运去十二只,并有汽船一只驶往上游。十九日午前三时,又将该桥脚运回庆源渡,并有日兵二百余名在该处向我岸架桥,约固定桥脚五孔,浮又桥脚三十五孔,至九时完成,当用步兵百余名由东岸往复通过二次。又十八日下午十时,在我界江东沿夹信子地方,有日兵五名,探架灯一架,江之东西两岸各有日兵百余名,各带机枪两架,作对时演习。西沿日兵乘船抢渡,东沿日兵作抵抗,不容渡河,互相射击。至十九日午后三时停止,完全撤收渡过西岸。是日十二时,将前所架之浮桥撤收,雇车百条辆将所有在图们江演习用之一切材料完全运走。此项演习已于二十日完竣,二十一日该地始无日军踪迹。

资料来源:日内瓦国联与联合国档案馆藏李顿调查团档案,卷宗号:S36。

64. 辽宁民众救国会来电

国联调查团委员长及各委员诸公钧鉴:

素仰诸公政识卓绝,蜚声中外,公正贤明,举世同钦。比者,膺国联之重任,为公道之司命,维持公理,保障和平,东省重光,端惟诸公是赖。此次日本帝国主义无端侵我领土,屠我同胞,置九国公约于不顾,视国联议案如妄闻,强占东北,炮击淞沪,更复利用汉奸建设伪国,致国际公法失其效用,友邦劝告视为具文。以诸公眼光之明锐,经验之宏富,是非曲直当在洞鉴。惟日人外交不择手段,但求饱欲,不顾其他,军阀政策,卑劣万分。虽明达如诸公,亦恐受其欺骗。日人所谓民意者何?不过强迫少数汉奸以为利用,试问民众大会如何开法?民意所在如何表现?不外假娱乐场所诱愚民观听,凡入场观剧皆须签名,观剧者即为大会会员,签名簿指为民意佐证。而日人竟以此为宣传工具,不耻奉献诸公以图掩饰。如诸公竟而置信,适坠日人狡计,被牺牲真正民意,而受压迫之东北民众冤枉何白?吾民众久欲向世界友邦声明真相,惟因邮电在日人监视之下,实情不得外达。今适贵团不辞劳辛,远道来华,诚我东北民众之福音,世界和平之曙光。本会谨代表辽宁全体民众,诚挚欢迎并郑重声明:根本否认"满洲国"!所有伪国对外借款、丧权各条约,吾辽宁民众绝不承认。一息尚存,一枪在握,此志不渝。溯自九一八事变之后,中国政府完全信赖国联,静候公断,故一再退让,取不抵抗主义。惟迟延数月,毫无端倪。日人复不顾公理,一再进逼,压迫欺凌日甚一日。我民至此实忍无可忍,不得不采取自卫行动。乃于四月二十一日,在桓仁县开辽宁全省各县民众代表大会,经全体议决,誓不承认满州[洲]伪国。立悬青天白日国旗,成立辽宁民众救国会,以救国卫民精神,谋克复已失领土。义旗一举,纷纷响应,自组辽宁民众自卫军,参加者已达十万人以上。此项军队乃人民自动结合,抱讨逆杀贼之决心,对友邦侨民之生命财产绝对予以安全保障。救国会之下设政治、军事二委员会,政治委员会在辽宁政权未恢复之前为最高行政机关。当选王育文为委员长。军事委员会统驭二十六路军,并选廖弼宸为副总指挥,唐聚五为委员长兼总司令。当即出军三路西上,旬日之内,大小二十余战,杀敌七百余名,获枪无算。逆部士兵应战无心,纷纷反正,民意向背于兹可见,还我山河期当不远,尚望诸公予以赞助。了解本会宗旨,认识我民众之真意,勿为狡猾宣传所蒙蔽,是为至幸。谨此布意,诸希鉴照。

辽宁民众救国会叩　冬

资料来源:日内瓦国联与联合国档案馆藏李顿调查团档案,卷宗号:S36。

65. 哈埠无名氏来信

国际调查团诸公钧鉴:

日本帝国违反世界和平公约,倾全国之兵力,侵占中国东北,以保持其远东经济利益,作二次世界大战的基本地带,而与世界各国抗衡!中国民族处在这种炮火高压之下,只有以生命和热血,与日人抗争作战。贵国为消弭世界战争,维持国际和平计,惠然来哈,哈埠市民在欢迎忭贺之余,定是无上的感激和钦佩!

日本诡诈行为,为世界所未有!既恐苏俄的实业计划成功,夺去他在远东经济地位,又惧世界各国注意他的出兵,乃借口保伪[卫],利用满清余孽,成立满洲伪国,谓为中国东北民族自决,以塞世界人士之口。贵团稍加注意,料事考察,即知日本用心所在。

既已侵占,而谓为保伪[卫],既以亡朝鲜之故智统治东省,而谓为民族自决,所以他对于政治上的政策是:

一、设立总务厅于东省,以驹井为总务厅长,一切政治,除日本签字认可外,即作无效。

二、侵占哈尔滨,设立特务机关,以土肥原为特务机关长,把持特区和滨江县的行政和警察权。

三、派鲍观澄为市长,总揽哈尔滨市政,设顾问于各警署及行政机关。

四、侵占辽宁、吉林、江省等政治区域,以造成日本政治上的新势力。

五、逮捕中东路赤俄职员(四百余人),诬以组织有作用之团体,危害其军队,为将来挟持俄人的工具。

六、唆使白俄暴动,紊乱市面行政。

七、驻重兵于哈尔滨特区教育厅(闻贵团来哈,始行退出)及第一、第二、第三中学,以摧残东省教育,消减华文。

资料来源:日内瓦国联与联合国档案馆藏李顿调查团档案,卷宗号:S36。

66. 抗日平民王者实来信

国际联盟调查团大鉴:

贵团未到哈以前,民众等很热烈的希望能主持公道的调查。但是,到了哈埠,竟向日本当道收[搜]查材料,或被日本压迫及收买之中国人收[搜]查,那何能有益?若真正主持公道,可向那平民乡村中及未在日本军区内的民众及义勇军去收[搜]罗。那们[么]办,我们民众方认为是民意呢!否则,助强为虐。民众等也不惜变作红色,破坏世界的一切了!

专敬呈国际联盟调查团鉴。

抗日平民王者实呈

资料来源:日内瓦国联与联合国档案馆藏李顿调查团档案,卷宗号:S36。

67. 东北民众上国联调查团书
——日本田中内阁侵略满蒙积极政策

请国人认一认过去的履痕。

引 言

东三省与内外蒙古,位于吾国东北部。北界苏俄,南邻日本,沃野千里,农矿产富甲全国……人口剩余有七十万之多。且在一九二七、一九二八两年,内地所产米谷,仅足供消费量百分之五十七八。其余不足之数,皆由朝鲜、台湾、东三省各地供给。且推测将来内地出产额,当有低落之倾向。夫人口与食粮问题之不能解决,本为日本致命之伤。数十年来,其国朝野上下,莫不视吾国东北为其侵略之焦点。日俄战役以还,驱俄势力于北满之外,于是眈眈逐于东蒙南满之间,不数年投资于农矿、交通、牧畜诸业者,竟达四万四千余万元。其组织之精密与乎处心积虑之阴险,吾国民对之,早已深感不安。抑且颠倒黑白,淆乱宣传,使友邦不明真相,误会日本之在东三省、蒙古一带享有何种特殊权利者,其影响之大,实足骇人。去年美国记者团游历东亚,自出国之日起,考察远东各地,均在日人包围指导之中。夫听片面之宣传,而能不被蛊惑者,不可得也。果也,该团回国之时,竟作怪缪[谬]之论调,谓中国政府无力统御满蒙,须借日、俄两国之力以谋建设。足见宣传力量,能陷吾国于国际孤立之地位。一九二七年,美国摩尔根银团将贷款于南满铁路公司,以发展该路建设,即其例也。

夫日本为五大强国之一,其一举一动,足以牵动世界大局。大战之后,世界各国觉悟战争之罪恶,深虑将有第二次不幸之事发生,而于远东纠纷问题尤为注意,遂有太平洋九国会议之召集。会议结果,吾国对于东三省问题即日人所为[谓]满蒙问题,虽不能得满意解决,而日本积极行动,亦因之稍戢。虽然,其蚕食之野心仍如故也。

故当田中义一执政之后,对于东亚素抱高掌远蹠之政策,而对于东三省、蒙古,野心尤大。昭和二年七月,召集东三省蒙古之官宪于东京,开东方会议,议决所谓满蒙积极政策,于是其野心遂暴露于世界而无余。其后皇姑屯案起,卒腾笑中外,为大和民族增一污点于国际历史之间,甚矣,帝国主义者之自趋于灭亡也!

夫东三省、蒙古既为吾国整个之领土,自不容他国越俎代谋。积极政策之侵害中国主权!积极政策之危害世界和平!积极政策之违背非战公约!不特吾国人对之痛心疾首,即世界友邦亦且深表遗憾也。夫以同文同种之国家,其民族心理中,伤痕日见深刻,不可谓非大不幸之事也!苟今日日本能本其共存共荣之主义,保持东亚和平,促进中日友好,须根本打破侵略之野心,易为提携友爱之精神,谋两民族将来之福利。不然,吾国人已憬于积极政策之不自立,则将来两民族间之种种纠纷问题,实有不堪言状者!今者田中氏已矣,其政策依然存在,则桑榆之收也!端赖吾人最后之努力,爰赘数言,以促国人之觉悟焉。

田中首相致宫内大臣一木喜德请代奏明积极政策函。

资料来源:日内瓦国联与联合国档案馆藏李顿调查团档案,卷宗号:S36。

68. 东北民众上国联调查团书
——日本对满蒙积极政策执奏之件[①]

昭和二年七月二十五日
内阁总理大臣田中义一署名
外务大臣田中义一副名
铁道大臣大藏大臣副名
宫内大臣一木喜德

欧战而后,我大日本帝国之政治及经济,皆受莫大不安。推其原因,无不因我对满蒙之特权及确得之实利不能发挥所致,因而颇烦陛下圣虑,罪大莫逃。然臣拜受大命之时,特赐对"支那"及满蒙之行动须坚保我国权利,以谋进展之机会云云。圣旨所在,臣等无不感泣之至。然臣自在野时主张对满蒙积极政策,极力欲使其实现。故为东方拓开新局面,造就我国新大陆,而期颁布昭和新政。计自六月二十七日至七月七日共十一日间,召集满蒙关系之文武百官开催东方会议,对于满蒙积极政策已经议定,烦请执奏。(以下略)

奏　章

内阁总理大臣田中义一引率群臣诚惶诚恐,谨伏奏我帝国对满蒙之积极根本政策之件。

对满蒙之积极政策

所谓满蒙者,乃奉天、吉林、黑龙江及内外蒙古是也。广袤七万四千方里,人口二千八百万人,较我日本帝国国土(朝鲜及台湾除外)大逾三倍,其人口止有我国三分之一。不惟地广人稀,令人羡慕;农矿、森林等物之丰,当世无其匹敌。我国因欲开拓其富源,以培养帝国恒久之荣华,特设南满洲铁道会社,借日"支"共存共荣之美名,而投资于其地之铁道、海运、矿山、森林、钢铁、农业、畜产等业,达四亿四千余万元。此诚我国企业中最雄大之组织也,且名虽为半官半民,其实权无不操诸政府。若夫付满铁公司以外交、警察及一般之政权,

---

[①] 编者按:原文是东北民众搜集、上交给调查团的日本政策文件。文内有多处对中国横加污蔑之处,请读者加以辨别。

使其发挥帝国主义,形成特殊社会,无异朝鲜统监之第二。即了知我对满蒙之权利及特益巨且大矣,故历代内阁之施政于满蒙者,无不依明治大帝之遗训,扩展其规模,完成新大陆政策,以保皇祚无穷、国家昌盛。无如欧战以后,外交内治多有变化,东三省当局亦日就觉醒,起而步我后尘,得寸进尺之势,而谋建设其产业之隆盛,进展之迅速,实令人惊异。因而我国势之侵入,遽受莫大影响,惹出数多不利,以致历代内阁对满蒙之交涉皆不能成功。益以华盛顿会议成立九国条约,我之满蒙特权及利益,概被限制,不能自由行动。我国之存立,随亦感受动摇。此种难关,如不极力打开,则我国之存立既不能坚固,国力自无由发展矣。矧满蒙之利源,悉集于北满地方。我国如无自由进出机会,则满蒙富源,无由取为我有,自无待论。即日俄战争所得之南满利源,亦因九国条约而大受限制,因而我国不能源源而进,"支那"人民反如洪水流入。每年移往东三省,势如万马奔腾,数约百万人左右,甚至威迫我满蒙之既得权,使我国每年剩余之八十万民无处安身。此为我人口及食料之调节政策计,诚不胜遗憾者也!若再任"支那"人民流入满蒙,不急设法以制之,迄五年后"支那"人民,必特加增六百万人以上。斯时也,我对满蒙又增许多困难矣!回忆华盛顿会议九国条约成立以后,我对满蒙之进出悉彼限制,我国上下舆论哗然。大正先帝陛下密召山县有朋及其他重要陆海军等,妥议对于九国条约之打开策。当时命臣前往欧美密探欧美重要政治家之意见,佥谓成立九国条约,原系美国主动,其附和各国之内意则多赞成我国之势力增大于满蒙,以便保护国际之贸易及投资之利益。此乃臣义一亲自与英、佛[法]、伊[意]等国首领面商,颇可信彼等对我之详意也!独惜我国乘彼等各国之内诺,正欲发展其计划而欲破除华盛顿九国条约之时,政友会内阁突然倒坏,致有心无力,不克实现我国之计划。言念及此,颇为痛叹!至臣义一向欧美各国密商发展满蒙之事,归经上海,在上海船埠,被支那人用炸弹暗杀未遂,误伤美国妇人。此乃我皇祖皇宗之神祐,方克义一身不受伤,不啻上天示意于义一,必须捧[奉]身皇国为极东而开新局面,以新兴皇国而造新大陆。且东三省为东亚政治不完全之地,我日人为欲自保而保他人,必欲以铁与血,方能拨除东亚之难局。然欲实以铁与血主义而保东三省,则第三国之阿美利加,必受"支那"以夷制夷之煽动而制我。斯时也,我之对美角逐势不容辞[缓]。更进而言之,以臣义一在上海船埠受"支那"人爆炸之时,转伤美人性命,而"支那"便安然无事,则东亚之将来如非以如此作去,我国运必无发展之希望。向之日俄战争实际即日"支"之战,将来欲制"支那",必以打倒美国势力为先决问题。与日俄战争之意,大同小异。惟欲征服"支那"必先征服满蒙,如欲征服世界,必先征服"支那",倘"支那"完全可被我国征服,其他如小中亚细亚及印度南洋等异服之民族必畏我敬我而降于我,使世界知东亚为我国之东亚,永不敢向我侵犯,此乃明治大帝之遗策,是以我日本帝国之存立上必要之事也。若夫华盛顿九国条约纯为贸易商战之精神,乃英美富国欲以其富力征服我日本在"支"之势力,即军备缩少案亦不外英美等国欲限制我国军力之盛大,使无征服广大"支那"领土之军备能力,而置"支那"富源于英美富力吸收之下,无一非英美打倒我日本之策略也。顾以民政党等,徒以华盛顿九国条约为前提,盛唱[倡]对"支那"贸易主义,而排斥对"支"权利主义,皆属矫角杀牛之陋策,是以我日本自杀之政策。盖以贸易主义者,如英国,因有强大之印度及满洲为之供给食物及原料。亚美利加,因有南美、加那[拿]大等可为伊供给养料及原料之便,则其余存之力可一意扩张对支那贸易,以增其国富。无如我国之人口日增,从而食料及原料日减,如徒望贸易之发达,终必被雄大资力之英美所打倒,我必终无所得。最可恐怕者如"支那"民日就醒觉,虽内乱正大之时,其"支那"民尚能劳劳竞争,模仿日货以自代。因此,颇阻我国贸易之进展,加之我国商品专望"支那"人为顾客,将来"支那"统一,工业必随之而发达,欧美商品必然竟卖于"支那"市场,于是我国对"支"贸易必大受打击。民政党所主张之顺应九国条约,以贸易主义向满直进云云者,不啻自杀政策也。考我国之现势及将来,如欲造成昭和新政,必须以积极的对满蒙强取权利为主义,以权利而培养贸易。此不但可制"支那"工业之发达,亦可避欧势力东渐,策之优、计之善,莫过于此。我对满蒙之权利如可真实的到我手,则以满蒙为根据,以贸易之假面具而风靡"支那"四百余洲[州],再以满蒙之权利为司令塔,而攫取全"支那"之利源,以"支那"之富源而作征服印度及南洋各岛以及中小亚细及欧罗巴之用。我大和民族之欲步武如亚细亚大陆者,握执满蒙利权,乃其第一大关键也。况最后之胜利者赖食粮,工业之隆盛者赖原料也。国力之充实者赖广大之中国土也。我对满蒙之利权,如以积极政策而扩张之,可以解决种种大国之要素者则勿论矣。而我年年剩余之七十万人口,亦可以同时解决矣。欲具昭和新政,欲致我帝国永久之隆盛者,唯于积极的对满蒙利权主义之一点而已耳。

(一)满蒙非"支那"领土

兹所谓满蒙者,依历史非"支那"之领土,亦非"支那"特殊区域。我矢野博士尽力研究支那历史，无不以满蒙非"支那"之领土，此事已由帝国大学发表于世界矣。因我矢野博士之研究发表正当，故"支那"学者无反对我帝国大学之立说也。最不幸者，日俄战争之时，我国宣战布告明认满蒙为"支那"领土。又华盛顿会议时，九国条约亦认满蒙为"支那"领土，因之外交上不得不认"支那"为主权。因此二种之失算，致祸我帝国对满蒙之权益。如以"支那"过去而论，民国成立虽唱[倡]五族共和，对于西藏、新疆、蒙古、满洲等，无不为特殊区域。又特准王公旧制存在，则其满蒙领土权，确在王公之手。我国此后如有机会时，必须阐明其满蒙领土权之真相与世界知道。待有机会时，以得寸进尺方法而进入内外蒙，以新其大陆。且内外蒙既沿王公旧制，其权明明在王公手中，我如欲进出内外蒙，可以与蒙古王公为对手。而缔结利权，便可有裕绰[绰裕]机会，而可增我国力于内外蒙古也。至对于南北满权，则以二十一个条【件】为基础，勇往迈进，另添加左之附带利权，以便保持我既得，可永久实享其利。

一、三十年商租权期限满了后，更可自由更新其期限，并确认商工农等业之土地商租权。

二、日本人欲入东部内外蒙古居住、往来，及各种商工业等，皆可自由行动。及于出入南北满时，"支那"法律须许其自由，不能不法科[课]税或检查。

三、在奉天、吉林等十九个铁及石碳矿权，以及森林采取权获得之件。

四、南满及东部蒙古之铁道布设并铁道借款优先权。

五、政治、财政、军事顾问及教官佣聘等增聘以及佣聘优先权。

六、朝鲜民取缔之警察驻在权。

七、吉长铁道之管理经营九十九年延长。

八、特产物专卖权及输送欧美贸易之优先权。

九、黑龙江矿产全权。

十、吉会、长大铁路敷设权。

十一、东清铁路欲向俄取回时之借款提供特权。

十二、安东、营口之港权及运输联络权。

十三、东三省中央银行设立合办权。

十四、牧畜权。

对内外蒙古之积极政策

满蒙既为旧王公所有，我国将来之进出必须以旧王公为对手，方可以扶持其势力。依故福岛关东长官之长女，因献身于皇国起见，以金枝玉叶之质，而为未开民族之图什业图王府之顾问。加之图什业图王之妃,乃肃亲王之侄女,因此关系,图什业图王府与我国颇为接近,我特以意外之利益及保护而罗致之。在内外蒙古各王府等,无不以诚意对我敬我。现在图什业图王府内之我国退伍军人,共有十九人在矣。而向王府收买土地及羊毛特买权或矿权,均被我先取定其特权矣。此外接派多数退伍军人密入其地,命其常服"支那"衣服以避奉天政府嫌疑,散在王府管内,实行垦殖、牧畜、羊毛买收等权。按其他各王府,仍依对图什业图王府方法而进入,到处安置我国退伍军人,以便操纵其旧王公。待我国民移住多数于内外蒙古之时,我土地所有权先用十把一束之贱价而买定之,然后将其可垦为水田者种植食米,以我食料不足之用。不能垦为水田者则盛设牧场,养殖军马及牛畜,以充我军用及食用。剩余之额,制造罐头运贩欧美,其皮毛亦可供我不足之用。待时期一到,则内外蒙古均为我有,因乘其领土权未甚明显之时,且"支那"政府及赤俄尚未注意及此之候,我国预先密伏势力于其地。如其内外蒙古之土地,多数被我买有之时,斯时也,是蒙古人之蒙古欤?抑或日本人之蒙古欤?使世人无可辩白。我则借国力以扶持我主权而实行我积极政策也。我国对于蒙古之施为,因欲实行如上之政策,按本年起由陆军秘密费项下,抽出一百万元以内,急派官佐四百名,化装为教师或"支那"人潜入内外蒙古,与各旧王公实行握手,收束其地之牧畜、矿山等权。为国家而造成百年大计。

朝鲜移民奖励及保护政策

朝鲜自与我合并以来,虽可一时小康,无如欧战后,美大总统提出民族自决,以动弱小民族,而朝鲜人心亦为所煽,其不稳空气充满吉林八道,乘满洲警察之不完全,彼等不逞鲜民遂以满洲为策源地。又幸满蒙到处皆有丰富利源,以安朝鲜移民。因之日移日众,至今日在东三省之朝鲜民,几至百万有奇。如此之现象,为帝国对满蒙之利权,不求而可自得,真可为国家造成莫大幸福。而帝国对满蒙之国防上、经济上,添加无数势力,为鲜民统治上,显出莫大曙光。然朝鲜民移住东三省之众,可为母国民而开拓满蒙处女地,以便母国民进取,且亦可借朝鲜民为阶段,而可与"支那"民联络一切。一面利用有归化"支那"国籍之鲜民,盛为收买满蒙水田地。而另有各地之信用合作或银行或东拓会社或满铁公司,通融彼等有"支那"籍之朝鲜民以资金而作我经济侵入之司令塔也,亦可作我食料之增产以救国危,是亦新殖民地开拓之一机会。其归化之朝鲜人民虽为"支那"之归化民,不久仍然归复为我国民。与南美加洲之归化日本人，悉异其旨也，不过只因一时之便宜而归化为"支那"民耳。按在满蒙之朝鲜人如扩张至二百五十万人以上者，待有事之秋，则以朝鲜民为原子而作军事活动，更籍[借]取缔为名而援助其行动，加之鲜民中之在满蒙有归化为"支那"民而亦有未归化者。斯时事到之日，是"支那"籍之朝鲜民作乱，抑或日本籍之朝鲜民作乱，可以悬羊头卖狗肉之方策而付之。然我国虽可利用朝鲜人如此之行动，亦不可不备"支那"政府之利用朝鲜人制我也。如论满蒙系"支那"之政治区域，是亦我国之政治区域，彼东省政府如敢以利用朝鲜人而制我，我则用兵之机会可以急速矣。最可恐惧者惟赤俄耳，惟恐"支那"方面利用赤俄魔手煽动朝鲜民之时，则我国之思想一变，国难立至。故现内阁对此无以充分警戒以防其未然。加之我国如欲开拓新大陆，对朝鲜民之保护及取缔更须严重一层。故依三矢之条约，许我遍设警察署于北满各地者，更为扩张充备警察力，以便怀柔朝鲜民及援助朝鲜之急进。另以东拓及满铁附随其后，助鲜之经济及金融。他如进入内外蒙之朝鲜民，其金融可有东拓特别通融，以便借朝鲜民之力而开拓内外蒙古及把握其商权也。按朝鲜民之侵入满蒙，为帝国之国防上、经济上最有密切关系明矣。此后必须由政府极力助其完成，以期为帝国造成新机会。殊如我石井之协定，我帝国在满蒙之特殊地位，既于华盛顿会议时放弃。幸得朝鲜移住日多，现几及百万余人，且放资日大。因此，我虽放弃石井协定之特权，亦可借朝鲜民移住之新问题而恢复其特权于满蒙。如有如此之实情，我再恢复其特权，依法理上在国际必无人敢反对我国之行动也。

新大陆开拓与满蒙铁道

交通者乃国防之母，是战胜之保险公司，亦是经济之堡垒也。按"支那"全国铁道仅七千二三百里，在满蒙则有三千里矣，居其全数之四成。按满蒙土地之广、产物之巨，虽有铁道五六千里亦不足其用。加之我国所扶殖[植]之铁道，多在南满，而为富源之北满尚未多可及，殊为遗憾。加之南满各地，"支那"民族颇多，其国防上、经济上颇不利于我。然我国如欲开拓其富源及坚固其国防者，必须极力建筑北满铁道，依其铁道之开通，可移多数国民于北满，以便掣肘南满之政治及经济，而可强固我国国防以奠定东亚大局。加之南满铁道既成之线路，多以经济为目的，致缺循环线路，颇不利于战时之动员及军需之搬运，此后必须以军事为目的建设满蒙大循环线，而可包围满蒙中心地，以制"支那"之军事、政治、经济等等发达，亦可防杜俄势之侵入，此乃我国之新大陆造成上最大必要之关键也。如以现在满蒙之铁道有二大中心点，一曰东清铁道，二曰南满铁道。其"支那"之自设铁道,依吉林省政府之余裕,不久必能现成一大势力之铁道。且合之奉天及黑龙江之财力而论,其"支那"铁道之势力,不久必驾我南满铁道之上,当能现出激烈之竞争。幸其奉天之经济紊乱,我如不供其救济,彼确无力可恢复。我则利用此时期勇往迈进达我铁道目的而后止,且我如用力煽动之,其奉票降价不知其止,奉天政府必成赤俄财政之第二,确可拭目以待。从此彼必无力可开拓满蒙也,惟有东清之势力颇难打倒,不幸其所成之路线与我南满之路线,同为丁字形。如以丁字形而论,虽为便利,唯军事上之进行颇为不便。倘"支那"新设之铁道,如欲培养于东清路北,必须与平行为妙,则用起西而向东。以我南满铁道之中心而论,其新设之"支那"铁道,必须使其由北而向南。如以"支那"自身之利益而论,亦以由北而向南,确有多大便利,因此与我无甚抵触。幸赤俄势力日衰,既无力可进出满蒙,此后"支那"之铁道建筑,必然须听从我日本之指挥而无疑。岂料奉天政府,迩来首以军事的见地,开通打通路及吉海路,然在"支那"政府虽不晓经济的而专以军事的【目的】建筑打虎山至通辽及吉海路者,在我国则因此二路之完成,其对满蒙之国防及经济颇受多大之打击,而南满铁道之利益亦颇受损,是故向"支那"提出强硬之反对也。然此二路之被"支那"所完成者,初因出先官宪及满铁当局等,误算奉天政府乏力可及此,故事前未甚注意,及后欲强阻之,其路线已成矣。加之又有美国人利用英国资本家,欲投资开筑葫芦岛港,因此第恐"支那"政府受迫,将打通、吉海二线,牵入英国资金,反增长我在满蒙之劲敌,故付之似有似无,唯待有机会时,而再向"支那"政府解决打通、吉海二路问题也。据问奉天政府之计划,欲由打虎山起至通辽更至扶余而至哈尔滨为终点,使在北京出发不由南满及东清二路,由自己之路线而可达北满之哈尔滨。更为最恐人之计划者,由奉天起点经海龙,由海龙而至吉林,经五常而至哈尔滨。依如上之计划,用左右二线包围我南满铁道,而我南满铁道受"支那"此二线之包围,几吉[挤]为小区域。因之我对满蒙"支那"政治、经济之发展,悉被制限及缩少,与华盛顿九国条约实行制我伸张国威于满蒙。按此二路如完成,我南满铁道几成为无用长物,其南满铁道公司必然多大恐慌。检讨"支那"今日之财政,如无外债之借入,必然无力可及此。如果自有财政可及此而成此二大铁道者,如吉林经奉天,或扶余开通经通辽而至连山,其运费必比利用南满铁道更贵。如以此点而论,我国虽可安心,万一将来此二大铁道告成,"支那"政府特以经济为主眼,一如东清路特别减其运费,以与我南满铁路对抗之时,不惟我国必受莫大损失,而对东清路,亦一不可忽视之大事也,日俄二国断不能视"支那"铁道之跋扈。殊如东南铁道之于今日,以齐齐哈尔及哈尔滨为收入之大宗,如"支那"此二大铁道完成,或大赉与安达之路完成,比我满蒙铁道更受其惨。其东清之苦痛必然巨大而无疑。

更将满蒙铁道竞设之概略而言,"支那"则欲设索伦至洮南铁路、吉林至哈尔滨铁道。赤俄所欲建设者,安达至伯都纳铁道、吉林至海林铁道、兴凯湖之密山至穆棱铁道。

以上之计划,无不欲培养东清铁道,而发挥其帝国主义。其新设之方向多以西东故也。盖赤俄虽衰弱,其对蒙进出,仍然不怠其一举一动,无不阻我进出而祸南满铁道。我对赤俄之进出,非尽力防避不可,必须借奉天政府为楔子而阻其势力南下。我第一着手借防赤俄南下为题,以得寸造尺方法而强进北满地盘,以便攫取其富源,南可制"支那"势力之北上,北可制赤俄势力之南下。如欲与赤俄之政治或经济之角逐者,必须驱"支那"为前驱,我只可督"支那"于背后,以防避赤俄势力之伸张。而我方另以秘密方法与赤俄提携,而制"支那"势力之增长,而免妨害我满蒙之既得权。加藤内阁时,我后藤新平,唱[倡]日俄外交恢复迎请越飞俄使入国之目的者,大半因欲利用俄以制"支那"之目的东清铁路与我南满铁路。虽有约束,按满蒙之出产物运送,以五十五分归南,以四十五分归东也。然满铁及中东二路,虽有如此之契约,而各用公然秘密方法而特减其运费,因此我南铁颇受莫大危险及损失。

更考察赤俄向我秘密宣言,谓俄罗斯与"支那"国境,不幸生成弓形,虽不欲侵人之国土。但因弓形以北,地寒物稀,确无敷路之价值,不得不把守东清,分些利益,故东清路断不能放弃。加之俄国在太平洋唯一之港如海参崴者,因有东清路而得存,如东清路放弃,与俄国放弃太平洋同也。赤俄主义如此,益使我国之不安。

而我国之于满蒙,如徒赖南满铁路,必不能满足。依我进出之将来及现状计,南北满铁路非全收归我手不可。殊如大富源之北满及东蒙古方面,可为我发展之余地颇多且颇有利。而南满之将来"支那"汉民族之日增,其政治及经济颇不利于我。故不得不急进北满地盘,以计国家百年之隆盛。如赤俄之东清路横于北满地,对我之欲造成新大陆颇有所阻害,我国之最近将来在北满地方必须与赤俄冲突。斯时也,我仍以日俄战争,依样葫芦,攫取东清铁路以代南满铁路,攫取吉林以代大连。因北满之富源我国再与赤俄一角逐于南满旷野者,实为国运之发展上势所难免。盖不打破,我对满蒙之暗礁必定难除。在现下之状势向"支那"要求各军事重要之铁路,待铁路完成之时,北满可能及之地,我则倾力以进,赤俄必然前来干涉及破坏。斯时也即我与赤俄冲突之秋而无疑。

我对满蒙铁路。急欲实现完成者如左①:

通辽热河间铁路

本线延长四百四十七里,约须建设费五千万元。此铁路如完成,我欲开内蒙古,可与一大贡献。在满蒙铁道中,以此线最有军事及经济之价值。如以内蒙古全体而论,依我陆军省、满铁会社等,派人详细之调查,其数既及十回矣。在内蒙古之地内颇多可耕水田之地,如加以人工的设施,将来至少亦可容我国民二千万之额。而其内蒙古所产之牛有二百万头,我国将来借此铁路之便,可以取之为食料及加工输出欧美。他如羊毛为蒙古之特产品,我国之羊每年每头只可取二斤之毛,如蒙古羊之产毛,每头每年可产六斤之额。我南满铁路公司,试验至再,无不尽然。而其毛质比之澳洲种毛,更优良数倍,其价格之贱、生成之多、品质之优良等,可为在世界上暗室中之大富源。我如可执掌其铁道,极力以扩张之,至少比之今日可增加十倍之产额。盖如此之富源尚未敢被世界知道,以防缺毛国之英美与我竞争,故我必先攫其交通权,然后极力扩张蒙古羊毛,使他国知之而无如我何。按通辽至热河之路如归我手,我国之羊毛可以自给自足,又可加工毛制品输贩于欧美。且如欲完全与内外蒙古王公之握手,非赖此铁路不可。如以我日本手腕欲开拓蒙古者非赖此铁路不可,盖我帝国主义对内外蒙古之浮沉,尽在此路线已耳。

洮南至索伦铁路

此铁道延长至百三十六里,建设费须一千万元。按我国之将来,必须再与赤俄角逐于北满平野。此路如成,我南满之军兵,可由此路线而迫赤俄阵后,亦可阻止赤俄增军于北满之用。即以经济而论,此铁道可压取洮儿河流域之富源,用以培养南满铁路。他如既与我接近之扎萨克图王府及图什业图王府等,亦可利用此路以保殖我国势力,以便开拓其土地。按我国之欲与内外蒙古王公握手,收买其土地、矿山、牧畜、商业等,以备将来有用之机会,专赖此铁路而侵入内外蒙古,利用通辽热河线而侵入南蒙古,以便南北相呼应。待其产物发展之时,我则依此一线而远入外蒙,以发展我国运于无穷。然洮索线完成,

---

① 编者按:原文为竖排,故"如左"。

最有利害者,第恐引诱"支那"移民多数侵入蒙古。因之必破坏我对蒙古之积极政策,岂不第二之南满铁路,徒为"支那"人造福乎! 幸其沿线之矿山及土地,皆争[为]蒙古王公所有,我如预先买收其所有权,则欲排斥"支那"人民之侵入何患无法乎! 他如蒙古王公者,我可以强制力,令其发布预防"支那"人民侵入之法令,使"支那"人侵入蒙古时不能安全生业,自然必能远去。尚有其他方法颇多,我如极力防之,则"支那"人之迹不能入于蒙古地方矣。

长洮铁路之一部铁道

此由长春至扶余大赉,则长春至洮南间长百三十一里,建设费约千一百万元。此铁道之计划,为经济上最有大利益之铁道,盖满蒙之富源悉集北满。此铁道如成,我对北满之进出颇为便利,且可打倒东清铁路而培养南满铁道利益,又有松花江上流,其农产物颇多,可耕地颇巨,而大赉附近有月亮泡可兴水电。按将来此长洮路之一部分,必然成为工业、农产加工之大区域。待此线路成后,则由大赉而至于洮南,由大赉而至安达,由大赉而至齐齐哈尔,分展三叉线路,以攻西比利亚①路线,定可攫取北满之富源,亦可作黑龙江进出之第一步。加之长春至洮南、长春经扶余大赉至洮南,共成为小循环线,为军事上最妙之交通。我如欲进出蒙古,则此小循环之铁道不可不速成。而此长线,沿路地广人稀,其土地之肥沃,虽五十年间不下肥料,亦不恐无可收成。此铁路如可执在我手,则北满及蒙古之富源尽为我有矣。其沿线地之可容我国移民者,至少亦可居二三千万民之多。至将来吉林之敦化线与我朝鲜会宁路连络开通之时,其蒙古及北满之富源我可一直而至东京及大阪。待有事之秋,我由东京方面出师,经日本海一路直至北满及蒙古,其"支那"之陆军必无力可突破北满地方。在日本海之交通,赤俄之潜水艇必无力可以入我朝鲜海峡。盖我日本唯望吉会、长大二路速成,则食料及原料便可自给自足,不论与谁战,皆可自由自在。斯时也,我之对满蒙交涉,不论何事,"支那"政府惧我设备之周至,必然畏我而从我。如欲完成明治大帝第三期灭亡满蒙之计划者,唯此吉会、长大二路线之成功而已耳。然长大铁路如成,不惟可以培养南满路日致富足,即长大路本身亦有致富之望。此长大路为满蒙经济发展上,最大必要之积极政策也。

吉会铁路

吉林至敦化之间铁路之建设现既成功,敦化至会宁间之铁路尚未实现。

---

① 编者按:西伯利亚,时又称西比利亚。

虽会宁至老头沟有二尺六寸之狭轨路线，实不足新大陆及经济发展之用，此改筑费须八百万元。而敦化老头沟之建设费按一千万元，二者共须二千万元巨款。按此铁路如成，就是我新大陆之成。从前欲往欧洲之人，须经大连或浦盐二港，今则由清津港经会宁而入西比利亚铁路，可赴欧洲，不啻东洋之变通大动脉。将来不论人与货，皆须经由我地。斯时也，我把此交通大动脉之权，可以无客气侵略满蒙，实行明治大帝第三期灭亡满蒙之计划也。如斯即大和民族征服世界矣。按明治大帝之遗策，第一期争［征］服台湾，第二期争［征］服朝鲜等，皆既实现，唯第三期之灭亡满蒙以作征服"支那"全土，则异服之南洋及亚细亚洲全带，无不畏我、服我而仰我鼻息云云之大业，尚未能实现。此真臣等之罪也。按吉林省合奉天及黑龙江一部分，我古历史称谓（肃慎）民族，则今繁殖于沿海洲［州］、黑龙江畔、豆满江流域等者是也。其民族之沿革古来称谓肃慎、秽狢、把娄、沃沮、夫余、契丹、渤海、女真等，其兴废多种多样，良莠不齐。我国清正公进击会宁及间岛，其爱新觉罗亦起于宁安附近，先平定敦化、间岛、珲春地方为起源，遂定大清天下三百年之基础。吉林历史如此，按欲造成我新大陆以开极东之新面目者，我如不先造势力于吉林地方，必不能征服满蒙，从而不能征服世界。故以吉会路之完成即我昭和新政之成，新大陆之成即征服亚细亚全洲之成功，不啻为吾国策上最有重大之路线，是亦国益产生之重要路线也。

以吉会线及日本海为中心之国策

吉会路之终点，为清津乎？罗津乎？雄基乎？均可由我自由自在，依时制宜而常其变换。以现势之国防而论，以罗津唯一无二之良港为终点，终可为世界贸易良港。一面可粉碎赤俄之浦盐港。一面可集北满之丰富物产，以挽满蒙之繁荣于我国地域。且大连港非我领土，如满蒙尚未为我新大陆之时，其经营上、施设上颇多费手。万一最近时期中实现战争之时，我日本须求满蒙之富源，当由大连为出口。如敌舰由对马及千岛两海峡封锁之时，我则不能摄取满蒙之富源，终必为战败国。须知欧战后之美国与英国暗合，每一举一动而欲牵制我国对"支"之施为。然我国为独立计，不得不与美一战，以警示"支那"及世界。且美有吕宋舰队，与我对马千岛乃一苇水之遥，朝发夕至。如以潜水舰而游曳于我对马及千岛之间，则满蒙之食料及原料必不能供我益我。如吉会路可成，在南满、北满与朝鲜成为大循环线路。其长春至洮南、长春到大赉至洮南，成为小循环线路，可以四通八达，利我军旅及食料运输之便，是北满富源之征服亦可确定矣。且其北满之富源，经吉会路越海而运至我敦贺、新潟等港者,敌潜水艇必无有力能侵入我朝鲜及日本海峡,从而战时之交通、经济等皆可自由及独立,所论日本海为中心之国策者此也。夫如是,战时之食料及原料可足,则美国虽有雄大之海军,"支那"虽有多众[众多]之陆军,赤俄虽有众多之军兵,终必无如我何,亦可制朝鲜民在战时抗我制我。且我固然必须实行新大陆政策,故非急成吉会路不为功。盖满蒙为极东政治未完成之区域,我国终须再与赤俄角逐于北满平野者,就以吉林为中心也。到时欲实行明治大帝第三期遗策之时,则之福冈、广岛二地国军由朝鲜而入南满,以制"支那"军之北上。由名古屋、关西地方之国军,取敦贺海道而进清津,经吉会路而入北满。另以关东地方之国军由新潟出港直至清津或罗津,仍依吉会路,而猛进北满地方。另以北海道、仙台各地之国军,由清森及函馆二港为出口,而急进浦盐,占领西比利亚铁路,以直至北满哈尔滨而南下,直迫奉天及占领蒙古等地,亦可阻俄军之南下,终于[与]关西军、福冈及广岛军三面会和,分派为两大军。南则把守山海关以防"支那"军北上。北则把守齐齐哈尔以阻俄军南下,则满蒙之食料及原料等,皆可听我自由取用,可依吉会路而运内地。夫如是,虽战十年,我亦不恐食料及原料有不足之忧也。更将其吉会路完成,与我内地之距离如左:

由清津起点至浦盐一百三十里,至敦贺四百七十五里,至门司五百里,至长崎六百五十里,至釜山五百里。

如以北满之富源运至我大阪工业地而论,以敦贺为到着港,与大连比较,所差时间如左:

长春至罗浦再至大阪路四百六里,海上四百七十五里,共费时间五十一时间。(大连长春间)

长春经大连至神户入大阪者,陆路五百三十五里,海路八百七十里,共费九十二时间,扣除以外长春经大连由神户至大阪,比之由吉会路经敦贺至大阪,加有四十一时之多。于此足见吉会路之军事上、经济上之大有价值矣。依以上计算法,铁道每时间三十里,海上一时间十二里计算,如用快走船及快车者可折其半也。夫满蒙者为极东之白耳义①,欧洲大战德国蹂躏白耳义以成功。未来之日俄、日美战争,我国非蹂躏满蒙必不为功。且我国欲实行新大陆计,不得不破坏满洲之中立地为战场,是故不得不整备吉会、长大二路,以作武

---

① 编者按:白耳义,即比利时。

装的①之充实,增强大之国防势力。进而可以依吉会路交通之权,可以最短时间,移民千万于彼地,以开拓其水田,而充我人口及食粮问题之用,亦可防避"支那"移民之侵入。夫吉会路者,真可为日本致富之路线,是亦日本武装之路线也。

吉会路工事之天然及其附带利权

欲完成吉会之工事者,必须乘其减水期一气而成方可。且因欲节约其工事费,其山皆为花岗石,必须用新式之凿岩机以速成,其四十分之一均配隧道。至建设上应用之木材,在该沿路皆有。其他如砂、利[砾]石、岩[沿]路皆有产生,而蛟河附近产有石炭,且有砖块原料土,可在附近自制砖块,以供建设之用。然欲完成吉会路者,我只运往洋灰及铁轨车头、客货车而外,皆可在地取用,真可为天然之铁道工事也。依四围之状势皆可依预算额七折,便可完成吉会路全段。而工事期日亦可依预算日六折之期间便可依完全成功。更将其沿线之利权而言,乃吉会路如成,皆可自然附随为我国之权益者。如吉林至会宁间在敦化方面之木材产额,依我参谋部与南满铁路之调查,确有二亿万吨之巨,恐每年按伐采百万吨,由吉会路输入我国,则二百年之间继续伐之亦不能尽。此雄大之森林,足可救我日本二百年间不受木材饥馑之危,亦可驱逐美国产松材输入我国也。我国现时每年消用美国木材,约须八千万元至亿二千万元。在该吉林有如此之森林,我国虽详细调查至再,皆不敢公表世界。因恐美国每年供我如此多额之木材,如被赤俄或"支那"知我利用吉会路线欲开伐吉林间岛间之大材库之时,必然煽动美国,出而干涉我吉会路之成。亦恐美国材木家必能以重金买奉天政府,先买定其吉林森林权,以保其美国材木对我输出之保护策,亦可制东亚木材之权能,不啻制我制纸界之死命。故我国既将其调查之真相,不敢出表于世界矣。按吉林之森林,前清乾隆全盛时代,即号为树海。然至今日数百年未入斧伐,足见其森林之巨大也。按以现时如经由长春、大连至大阪之森林木材,共远有一千三百八十五里之遥。每一立方尺,自吉林至大阪须费运价三角四分,因运费之巨且产额不能多,故不能与美国木材竞争。如吉会路完成,则吉林木材至大阪只七百余里,每一立方木材只需运费一角三分而已,如此之便宜必可打倒美国木材而无疑。且吉林之森林如以最少为二亿万吨而计算,每吨得利益五元而论,则吉会路之成立,我国可不劳而得

---

① 编者按:原文多一"的"字。

十亿万元之森林利权。且可防美国木材入国,而我国民得此贱价之吉林良木材,则加工为器具及艺术工业品或化学制纸之用者,至少每年亦可增长国际利益二千万元之多也。另有新邱大炭矿,其埋藏量有十四亿吨之多,其质驾抚顺炭之上,而土层多为硬石质所成,颇便于开采,且颇合骸炭抽收之用,我可取之为抽取煤油、农肥、化学各用药以供我用,及可扩贩于"支那"全国。是吉会路之成,则此新邱大炭矿,我不劳而可得之利权至多,足与抚顺炭矿相呼应。且借此大炭矿之势力,而征服全"支那"之工业绝非难事。单以新邱大炭矿而论,如以吉会路取其良煤炭于日本者,每吨至少亦有五元之利益。如用之以化学工业,抽收其副产者,每吨至少亦有十六元之利益。盖新邱炭质颇合骸炭抽附产之用,按每吨平均如以十五元为利益计,共可得二百亿万元之利权,此莫不因吉会路而副[附]带之利权也。其他如牡丹江流域之大金矿以及其附近之森林,亦可依吉会路之交通而开拓之也。

他如敦化地方之工业,如大小麦、粟、高粱等物,每年可产二百余万斤,酒酿场大小共有二十余处,皆须仰我鼻息。而我商品之进出北海,亦依吉会线之完成而可急速突进也。其敦化地方制油业有三十余所,每年产油九十万斤,豆饼可产出六十万枚,单以此数种之生物运费之收入,便可以偿吉会路之经费而外,每年尚有二十余万元纯利。如合之木材、新邱煤炭及副产物等而论,此吉会路之收入每年至少当在八百万元以上,尚有无形之大利益者。则培养南满铁道,取得森林、矿产、商业等权,又可大宗移民于北满等是也,且可缩近我日本与北满大富源之距离。按清津至会宁只三时间,会宁至上三峰只三时间,豆满江岸至龙井村只三时间,即晨发日本岸,夕可至间岛中心地点。所谓六十余时间,可能将北满富源突破者,则吉会路之权能也。

珲春至海林铁道

长百七十三里,建设费二千四百万元。此铁道沿线,左右皆是密林。为欲培养吉会路势力及开采北满之树海及农矿计,此线路亦必要之一也。且欲挽浦盐斯德港①之繁华而就我朝鲜之会宁者,亦不得不急建此路线以抗之。最可卜将来之利害者,则海林以南、敦化以北所在之镜泊湖。待吉会及珲海二路成后,则利用其湖水为水电之发生,以便控制满蒙全土之农工动力,使"支那"之活动竟不得如我电气化之工业何。依南满铁道之调查,该镜泊湖水之差落,

---

① 编者按:浦盐斯德港,即海参崴。

至少亦可发生水电八十万马力。以此强大之电力欲征服满蒙之工业,何绰绰有余裕。料其发电所之附近,终必大发展。我国因欲开拓北满之大富源,必欲极力以进。如非修筑珲春海林铁道为吉会路培养,终必不足其富源运输之用也。尚有"支"俄共领之兴凯湖,亦可发生巨大电力。第恐"支"俄二国合办以制我,我必须于本年国际工业电气大会于东京之时,乘"支"俄不觉之间,提出发电所,同一供电区域不能设立二个为题,以求国际承诺,以期制止"支"俄合办兴凯湖之电力制我也。尚有五子制纸公司,在宁古塔及海林驿附近,既得有木材之伐采权,是亦须镜泊湖水电之连成及珲海路之急成,方可保其制纸之大成功,以供我国内之制纸原料,亦可以制纸征服"支那"全国也。且奉天政府所计划之吉林五常间铁道,吉林奉天间铁道,无不欲挽北满富源。经葫芦岛或天津为出港者,我则以珲海路培养吉会路之便而可打倒"支那"之计划,挽其北满富源于我朝鲜之清津港。我依珲海及吉会路而运搬北满产物者,其运费比之"支那"线,可减轻三分之二。比之西比利亚线可减轻三分之一。按此路如成,"支那"即赤俄之铁道,皆不能与竞争,其战胜之荣冠属我,皆可拭目以待。

对满蒙贸易主义

满蒙之贸易额,每年可有七八亿万元之多,均归我国之掌执。而我取其富源如羊毛、棉花、豆饼、铁等物之金额,居世界贸易之第二十位。此等富源此后必定日进而无疑,然我对满蒙贸易之盛况如此,为何大连浪速町之家屋暂归"支那"人之所有乎?且为满洲工业之基本者,如制油业营口三十八轩间,而我国人尚无一轩。安东二十轩之制油业,我国人只一轩。大连八十二三轩之间,我国人只七轩。以全数而比例之,我只占【百分之】〇【点】六[八],大多数皆执在"支那"人之手,是我之于满蒙进出上颇为可悲也!今欲挽回其利权,必须利用交通势力为堡垒,然后以成品贩卖之贸易权,原料买入之采买权等以干涉之,方可收其大权于我手。另用金融机关以助我国民之油业者,以期打倒"支那"工业油之退缩。至贸易之关系,如"支那"人多数在我大阪川口町,收买大阪制品而扩卖于满蒙,与我在满蒙之商人大开商战。乃我国人因生活费之高,往往非厚利不能营生,从而贩卖竟大败于"支那"商人之手。按奉天方面之"支那"商人,多在大阪收买高价劣货,且输送上又无有贤能人物,为之集货成数,向我国人所采之价至少须加一成,而东三省人所付我虽船运及铁路费,比之我国人每吨须加费二元七角。盖采入如此之贵,尚可在满蒙以贱价而打倒我商人,于此足证我国商人之无能为也!尚有"支那"政府对于贸易商,皆不知保护。反之,我政府对在满蒙之商人则极力保护,而以低利长期资金借于我国商人,乃我商尚七颠八倒,此亦满蒙贸易上最可慨叹之事。今后拟尽力扩张(共同合作关系),由各汽船公司及南满洲公司,付与特别廉价之运费,再由关东厅及满铁,通融其低利资金,以期战胜"支那"商人,而可恢复我贸易权,进而可使满蒙特产品以扩世界也!

盖执管满蒙特产品之贩卖权,即监理满蒙财政及贸易之第一步。然如欲名实相符者,我必须先取其满蒙特产品之专卖权,以便培养我新大陆完成之政策,且亦可防避金洋国之亚米利加资本侵入满蒙之机会。而"支那"商人之活动,亦可利用特产品专卖之势力以阻之也。

以大连为中心建设大船会社,以执东亚海运交通水陆,相应称霸于太平洋

满蒙特产物之吞吐港虽有大连、安东、营口,而其中心点无不居在大连。其每年出入之船只有七千二百只,其吨数有一千百十六万五千吨,占满蒙贸易有七成之多。其定期线有十五航路,多为近海。按满蒙海陆之交通无不掌执在我手,而其特产品之专卖权终未必可归我掌执。斯时也,我则以海陆交通之便又加特产品采入及贩卖之盛,我且更尽力于海运事业之发达,以谋打倒安东及营口二港之势力。至中南支那各地应消费之豆数甚多,皆可由我国一手而供彼。按支那民为世界油食国民,倘有事之秋,我如禁止豆油及豆类不供给于中南支那,支那全国民之生活必受威迫。殊知豆饼一物为产米之农肥,日支那两国之食料耕作上,最重要之产物。其豆饼之采买权及运输权如可掌执于我手,我则可以贱价之豆饼,以救我国内产米之用。更可把此附近抚顺及新邱之煤炭抽收之农肥,以征服支那全国之农业。倘如有事之秋,我则禁输豆饼及煤炭抽收之农肥与支那,其支那之食料及原料心定恐慌而动摇,此为新大陆之建造上不可缺欠之手段也。他如欧美所息之大豆饼亦多,我有专卖权及海陆之运输以扩之,其世界各国如欲利用满蒙之特产,无不须仰我鼻息。此为欲统一满蒙贸易计,不得不如此之施为。盖欲掌管满蒙之贸易,必须有海陆整然之交通,方可以制支那商人。殊知支那人悉暂步我后而与我竞争,而支那人所与之帆船贸易及油房等之事业,我国人则无力可打倒之,颇以为憾。此后如我水陆交通之整备,则以大资本打倒支那帆船贸易,一面奖励我国人仍步支那人之后,设立帆船贸易及油房,以补我不足。加之我国对满蒙之开拓,自古一[以]来悉在满蒙设立工厂,利用满蒙原料而加工,因此支那民悉窥采我国工厂内容及学我新式之加工法终而独立,仍如我设立工厂与我竞争者到处皆是。此乃

我在满蒙企工业家,欠失秘密及预防之罪。故按此后如欲利用满蒙之原料而欲加工制品者,悉宜直接运回本国精制,然后方可分输与支那及各国。一可救我国内之失业者。二可杜绝支那民不能如洪水流入满蒙地带。三可使支那民不能学我新式工术。而如本溪及鞍山之铁及抚顺炭等亦宜运回本国加工。夫如是则海运之扩张,益愈其大必要。故拟扩张大连船公司,由政府通令南满铁助其低利资金。按明年中先完成五万吨之造船,以充远洋航路,而可执东亚交通大动脉。况陆路之有南满铁公司,又有我政治范围之满蒙巨大特产物可运搬。依经济上之原则,堪信大连之海运扩张必可期其大成功也。

金本位实行

满蒙虽为我国之范围,其法货皆以银为本位,与我国之金本位往往抵触其利害。我国民之于满蒙不能极度发达者,皆被银本位所累也!然支那政府坚执圆银为本位,而我金本位受害如左,是故不能确立我殖民地经济之基础,不能期待新大陆之完成。

一、我在满蒙民所投下之资金,皆由本国之金本位金票带去。至满蒙欲投下之时,不论生活或工厂建筑材料之买入或给发工金等,皆须换支那大洋票以用之。如银高时带往投资,而银价下著之时,则所投下之资本金必因银价下落而损失。常有十元金票元本不出五日而损失至八元之额,不啻为投机的事业,不然即赌博的生利机关。加之初带十万元金票在满蒙投资之人,因事业扩张之关系更向银行借款十万元,共二十万元金票元本投下满蒙。不幸事业基础将成之时,忽然银价下落,二十万元金票之资金忽变为十五六万元实额。因此,放资之银行恐惧而催讨,以致事业半途因银价而失败者到处皆是。

二、支那商人以银本位为商卖之计算,不论银价如何起落,彼皆不受影响,是故其帆船之贸易颇为发展。然支那人之金价与银价之料算,虽非专门智识,战无不胜利,此乃支那人独特之天才。我国民益受银本位之苦,虽有水陆交通执掌之权如我国,及有金融业者之后援如我国商人者,无不为银本位之机关所累。故中南支那所消用之豆及豆饼等,皆为支那帆船贸易所操纵,不许我国人步入其范围之内,从而不能征服支那全国。

三、如以银大洋为本位者,支那政府可以扩发纸币,而反阻我国金票之进展,而我在满蒙之银行不能为国家助成其使命。

四、满蒙如可完成施行金本位者,我国金票可以自由扩张。藉我金票之信用,而广采各地特产,使支那银票不能高广信用,自然无力可与我经济竞争,则全满蒙金融自不求而落我国之手。

五、东三省官银号、交通银行、殖边银行、广信公司等发行之银本位纸币共有三千八百万元之多。其准备金皆以家屋或什器等估价为百三十五万元,以作三千八百余万元之纸币发行准备金,足见支那纸币皆不能信用。因其奉天政府之极力强制维持全[金]融市面,故得通用至今日。盖支那银行之纸币信用如不打倒,则我国金票之于满蒙永无发展之日,我欲垄断满蒙金融更为辽远,而东三省政府则藉其政治势力,益之增发无价值之不换纸币,在满蒙各地买占满蒙特产,为大豆、豆饼、小麦、粟等,无不被东三省政府买占而威胁我国既得利益,而彼东三省所用不换纸币,买占特产品,卖时皆换我国之金本位票以秘行,而欲搅乱我在满蒙之金融,甚至于欲破坏我在满蒙特产之交易权。因此,我国之金票益无发展之日,满蒙金本位之实行益不能期待。

依以上种种之关系,必须打倒其不换银票之假面具,使其政府无有实力可买占满蒙特产之时,其实权当然属我。我则藉此以扩张金票为本位,以期垄断满蒙经济及财政,进而迫东三省当局聘请我国人为财政顾问,俾可操纵金融及财政,打灭彼奉票不确实之力而用我金票为本位以代之。

第三国际投资于满蒙之欢迎

我满蒙之地盘不许第三国际之投资者,此乃累代内阁之政策。无如华盛顿之九国条约系机会均等主义,故昔日国际财团成立之时,许我满蒙除外,然似乎与九国条约有些抵触。从之国际间益为张目疑我,使我每欲勇进于满蒙而受世界之疑视。不如藉机会均等问题,将需大资水方①可施为之民生事业,如水电动力或曹达②工业等欢迎外国投资,以期藉欧美雄大之资本而为我满蒙发展之培养。一面可藉此而拔除国际之疑视,我方可以无远虑向新大陆造成一路直进,亦可以此诱引国际承认满蒙为我特权地之事实。凡此后不论何国如欲投资于满蒙者,我必须进而欢迎,切不可徒任支那政府与债权国自由行动。因欲使国际共认满蒙地带之政治及经济之实力皆在我手,故我国不得不干涉而自请分负其责。此为外交惯例之造成颇为重要之政策。

南满铁道公司必须变更其经营

满蒙铁道公司者乃如昔朝鲜统监之代用物。我国之欲新大陆造成,对南

---

① 编者按:原文如此,不达意。
② 编者按:曹打即日译"苏打"。

满州[洲]铁道经营必须变更,以便突破今日之难局。盖南满铁道公司之使命多且大,故历代内阁无不与政治变迁而同其进退。因此,内阁之变迁往往祸及满蒙,且南满铁道之一举一动往往而累及内阁,皆因南满铁道之组织虽为半官半民,其实权皆操诸内阁之手。是故每欲发展于满蒙之时,国际间每不以南满铁道公司为一经济公司,而竟看作政治的纯然机关。故以华盛顿九国条约之利权而欲制我南满铁道公司之进行,因此颇损帝国前进之利益。更就自国之内性而论,我南满铁道以事业进行,在满蒙有关东司令官、大连长官、总领事,盖为四头政治,必须在大连先相互交换其意见,往往事竟不能机密而被东三省为政者所知,从而极力防避我南满铁道公司之进步。至于问题欲于东京最终解决之时,往往因外交、铁道、大藏、陆军等大臣之意见差违之阻其计划进行。故现内阁首班兼摄外务大臣之重责者,虽不能胜任,因欲进出满蒙计不得不兼外务大臣,以保其政策之秘密及圆滑而期对满蒙政策之速成。积此种种之不便,故拟南满铁道公司根本变更,将其南满铁道公司之副带事业中,择其力[利]多益大事业悉数提出为独立公司,暗附南满铁道公司之势力而急进满蒙。一面将南满铁道全部另招支那人及欧美人投资,完全行使铁道事,而资本额我国可执掌一半以上,以便揩执其实权为帝国使命而猛进。总而言之,借国际资本家之投资于南满铁道公司,以期混瞒世界之耳目,而我乃可任意猛进满蒙,以防九国之条约制我,亦可利用外资以便培养我国进出满蒙也,至于满铁公司所执重要之附带事业如左:

钢铁问题

制钢事业之盛衰关系国家之强弱颇大,现各国对此莫不为重要问题。我国对钢铁问题尚未能解决者,因乏有原矿所致。从来我国由扬子江流域及南洋马来半岛输入,以给自国之用。岂料满蒙地方散在之铁矿,依参谋部之实地密查,知有非常巨额之铁在焉。其总推定量至少亦有十二亿万吨,而南满铁道所经营之鞍山制铁所,初因技术未甚熟练,故每年损失均及三百万元左右。后乃佣聘德国技师而研究之,得发见新技术及制钢经费节约方法,故于昭和元年度只损失十五万元,至昭和二年至少亦可得利九十万元之谱。如改良其新式之制钢炉,每年至少亦有四百万元左右之利益。如本溪湖铁矿,其成分颇佳,将来如得其机会,乃欲使之与满铁之鞍山合并,以救我国钢铁自给自足之幸。

按满蒙之铁有十二亿万吨,幸煤炭亦有二十五亿万吨(此则抚顺、本溪、新邱等大煤矿及我势力范围内煤矿统计题[额])。此二十五亿万吨之煤足可精炼十二亿万吨之钢铁之用。夫如是,我日本得有如此大量之铁及煤,则我国七十年间之钢铁可以自给自足而可免仰鼻息于他国。更将利权而计算之,按采钢一吨或至少亦可得利益百元,此三亿五千万吨之钢铁产生,我国可得利益金三百五十亿万元,为国家经济上而论,岂可谓不大乎？且可防遏他国输入我国之钢铁每年一亿二千万元之多,即产业立国之第一步。且我国之势力范围地内如可产钢铁以自给自足者,则我日本欲为世界第一国之要素成矣,终便能统一蒙满产铁而避支那阻害我国钢铁之自给自足也。

煤油问题

煤油一物亦我国最欠缺之要品,是亦立国上最重要之之①要素。幸我所有抚顺炭矿之层岩,含有油岩之量共有五十二亿吨。此油层岩每百斤可抽煤油六斤,如再加用美国之精制机以制之,每百斤可得九斤之精油以供自动车及舰船燃料之用。现时,我日本每年由外国输入之矿油约七十万吨,估价六千万元,尚且年年增加。按抚顺油层岩五十亿万吨之额,加以【百分之】〇【点】五最少而论,亦可得煤油二亿五千万吨。如以【百分之】〇【点】九得油而论,可得四亿五千万吨。按平均以三万[亿]五千万吨得油,每吨利益十五元而论,此抚顺之油岩层可得五十二亿五千万元之利源。直[真]可谓我工业界之大革命,而有益我国之国防上、产业上极为重大。按满蒙之铁及煤油既可为我所有,则我国之海军陆军等,一进而为金城铁壁,夫满蒙者乃我日本之心脏云云,诚不虚言也！为皇基绵绵计,直可庆贺之至。

硫铵农肥其他问题

农肥者国家食料政策上最重要大问题。如化学农肥者皆以煤炭所抽收之硫铵为原料,而抚顺煤炭最合硫铵抽收。如我国每年应消之硫铵五十万吨之中,由我国内设立工厂,取开滦或抚顺煤炭为原料而自制者只有二十五万吨之产出,余不足二十五万吨之硫铵皆由外国输入。每年流出国币额及三千五百万余元,按我国农业日盛一日,又满蒙之新大陆耕地,尚待我国人之资力及手腕以发展,卜此十年内我国应销之硫铵至少亦须一百万吨以上。况满蒙之铁我欲取之而炼钢,又须以抚顺煤炭为燃料,此可于应弃之烟收起而抽收硫铵,不啻一举数得之事业。按每年如产硫铵三十万吨,我则可得利益四千余万元。如以五十年平均而计,此项利权可值二十亿万元之巨,又可谓我国农业发达之

---

① 编者按:原文多一"之"字。

助,且如有余力者亦可随带豆饼征服全支那及南洋各地之农业。故此项事业必须独立经营,与南满铁路完全分离,以便操纵东亚农肥也。

曹达与曹达灰之事业

我国每年输入曹达灰之数量既达十万吨,其价格亦有千万元以上。盖曹达及曹达灰,乃军用上工业化学之重宝,其曹达之原料,皆食盐及煤炭而已。至盐与煤二物,为满蒙至多且贱价之产物,我如设厂自制,不但可防遏外货之侵入,又有余裕可以扩卖支那,以期垄断其工业之要品。此项事业如每年按最少以一千五百万元生利,以五十年而计算之,可得之利权有七亿五千万元之多,又可使我军用化学工厂原料之自给自足。此项事业亦必须独立,与南满铁道分离。

镁及铝事业

此镁及铝事业,依南满铁道及东北大学本多博士之调查,前发见[现]非常有望之事业,镁者出于大石桥附近,铝者出于烟台附近。现查其埋藏量为世界有数之矿,安[按]镁一吨价值二千余元,铝每吨价值一千八百余元,其满蒙所埋藏之额,概算有七亿五千万元之价值。此镁及铝,为飞行机、军用饭盒、医疗器及其他工业上最重要之原料,世界惟美国产有少许,我国每年只可产区区一吨余而已。现世界中对此铝类之消用日多一日,故每有不足之感,其卖价日高一日,似乎不知其底止。我满蒙地内产此有数矿物,不啻上天欲惠我日本之幸福。按此珍贵之产物,为国防上、工业上不可缺乏之原料。故欲分离满洲铁道,而为独立事业。其制造工程,在欲运回原料矿至我内地精造,以避奉天政府注目,亦可暗藏其高贵品,而免招摇英美资本家之虎视眈眈。待我与东三省政府交涉有确实之实权后,即在鸭绿江流域设立水电事业,以充精炼此等铝矿之用。且卜将来飞行机之发达,世界应用之飞机材料,必须仰我鼻息而无疑。

依以上之事业如使之独立,则可以勇往直进,而我可获得之利益概算有六百亿万元之多。按南满之产业可助我国防及经济者实多且巨也,南满产业可为我国贡献如此,我国亦即可因之而达产业立国之根本矣!除此以上事业而外,如文化施设等之事业,如病院、学校或慈善团等之事业,此乃我国满蒙进出之司令塔,是亦我国威显扬之机关。更进而言之,则利权取得之饵,故亦须与满铁道分离独立,以便重整而勇进北满地方,以便谋取北满之大富源。

依以上重要之有形事业抽出独立,以便单独行动,而不受关系各监督官厅之干涉,终必合流为帝国利益之一路,且可借经济会社之突进,而免受国际外交之疑视,亦可缓和东三省人民之排日。如用公然秘密方法造成新大陆者,颇觉身轻而又得充分之活动。

至南满铁道公司之欲招募外国资本者,只限现成之铁道而已耳。他如变态经营之路线,如借款与支那所成之铁道者,或合并现在我既设线,或另抽出独立,均无不可。到时再查投资国之希望而定之,我则借此南满铁道公司为国际利益均沾为题,而欢迎他国投资者,不啻外债借入之变态行动,且欲防避国际之疑我急进北满也。且终局如欲招募外资,以助我新大陆造成者,因南满铁道既开放为国际利益,其欧美资本家必然喜而借我,而支那政府亦必无力可向国际破坏我国外债借入机会。按南满铁道变更其组织,欢迎国际投资者,为我国之满蒙进出最好办法,故不得不急速实行。至于满蒙之富源,皆集在北满及蒙古,而我新得之吉会、长大二路权及吉林之森林、矿山等权,必须另定机关活动。盖北满之进出颇可培养南满铁道之利益,倘南满铁道公司如开放欢迎国际投资者,我国如进出北满,因南满铁道受利益,即国际受利益是亦世界之受利益,从而国际之间,必然不与干涉我国向北满、蒙古突进。盖南满之支那移民日多,其支那之财政及国防因之日固。且商租权尚未确实,使我国移民无有插足之地。果有外交为之后援,则使我移民布插足之地。因我国民之生活程度过高,不能与山东移民敌对,故此后之南满进出,皆须以资本主义为前锋,方可压倒支那。因此,益须利用外国资本,方能为我国新大陆之发展。殊知北满地方为满蒙富源之宝库,且为支那移民亦不能及之地带,故我国必须乘此时机而突进,盛为奖励移民及急取其利权,以便制支那移民之先机。按我满蒙新大陆如欲造成,必须奖强大之移民于彼地,且有敏捷之交通以附之,方可拓取其富源,亦可为我移民之后援。殊如赤俄与支那之军备日进一日,且地理上之关系,与我利害悉皆抵触。我如欲实行摄取北满之大富源,培养我国繁盛,进而造成新大陆以完明治大帝之遗策者,必须先以移民于北满,以便锁塞俄支之亲密连络。而取其富源,亦可制赤俄之虎视而挟支那制我也。如一旦有事之秋,我北满移民一进而可迫南满,与南满之军兵移民互相呼应而定满蒙大业。万一如须坚守满蒙之时,我则以我北满之移民而取北满之富源,以供我满蒙军及内地食料之原料之用也,盖北满地方与我利害关系如此。我此后之对满蒙,唯向北满一路直进,而努力我即[既]定之积极政策而后已。且南满地方须用资本主义者,则借外资以助我之进行,亦可以缓和各国对我北满猛进之疑视。法之妙、策之优者,莫如南满铁路之组织变更,欢迎外国资金之投下也。

拓殖省设立之必要

我对南满之经营，多样多歧，往往主管官厅意见不能一致，从之异论百出。虽为国家有益有利之事，亦不能捷速以进，从之而破我对满蒙秘密，进而被奉天政府拾之为宣传材料于国际，以为中伤我国之用，颇为帝国之大不利益。凡在满蒙欲进行一事，必须于大连经过数十次之调查及会议，在满蒙四头政府之同意，方得见诸实行，且须得内阁之议决方可生其效力。因有如此种种之难关，往往欲施一事，须经年累月方可得其面目。而在施设欲订之期间中，因奉天政府在大连方面收买我国浪人颇多，专以盗采我国对满蒙施政为目的。故往往事尚未实行之前，已被支那所知，随入世界之耳，忽以各国之舆论制我。我国对满蒙之施设上受如此之苦者，一而再、再而三矣。又如反对党每在满蒙方面所查知之事，往往提出中央，而作反对材料。如上之行动为我国外交上最不利益之现像[象]。殊知我国之对满蒙，此后必须变更其主义以期勇往迈进，是故其施为之中心点必须集中于东京。第一可以保守其秘密。第二可杜绝支那政府采探我国之进行。第三可避事前被各国疑视。第四可以收束满蒙四头政治为统一。第五可保内阁与满蒙关系，官厅之接近及可溶冶为一炉，以便全力对待支那。因有如此种种之利害起见，仍依伊藤及桂太郎合并朝鲜之主旨，设立拓殖省以专管满蒙进取之事务。特以台湾及朝鲜、桦太等殖民地，付之管掌为题，其实务仍以满蒙进出为目的，以期混淆世界聪明，亦可防遏国内不统一之暴露。细思朝鲜合并之时而不能实行与伊藤统监时代者，因乏有统一的专管官厅，故凡事无不意见多歧，从而不能秘密，随惹出国内之不统一，而被国防及朝鲜国等干我阻我。后乃由我伊藤及桂太郎等，派出多数宣传员于欧美及朝鲜，宣明我国对朝鲜确保其独立，虽寸土亦无野心。于是，国际之疑问方释，及后乃特设拓殖省以掌管台湾为题，密攫其机会，方有一气而成之幸。故殖民及移民之经营，依今日之现状，非设局专管不可。且满蒙新大陆之造成，为日本立国上至重且大之问题，故必须设立拓殖局以专管其事，使其满蒙政治中心点集于东京。其在满蒙驻节之官宪只命其依命活动，使伊等不能在满蒙随地而干涉施政之计划，自然可以保守其秘密，对手国亦无能力可在我东京探知我拓殖之内容秘密也！夫如是，我对满蒙之一举一动，其国际之舆论，必无有材料可先制我先机也。

至于南满铁道公司所分离独立之各事业公司、劝业公司、土地公司、信托公司等之经济会社，其监督及施设权仍执于拓殖省，以便合流统一，助帝国满蒙进出之根本政策，以期达到新大陆之完成。

京奉线沿岸之大凌河流域

此大凌河流域浮地颇广，是亦马贼之渊薮。我朝鲜民投资于此颇多。而开垦为水田者亦巨。按此地方之广大，料将来必定繁荣。且我国如欲进入热河地方，以此大凌河流域为立脚地颇为便利。将来此地方之朝鲜人移往，我国必欲极力以保护之。容有机会之日，向支那政府交涉其开拓权，以期容我移民于彼地，而作热河及蒙古进入之媒介。万一有事之秋，我在大凌河地盘，可仍驻屯大军，以杜支那军之北上，不啻为南满之锁钥，是亦一大利源地带。至朝鲜民，欲进出大凌河流域之时，我则利用信托公司或金融组合之机关，以监量通融其资金，其实质之土地所有权仍置于信托公司或金融组合之手，而满洲住在之朝鲜人只担任其耕作之权而已。如论其表面上，仍以朝鲜人为土地所有权者，因对支那政府利权取得之便利计也。此后我国移民或朝鲜人等如于满蒙欲获取土地之时，皆以信托公司或金融组合或银行等为彼等之后援。如向支那人购耕土地权时，应需之资金，亦可由此等之金融机关为之后援通融。彼不知不觉之间，我则择其善良之水田，用经济的取之以与我国之内地移民。更驱使朝鲜民再开拓生地原野，以备我国民移住之便利。此乃水田及豆类开拓之积极政策。而对于牧畜政策，则另以劝业公司为专门牧畜机关，以便得寸进尺，收集其畜产而供我国之自给自足。他如军马之放牧及播殖，则仍以劝业公司，抑或另设别动队，进入内、外蒙古，大为播殖以充我国防用马之完备。

对支那移民侵入之防御

近来因支那内乱，支那民为万马奔腾之势流入满蒙，从而危害我移民之进展。为我满蒙之进出计，不可不防避之也。加之支那政府对此移民之流入，似乎大为欢迎，故不得不设法防避。因此，益使我国对满蒙政策受其威迫，且有美国有名之支那学者莱茵士加布氏曰以奉天政府为仁德布政，以故四海召其子而从之。并指孟子之移民政策谓王发政施人，天下无不欲耕王之土，无不欲商王之市，无不欲仕王之官云云。是以国际依照支那移民历史，颇以移民多数流入奉天，为奉天政府仁德表现之证据，最有利害之我国。如不设法以驱除之，不出十年后我之在满蒙移民政策，反被支那拓之为驱我上策。故定于可到范围内，利用我警察力以挟制之，而资本家一方面则利用工价降下以驱之，一面则扩张电动力及水电力，以代劳力之用。不担〔但〕可避支那民之侵入，并可持原动力之势，而可潦倒满蒙之工业界也。

病院及学校之独立经营及对满蒙文化之充备

此项问题必须绝对独立,切不可与南满连络。盖因东三省民每以谓帝国主义之机关,从而不欲就我范围。故须独立经营,方可使东三省民知我国之施恩,能自思念而报我。(中略)唯学校之施设,此后按扩张施设男、女师范学校,以期熏育支那教育人才,而造成东三省民永远亲日之根本,此乃文化施设之第一要义。(以下略)

附印
日本满蒙权益拥护秘密会议记录译要

此秘密会议记录之重要不亚于一九二七年六月二十九日田中内阁时代之东方会议,其议决案之重要亦不在田中奏章之下。呜呼!日人朝野方积极合力以谋我,吾不知吾麻木醉梦之东北民众,读此催命符,亦有所兴感,而思所以对待以策否耶!今当此币原外交脱轨、大陆政策高唱正浓之时,东北环境十分危险,将来忧患,更不堪设想。深望我东北当局急图自强与民更始,下十年生聚教训之决心,更愿人民亦卧薪尝胆以助政府,其庶几有豸。倘仍不觉悟力图自强,则白山黑水之大好河山,恐非我有矣!阅者如细读此秘密会议录,则知此言,非故为无病呻吟之语以刺激诸君也矣。

一、时期:去年十二月七日午前九时至午后二时。

二、会场:拓务省大臣办公室。

三、出席者:松田拓相、仙石总裁、木村理事、外务省吉田永井二次官、拓务省小村小坂二次官、武家参与官、松永条约局长、亚细亚局长、阿部陆军次官、参谋次官及第一课长。

四、决议:

(甲)奉派欲将满蒙外交权名实共归并南京。吾人对此,取外宽内严方法,以反对之。更藉题发挥,强其仍以张学良为负责长官,帝国以便保持其特殊地位及特权。

(乙)对奉派铁道网之建设,取干涉的态度,以阻其实现。特以迫战求知策略,诱其与我协调满蒙铁道运价与货物吸收区域之限制。似此方足永保南满路与大连港之繁荣。

木村理对于提案之说明!!

怪杰张学良对我……以万马奔腾之势,南以其外交通之王家桢,北以其铁道通之高纪毅,互相分题合作,一举而欲粉碎我满蒙之特产。

蒋张本来乃吴越同舟,因一时的过渡之便而妥协。故吾人料其明年春夏之间,必是蒋张大战之候。然奉派中……有新旧二派,互相水火。……张学良欲露现其军阀之真面目,必能与旧派提携,及利用我日本势力,以打倒新派。

奉派之兵力,虽可以与南京相伯仲,然论其财政……必不能与长江方面对敌。……而内部之新旧二派,亦能因此而爆发其感情。……斯时也,第二张作霖如张学良者政权,必因而短缩其运命。他如第三、第四、第五之张作霖,必能接踵而起,竞争分割其东北之地盘。此不但可豫期①,依我陆军参谋部之努力运动,奉派内部之大瓦解,是既定之必然,可拭目以待也。

张学良政治之背后,尚有散在满蒙各地之马贼团共四千余名,又八千余人之后[复]辟派等,无不仰我鼻息,受我怀柔。万一奉派内部之轧轹表面化时,斯二者使之合流为一,而特以不良无赖之朝鲜人加担之。……斯时无论我欲倾向新派,或扶助旧派,抑或竟使满蒙或为复辟党之天下,以达到吾人之理想,此皆可依我国利益如何而断之。

奉派因欲保全其地位计,如欲南京决裂之时,彼须自以何等利益供我,然后求我为之后援。……帝国不必辞其劳,而遮断蒋军入满。然蒋介石如意欲统一者,彼亦必以何等有利帝国之条件为交换,而求帝国谅解,许其进兵于满蒙。……斯时帝国尽可背奉派之前约,许蒋军以便利,方可立场于世界,而免受国际之误解。

欧战后华盛顿会议所缔结之四国协约,无不束缚帝国在满蒙之自由行动。如帝国果以急进的帝国主义精神以临之,必一举而惹起各国之误解。因此种种关系,故满蒙政策,必须有其机会,方可断行。非如张作霖政府时代,凡事皆可依我之意见也。夫满铁所以牺牲二十余万元,使用总员八百余名,作成满蒙马贼底册,并怀柔其头目者,无不因欲制造此种机会。窃参谋部利用黑龙会、爱国会、大化会等与帝制派联络者,亦不过欲制造其机会耳。他如特别组织,营口、葫芦岛及北宁路等之秘密调查机关,……如运动乌苏里及东铁之赤俄当局与我提携者,是皆因欲导我权益之进展而努力为之也。按满铁作如此潜航式之努力,并牺牲如许巨大金钱,无非欲造成天赐之机会,以便补铸我满蒙政策,成为金城铁壁。于此足证仙石总裁对满蒙之难题,无不极欲谋根本的有利

---

① 编者按:原文如此,现做"预期",下同。

之解决,以国家百年之大计,断非如外间所宣传之无能无策也,明矣。

我国在满蒙之特殊地位,虽得自日俄战事,而许多既得权,乃得自张作霖时代。彼张学良敢然脱离军阀根性,而牺牲其特殊政权,奉还南京……以避其对我重大责任。此不仅高筑炮垒以自卫,且放射外交的毒瓦斯于东亚全土,意于毒塞我日本之性命,……实为空前之大杰作。如谓蒋介石奸雄可怕,则张学良对我政策之阴险,益为可怕。

帝国者日曾……因欧美各强国对中国尚未感觉重要,又加海禁尚未全开,其民众对华知识非常浅薄,故一方【面】攻击中国以夷制夷及远交近攻之外交。一方【面】却自学其法而反用之。于是世界各国,中俄宣传,而唱出对华国际协调之原则。在此国际协调期中……欧美各国,不啻为帝国对华之便衣队。……然今日海禁大开,欧美各国之生产,需求售于中国,因而发生亲华之念。且近来中国人民,不论南北,非常觉醒。尤其是外交方策,非常发达。其孜孜向欧美宣传,每大胆不敌,而能订正我国之中伤。因此欧美民众对于中国之理解,乃加前数倍。……重以我国曩昔利用国际协调所剥取于中国者,事后大惹各国之猜忌。……故狡猾之美国,乘华盛顿会议之机,一举而冲破我国在满蒙之特权,且以四国协约束缚我之行动,继复以英美合作力量,打倒在华国际协调外交之惯例,欲帝国陷于孤立。……又奉派之外交,虽仍以远交近攻及以夷制夷为对我之基干,无如满蒙利源丰富,欧美虎视眈眈,任我日本叫[揭]穿奉派之术策,然利之所在,彼等必乐而趋就之。况英美今日合作,其精神乃欲扫灭帝国在华之势力,彼奉派之外交术,正投合其野望。……吾人须信英美资本帝国主义,确有与奉派提携到底之可能。夫如时[是],……英美二国,竟成奉派之便衣队,共运用以夷制之外交术以制我,而彼乃可坐享中国远交近攻政策之优侍[待]焉。

余在任地与林总领事及关东长官司令官等研究至再,发现下列诸外交策略,毕竟须连续的运用,方足以保留我满蒙政策之根干,而不被推到[倒]:(一)以华制华。利用其内部感情,或反对派及马贼团等,以搅乱其政权,籍[借]以牵制其对我之外交,且能使欧美各国对满蒙投资发生危惧之念。(二)恩中威。凡各事业之进行,一面予以利益,一面即藉此行使威权。(三)亲中恶。精神的方面,则以亲善及平等为表面上之原则,里面则行使中伤及破坏策略。(四)对现有悬案及未实现之既得权,以日华共存共荣成合办性质,为表面上之解决方针。其实仍以取得特权并保留之至要素。(五)满蒙外交权。仍以张学良为担当长官。

奉派铁道网之东西二大干线中,东线之奉海路,既已通至吉林,帝国对此,恐难阻其实现,故无妨做一顺水人情,但劝其许我建设吉会路,我不惜另以天图路全部无偿让与之,盖满蒙特产及富源之集散地,东部虽有相当之多额,然以视西部之黑龙江及蒙古方面,其地味之肥沃,面积之广大,均瞠乎后之。且西部交通之发达,可使葫芦岛因而繁盛,故西线之完成,实为我满蒙政策之致命伤……今幸通辽、洮南间尚未筑,帝国必须乘此时机以阻之,并及洮南鲁间之线。倘张学良许我,则帝国可中止与策大赍路,以为交换条件……更乘此机会,高调共存共荣之假精神,诱其与与①我协定铁道运费及货客吸收区域……倘不然者,帝国之南满路,以准许中国投资合并为题而诱之,张学良必入彀中……彼如仍以外交权既归并南京为口实,而拒绝交涉,帝国则以既得权皆得自张作霖时代,且所在地乃彼之管辖等等理由,劝其发挥人格,代帝国居中与南京交涉……吾人深信张学良必无所逃其责……免帝国直接与南京交涉,而造成满蒙外交归并南京之惯【例】。

帝国在蒙满之特殊地位,乃因东北长官有特殊的政权而确保之,请稽张作霖未入关时代,自可瞭②然。及张作霖入关而后,帝国地位因之动摇……幸当时张作霖之野心,专欲统一中原,对我满蒙之特殊权益……不敢有何等露骨行动……然帝国至此,益感满蒙之地位,必须早日确定。盖中国之统一如果实现,我之地位,必然被其蹴倒,加之革命势力日盛,英美监视益严,帝国之危机,间不容发。当时田中外相,乃商诸关系官厅,乘革命军北伐机会,利用以华制华策略,炸害张作霖,欲助复辟派夺取满蒙。继见形势不利,转而劝告张学良独立者,无非欲确保帝国在满蒙之地位。

南满路业务之不振如今日者,虽可谓已达极点,然如按其收入额里数而比例之,恐我国内地任何良好成绩之铁道,不能驾而上之。盖论其长不过七八百里,其过去数年之平均收入,实为我交通史上闻所未闻、见所未见之暴利……本年(指民国十九年)以来,因世界经济之变动,加以中国银价之低落……南满铁路营业,因受非常之恶影响。当局者费尽苦心,排除万难,以吸收各地特产。或以车马为集货之中继,或减收港湾费、饮水费等,或以银行机关供给低利金

---

① 编者按:原文多一"与"字。
② 编者按:原文如此,现做"了",下同。

融与各特产贸易商,或暗中减收运费,或以直接活动之国际运输公司,不管利益若何,到处增设仓库,减收其租金,并与货主以种种便利等等,于此足证满铁当局对于增加收入,实可谓惨淡经营,恶战苦斗。无如世界的不景气之大自然,不无许人力挽回之……一般人遂误解满铁当局为[无]能,致令其黄金的繁荣,被奉派铁道网包围政策所打破云云者,乃其毫无国际的理解,及不晓世界的不景气之惨状而发之谬论……盖世人每以黄金满铁时代之收入为标准,殊不知……世界的不景气,正亦黄金时代之反映耳。如果满铁因受包围而减收者,则包围满铁之诸路,如沈海、吉海、吉长、吉敦、四洮、洮昂、齐克、呼海打通等,何以比我满铁之减收,犹惨过数倍。今彼方从业员薪金,且已滞发数月。故满铁之经济,视此尚有非之常之余裕毫不减因[因减]收而基础动摇也。抚顺煤者其事实为诸君所共晓,该矿系中国所有,帝国唯取其收益及开采之权,唯我国一时既不能用许多,而中国方面亦不能多售,苦无机会可一时掘完以增帝国之富耳,该矿之埋藏煤量共有十七亿吨,公然发表者为十三亿吨,满铁努力采掘二十余年,共掘出四亿七千万吨,公表者为三亿三千万吨。按其所存之额非常丰富,满铁虽欲极力开掘,无如世界经济不况而后贩路大受影响(按仅铁道减收自四月至十一月为二千八十五万五千元)。

满铁特派调查员四十名,前赴奉派各铁道沿线,调查其收入状况,惊知奉派铁道经济,无不极度穷迫。此皆因奉派交通当局,无国际的经济眼光,徒滥用官权,播弄其金融政策,与我满铁挑战,是亦应得之天罚也。至于以不换纸币,强向人民收买各特产以博巨利……徒使人民极度疲敝,而毫不顾惜……其无持久力明矣。我如能稍忍而姑待之,其铁道网之势力,可以不攻自破。夫如是,奉派之铁道猛进,其打击我南满路之重点,不在今日,而在将来,即东西干线完成之日是也。

东三省盐务总局之食盐,依明治四十一年七月二十八日条约,此官盐之运输,我南满路有其特权。又附则第四条,如欲废弃本条约者,须于三个月前通知南满路。然中国方面,事前竟不通知……而悉数交其铁道网运输,满铁因此损失莫大之收入。且我国每向各国宣传,满蒙华民,如非赖我满铁交通之便,其生活与文化,无不受胁迫云云,亦因此官盐运输之被夺,言之不复成理。遂能使我满铁消息其为两国共存共荣之交通,而倾为帝国主义之交通……是故当局对此权利,颇欲夺回……虽恐其惹起中国国民之反感,荏苒而未敢实行,然无日不伺候机会,必使此名誉的假面具,珠还合浦而后止。纵运费减至低于奉派铁道,满铁亦乐为之,必不得已,牺牲其一部份[分],亦所不惜……此题或因铁道交涉而能解决,则幸甚矣。

帝国国防重地,如兴安岭一带,及开鲁、五常等,为战时军团重要阵营,如长春、哈尔滨、安达等,为战时团给养及军马高[草]粮等补充及征发之重要区域,无不被奉派以东西二大干线所冲破或被其掣肘。军缩条约成立至今日,帝国期待满蒙为唯一之国防重心,所幸如前记各地点……除我军部要人与重要外交当局而外,别无他人知觉……如此秘密,奉派必莫由察知,而特计划该铁道,以妨害我。盖欲发展其经济,而为此偶然之凑合。夫彼既以经济为主要点,则我国以何等利益与之交换,或能达到阻之目的。万一彼受赤俄军事家之指导,或竟自已所感,不幸悉与我同,则必须先以何等策略诱止其就范,然后别出奇计以阻止之……依参谋部之意见,欲以其东西二大干线之建设却有妨害帝国国防云云为题,而要求废止之。……无如奉派之外交词[辞]令,非常狡展,彼必谓其东西二大干线之建设,纯以坚固自国国防及开发满蒙为目的云云以拒我,则我岂非自塞其进路,而不能继续发言乎。

欧美资本家每视张学良治下为其银箱安全放置地带。自东北易帜以来,其漫然欲投资于满蒙者,共有八大团体之多。其中如纽约财团者,本有意交托满铁会社放资于满蒙,亦因东北易帜,而中①中国方面及驻华美使之宣传,一转遂拒绝与满铁提携,密派调查【员】来满,一意欲以奉派为对手,为直接放资之计划。幸当时帝国利用新闻及驻欧美财务官做种种中伤之宣传,而有冯阎内乱之爆发,故得阻止之。岂料自阎冯军失败而后,张学良复以其老狯之外交手腕,粉饰统一政府之形骸,于是欧美资本团对满蒙投资之野望,更倍于前,而尤重视关于铁道之放资。依外务省进最②所接派驻英美官吏之报告,仅彼二国之资本家,目下极力计划放资于满蒙铁道事业者,共有十五团体之多……夫如是,奉派虽自无财力可完成其所计划之各铁道,然彼籍[借]其假统一政府为招牌,仅以一笔之签押,自可向欧美资本国借得盈千累万之资金。况欧美资本家处极度放款难之今日,吾人深信其必将趋之若鹜,而崇拜张学良如耶稣。从此欧美等国,因欲确保其放资地盘之安全计,对于张学良之政权,必以何等手段拥护之,而帝国在满蒙之行动,届时必受种种掣肘……故为国家百年计,事

---

① 编者按:原文多一"中"字。
② 编者按:原文如此,东北方言。

前必……杜绝欧美资金流入满蒙,使其富源为帝国所独有。即主权者之奉派,亦无法与我分甘……如彼真为开拓满蒙须建设铁道者,至少其所应用之建设费,必须向帝国借款,帝国不论如何困难,亦能向英美转借以贷之。

最惨者莫如帝国在五常及长春等之国防重心地点,无不被其东部干线所冲破。万一有事之秋,凭帝国如何发挥日本海中心主义,帝国武装铁道若吉会路者,纵如何精锐,奈阵地与南满路及内地之联络,悉被包围横断,届时帝国虽有千军万马,恐亦不能保全兴安岭及开鲁一带要地。他如满蒙驻军战时之给养及军需之运输,因四通八达皆受遮断。万一奉军以其铁道网之机能,由东、北、西三方面夹攻之,斯是也,南满路必一转而失却国防军事上之能力,而帝国驻屯沿线及兴安、开鲁一带之国军,不为降虏,即须全覆。

帝国宜以奉派之无视条约及我国之抗议为原因及机会,先责其失信,次则高调日华之共存共荣,求其许我实现吉会路既得权,以作东部并行线建设之交换条件。倘能许我,则另饵以何等之物资的或精神的利益,亦于事无妨。况彼内部轧轹猛烈之今日,且与南京非诚意假统一妥协之今日,吾人深信其必能自觉己身终局之利害,而诚意接受帝国之交涉。至少彼亦须中止延吉敦化线、延吉吉海线、吉林五常线等培养线之建设。倘以如此之牺牲条件,而犹不能使彼满足者,至少彼亦须许我实现海林延吉线之既得权,而天图铁道应由帝国收买办理。夫如是,帝国虽不得实现武装的吉会路,于我国防上及经济上所受之损失,故亦无几。因彼东大部干线之工事,已达成十之七八,尤其是松花江流域之富源地,既被其贯通,又既与葫芦岛港相连接,任何干涉亦难阻止……故对其东部大干线之外交,不得不如此屈弱以处理之。

按葫芦岛港,不幸于不知不觉之中竟被实现者,皆因帝国自信过强,事前不阻止外国资本家与之接近,致有今日之惨。然前车既覆,后车可鉴。此后,对外国资本家之欲投资满蒙者,必须极力行使破坏中伤之策略,较诸直接干涉,更为有效。且可粉饰日华亲善之假面具,而高尚帝国之外交术。

更就其西部大干线而检讨之,……幸其洮南与通辽之间尚未建设,此短距离之路线,如可阻止……不仅帝国国防上之要防重地,如兴安岭及开鲁或白音太来一带,可免受其冲破及威迫,……且令彼之西部大干线一变而成中断之形。虽有既成线路,如郑家屯至通辽间及郑家屯至洮南间可以利用,无如迂回曲折。计算其出海距离之里数,较诸南满路短缩无几,我方如使运费与之同额,再在大连港减收其饮水、仓库诸费,或更与货主以金融之便利,并减轻其利息。吾人深信,此可以打消葫芦岛之真价,绰绰有余,乃换救满铁与大连之最捷径也。况通辽至洮南路线之建设,明明与南满路并行,帝国出而阻止,实属名正言顺。倘奉派诚意听从,则放弃开原、海龙、吉林、五常间既得之铁道权利,以为交换,亦无不可。尚有其西部大干线之培养线,如长春—扶余—洮南线与洮安—索伦—满洲里线及安达—洮南线等,无不串通北满大富源地带。虽直接受害者为中东路,无如……我满铁之黄金满轨时代及大连港之繁荣,其元素多自该方面得之。……况安达、扶余,为帝国国防上军马及马粮并兴安岭军团重要给养补充与征发之要地,而洮安、洮南、索伦一带,系帝国战时最重要军团驻屯之阵地。……倘此等培养线一旦实现,则帝国国防及经济,无不被其冲破无余……幸其中如长春—扶余—洮南线与洮南—索伦线等,无不与我长春、大赉、洮南、索伦间既与之铁道权相抵触。我如一[以]此为借口而阻止之,亦堂堂正正依据条约之行动……如其不听,则要求实现该既得权以挟之。知彼竟许我实现此既得权,则以此长大洮索线培养满铁,夺取其安达洮南间及索伦满洲里间各路之来货,抽取葫芦岛港之繁荣要素,而滋补我大连港。若再不可得……则长春、扶余、洮南、索伦间,至少须与我合办,帝国亦不惜牺牲长大路及洮索路之既得权。盖奉派方汲汲于国权之收回,帝国不稍让步,必能诱起极大之反抗。且令虎视眈眈之欧美资本家,更集中目光,猛进于满蒙,而增长帝国之危机。

然西部大干线之培养线中,与我满铁无大关系者,如通辽经开鲁至林西线、开鲁—热合线等,为葫芦岛港繁荣之一大要素。葫芦岛港有此,将来对于世界贸易,其地位必牢不可拔[破]。而世界各大商贾及船舶,必轻我大连港而趋之若鹜,于是大连港之繁荣乃被抽夺。且帝国在蒙古开鲁、林西一带之国防亦大受其胁迫,不幸在该方面帝国毫无因缘可以借口,只好袖手旁观,以待他日之机会。

吾人外交生涯十有九年,遍历欧美十有二国,尚未见计划之深长、手段之勇敢如奉派者……是必有何等大决心,于是焉帝国仅以恐吓出之,必徒增其反抗力量,于实际上有损而无益……夫堆积如山之满蒙外交,欲张学良与我一旦全部解决之,谈何容易。彼或借口东北外交业已归并南京而逃避其责任,故帝国宜一面假陆军当局之强硬为后援,一面由满铁当局用怀柔的术策以诱之。关于外交进行方法,吾辈与林总领事及关东司令长官等交换意见,且又考虑对俄国交涉关系,大约最先着手要求实现其父张作霖时代许我之既得权以为第一案……次则要求整理关系满铁之诸悬案以为第二案……待第一案及第二案略有头绪时,再于二者中择其损失轻微者表示放弃牺牲,以诱其与我协定满蒙各铁道之运费或客货吸收区域。我可借此协定,以代替满蒙现有势力各不相侵之条约,而实现币原外交之理想,以可混淆四亿华民及世界各国之聪明,揉消帝国在满蒙实行帝国主义之现象。

第一案,我国依日华条约及协定所获得各铁道权如左:(一)长春—大赉线。(二)洮南—索伦线。(三)吉林—五常线。(四)吉会线。(五)延吉—海林线……吾人试将此等既得权利洗练之,首推吉会路为最重要。吉会路不但是帝国武装的铁道,为将来实现帝国对满蒙之最后目的计,为对北满实行经济侵入计,皆系我国策上不可欠缺者。加之吉敦一段,既已完成,我要求实现吉会路,颇有基础。纵使临之以压迫外交,亦不至受世界之误解。况帝国既欲放弃洮索路与之交换者,谅张学良不至发生何等反感。如竟不许,则帝国再放弃海林—延吉路及海龙—吉林路,亦不所惜……倘彼如以天图路许我收买,并延长至吉敦驿,而将海林—延吉路与延吉—海龙路作为日华合办事业,我则可将吉会权利之要求暂时中止,想陆军当局亦不反对。他如吉林—正〔五〕常线,如得把持之,自可以制彼东部干线之死命。然彼如肯许我实现长春—洮南路之既得权,抑或许该路为日华合办事业者,我则放弃吉林—五【常】线亦无妨。总而言之,帝国所重视者,唯吉会、长洮、吉五三线。将来视交涉情形如何,我或以放弃长洮线为饵,诱其许我实现吉会线。然后,更以放弃吉五线为饵,诱其复活长洮线。……余料最坏之成绩,亦能令彼中止东、西两大干线之建设,以保日华国交小康。

第二案,满铁直接关系所未解决之悬案如左:(一)打通路之建设。(二)吉海路之建设。(三)吉海、吉长路接轨问题。(四)洮昂路工费决算问题。(五)吉敦路建设工事问题。(六)洮昂路日本顾问权问题。(七)四洮路借款问题……按满洲善后条约会议之时,清国委员声明,谓(清国为欲保护南满洲铁道利益,在该铁道未收回以前,承诺不在该铁道附近建设并行干线或【侵】害该铁道利益之支线)。读此可知,南满路之于满洲,确似有其神圣不可侵犯之独占铁道权。彼奉派之欲接轨前记各铁道,及建设东西二大干线者,无不与此声明相抵触。我国如以此为原因而干涉之,彼所计划之铁道网,无不应受我之制裁,此乃帝国对满蒙交涉最有效力之原动力也。无如国际法之精神,独立国之国防建设,皆可基其自主的行动。故我虽有上述清国委员之声明,亦不能藉以阻其全铁道之建设。然择其重要路线,藉[借]此权利以破坏之,尚无不可。然又不幸各法律家对于该项声明,谓其仅能作为一种希望,不得恃为正式权利之主张者,大有其人。其要点如左:(一)既非明载在条约上者,不能作为条约的正当权利之主张。(二)清国委员,事前事后,皆未得清皇之敕许,其声明显系越权行动,依国际法不生效力。(三)明治三十八年十二月二十日,日清满洲善后条约并附属条约缔结之时,在本条约第二条,谓(日本政府承诺遵行清露①两国间所缔结之租借地,并铁道敷设所关之现行条约)云云。然清露间之铁道条约中,无有所谓不建并行线之条件。果日本强欲以清国声明为有效者,显系与本条约第二条所载的矛盾。(四)该项声明(清国为……)云者,于冒头清国二字之下,既未有(政府)字样之标明,自然此声明责任不得为清国政府应须负荷之解释,……加之(所谓保护其南满路之利权)云者,事属政府对民间事业奖励保护之意,其保护期间如何,政府皆有自变更之权利。(五)该项声明如果有效,则南满路一举而可为满洲独占的交通铁道,遍查世界各国,无此先例。如有之,则与人类进化及幸福之原则相违反。(六)明明违反华盛顿会议之对华领土保全及机会均等原则。(七)声明中"附近"二字之解释,颇难一致,果以几里或几十里之距离为附近乎?以上之法律论者,多为英德之法学家,而我国亦颇不乏人。然……中国非法律国家,且其人民亦缺乏法律知识,帝国若以此为原因,而临之以威严,吾人深信奉派必能以何等权益与我为交换,而解决满铁之悬案无疑也……至于洮昂、吉敦、四洮各悬案,多为金钱上之关系。唯洮昂之顾问权与吉敦之会计权,因欲牵制其铁道网之繁荣,并抽取其势力与机能计,是亦甚必要者,故对此权利,必努力实现之,方可坚固帝国之特权。余如吉敦、洮昂等路之满铁包工,本皆使用我国出产之贱价材料,但仍以高贵之外国制品为基础而估价焉,且兴筑应用之延【聘】人员,亦由帝国便宜的而增加其计算,因此工费颇为多额。彼奉派虽知之亦无与我清算之知识及证据……我则促其与我计算此费,待明白后,乘其财政困难之今日,以如数偿还迫之。彼必与我接近而商量延期,或缔结正式借款条约。然我为藉此以导满铁于有利计,可牺牲前记建设费用一部分,而诱其与我协定满蒙铁道运动。再不然者,则牺牲四洮路延滞利息以与之交换货物吸收区域之协定。彼如诚意与我作如此之协定者,任彼如何发展其铁道网,我满铁决不惧其包围。

---

① 编者按:日本近代对俄国的称呼。

关于运费协定，须使奉派铁路运费与南满路运费为同一。至其同一之基础，以每吨每里运费若干为单位，不论其距离长短，皆互依此协定之额计算之，盖将来奉派之东西二大干线成功之时，北满特产经葫芦岛出口者，其产地与该港之距离，较诸由大连出口之里数为多……自必增长其运费之担负。至若协定外之竞争，奉派无非以其政治的势力为后援，我则以港费、仓库料、饮水料等之降下，又以我调整的金融机关之机能与货主以方便及利益，其最后战胜之荣冠，必属诸我。又，奉派铁道每乱降其运费……使后沿线华煤，如万马奔腾之势以进出。我抚顺煤本年之大减收，因实在此。倘协定运费成立，华煤必有一部份[分]流入满铁，遂可使其成本增重，而无力与抚顺煤争。

关于货物吸收区域之协定，兹拟定步骤如左：（甲）满铁之东方，以五常—吉林—海龙等为中心线，出产物在其西者，归满铁吸收。在其东者，归奉派铁道吸收。铁道之西方，以齐齐哈尔—洮安—通辽宁①为中心线，出产物在其东者归铁路吸收，在其西者归奉派铁道吸收。（乙）在满铁西部方面，自四平街至洮南以北之产物归满铁，余者归奉派铁道。在满铁东部方面，由长春至吉敦以北之货物归满铁，以南奉派铁道。（丙）如（甲）（乙）二案奉派皆不满足，则略仿南满路与中东路协定之例，南下货物，满铁得其四四，奉派铁道得其五五，此不问其出口由大连或由葫芦岛或由营口，到时总计其数而按分算之，是为帝国最后之让步。（丁）依上例（甲）（乙）（丙）三案，均不能达到目的者，则求张学良之同意，召集中东商满路各当局，与奉派共同开会商议其协调办法。

然吾人之理想，以为欲确保帝国满蒙权益于永久者，应借南满路改做日华合议以实现共存共荣为招牌，运动奉派以其铁道网与南满路合并，皆为合办事业。如此方法：（一）可揉消帝国主义之恶名。（二）可混淆华民之聪明。（三）可遮断欧美资本势力之侵入。万一有事之秋，帝国藉合办权利，不论何路，皇军皆可自由征发及占用。为帝国遂行满蒙何②最后目的计，不得不深长谋虑如此。

近接伦敦情报，惊知奉派又欲伸其魔手于秦皇岛，以强固其抗我之原动力。不幸彼所运动之（自由运货采算港）如得实现，我满铁及大连港，更受意外之打击。现虽以日本邮船会社之势力，在伦敦向欧洲复兴（运货同盟本部）以

---

① 编者按：原文多一"宁"字。
② 编者按：原文多一"何"字。

破坏之,然尚未可乐观。尤可痛者,赤俄本有诚意与我缔结密约,以防奉派势力之进出。不料一见奉派魔手再伸至秦皇岛,遂恐海参崴及中东路之繁荣受其大影响,乃乘奉派送彼以秋波之时,毅然激变其主张,与奉派作具体的接近,益使帝国单独受敌。

依满铁驻天津通信员之情报,谓奉派运动秦皇岛、香港为自由运货采用港。如成功时,北宁路拟更建设第三埠头,俾可收容五千吨汽船九只,合旧所有,其收容力可达十万吨船之巨。如此,则秦皇岛港货物集散能力,一举而达五百万吨。将来,再以其东西二大干线为武器以培养之,诚堪制我大连港之死命……北满特产由产地至出口,如论距离,彼只近我满铁区区三里,然以运费比较之……我到底不能与彼竞争。我满铁及大连汽船会社等,受秦皇岛之胁威,将视葫芦岛为尤甚。

吾人早知张学良外交手段之巧妙,故未赴任之先,拜访林权助老前辈,求其指导对张学良外交之策略。幸林先生不我遐弃,授我以秘策,谓张学良虽为军阀之子,为一白面书生,其实策略非常丰富,虽世界之外交国如英吉利之老外交官,视之亦犹不及。与渠办外交时,必须先以恭敬亲顺为前驱,时而发挥假诚意,代渠者有利于彼之谈话,方可诱其信用。次则伪制监督当局种种强硬主张以吓之。终则求其为我辈保全饭碗,垦渠同情的解决交涉各案。然倘须防备者,切不可被渠反用此策以对我云云。吾人在任地参考林总领事之意见,并洗练满铁对张作霖时代种种外交之历史,以为林权助先生之教训,洵为对张学良之良策。吾人或者依此而运用,亦未可知。

此回帝国对张学良发挥外交权者,认时机为最适合。因此而能博得全部成功固好,以最恶之结果而言,帝国如不能实现既得各铁道权利者,奉派亦须中止其东西二大干线之建设。盖帝国在满蒙之特殊地位与权益,如可保持现状者,自可使救满铁于垂危。纵将我既得各铁道权利葬诸有耶无耶之乡,帝国外交,亦可谓一部奏凯,盖将来自有天赐机会以解决满蒙三切问题。

上述为交涉失败时,最少限收获之预想,吾人甚望其不至如此地步。至于左列各项,系欲作本回交涉之前驱,已得仙石总裁之裁许,而林总领事及关东司令官、关东所长官等,亦已充分谅解。倘能实现,自可为交涉成功之满点。

(一)满蒙铁道问题,系属民间营利的会社。如满铁者之利益关系,故应视作地方问题,以张学良为担当长官。倘张学良以满蒙外交权,既已归并南京为口实,而欲逃避其责任者,最少限度,必须张学良代替南满会社向南京政府交涉。

(二)满蒙铁道之欲开发,必须以日华共存共荣为主眼。其东西二大干线,如有妨害南满铁路之利益,或与南满铁路平行者,皆须休止其建设,方不危害我之既得权。(三)帝国屡屡抗议,既建设成功之路,如吉海、打通等,为共存共荣计,可默许之。但须以何等条件为交换,并保障满铁营业上之利益。(四)洮昂与打通之联络,此与满铁并行,为危害既得权之尤者,故通辽—洮南路,绝对不许建设。(五)洮昂、打通,如必欲联络建设者,满铁亦欲建设培养线以保其权益。(六)长大路及吉会路,欲求即时实现。(七)满铁关系所未解决之各铁道借款及顾问权知与会计权实现之件。

资料来源:日内瓦国联与联合国档案馆藏李顿调查团档案,卷宗号:S36。

69. 呼兰全县民众来信

李顿博士阁下惠鉴:

日本人实行种种恶劣手段压迫中国,蔑视国联议决案,破坏世界和平,真令人怒发冲冠,目眦欲裂。纵使吾国中央政府因为尊重国联规约、非战公约、九国条约,不以武力抵抗;而吾民众为争人格计、为争民族生存计,亦决与以铁血的打击。谨以最诚实的笔,信仰上帝的心,当着贵调查团,将日本人在东三省过去、现在种种不平正、不道德的行为诉之如下:

(一)南满附属地,仅许其驻有限制的守备队。而日本人擅筑炮台,在沿南满铁路线一百余个。

(二)各国既许中国邮电之统一,而日本人在东省内地之电局、邮局仍不撤除。

(三)皇姑屯炸车案。日本人虽当时不承认,而事后日本政府颁赏炸车有功军人,中外报纸曾尽量登载。

(四)嗾使朝鲜农人在万宝山强种稻田。决距稻田二十华里之伊通河,引水灌溉。中国农人据理相争。而日本驻长春守备队,群至该地,杀伤我无武力农民四五十名。

(五)日本人反宣传万宝山事,激怒朝鲜愚民,杀死及伤害中国侨民二三十万。

(六)乘我中国南省空前未有大水灾,出兵东北,占据辽宁省城,仍改称奉天。奉天者,专制时代之恶名词也,中国人厌恶而去之,日本人利用而复之。

（七）辽宁兵工厂、航空处，乃我中国人民以千万万银元所设立者。日本人占辽宁时，处内、厂内各物搬取一空。

（八）北宁路，中国借英款自筑者。日本人由山海关截断至辽宁省城，命名曰奉山路。名义收归"满洲国"所有，实际收归日本国所有。

（九）中华民国二十年九月十八日，日本人占辽宁省城。次第占吉林省城，占长春、占锦县、占安东、占抚顺、占营口、占哈尔滨。此以上各名城重镇，皆中国北方精华所在地。日兵占后，得获好处无数。

（十）迫使中国张海鹏带兵攻黑龙江省城，不下。日人以修复嫩江桥为名，出兵来江，与马占山主席挑战。马军无援，撤到海伦，日人又占黑龙江省城。至此，日兵势力伸到江省矣。飞机驶临甸县、驶克山县、驶拜泉县、驶海伦县、驶绥化、呼兰、巴彦各县。每日或一支至十支不等，来往自由，使商农人等老幼妇女咸感不安。而中华民国二十一年二月六日，日飞机八支炸呼兰东乡双井子屯、靠山屯、大方台屯、杨木鼻子屯、万金沟屯，一日之间炸村屯五处，死伤人畜盈百。二月，日飞机炸巴彦县城，死伤人畜盈十。四月二十八日、二十九日，五月二日又炸巴彦北乡之兴隆镇，即赵胡窝堡，死伤人畜盈二十。至于炸吉林省之阿城县、宾县、方正县尚不在内。

（十一）日人为实行侵略中国土地计，迫使奉天伪省府颁定中国人与外国人祖地章程，用官契纸。官府立案，租期一定三十年，其实即是夺取，美其名曰租，以掩世人耳目也。所谓外国人者，欧美人虽包在内，而凤来欧美人并不租种中国田地，且其路远人生，情形不熟。日本、朝鲜与远东三省近在咫尺，又凤有商租权之要求。此举专为日鲜人作打算，明取暗骗，无所不用其极。

（十二）日人为吞并东三省计，勾串中国奸人照[赵]仲人[仁]、照[赵]心[欣]伯等十三人，假充东北三千万人代表，赴大连请满清废帝溥仪组设伪满洲国家。使伪外交总长谢介石发布建国宣言，文内最重要者八字曰：门户开发，机会均等。此八个字，日人用心，一面为避免别国干涉其权利独占，一面积极的令其国内实业家、专门家、资本家来东三省，先占开矿权、垦地权、森林权，并计划移民五十万。由国家设立移民介绍指导机关，并予经济上、交通上之便利。近日，黑龙江伪省府发布命令，谓日人修筑呼海路至通北县、修齐克路至黑河县，因道途泥泞，用飞机测量路线，是又占得筑路权矣。

（十三）满清废帝溥仪，久已伏处天津外国租界，向最效顺中华民国。凡民国灾振[赈]，靡不量力捐助。日人意思，用满洲族组"满洲国"，或者名正而言顺。乃使日人土肥原赴天津，设法挟溥仪到大连，由大连到长春建"国"。欲使伪满洲国为朝鲜第二，溥仪为朝鲜李王第二。因世界各国，不以日本于中华民国二年归并朝鲜国为非，将来归并"满洲国"，当然亦不能以为非。此其制造"满洲国"之主因也。

（十四）查日本货币流入东省原因，系为购买日货所致。自抵制日货，而日本货币在中国渐见势倒。乃日本人为伸张其货币势力，并把持东省经济起见，使满洲伪国第一政策，即创中国银行。借日金两千万，先由朝鲜艮[银]行支给货币一千万元。吾东三省人民为此一事，痛恨日人万分。因日人用心最毒至险，此其制造伪国，以便其经济侵略，致吾华人死命，亦一主因也。

（十五）中国从前主持政务者，偶因意气之争，演成南北不统一之局。我中国民众奔走呼号，运动统一，声嘶力竭。世界人士无不知晓，谁肯甘心再建第二国家，以自破坏其统一？所以，自从满洲伪国成立，民众街谈巷语，无不疾心痛首，日盼中央出兵讨伐。日人所谓东北三千万民众意思者，实只十三人日本走狗意思耳。日人坏我民众人格，诬我民众公意，我民众皆欲得而甘心，誓愿奋斗而死，不愿隐忍而生。

（十六）日人利用溥仪组设"满洲国"，以便其自私自利。借口东省民众不满东省旧军阀之虐，此理由实不充足。盖旧军阀纵使虐民，我中国中央政府自能以中国法令处罚之，我人民皆深明大义，决不肯在我整个领土内，以不详[祥]被弃之溥仪来设第二国家。再不然，我民众宁可与旧军阀个人奋斗，亦不肯背叛中央，另设第二国家。

（十七）日人因我民众不服，起练义勇军，到处抵抗日军。并拟将溥仪之"满洲国"，亦一扫而平。乃日人诬我与中央一气之救国义勇军为匪，极力轰炸，以期遂其强奸民意之阴谋，满其侵吞中国领土之大愿。

（十八）吾民闻贵团一到哈尔滨，无不鼓掌欢呼。昨日（中华民国二十一年五月十一日）一天，只呼兰县一城，用书面声诉之信件，已发出六百封以上。闻说多被日人在哈尔滨邮局叩[扣]留，别处声诉书信，不知多少，但知皆系否认满洲伪国家。

（十九）日首相田中义一奏折，关东军司令本庄繁奏折，自供其扰害世界、侵凌中国之野心最详。已经我中国人将此二份折稿由日本人手里买出，译成中文排印成册，附呈贵团参阅，并希望转致联盟会公布，以明日人之处心积虑，非止对待中国。

敬祝阁下暨众委员健康！

呼兰全县民众同启
五月十四日

资料来源：日内瓦国联与联合国档案馆藏李顿调查团档案，卷宗号：S36。

70. 小商人薛黎来信

完成军事，实行宪政。而日本不顾公理，阳唱[倡]亲善，阴行毒计，怂恿无知鲜民寻端挑衅，阻我成功。我当局念彼等受愚，不与之较。而日本继假保侨为名，公然进兵，以掩耳盗铃之手段袭我城池。我当局以不抵抗为主旨，下令撤退。彼则得寸进尺，以为伎俩得逞，乃复夺我吉林，进占哈埠，甘冒天下之大不韪。袭彼灭韩之故智，胁令我官吏，强奸我民意，成立伪国。凡我商民，莫不共忿。诸将士以不抵抗之令在先，弱小商民，手无寸铁，何以击贼？只有图[徒]唤奈何而已。此为过去之事实，凡明眼人皆能洞悉，何容赘述。

贵团主持公道，负有和平使命，久为我弱小所仰望。际兹来哈，欣幸之余，敢将日本之阴谋，贡献一二以资参证。当日本未抵本埠以前，先唆使白俄份子扰乱治安，然后彼即假名进兵，既抵哈后，先成立特务机关以监视我方行政，所有大小机关，迫令任用日人顾问，以监视我官吏，稍有私语，则施以杀戮。商民被其蹂躏，妇女被其奸淫，彼之残忍，无所不用其极。爱国将士只以兵微力薄，不敢轻动。而日本又以赶尽杀绝之毒计节节进逼，四郊之外战争不息，居民所受涂炭痛不忍言。贵团来哈，彼欲掩尽天下耳目，灭绝事实，阴令鲜民赴旅邸请愿。凡我官民，行动均加以软禁，所有言论举动必由彼授意。我商民直接寄呈旅邸之信件，均被扣留，虽有苦衷，无可投诉。此皆日本近日之恶迹。

恳贵团切实调查，以公正之批评作中间之报告，揭开小丑之阴谋，声讨破坏和平者之罪恶，复我疆土，还我自由。不胜祈祷之至！

此致国联调查团公鉴！

中国国民一份子小商人薛黎鞠躬泣诉
中华民国二十一年五月十二日

资料来源：日内瓦国联与联合国档案馆藏李顿调查团档案，卷宗号：S36。

71. 哈埠商民团体来信

李顿委员长钧鉴：

敬启者：

兹以闻贵团为和平之天使，专除残暴，扶弱济贫。我等商民，自事变以来，所受损失、痛苦，无处泣诉。今贵团既临敝埠，安得不详细告之。

九一八以前，我等经营商业，实较舒适。雇主既多，赚利亦厚。自事变后，今日新吉林举向我们要衣服穿。明日日本举向我们要房子住（道外及上号所占之房楼即其明证）。最痛苦者，为作战场之处，楼房物品一概俱无。想我等无故遭此巨害，是谁为之耶？均日本帝国之所赐也！

贵团未到哈以前，我等因损失过巨，无力经营，均行倒闭。近因被日本强迫开板，故有此现状也。

愿贵团急速实行职权，推翻"满洲国"，逐退日本军，灰[恢]复我等自由，保世界永久和平，则我等幸甚！中国幸甚！世界各国幸甚！

哈埠商民团体谨启

资料来源：日内瓦国联与联合国档案馆藏李顿调查团档案，卷宗号：S36。

72. 哈尔滨公民来信

李顿爵士台启：

上星期来哈查看没有得知。我现在所说如下："日本强迫公民成立这'新国家'，中国人本不愿当亡国奴，被他们强迫着叫人民当亡国【奴】，把中国人当着畜生一样欺压公民。昨日，日本把江北的房子都烧了，有些案民连衣服也没有穿，就跑到这里来，也没有饭吃。"

哈尔滨公民所告
中华民国二十一年五月十八日

资料来源：日内瓦国联与联合国档案馆藏李顿调查团档案，卷宗号：S36。

73. 哈尔滨中国民众一份子来信

国联调查团团长李顿爵士诸公鉴：

我自从旧年九月十八日，日人用武力占我辽宁，炮毁我兵工厂，强占各机关。人民受这大的痛苦，真是楮难形容。又占吉林，兵到吉林，占衙署，抢民众，其暴酷较辽宁为尤甚。旧年十月中，又派兵占据黑龙江省，不料江省主席马占山抱着爱国的忠心，誓死杀敌。因为枪械不敌日人，不得已退兵海伦。马主席退后，日人把江省最重要的机关完全罢[霸]占了。到了一月，日人派兵到哈尔滨，不久亦被占了。从此，日人在满洲大施其帝国政策，我东北三千万民众已在水深火热中。幸而国联调[查]团诸公，不远千里而来，救我三千万民众，使我民众们感恩无极矣！

哈尔滨中国民众一份子

资料来源：日内瓦国联与联合国档案馆藏李顿调查团档案，卷宗号：S36。

74. 哈尔滨市民抗日救国会来信

············

八、强迫各机关及市民开成立伪国庆祝会，以掩世界人士之耳目，实行统治。

对于经济上的政策是：

一、扰乱街市和乡村，使东省的农村破产，市面紊乱。

二、利用腐旧官僚，消灭青年分子，使遍地皆匪，以破坏社会经济。

三、把持各地银行及实业公司，提高金票市价，加重各种税务，以废止东省纸币而破坏人民资本。如对满洲伪国二千万元金票借款，年利五分，实开债务史上未有之特殊利润。

四、抵制各国货物，使日本货充满市场，以随[遂]其所谓北满特殊利益之欲望。

五、实行商租权，以握满洲伪国土地专买权。

六、恐各国以利益均沾、机会均等为条件，要求北满利益公开，而失去东省经济市场，极力进占东省，一可制东省的死命；一可免国际势力之侵入。

七、乘世界各国经济恐慌，及苏俄实业计划未成功，囊括远东经济势力，北制苏俄,西抗列强。

八、侵占东铁,截断欧亚两洲一贯势力,为二次大战的经济上、军事上策源地。无论何国,不得妨害中国的政治安全和土地完整,已载在盟约。

而日本军事上有以下的现象:

一、既是民族自决的满洲伪国,何以成立日①于日本侵占东北之后?

二、溥仪为"满洲国"伪执政,及各卖国官僚的升官,经过何种选举手续?是否人民的诚意?

三、自一九三一年九月十八日以后,东北的混乱局面,是中国的自乱呢?还是日本造成呢?以前为什么没有这现象?

四、东省救国自卫军,日本谓之为胡匪。既是胡匪,为什么单独和日本作战?不与中国人民为敌?

五、保侨自有他们的领事交涉,数师团重兵及空军,防备于哈埠四周,是何用意?

六、开设飞机场,日携弹侦察,无故投弹于乡村,心果何在?

七、调军队于四乡,奸淫杀戮,焚烧掳掠,文明国的行为,当不出此?

八、中东铁路为中俄合办,日本自由运输军队及枪械子弹,随便支配车辆。又复侵占铁路官房,何得谓非武力侵占?

九、护路军司令部、长绥司令部、米力司兵营②,完全侵占而驻以重兵,是日本自决?还是东北人民自决?

十、铁甲车及军队,每日沿街警备的是什么?

关于中日问题,我国对于国际调查团所要质问的如左:

一、国际调查团是专为中日关系来华?还是为国际间的关系来华?

二、以前国际各次会议及其议决案,日本没有一次赞成和实行过,这是日本根本没有把国联看在眼里。但此次贵团来华调查,日本势必处处监视,将来是以日本所供给和报告的为根据呢?还是以实地调查的结果为根据呢?在日本监视之下,能否得真正的材料?

三、我们这弱小民族的中国,是始终信任国联和调查团。但贵团能否作详实的报告,使国际间公理昭彰,以保持非战公约及九国协约的尊严。

---

① 编者按:原文多一"日"字。
② 编者按:原文如此,不达意。

四、在日本的炮火枪口之下,以何种方法考察中国东北三省的农村和街市,而知其损失和破坏的真像[相]?

五、调查结果,是否不出以下数点?

a. 调停中日间的冲突,相安一时,以视苏俄举动。

b. 共管东省,平衡国际势力。

c. 平分中国,以抵制苏俄。

d. 国际产生极大变化,引起二次大战。

统观以上,谓非占领,谁复能信?如谓民族自决,抑又欺谁?况东省为远东经济枢纽,日本占领后,【只】要稍加建设,无论在政治上、经济上及军事上,足可作与世界各国战争的策源地。

现在的中国,已破坏的不堪再破坏了!国联如无力制止日本的宰割,中国必自寻出路。彼时远东的清一色主义,惹起全世的劳苦群众大联合,资本主义国家之背后危险,何以制止!所以解决中日问题,即是解决远东问题。解决远东问题,即是解决世界问题。最近法国总统被刺,选举时极左派占胜利。日本的犬养总裁被刺,出于有背景的军人之手。军缩会已成泡影,国际战债已无出路,各国的积极扩充战备,太平洋的习演大战,处处表现国际间的红色酝酿,和二次【大】战暴废[爆发]的可能!

贵团责任艰巨,一纸报告,非惟关于中国兴亡,对于全世界之和平与战争,实有莫大关系。况日本之此次出兵,其直接关系乃对抗苏俄。因北满市场,已充满苏俄势力,将来苏俄实业计划成功。与日本发生大战,日本实无力可以对抗,即使军事上有此力量,而政、民两党之不能和衷共济,法西斯与共产党之乘机暴动,防隐患之不暇,何有力以对外?日本有见于此,所以乘世界经济恐慌,及中国之天灾水患,侵占北满以破坏苏俄之势力。但日本此举,如得各资本主义国家之同情,走向同一战线进攻苏俄,或可有成。然而另一方面观察,各资本主义国家之被压迫者,乃劳苦工人和劳苦群众,一旦发生大战,则国家收入完全用之于扩充军备和战地给养,失业人数必骤然增加,第三国际一有活动,则世界劳苦群众必望风而起。这种全世界的红色势力一成,则资本主义国家之葬钟一响,数世纪之世界强国,首先崩溃矣!尚请贵团维护非战公约及九国协约之尊严,为世界前途着想!

哈尔滨市民抗日救国会上

资料来源:日内瓦国联与联合国档案馆藏李顿调查团档案,卷宗号:S36。

75. 东北民众上国联调查团书——图画内容

1. 九一八炮火连天的辽宁城
2. 大家赶快团结起来吧

不然就不免做倭奴铁蹄下的冤鬼了

日本小鬼

3. 大家请看穷凶极恶的日本正在杀害我们的同胞
4. 日本惨杀华人之一幕
5. 杀戮我们同胞——兄弟、妻子的一幕
6. 屠杀富商如屠马牛

他们的大洋到这时那[哪]里去用

7. 日本小鬼夺我财产的一幕

场景：

东三省＄

中国银行

中国银大洋

中国银圆

对话：

伙计！我们把中国东三省所有的财产都运回本国吧！！！

场景：

辽宁省城

中国银＄3000000

喝[嗬]！中国的银子真不少啊，足够我们帝国化[花]几年。

资料来源：日内瓦国联与联合国档案馆藏李顿调查团档案，卷宗号：S36。

76. 哈尔滨难民来信

国联调查团诸爵士、将军公鉴：

受强横压迫【的】哈尔滨诸难民们鞠躬敬呈座右。

倘蒙入览，则不胜荣幸至极矣。溯自暴日占我辽吉后，屡屡由其代表向国联会声明,绝不破坏中国领土。可嗣又炸锦州、袭上海,回来又加兵北满,以成其满蒙政策。先以混蛋张海鹏兵攻江省,战毙死兵丁故不足论,而其戕刺屠戮无敌[抵]抗之百牲[姓],杀烧淫掠,不可以数计。乃以逞其封豕长蛇之衷,狼子野心之谋,贪而无餍,得寸进尺。虽经马将军坚抗,终至达到其目的地为止。当是时也,即以威勒权势及利益,以诱无知混蛋之张景惠,即为其当走狗,作奴力[隶],说项与[于]马将军在弹绝力疲之时,而马亦为暂时委屈从[求]全,作再图之计,允与议合[和]。后又因丁、李、赵、宫抗日,马与连[联]络之。又出一个于大头,率些无智匪徒,与多门之虾兵鳖将,初战与[于]双城,胜负不分,死以千计。嗣又以唐[坦]克、装车[甲]各车视察战斗,各艇[挺]机关【枪】炸弹之哄[轰]击,节节近[进]逼。即至哈之郊外,上号、香坊、顾乡屯等地,绵亘百余里,尸横遍野,血水成河。以骸骨血月[肉]与无情机械相搏斗,何其残哉也!是我军仁义为怀,虽与其军国仇敌,而其哈居之侨商一无加害,并严加保护。后由该侨出扰我军后方,终为其败北。其军也,过村屯则袭成白地,鸡犬无存,何问其他。其阴毒险恶有愈蛇蝎,对国联会动则以保侨为名,再则以"满国"请其保护为词,以塞责之。

如其再有斯言,请贵团即请将日兵撤出,再看三省之匪如何?三千万民众如何?是否自愿成立"满洲国"否?实则均出其威迫耳。计自贵团到哈以来,有日、俄、鲜人等至座下诉冤,何独无中国民?其阴谋诡计想均在洞鉴中矣。兹谨以闻见及身所着受者,冒死直陈,千请贵团,秉和平之天职,是即民等之所切望焉。

临纸悲愤,涕泪滂沱,词不成章,望祈谅鉴!
肃此,敬请拜呈诸爵士将军座下!

九死余生众难民合词拜呈

资料来源:日内瓦国联与联合国档案馆藏李顿调查团档案,卷宗号:S36。

77. 学生来信

李顿爵士先生:

您来到哈尔滨,我们同胞很欢迎。日本在我们东三省横行,侵占我们的土地,压迫我们的民族,杀我们的同胞,拿我们做奴隶。一点人道也不讲的日本,我们的东三省为什么要给他!我们也是父母生的,他也是父母生的,他为什么在世上横行呢？难道一点人道也不讲了吗？

唉！这般的不平等，自顾他们自己国，把我们的同胞杀的杀，夺的夺，欺侮的如此，我们的同胞一半连饭都没有吃呢！真正有苦无处述。您是世界上的和平者，要求您公判。祝您万万岁！！！

学生书

资料来源：日内瓦国联与联合国档案馆藏李顿调查团档案，卷宗号：S36。

78. 哈尔滨东北民众团来信

李顿爵士鉴：

我本是一个年幼无知儿童，也不知国际间的事情，对于英国话，我是更不会的。不过，在去年九月十八日那天晚上，我国水灾，和辽宁长官到外省去办公事，日本趁着这个机会发了数万大兵，弹雨似的一般攻进辽宁省城，强占了飞机厂、兵工厂……等等①的地方，抢夺我国飞机，将我国国徽涂上他们的红日。又将各种武器夺去，我国费了几年的工夫才造成好利器，又被他夺去，多么悲痛！而他们的野心未死，还要侵占吉林、长春，又占黑龙江。隔了几时又来占本埠。我军虽然努力抵抗，但弹缺饷少，不得已只得退却。爵士回到国联时，如不帮助我国，那么，我国那就太不幸了！

哈尔滨东北民众团启

资料来源：日内瓦国联与联合国档案馆藏李顿调查团档案，卷宗号：S36。

79. 无名氏来信

国联代表团团长李顿爵士台鉴：

自从九月十八日事变以后，我在哈埠听由辽宁来的朋友，他说：日军在九月十八日午后突然无故占领我辽宁。首先，到辽宁商埠的省城内各行政、军事机关进攻，同时兵工厂、北大营均被占领。然后用高强手段，残杀我官兵，焚毁我城市，占领我要地，造成东省空前未有之惨剧。不多几日，日军又到吉林去搅乱。因为吉林主席采取不抵抗主义，所以日军未费力气而就占领了。不久，

---

① 编者按：原文如此。

日军又到江省,发生很猛烈的炮声。幸而江省主席马占山抱着爱国爱民的精神,誓死去抵抗。不久因江省枪械不精,后来也被日人占据了。从此以后,日人在东西北任意而为,毫无忌惮。调查团诸公乃维持世界和平的使者,此番前来,定能撤[彻]底调查,使万恶的日本,不得逞其志,救我东北二千万民众于水火之中,那么东北民众幸甚! 幸甚!

资料来源:日内瓦国联与联合国档案馆藏李顿调查团档案,卷宗号:S36。

80. 无名氏来信

你们赶快停战!

不要受旧军阀和共产党的欺骗予[了]吧!

你们赶快的归顺"新国家"、就谋相互的和平与发达!

日本军队对于扰乱治安的严惩不贷!

但是对于归顺来的,则绝对保护他的生命,更保全他的地位。

你们赶快来归顺吧!

此单系民国廿一年五月十二日,日本飞机空中散下者。

此亦足证我三千万民众不承认日本人之暴行及不承认"满洲国"。

资料来源:日内瓦国联与联合国档案馆藏李顿调查团档案,卷宗号:S36。

81. 东北民众上国联调查团书
——本庄繁等上日皇电文

东京天皇陛下御前听,臣等于六日在奉天满铁社成立政务维持会,已皆遵旨就职。臣等仰瞻天颜,皇恩似海,必效犬马之力,以报我帝国与我皇帝陛下也。今议决拟以东特行政长官张景惠为四省自维会长兼保安总司令,盖该长官在满洲极负声望且毫无学问,人极颟顸又无大志远谋,手下尽阿谀之辈,毫无人才可言。故臣等为帝国一贯政策速达目的计,必使此等人物为国利用也。奉天仍以袁金凯[铠]、于冲汉、金梁、赵欣伯等组织。此数子者,俱为臣等恩威并用收复[服]。况于冲汉又有巨款存我银行,更无异志矣。吉林令熙洽继任,并密令其联络张作相以期收为帝国心腹,进一步统一全满洲,使一贯政策速达也。黑龙江,臣等本拟和平手臂[段]召回马占山。奈马坚拒再四,无法夺其志,暂时任张景惠主之可也。特区以赤露关系,形势上无占领之可能,但特区久已顺我矣。现在唯一目的即妥协热河汤玉麟。盖汤为满洲失意军阀,久有叛张之心。现如为帝国服从,则满蒙一贯政策不难于最短期间促其实现也。

次者,为驱逐马占山及满洲一切反帝国"匪"军。此问题为最重要,亦为最难解决者。如以兵力压迫,则"匪"军策划奇异,战争勇猛,加以地势详知,耐苦耐寒,以区区之关东军为数不逾十万名,征灭诚实大难事。但如以大刀阔斧之政策,又恐惹起国联及赤露、美利坚之强烈干涉也。强思再四,无有良法。伏乞陛下圣裁,教育臣等。

三,即政体问题也。此问题在满洲未统一之前似难谈及,但臣等微观,以为溥仪废帝及清室旧族,早已失满洲人民众望。即旗、蒙等人亦均多数不赞成复辟,更兼目下突建帝国,不啻时代潮流均属落伍,即"支那"民众亦将反对。尤其国联方面更予借口干涉我也。此政体关系重大,俯乞陛下圣裁,教育臣等。

四,即应付国联及赤露诸国之干涉也。自事变以来,各国武官迭次来地调查,结果均不利于帝国者,但以情面关系又不便拒绝。现帝国对国联固不足虑,但对米[美]利坚之态度大堪注目。日前,米[美]兵伤国"验车军"二名,直欲向我挑衅,但臣等均行以镇定对之。但长此以往,深恐国际间引起重大化,予帝国一贯政策之大梗也。伏乞陛下速解决之。

五,即应付"支那"政府及内地抗日运动也。臣等窃以"支那"政府久以成为呼唤不灵、残缺不完之政体。蒋介石虽甚聪明,但对国家思想仍不健全。所谓北上收复失地,无非无臭宣传,毫无作用者也。至于汪、胡诸子,亦皆无丝毫实力,无丝毫国家观念者也。张学良醇酒妇人,更不足道。顾维钧、施肇基只白手吹号式之外交,更属巧妇难作无米炊,不惧矣。总之,对于"支那"政府实不足虑。臣等敢放言,对"支那"领土可于三月内完全占领也。次及南北双方之反日运动,京沪较烈。表面观之,不可略之。但实际"支那"之五分钟热血,久所公许。如帝国利用本国无知军阀威迫消灭之,更以重利诱惑之,不难制止也。

六,即满洲铁道问题也。伏以满洲铁除北宁外,均大半为国占领。吉会、吉敦、吉长又均连贯长大路,现已着手帝国之铁道政策,似进行顺利且迅速矣。军事问题朝发夕至,自不足顾计[忌]矣。现臣等已决组织铁道株式会社专门研究,惟北宁系"支"英债权关系,良易引起反感。伏乞陛下筹思良策,以期消灭之于无形。

七，即财政问题也。臣等伏以东北盐税等款均有外债关系，帝国撮之深为不利，故对此问题已电请度"支"部，着详细筹议。并乞陛下加以筹思之，至所祷也。

八，即增兵问题也。伏以币原外相以毫无思虑之外交，冒然答应府①国联撤兵，实属重大谬误，碍阻军事行动，极属重大。臣等如增兵满洲，必贻矛盾之讥。良应筹以良法。伏乞解决之。

以上八项问题均为臣等会议议决，奏请解决者。伏乞我天皇陛下，运用圣聪加以良策，帝国幸甚！臣等幸甚！谨祝陛下御健康昌！

臣塚本一、内田伯②、本庄繁
江口雄寺、白川原太郎、土肥原贤二
林权助、清水八百一、大桥忠一
长野次郎、多门佐、小幡大郎、林义秀
二宫次郎、中村太郎、小川次郎等谨奏（印）
七日下午八时拜发

资料来源：日内瓦国联与联合国档案馆藏李顿调查团档案，卷宗号：S36。

82. 东北民众抗日救国团宣传部来信

日本用一手遮天的法子，利用前清余孽，成立满州[洲]伪国，致使我中华东北之大好民族，俱陷于水深火热，既不敢言，亦不敢怒，处于铁蹄之下，无异釜底之鱼。抵抗无能，挣扎无力，只可忍气吞声，以待援救！然我等之心，并无时或忘我中华民国，比[此]次调查团来，正我等声诉原委，尽吐隐痛之际，以期得国际间之同情，宣示天下。无如日本弄其狐媚之伎，上下包围，使调查者难得真象[相]，含冤者申诉无能，天乎！我等将终于此耶？

虽然，我以为调查团的委员，都是各国的明哲，世界的先觉，就是我等不言，亦不至被日本之愚弄，况既名国家，须有土地、人民、主权，三者缺一，即难成立。此次日本所谓的满州[洲]伪国，既占中国之土地，复迫中国之人民，而

---

① 编者按：原文多一"府"字。
② 编者按：应为内田伯爵，即内田康哉。

一切主权,又皆出自日人之手。其土地何有？人民何在？似此空洞之国家,虽蒙童知其不可,若明哲视之,亦不过嗤其仅有"满州[洲]国"三字而已。惟彼日本,竟用此三字罩住我东北数十万之同胞,任其蹂躏,任其宰割,而一般无心肝之卖国贼,利禄熏心,供其驱使,可悲可痛,孰甚于此！调查团既本人道而来,未悉已见及此否？

最后希望我们同胞,如果心未死,血尚热,赶快起来把你所要说的尽量写在纸上,设法献到调查团前。虽不能立登衽席,亦可稍舒隐痛,万勿迟疑是幸。

资料来源：日内瓦国联与联合国档案馆藏李顿调查团档案,卷宗号：S36。

83. 讨日军华北革命党总务部来信
——大中华民国华北革命党国民军军歌

我国民壮尔马,健尔身,正尔行伍,冒死进行。长白山上风云起,黑水江边革命军。我国青年血,我国英雄胆,泰山虽高,尔必连步以上。□（左脚）□（右脚）。黄海虽阔,尔必泛舟而渡。我党军,养精神,争志气,保尔祖国,冒死进行,杀彼秽血以为粪,用助吾耕。太平洋上立成国,万民欢欣！

讨日军华北革命党总务部
蒋荣（章）
大中华民国二十一年三月十日

有此","附[符]号者,表示左脚开步时所唱,不得纷乱。请转寄各处。

资料来源：日内瓦国联与联合国档案馆藏李顿调查团档案,卷宗号：S36。

84. 一面坡农民李和来信

调查团李爵士：

日本人在哈尔滨的横暴,大概你们是看见了吧！但是他们在山里（一面坡、乌珠……）的野蛮更加十倍。他们屠杀市民毫无人道,"满洲国"的大兵更为可恨,奸淫妇女。所以,吾们是反对"满洲国",最恨日本人。求你们主持公道,救苦救难吧！

一面坡农民李和

资料来源：日内瓦国联与联合国档案馆藏李顿调查团档案,卷宗号：S36。

85. 哈尔滨市民王祥来信

1. 国联是不是帝国主义的分赃庭？是不是主持正义？
2. 吾们反对日本人所扶植的"满洲国"。
3. 鲍观澄、张景惠等全是卖国贼，不能代表民意。
4. 各地义勇军是吾们武力反抗的表现，请国联调查团注意。

哈尔滨市民王祥
五月廿一日

资料来源：日内瓦国联与联合国档案馆藏李顿调查团档案，卷宗号：S36。

86. 东北民众救国义勇军军政委员会致国际调查团报告书

国联调查团诸位委员公鉴：

诸公为维持世界和平、发扬博爱精神而远涉重洋，实地视察，苦心孤诣，无不称颂。我东北民众于弹隙残生、声嘶泪竭之际，诸公惠临哈埠，本拟谒见诸公，痛述八个月来吾人所受之非人类待遇，终因各方不正大之阻碍，虽与我重荷博爱、和平之天使近在咫尺，而实际竟如远隔重洋，不得相会。我东北民众于忍气吞声之余，处此无可如何之地位，亦只有利用书面将吾人罹难事实分类报告于后。

关于军事者：

一、自日军强占各铁路沿线城市后，更向腹地进发。凡日军所经过之地，日军必抢掳烧杀，无所不为。人民因鉴于此种惨形，壮者则起而组织救国义勇军，实力抵抗。老弱妇孺则避难他乡。故沿各铁路线之城市，均充满难民，衣食无着，至惨至痛。

二、辽宁、长春及哈尔滨各大城市，乃各国侨民杂居之地。日军竟假装文明，少有扰害，以期遮掩天下耳目。其卑鄙之伎俩，于兹可见一般。

三、凡日军所到之地，必征发车马，强拉民夫，随军使用，非但食不得饱，且加以虐待。

四、凡日军进攻之地，必用飞机掷弹掩护前进，毁坏房屋，死伤居民不计其数。

五、凡日军陷落之地，必先将军警缴械，然后由其豢养之汉奸改编成军。

六、凡日军所到之地，必张贴布告，施其淫威，强迫军民服从。否则处以惨毒之极刑。

七、日军在哈尔滨驻有重兵。近监[临]贵团前来调查，竟将大部队伍调遣他出，借以粉饰太平。

关于交通者：

一、霸占我东北国有铁路，接收所属机关，任用日人管理，非仅坐收路款，且对日军行动得享种种便利。

二、日军除霸占我国有铁路外，更截断我北宁路改为奉山路，延长吉敦路直达会宁以通朝鲜，借便军运。

三、日军扣留松花江所有商船，以备装载日军之用，航运因而停止。至华洋各商所受之损失，自难以数计。

四、占据各地无线电台，监视电报电话，各机关检验邮递信件，使消息毫不灵通，以陷吾人于麻木之中。

五、日军在各重要城市强占民地，设立飞机场，假借商用航空之名，实以利便日军之军事行动。

六、日军到处任意检查行人。火车、旅馆检查尤甚，如属知识阶级则格外留难，甚或拘捕惨杀，其被害者已不知凡几。

关于教育者：

一、占据各大学及中学校舍，用充兵营或军用医院。对于各校之教职员、学生，首则侮辱，继则驱逐，以致至今不得开学。

二、毁坏各学校之理化仪器、博物标本及应用书籍，其损失之大，难以数计。日人之心毒手辣，实有出于吾人之意料。

三、迫令实行复古教育，减少政治主义课程，添授亲日教材以实……

资料来源：日内瓦国联与联合国档案馆藏李顿调查团档案，卷宗号：S36。

87. 满洲民族代表老云图上国联调查团书

五百万满洲民族（指通古斯种族而言，非日人所造新国之满洲也）代表老云图谨再拜上书于和平使者，国联调查团大委员诸公钧鉴：

窃以日本帝国背叛公约，不仁不义，不顾世界公理，恃强凌弱，夺我疆土，杀我人民,逞暴肆威,无所不用其极。按我中华民国虽远处东方,民风诚朴,最爱和平,建五族共和之邦,享平等自由之乐。内争固有不免,向来敬爱友邦,从未轻启衅端以贻世界之评讥。乃暴日不德,蓄心吞噬毒策,潜滋妄假莫须有之中村案,以为导火之线。复继以万宝山事件,因我当道之含忍,未果爆发,终以伪造毁路之机,揭其九月十八日凶暴之黑幕。我当道不查,犹冀含忍了事,岂知暴日谋定而动,不贯彻其满蒙政策,决不止也。遂以其充分之武力西攻山海关,北取黑龙江,既扰天津,复击上海。凶焰之张无所底止,竟造成今日之新"满洲国",夫溥仪氏为满洲民族之元首,统一中国之大皇帝,因不忍四百兆民众自相屠〔涂〕炭,甘弃一己之尊荣,逊位屏居,以示至公于天下,其光明磊落,当为世界所共鉴。又何屑区区为此东北一角之小执政哉!而暴日忍心害理,竟出其海盗劫掠之惯技,直掳溥仪氏以作其幕中之傀儡,以掩世界之耳目,以行灭韩之故智,以遂其东亚方霸者之私,反而压迫手无寸铁、毫无抵抗能力之民众,逼令呈递意见书于贵调查团,以售其吞并满蒙之阴谋,以期蒙蔽调查诸公之聪察。似此黑暗暴横,反谓出之民意,天乎冤哉!宁有是理!兹将其压迫民众之毒行略举之,以资明证,如蛟河、敦化两处之征收于局长、商会万会长及农务会长、公安局股长等,某十人一并处以宰杀极刑。又如官银号秦会办、镇守使李子铎、荣财政厅长、闫盐运使,皆先后逮捕,秘密幽囚,死生不明,并传已遭戕害。其他一般民众随处戕杀灭迹,又不知几百几千,奇惨至酷,笔难尽述。更如辽宁各地之义勇军及现在之丁镇守使超、李镇守使杜、马将军占山,均先后起而反抗,再接再厉。似此爱国民众及正式军队,而暴日则谓之为匪军,连出重兵,誓必灭之而后快。即如连日江北岸之苦战,为我调查诸公所目睹,岂有民众自造之"新国家"而反自行破坏者乎?其决非民意,昭然若揭。进而言之,"新满洲国家"既曰成立,自有"满洲国军"固其国防,又如何劳日本帝国出师振旅,是则"满洲国"即日本手造之"满洲国"也,又何民意之有哉?今我民众受暴日之压迫,死者冤无可伸,生者危亡无日。当此忍辱忍死之际,幸我调查团大委员诸公不辞劳顿,远道东来,详查真相,明定是非,力维东亚和平,主持世界公道,保全联盟威信,根据非战公约,勿为暴日诡计蒙蔽,阴谋所欺,速使暴军撤退。俾我逊位元首溥仪氏,暨我满洲民族以及其他在东北之一切民族,早日恢复九月十八日以前之平等自由,不惟敝国五族民众戴德歌功于万世,即全世界之民众亦将尊我调查团诸公为和平仁爱之神,谨披历拜书并祝福德无疆。

资料来源:日内瓦国联与联合国档案馆藏李顿调查团档案,卷宗号:S36。

88. 吉黑武装民众救国报告书

国际联盟调查委员诸君钧鉴：

查东三省本为中国之领土，依历史之传统、地理之连续、民族之现状、语言文字之相同，无论任何人，均不能使之与中国分离，此当为各国所公认者。日本竟于一九三一年九月十八日强袭辽宁中国之兵营，占领沈阳，同时沿南满铁路北上袭击长春中国之兵营，复沿吉长路占据吉林，沿四洮路占据洮南。中国恪守国际间之非战公约，期望国际联盟予以公正判断，以裁制蔑视公约为世界公敌之日本，不予抵抗，庶使公理得以战胜强权。乃日本不顾公义，借保护嫩江之桥为名袭击黑龙江，马占山将军遵民众公意，孤军与抗，卒以武力不敌，退守海伦。日本复南至锦州，逼我中国之辽宁省政府南迁，日本兵挟持中国失意军人之名，以剿匪为名，深入我中国内地。飞机横行，侵我中国之领空。于是，李杜、丁超将军复循人民公意，再守哈埠，孤军力斗，仍以武力不敌，退守吉东。于是，东三省各大城镇悉入日本掌握。挟持废帝溥仪及少数无聊政客、无赖流氓，乃建设所谓"满洲国家"。我东北三千万民众咸不知之，且为我东北三千万民众誓难承认者。满洲在三百年前，固有其历史。然自与我中国并合以来，早已消失其语言文字、风俗习惯。且此地之民族十分之八九为我中国内地之民族，是其土著之民族业已消失，实难与中国分离。各友邦谅能洞悉此种情况也。我东三省三千万民众屈伏于此强权压迫之下，内恃政府，外依国联，总期公理得伸，不忍以小不忍而破坏世界之和平，忍辱负重以待时机。而日本复肆其暴虐，入我村乡，压迫良民。武装之民众，上痛国亡，下伤家破，爰起义师，共讨暴日。此我东北武装民众救国工作之源起也。辽宁地处辽远，状况未能深悉，容俟彼方报告之。吉林、黑龙江地处北满，地大人稀，开辟未久，且处国际之间，故乡民多蓄枪械以防盗贼。民众受此强权之压迫，乃持械而起。最初之发动，乃在嫩江之役，当马占山将军率省防军与日本军相持于大兴镇之时，武装民众之响应者甚多，志切救国，誓抗强权。卒因武力不敌，马军后退，各部乃潜伏各处，待机而动。哈尔滨之役既起，除丁超、李杜各旅之吉林自卫军抵抗日军外，武装民众亦即蜂起响应。嗣以李杜、丁超两军武器不敌关系，退守吉东。而武装民众仍再接再厉，拼命杀敌。至待时而动者，正不知其尚有几何也。我中国民众酷好和平，为寰球人士所深知。当九月十八日事变之始，我东北三千万民众未始不能一致抗日,惟以人类残杀之惨祸,实为最不幸之事件,故宁含垢忍辱,静候国联公正之裁判,以期作和平解决。其一部被迫而崛起之数十万武装民众,亦仅痛于强权之压迫,起而作救国之工作。然不过少数之步枪及每人百十粒之子弹,甚而有持红枪、大刀等物。此种武器,固知不能与日本之新式武器相抗,然义愤所激,群众之民气亦足以抵抗强权。北满与苏联接壤,未始不能求助于共产主义之国家。惟我以中国民众酷爱和平之心理。故决以民族自决之精神,以与强日相斗。庶几国际间知我中华民族不屈不挠之精神,公理或可战胜强权也。日本人以东三省多匪之名,宣传于国际间,借剿匪之名以进我东省腹地。殊不知杀其国之人,占其国之地,是诚所谓匪也。我武装民众有纪律、有统系、有宗旨、有计划,此乃真正之民众自决之武力团体,决不能以匪目之。想列邦人士当知日本之劣宣传也。我东北三千万民众笃守和平之旨,鹄望贵代表团之来临,以和平方法解决此纠纷之东北事变,而裁制此只肆强权不问公理之日本。我数十万之武装民众亦戎装待命,静候贵代表团公正之裁判。苟不幸此纠纷不能解决,则我三千万民众当全体武装以与暴日相抵。彼以黑铁,我以赤血,或至不幸激起世界之战争,亦在所不惜。友邦人士均极明达,当知战祸之衅,不自我开也。

东北民众义勇军、东北民众自卫军
中华救国军、中国国民救国军
中国民众救国军、东北抗日救国军
民众抗日保卫团代表李海青等谨呈

资料来源:日内瓦国联与联合国档案馆藏李顿调查团档案,卷宗号:S36。

89. 哈尔滨于东云来信

谨将中国东三省受日本侵占之事实理由缮列如下,恭呈国联调查团委员公鉴:

一、查日本侵略中国国土

查日本侵略野心之证据要点,在其窃行驱兵先占三省。三城之都会,既与日官无抗,亦与日民无争,而其乘间连占三都,事实具[俱]在,复由何辞可以掩饰其侵略国土之野心?纵事前有关某拿犯一案,业归法办,亦无举兵之必要。此其一。

二、查日本勾结中国国奸

查日本遮［摭］拾侵略之说柄要点在其宣言。满洲三千万民众欲脱离中国军阀之横暴，乃日本强夺三省以后，复用中国军阀中叛盗张海鹏等人为四省或一省之首领，其野心夺国昭然可揭，复有何辞可辩？有其塚本、本庄等于去年十月七日所奏呈其天皇一章可证。此其二。

三、查日本破坏中国国约

查日本施行其三十余年侵略满蒙政策，已有其学校教课可证。又复窥伺张学良、张作相、万福麟三省政府首席离其职位，同驻北京时间，乃首先破坏公约，不通牒、不宣战而进兵偷袭三省之城，都是否强盗行为？事实上应为各国所公认，复有何项理由可以谅解？当今国际公法、公约具［俱］在，而有如此之凶国，实为害群之马。倘任其横行，不惟侵略中国，且祸及万国矣。此其三。

四、查日本藐视中国、国联

查国联公约有全国领土之专条，而日本藐视国联，违背条约，既占满洲三省，复攻上海、哈【尔】滨万国通商之地，杀害中国人民数十万生命，占据中国领土三千余里，不惟欺害中国之孱弱，谨守公约不敢抵抗，大有欺侮联邦、敷衍公约不敢抵制之决心，既上海停战而哈埠尚复进兵。当值贵调查团莅哈之日，日本犹复出兵下江，其再四藐视国联，凶心已极。此其四。

五、查日本久遗中国国仇

查日本自前清战胜俄人，夺取满铁以来，其侵占中国领土，如扰乱金、复州等县，勾匪扰害山东青岛等处，不暇详述。而其逼令华人自挖土坑、自入坑，死者不可胜记。中国政府优待日人开放门户，仍复退忍如常，三十年中未伤日本一人，乃华人在其满铁横过者或我①由桥踬径行者，每年枪毙者、打死者，不堪言状。下及窃犯、贫氓、工人、小儿被其误死故害者，不下数万人，以致中国妇孺切齿恨怨，实非一日。此为日人自遗仇敌，乃至今日不自反省，不修邻好，竟谓华人排日声浪，诬噬中国政府不良，自取其侵略之祸，实非根本公论。前有其杀害中国官民数案，政府未与之抗议可证。此其五。

六、查日本炮击中国国民

查日本进兵东省以来，其炸死锦州、新城、磐山、辽属数十县，惨状应已调

---

① 编者按：原文多一"我"字。

查，其略无再赘。惟其去年十二月二十九日进占哈埠时，中国军队已被其贿买，尽行退出哈埠，以维各国生命财产无失，中国军队不为不良。在日人即当停止攻击，以尊视万国同居商埠。乃于此夕，竟以巨烈重炮轰击哈埠四乡民宅及南岗各国居地，华俄惨死者多有，中东铁路局会计科楼上办公室击洞可证，其现忽各国生命可畏已极。此其六。

七、查日本炸袭中国国警

查日本侵夺雄心，霸用中东铁路车辆，而以飞机炸死九跕、十跕、珠河县、一面坡、苇河县、石头河子、海林、宁安、横道河子等地人民不计其数，如非侵略土地，何以炸死华民？有本年四月十二日，日军自东路回哈，被车出轨、爆裂军械一事及珠河坏落飞机一架可证，此其凶暴事迹。且更有奇惨者，四月二十日晨，日人竟在乌珠河跕以巨炮轰死其所用满洲军队，数百人尸横遍野，谓系中国军，不与进战。复以飞机炸死宾县、同宾、巴彦、方正、木兰、呼兰十余县保卫民团、警察、非战兵，违背公法。现犹于贵调查团到哈之十日、十一等日，布兵江沿，装舰出发以残害沿江各县之生民。如非割据中土，何以当上海停战已久，会议之时尚不制止害民之兵。此其七。

八、查日本抢劫中国国械

查日本于非战之际，进奉天则抢去兵工厂之军用枪械、航空飞机、陆战枪炮、官用汽车甚伙。又进吉林则抢去官用车辆、铁路器【材】及其搜索各县民户保安枪械、车马，又不可胜计。概与其所言保侨等语相背，乃以中国飞机、枪炮、坦克车而反攻残杀华人。有本年二月十九日，日人以飞机十二架炸毁巴彦等县可证。更以俄人自觉助害华人，霸取华俄共有之铁路，南北纵行，东西横暴，既有欺害俄国情弊，即有欺害国联及各国之野心，大有丧失国际体面，其抢中国财产安可谅解。此其八。

九、日本巧用中国国贼

查日本有揑称日侨受匪骚扰、自由动兵保侨等词。姑无论日人横行东省、包赌窝匪、贩卖鸦片、吗啡毒物、枪械、私进荒边有所自误。但历年华人敬待各国外侨，并未伤害日人一名。若谓日侨畏匪不勾匪，何以又逼"满洲国"招编中国胡匪，以为警备军？而令其前往各县，以残害抢掠中国商民，并未抢一日商，且其匪军不忍杀击军民，而日军以重炮随后堵击匪军，以令良民妇孺惨无立场，有珠河等事可证。此其九。

十、日本毁灭中国国学

查近世，各国教育自由。乃日本吞占东省，不准中校开学，以逼中国学生数万不得受高等教育，化为流氓，名为助抚满洲建"国"，造民幸福，实欲扰乱中国。有日军在哈占据第一、二、三各男女中校及文化促进会等房可证。此其十。

十一、日本霸行中国国路

查日本所霸满洲铁路情弊，已查，无庸再述。惟松花、乌苏里、嫩江为中国三江航路，而日兵占居[据]航务局为泊船司令部，迭次出发军队，扰乱吉、江两省，农民已失农商生活。前于四月末，日派航务局轮船改为军舰十余只。今五月十二日，又派出广信船五舰，足证其扬威耀武，飞机、甲车目无各国文明和平人员。此其十一。

十二、日本煽酿中国国祸

查日本前于十七年四月，炸死中国大员张作霖、吴兴权等人，中国未暇争讨，遂启其祸心，又去年惨杀朝鲜华侨，唆使万宝山华韩斗杀以尝试中国政府，遂侵占满洲国土，民人不服，乃兵挟袁金凯[铠]、于冲汉、臧式毅及逊帝溥仪等人为其傀儡，建设"满洲国"假局面，适足引起英美德法各国之异族旧邦群行反动，万方叛离，各谋独立以破坏天下国权，不惟惨祸中国，且有以扰乱万国治安于无所底止。况其祸害华人及"满洲国"伪员，自由议论者立予拘押枪毙，诚恐稍为延缓各国公议者亦立恶险地位，天下何以和平乎？此其十二。

哈尔滨于东云谨具
一九三二年五月十二日

资料来源：日内瓦国联与联合国档案馆藏李顿调查团档案，卷宗号：S36。

90. 东北民众救国义勇军军政委员会来信

....

行其愚民政策：

四、迫令东北各大学及多数中学停办，对所有青年荒废学业毫不怜惜。

五、唆使伪吉林省教育厅长荣梦枚假借教育界名义散发宣言，惑乱众听，至教育界人员事前一概不知。及至事后，因在日军淫威之下，亦不敢声诉。

关于舆论者：

一、查封吉长日报、东三省公报、东省民报、黑龙江日报以及各通讯社,使我民众毫无言论之自由。

二、严禁中国内地报纸出关,使我东北民众与内地隔绝。

三、改组国际协报、吉林日报、龙江日报,统由日人指导,所有稿件须经日人审察方准刊发。

四、广销满洲日报、盛京时报、大北新报及日人所经营之各种报纸,并强迫各机关订阅日本报纸。

五、禁止人民私自聚会,不许吾人发宣言、散传单、贴标语,以致吾人真正心意外间无从得知。日人强奸我东北民意,以此为最甚。

关于经济者:

一、各路局及哈尔滨电业局每日入款,逐日尽数被日人提去移充军费。

二、各地金融机关均由日人点验,加以监视并接收永衡、边业、东三省各银行。

三、设立伪满洲国中央银行,垄断东北金融,许日人投资二千万元。

四、日人掌管各地税务,没收东北要人家产。

关于政治者:

一、主使满清余孽、失意军人组织伪国家,脱离中央管辖,以亡朝鲜之故技吞并我东三省。

二、各行政机关皆设总务厅,统由日人担任,操纵一切。华人不得过问。

三、军政各机关,日军均派日本顾问,监视华人行动。

四、上下各行政机关首席虽由华人担任,而实际上等于虚设。因所有事务须得日人同意,方能执行。

关于法团者:

一、日人强迫改组农、工、商、教各会,指定亲日分子担任会务,阴施卖国行为。

二、日人对各法团爱国志士则设法捕灭。如最近枪毙敦化各法团领袖、逮捕阿城各会会长。

三、日军杀伤公务员,解散民众自卫团体。

四、日人强奸民意,乱发宣言并张贴标语。民众迫于极威,只有涂糢[抹]、损坏,以示反抗。

关于人民者:

一、凡铁路沿线二十华里以内之地，不准华人种植高粱、谷子，以免妨碍日军行动。

二、日人近已实行其土地商租权。凡农民无力耕种之土地，可租让日人，以二十年为期，在此期内不准收回。

三、鸦片归为伪国专营事业。指定黑龙江省种植烟苗，每亩课税四元。此种政策，非仅增加日人收入，且能弱我种族。

四、铁路沿线，移鲜民四十万种植水稻，以实行其殖民政策。

五、禁止关内国货入境，迫令各地商会倡销日货。违者科以极重处罚。

六、各地军事无止，以致多数县城完全毁于炮火之下，因而工厂停办，失业之工人在在皆是。商号倒闭，商家之损失数当以万万计。

以上所述，俱系实情，有迹可考。总之，今日之日人在我东北纵凶暴虐、侵夺戮杀、激乱叛变、违背人道，事实昭彰，罄纸难述。

伏希诸公认真调查，详陈国联总会，妥筹完善办法，及时消减强权，以息万世之争。假使观察不清，处理不平，则世界第二次大战一触即发，自难幸免。

本会乃我东北民众之组织，谨代表我东北三千万民众向诸公作下列之郑重声明：

一、伪满洲国之建立绝非基于我东北民众之意旨，誓必反抗到底。

二、吾人始终承认东三省为中国完整领土之一部，绝不容任何国家吞并或建设独立国家。

三、本会所直辖之队伍乃我东北民众之武力，苟日本不撤兵、取消伪国家，我救国义勇军必与其实力周旋，直至达到目的为止。吾人宁愿以血染白山黑水，作疆场上之死鬼，亦决不屈服于日人淫威之下作亡国后之遗民。

诸公代表国联前来实地视察，责任重大，有关世界安危。即希搜罗切实材料，呈报国联总会，俾对处理此案有所根据，不至荒谬，并请将我东北民众抗日决心代为转达，使国联总会得明我东北民众真像［相］，实不胜感盼之至。

东北民众救国义勇军
军政委员会（印）谨启
中华民国二十一年五月十日

资料来源：日内瓦国联与联合国档案馆藏李顿调查团档案，卷宗号：S36。

91. 东三省安达等六县市民大会请愿书

国联调查团各委员钧鉴：

查日人进兵东省，始则以保侨护路为名，继则借口华方排日挑衅，终则假托民意组成伪国家，其借题发挥、颠倒黑白、捏造假证、前后事实之矛盾，稍一留意不难得明真相。民等对于日人暴行忍无可忍，不得不冒险分条陈述于贵委员之前。

以保侨护路而言：

（1）东省自民国十七年改换青天白日旗与国民政府统一后，政治渐入轨道，匪徒日少，对于各国侨民特别保护，并无危害情形，南满铁路亦未发生何等危险；吉长、洮昂等铁路虽有日方投资建筑，其偿债方法也经双方签字订立合同，亦有相当保证。

（2）日侨在中国经商，多有贩卖违禁物品（如械、弹、吗啡等），常被中国官厅查出，送交日本领事馆。而日领则置之不理，是日侨不但未受危害，且享特殊非法利益。

（3）此次事变，纯为日人唆使。在万宝山，鲜人强挖水沟种稻田，当地中国农民为己身利害关系，不能不稍事抗争。乃日警竟能枪杀中国无辜徒手农民。同时，又鼓吹鲜人杀害在鲜侨胞，前后不下数百人。是中农、华侨受日方危害，而非中人危害日侨。至中村大尉在屯垦区被害，亦属毫无佐证，何得借为口实？纵使派兵来华，不过使侨民不发生危险而已，至以重兵占据中国领土，屠戮中国人民，奸淫妇女，掠夺财物，是否保侨应为之事？为保护自己侨民与铁路而危害他国一切权利，世界上有此公理耶？凡此均可证明日方决无派兵保侨护路之必要也。

以挑衅排日而言：

（1）一九三一年九月十八日晚，日人遽以重兵至中国地，轰击辽宁兵工厂及北大兵营。华方为尊重国联盟约、非战公约及九国签字公约起见，逐［遂］全军撤退，同时长春、吉林等处亦同样不抵抗，锦州不战而退亦为避免冲突。有意挑衅，能否始终不抵抗？马占山江桥之役，丁超、李杜等哈尔滨之战亦为日人节节进逼、无路可走，不得已而出此，并非中国人越国界、越租界去侵犯日人。

(2)民国十七年秋,日人拟在东省建五路(即吉会、吉五、长大、洮索等路线),激起中国民众热烈排日。去岁平津、上海等处排日,乃为日人强占东省所酿成,日人不筑五路、不强占东省,华方绝无排日之举。况华人排日乃爱国心之表现,他国岂能任意干涉之!以上可证明:是日人挑衅而非中人挑衅,华方排日实由日人激成之也。

以建设"满洲国"而言:

(1)满汉民族早已混合为一。自民国成立后,不但无反抗行为,亦无独立等宣言文字发现,其无独立建国思想毫无疑义。伪满洲国执政虽系满人,此次出山,确被日人再三强迫拉出。臧式毅受日人拘留一月有余,始出而就职。张景惠之服从伪国亦非素志。此数人者,如果有意建国,岂待日人强拉或拘禁?至赵欣伯,素为日人所豢养。鲍观澄为泄愤而复仇。熙洽之为此亦属不得已。以上无论何人,倘无日人唆使强迫,绝不能加入伪国之建设。

(2)伪国建设筹备会完全由日方计划,而迫令张景惠招集之,该会委员亦由日方指定,并无人民推选者。又迫令各机关团体共应出多少人参加建国典礼,违者重罚。民意建国故如是乎?至在礼场三呼万岁时,而民众无一和者,亦无一人脱帽行礼。礼毕游行时,群众均纷纷逃散。同时,满洲里、扎兰屯、满沟、黑河、海伦、滨江、扶余等处,军队因反对伪国纷纷哗变,伪国旗帜多被撕毁。宾县、方正、巴彦、延寿等处反对伪国尤烈,因此被日机掷弹炸得血肉横飞。工商失业、农民失所,倘贵委员身临其境,当亦能为之痛心也。

(3)以日人所编之驻哈新吉军而论,当此炎热天气,多穿棉衣,即以该军等不忘祖国,时思叛变,有已被缴械者,其未被缴械而有不素情形者,日方既不发薪,又不为之换衣被等,多系流氓,尚欲反抗伪国,其他民众不言可知。

(4)伪国各部参加日本监视员百余人。此外,各机关无不有日人顾问,华方一举一动均受日人严重监视,一切行政计划须由日方签字方能生效。马占山窥破日人隐衷,始乘隙而进。余如臧式毅等不过无机可乘,不得不做傀儡。贵委员对于伪国各官吏以及其他民众,如果用抽查方法,引到静室察言观色,细加究诘,自能得悉其苦衷。

(5)旧吉林军丁超、李杜、冯占海、宫长海、王德林等以及其他义勇军,自哈尔滨撤退后,即在东山里、一面坡等处与下江、方正县等处誓死与日抵抗,纵因饷械不足,屡受巨创而精神百倍。最近,马占山军又迫到松浦镇,距哈不过二十里。日人鉴于四周空气紧张,遂调大批军队纷纷出动,日人压迫民气至斯已极。

（6）日兵进哈后，即占据教育厅及中各学校，教育经费完全提作军费。及闻贵调查团将来哈，始将教育厅腾出。仍占用各中学，一切校具均毁坏无遗，并迫令各小学及女中学筹开建国运动会，违者撤差开除。试问枵腹充公之职，教员及无校求学之学生能否甘心为此？只以强暴所迫，不得不然，可怜亦可痛。

（7）贵调查团已到哈，日人迫令鲜民假去诉冤，复诱买中国之流氓，呈递许多假证，各领事馆门外又暗派许多密探，侦伺华方对于调查团有无陈诉等情。因此，国际协报社长王研石、电话总局田总工程师等均被日人逮捕，田某虽被保释，仍不准自由行动，诸如此类不胜枚举。此皆可证明：伪满洲国之成立乃是日人强奸民意，而非东省真正之民意也。

以上仅就民等所知大略言之，我东省三千万民众无论如何决不承认在日本势力之下所建设之伪满洲国，誓必消灭之！对于日本暴行始终去抵抗！望贵调查团秉公调查，庶几公理得伸，民等不胜铭感，敬祝钧安！

安达、明水、拜泉

肇东、呼兰县、林甸

六县市民大会同叩

一九三二年五月十六日

资料来源：日内瓦国联与联合国档案馆藏李顿调查团档案，卷宗号：S36。

92. 东三省民众申诉书

为申舒民意，"满洲国"成立经过及现状事。窃查东三省为天富之区，早被日俄两强邻所注目，设重重之阴谋，互思侵夺。于去年九月十八日，日军暴动，以强盗行为侵占东三省，窃取财务［物］一空。其机关为己有，暗用日人主政，奴隶华人如囚，在淫威之下何敢不从！复又用买人心之法，张贴告示，伪言："为打倒军阀"、"驱逐张学良"、"代立'满洲国家'"、"谋中日人民共存共荣亲善为责任"。查张学良固属军阀，自有中国政府约束人民、监视【人民】，与日本何涉？毁坏我千年不易之官府，为马棚杀害我数千万之同胞，财产、生命流离失所。又假民意立"满洲新国家"，使其走狗强迫民众开庆祝大会，到场无人，尚不省悟民心之真意，屈心伪照，相片宣传，以五族为合。于去岁，日本张出共存共荣宣传图式之原计划，系由大连起，西至大凌河、北至长春、东至间岛，为其欲望目的地。次见张学良不抵抗而西去，苏联政府屡次退步，不与比较。日本又生扩【张】之野心，打天津、闹上海，使中国无完土，其意注视在侵略北满、热河，始发生成立"满洲国"之奇谋，用前清废帝宣统为牌位，搪塞欧西各国之指谪[摘]，伪言其五族者，先以日本、朝鲜、满洲、蒙古、汉人为五族。至成立"满洲新国家"之后，又改用日本、朝鲜、白俄、无国籍者、满洲、蒙古等人为五族。请看此等鬼崇[祟]之法，有眼人皆知是否为"满洲国"，按斯地命名为满洲，其实属于日本版图矣。查日本国国图早经绘为红色，为日本所有，其野心，非止今日为始也。今有国联调查团之障碍，未敢公然操政。移民各机关，仅先派日人顾问，实施指导监视，而顾问又代行主官之职权，宣实为主，顾问即是主官，其主官变为闲散顾问，辞职不准，复加以反日之罪名，拘押递解，查抄设[没]产，较比吞朝鲜为尤甚。侵占朝鲜之时，三年而后成。今之吞并东四省方针，一年而成。现今，又利用无国籍之白俄侨民，许以后【复】国，推倒苏联。综其阴谋，占据东四省，十年大计划完成之后，日本为东亚之主人翁，可横行于世界，走马大洋，欧洲作其别墅，居心叵侧[测]，世人皆知，非受压迫不得生活之民众敢乱言，请按照详查。日本强权干涉我政权，侵略我土地，无故加兵剿匪，是何人为请愿，而日本本属奸险无耻之利徒，世界所共知，焉有仁人之心义，【牺】牲金钱人命，匡救我中华之民众欤？谨将日本侵占领土、窃取政权经过大改[概]情形陈明英国李顿委员长钧鉴。

东三省民众申诉书
中华民国廿一年五月十三日

资料来源：日内瓦国联与联合国档案馆藏李顿调查团档案，卷宗号：S36。

93. 乡民团体来信

国联调查团诸伟人公鉴：

敬启者：

贵团莅哈已经多日，对于日本之阴谋行为大概通盘露骨，而由上海撤出之兵，此刻尽行葳[藏]到东三省矣，以厚其满蒙计划之实力，大谅贵团早必查明。而其在东三省实施军事行动，而遍依剿匪之词遮瞒。国联即照现在哈埠之一隅而看其现之设备、飞机等等，究作何用？而又粉饰为保贵团计，其实伊头数月亦有如此之行为，究实我国之匪，岂用彼剿？换言之，彼国之匪，能否容他国代剿？而遍依剿匪之词来侵我东三省，我东省之人民言之痛心，恨之刺骨。而反言我人民自动云云。至贵团之调查伪满洲国之各机关,而现在之各机关,均在日本淫威之下,岂敢露出伪满洲半个不字,只得诺诺,听其指使而已。贵团亦必深知此义,为此恳祈贵团予以主持公道,速使日本早日将大兵撤出东三省,以安民业。自从九一八发生事变之后,各处商民实不聊生。

此致。

国联调查团公鉴。

乡民团体具

资料来源:日内瓦国联与联合国档案馆藏李顿调查团档案,卷宗号:S36。

94. 东北民众救国协会驻哈代表团团长张雷来信

东北民众救国协会谨呈国联调查团:

自和平使者之贵调查团到哈以来,吾哈埠之民众如久旱之逢甘雨、如孤儿之闻乳香,深幸此千载一时之机,得以将吾人被日本所威胁、所压迫、所蹂躏之痛苦,一一倾吐于贵调查团之前,请贵调查团主持公道正义,维持世界和平,实为吾东北民众所馨香祷祝也。

一、破坏中国领土完整

日本强迫溥仪及无知军阀政客,组织反民意的"满洲政府",以行其大陆政策,而遂其吞并之野心(请参考日前内阁田中义一奏章,及本庄繁上日本天皇之奏章)。

二、把持中国东北政权

凡东三省各军政机关,均由日本特务机关部强设一人以上之日本顾问,主持一切政务(请暗向各机关职员询问)。

三、把持中国东北财政

各银行均强置日本顾问,每日向朝鲜银行作一收支报告(请调查东三省官银号、边业银行、中国银行等)。

四、破坏中国东北教育

日本军队强占各中学校校舍,并强迫各小学校改换教科书,以便根本消灭吾国人民对于国家之观念。

五、破坏中国东北交通

占据铁路、扣留船只、强抓民车(请调查呼海、洮昂、中东等铁路及哈埠航业公会)。

六、摧残中国东北舆论

凡有主张正义之报馆,均被其强迫停刊,并逮捕新闻记者及威吓编辑,作言不由衷之宣传(请调查国际协报、哈尔滨公报、晨光报、国民日报、东北日报)。

东北民众救国协会
驻哈代表团(章)团长张雷
中华民国廿一年五月十四日

资料来源:日内瓦国联与联合国档案馆藏李顿调查团档案,卷宗号:S36。

95. 哈尔滨商民来信

国联调查团钧鉴:

径禀者:

贵团来哈,本市商民极表欢迎。以为日本侵略我国之阴谋种种毒计可得显然揭露,日军到处残杀奸淫诸劣迹,想为贵团早已洞悉,不必絮陈。即成立"满洲国"一节,纯系日本以吞并朝鲜之手段,又来吞我东省,此种手段岂能遮过贵团之高大眼光!而日本竟敢明目张胆,大肆其阴谋,实属藐视贵团,藐视国联,并藐视世界各国。"满洲国"之成立绝非我东北民众的自决,乃系日本贿买我国汉奸,假造民意而成立的。在三月九日开建国庆祝大会的时期,商民之到场者皆系强迫,而后在街上游行之时,无不窃骂。即在礼场中讲坛上,在讲演之最后,欲邀民众之赞同的表示,司仪员乃高唱三呼"满洲国"万岁之口号以导之,但台下的民众无一应者。各街张贴之标语均被撕毁。即今贵团到哈之前之三日,沿街张贴为建立"满洲国"之种种标语,未经一日夜又均被撕毁。而我卖国贼为掩贵团的眼光计,急派人将撕破者完全刷去,更易以木制的。就以上各项情形观之,足证实建立"满洲国"绝非民众的自决。此种情形的报告,贵团若不相信,可访问各贵国领事,真伪自能判明。商民等在此亡国式的"新国家"内度生活,实属不能忍受。为此,极恳贵团切实调查,俾得事变早日解决,使我东三省恢复上年九月十八日以前之状态,是所至盼至祷。临书涕泣,伏乞鉴核!

哈市商民泣血上陈

资料来源:日内瓦国联与联合国档案馆藏李顿调查团档案,卷宗号:S36。

96. 无名氏来信

调查团伟鉴：

启者：

数月景仰德风，久劳依注。近来驾临本埠，一切瞒眼之事尽可明了，定能办到俊[尽]善俊[尽]美之地步。鄙人不得面呈诸事，殊甚怅惘。故特敬修数行，聊表私忱。

自九一八事变以来，本埠丁司令镇守，商民俱称安然乐居。忽于一月间，强贼日本来攻，丁司令为安全商民起见，退至山里。日本用强硬手段占居[据]本埠，商民昼夜不得安稳。用无耻之态度，攻击我军，反用一讨匪名称，实属可疑。（匪自有正实[式]中国军讨伐，）何用日本！明明显露并吞东北政策，用盗贼、强匪的行为占居[据]东三省。

可幸国联今委贵团实地调查，若联盟国真有威约的信用，我中华国尚不至于丢失权利。想贵团公德树立，定能看破日本强暴的像[相]态，搭救弱弱的中国。时下，盗贼的日本，还在下江一带用武力强迫我军。用日本飞机投弹炸毁民屋，将我们民人炸得东奔西逃，老少不得团圆。时下，滨市商民私有之财产尽归日本掌握，江船全得悬挂日本旗，日本若用那[哪]只船运搬贼徒，即得听用。违者当地以日本军事除制[处置]。我们痛苦之事，寸毛之笔难以述尽，望祈！

资料来源：日内瓦国联与联合国档案馆藏李顿调查团档案，卷宗号：S36。

97. 东北三千万民众来信

高看十倍，东特各处各国侨民皆有，皆悉中华民国之恩德。民[1]现今哈尔滨无论大小各机关，皆被日军阀操去，市政、电业等处，每日所入皆被日盗抢去。东北三千万民众受这无故摧残，被日寇任意宰割。望祈李顿国联大使者调查日军阀真象[相]，东北三千万民众救星，国联救苦东北三千万民众火热水深之痛苦。想东北三省系中华民国之领土，非倭奴之领土，假造满洲伪国系倭

---

[1] 编者按：原文多一"民"字。

奴吞并久矣。观国联使者将至东北,彼即令开校读书并运动等,以挡国联调查之眼目。祈调查日军阀现在之布直[置]及战备,并调查按直[值]之侵害。去岁攻哈尔滨时,毕【业】青年被毙不下数千,倭奴之践[残]暴令【人】可恨。实际调查等等非法行为,中华国民无一敢至马迭尔请愿者,何也?受日军阀之威吓也。当国联调查团则名能使何样威赫模样,何也?使调查者不悉彼之毒手也。白俄及鲜民等,皆倭奴所致使也。想中华之权,待外人之善,思何人均悉非倭奴之恶毒手段。东北三千万民众无一服从赞诚[成]者,三岁顽童皆恨三尺深。祈仰查调中华国民受害被羁绊压逼之痛苦,人民不得安居乐业,庄田不得耕种,何也?皆倭奴践[残]暴所致。

望国联调查使者调查日军阀无故出兵之故侵占等情,三千万被压逼的克星寸纸难述。我们希望铲除日军阀。我们希望打倒残暴日贼盗。我们希救苦东北三千万被压逼的同胞。我们希望国联调查使者调【查】日军阀真象[相]。我们希望救苦被羁绊监禁同胞!

东北三千万民众同叩

资料来源:日内瓦国联与联合国档案馆藏李顿调查团档案,卷宗号:S36。

98. 哈埠附近农民来信

国联调查团诸公使钧鉴:

敝乃哈附近之农人,家畜马匹二头,小车一辆,家有老母在堂,妻子三人。每月度过,全凭民给人挽脚为生,谨[仅]以糊口而矣[已]。在上月一二号之间,忽被日军司令部派日兵二人与华人一名入宅吓迫,着急令本车借日军预用,先云不过前往运食粮而已,多不过三天即可回来。民想,此三天虽系不多,可怜者,家中老幼四口何以糊口?民不明日人之话,乃口诉与华人,苦苦恳求。华人看民之家景,实非胜言,故翻日语说知与日兵,日人怒目视华人。那一个日人,持枪把打了华人数下,口中念念不休,不知作何言语。此后,日人方自牵马套车,民的老民[母]及民妻,看日人牵马,心中十分焦急,恐被牵去,家中老幼具[俱]得饿死,故前去跪地苦求。日人又怒,举枪发响,民的母妻二人,毙死在地,民此时目呆心威。日人又迫民,套车前去。此后,民的二子不知生死去向。翌日,抓了小车五百余辆,具[俱]发往前敌,已至前线,其苦尤甚。车上用麻袋装泥土,装在车上,作个炮台,每车日人三,向着吾辈车夫,【民】在前牵马前行，若有回头看者，就鞭打、刀刺，且[日]不得食，夜不得宿。如此一天半，民乃贫家，身体软弱不能行，卧于地上。日人见民之状，用刀坎[砍]破头部及左肩，谅当已死，后又转醒。遇一华人求回本埠，外农屯中养伤，民一字一泪，句句实言。可恨惨狼狗心日本人，如此无道德，强迫灭吾人民，实令闻者莫不泪下。

今闻贵团至哈，特谨表闻。望诸公仁人君子，提[体]谅吾辈民族，早早解除狼狈日本，此德此恩，后终有报答之日！此请诸公钧览！

此托亲友笔写的，敝华人民死中转生，特此谨具！

资料来源：日内瓦国联与联合国档案馆藏李顿调查团档案，卷宗号：S36。

99. 一面坡民众来信

间日人用大部队讨伐松花江下游新甸，木兰县、通河县、方正县全被占领，枪杀商人无数，尸横遍野，血流成河。房屋全被烧净，未留一间，就有逃出来者，亦因冻饿而死。此事真令人目不忍睹、耳不忍闻者矣。今蒙贵团来此视察暴[爆]炸事项，商民如旱苗得雨，拨云见日。吾民众想国联调查团抱负世界和平，国联理事会既是世界之法厅，善恶必要分明，以公理而惩罚，决不姑息。再有，自哈尔滨至五站，各车站、街市、镇店，无一不占，无一房屋存在，全被烧净，人民全被枪杀。真可叹哉！吾东三省人民生活无路。伏祈调查团急速备案，速让日人撤兵以救危亡。万古千秋，难忘大德矣！

谨呈委员长各委员鉴核，恩准施行！

一面坡各民众呈
五月十八日

资料来源：日内瓦国联与联合国档案馆藏李顿调查团档案，卷宗号：S36。

100. 滨江、阿城两县民众报告书

国联调查团诸位委员钧鉴：

兹一九三一年九月十八日，日军以武力强占辽宁，华军事先毫无防御。日军虽枪毙刀杀，目不忍观。兵工厂所有军械及全部机器被日军折[拆]运本国，清故宫存古物奇珍搬运已[一]空。继又强占长春、吉林、黑龙江境。所幸，赖

马主席、苑旅长奋力抵抗，故有江桥之血战。大小百战，非华军之不勇，指挥之寡谋，是战器之不良，弹药之缺也，不得不退守海伦。十二月，日军以武力夺取滨江县时，有李、丁两镇守使，吉林冯团、义勇军宫团以死力抵抗。军虽忠勇，碍战器不精兼子弹不足，不得不退守一面坡、三姓、宾县三处。日军用飞机多架轰炸宾县，官署各机关并民房数千间，当毙商民数千名，四外城镇多被破坏。即如阿城县，由去冬至今，商家皆停营业。山里乌珠县被日军炸平。宾县炸去大半，余者歇业。诚是诸侯无国、大夫无家、农工失所、商贾流难，失妻亡女，啼声不绝，城池破败景象。

谁言日军得悉。贵委员调查北来，先迫令三省各法团，教以如何欢迎、如何回话，迫令悬布于街，大书"永久和平"、"消除和平障碍"，用木板书幸福标语。稍有办理迟慢者，以"反对'新国家'"论，即以军法从事。凡在日本势力范围内，谁敢不遵？吉林省滨江特区两位长官及各机关之首领公馆皆有日本警岗多名，日方云：保护华员之治安。实是监视，不令自由。凡在"新国家"之华员首领，不得不全身家保妻子，俯首听命日本。在国联声明：满洲是东三省民众甘愿脱离中央、建设满洲大同，此真欺人之语，不但欺中国，实欲欺世界也。敢问即云三省商民仕农愿建满洲大同，日本飞机轰炸滨［宾］县，攻打一面坡、方正县，炮轰乌珠县、长春，炸铁桥，江省江桥之恶战，滨江县之血战，是何理由？凡日本占领之城县，无不有日人【在】各机关充当顾问，护陆军之司令空有其名，得听顾问指示，各机关权操日人，华员影人而已。即如国税局及一县财务处，每晚日人将入款全数收去，航务局、电业局完全收去，将滨江、道里外归并画［划］一，取消旧有长官，设特务机关主席日人，一切事务归该机关处理。大权操之日人，知贵委员北来，日人将特务机关停办，后必依然进行。请问：是否"满洲国"是日本殖民地也？此正是吞高丽之旧手段也！特区中国设有中学三处，占领后满住日军，学校书籍、器具概用火焚。最近，五月十四、五两日，日人在道里开运动会，迫令道外学校去生四百名，此是日人对贵委员表白中日亲善之意，实是逼迫，非民众之乐从也。未占三省前，有多数汉人在滨江县专设鸦片烟馆，贩卖吗啡，仰仗日人为护符。近来，更明目张胆，谁敢过问？最要者，东三省产量［粮］之区，时交夏令，农民多无播种，明岁民食，可当何如？民等虽蝼蚁之命，能不动人恻隐之心，以匍匐叩恳贵委员施格外之鸿恩，秉公评判，救民等于水火，死又得生。则两县民众感大德，生生世世永不忘矣！

中华民国二十一年五月十四日

滨江县、阿城县小县民众泣血跪诉

资料来源:日内瓦国联与联合国档案馆藏李顿调查团档案,卷宗号:S36。

101. 中国国民一份子来信

　　为呈请事,日军侵略我中国东省之暴动,各士农工商人民苦不可言。自我们中国二十年九月十八日,侵我东省一[以]后,日军在我东省非抢即夺、奸掳妇女、侵占民人房屋,在各处开设赌局,贩卖毒品,一切不和[合]国联条件,应当各国【予以】相当处治。东省成立"新国家",此乃日军之主持,再和我中国卖国贼联手,暗成此大"满洲国",民谅全球各国不能承认的罢[吧]。刻下,我中国军人在东铁路线一带,每日必起战争,我中国人民等未有赞成"大同国"的。无奈,我人民如谈论此事,日军见着就要害死,此种惨案苦之不进[尽],吴[务]请求各国分判无此理是荷。

　　呈国联调查团公鉴。

中国国民一份子书
中华民国廿一年五月十五日

资料来源:日内瓦国联与联合国档案馆藏李顿调查团档案,卷宗号:S36。

102. 十月廿六日天津大公报第四版
——快读这篇日本人的公理与良心讲演

日本帝国大学教授横田喜三郎讲演
杨聂译

　　东京帝国大学教授横田喜三郎,自满洲事件发生后,彼在东京帝大新闻上发表意见,主张应即撤兵,服从国际调查,已由邱君译成中文,在《大公报》发表。及锦州事件发生,日政府知其无理,但军部横暴,莫可如何,特派白川法学博士会同军部大员,藉慰问军士之名,往满洲视察,指示军人,戒[诫]无乱动。白川未动身前,招[召]集法界学者,交换意见,横田系被邀请之一,故横田之地位在学界及法界均颇重要(记者按:据闻因军部反对此事,故白川其后并未成行)。今帝国大学经济学部发起满洲事件演说会,出席演说者皆为当代名士、政界巨子,且与满洲事件有直接或间接之关系,横田亦为其中之一。所演讲之人，多谩骂中国，极主侵略且诬造事实，以欺其国人。惟横田持大公无私之态度，作详细深刻之批评。对铁路问题、鲜民问题，亦责日人过分要求，听众莫不心悦诚服。邱君所译其报上发表者，是系在锦州事件以前，记者所录是在锦州事件以后，情势益趋严重，其言更为公正，且为亲口说出，由记者记之，较其在新闻上发表者为详细重要，题为"满洲问题国际化"，时间是十月十五，地点在东大法学部。兹从笔记中译成中文，以饷[飨]阅者。其词如下：

前日森（政友会干部人物）、建川（参谋本部第一课课长）、中野（民政党现任递信省次官）诸先生演讲满洲事件，彼等或以当事者之地位或以律师之见解而立言，此可称为政治家，亦可名为侵略家，皆为积极之言论，在日本之立场上论之，乃一最好之事件也。我对于满洲问题，以第三者地位，裁判官之态度，作公正之说明，诸君听之，或视为无味，或有不快之感，故在先声明，依报章之记载，而为研究满洲事件之根据，则不能不令人有怀疑之点。当事者之军部，以此次事件是局部的问题，而联盟与美国视为严重，稍露干涉面目。则军部非公式拒绝反对第三者干涉，就此种情形观察，则此问题已成国际化，在未说明此问题已成国际化之前，先将满洲事件发生之事实，向诸君申叙之。中国破坏铁路，设若是确实事实，日本军队加于反击，此为自卫权之行使，进而因追击军队，占领北大营，亦可以自卫言之。然攻击北大营，同时开始攻击辽宁，则可真为自卫乎？

中日冲突发生，基于铁路之破坏，据确实消息，所破坏之铁道不过二米突，其时间为九月十八日下午十点三十分，仅有六时半之时间。其占领地点，北抵宽城子（十九日午前四十四分），南至营口（同日五时），此果为自卫权乎？然有一事须注意者，中国之全然取无抵抗主义，凡其占领之地，并未经过战争，后以吉林形势险恶，二十一日军部以独断之态度，调动朝鲜军队出兵吉林，该日夕刊记载：一举而得吉林，盖吉林之军队亦无战意也。当日阁议陆相要求出兵，外相反对，经阁议通过反对出兵之意见，而……军队仍然出动。此种动作，未免太过于敏速，联盟因此次事件受非常之刺戟[激]，于十九日开非常理事会，二十二日该会决定劝告中日两国：（一）防止事件扩大。（二）在可能内速即撤兵。就此事论之，联盟是否应该干涉，然据联盟第十一条之规定（有战争或战争威胁之时，为拥护国际和平，联盟应以适当有效之方法处置），满洲事件若以[已]是无战争行为，颇是疑问。然最低限度可为战争的威胁。我并不是说此次满洲事件日本含有战争意思，至少日本人民无丝毫战争之意念。但是，战争发生,多是由于先有军事上冲突,而后在不知不觉中成为非战不可之势,于是引起战争,当起初时,大多是未含有战争意念。此次满洲事件,是一国之军队,侵入他国领土,则此种事情,当非简单,其发生亦不容易,故就此次满洲事件之情形观察,确含有战争威胁之性质。其次,由日本方面言之,假使日本是行使自卫权,应有劝告之必要,故从此点观察,完全不是出于自卫。上面业已讲过,日本军队在六时半时间以内,自营口至吉林,及满铁沿线各重要地方完全占领,如此之迅速迫急,设非使用威胁之兵力,何成如此之事实?且在满洲事件未发生以前,日本军从锦州向奉天移动,称为演习。适时,辽宁忽然发生此次事件,此种情形,蛛丝马迹,不无可寻,则日军之行动诚称为敏速锐感哉。以吉林恶化,自朝鲜出兵吉林,则将吉林占领,但是在满铁势力外之哈尔滨形势恶化,侨民恐慌,且日本军队离该地甚远,其情形严重,有发生危险之可能性,恐较吉林为甚,何不出兵,岂不令人怀疑乎?要之,占领北大营乃至辽宁,此种行动,称为自卫行动,实在勉强,是完全越过自卫权范围,或以此次占领辽吉,乃先发制人,以全自卫,是非得已。盖中国军队在辽宁者有二十二万,而日本军队将从朝鲜调往辽吉之四千兵士及在满驻军,总计之,不过一万四千人,众寡相差悬殊,日本为自卫计,不得不先发制之,占领辽吉。然此说似觉有理,而细察则知其非,为先发制人,而蹂躏国际公法,未免失当。在欧洲大战前,德国有此行为。在欧战后,则无先例。故在法律上是认为战争行为,联盟为防止扩大,当有提出讨论之必要,此仍理所当然也。日本接国际联盟劝告后,政府受军部之压制,在事实上是未防止扩大。再其次,就国联劝告第二点之撤兵言之,在两军对立时,有冲突危险,为确保和平而最适当有效之方法,是无疑义的,以撤兵为最好。现在,日本军队驻于南满铁路附属地以外,朝鲜军队亦出动满洲,为确保和平,当然要将已越过驻军权地点之军队应全数撤回,此为当然之措置。总之,根据联盟劝告及其劝告之内容,完全正当,并无越权行为及不正当之干涉,日本接受联盟劝告,在形式上是自发的与国联取同一之处置,业已宣言。美国在九月三十一日,亦对日本发出劝告,其内容:一、防止满洲事件之扩大。二、日本不得利用中国之现势,取得特殊利益。美国劝告第二点是根据华盛顿九国条约第一条第四项,"不得因中国状况,乘机营谋特别权利,而减少人民友邦之权利,……"此乃当然,日本亦完全接受。九月三十日,日本对联盟回答有二点:(一)日本以适当之手段,防止扩大。(二)在满洲日人之生命财产得到确适之保障后即撤兵。当联盟闭会前此为日本堂皇之誓言。今就以上二点论之,已实行否？关于第一点,不但未防止扩大,且在十月四日日本飞机爆击锦州,此种行为,是显然干涉中国内政之表示,军部尚以为是自卫权之行使,是出于不得已,因日本对于锦州之中国军队,感觉威胁,派侦察飞机往锦州侦察,遭中国军队射击,事出意外,不得不掷爆弹。但是,在锦州事件未发生以前,日本军部主张：(一)以断然手段,排除张学良一派之恶政权。(二)绝对否认锦州政府,并在锦州空中发表宣言,虽经军部否认,事实如何,尚不得而知(记者按：此事确实,日本亦不否认矣)。此空中掷弹行为,是完全干涉中国内政,破坏国际法,仅以飞行机在锦州飞旋一事而论,亦是严重问题。今年横断太平洋成功美国人寒译、仆恩河二人,在今年夏季于日本领土内空中飞行,照摄要塞影片,日本全国大为骚动,以其侵犯日本自主权,罚金二千零五十元,方算了事。锦州离南满铁路甚为辽远,时派飞行机前往侦察,此乃侵犯中国自主权,况以爆弹掷击,更为违反国际法。纵令日本飞机是为侦察而飞往锦州,遭中国军队之袭击,应当逃去,而不应掷弹。且依英国代表在国联报告,中国军队在锦州并未设高射炮,亦未对日本飞机袭击。是满洲事件逐渐扩大,国联以日本政府已失去统制日本在满军队之能力,以致发生爆击锦州事件,故法外长白里安在国联理事会席上,说日本政府以锦州事件是由于排日而引起,颇不以为然,实际上是日本违反前约,实行撤兵问题,芳泽大使在国联声明,使用兵力,是行使自卫权,撤兵无问题。但是,至今尚未履行前约,并有解决一切悬案为先决问题之倾向。国联为此特于十月十三日召集国联理事会,日本有大多数人主张,以满蒙关系日本生存甚巨,为拥护生存权,故对满洲问题决不能退步。可是,为生存权,只以用兵为上策乎？此不解而自明矣。军部以满洲在国防上甚为重要,不得不占为己有。循是理言之,满洲在日本军事上固甚重要,而中国全部于日本军事上亦甚重要,则亦应占领乎？中欧在日本军事上亦有相当重要,则亦取而代之乎？果如此,石炭在军事上占重要之地位,则法国塞耳之炭矿,日军亦必须占领,天下宁有斯理也！

　　日本以满洲事件为局部问题,断然拒绝国联干涉,从以前之事实观察,满洲事件亦非局部的。纵令当事者言之有理,而在事实上,国联已解决之案件,不少类似满洲事件者,例如波尔维亚、巴拉圭冲突事件,国联断然解决,则此次满洲事件,又何能为其他例外也,有以此次满洲事件之发生,是由于中国不解决一切悬案及不履行条约,吾人就实际情形论之,果如斯乎？抑非然耶：(一)铁路问题,日本以中国建筑打通线与南满铁路并行,是违反条约,而实际上则不如斯,满铁线与打通线相隔百英里,并非并行,若以打通线与满铁路是并行,则无异于日本东海道线与中央线是并行。(二)鲜民问题,鲜人有种稻之技术,中国人在最初颇表欢迎。迄后,日本不许鲜人归化中国,故虽已归化之鲜人,而日本人仍以鲜人作为日人看待。中鲜人民问题发生纠纷,鲜人则报告日警,假日警之力,压迫中国人。而日警欲袒护鲜人,于是中鲜人民间之感情,渐渐不融。及至最近,日人特别袒护鲜民,故发生之许多纠纷问题。中国官吏对于鲜民,并不是特别压迫,其对中国人民也是一样压迫,故在满洲先[鲜]民所受之压迫,决不如中国人民所受其官吏压迫之甚也。设日本不如其宣言所言,决不撤兵,国联应如何措置,此问题须有相当之注意。据国联规约第十六条:"同盟会员国,对于被侵略国,自动的予以经济上之援助,同时对于侵略国实行经济封锁。"例如阿尔巴尼亚与希腊发生冲突,国联派委员前往调查,对方当事国劝告撤兵,而意国之委员为阿尔巴尼亚人杀死,于是意国出兵,占领其长年垂涎之加弗(Caefu)岛,国联即出而干涉,以后意国撤兵完全解决,自此后意国军人再不敢轻于用兵,故欧战后与欧战前之情形,完全不同,军人不可不注意。又如一九二五年十月二十五日,希腊与葡萄牙因国境问题发生恶战,希腊对之葡萄牙,施行夜袭,且于十月二十四日下总攻击令,葡萄牙于二十三日诉于国联,国联于数日内随将双方军事行动中止,并劝告撤兵,当二十五日理事会,葡萄牙代表说明此次事件时,法外长白里安即起而发言,中止该代表报告,即提出质问,谓"国联劝告双当事国之事已实行否,设未实行,须在二十四小时以内,双当事国各发撤退军队命令,在六十六小时以内撤兵完结。"斯时,国联即组织调查委员会,监视撤兵。后双方于二十七日完全撤兵,此事乃圆满解决。国联对于满洲事件不取类似葡萄牙与希腊冲突时之态度者,或由日本为一强国,在国联有相当之地位,故未取此正当之办法,日人多以国联不明了满洲情形,谓芳泽在国联理事会演说日本立场,其词有十五页之长,无异教出席国联各代表,此说未免浅薄。其实,国联对于满洲内容知之颇详,所以踌躇者,因日本在国际上有相当之地位耳。现多以解决满洲问题,须举国一致,则可独健全解决之结果。今政府与军部处对立之地位,与大战后之德国相似,日本将来难免不有德国大战后所成之状态,事实胜过雄辩,言论应当自由,故余以第三者地位演说。只顾及事实与真理,故仍放言,此乃真为健全的自由。

转录十月廿六日天津《大公报》第四版

资料来源:日内瓦国联与联合国档案馆藏李顿调查团档案,卷宗号:S36。

103. 黑龙江工人小杠来信

国联调查团委员钧鉴：

敬诉者：

我是一个劳动界上的粗笨汉子，在书面上不会像那文人学士作些歌功颂德、客气恭维的浮夸文字，这是我手笔拙笨和性怯直率的缘故，使我抱愧之至，敬请诸大委员原谅，实为幸甚。

此次贵团诸大委员不辞劳苦、跋涉风尘，特来东北实地调查。姑无论在立场上有重大之责任和意义，即在将来人类世界的人道正义也有相当的评价。我们除十二万分表示热烈欢迎之外，尚极依赖贵团诸大委员主持公道、造福世界。

贵团此次经过各地的调查，对于日本一切残暴露骨的行为、我国所受巨大的损失、我们人民不堪压迫的痛苦，必能得到不少详确的认识体验，亦无庸我再来诉说。今天，我只诉我自身所受日本穷凶极恶、残无人道的痛苦事实吧。我本是在江北马家船口广信昌油坊内充作苦工（俗名小杠），除作工维持生活以外，毫无其他不良行为。自从最近我国江省军与日军在附近发生冲突以来，我柜（广信昌油坊）因地处要冲关系，就把门户关闭以避生命危险。不料，今天下午三点钟，突来日军三百余名，即将我柜（广信昌油坊）包围，破门而入，不分皂白即用机关枪数十架对准我们猛烈扫射。结果饮弹而死的一百五十余名，受重伤者四五十名。当然，我也是在数的人，是不幸中之幸者，未被打死。中弹三个：计右腿膝下一处、左腿上节一处、左肋旁一处，现在已在医院治疗了。据医生云，性命尚无危险，然必须将左腿切断方可。唉！日本的残暴、阴狠、毒辣，种种行为笔不胜书，真是打破世界空前绝后未有的记录了。至于日本压迫我们东北建设"满洲国"，那是我们始终至死绝对不能承认。此次日本占我土地、夺我主权、杀我人民，演成绝大的损失和惨剧——这都是日本一方所造成，不待智者而后知。

任何人都能承认：向来我们是极端依赖国联能主持公道、正义、和平者，毫不猜疑。但是，现在演成如此重大局面，贵团又有此次实地调查之行，则得到详确调查报告以后，必能实行主持公理、有效的裁判。为此，不但是我国之幸，同时也是贵调查团威信光荣，世界人类的大幸。

啊！草草不恭,诸为[位]请原谅。祗祝贵团万岁！诸大委员健康！

受伤者[着]的苦工敬诉
一九三二·五·十九

资料来源:日内瓦国联与联合国档案馆藏李顿调查团档案,卷宗号:S36。

104. 黑龙江省呼兰县中华民众来信

国联调查委员诸公钧鉴:

窃中华国民等夙仰诸公对于国际交涉素主公道,故敢缕晰分陈。此次日本对于敝国之种种阴谋、诈欺、强横手段如下,至乞洞察,秉公评判,国际和平幸甚,中华民国幸甚。

一、查此次日本强占东三省后,以诈欺手段威吓敝国废帝溥仪成立满州[洲]伪政府,用压迫手段强迫东三省人民换悬五色伪旗庆祝,如有抵抗者即枪杀之。三省之人民因此次换旗之事被枪杀或被捕者,其数约有数千人。满州[洲]伪政府,其非真正民意,明验一也。

二、查伪政府成立迄今,三省各地人民有枪械者无不成立义勇军,与暴日及伪政府对抗,枪炮之声不绝于耳。计三省义勇军,其数约有三百万人,惟枪械不齐,交通不便,一时骤难胜利,其非真正民意,明验二也。

三、暴日未侵占三省之前,水陆交通无一不便,商业日臻繁盛。自暴日侵占三省后,各路火车时有不通,轮船皆未行驶,各埠商业大半均皆倒闭,其非真正民意者三也。

四、三省各大商埠均驻有贵国领事,对于暴日残杀中华人民,伪造民意暨种种残虐各事,不能无耳闻目见及详细记载。请就近详询,自明伪政府非真正民意,纯由暴日强迫伪造也。

黑龙江省呼兰县中华民众启

资料来源:日内瓦国联与联合国档案馆藏李顿调查团档案,卷宗号:S36。

105. 哈尔滨市民郑某来信

敬奉国联调查团委员长李顿爵士:

自九一八日人以强盗式强据我国东三省,我当局素重国联和平信义,所以本以不抵抗主意[义]。日人见我软弱可欺,复又进逼上海、天津等处。我当局实忍无可忍,才在上海、天津出以自卫。后日人又异想天开,经买诉二三汉奸假以民意组织伪满洲国家,内里主人翁完全日本人。其用意在以灭朝鲜手段对我华人,不过假民意蒙弊[蔽]国联及世界而已。

在贵团将至东省时,日人主使汉奸逼迫人民喊多种庆祝"新国家"口号及印各种标语贴在满街满巷,并未出在[于]人民真意。已由多数人民愤极,将标语折坏很多。可恨日人狼毒,如逢着折标语者即枪决。近又累累增兵,残杀我国军及良民,却对贵团声言剿匪保侨。日人目之为匪者尽是爱国军人,不甘为日人作奴隶者。日人意想增以大军尽数杀绝,却还欺骗国联无领土野心。恳祈贵调查团委员长主持公道,请到江省晤马占山将军。伪国详细情形,马将军必照实报告。因马将军曾假降日人,特为访查伪国黑幕。伪国黑幕,马将军尽知。所以,日本主使汉奸拒绝保护贵团在江省调查,亦即怕窥其鬼弊真像[相],将来难逃法网。谅贵团本着大勿[无]畏精神及使命,决不因其恫吓而中止。当贵团光临哈埠之时,市民欲至车站勇[踊]跃欢迎,因日人压迫不许,今只得蜜[密]函。

祝贵调查团万岁!如世界公平之神,并盼国联主持正义,以判中日。

哈尔滨市民郑

五月十九日

姓名不敢具,请见谅。

资料来源:日内瓦国联与联合国档案馆藏李顿调查团档案,卷宗号:S36。

106. 哈埠市民张仁来信

呈国际联盟调查团台鉴:

顷悉贵团来哈,颇表万分欢迎。处于暴力铁腕下之哈埠市民,如久旱望雨之殷、亡国之冤乃得泣诉。素仰贵团主持和平、扶植公义,对于暴日之凌辱中国当已洞鉴,早有报告到日内瓦矣,今谨以见闻奉达,以为调查之资料焉。

溯自客岁九月十八之变,暴日凭其武力利器侵占东北各地,即我国在锦州、宾州、龙江等地组织之临时地方政府,亦皆驱逐无遗,以贯澈其侵略满蒙政策。嗣因国联开会令其退兵,暴日不得已,乃要挟溥仪来主满州[洲]建"新国家",重袭灭朝鲜之故技,借其为傀儡,以蒙蔽世人之眼目。并张贴标语,宣扬为人民造幸福。而今商哭于市,农泣于野,颠沛流离,益不聊生,此等愚人宣传不攻自破矣。哈埠之政治机关及国营公司,其内近皆添设日人顾问,总握一切实权,俨然主人翁也。凡施政及支拂财政皆由顾问把持,"新国家"徒有其名耳。然日人压迫人意之手段更有毒辣者,如在"满州[洲]国",现任之政治官员无能得行动自由者,日人监视其眷属,扣留其财产。纵有爱国义士欲为国家奋斗,然处于此暴力压迫之下,何由动作,实求生不得,求死不能也。而市民之偶谈国事者,被日人所遇,即行逮捕,同胞之受此累者难记其数矣。暴日于占龙江之后,即欲进侵哈埠,徒以种种原因无法借口,乃授意其居哈侨民在道里地段街、朝鲜银行及南岗下坎之文化协会门前,于夤夜施放炸弹二次,以造成市内恐怖。日军借口保侨,遂向哈埠进兵,中国驻军为避免战祸起见,遂行他去。日兵得寸进尺,近复向依兰、海林进攻,一面可以发展其势力,一面可以向贵团表示哈埠日军不多,免收[受]诘责。凡此种种狡猾行为,不胜数计,深望贵团一一宣告列国,庶世人知其奸诈而与之绝,则东北幸甚,中国幸甚。

市民张仁谨具
五月九日

资料来源:日内瓦国联与联合国档案馆藏李顿调查团档案,卷宗号:S36。

107. 哈尔滨全体商民联合会来信

顾维钧先生译转李顿爵士及各团员公鉴:

启者:

自从暴日侵占东三省以来,我们弱小商民已被压迫达于极点。又是设立什么"新国家",又是办什么提灯会,种种阴谋不胜枚举。总而言之,商民一举一动皆得暗中监视,就是新闻报纸出版,亦得日本设立之特务机关阅过之后始得登载。若无日人许可,是事俱不敢为,商民苦恼已甚。即便贵团今次来哈,在日人监视之下,商民亦不敢遂[随]意欢迎,又不敢遂[随]便接见,商民苦衷即得借此纸墨略诉商民苦恼之情。望祈贵团按公报告最神圣之国联,救我东北民众之性命为要。专此敬恳。因有性命关系,不敢镌刻图章。

恐前信被日人搜去故又重【写】一封。

哈滨全体商民联合会呈

附件：

贵团此次由长春经过,已知底细。今次,及[既]无力保护贵团于路途之间,岂能有力立国？既然有力立国,为何不能剿匪,反用日军剿匪？日人能甘心为伪国之奴隶乎？由此理由,可以明了暴日之野心。

贵团当质问暴日："东三省为'满洲国'之国,何必日军剿匪,他国有军队否？"看暴日有何回答。总而言之,暴日事实上是侵占东北,已有种种确实。贵团当急速报告国联为要。

资料来源：日内瓦国联与联合国档案馆藏李顿调查团档案,卷宗号：S36。

108. 哈埠民众来信

书呈贵公使钧鉴：

窃民众为报告强迫事。我东北三千万民族[众]自一九三一年九月十八日陷于日本,迄今已有八月之多。贵公使在一九三一年亦曾来我东北,而日本不但不已[以]为怯,对于商民施行种种毒辣手段,以至农人春不得耕、秋不得收；商界尤为不堪,皆抱欲罢不能之势。关于哈埠,尚在天堂。而距哈埠五六十里地方,商民所住之处十室九空,而日本不但不加维持,遇有商民即行枪决,几呼[乎]陷于水火。而日本在长春设立"新国家",推举华人执政,乃是日本使强迫手段,如有抗委[违]者即行枪决。考其实,日本之用意是借华人掩贵公使耳目耶。各街巷立牌匾曾云"安居乐土"等等标语,完全是假,勿信为真。此番贵公使来哈,诚为我东北民众之福星,我众民之水火灾全赖贵公使之公断,以全贵会信著,则我东北民众皆感大德矣。

哈埠民众同叩
一九三十二年五月十九日

资料来源：日内瓦国联与联合国档案馆藏李顿调查团档案,卷宗号：S36。

109. 双城县工人李万茂等来信

国联调查团钧鉴：

谨禀者：

非驴非马的"满洲国"是朝鲜的第二,我们民众誓死决不承认的。丧心病狂、盗卖国土的鲍观澄,甘心媚日而不顾民意,想贵团早能洞见其奸,以明东北民意和伪国的真相也。谨祝国联调查团万岁!

双城县工人李万茂、王金和
李起、郑有才、张明全、王万福
吴景和、万景林、张义、赵福来
任起国、任起奎、孙太义、李万宝
中华民国廿一年五月十六日

资料来源:日内瓦国联与联合国档案馆藏李顿调查团档案,卷宗号:S36。

110. Yuny y 来信①

顾博士钧鉴:

【敬】禀者:

　　昨与李顿爵士及各国委员一纸报告,不知是否得到,念念。敝人等想:博士来东北数次,三省内容当能洞悉。九一八事变后,日本如何侵凌我土,又在彼武力范围下支配一般卖国贼及走狗(如赵欣伯、谢介石、鲍观澄、张景惠等)建立"满洲国",是否东北人民之真意,我公不查亦能深知。我公此来,敝人等本想面谒,崇皆详陈种切,可恨鲍观澄这个贼子(鲍之出身及任市长之职已祥[详]于李顿函内,不另述)警防太严,无机得晤。鲍氏既认贼作父、强迫民意,人人切齿,恨不得刮其心肝而食之。噫!三四月以来,未见青天白日,铁蹄蹂躏下之生活恸何待言。闻我公来哈时,下车持党国旗帜,以为哈埠及东北各处不久当见青天白日,雀跃万状。万望我公详商,娓劝国联调查诸公会见马占山主席及丁超、李杜二军长,东北之来不辜负矣。哈埠在日本铁蹄支配下之"满洲国"范围内,真正民意确切情形,我公及国联诸公不见马、李、丁军,何提探悉? 公其注意,昨闻前本埠国际协报纸主笔张复生先生,有数万言之大信供献国联,果属实得到,诚我国东北三千万人民之确实口舌也,亦即是国联诸公及我公调查所得之惟[唯]一特号成绩也。敝人前二三年,遨游东北各地、各县、各镇村,山林、矿区、沃地、肥田多未开辟,吉江两省富甲全国,较之黄河、长江、珠江各流域之出产,超越万倍,金窟银穴,实藏府库,富国根原[源],莫此吉黑

---

① 编者按:此文是东北民众给顾维钧的信,顾将其交给了调查团。

两省若也。我政府万不可舍此三省、舍东北三千万民众。华夏有人,尚可生殖,舍三省土地,地球上断不能再出新陆地供我国也,党国诸公当能此念,但未必尽知东北之所以也。前吴铁城先生自辽吉江并小到各县、镇村及森林、矿区、沃野、膏田内游览,且云:"不到东北不知东北之大,不到东北不知东北之危。"我公回京,千万向政府要人及军政各部特别代东北小民请顾,无论日本如何用武力,决不屈服。据最近由敌国归来人云:"日本虽军部专横而外强中干,共党四起,犬养氏被刺一明证也。"彼之四民责怨出兵,均恨黩武,我政府决心抵抗到底,坚不与和,则三四月后彼自瓦解矣。不然,以四万【万】口人民之中国,怎肯受三岛倭奴之凌辱?况东北乃中华民国之东北,日本甚么立场,甚么生命线,吾国之立国地步,生死关头非东北耶,请政府下决心,举国人齐努力,用一百人之生命换旧[日]人一人之生命,又算遭一次水灾,有七千万人之头颅,五年后以[一]定将小日本子换断种矣。请我公向政府三致意分。(昨日与李顿信末书东北民众廿人谨禀,请我公参看可也。)(敝人与罗外长之友庶东、李少奇有一面识。)

恭颂顾参与员钧安!

Yuny y.
中华民国二十一年
一九三二年五月二十日

资料来源:日内瓦国联与联合国档案馆藏李顿调查团档案,卷宗号:S36。

111. 学生来信

李顿觉氏[爵士]先生台鉴:

自从九月以来直到现在,国家的乱事仍是没始没终。在前些日内,常听说国联要到哈来了,又说在长春那方。我听见这消息,很①我乐得心花怒放一般似的。这时的我,即思想出一件事:即是国联如果到哈以后,能允许我们一班小学生和诸位领事们通几封信、谈几句话,就很满意了。近几日来,听【李】顿觉[爵]【士】先生叫我们给您写信,同时我乐极了,我即写了这封信。

现在,暴虐无道的国家在我国来侵占领土,我想【李】顿觉[爵]【士】先生也

---

① 编者按:原文多一"很"字。

知道是那[哪]国罢[吧]。他们人人的脑海里都存着侵占东省的思想,这样很[狠]心的日本鬼真叫人酸心落泪啊!我这封信的意思,就是请求领事解【决】东三省的问题才好。这是我关于这封信的小小思想,请您不要见笑。

祝您精神愉快!

学生鞠躬

资料来源:日内瓦国联与联合国档案馆藏李顿调查团档案,卷宗号:S36。

112. 哈尔滨民众救国抗日会来信

国际调查团诸君:

我等谨以至诚代表我哈市三十万民众,向负有和平【使命】之使者的贵团诸君致深远之敬意!

我等首先愿我调查团知者,乃我等作成此数页简短陈述,既不能当面呈递,复不能借邮局邮寄,辗转数人,始能达贵团诸君面前,此种苦衷,非局外人可知也。诸君试观,马迭尔旅馆所军警林立,日本宪兵队、便衣侦探往来如梭。其能与贵团晤面,盛倡"满洲国"系满洲人自决而成立之,华人无一非日本买动而来,无一非日本嗾使而来。此辈之生命财产,早在哈尔滨日本之特务机关挂号,倘不应驱使,杀身灭顶之祸可立至,此非空言,请至特务机关暗自调查,可知决非虚构。故我等可断言,能趋赴贵团面诉者,无一非日本之走狗,无一非日本驱使而来,所谓真正之中华民众,不只不能有与贵团相见之机会,即迈进马迭尔一步,必遭逮捕。贵团在沈阳,关于此类事件,想早闻之在在。自贵团抵哈后,日本宪兵队即密派便衣队,假借伪国特警检查员之名义,分布本埠南岗、道内、道外各邮局,专为检查扣留外间寄贵团之信件,闻邮局方面人言,寄贵团之中文信件,已有多封,被名北村之日人签收扣留,此种公然侮辱贵团之举动,固昭示贵团处处受日本之阻挠。一方更显然将我真正之民意,使无表白之机会。贵团之行动,既已受日人之拘束。贵团之明目,已被日人蒙闭[蔽]。贵团之灵耳,已被日人掩盖。何所谓真象[相]?何所谓民意?供给材料何在?真实证据何在?贵团皆世界明达,自能洞烛其奸,勿烦喋喋。

兹将日人如何干涉我中国内政、如何一手造成哈市之傀儡局面、如何强奸民意、如何暗中操纵,谨为我调查团诸君陈之:

一、明目张胆干涉我内政

自所谓"满洲国"成立后,举凡直属中央政府之机关,如邮局、海关、电报局、电话局等,日人莫不急弄到手,以偿大欲。除电报、电话两局,在行政方面尚隶属东北交通委员会,故日人得首先将实权握弄在手外。其次,即欲接收海关、邮局。日人田中三郎于四月一日挟伪国交通邮电委员臧又青到南岗吉黑邮政总局,强迫邮务长西密司(E. E. Smith)交出印信,一切领导接收人员,均由日人田中导演支配。其中详情,请询问该局邮务长英人西密司便知底蕴。同日,该日人又领率该伪国人等,到海关谒见税务司,逼令让出印信,都被拒绝。此两机关,虽至今日,日人未得售计而获,但其欲操纵我政权、鲸吞我财产,已昭然若揭。或谓:此系"满洲国"之事耳,与日何干?试问:既称"满洲国"之事,何须日人指导?何须日人援计?"满洲国"境内之邮局员,为何不携[协]助"满洲国"接收邮局?为何适在中国邮局服务之日本人(田中曾充辽宁邮局会计长)携[协]助"满洲国"接收邮局?准此一端,日本人暗中、明面操纵伪国之政权,尚有何疑问?

二、如何一手造成哈市之傀儡局面

查哈埠现在一切之行政,均由日本人特务机关主持,令伪市长鲍观澄执行之。试问:鲍观澄何人?彼乃身羁囹圄之政治犯,被土肥原于九一八事变后释放之广东人也。彼以重生再选之恩,又得弄金之机会,遂缅[腼]然为日本之走狗,是有故耳!以日本之走狗,所造出之局势,岂有不悉按日本之示意者耶?而鲍观澄,既承认自己是中国南方人,彼何人兮,竟代我民众倡满人自决耶?满人自决,只有满人行之。满人尚不能完全倡自决,而鲍观澄倡之,其奸其诈,何庸再辩?

三、如何强奸民意

三月十日伪国成立纪念日,哈市举行庆祝会,市政局长鲍观澄强迫各商号、各民户买伪国旗,不买者轻则罚,重则处罪。逼令全市民众参加庆祝会,不去者在公人员以旷职论,故东特高法院三法官因未参加,均被革退。又恐民众去者不踊跃,乃以果品糖饼诱之。此所谓民意也耶?又如查封各报馆,逼令已查封者出刊,刊登雇人作的誉扬伪国文字。否则,即将财产没收,人员驱逐出境。所作所为,倘是民众之真意,何用乎此强迫之手段?

四、暗中操纵之证据

哈埠之最高机关,非"满洲国"之机关,乃日本所有之特防机关。伪国隶属之官署，一命一令，悉由特防机关颁布，始能施行。而每一官署之最高掌权者，非本官署之官长，乃日本所派之顾问耳：如特警处之八木象次郎、一署之竹内谦三郎、二署之荻尾长一郎、三署之松井盛隆、四署之高田武雄，余为电报、电话局，各银行均由日本顾问作太上皇帝。

呜呼！日本欲吞并我中国，灭我东三省之恶迹，已罄竹难书。吾民日处此水深火热中，欲生不得，欲死不能。日人犹欲在贵团面前代称为国泰民安、人民乐业，掩饰诸君之耳目，丧尽天理良心，直狗犬之不若，豺狼无是毒。吾卅万民众有生之日，决不与倭奴罢休，搏战到底，势不两立，宁为玉碎不为瓦全，宁可洒血倭身，不能自甘为奴！调查团诸君，我数十万卫国健儿已逼近哈郊，隆隆之炮声，震耳之呼嚎，君等欲闻，为期不远矣！我民众之真力量，终必尽力发挥，以争我民族之生存！谨祝诸君健康！

哈尔滨民众救国抗日会启
五月十二日

资料来源：日内瓦国联与联合国档案馆藏李顿调查团档案，卷宗号：S36。

113. 一市民来信

呈国联调查团委员长诸位委员钧鉴：

谨呈者：

吾国不幸，三千万民众落在日人铁蹄之下，甚可叹哉！于西历一千九百三十一年九月十八日，因吾国势力软弱，日人乘机侵占辽宁、长春、吉林地位，枪杀军民无数。吾国因日人非理行动违犯国际公法，因此吾国未敢抵抗，报告国联以理解决。延长日久，未能完案。日本又生出阴谋，立逼吾国给他在锦州画［划］一中立区域，许可在中国自由军事行动、剿匪一切事项，签字立约，方能撤兵。吾国政府及民众抵抗未能遂愿。【日军】又有别计生出，侵占东北哈尔滨一带。吾国在九一八事变以前，镇守使官丁超担负哈街市之警备，各国生命财产俱各安全。于一九三二年二月五日，被日人占领哈尔滨，丁超退却，在东方驻防，暂候国联会办理交涉退兵。不但不退兵，日人乘机在满州［洲］组织"新国家"、"大满洲国"，以民借口言说真正民意。还有，以先之官僚走狗，受日人势力之运动、财政之贿买，构［沟］通一气，遂其日人之便。于四月，为民众反对日本侵占东三省、反对建立伪满洲国起见，久欲诉告，皆以无处上达。幸喜天符民意,值贵团不吝玉趾至此,敝得略展苦态。伏望尊团怜民众无辜受刑,令日军速撤出东三省,慰民众之真意。且祈询日何故侵占东三省,使吾民出水火中。是祷是恳。国联调查团钧鉴!

敝市民揽呈
五月十七日

资料来源:日内瓦国联与联合国档案馆藏李顿调查团档案,卷宗号:S36。

114. 无名氏来信

国联调查团诸委员钧鉴:

连日鲍观澄及张长官景惠对诸委员谈话之问答,关于"满【洲】国"成立,均答以民意。究竟是谁的民意?我想现在一切均都是日本主持,就此一点小事,"新政府"即能派日本代表参加(即是本日之运动会),不用说是别的。我想现在东省之一切均在日本手内把持,谓民意之话,我中华国民未有此意。诸委员要知道:我中华民族受日本之压迫,请你不要受日本蒙混,并认明诸事。若无日本之主使,决不能达到伪满州[洲]国实显[现]。此系日本欲亡我三省之先声,勿[无]论如何请大家主持公道,则我中华国民即是幸也。

中国民族泣叩

资料来源:日内瓦国联与联合国档案馆藏李顿调查团档案,卷宗号:S36。

115. 东北人民代表来信

日本强违东北民意,硬破怀[坏]东三省,假设大同政府,我东北三千万人民无一赞成的。日本惨害东北人民,身居日本兵威之下,我们不敢表现。奉行国联调查团主持公道,帮南京政府收回失地,救东北人民不死,是东北人民之幸福。此国联调查团之生心。

东北人民代表上言
三月十一

资料来源:日内瓦国联与联合国档案馆藏李顿调查团档案,卷宗号:S36。

116. 一庸人来信

国联调查团诸位委员先生同鉴：

诸公在日内瓦大概是听说我们中日起了冲突了，中国代表在国联报告无论如何据实，而有日本代表一味反宣传，诸公当然是莫明真相。然而，来到哈尔滨暨东三省各地视查，想必看得真切。我们的民众盼望调查团各位必要负各人职责，绝对不听日本一面之词，以负东北三千万民众之望，而召［昭］大公。而是，我们尚有疑惑之点，现在东三省是被日本包围了，各商埠之机关全被日本占领了，在表面上看来尚是中国人作事，其实重要机关全是日本人把握，雇用几个中国土棍作遮面风。既诸公来各地调查，若听日本的报告，或听现在各官、听中国人的报告，即就等与［于］日本在日内瓦之宣传无异。因现在日兵占据东三省各处，全安置彼一方之人，报告之词句全是日本归［规］定的，我们中国的民众被日本军阀压迫的连气也喘不上来，有意到调查团处报告我们民众受的欺辱，那是办不到的，因来调查团四周全被日本包围了，若见诸公之面实在办不到。究竟现在状况，诸公真能见诸事实吗？是为疑问。从九一八事情发生以至于今，期［其］中经过，大谅诸公即驾到三省之先定然洞悉，怎莫［么］从前日本兵到奉天即不准中国兵存在？在奉设立新机关，一切均惟新机关命令是从，而奉天省政府因遵［尊］重世界和平，不得已迁至锦洲，敬候国联裁判，望有公平解决。日本仍不干休，至将中国兵逐至三［山］海关内，此后日本用割头换面的手段，以中国税金收入买用中国一切不良份子，设立"满洲国"，此等中国人皆事［是］亡命之徒，目底［的］不过谓［为］几个金钱，东三省一切政权全然操搅［揽］日本掌握，对外借词满州［洲］事乃中国人组织独立，日本并无关系。其词真美，其心真毒！近来哈埠四面受了兵匹［痞］包围，本埠民众一日数惊，日本大兵、飞机、大炮每日在市内示威，买用一些走狗到处寻风。人民稍一不慎，或言日本一字，即诬是反动，又用大兵开往哈绥路线等处占据，沿江亦派兵占据。昨天，开往江北之兵，无故要占庄［广］信昌的院子，开门稍有一迟缓，就用机枪扫射该号同人，当时枪毙二十四名，受伤多数不明。常［长］此以往，民生何堪设想！国联谓［为］世界和平而设，调查谓［为］拥护和平而来，真也假也？如果谓［为］谋世界和平，既全世界人民幸福，诸位势必主持公道，不要听彼方一面之报告，亦不要听现在"满州［洲］国"设立的各机关中国人的话，因谓

[为]彼等全是日本买动的无赖,他的言语全是日本归[规]定的报告。鄙人虽有心详细申白,又恐被检查,故而草草不恭,尚望见纳。

李顿委员长台照。

庸人启
五月十九

资料来源:日内瓦国联与联合国档案馆藏李顿调查团档案,卷宗号:S36。

117. 无名氏来信

过此江沿,广信火磨公司内,并无别因,被日军进入,枪杀百余人。世界有此野蛮国否?

五月十九

资料来源:日内瓦国联与联合国档案馆藏李顿调查团档案,卷宗号:S36。

118. 哈尔滨三千民众来信

调查团诸位先生钧鉴:

恭维贲临东省,驾驻滨江,实中国之休,亦各邦之幸也。中日自去岁交涉,迄今尚未终结。各友邦为和平解决起见,不辞跋涉之劳,实地调查,求其水落石出,以作解纷之具[据],他日功成,实东亚人民所日夜祈祷者。近日,庆祝新国之词张贴街衢,情愿赞成之书时达钧座,实二三不良份子,捏大众之名义,假作浮词,以供之驱遣。民等现在积威之下,不敢反抗耳。又诱迫在各机关谋生活者,承认其捏造。民等仰其鼻息,顺之则生,违之则死。且误[诬]以匿名而痛剿之。近日各银行、各税局、各政府,均操其掌握。中人某某为某某主任(各机关日本人),徒拥虚名,并无实权。

以上所陈,谅在洞鉴之中。民等出于不得已,故略陈大概,以渎钧听。并颂勋安。

哈【尔】滨三千民众公具

资料来源:日内瓦国联与联合国档案馆藏李顿调查团档案,卷宗号:S36。

119. 无名氏来信

暴日拒绝贵团会见敝国马占山主席，就是蔑视贵团的实地调查的表示。我们民众所欢迎的贵团能实地调查不屈不挠的精神。

国联调查团勋鉴。

民众启
一九三二・五・十九

资料来源：日内瓦国联与联合国档案馆藏李顿调查团档案，卷宗号：S36。

120. 中国国民一份子来信

李顿爵【士】委员长先生台鉴：

得闻贵团调查中国及满洲三省事件之起议，非常盼望欢迎，以为世界上之公理，或不至于泯灭矣。是非曲直，将来联盟条约自有判定。现下，小民略奉管见，或亦稍有补于大事。朔［溯］自去岁九月十八日以来，耳所闻、目所视者，尽为无公理之现状，谓旧军阀横暴，此时之假面具军阀尤胜于先，谓"满洲国"乃民意所成，其中确是受威迫而立，是［试］问政权属何人操握？不待言可知矣。谓先时民不得生，此时更甚。民系奉省人，家中之地被韩人强占种稻。谁使为之？日人也。彼国人之心甚于豺狼，行同海盗。彼日人则倡东亚和平，同族相爱。实则相欺相害，不至亡国灭种不止。书于此，恨不能食其肉而寝其皮！想贵团此次来东亚调查，经过之处、所到之地，所见所听者，均为日人之嗾使，非我东北民众之意也。本欲早日奉告，恐被日人收去。听说贵团初到一二日，邮局已收过信两千多件，均送至旅馆，被日人接去，用火焚之。现由英国使馆转达，必能寄到矣。

惟望贵团本大无畏之精神，力行职责，维持世界之公理，实吾三千万民众所盼祷者也。谨祝贵团前途平安！

中国【国】民一份子

资料来源：日内瓦国联与联合国档案馆藏李顿调查团档案，卷宗号：S36。

121. 哈尔滨农工商学各界市民敬告国联调查团书

李芝顿①爵士暨诸位代表阁下：

阁下暨诸位代表奉国联之和平使命，远涉重洋，莅临中国，调查暴日以武力占领我东北三省真相，我哈埠各界市民无不表示极热烈之欢迎与希望。兹谨将日本自去年九一八占领我东北三省之经过，及其在哈种种暴行，约略陈之如左：

窃以暴日豺狼性成，包藏祸心。数十年来，本其大陆帝国主义，亟思吞灭亚洲各国，独占太平洋海上霸权，制伏欧美，称雄世界。日本军阀本其传统一贯的政策，而积极侵略中国。故于去年九月十八日，乘我中国军队毫无防备之际，而突然以强暴武力及强盗行为进攻沈阳。不数日间，我三省名城亦均以同样手段相继占领。其事前确有相当准备与计画，绝无疑意［义］。其后复假名剿匪，派遣军队到处杀戮。我三省民众无日不在日人枪炮飞机炸弹蹂躏之下，即无时不在残暴压迫水火之中。生命财产失所寄讬［托］，公私事业遭其掠夺，人民之言论行动，通信之自由，被其限制。公理正义灭绝殆尽，国际约法破坏无余。在事变之初，我中国军队酷爱世界和平，遵守国际公约，故忍辱一时，未施抵抗，以期付诸国联，以公理正义和平解决。乃日人凶焰益张，蚕食不已。又以武力占领齐齐哈尔、锦州及我哈尔滨各地，残暴屠杀，无所不用其极。更以种种卑劣手段伪造民意，强迫组织满洲伪国政府，由日人充任最高官吏，掌握最高政权，以达其侵略满蒙计画（附呈日本田中内阁积极侵略满蒙政策）及掠夺统治政权野【心】。"满洲国"政府之各部司长均由日人充任，总揽大权，各省之总务厅及警务厅长，亦均为日人掌握。一省之行政及警务大权，尤以国务院之总务长官驹井德三，等于国务总理，掌握满洲伪国最高行政权，并引用日人充任大小官吏，至一千六七百人。至此我东北三省二十万方里之领土，全被其占领。三千六百万之民众，全为其奴隶。世界人类最悲哀愤慨之事，孰有过于此者。

当满洲伪国政府经日人以强迫手段组织成立之时，又强迫各地民众开会庆祝。哈埠之庆祝事由日本之特务机关长土肥原利用已经犯罪、由法厅判

---

① 编者按：原文如此，应为李顿。

处徒刑、于事变后经日人放出之囚犯——鲍观澄全责主办，耗费至十余万元。复以日本武装军队跟随庆祝游行队往来巡行监视（见鲍观澄送与阁下及诸位代表之哈尔滨特别市建"国"庆祝纪念册下册105、106照片）。有不从者，即以反对"新国家"论罪而惨遭杀戮。强迫民众团体发表宣言，伪造民意（其宣言系由日人所作，译为中文，假我民众团体之名而发表），并以飞机散放伪造民意之传单（见哈尔滨特别市建"国"庆祝纪念下册115照片）。

阁下暨诸位代表到哈之后，日人又利用囚犯鲍观澄呈递伪造民意之哈尔滨市民宣言书（囚犯鲍观澄不能代表我哈埠全市民众）。其颠倒是非，鬼域［蜮］伎俩，我哈埠市民绝不承认。日前（十四、十五两日）又强迫我哈埠各学校与日本学校开建国联合运动会，其筹备委员多为日人，考其用意，不过借此表示中日民族已经融合之景象，以掩盖世人耳目。惟其出于强迫手段，我哈埠民众处以武力威胁之下，不敢不从耳。请阅由日人拟定之《建国纪念联合大运动会计画书》，可以明了。

日军进入哈埠之后，首先破坏我哈尔滨教育机关，教育厅作其宪兵司令部（于半个月以前始移出，损坏器物甚多）。第一中学校、第二中学校、第三中学校及第二女子中学校，则作其兵营。所有各该学校之木器、桌椅、仪器、图书，无不被其焚毁，损失在三十万元以上。（尤以第一中学校之仪器、图书最多，价值最贵，约值十万元以上，全部被其焚毁。）现在之第三中学校尚在日人野战病院占领之中。

特警处由日人八木充当顾问，公然把持特区及哈尔滨全市最高警察权，而发号施令（有八木对新闻记者谈话可证）。各警察分署亦均有日人顾问，发纵指挥。我商股承办之鹤岗煤矿公司，【日本】亦以强暴手段掠夺其矿照，调查其账目，并派去顾问，阴行把持。其他各市政局、电业局等机关，亦无不有日本顾问及职员，以随［遂］其掠夺政权之阴谋。

日本之特务机关，即等于日本在哈尔滨之最高行政机关，所有哈埠各机关无不听其命令。

阁下及诸位代表到哈之后，日本对我哈埠市民之压迫益加严厉。国际协报编缉汪研石、电话局田总工程师，均于日前被日本宪兵逮捕。闻田总工程师逮捕之原因，系因田君为美国留学，认识英美朋友最多，恐其利用英美朋友与阁下暨诸位代表转达其侵略东三省之种种消息，或暴露其丑行。据日宪兵队向田君声言，待国联调查团代表离哈后，即为释放。其用计之险、手段之辣，盖可想见。

近日以来,又复调集数万大军,进攻东路及松花江下游一带之丁超、李杜及其他之救国军,并占据呼海路松浦车站,断绝该路交通。于数日前,节节向呼兰前进,压迫马占山军,以至于十五日双方发生冲突。昨日(十七日),日本飞机又在松浦站附近民村掷弹,因之又有接触,死伤中国兵士及农民甚多。是其凶横残暴,任意屠杀,尚无已时。我东北民众苟一息尚存,誓与暴日抵抗到底,绝不屈伏[服]。其以武力威胁强迫所造成之种种言论或事实,绝不承认。

所望阁下暨代表诸公秉公理正义之观念,作至正至平之记载,勿负国联之伟大使命,及世界各国之期望,是则我哈埠市民所馨香企盼者也。

附呈:

一、日本田中内阁侵略满蒙积极政策一本(附日本满蒙权益拥护机密会议记录译要)。

一、特区警察管理处日本顾问八木对哈埠新闻记者谈话一份。

一、由日人拟定之建"国"纪念联合大运动会计画书一份。

特区警察管理处日本顾问八木对哈埠新闻记者谈话

警察将增薪

华东社云,特警处八木顾问昨日(二日)招集哈市中外新闻记者,在该处谈话,下午二时到记者十二人,当由八木顾问发表谈话如左:

余于"满洲新国家"诞生之同时充任顾问,业已从事警察职务,本管界内与其他地方不同,住有各国人民,职务上当然复杂。想因此所生之困难,亦复不少。现在惟有竭尽平生之力,为"新国家"之使命,奋勉努力,完成善政而已。当创业之际,不论如何不周之点,想亦不少,故待诸君援助之处正多。"新国家"规模之善政主义,实行之时,当然得有种种施设,故本诸特区长官之意旨,与王处长及以下各关系官员详细推敲研究,酌量缓急,逐次实行。而警察本来职务,系为保护人民生命财产,使人民得以安居乐业,故,一、为警察官宪者,虽遇强权,不能畏惧。虽系弱者,亦不侮蔑。须常以正义为重,保持社会安宁秩序,不能不抱定所谓人民之公仆、社会之保护者之精神。假如缺欠斯种观念,对于强者,如惧虎狼;对于弱者,至终蔑视;则强者益逞横暴,任意为非作歹。弱者无辜受苦,虽有法律,丝毫不能行使于正当社会上之全支配力。若一经权力,或黄金占有想害于世道人心之处,莫此为甚。故警察官宪,不论何时,须视为正义法律之保护者为基楚[础],并拟为之增加薪金,安定其生活,务期免除不正当之行为。若果如此,诸君对于一般人民,亦可以此主旨使之澈底①,勿以不正之黄金或权力,陷警察于邪道。对于此事,希望加以援助为盼。一、减轻人民担负,以期生活安定,亦为"新国家"之主要政策,所以管理处为减轻捐款之事,现下正事研究,并讲求办法,所可以为本处财源之粮捐,因其他经济不振,及受时局之影响,已见减收之处颇多,一方如前所述,为警官增加薪金,以安定其生活。处于此种地位,又不能不防止其不正当行为,为处理调和此等相反之处,尚须相当时日。关于此点,应请诸位谅解为幸。而减担负之第一步,乃急将从来悬案中之外人居留执照费减轻及免除,换照过期罚金。现在业已排除万难,决定实行,因此警察之收入,已减收约二十五万元矣。对于其他各种捐款,亦拟竭力减轻,所以现正撙节警察各项经费,外面一般纳捐者,务望照章缴纳。俾警察可以省去无用之手续,并望努力援助,以便容易达到节俭经费之目的为要。再者,犯违警罪之人,应判处罚金者,不仅设法采取以告诫代替之方针,即其判处罚金者,亦拟改正,竭力将数目减轻。如果因此仍有多数犯案者,以致陷于流弊之时,则不得已仍然恢复原额,亦未可定。故极盼望本此主旨,务要澈底无有如此情事为要。一、搜查犯罪,系为保持社会安宁秩序,使国民增近[进]福利,当然不能不公平严正。本管界内系各种民族杂居之处,风俗言语习惯不同,搜查罪犯之时,感有种种困难,但搜查罪经[证],并不专令警官担【任】,一般之人,察有此等实在困难情形时,亦可出头充作证人,并且有时可以呈送搜集之证据物件,使搜查容易正确,务请一般人为作后援为要。一、从来中俄人之间,会有感情不恰之处,当"满洲新国家"成立之时,须以大国民之心胸处之,将此等不愉快之感情,完全扫除,能互相提携,建设"新国家"则不胜盼望之至。一、其他事项,务求简捷,以期官民可以接近,就中注意新闻之登载事项考察,舆论之趋势及社会之状态,努力探取顺应政策。故对于新闻之记载,务期努力正确,关于人之名誉人格,希望加以慎重为盼。一、再者关于改善整顿警察行政,极愿听从各位意见,此后更请指导为荷云云。

  此篇谈语不论内容为何,其把持我警察权则极为显著之证明,况该日人八木以顾问而竟对外发表政见,以主管官吏自居,尤为荒谬。

---

  ① 编者按:原文如此,今做"彻底",下同。

举行建"国"纪念联合大运动会计划书

（一）目的

建设"新国家"之基础，以融合诸民族为本。应集合"满州〔洲〕国"领域内诸民族之儿童为一团，使其打破畛域，尽一日之欢乐于运动会场，造成树立建"国"精神之始基。谁云非良好之时机欤？全实行本计划之事先，应使各地言论机关及公共各机关总动员，创一"满州〔洲〕国"体育协会，将"融合民族节日"深奥内容广为传播，使一般民众彻〔彻〕底明了，务期达到发育健全之目的为主旨，其宣传进阶应始于少年而及家庭，继由家庭而普及一般民众。苟如是，方能获美满之效果也。

（二）名称及主办者

命名：建"国"纪念联合大运动会。

主办者："满州〔洲〕国"体育协会。

本会与"新国家"同时成立，意在猛进达到前项之目的，并网罗"新国家"领域内故有之各种体育会，务期达到健全为止，并盼望"新国家"政府文教司为本会主动一切。

（三）举行运动会日期

拟于四月下旬或五月上旬之间举行，并酌量各地情形再确适当之日期。但总以能于国际联盟调查委员会之莅满视察时，使各要地大运动会亦同时举行则更妙。

奉天、长春，开会两日之详情，另由"中央"遣派之筹备委员为之说明。

（四）举行地

运动会场分二十九处如左：

（甲）长春（吉林在内）、奉天。

（乙）大连、哈尔滨、抚顺、安东。

（丙）鸡冠山、连山关、桥头、本溪湖、瓦房店、熊岳城、大石桥、海城、鞍山、营口、辽阳、铁岭、开原、四平街、公主岭、郑家屯、旅顺、金州、普兰店、豹子窝、松树、昌图、盖平。

（五）参加团体

国民小学儿童及中学之学生为主体，并视各地方之情形，专门学校以上之学生，皆应参加。

（六）运动项目

以(马司格母)(体操"跳舞")穿网、转球为主。其他竞赛运动,例如演技、武术、陆上竞赛、蹴球、巴司克托巴列、机械体操以及化妆游行等等,亦应加演。其项目之选,务使各种民族儿童编成适宜团体,或为数组混和运动,以达融合民族精神之实现为目的。

（七）经费

各地需要运动经费,应请求"中央"遣派筹备委员指拨,盼各地委员应速归原地,筹备一切。俟计划妥当,再将一切情形,径函请奉天公会堂内关东军参谋部宣传课,核发经费。

（八）关于宣传事项

在举行大会之前后,得有左列之宣传机关：

(甲)由"中央"担任者(关东军参谋部宣传课)

　　(子)用较大新闻操纵其言论机关。

　　(丑)得于各地撒布宣传用之传单。

　　(寅)主要都市(如奉天、长春)可用飞机撒布传单。

　　(卯)放送无线电话。

　　(辰)映演画片或拍照。

　　(巳)演说(视力之可能,得于主要都市派员演讲)。

(乙)由地方担任者

　　(子)得按各该地方撒布特有之宣传印刷物(传单)。

　　(丑)燃放花火、风船。

　　(寅)组织军乐队。

　　(卯)组织救护队以宣传日本医术文化。

　　(辰)"国旗"升旗式(于会场之中央树一柱,应庄严升"满州[洲]国旗")。

　　(巳)此外,若认为最收效果者,希望列入。

（九）

(甲)"中央"筹备委员

委员长、"满州[洲]国政府"文教司长,日本人。

关东厅学务课、山本教育主事,日本人。

满铁学务课、冲体育主任,日本人。

渡边,体育系,日本人。

"满州〔洲〕国"文教司,川尻氏,日本人。

(乙)"中央"筹备委员常务干事衔名

干事长:安藤氏。

干事:齐藤氏、前田氏、坪川氏、川村氏。

(十)杂项

(甲)于运动方面,应远避儿童国际的竞争。

(乙)购用花火,其用费由各该地自行负担,可径函安东地方事务所预定。俟文到一星期后即可到货,盼迅速办理。

(丙)为收效果计,凡参加运动会各团体,应于运动会完毕后,使"满"、日双方学生手持"国旗",作街市之游行。

(丁)运动会观众用游行之新"国旗",应由中央购制分配之(但旗竿由各该地方自备)。

(戊)若有接洽,其通讯处如左:

请径寄　奉天公会堂内关东军参谋部宣传课

公用电话:三二四二。

满铁电话:三二七。

"大同"元年、昭和七年四月七日

武田氏

奉天市政府公所:后藤英雄氏。

奉天省教育厅:坪川氏。

奉天事务所:押川氏、下田氏、川村社会主事。

满州〔洲〕医科大学:中西教授。

教育专门学校:斋藤教授。

奉天中学校:各和校长。

奉天女学校:八木校长、永田氏。

奉天中学校:安藤校长。

奉天春日小学校:前田校长。

奉天公学堂:坪川校长。

奉天普通学校:家入校长。

资料来源:日内瓦国联与联合国档案馆藏李顿调查团档案,卷宗号:S36。

122. 无名氏来信

请收：

顾君有无被人加害情形，告知哈埠国际协报宣布周知，以解群疑为盼。

顾君传室电话号数，亦请告知国际协报嘱其公布，以便有事以电话报告，较为详密，免被日奴阻止。

日本近日来已开往依兰地方日军一万三千多了，依兰地方又恐不易守住了，如再被日人占去，如何是好。请顾君转达调查团勉之。

资料来源：日内瓦国联与联合国档案馆藏李顿调查团档案，卷宗号：S36。

123. 中国人王世荣来信

顷闻由长春来哈人说，日本已调来数万陆军，均在长春屯集，俟调查团走后，即开到哈埠以北地方作军事行动。又由哈至长春铁路两旁已分布日军，均着中国陆军制服假充中国军，于调查团由哈回返经过哈长线时，故意搅扰，移祸于中国兵之所为。对于顾维钧加以杀害，此应请注意者，并请对于顾维钧严加保护为要。

又哈埠中国电业局、中国电话局内，均派有日人顾问。对于每日收款，每日下午全数由日人提去。此又可见日人实行侵略中国财产。昨晚下午九时，忽闻日本以重金雇佣白俄一人、华人一名，赴马迭尔旅馆去害顾维钧云云。以此关系，请调查团对于顾君确实保护为盼，并祝调查团万岁！中华民国万岁！顾维钧万岁！打倒"满洲国"！打倒小日本！打倒汉奸鲍观澄！

中国人王世荣上
五月十九日

资料来源：日内瓦国联与联合国档案馆藏李顿调查团档案，卷宗号：S36。

124. 无名氏来信

于阴历十二月廿九日，日本进街，被日本用武【力】压迫的方法不胜枚举，略列数端以备参考：

一、中国机关均派日人监视,财政归日本管辖,随便浪用。

二、由日本人任意残杀、侮辱、姁[奸]淫、抢我们中国人。

三、日本用武【力】压迫中国市民成立"满洲国",毫[耗]费经济。否则,杀人民。

四、日本使韩国人抢夺我们中国人,不给他钱就要使枪杀之。

五、也不是用金钱买的,占东三省。

五月十九日

资料来源:日内瓦国联与联合国档案馆藏李顿调查团档案,卷宗号:S36。

125. 东北民众商团宣传书

调查团主席李顿钧鉴:

东北民众商团宣传书。

天哪!我们的大中华民国竟被日本折破,我们共和的民族弄为两国,而"满州[洲]国"之建设谁能承认?故三千万民众处于铁蹄之下,被日人利用无心肝卖国者,醉心供其使用,弄其狐媚之术,使调查团不得真像[相]。故哈市民众不能苟任,一切阴谋手段难亦[以]揭破,所宣传"满州[洲]国"真正民意确实不是民意,是被他压迫的屈意。若无调查团径过,无一线之路可诉。

并望调查团主席主持公道。

资料来源:日内瓦国联与联合国档案馆藏李顿调查团档案,卷宗号:S36。

126. 东北民众代表孙盛昌来信

国联调查团诸公使钧鉴:

我国东北自事变以来,迄将一年,所有经过情况谅早达洞悉。兹莅东北,谨代民众各界【将】经过及现在实情明晰陈告,伏乞垂察,秉公判断。

一、我东北原为静[净]土,商民各界安居乐【业】,悉颂太平。

一、自去年九一八日,日本非法称兵,横施暴行,遍处强迫占领东北我一切所有。

一、商民失其所业,道[到]处尽成战区,流避无方,将成饿殍,不知伊于胡底。

一、假我东北民众弹[强]迫伪称自愿建设独立"满洲国",借搪【塞】国际联盟。

一、伪国新旧人员均受日本监视,悉承日本之命,反迫令声出自愿。

一、日侨终自安全,捏词出兵保护,容心树立伪国,殃及遍处。

一、东北军民在日本范围外者,均明表反对"满洲国",而日本伪称胡匪。

一、"满洲国"实日本吞东北之脱[托]词,谨此禀告。

叩请公安。

东北民众代表孙盛昌叩
五月十六日

资料来源:日内瓦国联与联合国档案馆藏李顿调查团档案,卷宗号:S36。

127. 中国东北三千万民众来信

李顿委员长爵士勋鉴:

此次日本侵占我中国东三省,欲达其长久占领之阴谋,乃用兵力压迫。沟通一二汉奸,成立"满洲国",以掩世界人之耳目。其实,"满洲国"就是朝鲜第二,关东军司令部就是朝鲜之总督府。如奉天、吉林、黑龙江、哈尔滨各处,均设有特务机关长,就是各省处的省长。凡一省一切军政大权,全须请命本处特务机关长。上自伪满洲国的国务院,下至各省、各处机关至各科股,全有日人派来之监视员(美其名曰顾问)。凡行一事、用一人,全是日本人办好,中国人签字。有时招[召]集会议,全是日本人预先议妥事项,以命令式求中国主官承诺,中国人决无提议权。各财政机关,如官银号、铁路局以及有收入款之机关,如电业局、税捐局等,现金全由日人把守,一天一提取干净,中国人动一文款的权也无有。若至发薪及购买物品,须估计确数,请顾问批准,照数发给。就是接见一友人,须先将名片交日本顾问,询明何事,许可接见,方能接见,有时由顾问在旁监视。凡"满洲国"之各机关的主官——科、处、股长,全是一木牌机器,顾问让他签字,他才签字。又如留声机,顾问告他说话,他才敢说话。就如贵团前来调查,预先日本将各省、各机关能接见之人,全招至长春开一会议,应怎么招待,问着怎么回答,全都告好,当场并以最严厉的态度道:"小心者[着]点!"就是满洲的"国民"、"国旗"、"国歌",全是关东军司令部制定的。又如各处贴的建"国"标语、运动【会】的会序、章则、"国歌"、运动会歌,亦全是关东军司令部制定,用飞机运来的(全附日文)。就是各校去的运动员学生,亦是用命令强要的。小学每班运动员二人,参观学生十人,每校团体操一个,这全是最低限度,不足限即以反对"新国"论。所有哈埠街上各标语、各种画图,全是鲍市长照日本人的命令作的,纯粹【是】强奸民意。一个赞成"新国"【的】也无有,由[有]欢迎"新国"、赞成"新国"的,全在日本人的兵力之下,就可以知的。凡日本人的兵力不到的地方,无一个标语,也无一个人赞成"满洲国"的内容。行政的系统可分为二:就形式上说,可说由县直辖省府,由省直辖国务院(但这木牌机械的)(也可说这是"满洲国"的行政),其实权(即是日本人行政)。各县、府、局日人顾问直辖上级日顾问,各上级日顾问直辖各本省、区日本特务机关长,各省区特务机关长直辖日本关东军司令部。所以说"满洲国"就是朝鲜第二关东军司令部,就是总督府,各省、区的特务机关长,就是本省之长,各局、处的日本顾问,也就是各局、处的主官,仅存一"满洲国"名,其实就是日本管理统治了。

我三千万民众泣哭叩请李顿委员长爵士,为东亚和平计,为世界和平计,为拥护人道,为伸张公理,为中英国民千百年真正亲爱计,毅然决然实行国联盟约,强制日本退兵,不胜盼祷之至!

谨祝委员长身体健康,和平成功,焚香默祷并呼以口号:国联调查团万岁!委员长万岁!各委员万岁!和平万岁!

中国东北三千万民众泣血谨叩
五月十九日

资料来源:日内瓦国联与联合国档案馆藏李顿调查团档案,卷宗号:S36。

128. 中国青年会来信

李顿爵士勋鉴:

溯国联会之创设,专维持世界之和平使命者也。而调查团乃证明是非曲直果系何属。想贵团确乃公平、正直、无私,素讲人道主义,决不至受倭奴奸滑巧计之唆使也。如爵士之来哈,而倭奴竟事前将军队完全调往、江船驶赴下江等候。

俟爵士离哈后再为返哈,施其恶道,倭奴为此办法,既可免其强权之名,复乃证明纯系保侨主义,是真奸滑之极也。为倭奴之恫吓商会主席当向张主席声明,设国联调查团到商务会调查时须声言,"新国家"如何之好,不准提一不字,否则没收产业,并枪杀张主席。倭奴之为此强迫、横行无道,实人类难堪之至。

如爵士至商会时,须慎重调查,万勿使张主席不敢言而不敢怒。如昨日朝鲜人民之苦诉,言及中国种种之如何虐待,纯系日兵之化装,并无一朝鲜人。望祈贵团勿受其愚弄。至五月十一号,各报纸之所登载言及"新国家"如何之好,如何创设"新国家",此种论调,皆系丧心病匡[狂]之类所作,无一自愿如此。

想贵团既已至中国调查,千祈万恳调查明白,待回日内瓦时,开会有所表白。确非人民自愿,纯系倭奴压迫、强权恫吓,以至如此。如现在人民之所报告者皆系如此,别无他可施展主能技。

望祈贵团千万详细调查,万勿受日本之巧计愚弄,以致中国含有不白之冤,幸甚!幸甚!

专此,即请近安。

报告人:中国青年会

资料来源:日内瓦国联与联合国档案馆藏李顿调查团档案,卷宗号:S36。

129. 王柱国来信

贵领事大人台鉴:请转国联调查团

敬启者:

贵团远道而来,不辞劳苦,专为调查中日分[纷]争,东三省之人民当如何之感谢。所以,我辈深觉十分快乐。因此,我们可以得到平安与和平。但是,我们请贵团不要听日本的一面之词,要切实考查起事之因及现今人民所受之痛苦。但是,我向诸公声明我不能说出日本的凶行,因为他历[压]迫我们太利害①,并且我说出来,亦恐是诸公以为是一面之词。但是,我恳求诸公让我声明:我是中华民国的人民,不是日本的人民,即不是满洲伪国的人民,因为"满洲国"之官员有多一半是日本人,而大权皆操之于手。现在,请诸公们用正义、公正之调查起事之因。

---

① 编者按:原文如此,今做"厉害",下同。

谨此,敬请棋[祺]安!

敝人王柱国启

资料来源:日内瓦国联与联合国档案馆藏李顿调查团档案,卷宗号:S36。

130. 民众代表李寅公等来信

敬启者:

贵团为解决中日纠纷远涉重洋,特来东省调查真像[相],保全我国土地之完整,使我民众百万分的感谢。我国虽然是地大物博,人民众多,惜无力对外,以致国权丧失。我东省之大好山河被日本完全占领,日本军队在哈尔滨任意横行,我之领空任日本空军之操纵,按照独立国家之主权,若是己国之土地被他国军队侵入即是被人占领。我东省之情形更甚如此:土地已非我有,主权业已丧失,我们弱小民众虽敢出来反对,但有少数卖国求荣分子出来表示欢迎,这真是栽赃民意。我们民众是决不愿亡国,愿贵国务要明了民众真意。

哈埠各机关内部任用日本人充任官吏,执掌内政。但是,必得经过以该机关聘请方能来就职,这就是日本人作事手续,好掩他人的耳目,对国联好能说话。这不是日本人强权,是中国人不懂办理各项行政,甘愿请日本人以资改革,这种办法有多们[么]毒辣!

日本以灭朝鲜方法在我东省建设"新满洲国家",利用旧废帝为执政,国号名曰"大【同】国",早已公布于世。而旧废帝俐伶[利令]智昏,甘愿为日本人傀儡,建立"满洲国家",实非我三千万民众之本意,"满洲国家"所用官吏多数是日本人,兼有少数中国旧有之脏官污吏参杂其间,丧心病狂、甘作亡国人民,恬不为耻。"满洲国"曾声明"门户开放"、"世界大同",任用外人充任官吏,为何专用日本人为满洲官吏而不用欧洲人为满洲官吏?日本把东省业已灭亡,还说是民意立"国",这真是栽赃民意。

哈埠市内粘贴各种建"国"标语,系市政局鲍观成[澄]个人之意,实非民众本意。请贵团务要明了民众心理:我民众在强权之下场,是敢怒而不敢言,我东北三千万民实不甘心当亡国之民也。

特区长官张景惠,幼年以卖大豆腐出身(即豆付[腐]匠),目不识丁,出身卑贱,当年曾【为】胡匪首领,与张作霖同伙,为草莽英雄,投诚后渐渐升为特区长官。日本正利用此等混蛋人物,关于损权卖国各项契约,均由张景惠代为签字。马家沟开劈［辟］日本飞机场，【他】首先赞成。"新国家"欢迎日本人来哈，这都是张景惠作的。若论卖国者，张景惠得列为第一。本庄繁与日本天皇内里有一段曾云："张景惠人极颠顶，又无学问，部下均是些阿愚［谀］之辈，灭亡满洲正好利用此等人物"云云。由此可知，卖国者不啻张景惠一人而已。

哈尔滨特【别】市局长鲍观澄，在张学良处任秘书时携款潜逃，【作为】战争犯被拘于奉天第三监狱。去年九一八，日本占领奉天后得日本庇护，鲍观澄始得出狱。查鲍观成［澄］原住上海，系贫人之子，家贫如洗，伊母为日人佣工，家中始得糊口。当年伊母薄具姿色，为日本主人垂涎，久之，果得与之通奸，年后生鲍观澄（伊原种是日本人，当然亲日）。年长得日本父之资助，得赴日留学。表面上虽是中国人，其实实是日本人。伊在哈埠行卖国各种行为，实因伊之原是日本人，有以使之然也。在哈埠行建"国"庆祝会，满街粘贴标语，全都鲍观澄个人之意。所去之人半是雇佣，半是由警察赶去，实非我东北三千万民众之本意，请贵【团】查我众心理，拯救我国。

今日，我东北三千万民众于水深火热之中，只有希望国联以正义与人道拯救我东北民众灭亡之患，这是我们最期待的，专此祈恳。

此上国联调查团委员公鉴。

民众代表李寅公、宋连英、张树德
何土元、白茂林、车大义、黄中仁
马洪林、郑少桓、孙洪才、韩子良
邬墨林、吴伯珩、刘士俊同拜

资料来源：日内瓦国联与联合国档案馆藏李顿调查团档案，卷宗号：S36。

131. 辽河县民众代表来信

谨呈国联调查团委员长、诸位委员钧鉴：

谨呈者：

我国自西历一千九百三十一年九月十八日，日本强占我辽宁、吉林、长春、卜奎等处，大炮烘［轰］炸、飞机投弹、枪刀刺杀，我国商民死伤无数。于一千九百三十二年二月五日，占我哈尔滨。自开江后，松花江下游各码头，日本军人烧我房屋、杀我商民，通河县完全烧净。我等均无安身之地，饮食俱无，苦不可言。可叹我东省三千万民命完全在日本手中，有仇无处去报，有状无处去诉。

今救命贵团来哈,乃我商民不幸中之大幸也,恳求贵团令日军退出我国,民众得生活之路,永远不忘贵团大恩大德!苦不尽诉。

辽河县民众代表(现在日本人范围之内名不敢详)
西历一千九百三十二年五月十七日

资料来源:日内瓦国联与联合国档案馆藏李顿调查团档案,卷宗号:S36。

132. 滨江市、哈尔滨市工商市民代表郭维城等来信

国际联盟调查团委员会诸君台鉴:

因中日两国之不幸事件而劳贵团前来调查。诸君为维护世界和平、国联威严,不辞艰劳,远泛重洋,东来中日两国实地调查,其精神、毅力为中国政府、国民深致其钦感与无限之希望者也。诸君既受国联大会之委托,前来调查,则对于事件之实情务求其详,既编[遍]历京沪、平津、辽吉、长春各地,信已获得丰富之材料。然或因距离辽远,所知不详;或为日方所伪造,非为事实。今诸君驾临哈埠,本拟趋谒面陈一切,乃因鉴于贵团在沈阳时之情形,未敢冒险前往,此中苦衷当为诸君所洞鉴。今于热烈欢迎之余,谨将日本侵略敝国暴行之因果及经过情形,作最忠实之陈述,以备考察,信为诸君所乐闻者也。

1. 日本侵占东三省之真实原因

日本之抱侵略中国之主义也,为该国数十年来之传统政策,其目的为实现其帝国主义之大陆政策。所谓大陆政策者,先吞并朝鲜,业经成功。故侵占东三省,达到目的以后,再进而侵占华北。然后,更拟吞并中国全部,以造成亚洲唯一大帝国。其后,更进谋征服六大洲,独雄世界。此种统一地球、完成日本大帝国之雄图,在已故前首相田中义一氏上日皇奏章中,曾有极精密之计划。于事变后,日当局之屡次表示及最近关东军司令官本庄繁对马占山所言"日本无论如何,绝不放弃满洲,因满洲为天富之国,日本取得后凭其富源,对世界任何国家无所不惧"之豪语(见马占山四月十四日由大黑河拍发通电中)足资印证者也。故日本此次侵占东三省,乃为实行其大陆政策之初步,以后将按照所拟计划,逐步进行,希谋实现其统治世界之伟业。所以,日本侵占东三省,不仅为中国之损失,世界各国胥蒙其害。故此事件,非仅中日两国之事件,实为全世界之重大问题。甚愿诸君对之予以深切之注意,明晰之认识,作精密之研究也。

2. 日军攻占各地之情形

日本于上年造成万宝山朝鲜排华惨案,后因事实具[俱]在,无可饰词,乃借口所谓中村大尉被害事件,于一九三一年九月十八日,由其军部代表向东北边防司令长官公署参谋长荣臻氏提出最后通牒,限于二十四小时内答复。荣臻接到此项强横无理要求,已允转向北平张学良长官请示,尚未及到所限时间,而驻屯沈阳南满车站之日军,竟于九月十八日夜十时许开始向毗连南满车站之商埠地、北市场等处进攻。中国因维护世界和平,尊重国联盟约及非战公约,由军事长官下令"不与抵抗",驻扎北大营、东大营之精锐军队八千余人,皆自动退走。所有警察二千余人,亦未抵抗。故日军得于十九日黎明,将沈阳全市占据,铁骑横行于街市,任意杀害徒手无辜居民,奸淫妇女,掠夺财物,繁华都市变成恐怖地狱,其凄惨情状目不忍睹,言之痛心。同时,于六小时内将由南自大连、营口,东自安东,北至长春、南满铁路沿线各县、市一律被日军占领。该各县、市固皆有我国军警驻守,若行抵抗,何能如此容易耶!此足资证明中国军警因遵守长官命令,未为抵抗也已。日军占据以上各地,犹为未足,又于九月二十三日占据吉林省城,西进占据新民县,更缘四洮铁路,进攻辽源县、通辽县、洮南县,既占各地,复缘洮昂铁路而向黑龙江省城进攻,乃有江桥、大兴等处与马占山之战。经马占山将军率部血战期月,嗣为保全实力而退,黑龙江省城遂又入日军势力之下。国联大会及行政院理事会虽有数次决议案,中国遵守之,而日本则悍然不顾。以陆、空军轰击锦州,更于本年二月五日进占哈尔滨,其后以飞机迭次轰炸。在宾县设立之吉林临时省政府,致与在锦县之辽宁临时省政府同其运命。最近,复以由上海撤回之兵运来北满,由哈埠分向中东铁路东西两线、呼海铁路线及松花【江】下游,积亟[极]进攻中国人民组织之救国义勇军、吉林自卫军与马占山统率之黑龙江军。日军所至之处,除没收官有财产、掠夺商民财物、残杀民众、奸淫妇女外,并纵火焚烧街市,如中东路东部线之乌珠河、一面坡、牡丹江、海林站、宁安县等地,均有一部市街被其炮火及纵火焚毁。五月九日,又将距哈三百华里松花江下游北岸之通河县市街烧毁三分之二。十七日焚毁松浦镇附近及五个村庄,并在各处被日军掳去之公私财产不可胜计。只辽宁兵工厂所存之军械、军火等,据日方发表:估值日金二万万元。航空处所有各种飞机二百余架,所值甚巨。至占据破坏商店、工厂所受之直接、间接损失,诚为不胜统计者焉。请一察哈埠之情状便可推想而知矣。总之,日军之种种残暴行为,有非文明国人民所想象到者,谁谓彼文明耶?!

3. 日军占领各地后之措施

日军于上年九月十九日占领沈阳全市后,中国军队既不抵抗而退出,警察及武装保安队皆被日军缴械,大小官署均被占领,职员逃散,遂陷于无政府状态,居留附近之朝鲜人,乃乘机在各城关恣意抢掠,日军警复借搜查中国军警为名,随意侵入商店、住宅搜检,就便劫取财物、奸淫妇女,其有言语举动稍有不如意者,立即杀害之。如此被害者为数颇巨,处于铁蹄淫威之下,受害者惟有忍气吞声而已。此时,无论任何阶级之人民,其生命财产均失保障,故多离沈他去,北宁铁路之运输乃特别繁忙矣。九月二十一日,本庄繁令奉天特务机关长陆军大佐土肥原贤二为沈阳市长,自由占据市政局,行使市长职权,由是先恢复市局所办之电车、汽车。交通虽略恢复,但以日军之横行街市,动有生命危险,仍然路鲜行人、商店尽紧闭双扉,景况异常凄凉。其后,迫令袁金铠、阚朝玺等出组地方维持会,于成立时(十月十三日?)袁金铠等曾有鲜明之宣言,谓在军事时期,各行政官厅无人执行职务,故出组维持会以维持地方之治安,对于政治概不过问,一俟地方秩序安宁,即行解散等语。爰招募自卫警察,自此始略安定。嗣又迫袁等将地方维持会迁入辽宁省政府内,改为省政府,执行一切行政事务,并迫袁等宣布与国民政府张学良脱离关系而独立,改辽宁省为奉天省,大小机关皆由日方派委日人之咨议顾问,名虽如此,其实权则尽操于此咨议顾问之手,华人长官徒拥虚名而已。后本庄繁委赵欣伯为奉天市长,于冲汉为地方自治指导部长,在日人指挥下开始所谓独立建"国"运动,此为日本自九月十八日以后在沈阳之措施也。至于吉林,尤为荒诞,多门于九月二十三日率军到达吉林后,未几,即迫令吉林边防司令长官署参谋长、代理省府主席委员熙洽封闭省党部,改变省政府之组织,委熙洽为吉林省伪行政长官,熙洽迫于威势,帖耳服从,一切措施同于辽宁。黑龙江省自马占山退据海伦后,日军即进驻省城,以昏瞆之张景惠为名义上之省长。迨至二月五日,日军进占哈尔滨后,以为东三省已被其征服,因其时于扰乱天津后,又大举以海陆空军攻击上海,国际舆论大表不满,日本为转换国际之观听,遂强逼前辽宁省政府主席臧式毅氏出任奉天省长,而积亟[极]进行其所谓建"国"运动焉。

4. 满洲伪国为日本欺骗世人之手段,与中国国民无关

今所谓之"满洲新国家"者,实与东北三千万中国国民无关,且非其所愿,不但汉人人人反对之,即满洲人亦何尝愿意? 盖由民国成立,五族共和,不分

种族，一体待遇。二十年来，满汉之畛域早已泯灭无遗，社会间固无人注意谁为满人，谁为汉人矣。代表中如关玉麟、江宗海，固满人也，若不自道之，谁又知为满人乎？此种情形不只华人知之，凡通晓中国情事之各友邦人士类，皆共知者。满人与汉人既享同等之待遇，又胡为乎另建"新国家"也？此为凡具常识者所尽知之事，故此伪国家为我全体国民所极反对者也。然则日本岂真欲效往古之圣王助人复国者欤？此不待思考，任何人皆知其不如斯也。其所以必出此者，乃为欺蒙世人之耳目，阴行其吞并之毒计耳，请将彼所作之把戏为诸君略述之。

日军进占哈尔滨后，其军部委土肥原贤二为哈尔滨特务机关长，以威利迫诱张景惠、赵仲仁等，游说虎锯[踞]海伦之马占山，马氏鉴于势力不敌，乃佯允之。于是乎，日方认为三省已告平服，即进行建立"新国"之运动，由日本军部拟定程序，命令奉、吉、黑三省及哈市照办其内容，系由各省省长会同地方自治指导部（内中三分之二为日人）召集各界代表，开所谓"建'国'促进筹备会"，名为邀请，实则由军警强迫，等于传拘犯徒，故各界不敢不派代表出席。在淫威压迫之下，乌得自由发表意见，唯唯诺诺，听凭任人之摆布。然而，所谓之"建'国'促进筹备委员会"已算成立，出席者咸为委员矣。于是，将早经拟就名为"促进建'国'运动大纲"者，借此会名义而发布矣（此大纲者各县市署公安局皆有，可资调阅其内容，除规定进行程序外，并有凡参加运动出力人员均后给报酬，所需费用由经办机关正式报销之规定，故有少数无耻份子受威迫利诱，为之奔走，固不能谓为代表民意也）。由省府命令各县长、公安局长照办，并由地方自治指导部派员分赴各县，会同当地县长、公安局长，以军警严重监督下，依样画葫芦，于是由"促进建'国'运动委员会"而"市民大会"而"省大会"而"全满大会"，此项伪造民意之会，由二月二十三日至二十八日先后在奉吉两省各县市举行，开会人数稀少时，则用金钱雇佣苦力、无业游民以凑数，日人择摄其影以为宣传之资料。哈埠举行此会系在二月二十五日，到会者除各机关职员、差役及由商店中强拉来之夫役外，无一知识分子、上中社会中人之参加，人数原极少，未及游行即一哄而散。而翌日报纸登载谓参加人数达十万，为空前之盛会。盖日军所到之处，原有报馆均被封闭，其后或仍用原名，由日人经营出刊，或原主受收买而再复版，故今东三省已无一纯由华人经营、能代表中国人民意志之报纸，其所登载之消息，类属前举之例，率为虚伪之宣传，苟不详察，则易受其欺惑焉。所谓"全满促进建'国'运动大会"者，系于二月二十八日在沈阳举行,据亲参加者谈,虽有若干代表出席(其代表亦为日人,由各地指派者,殊无代表资格也),但有会而无议,不过给与几种传单而已。其后所发表之宣言等,固耳未之闻、眼未之见也。当讨论"新国"之国体时,张景惠等主张民主共和,熙洽等主张君主立宪或君主专制。日方则皆不赞成而主张现行者,云君主而称执政,谓共和而不由人民选举且有年号,诚所谓非驴非马者矣。日人对溥仪早已认为奇货,故在扰乱天津之际,乘机挟之至大连以供其捉弄,溥仪个人亦明知为人傀儡,而不愿为此活木乃伊,故执政就任日期一再更改之。三月八日,始由汤岗子要挟到长春。九日,在日军监视下就任所谓"新国"之执政,实则求个人行动自由尚不可得,况其他哉!吾人固早谓满洲伪国之组织,实质等于朝鲜之总督府。前者尚藏头盖脚以掩世人之耳目,近则抓下假面具,真相毕露,如迭次任命大批日人官吏是其明证。诸君既由长春而来,对于以上各种情事,当已洞悉无遗,无待赘述者也。

5. 日本占据东三省后,列国及中国在经济上所受之影响

甲,东三省在中国经济上之地位

在叙述日本占据东三省后,列国、中国在经济上所受之影响之前,必须先声明东三省在中国经济上所处之地位,而后始容易明了其重要性。查中国海关"中华民国十九年份进出口国际贸易报告书"所载:出入口货总值额为二十二亿海关两,进口货总值为十三亿海关两,出口货总值为九亿海关两,以进出口口岸分别之,大连占出入口全体贸易之百分之一四。四是占其出入口货物估值为三亿一千八百四十万海关两,盖以哈尔滨、安东、营口三关计之,实占全体贸易百分之二〇而强,出入口货价值总额为四亿五千万海关两,在中国各口岸中皆属进口超过出口。惟东三省则独能保持其历年出口超过于进口之优越地位。盖中国出口货中近年占第一位者为黄豆(俗呼为大豆)及其制品,而出产输出黄豆者厥为东三省,每年之产额达五百五十余万吨,出口者之价值逾二亿海关两。此外,出产者如兽皮、兽毛、木材、药材、煤铁、柞蚕等,皆为大宗之出口货,诚所谓天府之国也。因其人民均从事于农牧渔猎,故工业甚为幼稚。除食粮外,其他衣饰日用物品则完全仰给于外来,而中国内部诸省工业亦未发达,此项需要乃尽购诸友邦。以人口日繁,需要随增。最近每年之纯入口货物,其价值逾二亿海关两,由中国各地输入者尚未计在内,由是言之,东三省不特为中国生存之命脉,而亦为列国之大好商场,其在经济上之重要有如斯者,未知诸君曾鉴及此否?

乙，现时日本在东三省之经济势力

子、商业、工业、矿业

日本在中国[华]民国十九年份国际贸易中出口、进口皆占全体百分之二五，已占第一位。若就东三省而言，日本则占进口总额百分之六〇以上，就中以棉纱、棉织品为最多，其他日用品次之。出口虽不若进口为多，但亦在任何国家以上，且大部土产品经彼国商人之手贩运至欧美市场，以从中渔利，并居间行其操纵之伎俩，使中国、欧美商民咸受其欺害，故其势力异常庞大。近年因金贵，彼国内工价较高，为与各国竞争，乃在中国设置制造厂，在辽阳设有大规模之纺纱厂，奉天设有制糖厂、制麻厂，长春设有制粉厂，大连设有许多制油工厂及其他各种化学工艺制造厂，其尤著者为安[鞍]山制铁厂、本溪湖煤铁公司，其采煤铁均用露天掘法，其采冶之易，生利之厚，可想象得之。而抚顺煤矿，其埋藏量之富、生产之多，尤为各矿之冠。对于森林，则有鸭绿江采木公司任意砍伐，以供其国内建筑、造纸之用，以上各矿场之采伐权，皆由用威吓、诈欺手段而取得者也。自昨年九月十八日以后，凡官有及解职现任大小官吏私人出资所经营之各矿产、工厂、公司，如鹤岗煤矿公司、滨江证券、粮食交易所等，均被日人所没收。吉林一望无际之森林、黑龙江与兴安岭之金矿，久为日人所垂涎，行见偿其夙愿矣。

丑、交通事业

日人自一战①胜俄，获得由长春至旅顺间之铁路，挟其战胜余威，复由清庭[廷]取得由沈阳至安东、大石桥至营口间之筑路权，始完成现时之南满铁路。继又延接至大连，辟大连为商港，将旅顺改为军港。民国四年，乘世界大战正烈之际，向袁世凯提出"二十一条"，要求东三省筑路、开矿等专权，几经交涉后，乃由日方借款与中国政府，由中国自修如吉长、四洮等铁路是也。如此犹以为未足，复要求修筑吉敦（吉林至敦化县）、长大（长春至大赉县）等五路，此即所谓铁路问题者也。提出无理要求而必强人承认，天下宁有是理？即南满一路，已足制东三省之死命，惶用多哉！盖南满铁路之组织与世界任何铁路均不同，因其不仅限于交通事业，实负有各种政治之使命，俨然一政府也。故历任总裁皆为政界重要人物，该路与关东厅、领事馆号为三头政治，分工合作的设法侵略中国，故对该路殊不能以一普通交通机关视之也。近年，中国以自

---

① 编者按：原文如此，指 1904 年—1905 年的日俄战争。

己资本继续兴修完成沈海、吉海、打通、呼海、洮昂等路。此外，尚有洮索（由洮南县至兴安屯垦区）、齐克（由齐齐哈尔至克山县），正在兴修，已完成一部，并兴修葫芦岛海港。其间，日人曾百般阻挠破坏之，未能生效。此为彼所大不满意之事焉，但由此足证，满洲开发为彼日人之功者，为虚妄矣。

寅，以前金融的势力及今后之计划

日本在东三省除具有工业、商业的势力，与夫以南满铁路作各种侵略急先锋，并行其金融的侵略，由朝鲜银行发行一亿数千万元日金的不兑现纸币。此种纸币因其无准备【金不】能兑现，故在其国内不能通用，只行使于朝鲜及东三省境内。日人公私一切收支皆以此为本位，因由日输入货价皆须以此偿付及南满路之关系，故得流通于东三省各地，所具潜势力甚大。其次，尚有横滨正金银行发行一种与中国国币相仿之银货，虚本位不兑现纸币，俗名之曰"钞票"者，其用途流通虽远逊于朝鲜银行发行之虚金本位纸币（俗名之曰金票），然因大连特产物（即黄豆、豆油、豆粕等）取引，所以之为交易之货币，故亦具相当之势力焉。此为九月十八日事变以前之状况也。迨日军占据沈阳，所有中国国立、省立与以前、现时军政界私人开设之银行，一律被日军予以封锁。直至十月十五日，始令复业。于各银行皆由日军部关东厅委派日人顾问、咨议数名，名曰顾问、咨议，实则总揽一切事务，将所有金银准备金及兑换券尽提存于朝鲜银行，吉林、黑龙江、哈尔滨、长春，情形同于沈阳。其他各地提出之数目，虽不得其详，哈尔滨各银行被日军提存于朝鲜银行之现金与兑换券约为二千万元。现各银行因日人监视颇严，均不能自由营业矣。在数年前，日人即有组织满洲中央银行之计划，作进一步的侵略中国金融，乃以与朝鲜银行、正金银行发生利害之冲突，两行起而反对，遂至未能实现。今时移势殊，故又旧话重提，略变从前计划，系拟将东三省现有之三个省立银行（即东三省黑龙江、吉林永恒、官银号）与边业银行合并，改组为"满洲国"中央银行，即以原有之资产作为资本金，并由日本贷给日金二千万元（即各报前所登载者）。其总裁、副总裁皆为日人，现在正积极筹备。成立之后，则东三省之金融完全操诸日人之手矣。

丙，日人所拟今后垄断经济之计划

东三省物产异常丰富，所产又多，为原料品可供工艺制造之需。而中国政府向抱开放门户主义，任各友邦自由采购，不加干涉。每年消纳价值二亿余万海关两之进口货物，亦听其本国及友邦商人自由购运，一体待遇。此种事实乃世人所尽知者，无待晓舌。今东三省之形势尚未底定，而日人对于经济已有种种封锁之计划矣。如对于黄豆（即大豆）拟设专卖局，由彼一手把持之，此为确实可靠之消息，其拟专卖者不止黄豆一种。对出口货物如此，于进口者如何，不难揣想得知。盖在世界民族中气量之狭小，无过于日人者。现彼外交界人高唱门户开放云云者，不过图暂时缓和国际之空气，此由于芳泽等迭次在国联大会行政院理事会席上所表示一再赘述，日本在主张满蒙有特殊权益，足资证明日本之真意所在者也。呜呼！请问日本所谓之特殊权益者，何所据而得来耶？其漠视信义，行为狡展，可谓极矣！

丁，九一八事变后中国公私经济上所受之损失及与国际贸易所生之影响

东三省近年因由山东、河南、河北等省移民来居，从事垦殖人口既逐年增多，出产亦因而日加，商业缘以发达，出入口货物自然与时俱进，而国家地方税收遂年有增益。民国十九年度，东三省各种捐税征收额达中国国币一亿一千余万元，约占中国全国总收入百分之十二。自九月十八日以后，此项收入锐减，现时且不属于中国政府，影响于中国财政者颇大，此为国家所受之有形损失也。至于人民，凡军事区域之商店、工厂全部停闭，且有一部被炮火焚毁或被匪贼抢劫。幸而保全者，以地方秩序不安、雇主稀少，率多不能复业工作，店主不得已而遣散其店员，工人因此失业者虽无准确统计，即以东三省论，最少限度亦在有一二百万人，此种损失数亦殊巨。间接所生影响姑不具论，其失业无家可归者，老弱转于沟溪，少壮铤而走险，以致地方治安发生不安，此皆由日人所造成者也。地方秩序既不安宁，而军事犹无已时，致农人不能耕种，如过五月不能下种则为荒芜。民以食为本，若秋收无望，今冬之情势将愈严重。即就现时及以前之各种情形而论，其直接、间接影响于国际贸易，已属甚大。凡与中国通商之国家，莫不遭受损失。而今后之情势，行见日趋于恶劣，此愿各友邦人士加以注意者也。致此之由，责在日本。欲除此恶劣情势，惟在中日事件早日解决。故此番日本之无理暴行遭受重大损失者，固为中国，而各国亦莫不受害，此非吾人之偏见。窃想各国明达之士，当同斯感者焉，抑不独仅此而已。日本此举，所予世人之恶劣印象极深，其影响所及，于各国之政治、军事、外交胥有关系，故此事件已成世界之问题矣。

6. 日本纵其浪人、韩民种种之不法行为

日人之性情迥异于各国人民，其行为多为卑鄙不堪之事。南满铁道附属地内向为胡匪之逋逃【渊】薮，因彼明暗之庇护，至于剿除上多所阻碍，而其商民多为贩卖军火之营业，以供给贼匪，或贩卖吗啡、海洛音［因］等麻醉毒药，恃

其领事裁判权而公开售卖,中国警察明知之而无可如何。并唆使韩民伪为归化,以取得租购土地之权,且令其作种种违法行为,如中国警察加以干涉,而彼则借端生事,所以酿成种种纠纷者,纯由于日人利用跨中日两国国籍之韩民所致之。彼无知之韩民被人利用而不自知,可笑亦复可怜。虽然真正归化中国之韩民仍居多数,其等因不堪日本之虐待而徙居东三省从事农垦（率以种水陆稻为业）,犹鸟脱樊笼,遂甘愿归化。中国自有史以来对外来民族向持宽大主义,莫不与本国人民一视同仁,故韩民一经归化入籍,则无畛域之分,与原有土著居民感情均甚融合。日人所云如何虐待韩民者,纯为有作用之宣传,完全出于捏造以欺朦［蒙］世人。吾人相信:诸友邦人士必不为所欺也。至其浪人之种种卑鄙不法行为,则为信而有征之事焉。

7. 拘害官绅,没收私人财产

九一八之事变出于仓促,在日军攻占各地时,对于当地之官绅或为拘捕或为监视,尽剥夺其自由,并用威逼利诱等手段令就彼范,供之驱使。其有不得逃脱者而不屈服者,则杀之。如前财政总长阎泽圃［溥］,日方伪谓为人所暗杀,实则为彼方所杀害。前热河都统阚朝玺,亦早不在人世。前吉林陆军训练副监李振声、前吉林省议长张洁［节］涛、财政厅长荣厚、警务处长王之恭［佑］、永衡官银号会办秦少白［伯］,均先后被日军拘禁,现时有不知下落者,有在长春、哈尔滨软禁者。其无故被害、为人所不知者,则不知其数焉。凡日军所到之地,不论退职、现任官员,所有之动产、不动产,皆名之曰逆产,尽行没收。如张学良、万福临［麟］、吴俊陞、鲍毓麟诸人,在哈埠被没收之动产、不动产业,已属甚多。

8. 摧残教育文化,嫉视知识分子

中国对于教育向来力图改进,又蒙各友邦退还庚子赔款,以之用于文化事业。故国民革命军统一全国以后,经政府之努力,对于教育、文化气象一新,友邦人士与中国国民同深欣慰,而日本则大为嫉视。自九一八变作,凡日军足迹所至之地,对于文化机关（如图书馆、通俗教育馆等）、各级学校,必竭力破坏之（如辽宁东北大学、吉林大学及各地中小学校）,焚毁图书、仪器,将学校改为兵营。故至今高级、中等学校皆未开学,其有最少数小学开学者,因日人禁用从前之教科书,又无替代之教材,故无课可授,实际等于未开学耳。故令数十万学生尽失学,在现代视之,亦为一重要事项,非特仅此而已。日人对于知识分子异常嫉视,尤以对国民党员为更甚。国民党员之被惨害者甚多,在沈阳故宫中所藏之四库全书,闻被日人盗运以去,该书为中国数千年文化、思想之总汇,诚所谓无价宝也。今被日人盗走,为中国文化上重大损失。

9. 哈埠当局之妄行及事变前后之情况

东省特别区之成立也,由于一九一七年俄国发生革命后,俄人不能维持中东铁路沿线之治安,而赤俄新政府宣言关于帝俄时代取得中国之不正当权利,一概归还于中国。故中国政府乃将中东铁路沿线之市区接收,辟为特别区域,设东省特别区行政长官以治理之,行政长官公署以下设有政务、教育、两厅、警察、市政、地亩、三局处,各设厅长、局长、处长处理所执掌之事务,统由行政长官管辖之。故其性质同于省政府省长。第一任长官为朱庆澜,一切设施皆出氏手。继之者为张焕相,除循朱轨并多所创设与改良,乃有现今之成绩。张焕相去职后张景惠始任斯职,其本一磨房(旧式制麦粉之小工厂)工人,目不识丁、昏愚无术,因有恩于张作霖,故得侧[厕]身军界,代张学良继乃父为东北边防司令长官,彼乃以老前辈资格出膺斯职,以其愚懦无能,因选精明人员为各厅处局长,张徒拥虚名而已。昨年变作之后,日人以其庸愚,堪供利用,即派员与之接洽,以彼无军权,令其招编保安队二千名,枪械由日方供给之,名为保卫地方,实则预为日后之准备,其谋划可谓远密,此上年十一月间事也。及日军进占黑龙江省城,张命其爪牙于镜寰率此项保安队入江省,以作日军之鹰犬,而张本人亦腼颜就任日人所委之黑龙江省长。厥后,又承日人意旨,与熙洽二人将特区及滨江县属之各厅处局长尽数撤换。土肥原亦于是时来任特务机关长,如现时之特区市政管理局长兼哈尔滨市政局长之鲍观澄,乃随土肥原由沈来此,而由土肥原所委任者也,殊不能认为中国之官吏焉。因而,鲍乃作出种种倒行逆施事件以酬其恩焉,市民固恨之刺骨也。只以在武力压迫下,无可如何耳。张景惠以势力单薄,不能为所欲为。日方乃又以武力进迫,哈埠滨江镇守使兼长绥护路军司令丁超与依兰镇守使李杜、吉林陆军独立团团长冯占海、东省特区警察管理处长王瑞华等,乃一致起而抗战,卒以势弱难敌,并为保全中外商民财产生命,乃于二月五日退出哈埠。日军即时侵进市内,九一八以后独得保持数月之哈尔滨,遂亦遭与辽吉同样之命运,一任日军之跋扈。大小机关胥被接收,公私房舍多作兵营,其所以未如在沈阳与他处之杀烧者,盖以在哈居留外侨较多,有所顾忌耳。

10. 对诸君及国联大会之希望

日本乘世界经济恐慌、中国大灾之际,漠视国际间一切条约,不惜破坏世界和平,抱庞大无涯之野心,而以武力侵占中国领土,破坏其行政之完整、社会经济之组织，其真实原因、经过详情及利用少数顽老不堪、丧心病狂份子(如郑孝胥、罗振玉、宝熙、金梁等皆顽昏老朽，至赵欣伯、熙洽、谢介石辈，则为寡廉鲜耻、丧心病狂者也)，以溥仪作傀儡，假造民意所建满洲伪国之真相与夫列国因此所受之种种重大影响，已俱见上述矣。是非曲直，洞若观火。中国因维护和平国际条约，于事发之时即报告于国联，希望国联用平和方法以解决之。中间虽有国联大会行政院理事会迭次议决案，中国接受遵守而日本不但不理，且得寸进尺，积极继续进行其武力侵略，迄未停息。中国虽始终信任国联，而国联至今无公正、有效之制裁，此为中国政府、国民对国联表示遗憾者也。国联已[以]往处理国际纷争之成绩，固为吾人所赞叹。如于此次事件，对日本始终无有效之制裁、公正之解决，非特中国之不幸，于国联未来之命运抑亦不卜可知矣。故此事件不仅关于中日两国，直为国际联盟大会之存亡问题，且亦为今后世界大势转移之枢纽，贤达如诸君，当早鉴及于此焉。尤有进者，苟国联对本事件终无适当解决之办法时，吾人为民族国家生存计，绝对不甘受人欺凌，日人尝号于世人曰"满蒙为日本之生命线"，然则满蒙岂不为中国"生命线"乎！满蒙为中国领土也，彼日人认为"生命线"而以暴力劫夺之，然则中国国民岂肯坐令其祖宗与其遗留之"生命线"，无故被人劫夺以去耶？中国国民虽酷爱和平，至是亦不得不誓死抗争以保持其"生命线"，故必依中国国民党总理孙先生遗教之三民主义大无畏精神，以全国之力与其敌人作长期殊死战，任何手段在所不计，不达目的不止。中国国民对于此举不只认为保持其民族国家之生存，并认为为维护世界公理和平而战，为此而战，虽死犹荣。故其国民人人欲执枪以赴战场，血刃其敌人，诸君不信请观上海之战况。然十九路军犹为正式军队也，如现时南北满之义勇军、救国军，多有手执刀棍以与彼持现代杀人利器之日军血搏，此无他，为争生存而自卫者也。不徒此少数而已，实则中国国民皆具此种决心，占世界总面积十分之一土地、四分之一人口之中国，其奋斗之结果如何？所予世界之影响又如何？诚非为吾人之所知，抑亦非吾人之所计及者也。今诸君受国联大会之委托，前来实地调查事件之真相，所负使命异常重大，必求得真实情形而后已。然东三省人民处于暴力压迫下，纵有许多真实材料而无由申诉。此应请诸君特别注意者。复次，并切望勿听信日人不确实之片面报告，致令其阴谋得售，谨请诸君广搜材料，运聪敏之智慧，作精锐之观察，下正确之判断，秉公报告于国际联盟大会，并祈转请大会速作公正有效之处理。此为我国民对贵团诸君所热烈期望者也。鄙人等谨代表哈尔滨、滨江两市全体工商员工、市民三十万人奉陈前情,并以百二十分热忱,致其希望之忱,敬祝诸君幸福无量!

滨江市、哈尔滨市工商市民代表
郭维城、关玉麟、江宗海、杨国光
王玉符、李德辉、赵国璧、张仁敬上
救主降世一九三二中华民国二十一年五月十八日

资料来源:日内瓦国联与联合国档案馆藏李顿调查团档案,卷宗号:S36。

133. 中国国民党青年团哈尔滨市支部来信

顾少川代表译转国联调查团诸公钧鉴:

暴日无道,称兵犯华,掀动东亚风云,震惊西欧视听,致劳贵团远涉重洋,来华调查。本维持世界和平之精神,出而谋解决中日两邦之纠纷,必能伸张公道,抑压强权。兹当星轺入境,敝同仁等于竭诚欢迎之余,兼欲将数月来目击日军之横暴,与身受倭奴之痛苦,倾诚吐露于后,用备贵团之采择焉。

(甲)世界之阴谋。查日本军阀向有一贯之对外积极侵略政策。吾人细玩以前田中义一之满蒙大陆政策及最近本庄繁等上日本天皇之奏折,可以看出其对外一贯之积极侵略政策,即第一步占领满蒙,第二步并吞中国,第三步征服世界是也。溯九一八事变之际,华人以酷爱和平及信赖国联之故,甘心退让以静待国联,依法解决。不幸竟因此失却三省,而促成日本对外侵略政策第一步之成功。须知中国失却三省,防日之藩篱已撤,此后不惟中国危若朝露,即世界各国亦将受其威胁。此非危言耸听,观于事变以后,联盟各国从不敢对日稍事裁抑,畏日之情可见。以今日之日本——蕞尔岛国,世界各国尚且畏之如虎,而况并有三省之后版图增大数倍,恐不数年后,即将向世界各国进攻,又孰敢撄其锋镝乎?所谓日本占领满蒙,有征服世界之阴谋者,以此望贵团于此切实注意,早加抑制,勿徒视为亚洲人之事,无关痛痒,失国联之威信,而贻噬脐之后悔也。

(乙)托名满洲建"国"之诡谲及建"国"经过之形形色色。

(一)"满洲"名词之无稽。查日人所称之"满洲",系泛指中国辽宁、吉林、黑龙江三省及内蒙古东方一部分领土而言。查此等地域久隶中国版图,且为世界所公认之中国领土,并已久经设置行省,与中国中部及西南等部之各行省初无二致。暴日欲攫取三省土地,故制造"满洲"一名词,漫向世界宣传。不明真相者,恍若世界上另外有此一"洲",兼含有独立性质,且与中国无甚关系者。彼倭奴之所以如此狡诈,盖为今日使之脱离中国计耳,世界不乏明达之士,必不受其欺骗也。

(二)借口民族自决之猾稽。三省为全中国诸行省之一部,其人民在政治上、社会上所享之权利及应尽之义务,与其他各省人民处于一律平等地位,从无异视。且三省物阜财丰,人民之优游自得,较他省为特甚。向来未有此种民族自决运动,亦从无一人有此提示,其无须自决,不愿自决也,明矣。且其何以不自决于九一八事变之前,而必自决于九一八事变之后?如谓以前系受中国军阀压迫而不敢自决,勿宁谓今日系受日本军阀压迫而不敢不自决。在昔,高丽因日本而独立,亡不旋踵。现时,满洲因日本而建"国",其危已在目前。日本诡计,先后如出一辙,所谓民族自决,只是灭亡工具。

(三)日本把持政权之牢固。所谓满洲建"国",所谓民族自决,姑退一万步,认其可行,则凡所谓国家者,必其主权、内政具有独立、自由之精神而后可。今"满洲国"则何如?除溥仪为纯粹之傀儡不计外,其下无论大小机关,必聘日本顾问多人,一切须秉承日顾问之意旨而行,是以顾问而监视其长官矣。又每一机关,则设总务办事处一所,处中职员纯由日人充任。一机关之事务皆须经其审核,是以总务办事处而把持其事务矣。此外,并拟于每一都市,编制日本警务队,队员悉为日人,是日人又欲攫取地方上之警察权矣。甚至外【长】次【长】及中行副总裁,皆系日人。"满洲国"所有政权几于尽归日人掌握,尚何"国"之足称?最离奇者,哈尔滨在南岗设有特务机关,其机关长乃日人,前为土肥原,现为小松,其威权在特区长官之上,所有特区机关,无不受其干涉,其他思过半矣。

(四)三月十日,庆祝满洲建"国"之虚伪。本年三月十日,三省各重要都市曾举行满洲建"国"庆祝会一次。哈埠当日亦曾行之。事前下令各机关、商店、住户,有不到会者,以反对"新国家"论罪,有职务者兼停止其职务。人皆慑于淫威,莫敢违误。开会时主席令全场高呼"'满洲国'万岁"口号,场中未有一人应声,主席面红过耳。此足以见人心之向背矣。又事先拨款十万元作为庆祝费用,制造种种标语、布匾,沿街张贴,乃于当日夜间即被人民涂抹扯毁殆尽。近以贵团将至,曾经重行移置刷洗,然仔细审谛,尚可见其污痕也。现时,街衢又贴满各种欢迎标语、布匾,其性质与上述者同,绝非出诸民意。

（丙）三省人民抗日救国之精神与反对伪国之决心。日本于九一八突然对华出兵，不宣而战。我当局深恐战端一开，牵动世界和平，始出于不抵抗，而静待国联解决之一策。迨国联决策未定，而日军又犯黑省，于是马主席占山，遂提一旅孤军向日军迎击。虽兵不多、械不精，亦誓以热血相周旋，以救危亡而争国格，嫩江桥之一战，遐迩震惊。卒以寡不敌众，牺牲无益，故且伪降以待时机。日前马主席闻贵团行将莅临，曾经电达衷曲，表明态度。随后整师而出，克复黑省全土。目今松花江北岸，悉复为中华领土。此黑省人民抗日救国、反对伪国之情况也。再吉林一省，除熙洽降日外，其余将官如李杜、诚允、丁超、冯占海、宫长海等，始终统率所部，与日军作殊死战。数月以来，百折不挠，兼之民众为援，军容日盛。日军屡受重创，终于莫可如何，退守哈埠。目下，哈东十里之外，亦尽是中华领土，此又吉省人民抗日救国、反对伪国之情况也。再，当客冬辽宁日军西向榆关、进窥热河之顷，官军以维持和平，不敢轻动，人民以死在目前，悲愤填塞，于是奋臂一呼，义军风起，挫败强寇，捍卫国家。辽西之役，卒使日军不敢西进，热河赖以保全。嗣后，沈阳城郭，且被义勇军两次攻入。现今，则潜伏省境，伺隙而动，日军不退，决不能罢休。此又辽省人民抗日救国之情况也。

凡此种种，皆昭昭在人耳目。而日人则忍心害理，悉目之为叛逆、土匪，故不时对外有讨逆剿匪之声明，借以掩饰天下之耳目。当日，芳泽在国联，亦曾强聒不休，于剿匪权之保留，居心狡猾，盖皆预为今日之借口耳。今既贵团莅此，实地调查，对暴日黔驴之技，当能恍然明矣，使满洲建"国"，果系出于民族自决，又焉得有此等事实发生乎？此尤彰明较著者也。

（丁）日人种种之残暴行为。日人号称文明，行同匪类。数月以来，在三省境内，演出种种惨无人道事情，兹特分述于下：（一）抢夺民田。日人曾在辽宁设有昭和农林公司，在前尚系出钱购买田亩。自事变而后，威权在手，遂异想天开，伪造地契，存于该公司内，强指某地某地属该公司所有，径向地主征纳重税，地主以事出无因，与之理论，即将地主趋［驱］逐而攫其房产、田地为已［己］有。又月前，辽阳发生栽橛夺田事，即日人见某地肥沃，以橛栽其周围作为界限标志，界内之地即归栽橛者所有。又，本埠日前报载：日人指定三姓屯、太平桥、荒山咀子等处土地归日人居处、耕种，预计将来可移日民十万以上。凡此残暴举动，与盗贼行劫何异？不出二年，三省土地将尽归日人手中，三千万华人将何以为生？惟有自毙矣。（二）摧残教育。半年以来，三省教育完全停顿，即有一二开课者，亦不过应付贵团面子计耳。以哈埠言，较高学校为一中、二中、三中、工业等校，均为日军驻扎之所。并将校中所有仪器、书籍、桌椅、器具等项或搬走、或烧毁，损坏一空，意欲使诸校永远不能开课。至今，三中改为陆军医院，余尚占据如故。此外，虽有数处小学开课，则皆添日语为主科，旧有良好课本一概禁用。日人并不时招集小学生训话，编出许多无聊语句，令其学说。呜呼，惨矣！（三）搜查居民。由客冬至现时，在乡间屡次举行搜查居民之事。搜查之时，不令居民闭门，不分午夜，闯然直入，即将户主由睡乡中裸体趋［驱］出，跪于户外。稍一迟缓，杀戮随之。而后翻箱倒柜，肆意搜检。遇有爱国性之书籍或自卫枪枝［支］、军用品服，即将全家当场枪杀。否则，亦必枪刺棍打，任意凌挫。若值严冬，裸体跪候，即不杀伤，亦即冻毙。（四）摧残新闻。日人对于新闻报纸，皆适用先行摧残，而后收买汉奸接办之惯技。本埠日报之消息翔实、主张公正者为国际协报及国民日报，皆以无辜勒令停刊。前者则历时许久，始允汉奸接办，复行出版。后者则至今未能恢复。微闻该报当局，亦不屑于恢复也。（五）军队匪化。日军去冬在辽宁屠戮华工，埋活［活埋］良民。南满车上枪杀旅客之事，已经报章宣腾，刊登照片，宣传中外，勿俟赘述矣。日军在哈，为粉饰其文明国家面目计，尚无充分残暴行为之表现。惟有一次，故意枪杀华方侦探队三名，皆现役之公务员也。若一到乡间，则狞恶面目完全暴露，如焚烧房屋、宰杀耕牛、强征车马、奸淫妇女等事，无一不作。此皆敝同仁等所亲受之痛苦，绝非无稽之词也。

（戌［戊］）日本对于东三省无领土欲之反证。暴日侵略三省，虽系实行其占领满蒙、并吞中国而后征服世界之一贯主张，然对外则屡次声称对于三省无领土欲。虽然，吾人终能得一切实有力之反证。自马占山致电贵团表明态度后，饬令各军积极出动，本庄繁情急之际不暇自检，曾声言："满洲乃日军披着血衫所换来，无论如何决不放弃！"观此可知日人对于三省有否领土欲也。

（巳）日人侵略三省倡防止"赤化"南侵论调之谬误。日本实行侵略三省，而又畏世界各强国之干涉，于是常向国际宣传，谓占领满洲可以遏制"赤化"南下之路，使中国不至成为共产国家，且予"世界革命"一极大之打击。此种论调似是而实非。查中国共产党之活跃，纯系受不平等条约压迫所致。一般青年，鉴于层层束缚下之中国，欲救无术，因而流于过激。然自其实行杀人放火政策而后，凡我华人，无论贤愚，皆已恨之入骨，稍假时日，必自溃败。乃日本又进一步向中国施行压迫，适足与赤色国际以口实，将见青年思想益趋过激，是逼进中国入于赤化之一途,安见其能防止?苟联盟诸国觉察及此,毅然改变解决中日纠纷方针,强迫日本退兵。中国以整理内部机会,则不适合中国国情之共"匪"赤化政策,中国人自能起而扑灭之,固勿庸暴日之腮腮[鳃鳃]过虑也。以上诸端,乃敝同仁等所应报告者。敬希贵团采纳,转达各贵国政府,俾明真相。再,敝同仁等不敏,并盼贵团能对于下列数点积极主张,以谋中日纠纷之正当解决。

（一）使行国联最高威权,以严厉手段限期使日本完全撤兵,恢复中国领土之完整。

（二）日本侵略三省、扰乱津沪,一切责任应全由日方负之,中国不能与之相提并论。

（三）请将现在伪国之虚伪情形据实向各贵国报告,以揭穿日本对于世界之反宣传。

（四）日本外强中干,江桥、沪上两役已经证明,联盟各国当能识破其底蕴,应为正义人道作积极之干涉。

上列各点倘能见诸实行,固属中国之福,亦联盟各国之幸。抑亦不负贵团长途跋涉、维持世界和平之使命。否则,不惟中国之祸,亦联盟各国之羞。而国联之真实价值,亦胥以处理中日事件视之,究竟如何?敝同仁等决不妄为希冀。惟知领导全国人民誓与暴日奋战到底,虽死亡至最后一人,失地至最后一尺,亦不追悔,亦不屈服。谨布腹心,诸希公鉴!

中国国民党青年团
哈尔滨市支部启
五月十日

资料来源:日内瓦国联与联合国档案馆藏李顿调查团档案,卷宗号:S36。

134. 中华民国东三省三千万民众来信

国联调查团诸位委员长大人钧鉴:

敬禀者:

我中华民国东三省之三千万民众,被日人武力压迫,枪杀民命、奸淫妇女,惨无人道。我东省数[素]称平静民乐之地。现今由日军硬占东省,事变后士农工商悲苦万状,人民东逃西奔,如同丧家之犬,竟成匪人世界。日人畏[威]

迫,民众大气亦不敢放出。所幸欢迎委员长诸位大人,心存道德,唱[倡]世界和平,保守非战条约,救出我东三省三千万民众生命,是我东三省三千万民众内三岁小孩,亦感大德无量矣。

想诸委员长大人至哈时,我等代三千万民众报告所受铁蹄之苦。无奈,该日军近几日限至[制]非常严密,甚至断路行人,把我民众常常以刺刀刺死,我等时无道可想。今夜半十二点钟,我自己谋密写出草字一封呈上,请诸委员长大人实地调查,恩准罚办日本军早日离开东三省,我三千万民众,定然安分守业,别无他禀。此。

敬请旅安！

敝中华民国东三省三千万民众叩
五月十五号

资料来源：日内瓦国联与联合国档案馆藏李顿调查团档案,卷宗号：S36。

135. 无名氏来信

国联调查团钧鉴：

自各公大使抵哈,吾们中国人不胜感激之至,各得生存。兹译①小小日本人在吾们东三省任意扰乱,无天无法,压迫吾们不至省[吱声]。各大公使到哈,吾们中国人死去亦无处审[伸]冤,日本飞机空中随意向村庄丢炸弹,杀伤黎民无数,实不得生。吾们自己的国家,与小小日本人甚么相干？屡次残杀吾们,谅各大公使早日洞悉。不讲道德、伤天害理的小小日本人,连咱们各大国人都讲道德,漫说小日本,今苦求各……

资料来源：日内瓦国联与联合国档案馆藏李顿调查团档案,卷宗号：S36。

136. 哈尔滨初级小学学生代表来信

东北三千万民众,决不承认暴日所组织的满洲伪政府。东北三千万民众所欢迎的是主持公道、铲强暴、助危弱的调查团。

国联调查团先生勋鉴：

---

① 编者按：原文多一"译"字。

哈尔滨初级小举[学]生代表叩

一九三二.五.十四

资料来源：日内瓦国联与联合国档案馆藏李顿调查团档案，卷宗号：S36。

137. 哈尔滨商民会来信

国际联盟调查团诸位先生公鉴：

敬悉诸公不辞风霜劳苦，为我们中国而来，调查日本欺压、残害我们的真像[相]。则我等被日本势力压迫之下的弱小民众，不胜欢迎感激之至，如拨云雾而见青天。今特将日本侵占我们国土，惨害人民之情形略述之如下：

日本在未时[事]变以前，即侵夺各处土地，惨杀人民之事到处有之，不可胜数。例如，在南满铁道左右二十华里以外[内]，不许中国人通行。若有无知人民通行者，则枪杀之。若有妇女在二十华里以外[内]通行者，则强奸后抢[枪]杀之。或强占良民田地，若稍反抗者，则枪杀之。或无故强入民宅搜查，若有银钱什物则取去，妇女则奸淫之。以上之事，在奉天南满铁道附属地内外时有所闻。大凡非人道之事，莫堪言状。自去岁九月十八日，竟公然开炮射击奉天兵工厂、大北营，占据省公署，枪杀人民，劫夺钱财。至于奸淫掳掠之事，无一不为。我们中国政府，因日本无故侵占我们国土，枪杀我们人民，因此诉理于国际联盟，祈为调解。则日本不顾国联信义，又攻打天津，次又攻打上海，诸事照[昭]然，不庸重叙。至于东三省建设"满洲新国家"，完全日本强迫而建设，实非东三省人民所建设也。日本有意称雄全世界，强占东亚，无辞借口，所以外表强迫小数的官僚，建设"新国家"。内则独行其跋扈专制主义，强占东省，抵制西欧各国，再行其鲸吞全世界主义。所以，日本占据东三省，不但是为中国忧，即亦非西欧各国之福也。

调查团诸公为东亚、西欧和平计，为全世界安全计，不得不知日本之毒心也。所谓"满洲国""新国家"实非东三省人民建设，乃日本建设也。东三省亡国矣！则日本之狼心不已，将来全世界之和平，在在堪虑。祈调查团诸公详细报告国际联盟会："满洲新国家"是日本建设，日本强占中国东三省国土，惨杀中国人民。万望诸公具[据]实报告，则我等被压迫下之小民，不胜感德无涯矣。则中国甚幸！全世界甚幸！至于日本压迫惨害之情形，不可胜计矣。此请公安。

哈尔滨商民会全拜

五月十五日

资料来源：日内瓦国联与联合国档案馆藏李顿调查团档案，卷宗号：S36。

138. 无名氏来信

查九一八事变后，日本帝国以暴力战[占]我国沈阳城，毁我大北营，夺我兵工厂，上辱官吏，下辱士绅。而我民众被害者及被辱者不可胜计矣。

而我国之军队，系尊[遵]守国际公法及非战之公约，不得不让。最后步骤，听国联之评判。

翌两月之久，北犯江省，大驱赓进，以期进战[占]滨埠为终点。而我三千万民众，莫不挥泪，承救如水大[火]矣。

日本帝国假借汉奸之名义，成立伪政府于长春，而受日帝【利用】之汉奸，全国人士无不愤怒痛恨矣。

我民众深信仰于国联主持公理，以期完成东亚之和平、全世界之和平。而我民众幸深[甚]！全世界幸深[甚]！

谨呈国际调查团钧启。

五月十五日

资料来源：日内瓦国联与联合国档案馆藏李顿调查团档案，卷宗号：S36。

139. 劳工代表张翼鹏报告书（抄件）

一、假造民意，官民同愤

自本年二月二十五日又三月十日，此两日，于本埠南岗喇嘛台礼场先后两次行宣读伪建国典礼，由鲍市长在台演说后，即由台上人员拍掌、鞠躬，并三呼"'满洲国'万岁"，继令台下各机关、军警及士农工商等民，万众之下，随令拍掌，举手赞成（此时，并无一人答礼）。而又升伪国旗时，台上人员行鞠躬礼并呼"三千万同胞万岁"，此时，万众之下，亦无一人答礼。暨曰"民意建'国'"，何以军警武装林立之下，强迫而不从？不但此也。惟查二月二十五日第一次，本埠全市人民，齐集南岗礼场，只许人民进入场内而不许出。由筹备人员发给伪国旗与臂章、灯笼等件,以便夜晚举行提灯会。及至在场散会、返回沿途时,各人将上发各项,于旷野抛弃满地。国民之心理如此,何以各机关军警在场林立之下,均不同时敬礼？此时,尚有外宾到场,及日人监视之下,又日军于礼场外,如临大敌,周围排布机枪、大炮、唐[坦]克车,又上空飞机等飞散传单庆贺。既请外宾参观,目睹现状为证,又加日方压迫,真民假意,即可知矣。俗语云：人心所在,天道难违。

附报纸：又讯——"新国家"庆贺会筹备处致函各机关团体云,迳①启者：建国庆贺宣传大会,业经定于本月十、十一、十二三日举行,所有各机关全体职员均应参加列队游行,如有无故不到者,应由主管官署查明,即以旷听论,以示限制,除分函外相应函请查照,并转饬所属各机关一体遵照为荷云。

二、悬牌宣传,表示建"国"

（一）本埠东马家沟地方所置多数牌坊,书有"拥护'新国家'"、"与民同乐"各等字样。当日夜晚,被人民用人粪撒刷其上。次日,中外路人经过该处,其臭不可闻也。

（二）西马家沟有一牌坊,书有宣传各种字样甚伙。当日被人民推倒于地下,中外人民经过此地,无不拍掌大笑。

（三）南岗喇嘛台地方,所扎系之松枝牌坊一座,书有"庆贺'新国家'万岁"字样。次日晚下,有人将"国家"二字撕去,改粘（白纸红字"亡国"二字）,其意义即"庆贺新亡国万岁"之无已。

（四）又粘贴大小红条、伪建国祝贺各种标语,遍贴大街小巷,须不乏卖国之徒。（今五月四、五、六等日,因贵团来哈,改贴新标语,亦时被路人撕去甚多矣。）饬令军警加意随时照料,毋得毁坏,实属防不胜防。而路人沿途经过,即遂[随]手将其所贴各项撕去多半。

（五）美术布牌坊（即标图）,如图②：例"以人持锤撞钟,警醒万民",表示世界"大同"之意。但被路人经过,用小刀割破,推翻倒地。此亦市民不承认伪新国家之一种表示。综之,此条所列五款,事实俱在,彼以直接积极宣传。凡我市民,只有避其敌锋,间接消极之抵制。先贤有言,人莫大于心死,事莫大于

---

① 编者按：原文如此,今做"迳",下同。
② 编者按：原文未发现图画。

国亡。吾国运须不倡,人心未死可知矣。兹将伪市府,强迫顾乡屯地方之人民,舞耍龙灯三天。(三月十、十一、十二等日游全市)其实,由市府暗中出资雇用乡民而为。今将伪市府整饬标画,登诸报端为证,附粘,借供事实。

三、草菅人命,狐假虎威

木牌坊亦因国联调查团来哈,第二次更换。或将路人所掷黑墨水洗去,表示新样也。三月七日,于上号地方,适有粘贴小红纸伪宣传标语之时,嗣有该地方有约七八岁之男孩一名,适在该地经过。而该小孩出口便说"粘贴出卖'新满洲国'一万年"(该红纸条上书"庆祝'满洲国'万岁"),故有此说。竟被粘贴汉奸听见,其时就近通知日兵擒获,由该兵利用刺刀,将无知小孩刺死。又八日,长官公署门外栏杆,亦贴大小宣传品纸条时,有一过路少壮男子,在墙上扯破数条。此时,被路过日兵看见,殴打成伤。路人见之,敢怒而不敢言。我中国不幸,彼日兵个人沿街行走,胆敢干涉,视我同胞草芥而不如,亦足证日人操纵自如,不顾人言矣。

附报纸:本埠国济[际]协报馆出版

整饬标画　建国图画多破裂整齐者移冲要街衢

特别市市政局:近鉴于国联调查团不日来东北调查,关于此方特殊之宣传牌画,被一般不逞之徒用刀划割破裂,对于国联调查团来时,有碍观瞻。故拟定将所有破坏者均行撤去,将齐整者移往中央大街及新城大街等处,闻日内即将实行云。

四、轮奸妇女,仗势欺人

(一)本年二月二十七日,有日兵三名,于东铁南路线双城堡失陷时,该兵等闯进民家,意欲强奸产生三日后之少妇,该妇不允,举枪刺死。

(二)马家沟附近建家窝棚地方,有一农户李姓,家内有一少妇,姿色亦颇佳。于三月七日,有日兵四名,借检查为名,入内轮奸。事后,该妇含羞,自缢身死。

(三)本埠王兆屯地方,有某姓姊妹二人,被日兵掳入兵营,轮奸数日,始行释出(因靠近营房)。嗣染重病,性命难保,姑隐其姓名,有关该姊妹名誉。视此其[等]情形,彼日本为一等文明强国,何得出此卑污手段,为所欲为?

五、扬言扶助，微[唯]利是图

滨江（即道外）某行政机关，陆续处罚我一般无辜平民之巨款，均被日人提取，借口此项罚款与日韩人等有关系故也。何以道外，自二月五日，我自卫军失利，退出哈埠后，彼日军即日进街，从此日韩浪人，大张其势，如入无人之境。跑风、抽头、聚赌、明卖烟泡、吗啡、丸药。暗售枪炮、子弹、军器，纵扰地方不安，任意而为，致令本埠明火执杖，一日数次，渠岂能谓之保侨护商？我官方明知不敢过问。再查此种恶习，自日俄交战，东三省人民与官方首当其冲，竟养成惯例，说之贻笑大方，殊为伤心。我乡民有田不能耕，有家不能归，兵匪交加，由彼助成。商家不能卖，学子又不得攻，此种不安景况，诚足以越墙走险矣。

六、藐视公理，有乖人道

二月七日，有中国大板马车十余辆，由日兵捆载自卫军等人若干名，进入日军司令部，至今未见一人放出。惟当日下午，由日军司令部内搬出许多麻袋，而内装何物不得详知，惟由日军用自置之军用汽车运出，不知去向。查此项华军，究系是否杀害毙命，切断尸身，运出火葬，掩人耳目，抑或现仍禁锢。但余个人所见，日军屡次作战，若彼方战死将士，适在隆冬之际，将尸身切断，运于后方火葬（亦常用麻袋盛其尸首），既出彼国习惯。死者已矣，断定将我国生者杀害，没迹无疑矣。又二月五日，自卫军退出哈埠时，我护路军总司令部曾任在东铁南路（由长至哈）双城堡沿线战地捕获之日韩及白俄人等数百名，拘禁于该部。其时，自卫军退出哈埠，仍然将此项俘虏释放外出，保全生命。我以人道对彼，而人以惨酷手段相还，借口大同，不讲公理，世界少有。今将本埠二月三日东北日报所登俘虏附粘为证。

附报纸：本埠东北日报出版

昨日俘获之敌人除日军外尚有白俄，尽拘禁于总司令部

日昨，自卫军在双城与日军开战，大获胜利，业志本报新闻。俘获敌军五百余名，除大多数日军外，尚有白俄十余名，于昨日已送来哈，暂拘禁于自卫军总司令部云。

七、威吓行人,陷害乡民

二月十日(正午十二时),有乡民一人(即逃难之人),路过南岗义洲街,适值此时,有一日本青年义勇军一名,看见该难民形迹可疑,日人不察事实,呼令"站住",该乡人不谙日语,顾命惊跑,终被日人捕获。查其身体无证据,仍将该乡人右手心用一小刀扎一孔,以绳穿之带走,不知去向,料亦生命不保。我中华丧权失地,亡国灭种,路人在此通衢广众目睹之下,殊不忍同胞徒[荼]毒,莫此为甚。其余类此,不知亿几,即指其大略也。

八、饱入私囊,岂利在民

哈埠向分道里、道外两市(道外即滨江县)。自三月八、九两日,即预先举行伪建国典礼之前,凡我华人,无论商民住户等,由两市警察挨户通知,俟十日举行典礼时,一在南岗礼场,一在道外花园,同时举行伪建国典礼。各商民住户,届时(九、十时到本管警所,先行报到,不然即抗不遵行,从严重办)齐集,前往指定礼场行典礼。惟道里南岗各地,挨户发给伪国旗一面,纵长约尺许,价值二三角之谱。今按官价,每面收大洋一元五角。而道外地方,则发伪旗一面,须较短少,亦按户发给,面均收洋五角。哈埠全市人民生计奇苦易[异]常,勒令收受,索此巨款,饱入私囊,出尔反尔,哈埠地方之大,人民之众(哈埠统计三十九万,即十七万户),岂得谓"新国家"之幸福耶?不仅此也,彼日人屡次宣传:满洲三千万民众,自治建"国",各地劝进,民意所归。观乎哈尔滨先后两次之典礼,人民之趋向,又经哈埠伪建国筹备处之通令(本埠各报馆纸均有记载之通告为证),由该管警所传其辖境,挨户报到本所,而各机关主住[任]人员,应率领所属职员到场,各人签名。否则,即以旷职违背论罪。试问此权威之下,福国利民,是否威迫,不难证明矣。附粘原文通令(请看第一条后尾附粘报)。

九、擅作威福,不顾人言

宣传伪新国家广告时,白天有韩人帮助,夜则亦贴长条宣传品,参看前第三条为证,尚有日兵拥护。此足见日人须巧,不顾舆论,好歹我自为之,努力宣传伪国之成立,欲将东三省收为己有,不为朝鲜第二,应待何时?

十、利诱白俄，以哈为据

欲与苏俄为难，必须先夺中东路。欲夺中东路，先占据哈埠。欲占哈埠，先利用白俄。白俄为亡国之民，穆［模］棱两可。欲乘机助长中日大战，假借门户开放，来日乘机捣乱。如本年一月二、三等日，有白俄妇至道里商店窃取货物，报警传讯。不意，彼白俄妇纠众，反诬官方非刑拷打，强抢站岗警土之枪枝［支］，劫夺警署军器，暗袭岗警毙命，一日数起，彼白俄不为已快，尚且声称为日方援助，一也。又如此次日军与自卫军（一月二十七日至二月五日）由长至哈一役，白俄人民领导日军冲进哈埠。此时，自为［卫］军虏获白俄先锋队若干，监禁司令部监狱为证，二也。二月五日，日本义勇军，在本埠内乡［响］应，雇用白俄大小汽车，及其运送材料汽车与其平板马车等，齐集马家沟上号□处。车中遍插日旗，同时一齐出发，冲出我自卫军防线，前往上号之作战地，迎接日军进街。而我军只知自卫，既未与日方断绝国交，仍然保护彼国日侨，是以未经注意及此，而彼白俄何以扰我后方战线？三也。其时，自卫军前方战线并无移动，惟白俄此时招示日旗，我军前防军士不知内中诡计，是以华军失利。此为白俄投效日军第一次之首功，此四也。不仅此也，闻日方已与其白俄首领订立密约，只要援助日军到哈，哈埠即认为白俄之根据地。一俟"满洲国"政府成立，一则令其先入新"国籍"为名，嗣后日方不难借事生非，与"新国家"交涉，彼日方从旁暗中援助，直接以门户开放为名，间接即可扩充实力，若与苏俄对抗，或一旦北满有事，收为己有，驱使前锋。回忆我南满日俄战争，辽宁全省震动，人民被日方污为不守中立，为俄方间谍，活埋、毒刑、烧村、毁县、破城，不知凡几。远中和平，确属危险万分。苏俄若不猛醒，与我中华携手，日人与白俄等联合攻苏俄，不久即可实现。届时，不但北满人民，仍如南满覆辙，中东路苏俄势力亦不保矣，将计就计，渔人得利。借此以毒攻毒之政策，即观我国内乱，亦莫不为左右唆使之故，视为惯例，征之现在可卜将来。尚望主持公道者竭力维持，消灭于无形。非但我三千万人民之幸福，亦即侨居东三省中外人民，托庇福阴无量矣。（附粘报证于条之前矣）

附报纸：

白俄暴徒击毙警兵刘景瑞　警备队已代请恤金千元

光华社云：一月三日上午十二时，哈埠白俄不逞份子，在特警一署管界中央大街，聚众暴动，杜绝交通。该署奉命严重取缔。惟该暴动份子，竟敢于是日夜十时许,在道里中央大街经纬街南口,投掷炸弹六枚,并放手枪二十余发,当场击毙特区临时警备队警兵刘景瑞一名等情,已志前报。该警身后,极为萧条。临时警备队乃代为呈请特区行政长官公署,从优抚恤现洋一千元,大约日内即可照准发放云。

十一、日军缢死,确系冒牌

自上海战事发生后,华军屡战皆捷,而哈埠自日军占据第二、第三各中学地址及南岗兵营等处之后,该日军迭闻上海华军取胜(此时哈埠尚有天津之报),而此间日军警备尤严,内中即有日兵自缢身死,夜晚吊死院内树木之上,路人每早均有见之。须驻在地,均有自缢,惟南岗兵营内,尤有一夕缢死三十余名。余因事道经许公路第二中学校,路过其旁,适有假冒日兵一名,余行前彼在后,即呼余走,彼后缓行,该兵即云:"我是旅顺金州人氏,小时念日文长大,则留学东京。今在家挑选民兵,打仗到此。日本内地人民,不愿与中国开仗,就是挑兵亦不从。故挑我们而来,但我们人少,他们人多,我们华人、台湾、高丽等人给他们当兵,一个礼拜照相一次,己身上下内外所着衣服等,均是日人所制之物,无论我等白天黑夜在营舍内,不许我等三人在同一地点说话。就是二人之同乡说话,亦不许说自己国之话,监视甚严,不然查出重办。白天,我等守卫只有一华人与一日本人共同守卫。若在夜晚,不然即不许我等守卫。我们到哈,一无亲友、二无薪饷,只给与养家之资,全身既穿日物,故时有我等吊死。欲逃无法,不然家中人口性命难保。只有一到打仗,将抢[枪]向上放而已。平时,亦不许外出,无可奈何。若我国(指中国而言)拼命打仗,不愁日本不亡国。"云云。余因此项情形极关重要,如有华籍被日方利用,为生计所迫,或属地强派当兵,我国政府可否准许倒戈投降,应予优待体恤,竭力宣传,使我一般同胞一则免致利诱而自招灭国亡种之奇祸,再则知悉加意保护,以示爱祖国者鼓励之。

十二、惨无人道,枭示首级

二月五日,自卫军退出哈埠后,其时战死、伤亡之华军,露尸野地,无人收埋。日方奖励白俄,将我已死华军之皮衣裤悉数脱去,赤身露体于野地,及至数日,略微平静。中国红十字会陆续前往收埋,已不济矣。此野蛮手段之毒辣,按之国际公法,即房获敌人生者,或既已投降而无战斗能力者,无论敌我反叛，亦应予以保护，以作和平交换品。今彼计不出此，一味孤行。我华胄子孙，与彼何仇？况彼原祖先亲，效我师法，袭我文化，不思报本清源，何故伤心灭迹，触成世仇，无所不为，其过在彼。不仅此也，二月二十五日，又三月十、十一、十二等日，道里道外两处，举行伪建国典礼。一般同胞，为伪官方所迫，敢怒而不敢言，彼日方目睹粘贴宣传大小红条，以及伪建国广告木牌与其松枝牌坊及美术布牌坊等，小街小巷或通衢要道，一时无有岗警监视，抑或夜晚被过路人民撕去，或被掷沟内污泥墨水等于木牌上，或黑夜被路人推翻捣毁，或粘添"亡国"字样，种种不一之情形，我市民以此消极抵制。日方无辜嗾使汉奸走狗辈，设计将被战死之将士、露尸野地者之尸身，将其首级割下，枭示道外通衢各处，假借维持伪建国秩序，不曰某某为匪首级，即曰某某扰乱地方安宁，应即示众，呜呼！视此镇压地方。我国将士为救国而牺牲，彼辈何得卖国而求荣，不为祖宗坟茔保存计，亦不思己身善终计，使后代子孙，何负亡国奴之骂名乎？铁打心肠，亦不应用此毒辣手段，将我同胞、为国出力已死之将士们，身首异处，加其罪名，良心何在？粉身碎骨，亦难数其倒行逆施、惨无人道之罪名。不仅此也，兹附本埠三月十八日国际协报所传原文为证"内开云云"（贴本条前委土肥原调查一文），此之所谓国家之要素，其理安在？如谓土地、人民、主权三者而论（请详看本条所粘各报原文计四件），今土地被其侵占，人民被其辱烂，主权被攫取。飞机掷弹扫射，即曰练习。士兵实弹射击，亦曰演习。我商家购买粮石，借口出境，彼既居客观地位，有何练习之举？兵士放枪，毙我同胞，无量数飞机，兵士示威于人。若论粮石出境，商家购存而违法，不思南满粮石吸收殆尽，继而觊觎北满。迳运营口、大连等处，出往海外，东省与我内省久不往来，此粮何往，不言而喻。再，我东三省秉天富之区，三千万人民之习惯所谓春耕、夏匀[耘]、秋收、冬藏之事，较之内省悬殊不一，人民依赖年有收获，每届冬令，悉数售罄。今商不得贾，农不得归，有何耕之可言？不成饿莩亦必死于沟壑，不然越墙走险，此由何人造成？不难判明矣。又，汉奸走狗之徒，苦煞极甘心卖国，认贼作父，不顾四民同愤，此贼不除，即冤气一日难伸。书……

附报纸：

本埠国际协报纸出版

特务机关调查长官公署委托行政经济及机关内容

特区行政长官公署，为委托特务机关，办理调查特区一切事务，传令所属一体周知起见，乃于日昨（十七日）发一训令，略谓：查本行政区管辖范围内，一切行政经济,以及各机关之内容,业由本署委托日本驻哈特务机关长土肥原大佐负责调查,所有调查应有之一切手续,并请其相机办理云云。

"满洲国"发表十九名新官

【新京廿六联合电】本日发表十九名人事任命,内有日本人六名如次(译音):

法制部长松木强,政部总务司长中野高逸,财政部总务司长烟田松之,交通部铁道司长森田成行,总务处秘书长上野义,人事处长高野滩男。

奉天警厅用俄鲜人充警士实现民族之平等

【奉天二十四日新联电】奉天省警察厅以实现人种平等,决采用俄巡查二十名,鲜人巡查七十名云。

国际协报
在满外人租地办法一租三十年不准中途撤租 "新国家"通令各县遵照

【沈阳通讯】"满洲政府"成立宣言内,有欢迎外国商农在满洲经营田地一条,其出租办法,已由【市】长颁到沈阳县公署,当即布告境内有地无力耕种之农民,有甘愿出租者,即可随便出租由外人经营,办法如次:

(一)有欲出租者,即可立永租合同,一租三十年,在此期内不准中途撤租,致农业上受无形损失。(二)此时非军阀时期,农民勿需存盗卖国土之戒。(三)租时须得村长、四邻具结并须有契纸。若系村会公地,村董得一律具结。(四)出租之时,须早报本县,派员监查,指定划清界限,以免纠葛。据此,则久悬多年之商租权,已无问题。

"满洲国"民政部令　禁止关内劳侨入"国"
恐便衣队混杂其间而出关于治安及公众卫生均有碍

新京十七日下午发电"满洲国民政部"训令,内开:查外人进入"国境",虽非尽在阻止之例,每届解冰之期,民国山东以及其他各处,下流劳动者,移入"国境",人数甚众。此等劳动者中,良优[莠]不齐,难免不有便衣队混杂其中,殊难鉴别。当兹"新国家"建设伊始,关于治安以及公众卫生,均有预防之必要。本部对于此项人等,取缔入境办法,正在通盘筹划中。在办法未经颁布以前,遇有前项劳动者入境时,务须切实取缔,凡未持有护照及保证书,或无资力及保证不确实者,应即阻禁入境,以维治安而重卫生。仰即分别转令所属,在"国境"上服务警察官,以体遵照办理。

林少将遗族熙赠慰金五千　林前充吉省顾问

【东京二十五日新聊电】　熙洽对前吉林省顾问林大八少将在上海战死,对其遗族赠慰金五千圆。

十三、狗苟行为,助长内乱

自九月十八日事变后,前次我吉省旧政府再三退让,设于宾县办公。彼日方视为眼中钉,先后嗾使某逆派兵遣将,彼此斯[厮]杀。继遣飞机不惜扫射,掷放炮弹、炸毁烧房、枪杀等事,助长我国内乱。今我哈埠丁军既出自卫,一度退让该县,保全本埠中外商民安全。彼日方复又自行调兵遣将,用尽心力,飞机炮车逐日前往扫【射】,苦我乡民。复又借口保卫宾县人民为词,强派哈埠全市大小汽车悉数去宾,勒令人民乘车来哈,既不论仕绅贫富愿意与否。此系本年三月二十四、五、六等日之事,大书"'新国家'救护难民"等字样。

日方若不强迫我东省建"国",不构兵、不扫射、不掷弹,难民何有?诡计多端,惑人听闻,诚为无所不用其极矣。乡民不察,惧其操纵,畏如狼虎,视此宾民被其压迫,离乡别祖,何劳越俎代谋,民怨沸腾?迭据报载:日本东京拟先移民满洲五千万户,以一千户为一屯,积极进行。既有商租土地权,驱逐内地移民无存,托词保护,以为巧计移民,占据重要土地,划为彼方版图,如愿始足。今将本埠国际协报所载,在满外人租地办法及满洲伪国民政部禁止关内劳侨入"国"令为证,可知狗苟行为矣。(除本条二报纸外,参看十二条附粘之报纸)

附报纸:

朝鲜人民移满计画设立委员会积极运行中

京城十三日联合电,关于鲜人向满洲移民计划,据宇垣总督云,关于鲜人向满洲移民计划,在总督府设立委员会,调查结果,依照成案,于农业、牧畜方面之计划中,不久将为最后的决定。至内地人大移民计划,规模较大,有充分之实现之可能性。

"大同"元年四月十六日

日本当局选择安全地为朝鲜人之农耕地太平桥—马家[船]口—平房

事变发生以来,因各处不靖之故,由北满各处来哈避难之鲜人约四千余名,在收容所收容者达二千二百余名,其余一千八百余名散在市中各处。现在已届农耕之期,因各处仍未呈安宁,不能归还耕地。近经日本当局与朝鲜民会协议救济之策,于军部当局援助之下,选定呼海路沿线马船口、阿城县平房、滨江县太平桥三处之安全地带,作为朝鲜人之农耕地,为哈尔滨朝鲜民会直营之一大集团农场,可以容纳朝鲜避难农民约三千人。朝鲜总督驻哈浅川属,为开发农场资金及其他事件,为与关东当局协商,前已赴奉,俟浅川氏归哈,即着手实行云。

十四、神人共愤,世仇难解

自一九三一年九一八事变,奉天被其侵占,吉林、长春相继失陷,哈埠人民惊惶之际。彼浪[狼]子野心,尚且不足,得寸进尺。不曰日、韩、满、蒙、汉五族共和,即曰宣统复辟,由某月某日登基,业已制成龙旗,克日发给官商各界住户,届时悬挂,大事鼓吹。本埠某慈善机关祈神降乩,比蒙批谕:"两所夹一关(即指三[山]海关前所与后所而言),锦洲血漫山,沈阳一塔烟,明年八月完(此系去年十月间之事)"。今承贵团诸君不辞跋涉艰苦而来调查至此,据报载诸君本年八月间返还国联大会,以便根据报告判断,此亦我国神明有先知之灵。华民须愚,足证表示信仰贵团之忱矣。今中日一案,好比甲乙二人相争,诉之于法所,而两造各执一词,不服审判,庭讯无法判断。而两造既已诉之于法所,即应遵守庭讯,复加侦查。否则,随派大员实地调查,手续既毕,事实俱在,证据凿确,即可按之法理绳之,罪有应得,不难水落石出矣。日方自知理曲,无法挽回,复又唆使拒绝我国指派大员入境。既派大员系引导诸君前来发生原因地作详细公正之调查,熟[孰]是熟[孰]非,结果何人,皂白即分。权衡掌于诸君之手,岂能令日人一笔抹煞,置人于死地耶? 彼计不售,又欲强迫诸君假借欢迎之名,舍陆地是非之处(此指山海关、热河、锦洲、营口至奉天等处而言),以命令式桴海而出关。此种欺人手段,仍不改向来诡谲之面目,从中作梗,藐视国联,欺侮诸君,殊属有乖罪戾。若论"满洲国"既系新立之"国",未经各友邦之承认,后经我国政府声明否认并讨伐之,惟静待调楚[处]。诸君到临,彼欢迎之不暇,何能拒绝? 除少数国贼辈外,凡我东三省三千万同胞,诚实均表欢迎,尚望诸君秦镜高悬,挽回劫运,收复失地。征之我黑龙江马主席,日前二千五百之英文字通电,报告于诸君之前,即可知日本诡计多端,欲以利诱,应治以贿赂、唆使杀人放火、掠夺财产、侵占我国民土地,数罪俱发[罚]。曾计自事变迄今七月有余,我三省人民发生一种童谣,无人不知云及:"占不了沈阳,夺不了辽阳,回不了东洋,死在了中洋(指中国而言),挽回了西洋(指国联大会而言)。"又曰:"拉屎擦擦丁[腚],日人死得干净净",视此国民怀愤在心。犹忆昔日成吉思汗入主中原(指元朝而言),一统天下,我皇帝子孙尚有八月十五日雪耻,恢复华夏之日。况今文明世界,大非昔比,日人无是无非,无故兴兵布阵,占我领土,以灭朝鲜之手段而灭我东三省,不讲公理,欺人太甚,人心未死,岂肯甘心缄默,终有报复之日。试问:此种远因仇隙,由何人造成?请示高明,实祸由彼起。俗语云:"冤仇宜解不宜结,人不伤心不流泪",此理甚明,务望诸君秉公调查,不胜馨香拜祷铭感之至矣。

十五、把持金融,朦[蒙]蔽商民

查金融为一国之命脉攸关,哈埠钞票之行使,为中外商民信用,成绩卓著。今欲庸人自扰,本埠又为欧亚交通枢纽,各银行号所发行之纸币,原与现洋同一使用,亦无轻重悬殊之分。哈币乃系代表现洋之媒介,讵料日本变本加厉,授意伪满洲国欲掩耳盗铃之计,使我三千万人民强迫行使中央银行之不信用纸币,又欲将哈币按时价收回,以一元三角五分之旧哈币换给中央银行一元之纸币,如不行使,否则即治以捣乱金融之罪,试问伪中央银行借用日纸币二千万元,岂不是甘将己身命脉敲骨吃髓,原为日人之卖身符,丧尽天良,望梅止渴,足征血汗金钱为彼蝇头利诱,妄造黑白,使我哈币日趋降落,彼辈国贼走狗欲令本埠三十九万之中外商民人等强迫行使不可,而伪新京之财政会议什么假定时价一百三十五元之哈币换新币一百元,视此先以会议,既[继]之以电令哈埠商会知照,昭昭在人耳目。何以出尔反尔,重复申明只一种假定之时价而已,商民等闻听之下,惊惶之余,回忆俗语云:"威胁不成夫妻,免[勉]强不成卖买[买卖]。"我等既不甘心使用,又不愿为人宰割,此种欺人自欺手段,实难承认,何以喜新腻旧,为人利用,听其鲸吞捣把。我等国民纯最天良发现,非党非派,秉我不屈不挠之精神,唯出本心。伪国不顾商民舆情之利害,只知微[唯]利是图。而公民等蝇头既失,非与无耻商人、不肖流氓者可比(此指日本浪人,以营商为名,其内容无恶不作,如抽头聚赌,明卖吗啡、大烟、金丹、军械、枪炮,现仍斗胆彰明较著,如入无法之境,扰乱我国秩序,不顾他人之利害)。彼日人既无法无天,类似疯狗,逢人便嗷,藐视华人,故意捣乱,遗害我同胞。谨将伪国中央银行与哈币之关系及日本浪人在哈行为,谋害我国根本大计,本埠各报均有记载,兹将原文四件附呈,是否庸人自扰,不难证明矣。

附报纸:

特警严禁烟赌　道里有烟赌五十家

华东社云,东省特别区警察管理处准东省特区长官特务办事处承略谓:查据侦查员报称,查哈埠道里烟馆林立,赌风尤炽,似乎公开,毫无恐惧。长[常]次[此]以往,贻害地方,诚匪浅鲜。所查烟赌人众不下五[十]余户,以朝鲜籍居多,中人次之。可否函知特区警察,并通知特务机关认真查获,以靖地方而维治安等情前来。

覆①核尚属实情,未便放任,相应检同表,函送贵处。饬属查照严禁,并希见复云云。特警处以严拿烟馆赌窟,送经严会所属【惩】办,并饬随时会同日警切实取缔。今又据函通令所属查拿送惩,其韩籍各户,亦应遵照前令,会同查拿,以期肃清,勿得疏纵云。

王才烟馆被抄连同烟具送局

本埠道外北三道街四十号,住户王才,素无正业,乃依某方之恶势,开灯供客,致有恃无恐,大卖特卖。讵知事为第一分局所长王庆文侦悉,乃于午后一时,亲率长警多名,前往逮捕。因去时较早,仅有王才个人吸食,当即捉获,兼同烟具及违警物品共计九种,一并带回分局,呈送分局。当经戴局长亲自审讯,王某直认开灯供客不讳,当转送公安局罚办云。

日允借款与"新国家"总额三千万元,由大藏省预金部通融支给

【东京四月二日新联电】　三菱合资之本村久寿弥太、三井,合名之有贺长、文两氏,二日午前访陆、藏两相及外相:"满洲新国家"若有财政援助之必要时,而财阀可为公尽力,请政府为适当之指示。藏相对两氏之请求,约于后日回答。然藏相午后一时,召森翰长于官邸,协议受诺可否问题。结果大体意见一致,会议一小时森即辞去,午后一时访首相于官邸。报告会见内容,探询首相意见,首相并再访藏相云。

---

① 编者按:原文如此,今做"复",下同。

【东京四月三日新联电】 藏相二日午后四时,在官邸招三菱之本村久寿弥太及三井之有贺长文两代表,政府对两财阀此举甚表赞意。一两日中,当更行商议,如此会见终了。

【东京四月二日新联电】 日政府对两财阀援助"满洲新国家",近已决定,即发受诺回答。至于援助之具体案,政府向两财阀指示,如阁议决定,"满洲国"借款两千万元案两财阀即有受行模样。而其他资金,由政府指示,两财阀亦当调达资金之任云。

【东京四月二日新联电】 满洲请求借款三千万一事,政府经一日阁议,特殊银行决定受诺,又拓相与满铁首藤理事协议结果,由满铁受行,其资金由大藏省预金部通融,大体决定云。

各机关各法团筹备举行市民提灯大会
廿五日午举行市民大会,廿五日晚举行提灯大会

满蒙"新国家"之建设,东北三千万民众咸庆更生。特别市长鲍观澄氏,为促成拥护"新国家"建设之运动起见,特于昨日(二十三日)午前十一时,在市参事会招集各机关代表三十余人协议,结果定于二十五日,哈尔滨道里外全市各机关团体代表等举行空前市民大会,更定于二十八日召开全市民大会。

华东社云:哈尔滨特别市鲍观澄市长于今日(二十三日)邀请哈尔滨道里外各机关法团在市政局会议,筹备庆祝新政权事宜。正午十二时,道里外所有各机关法团一致派员参与会议,由鲍观澄市长主席,首先报告会议主旨,大意略谓:今日,匆促邀请各机关法团会议,筹备庆祝"新政权"事宜,辱蒙惠临,曷胜欣幸!关于庆贺"新政权",各地已举行。哈埠因接到消息较晚,尚未举办,自应赶速举行,宜由道里外市民联络举行。兹请诸君到会,征询意见,并设论筹备办法,以利进行,旋即分别决议大纲如左:

一、在公共礼场举行市民大会,二十五日下午五时举行提灯大会。

二、组织筹备委员会。各机关法团均为筹备委员,分组四股:(一)总务股。(二)文书股。(三)组织股。(四)宣传股。当经推定各机关法团代表分配各股负责筹备。

三、筹备总办事处。道里指定东特市政管理局,道外指定以上各事项决议后,已鸣钟两下,遂散会。经主席约定各筹备人员于下午四时在东特市政管理局开会,讨论筹备进行事宜,决议各事项如左:1. 市民大会秩序,一【次】振铃

齐集。2. 全体肃立。3. 奏乐，乐止。4. 升旗。5. 全体市民向行政敬礼，三鞠躬。6. 奏乐，乐止。7. 主席宣布开会宗旨。8. 市民全体议决宣言。9. 欢呼庆贺口号："新国家"万岁，哈尔滨万岁，哈尔滨全体市民万岁。10. 礼成。11. 摄影。

提灯会游行路线：二月二十五日下午五时，在礼场齐集出发，提灯游行。道外市民游行区域由礼场出发，经过秋林……

（报顶边手写内容）敬谨之下，官商之众仍与［于］二月二十五日之情况同相也。呜呼！庆祝之道，爱国之枕，愁容满面，诚令外人参观者不亦乐乎。

"大同"元年三月九日星期三国际协报

筹备就绪之庆祝大会游行及提灯会项目次序均已拟定
各机关团体皆参加全市一致庆祝，共分三日举行，道外则由市处负责筹备

"新国家"庆祝大会筹备处，以所议定本埠于本月十、十一、十二等三日举行庆祝大会之期已届，为慎重从事起见，乃于日昨（八日）特再函令各警署，传知各该管商店暨民户，务须于庆祝期内，门前高悬新"国旗"，以表庆祝之意。凡商民未备妥者，迅速依式自行制就，以便临期应用云。

又，道外滨江县区域之庆祝大会，则单独举行，由市处负责筹备，亦已准备完竣云。

又，行政长官公署，于日昨令饬所属，略谓：查"新国家"成立，本埠举行庆祝大会，在庆祝日期，各机关职员除紧要事件，留人办理，及值日人员外，其余均须一律赴会庆祝，按名签到云。

又，"新国家"庆祝会筹备处，于昨又函知各机关各法团云，迳启者：庆祝大会，各机关于是日庆祝会毕，均须派员率领本机关及所属全体人员，分赴各街市游行，惟游行秩序，务须整齐。凡各机关派出游行人员于出发时，应各自整列行队，并按人数之多寡，酌派纠察数人，沿途监察游行，以免凌乱，而维秩序，是为至要云云。兹探得建"国"庆祝会预定之游行次序单，录志于后：一、哈尔滨特别市市政局。二、哈尔滨特别市自治会。三、哈尔滨特别市参事会。四、哈尔滨特别市监察委员会。五、东省特别区市政管理局。六、东省特别区地亩管理局。七、东省特别区教育处。八、特区高等法院。九、特区高等法院检察处。十、特区地方法院。十一、特区地方法院检察处。十二、特区路警处。

十三、特区路警第一总段警察署。十四、特区警察管理处。十五、特区警察第一署。十六、特区警察第二署。十七、特区警察第三署。十八、特区警察第四署。十九、特区警察第五署。二十、特区水上警察署。二一、特区探访局。二二、吉黑邮务管理局。二三、滨江关税务司公署。二四、滨江关监督公署。二五、吉林交涉局。二六、黑龙江铁路交涉局。二七、哈尔滨电业局。二八、哈尔滨电报局。二九、哈尔滨电话局。三十、哈尔滨无线电台。三一、哈尔滨木石税务局。三二、哈尔滨税捐征收局。三三、吉林印花税驻长绥特别区办事处。三四、吉林印花税驻哈办事处。三五、哈尔滨吉黑□运总会。三六、东北海军江运处。三七、东省特别区高等警官学校。三八、东北水道局。三九、东北航政局。四十、东北航务局。四一、东北造船所。四二、哈尔滨商会。四三、东三省官银号。四四、中国银行。四五、交通银行。四六、金城银行。四七、哈尔滨银行工会。四八、哈尔滨火磨工会。四【九】、哈尔滨律师公会。五十、穆棱煤矿公司。五一、鹤岗煤矿公司。五二、世界红卍字会哈尔滨分会。五三、光华通信社。五四、华东通信社。五五、乡农会。五六、工商联合会。五七、木商工会。五八、慈善会。五九、东铁图书馆。六十、东铁华工事务所。六一、特区教育会。六二、特区图书馆。六三、中东铁路理事会。六四、中东铁路监事会。六五、中东铁路管理局。六六、中东铁路稽核局。六七、中东铁路督办公署。六八、东省特别区行政长官公署。六九、特区警备队总队部。

华东社云："新国家"庆祝会筹备处对于庆祝会事宜,已筹备就绪,各方面领取臂章者极为踊跃,预计是日参加盛会者必极众多。筹备处特于礼场内以石灰画定各机关团体民众区域并树之标牌,以免临时拥挤。又于礼场内搭设卫生救护队席棚一座,以备万一。筹备处特备大汽车七十辆,于十日齐集礼乐门前,于庆祝会毕,参加列队游行。所有市内电车、大汽车两旁均悬白布制宣传品,各通衢彩排及宣传品甚多。

又讯："建国"庆祝宣传大会及提灯大会业经定于本月十、十一、十二三日分期举行,特规定办法两项通知各机关如下:(一)十日,各机关团体职员均于午前十时各在本机关集合,列队前往礼场,十一时到齐,十二时共同举行庆祝典礼。庆祝毕,集合大队,由礼场出发,提灯作市街游行。(二)十一、十二二日晚六时,分别在礼场集合,各机关团体职员举行提灯大会,由礼场整队出发,游行各街市。所有各机关团体职员均须于期前在本机关内集齐,前往礼场参加,不得迟延或不到。

又讯:"新国家"庆祝会筹备处同致函各机关团体云,迳启者:建国庆祝宣传大会举行日期,业经函达查照在案,兹定由本月九日起至十二日止,各机关均放假四日,除庆祝大会外,相应函请查照云云。

又讯:哈尔滨航业工会送交"新国家"庆祝会筹备处恭贺"新国家"庆祝大典祝词一件,文曰:"懿维东北,新'国'奠定,满蒙合作,年号'大同'。政治改良,法律昌明,鼎新革旧,待遇平等。轻微减税,万民欢颂,山河异色,日月光明。苦海永脱,彼岸咸登,同心同德,共存共荣。驱欧乐土,额手称庆,恭祝新'国',万岁无穷。"

规定哈洋价格标准,张长官已呈国务院核办
特市局覆哈市商会知照特警处饬属严查紊乱金融

哈尔滨特别市市政局,前准哈市商会函请,将来收回哈币定价,宜照原发行时价格为标准,当经转呈长官公署核办。今市局已奉指令,略谓维持哈币,本长官已抱决心,此案已据哈尔滨市商会迳呈到署,业经加具意见,转呈国务院核办,仰即知照云。

华东社云:特警处为奉令派警随时侦查紊乱金融,今(十四日)特通令所属云,案奉长官公署第四□零号训令,内开:为训令事。本长官莅任以来,迄今数载,对于哈币一事,认为地方命脉攸关,商民胥赖,更以监任□理官,职责綦重,久抱维持决心。自经上年成立金融保管委员会,各银行号资产既经前查,票额复得确定,是以本年汇水价格,业经减至十元左右,成效彰著,人所共知。乃月前忽现传言,谓新京财政会议,不日中央银行成立,发行票券,对此哈洋将以一百三十五元,定为法价收回等语,彼此宣传,俨同事实。曾闻商会方面,迳电新京院部,请示得复,均属不足为凭。要知当日会议,即使不为无因,亦非无聊作假定。从来因时制宜,理无二致。诚使哈币达到必须收回之际,亦须勘[斟]酌情形,规定价格。"新邦"肇造,均以民意为归,何能强恳低价,贻地方无穷之损失,惟是调言所操,摇动堪虞,遂致日来汇水暴涨,竟达三十余元之巨。揆度此中情节,应不外一般奸人宵小乘机造谣,就中取利。言念及此,痛恨殊深。爰于本月六日,在本署招集道里外商会、银行公会及行政机关开会讨论。即经公决,仍按金融保管委员会继续办理,暂先定价二十五元,由银行汇兑实行收汇。一面恢复期汇办法,用补现汇之不足。嗣后,悉照规章,每星期在本署开会两次,随时讨论,督饬进行,总期汇水数目逐日低减,以免废弃前功。至于无知商

贾、不肖流氓,其有唯利是图、妄造黑白者,本署自应饬警,严予查拿,尽法惩治,金融所系,决不姑宽。除分别布告令行,分合通令该处,迅即遵照,饬属派警随时侦查,以资协助,切切此令,等因奉此。除分行外,合极令仰该□,即便遵照,督属一体认真侦查,随时报核为要,此令云云。

奉天无线电局与美直接通报

奉天十五日联合电:奉天无线电局,收发美国波里那斯局间之公众无线电报,于今晨四时开始,成绩极为良好。

日观光团来道外游历

日本大批观光团,于日前来哈游历情形,曾见报端。兹悉该团队道里各地,业经游历完毕,故特于前日函请滨江公安局,准于今日(十六日)上午十一时出发道外游历各地,并加保……

特区运动会、各校区运动会参加额数配定

特区教育厅为运动会事。于昨(十九日)日召集各小学校长会议,讨论运动员分配法,当经议决,参加者共二十校,各校应出运动员额数及校名列下:一校,出二十名。三校,出十名。四校,十四名。五校,二十名。六校,十名。七校,十名。八校,八名。九校,二十名。十校,二十名。十一校,二十名。十二校,十名。十三校,八名。十四校,六名。十五校,八名。十六校,二十八名。十七校,十六名。十八校,五名。师范实验小学十八名。乡村实验小学五名,并规定参观人数,每级至少须到十名云。

运动会期尚未决定

昨常委会又加讨论,决于五月初旬内选择二日

特区运动会,于日昨(十八日)召集常务委员会,计到各常务委员等十余名,讨论事项如下。第一案,"满"、日、俄三国运动员是否混合比赛案。议决:因混合比赛,恐因小故而起重大纷争,不但未能联络感组[情],或致发生恶感,应取小学情办法,中、日、俄三国运动员,自行比赛。全体通过。第二案,团体操应有一定,或为徒手,或为器械,会中方能为之预备案。议决:因三国分开比赛,节目繁多,□日期短促,不能如期举行完毕,应由中日两方各出儿童五十

名,混合作一旗舞操,左手持日本旗,右手持"满洲国旗"。自今日(十九日)起,双方同至第□体育场练习。满方由第一校出二十五名,由十六校出二十五名。其余各校将不另举行。全体通过。第三案,运动员既系联合性质,应挂何旗案。议决:悬挂"满洲国旗"。全体通过。第四案,运动会项目次序单如何规定。议决:将由中日两方运动会负责人员,共同规定。全体通过。第五案,会期将于何日举行案。议决:规定五月一日、二日、三日之内,任便由负责人员选择二日举行。各案议毕,遂即散会。

又,常委会散会后,乃由各段股长讨论进行办法,议决会场四周,均搭看台。会场大门及药铺街街口,各搭彩牌楼一座。当即包与崔家棚铺,承做工银五千五百元,各股干事,均于教育厅人员充之,以便办理。

(读者手写评论)既不开学,又欲强令我国青年学子,左手执日旗,右手执满旗,联络运动感情,不洽邦交,何由良为?可惨矣!

长官署昨开金融会议外汇分级由商会盖章发条
道里日四万道外六万,银行公会无限制收期汇

昨日下午二时,长官公署召集本市各团体及道里外两商会、银行公会等开会,由宋文林政务厅长主席,大意:以哈市金融,日前因谣言之关系,汇水一度高涨。迨谣言平息,哈洋外汇稍见低落。不意前、昨二日,外汇贴水忽又大涨。故特邀各关系团体,开一维持金融会议,讨论如何维持办法。当经大众再三核议,结果仍本以前维持旧案作去,道里外每日由商会盖章,分等级持条汇款,规定道外每日数目六万元,道里每日四万元。至于汇水价格,暂照二十五元,期汇由银行公会允许,无限制作汇。至五时许始行散会云。

日来外汇贴水忽涨至四十元左右,虽经官方数度解释,然亦无效。两商会因此,日前联名呈请长官公署设法维持。日昨(六日)长官公署特为此招集道内外两商会及各机关、各法团开会讨论此事,结果议决:银行团每日汇十万元,道外则只限六万元,道里则限四万,均以二十五元作价,但期会[汇]则无限制云。

为中学生失学向当局请命
研石①

特区小学校,如教育厅披登本报之通告,及魏绍周厅长对本报记者之谈话(见九日本报本埠新闻),已确知十五日即可开学上课。十余万学龄儿童荒废学殖数月,一旦复登庠序之堂,行见欣欣然挟其书囊,理其笔纸,跳跃入学,欢聆其师长训诲。小学虽似在社会中,无甚显著地位,第社会组织,缺一则乏生机。今小学得以开学,弦歌不辍,诵声夹巷,亦足呈社会入于秩序,而民生纳入正轨矣。

以此次小学之得以开学,不能不佩魏绍周厅长之努力万分,于十分困窘之境支柱危局,既为开学费周章,复为经费致筹划,终且为教厅办公处所,实其勇毅。数十万学龄儿童,得免跳荡市井,流为顽劣,功在魏氏,社会殊不能泯没掩弥者也。

唯是小学既已开学矣,其中等学校将如之何? 如日前魏氏语本报记者:"中学整理困难,一时殊不易开课。"假如此说果实,则吾人认为关系之重要,殊不同等闲,用申论之以实吾说。

据特区教育统计所载:全区男子普通中学七处、女子普通中学二处、男子职业中学一处、男子专门学校一处,综合男子中学生八千名、女子中学生千余名。姑置女生不论,是男子中等以上学生,只旧在校者已如此数,其新生待升学就读,至少当在千名以上。以如斯巨数青年之失学,岂非大堪致虑! 盖中等学生,在社会中为原动份子,一切事业由以发轫,社会缺此万余青年,固不感苦何贫乏。但投之闲散,俾其废学,实有隐忧。本来中学生,多血气之伦,青年好动,易受刺激,易受煽惑,倘弗导入正轨,正恐如不羁之马,奔腾狂逸,无所居止。平日教育家尚以领导为难,稍有不慎,易为邪说所入,值此世乱方殷,乌可不为正当之防遏? 试以特区万余失学中等学生言,其中产以上之家,固可延师自修,继续进益。顾具此能力之家庭,又得有几? 其延颈企足以盼黉门之复启者,统占万数中十之八九。今使其徘徊歧途,瞻顾失望,觅业难得,家居不容,苟有煽诱,一拍即合。如是,社会失一原动份子,邪说增一马力。而况处今之境,杂义纷陈,无孔不投,特区由来堵御尚虞不及,乌乎[呜呼],可予人以隙哉!

准前论,故吾人敢大声疾呼,无论教育宗旨若何,方针若何,筹备中学复校,为社会杜乱,为社会正本清源,为塞窒中学生之投入歧途,不容稍缓。任何当局,有力一分,即宜竭尽一分,排除中学生之失学痛困,恰应视如奠定社会安

---

① 编者按:"研石"为"王研石"。

全之基础,有力者岂可漠视乎?

新国两大内政
身分①登记——月底实行物品专卖——调济贫富

【奉天十四日新联电】 "满洲国"政府俟身分登记法完成后,对全民众将施行社会保险制度。现正在考究中,其第一着手者凡施行身分登记法完成之各县,设爱国积金制度。凡二十岁以上者俱纳爱国积金,有资产者纳金,无资产者则纳劳力。至对由外国入国者,在其入国之际征收。本人死亡,即返还其遗族云。

【长春十三日新联电】 满洲对世界共同之大社会问题,如贫富对立、劳资相抗,拟为理想的解决。因此,对各种货物,拟统为专卖制度或为重要产业国营化。今次在民政部地方司内,设社会课,并为劳资课题、产业介绍、贫民救济、孤儿院、医生等设备,期于黎民事业完□之时,于各县设支部,且于三十一个一等县,设有部长。□地方产业劳动状况之调查,期与"中央"连络,而图缓和贫富、救济穷困。在"建国"后之最近期内,得使境无穷民,以表现"满洲国"内政之修明云。

【奉天十三日新联电】 "满洲国国务院",对无"国籍"旧东北四省决定施行身分登记法(户籍法),今日末先在奉天省公布,该法共六章四十二条云。(读者评论:此指我内省人在哈而言也)

鸦片专卖与彩票
由日满专委协商具体案以获得"新国家"之新财源

【奉天七日发电】 兹为关"满洲新国"之一种财源。当事变后,奉天官场早已议及,于满蒙全土设立官办彩票。惟当时奉天地方维持委员会颇具异议,遂迁延至今。然其后当发生,将满铁附属地行政权移管关东厅之问题时,则此项为开财源之彩票与鸦片专卖案,遂于"新满州[洲]国"谅解之下,具体化矣。且其后更有疑义,设置"满洲国"诊疗机关,因之"满洲国"政府,以值此财政穷乏之际,乃拟借此彩票与鸦片专卖,以后新财源,刻正由日满专门委员协商,此项具体案中。

张翼鹏
【民国】21年

资料来源:日内瓦国联与联合国档案馆藏李顿调查团档案,卷宗号:S36。

---

① 编者按:原文如此,今做"身份",下同。

140. 无名氏致国联调查团报告书

顿卿团长暨诸位团员先生勋鉴：

久仰山斗，会晤无由。兹蒙大驾贲临，挽此危舟，辰维骏望日隆，政躬绥和，定如下祝无量。

敬启者：

窃查我中华数千年文明古国，今日本欲以强压弱，挟制我中华。始则以台湾之失，继之则以高丽，又欲施转鲸吞得陇望蜀之手段，将东三省版图变色为彼有不已。（抄录前清同治十年至九月十八日天津中日条约，朝鲜之灭，今几何时？大相悬殊矣！）今幸贵团奉命来华实地调查，不辞跋涉之苦。则我人民无限感激、欢迎之至矣！兹者，东三省机隍之局未定，日方施转诡计无常，变本加厉，移转视听，假借排日袭我天津。彼计不售，复又放大其词，捏词以"不敬"二字，占我青岛不遂。上海抗日纯系正当防卫。不思侵占掠夺无所不为，只许官家放火，不准民人点灯。凡我四万万同胞，一息尚存，岂能令其宰割？唯一出路，只有抱定生死关头之际，【不】共戴天之仇可释，而国难之仇不可解。既不能昭雪，应永志勿忘，秉不屈不挠之精神，奋斗到底。我国民政府既诉之于国联之前，同胞亦只听命裁决于后。不然，秉我初衷，决有抱复之日。观乎我国地广人稠，天然丰富。较彼区区岛国，生产之出入皆仰给于人，终必有致命之日矣。况我政府诸公素与各贵国敦邦睦友、守望相助之谊，久蒙赞许。互惠平等，街谈巷议，有口皆碑。来日方长，歌功颂德，首开千古不朽之机，确为贵国争光荣，专美于前，以益后世，留芳名于异域矣。（诸君此次担当重任来华，他日解决纠纷，毅力所至，功在国联，我国素重碑志，借示纪念，以表后世不忘甘棠遗爱，务希鉴宥为盼。）

再，又欲重复声明者。如印度、埃及等邦恢复自立，足证时势日趋转移，斯皆各友邦酷爱和平、表示大同、人道生存之盛德也。彼日本为后进之国，不审利害，如少年血气方刚之辈，朝令夕更，只知利欲熏心，独断专行，目中无人。

我中华为彼文化同种之先进祖国，根本若失，清源何有？报应循环，在所难免。而我等岂能甘愿落于人后？如昔之元朝成吉思汗，雄霸中外（此指俄罗斯、土耳其与中原而言），视此入主中原，国祚八十余年，一味专制淫威，不待异邦征伐，我先民尚自行协力，于中秋佳节之日报复（俗语云：八月十五杀家鞑子），灭彼朝食。彼何时而此又何时？今之所谓立约可亡国，战败尚有回复之时。上海一役，胜败可丧敌胆。日本若不猛醒，前辙既覆，后当鉴【之】。余本粗鲁劳工，学识全无，敢竭劝告之忱，秉我黄帝遗德之义。尚希诸君，不惜阳春口角之词，有以转达之，还我已失各地（包括台湾、南满，允许朝鲜独立均在内）。

诸君远道而来，乘桴共济，德隆望重，名著[著]中外，定卜有成。谨祝诸君履步康宁，各贵国万岁！国联万岁！则我同胞幸甚无机矣！兹将个人目睹哈埠事实、心得所及，缕析报告以陈之。若有字意不明白之处，务乞原谅为祷。虔此，即请复[福]祉百益！

附呈报告一份。

中华民国二十一年

附呈报告：

《六十年来中国与日本》报纸摘录

六十年来中国与日本【三四】
从同治十年到九一八
八、李伊会订天津条约
（七）天津条约及附属照会

本报记者王芸生辑

李鸿章与伊藤于三月初四日签订条约三款，内容纯取相互原则，中国对朝鲜之宗主权直等放弃。而第三条明定中日两国对朝鲜有同等派兵权，并于派兵之先，互相行文知照。迨甲午东学党作乱，中国派兵赴韩，行文知照日本，日本遂亦派兵，巨祸随之爆发，某种因突基于此，此为李鸿章对日外交之一重大错误。天津协约如次："大清国特派全权大臣、太子太傅、文华殿大学士、北洋通商大臣、兵部尚书、直隶总督、一等肃毅伯爵李，大日本特派全权大使、参议兼宫内卿勋、一等伯爵伊藤，各遵奉谕旨，公同商议，订立专条，以敦和谊，所有约款胪列于左：

一、议定中国撤驻扎朝鲜之兵，日本国撤在朝鲜护卫使馆之兵弁，自画押盖印之日起，以四个月为期，限内各行尽数撤回，以免两国有滋端之虞。中国兵由马山浦撤去，日本兵由仁川港撤去。

二、两国允劝朝鲜国王教练兵士，□以自护治安。又由朝鲜国□雇他外国武弁一人或数人，委以教演之事。嗣后中日两国均勿派员在朝鲜教练。

三、将来朝鲜果若有变乱重大事件，中日两国或一国要派兵，应先互行文知照，及其事定，仍即撤回，不再留防。

大清国光绪十一年三月初四日，特派全权大臣、文华殿大学士、直隶总督、一等肃毅伯爵李鸿章，大日本国明治十八年四月十八日，特派全权大臣、参议兼宫内卿勋、一等伯爵伊藤博文。

同日，李鸿章更有一照会与伊藤，声明对在韩兵官之不小心，及官兵伤害日民之事，俟查明依法办理，照会曰："大清钦差全权大臣、太子太傅、文华殿大学士、北洋通商大臣、兵部尚书、直隶总督、一等肃毅伯爵李，为照会事：照得上年十月朝鲜汉城之变，中国官兵与日本官兵在朝鲜王宫争门一节，实出两国国家意料之外，本大臣殊为惋惜。惟念中日两国和好年久，中国官兵等虽一时情急，不得已而争门，究未能小心将事，应由本大臣行文戒饬。至贵大使送阅日本民人本多奴之辅妻等供状，谓汉城内有华兵入屋掠夺、戕毙人命情事，但中国并无的确证据，自应由本大臣派员访查明确，取具供证。如果当日实有某营某兵上街滋事，杀掠日民，确有见证，定照中国军法从严拿办。为此备具照会贵大使，请烦查照，须至照会者，右照会大日本特派全权大使、参议兼宫内卿勋、一等伯爵伊藤。"

六十年来中国与日本【四四】
从同治十年到九一八
八、李伊会订天津条约
（八）李鸿章奏报签约经过

本报记者王芸生辑

签约次日，伊藤一行即自津启程归国，李鸿章亦于是日奏报签约之经过，曰："奏为遵旨与日本使臣商议事务，现已订立专条，画押互换，恭折驰陈，仰祈圣鉴事：窃臣钦奉光绪十一年正月二十五日寄谕，日本使臣计将到津，李鸿章熟悉中外交涉情形，必能妥筹因应，本日已有旨派李鸿章为全权大臣，即著［着］该督与日使在津商议事务。吴大澂系原派前往朝鲜查办之员，并著［着］会同商议。此次朝鲜乱党滋事，提督吴兆有等所办，并无不合。前据徐承组电称，日人欲我惩办在朝武弁，断不能曲徇其请。著［着］李鸿章等设法坚拒，其余商议各节，该大臣等务当妥为筹划，斟酌机宜，与之辨［辩］论，随时请旨遵行等因，钦此。仰见圣训精详，指授机要，感佩莫名。日使伊藤博文抵津，匆匆入都，旋由都来津，于二月十八日诣臣行馆会议，当邀同吴大澂、续昌与之接晤，该使臣要求三事：一、撤回华军。二、议处统将。三、偿恤难民。廿、廿二、廿五等日会晤，复以此三事呶呶不休。经臣叠[迭]次据理力争，往复驳诘，所有连日问答节略，均抄送总理衙门转奏在案。臣维三事之中，惟撤兵一层尚可酌量允许。我军隔海远役，将士苦累异常，本非久计。朝鲜通商以后，各国官商毕集王城，口舌滋多，又与日军逼处，带兵官刚柔操纵，恐难一一合宜，最易生事，本拟俟朝乱略定，奏请撤回。而日兵驻扎汉城，名为护卫使馆，实则酣睡卧榻，蟠[盘]踞把持，用心殊为叵测。今乘其来请，正可趁此机会，令彼撤兵，以杜其并吞之计。但日本久认朝鲜为自主之国，不欲中国干预，其所注意不在暂时之撤防，而在永远之辍戍。若彼此永不派兵驻朝，无事时固可相安，万一日人嗾朝叛华，或朝人内乱，或俄邻有侵夺土地之事，中国即不复能过问，此又不可不熟思审虑者也。伊藤于二十七日自拟五条，给臣阅看。第一条声明嗣后两国均不得在朝鲜国内派兵设营，乃该使臣著[着]重之笔，余尚无甚关系。臣于其第二条内添注'若他国与朝鲜或有战争，或朝鲜有叛乱情事，不在前条之例'。伊使于叛乱一语，坚持不允，遂各不怿而散。旋奉三月初一日电旨：'撤兵可允，永不派兵不可允，万不得已，或于第二条内无干句下，添叙两国遇有朝鲜重大事变，各可派兵互相知照等语，尚属可行。至教练兵士一节，亦须言定两国均不派员为要等因，钦此。'圣谟深远，杜渐防微，正与臣等愚虑吻合。臣复恪遵旨意，与伊藤再四磋磨，始将前议五条改为三条：第一条，议定两国撤兵日期。第二条，中日均勿派员在朝教练。第三条，朝鲜若有变乱重大事件，两国或一国要派兵，应先互行文知照。句斟句酌，点易数四，乃始定议。夫朝廷眷念东藩，虑日人潜师袭朝，疾雷不及掩耳，故不惜縻饷劳师，越疆远戍。今既有先互知照之约，若将来日本用兵，我得随时为备。即西国侵朝鲜土地，我亦可会商派兵，互相援助。此皆无碍中国字小之体，而有益于朝鲜大局者也。至议处统将、偿恤难民一节，一非理清，一无证据，本可置之不理。惟当时日兵被我国击败，伤亡颇多，国旗既辱，军威亦损。闻日本萨长诸党，深以此为耻，群情汹汹，齐动公愤，欲图报复。伊藤谓此二节不定办法，既无以复君命，更无以息众忿，亦系实情。然我军保护属藩，名正言顺，诚如圣谕该提督等所办并无不合，断不能曲徇其情，且明诏煌煌，亦万无议处之理。因念驻朝庆军系臣部曲，姑由臣行文戒饬，以明出自己意，与国家不相干涉。譬如子弟与人争斗，其父兄出为调停，固是常情。至伊所呈各口供，谓有华兵杀掠日民情事。吴大澂等在朝鲜时毫无见闻，臣亦未闻他人言及，难保非彼族借词图赖。但既经该国取有口供，正可就此追查，如查明实有某营某兵上街滋事，确有见证，定照军法严办，以示无私，绝无赔偿可议也。以上两节，即由臣照会伊藤，俾得转场完案，伊藤亦禽服无异词。旋奉初三日电旨：'所定三条著[着]即照办，余依议，钦此。'遂于初四日申刻彼此齐集公所，将订立专条逐细校对，公[共]同画押盖印，各执一本为据，并另给照会交伊藤收执。该使臣即于初五日起程回国，谨将约本封送军机处进呈御览，恭候批准。其照会底稿，已抄致总理衙门查照转奏矣。窃惟去冬十月朝鲜之变，竹添阴助乱党，而朝王亦难免开门揖盗之讥。日兵先发难端，而华军亦有乖①投鼠忌器之义。日本最贪小利，同治十三年台湾生番之役，优给恤银，略示宽大，此次乘中法交讧之会，借朝鲜兵争之事，寻衅而来，冀收渔人之利，其愿望未尝不奢。驻日使臣徐承组函称：'该国王调集广岛、熊本两镇之兵，预备战事，伊藤来华，随带水陆将弁多人，沿途侦探虚实。朝鲜君臣，闻日使北来，举国震恐。臣等方虑事机决裂，重贻君父之忧。兹幸法夷效顺，日人亦就范围。臣等禀承庙谟，反复辨析，幸免陨越。以后彼此照约撤兵，永息争端，俾朝鲜整军经武，徐为自固之谋，并无伤中日两国和好之谊。庶于全局有裨，所有遵旨会议订立专条画押竣事各缘由，谨会同都察院左副都御史臣吴大澂、两淮临运使臣续昌，恭折由驿驰奏，伏乞皇太后、皇上圣鉴训示。再，臣续昌拟即日回京覆命，合并声明，谨奏。'"

六十年来中国与日本【四四】
从同治十年到九一八
八、李伊会订天津条约
（九）李鸿章以伊藤有治国之才

本报记者王芸生辑

签约之后，李鸿章致书总理衙门，密陈伊藤有治国之才，可谓英雄识英雄。李谓："大约十年内外，日本富强，必有可观。此中土之远患，而非目前之近忧，尚望当轴诸公及早留意！"对日本尤有明确之认识。果然，不十年而甲午战起，李、伊再见于马关。小别十年，景象全非，东亚两杰，相形见绌，而中日两国之兴衰，亦系之矣！可胜慨哉？可胜慨哉！

鸿章致总理衙门书曰："日使伊藤议定专条，初四日会同画押，业于初三日函内陈明，并先电报，仍另折覆奏在案。是日画押之后，伊藤、榎本、西乡及随

---

① 编者按：原文多一"乖"字。

员咸集，谈宴甚欢。伊藤谓彼此奉批准后，均应由两国驻京公使转达。该国一得准信，即派员往朝鲜调回弁兵，不留一兵在彼，亦不待至四个月以后。鸿章告以我军驻朝较久，并未换队，且教练朝营，尚无替人，必须逐渐清理妥洽，方能次第拔回，亦断不逾四个月期限。该使久历欧美各洲，极力摹仿，实有治国之才！专注意于通商睦邻、富民强兵诸政，不欲轻言战事，并吞小邦。大约十年内外，日本富强，必有可观。此中土之远患，而非目前之近忧，尚祈当轴诸公及早留意，是幸！伊藤亦阴以竹添为非，谓回国后即另派安员往充朝鲜驻使，是已寓撤差之意，可毋庸再为力争。榎本始颇梗议，嗣见法议就款，鄙论坚持，又从中调停速结，无复桀骜故态。将来回京晋谒时，务望温语坿[拊]循，俾嗣后益感奋效命。"

六十年来中国与日本【五四】
从同治十年到九一八
八、李伊会订天津条约
（十）李鸿章与韩王议撤兵善后

本报记者王芸生辑

李、伊约后，李鸿章于三月二十日致书朝鲜国王，议撤兵之善后，书曰："去冬两奉惠缄，以贵国外患方棘，请速派重兵东渡，其时吴、续两星使，已带队驰援，故未具复。比谂政躬嘉卙，国步绥平，跂颂无似。上年十月王宫之变，贼臣勾结外援，祸发萧墙，殿下至为乱党胁迫出宫，所幸俄顷之间化险为平，此固朝鲜宗社之灵，而庆军将士出死力以冒重围，拨乱反正，有造于贵国不浅。殿下痛定思痛，遣使晋京，赍表伸谢，亦足明意之出于至诚矣。日兵败退仁川，颇有伤亡，该国恼羞成怒，又见中法交讧，因有遣使到华之事。伊藤、西乡等初到此间，声势甚大，愿望亦奢。经鸿章反复开导，据理驳诘，彼亦渐渐心折，力言该国并无觊觎贵国之心，但两军逼处，易启争端，为彼此撤回防军，而后中日和好可固，东方大局可保。所言尚属近情，夫中朝糜饷劳师，久戍贵国，为外患非专为内乱也。庆军自壬午六月东渡，乱定之后，本可撤回，只以日兵仍驻王城，不得不暂令留镇，以相牵制。而去年果有日使率兵入宫之事，贵国与井上重立新约，又声明日本置兵护卫使馆，仍照壬午续约施行。卧榻之旁，他人长此鼾睡，中国甚不放心。今日使来请撤防，正可乘此机会，令彼撤兵，以杜其侵陵之计，当亦殿下所祷祈求之者也。昨与伊藤订立专约，彼此定于四个月内撤兵。日军不待届期，便当回国，庆军俟日兵先撤，亦即一律内渡。伊使临行，鸿章开诚布公，告以贵国为中朝屏蔽，亦即东方枢纽，断不可自毁藩篱。该使颇恍然大悟，以后朝日当无甚为难之处。惟强邻环伺，在在堪虞，所望殿下勿以振旅班师，希冀无事之福，当以整军经武，亟为自固之谋。朝鲜练军五营，向由中日分派教练，今两军尽撤，教习人等，自应随同回国，免启争端。我政府王大臣仰体大皇帝眷于东藩之至意，为殿下筹善后二策：一、练枪队数千人为宿卫，可代延请西国教习。一、或由中国遴选派弁兵，赴天津军营学习。二者洵属当务之急，惟闻贵国已讬[托]人在美延订教习，美国人向无占据土地兵权之意，性气和平，雇价亦廉，最为相宜。未审已否订定，如无其事，尚须另行物色。北洋所雇德国兵官内，颇有著名能手，亦可酌派数人赴朝，其川费薪资，由朝自给。西国操法，不必遽练多营，但选弁目灵敏者一二百人，先令企肄习，俟其娴熟，再分布各营，递相指授，自然渐推渐广。惟口令一切，须略通西国语言文字，方能传授心法，曲尽其妙，通事翻译，不可无人。津防各营，久用德国陆操，近复添雇德弁，加意讲求，于行阵步伐、打靶取准之法，已十得八九。若贵国派弁来津，自当饬令随同训练。以上两节即希酌定示复为盼。贵国三年之中，两遭大变，殿下惩前毖后，思所以致乱之由，与所以靖难之功，则感激圣恩，痛戒私党，慎交与国，此心必有不能自已者。传曰：'或多难以固其国。'愿殿下发愤图之！东望海天，书不尽意。"

朝鲜国王于三月二十八日复书曰："顷者丁军门东渡，手递宠函，欣倒可量。就谂比日清和，钧体康旺，勋猷茂昭，式如臆颂。敝邦上年十月之变，出自肘腋，悉由否德所召，幸赖驻防三营出死力突围相救，宗社生灵，保有今日，实大有造于我也。仰戴皇恩，且荷钧画，感镂陨结，何为图酬万一。曩闻日本遣使赴津，狡为求逞，衅由我作，深切忧虑。乃阁下据理诘斥，辞敢义正，彼亦折服，求盟而退，敝邦并受其福。但撤兵一事，固知盛算之为全保大局，而敝邦数年以来，内忧外患，专仗大兵镇守之力，一经撤我襮屏[骈襮]，将何所恃？若更留几时，以慰万民之望，则实为厚幸。至善后二策，赒示备挚，敢不佩服。敝邦前讬[托]美使延订教习数人，闻说从近可到，姑无的期，万一纬[违]误，当请酌派德国兵官或派弁至津学习，再行筹商，兹承大诲恳恳，箴以惩毖，勉以奋发，惭汗之至，矢心自励，以毋负勤注也。回槎忿忿[惢惢]，临款[颖]神驰，不备。朝鲜国王李熙顿首再拜。乙酉三月二十八日"

此系天津大公报本年二月二十五等日先后之报。

资料来源：日内瓦国联与联合国档案馆藏李顿调查团档案，卷宗号：S36。

141. 吉林省公民李国权上国联调查团书
——日军在东北暴行备忘录

国际调查团各委员诸公勋鉴：

查日本以其侵略主义之野心，竟敢破坏世界和平之公约，歼灭人道，蔑视公法，强杀我同胞，毁灭尸骨。奸淫我妇女，抢掠财物。占据我城市，夺霸铁路。炸焚我机关，改造政权。而在我方所以隐忍避免者，原冀国联正义和平之解决，期达到日寇撤兵、还我土地之目的。兹值贵团前赴东北实地调查，觅获真相，用作解决之根基，关系至巨。故凡我三省民众宜个[各]就所知，据实报告，贡献于诸公，以为调查之引线，使获日人武力侵略之确证，庶免是非颠倒。况日寇盘据[踞]半载，以我久受武力胁迫下之民众与团体，当无真确之表示，是以日人惨暴行为，殊难得尽情披露。且际此叛逆业已显著，其所有附逆及实施逆行者，决均为日寇掩盖罪恶，并作伪民意，有利彼方之宣传，甚至强收私人财产以示恫吓，当为调查真想[相]之障碍，以致诸公被其蒙蔽，使真想实难大白于天下矣。欲求补救之方，自应由我现在脱开被占区域复还自由者，拟具实情，送恳诸公详加参证，逐项实地追究，自得真确之实，藉获联盟公正之处置也。谨就日寇最毒辣、最残忍之行为敬陈于我素尚正义、主张和平诸公之前。呜呼！是惨无人道，昭昭在人耳目，野性勃发，公然违反盟约。去岁，以自受金贵银贱之影响，致工商调敝，百业颓靡，岁入顿减，军政各费已现支绌，当局有缩减之议，人民起失业之忧，举国慌慌、蠢蠢思动，为图防止内乱计，遂妄行侵略我满蒙之下策，稽其暴行，计有三端：

（A）爰于去岁六月间（即西历一九三一年），该日本驱使朝鲜暴徒，竟在我吉林属境长春县界万宝山地方，实施强掘人民沃田使成沟渠，约占面积二百余垧，拟作植稻之需。经所有权人出而理论，乃该驻在长春日领署当派署警实弹荷枪驱逐业主，借以保护鲜民非法之工作，并枪伤我人民多名。交涉数月，迄无相当赔偿解决之法。此日本阴险成性为第一步，寻衅以破坏国交者一也。

（B）值前项谈判未结，旋于同年七月间，而该日人复勒迫朝鲜民众在鲜境仁川、京城、青津、会宁等处，对中国华侨实行毒杀，惨死者达五百余人，残伤者达千人以上。并将各侨民所有之动产与不动产悉数抢掠为己有，计达四百万元左右，有调查报告我国政府之表册可稽。除死伤者外，余则尽数逐出境外，不惟莫敢抵抗,即稍形迟疑者,亦必立遭枪杀或致伤害,无由幸免。其日本值班警察均熟睹朝鲜人任意杀害我国侨胞,不加丝毫禁止,亦未获捕恶犯一人,且助朝鲜人之势以戕杀我侨民,谓其胁迫,有足证也。但念我被惨死之侨胞以耕作菜田者居多,次则为饭食业,其间有营小本杂货商。则伊等既手无寸铁,复乏利器,自无正当防卫之力,尤缺维护避免之方,唯有任人生杀予夺,胆敢抵御,似此惨杀酷劫,正宜急策赈恤,谈判赔偿。乃日本竟使其蛮横狡猾之手段,否认我国所提出之条件。兹恐各友邦未尽洞鉴日本一再启衅之线索,特详陈颠末,俾败露其穷极思逞、无恶弗作之野心,此日本毒辣残忍之行为,故违通商惯例者二也。

(C)际我国长江流域十六省民众突被洪水灾害,死伤无算,财帛空虚,人民晓晓[嗷嗷]待哺,友邦殷殷给恤,人同此心,孰忍坐视!况救灾恤邻,古著常典。物不忍伤同类,战弗加诸灾害。今独凶暴惨忍之日本竟于(以下为日军在辽宁暴行事实)同年九月十八日深夜间,无故先以重炮向我辽宁城北大营发炮二百余响,而我国军队遵令急图避免,尤被击死团长二名、营长十余名、士兵千余名。彼遂占据营垣,并另以一部日军适用手榴弹及机枪与重炮,向城门内轰击计数千发,逢在街商民、军警,不分类别一律射死,所有尸体尽行焚毁。即占据城内,遂向良家妇女强施奸淫,当将同泽女校生抢掠多名,隐藏队内,生死莫卜。内有锦县籍商人王姓女生被掠,如在锦县街,查询被害者家长,自不难得其实情也。同时,微论军、政、学、警等官署,一并将高级官员惨戮,或解送其军部监押,其余职员悉予逐出,实行占据各机关,贴有"大日本占领"之标示,俨然居主权者地位。遂分令强抢各机关及稍优民宅之重要物品、金钱等项,并将粮秣厂、迫击炮厂等处,其中成品机器竟择优掠运南满日站,余如兵工厂所储各项军需利品,亦以载重汽车运送日站,约值两亿万元以上,再加民宅损失,共达四亿万元,悉被日军抢为己有。复于三省官银钱号提取金票五十万元用作犒赏军费。同时,将万国商业辐辏之营口,亦实施占领,加驻重军,不惟妨害通商安谧,且对驻防该地中国海防练军营占据,我军即避免出境。外商工既失保护,秩序紊乱异常。及同月二十四日,复有日飞机一架驶赴锦县东大营,掷下炸弹五枚,炸死兵民八名。继则于十二月间,竟尔强迫使驶北宁机车调集重兵,适以飞机、重炮、唐[坦]克车等利器,强暴驱逐驻锦县辽宁临时省政府,即行占据,击死兵民甚巨。但恐一经调查则其暴行败露,遂三次雇用中国被难乏衣食之贫民百余人,每人一次酬给金票四角,驱使应雇之人着日本军服,以枪械置于身旁,伪作被枪击致死状态,悉予摄影于河滩之地。窥其用意,不外留作诬赖中国军人枪杀伊士兵之反证,图免无故加害于我兵民之疚。但原影俱在,果能详审每人影片面孔,则不难辨认也。未几,竟将曾用抵押借使英债之北宁铁路由辽宁至山海关间一段强行改为伪奉山路,局长虽由中人应其名,实则纯由日人操纵之。故一切迫令旧日职员交代,悉经日军为之。而日本复恐将届担负赔偿债款关系,遂假称伪满洲国接收,不知强行霸使车辆,以武力强迫驱逐原有人员,无一非日军辨理,自无诿责之余地也。余如于辽宁城及锦县冲要街巷,均行广置日本浪人与朝鲜暴徒遍设赌场,开立鸦片烟馆,日军尽为庇护,藉收渔利。

又以原有商铺或较良民宅强行索去,创立日人之御料里[理],无地无之。但夜以达旦,喧嚣邻里,殊属均有妨害商民之安居就业。似此各种卑鄙行为,虽野蛮民族远涉异国尚不屑为,诚有失文明国之光誉。而尤谬称我民族欢迎彼辈,愿与共荣共存,万无斯理也。

(以下为日军在吉林暴行事实)在九月十九日,当时将长春南岭驻防炮兵团以重炮轰击,虽我方军队遵令不加抵抗、力求避免,但奈日军一味顽强,即与一律缴械仍复不允,遂击毙我官兵二百余名。所有三十余门大炮悉被掠运大连,其马匹择优驾去,余者连同营垣等一并焚毁。而驻防宽城子之护路军亦当时被击,计死难副营长一员,士兵百余名。同时,长春市亦有武装日军五百余,强向市内推进,胁迫警察缴械。适由我方警士六名出勤,其中二人为图幸免致死,遂将枪械交出,讵料该日军竟对之一并击死。因是,其余警士四名鉴于缴械者仍罹死,遂略施抗御,结果悉被射死。即争夺入市,杀死平民数人。迨同月二十一日,竟用重炮、飞机,载由吉长火车,奔夺吉林省垣。在我方虽毫未抵抗,且于吉长车站之荷夫一人竟予枪杀。当于次日,对代理吉林省政府主席熙洽,逼迫使到日人所设之旅馆名古屋内,派以日兵实弹持枪,作预射击状(此时,日军多门师团长又避匿他室),威吓令将已避离省城之我国军队一律缴械。而该熙洽因感受逼迫,遂允照缴。讵以所有军队已早远避他处,其结果得缴还之枪械仅达三千支。但当将军械厂所存之三八式及套筒等枪计三万余支、子弹四千万粒、炮弹二十万发,又毛瑟枪二千余支并子弹一百八十万粒,军用载重汽车二十六辆、三轮军用汽车二十五辆等项,悉数装由吉长火车,转运大连去矣。遂复逼令熙洽实行改组政权,使尽脱离旧制,拟即由日军长委派熙洽充任长官,次因手续欠通,当迫省工商、教育、农务等四会出名,敦请该熙洽任伪吉林省长官兼辖军民等政。迨接职后,又复由省内军政机关与地方团体等首领共同议决,通过长官规则,惟未另行举选长官程序。似此不伦不类之产生长官方法，显见出自日军阀之指使，以致颠覆吉省政权，因之所有处理军民政务，均系仰承日本多门师团长之鼻息。关于任免公务员，势非经日人之主持，则该熙洽绝无自主权能。例如永衡官银号本为地方金融机关，关系全省财源，竟□日人迫令熙洽委用素充日文翻译之刘燏芬接长［掌］该银号总办之职，查该刘某既无经济学识，复乏理财经验，又无金钱信用，仅不过以赌博为业，恃抽收局利度生活之一无赖份子。讵因与日人主计相识，遽获现职。虽妇人孺子，咸认为越分，此事最易查明真相也。余如吉林市商会主席张松龄，工务总会会长江崇德，省教育会长张树珊，前省议会长程科甲、刘树春，前军署秘书荣孟枚等辈，均能逢迎日人之意，捏造伪民意之宣传，图事更张"新政权"，遂咸获日人之赞助，以张松龄任全省印花税处长、江某接任省城税捐局长、张树珊充额穆县长、程科甲接吉林市政筹备处长、刘树春任德惠县税捐局长、荣孟枚接长［掌］教育厅长，又以客籍之张燕卿任实业厅长、孙其昌任财政厅长。若此诸汉奸既均因符合日人意旨，始得凭藉分任要津，当然无不为伪民意及掩饰日人之罪恶等宣传，倘届调查到境，自必共同出首，擅作民众之代表，为表现竭诚欢迎日军阀之恶作剧耳。但既均被诱之以禄位，且尽为宵小人之辈，实不足以作真正民意之表现也明矣。敢请调查员诸公幸勿被其蒙蔽也。再，日人复自强于官银号提取金票五十万元，但美其名，遂迫使地方团体首领承认自愿慰劳日军，用作犒赏之资。殊不知日军阀本受田中遗奏侵略满蒙之传统政策，无故加害我无抵抗之民众，万无对实施加害者而反情甘以巨款慰劳之耶。吾民何愚至此，丧心病狂也矣。况日军到吉来久，竟强驱人民在吉长路哈达湾站附近与之代筑广大之飞机场，早经告成。其毁损人民沃田，迫负劳役，形同强盗，亦实现永久霸占、不肯退去之意，显与日代表在国联所称"无领土野心"之旨迥相矛盾。基此，尤足败露其欺瞒世界各友邦之谲［噱］矢也。更将吉平通车道轨实行拆断，继并以武力强将吉长、吉敦及商民集资所建筑之吉海等铁路一并霸占，归为吉长一局管理，所收入之款尽由日人掌握，任便取用，亦显久占弗退之意。尤有显著之暴行，例若摧残教育，删改学生教科书类，编入欢迎日军阀与希望日人执掌政权各名词，并由小学起加授日语，以期达其根本并吞之阴谋。复对知识分子取渐次惨杀灭绝之手段，征诸为其所赞助之张松龄，既蒙委以要职，复行无故逮捕监押、解往大连，暗为杀死，已三月矣。欲调查证佐，可到吉林省垣通天街该张家宅，或到吉林市商会，自可询明真情（该张宅悬有商家牧伯之匾额），以证日人残忍毒害也。而最近又将敦县商会主席万茂森、蛟河税捐局长于登云及垦务公司经理盖文华与吉敦路段长王涤中、巡官田沛霖、工务员胡世祺、电报员杨邦振、国际运输系传宪周、吉林商人李冠荣、利群学校教员王樽、蛟河镇会长萧庆功、农会长王连恩又一无名氏等共十三名，竟被控词逮捕，押赴省城九龙口刑场，逐一分别用枪刀杀害致死，并将万、于等三人以刀挖心。似此无故妄加惨杀，实属残［惨］无人道。继又将前吉林陆军训练监李振声、外交部特派驻哈外交员钟毓及永衡官银号会办秦树藩等三人，均以从前充任官吏关系，悉予押解辽宁，在南市厂张宅花园内一并杀害。又前吉林财政厅长荣厚，亦由长春捕解辽宁严予监禁，有无生命危险，以示日军阀之喜怒爱憎为断，听其生杀予夺，决非我中国人所敢声辩、希冀宽宥也。再，前吉军署军法韩处长，竟因曾判决朝鲜人共党案数起，归监执行。讵于日军到吉之日，悉将朝鲜人共党犯开监释放，因之该共犯徒等竟图泄私忿①，遂诬陷该韩庆云，唆使日军无故将韩某逮捕，押于日商名古屋旅馆内，严刑拷打，虽未殒命，然已成残废。此系对我国荐简各官员妄加残害，殊违国际惯例。至于平民任意杀伤，更难细述也。此外，以大炮、唐［坦］克车、飞机等各项利器，加以重兵，曾数次攻击黑龙江省垣，射死官兵甚巨。其屠戮民众尤为残忍苦烈也，但因日兵铸成此种种没灭人道、失丧国格，诚为先进各国所不耻之行为，终致激起我三省民众之公愤，为自卫计与保国心切，遂自动纠合同志，组编自卫救国义勇军，统计三省无县无之，势力雄厚，当有群起抗拒铲除日军之一日。当局虽有禁止之议，但碍日军久于盘据［踞］，实诚难达到目的。况共党乘间活动确已发现，哈绥沿线各地似此，日军妨害国交，寻启战端，果有害及其他友邦，甚至演成"赤色"世界，自应由日本负其罪责也。且日本近以军人主持国政，不顾国际间一切公约，肆意破坏，虽口头表示对外无领土与政治之野心，征以本年三月九日，预先要挟前清废帝溥仪僭赴旅大一方，积极伪造民意，逼迫建设伪满洲国，加入半数日人职员，并以总务部长操之，一切政权亦以日人任之。复于各省添设日人充总务厅长，执掌一省政权，究之无异日本人之"满洲国"，而其尤声称无领土等希冀，其谁信之耶！况不惟民众无此伪国之思想，即被迫之执政，亦敢断言，决不甘作此傀儡之上场，觇溥仪系经民众伪代表三次为表面之欢迎，而骨子里始终受日人监禁意思之自由，万不获已，方勉强出任伪职，足为非本意之表现也。果请贵国担保，恢复其意思之自由，则该溥仪决能将真情吐出，此

---

① 编者按：原文如此，今做"私愤"，下同。

本意中事也。至非真正民意者,亦确有佐证例,若值欢迎时,其吉林之伪代表为谢介石、张燕卿二罪逆。按该谢某原属台湾籍,乃该地又早被日本并吞,是谢逆直日本国籍,以日本手制造之伪国,复由日籍人作欢迎代表,自然无不唯命是听,结果又酬以外交部长。再按张燕卿隶河北省籍,当作伪代表时已任吉林厅长,原借日人之力,为报答培植起见,亦无不听命之理,况伪国成立,复任命实业部长,为自谋利权计,亦应尔尔也。况所有三月九日庆祝"新国家"之举,悉由日人主办,届期强迫民意作游行之庆祝,照编成之标语作沿街之欢呼,并随摄活动影片为宣传之表示。讵料,因其不谙中国习俗,致演成笑谈。例如辽宁省城内之庆祝,竟杂僧道参加庆贺以内,殊有不合欢庆之仪式。盖因中国习俗,必于丧葬哀悼,方用僧道唪经,决无以僧道为欢祝之理,此显然为日军举办之明证也。又除少数现任公务员感于威势,作同流合污,为伪[违]心之表面欢庆文章外,至一般民众,本不赞同伪国之完成,虽迫于威胁不敢不作同样游街,然因不发于至诚,故在吉林市遂竟发现民众不欢呼口号并将日人先行制就之旗帜当街市公然悉予撕除之,每人仅执一木杆,以致无旗帜与标语之表现,则日人无法摄制电影以欺骗世人。遂复于次日雇用无智民众照旧持旗游行,始得摄活动影片,留作真民意之宣传。但观其次日之旗帜,均系印制同样之花纹者,即因异样之填写赶办不及,故以印刷了之,显为非真民意,应由个人备旗庆祝,可比拟之,尤为出自强奸民意之明证也。此日本霸占领土,妨害和平信条,违反国际公法者三也。

基上述三项有预谋、有组织之日本强暴举动,则其没绝人道,实开创世界未有之奇祸。破坏公约,违反联盟和平之主旨,敢冒凯洛克非战公约之之①大不韪,置公理正义于不顾,将欲乘欧洲各友邦战祸之余元气未复,兼以金潮影响交相困窘之际,竟逞其侵略之野心,不惜妄启战端,致使欧洲大战再演于亚洲,遂尔不顾国联盟约及九国公约,毅然为军事之行动,强占我国领土,损及我国权,其为世界之公敌,想邀公论也。矧自欧战以还,各国苦尚和平,组设华府会议,主张正义,保护弱小民族,倘有恃强凌弱者,认为签订非战公约各国之公敌,特制定和平法规,使万国信守。征诸巴拉圭与玻利维亚、希腊与保加利亚,咸有相当之处理,尤恐不逞国家仍施其抑压之手段,复设缩军大会,俾永久保障世界之和平。故我国当局遵守公约,本和平之主旨,遂一再免避,不惜牺牲

---

① 编者按:原文多一"之"字。

正当防卫,预留诸国联会议为公平之裁判。然仍不免发生前项之惨剧者,实皆出彼日本残忍之暴行。设我方稍加防御,则我东三省之民众必无噍类矣。而彼日军复措词狡称我军拆毁伊南满铁路道轨,用事抵赖。孰不知该日本于南满沿线分驻重兵,不惟我国军队不准进前逗留,即一般民众亦须远远避离道轨。况我国官民素尚和平,乃力求躲避之不暇,自无拆毁情事。且我国军尽死在北大营内,足资为彼无故趋击我军之明证也。况彼日军同时发难于辽宁、长春、营口等地,显系该国有统一启衅之决心,自难诿谓端在我开,或妄指一部军人之行动也,明矣。

素仰贵团先进各友邦提倡和平,主张公道,对兹蔑视联盟公约之日本,自当有以制裁,促彼速即撤销军事动作,听凭国联会议公平之处置,庶公理得伸,和平永固。临书泣血,不胜祈祷之至。世界幸甚!中华民国幸甚!东三省三千万民众幸甚!

吉林省公民李国权(印)谨具
四月二十日

现寓此平市内西直门里小后仓门牌二号。

资料来源:日内瓦国联与联合国档案馆藏李顿调查团档案,卷宗号:S36。

142. 民众代表团来信

国联调查团诸伟人钧鉴:

窃查日本阴谋捏造,云系东三省人民自动建设"新国",希图遮饰国联。其实,日本之手虽大,难掩天下人之耳目。至其侵占东三省,迫胁建设"满洲国",纯系吞没朝鲜之毒辣手段,满街张贴标语,纯属假托空言,全属子虚。并宣言"新国家"开放门户、机会均等,全系欺诈之言。及至实行吞并妥当之一日,恐怕欧美各邦对于"新国"之利权悉数丧失,不待智者明矣!中国人对于欧美各邦向抱亲善,此亦诸贵邦所深信。此次,贵调查团来东省调查,纯在日本势力范围以内,人民有屈难申,有愿难诉,即虽备有此信,亦恐贵调查团难以接到,惟因日本非常戒严耳,不但民众受其限制,即贵调查团亦均受其蒙蔽。其在国联报告伪满洲国乃人民自动之组织,决无他之迫胁云云。试看现在日本之军队,竟在贵调查眼头,居然调动出发下江一带,其数亦在数师团之多,公然开仗,显然蔑视贵调查团已极。万望贵调查团主持公道,速使日本军队撤出东三省,恢复我三千万民众旧业,则感贵友邦之大德无疆矣。

民众代表团具

资料来源:日内瓦国联与联合国档案馆藏李顿调查团档案,卷宗号:S36。

143. 劳工代表张翼鹏公函

顾代表钧翁先生勋鉴:

久仰山斗,会面无由。欲进言而回思,秉事实只以函达。想吾先生为国效力,名著中外,敢不以通函之法,借申要素,想先生不罪责也。兹因国难方殷,强邻入寇,沧海桑田之变,亘古所未有。我同胞之惨死于枪弹,丧权失地,莫此为甚。始则以台湾之失,继之以高丽,再欲令东三省版图变色,不为彼快矣。得陇望蜀,各国舆论,昭昭在人耳目。

今幸先生领导秉公处理之国联调查团诸位先生大驾贲临,乘桴共济,跋涉艰难,挽此危局,足征吃辛茹苦,一秉大公,不难公理战胜强权,来日方长,收复失地,厚望可期。同胞须愚,惟有暗祷苍穹,愿我先生政躬永泰,国家幸甚,无量颂矣。我东三省三千万同胞,有欲言者而未敢言,亦即良心未死,官民同愤之谓也。(本埠二月二十五日及三月十、十一、十二等日,南岗礼场先后两次举行伪建国典礼,人民之众可达万余。伪筹备处邀请外宾及各国领事要人,尚有日人监视,并派日军林立之下,除台上稍[少]数国贼之外,而台下军警机关、士农工商等,并无一人赞成建"国"也。)再我东三省人民习惯、语言、文字、行为、举动及风俗、人情、往来种种,尚无隔阂之可言,岂有脱离中央政府另建"新国"之理?我三千万同胞一日不死,即一日誓不①与日人势不量力[两立]。彼日人虽威迫利诱,人所不为而彼为之。国家之信用,朝出夕改,尔虞我诈,亦环球所无。曾计吾先生收回青岛胶济一案,一再折冲,须系国人应尽之义务,亦赖先生毅力所至,挽回劫运,实属功在国家,名垂不朽。玉清不敏,忝为工友代表,应舍身取义、杀身成仁。思维至再,一人之身为国牺牲不足惜,亦无补于事。谨尽个人义务,心得所及记录之,借供先生参考可也。除另函调查团及记录,可否与外交方法,有无冲突之处,理合一并申明附呈外。

敬祈察决,是为至盼为祷,虔此即请崇安,并叩旅祺百益。

---

① 编者按:原文多一"不"字。

附呈调查团公函、抄录报告书各一份。

            劳公代表张翼鹏鞠躬

            中华民国二十一年五月九日

资料来源：日内瓦国联与联合国档案馆藏李顿调查团档案，卷宗号：S36。

144. 东北人民代表来信

国联调查团台鉴：

敬启者：

  贵团来东三【省】调查，我们东三省人民能见天日了。国联主持公道，我们再不能受日本惨［残］害了。国联明见我们东北人民并旧军官爱国，日本出兵打我们爱国军民是何用意，国联就能明白"大同政府"是日本伪造的了。日本用飞机炸滨州，民人死伤，惨况不堪。又炸三姓人民，又死伤甚多。现在又去船炮打通河县，全市人民生命财产全烧完，日本之横［狠］毒，求国联速救东北人民吧！此【致】国联调查团先生。

              东北人民代表鞠躬

资料来源：日内瓦国联与联合国档案馆藏李顿调查团档案，卷宗号：S36。

145. 东北民众联合会来信

顾维钧先生分神译转李顿爵士及各国调查团各博士勋鉴：

  素闻和平使者主持公道之大名，故敢直陈苦衷，以揭露日本野心。自九一八案发生以来，粗其大概各国报纸已竟［经］披露，谅贵团必有所闻。今将其最有证据、最细微之情报告贵团，得以证实：

  一、此次贵团由长春经过，得见伪满洲国是否有飞机，我国民众并未听说有此物。当质问暴日，进占东北各城镇，皆有飞机暴［爆］炸，是何国的飞机？即便是伪国飞机，为何两翅画两红日，即可证明。

  二、暴日借口保侨，哈尔滨以东宾县、柳板站、依兰县及商民所居村镇等地，是否有日本侨民？暴日大【举】进兵，又去飞机炸毙无辜商民，是何用意？

  三、现在松花江以轮船满载日军，进兵依兰县，刻下已进至方正方面，不知有何借口？

四、我中华民国领土，暴日以剿匪为名，扰乱各处，但不知日本国内匪贼是否容纳第二国军队在彼国剿除否？如称敝国军队无剿匪能力，九一八以前领土以内及各国租界等地，皆保安全，此亦贵国团早所知者也。

五、暴日强迫哈阜商民拥护伪满洲国，有不从者或者枪毙，或者暗之加害者，迫不得已强行拥护，故而庆贺伪国之日标语及牌楼之上匾额有毁怀[坏]者，即知民意是否乐从，可以概见矣。倘然不信，谅驻哈各国公使皆有知之者。

六、暴日及[既]称无领土野心，现在各轮船及车站等处悬挂伪国旗上复加红日者，是何用意？

七、暴日强迫伪国家发表"凡东北民众之农田无力耕种者，即得租与日本。有租与者，五十年内不准赎回"，但不知此等条列[例]各友邦有否？即可知暴日独悚之手段矣。

八、延吉县商务会因有自卫军请求给养等事，此是军民亲善之常事，后为暴日所知，立将商会会长及农界各要人捕去九人，加以苦刑，复加极惨之枪杀，反布告以通敌者，戒国民与国军亲善。不知通敌之名由何而起？因此，东北商民现在暴日压迫之下，而无一人敢出怨言者，皆因威力所迫。

幸有和平使者此来调查，作一公正之报告，或能拯救我东北商民于水深火热之中。恳切上言，幸望垂鉴！

东北民众联合会
五月十号呈

资料来源：日内瓦国联与联合国档案馆藏李顿调查团档案，卷宗号：S36。

146. 海伦县农会等团体来电

国联调查团公鉴：

溯查暴日自九一八以武力侵占辽吉后，即积极调兵北犯，进窥江省，以冀达到并吞我东三省之目的，实行满蒙政策。本省主席马占山以守土有责为正当自卫计，不得不用兵防御。乃日本初到，暗助张海鹏部进攻泰来，继则竟公然调集日兵相持江桥，飞机炸弹血肉横飞，残杀焚毁惨无人道。我方以军械不足、势孤无援，不得已而暂退海伦，借图再举。近来暴日复用种种阴谋，假借民意，制造伪国家，以供其傀儡，所有政令完全出自日军部。"国务院"设总务厅长，由日人弩[驹]井充任，以掌管各部一切实权。三省官吏须有日人占充半数,重要机关须派日本顾问监视。历次会议详情及其中内部组织实在情形,本省马主席前已通电宣布,和盘托出,无待赘述。总之,以上事实,是日人吞并满洲之野心,破坏世界和平公约,早已真相毕露,举世尽知。其所谓东北民众之自决乃谬论,妄称淆惑国际观听而已。所谓民意,纯系日人伪造而已。查我东三省土地,完全系中国区域内之领土,毫无分离之必要。三省人民对于溥仪,早已失去信仰之心,毫无拥戴之事实。无论日本施用如何手段,组织何等伪政府,凡我民众概不承认,特此郑重声明,通电反对。

伏思贵团前来东北实地调查,本世界和平之心理,维东亚永久之安宁,维〔唯〕恐内幕不明,被日本蒙混,谨将其侵占黑龙江省、县事实,逐一分陈于下:

(一)自马主席退后,日人在省占据各学校,焚毁我数十年库藏之书籍,偷运我各学校之仪器,残杀知识阶级。此种文化侵占,非徒灭国,显露灭种之心理。此其一也。

(二)占据实业厅为日军司令部,占据省党部为日军宪兵营,并将师范学校前之体育场辟作日军飞机场。而彼驻在日军视我国民众稍不如意,则杀之无赦。此其二也。

(三)日本国府派木铃在省城主政,我国官吏须听其指挥。派稻津一穗及大园春次为"国务院"民政部地方司派遣员,巡行各县,调查种种行政。派宫田久次郎为南满铁路公司驻海所长。派大桥与一为南满铁路驻海气象科长,以便侦察地方情形,随时报告并监视地方行政。此其三也。

(四)日本不时派人到呼海路局调查路款账目,随时提解。派飞机数架,逐日到各县侦察威吓,以便施其手段。此其四也。

(五)拟办农林试验场及农业学校,以作移民之准备。而日方又派员踩勘呼海、齐克路北段路线,以作运兵之准备,此皆事实俱在。至于其他各事,尤不堪枚举。

敬祈贵团主持公理,切实报告,秉公制裁,中日纠纷不难迎刃而解。三省人民无任竭诚欢迎之至。谨祝贵团福利!

海伦县农会(印)
海伦县教育会(印)
海伦县商会(印)
中华民国二十一年四月二十六日

资料来源:日内瓦国联与联合国档案馆藏李顿调查团档案,卷宗号:S36。

147. 绥棱县二十万民众请愿书

国联调查团钧鉴：

窃我东三省三千万民众正在日本铁蹄摧残之下，得蒙钧团本维持东亚和平之旨，重洋苋止，实行调查，不但我中国四万万同胞顶首馨香，抑［亦］为全世界人类正义公道放一曙光，感激之至莫可言宣。第日本自一九三一年九月十八日，肆行强暴以还，已半载。于兹一切事实，惟我东北人民身受其痛，此中真像［相］，亦惟我东北民众深知其详。今谨将所身受者洒泪掬实，向我钧团一泣陈之。

查我中国自与东西各友邦订约以来，举凡朝野莫不守约亲邻，恪守正义，此就整个中国而言也。至于东北，与暴日接邻，无异与虎同眠。前在高丽未灭之先，日本视东北为其几上肉。迨日本吞灭朝鲜以后，灭我东北之心遂以益炽，得寸进尺，变本加厉。以铁路言，吉长、吉敦、吉会、安奉、南满、四洮，凡我东北交通，悉被强占强修。此外，占我土地，霸我矿山，干我政治，侵我主权，事实俱在，笔难尽书。乃日本心犹未足，竟于去年九月十八日，挟陆海空军之暴力，占我东北。今又假造民意，勾结汉奸，挟制溥仪，设立伪政府，以灭高丽之技，作我东北之续。查我东北系中国之一部分领土，我中国乃为国际间一独立之国家，所有土地、主权，决不受日本侵害，此为国际间之正义。况尊重中国领土完整，尤为世界各友邦所共认。今日本不顾国际信义，无理逞兵，数月以来，举凡海陆空军齐攻并进，先占辽宁，次占吉林，继占江省，凡我东北领土之内，皆为日本军事之区，实地调查均可证明。查我东北与各友邦订约通商者，不止日本一国，除日本外，其他各友邦并未向东北派差一兵一卒，足征我东北当局以及民众向无排外之举。中外相亲，以诚相见。乃日本志在吞灭，无词可假，遂以保护侨民之名，施其灭亡东北之欲。鬼域［蜮］伎俩昭然若揭，此为日本占我领土、侵我主权、灭我东北之实迹。

查自欧洲第一次大战以还，世界人类均以战争为万恶，视和平【为】神圣。自国际联盟会成立以来，系以正义、公道维持世界之和平，保障人类之幸福，万国同情罔不爱戴。该日本系会员国之一，自应本此意旨，与世相见。查我东北，在世界言为远东纷争之枢纽，在地势言为欧亚和平之核心。凡我东西各友邦，举凡商业、金融、交通、原料，种种事项无一不与我东北切肤相关。我中国素持门户开放、利益均沾之旨,则我东北于各友邦所贡献者,既①深所关切者。亦距②今日本志灭我东北,归伊独享,不但侵害中国之领土,实亦危害各国之利益,视中国如无物,等国联于弁髦。暴力横施,甘为戎首,破东亚均势之局,作世界纠纷之渐,实人类之公敌,正义之仇雠。凡此破坏东亚局势,扰乱世界和平,应由日本负此全责。

查自日本以军力强占东北以来,凡我东北之金融、物产以及农、商、军用各品均被强抢以去,饱载而归,运回日本。奸淫我妇女,杀伤我人民,我人民于此丰年期间无辜而死于暴力下者,现虽尚无详细统计,害已不下数十万人,尤于智识阶级、青年学生恨之次骨,一经被获有死无生。因此,东北三千万民众在此长期占领之中无室可居,无食可食,如坐针毡,无所措手。查廿世纪乃人类相助相爱之秋,凡有人类均应互享自由平等之福。乃日本狼子野心,占我领土,侵我主权,犹为未足,并奴隶我东北民众,牛马不如,必使民亡种灭而后快。伏查有史以来,灭人国者与国被人灭者不无其例,惟日本灭我东北之残忍酷虐,实为空前之所未有。似此行为,凡为人类表同情者,当为一洒同情之泪。则此日本不但为正义公道所不容,实亦世界人类之魔鬼,此恶不除,世何以安?查我中国系合汉、满、蒙、回、藏五大民族永久为统一之国,五族相亲,势同五指,此中经过当为世界各友邦所共见。今日本以灭亡东北必先使东北脱离中国,方可暗事操纵、徐行灭亡之计。于是,勾结三五不肖之汉奸,强迫万民共弃之溥仪,托称民意,设立伪满洲国。今之溥仪即昔日高丽之李王,今之臧式毅、张景惠、熙洽、张海鹏等,即昔日高丽李完用。该日本阴施灭亡之计,阳作壁上之观,其机伪巧诈、饰词谰言,此则中国四万万民众已知之甚详,即世界各友邦仁人义士对此内幕当亦了如指掌。查溥仪系满清君主,以专制淫威祸我中国者二百年于兹矣。我国四万万民众不堪其虐,始有辛亥革命推翻溥仪之举,则此溥仪不但为我东北三千万人民所共弃,且为我全国四万万民众所不容,此种事实无待佐证。该溥仪自被逐以来,不自内省其疚,复蓄虐民之念,前曾嗾使张勋复辟在北平,仍登九五,但不逾旬,义军群起,万民共愤,卒驱逐之,此更为中国四万万民众厌弃溥仪之铁证。今乃穷居无聊,甘为傀儡,该日本志在灭亡东北,因而意存利用,假托东北乃满洲人之满洲,遂以民族自决之伪词,建设满

---

① 编者按:原文多一"既"字。
② 编者按:原文多"亦距"二字。

洲伪国之把戏。殊不知,满洲一族在满清未入关以前,人口不及百万,比时,犹是东北民众一少部分。迨满清入主中夏,所有满族二百年来均已同化,随清帝入关,现均散居于平津一带,所有满族之真义意业已消失。今则东北三千万民众之中,即此同化之清族实已千无其一。今以满族建"国"为言,实属无事生风之举,作伪日拙,其愚莫及。况自日本侵占东北以来,所有民众心存救国,与日同仇,莫不揭竿而起、奋勇杀敌,以自卫之精神作复国之奋斗,则义勇军风起云涌,遍满东北,中外新闻既均志载,各界人士尤所共见,民意所在,众心所归,凡此事实自能证明。尤以马占山将军,以国府之命官作民众之领导,孤军血战,奋勇杀敌。现今黑龙江全省仍为中国之领土,誓与溥仪之傀儡、日本之作伥不共戴天。则此东北三千万民众不甘心作亡国奴者,灼灼明矣。俯查日本入寇半载以来,穷凶极恶,纸不胜书。今将荦荦大者本诸事实,分条缕陈于钧团之前,伏乞钧团发人类互助之精神,本正义公道之旨趣,尽烛日本之奸,详察溥仪之伪,洞明我东北三千万民众于此不生不死、最可怜、最可痛苦之隐情,大发谠论,主持公理,诚恳建议于国际联盟,务使日本于极短期间迅速撤兵。满洲伪政府于极短期间迅速消灭,解我倒悬之苦、登我衽席之上,使东北免遭亡国灭种之惨,使中国永为统一独立之国,复我失地,光我山河。东亚和平幸甚!世界和平幸甚!洒泪陈词,焚香敬待,谨呈国联调查团。

绥棱县各法团农会正会长曲克明、农会副会长王凤阁、商会正会长孟广山、商会副会长刘国翰、教育会常务干事王琳、工会会长李召棠率绥棱县二十万民众同叩!

中华民国二十一年四月二十九日

资料来源:日内瓦国联与联合国档案馆藏李顿调查团档案,卷宗号:S36。

148. 东三省三千万民众团体上国联调查团书

国联调查团诸神圣:

速发慈悲拯救我三千万民众,勿使我东三省三千万民众陷于朝鲜之后辙。现在东三省之伪满洲国,纯是日本压迫捏造,决非我三千万民众的意思而建造,有最足正[证]明之要点列左:自九一八发生事变以后,占我奉天、侵我吉林、攻我江省、陷我锦州、袭我哈尔滨,又攻我上海,此皆日本所为。谅贵国皆在洞悉之中,又何用贵国派员跋涉来此调查也?又况贵国领事在此目睹之事实也,当足以正[证]明矣。即现在而言,日本之大军出发下江,冀图攻我三姓东路、攻取中东,此几处皆无日本之居民,而又有何词可借也?日本在国联声明:他发大兵是保侨云云。无他侨民之地点,他发大兵是何用意?贵调查团亦可深明此义。而日本觊觎我东三省非但今天也,而早已计划在心矣,使我中国几个汉奸走狗迫挟溥仪,伪称满洲国执正[政],其实一切政权皆操自日本,而溥仪及诸汉奸皆为傀儡耳,满街张贴民意建设"新国"云云。其实东省三千万民众恨不能将汉奸走狗等之皮肉寝食,而何能甘愿为亡国奴也?至于张贴之伪标语,纯是日本之指使几个汉奸走狗耳。而又高唱"新国家"开放门户、机会平等云云。此皆日本之阴谋,好使诸贵国赞成"新国"也。此其不过初创拢罗[笼络]诸贵国耳。若待其足踩实地、政权到手之一日,诸贵国对于东三省之利益,恐怕星点亦难到手矣,此理至明。中国对于欧美友邦,向来抱定亲善之旨,从无恶感焉。中日之恶感,纯由日本压迫中国而成,屡次深积,故排日之风益厚,愈弄两国之感情愈裂,以致演成今日。幸蒙诸神圣国从中调停战斗行为,中国之民众实感诸贵国之大德也。如此,仍望诸神圣将我东三省恢复旧惯,勿使日本贪心捏造伪满洲国,步于朝鲜之后尘,实我东省三千万民众之幸福也!

东三省三千万民众临楮洒泪拜诉
民众团体具

资料来源:日内瓦国联与联合国档案馆藏李顿调查团档案,卷宗号:S36。

149. 东北民众联合会来信

顾维钧先生分神译转李顿爵士及各国调查团各博士勋鉴:

素闻和平使者主持公道之大名,故敢直陈苦衷以揭暴日之野心。自九一八案发生以来,粗其大概,各国报纸已竟[经]披露,谅贵团必有所闻。今将其最有证据、最细微之情报告贵团,得以证实:

一、此次贵团由长春经过,得见伪满洲国是否有飞机?为何两翅画两红日?即可证明。

二、暴日借口保侨,哈尔滨以东宾县、柳板站、依兰县及商民所居村镇等地,是否有日本侨民?暴日又进兵、又去飞机,炸毙无辜商民,是何用意?

三、现在松花江轮船满载日军,进兵依兰县。刻下,已进至方正方面,不知有何借口？

四、我中华民国领土，暴日以剿匪为名，扰乱各处。但不知日本国内匪贼，是否容纳第二国军队在彼国剿除否？如称敝国军队无剿匪能力，九一八以前领土以内及各国租界等地皆保安全，此亦贵团早所知者也。

五、暴日强迫哈埠商民拥护伪满洲国，有不从者，或者枪毙，或者暗之加害者，迫不得已强行拥护，故而庆贺伪国之日，标语及牌楼之上匾额有毁怀［坏］者，即知民意是否乐从，可以概见矣。倘然不信，谅驻哈各国公使皆有知之者。

六、暴日及［既］称无领土野心，现在各轮船及车站等处悬挂伪国旗，上复加红日者，是何用意？

七、暴日强迫伪国家发表"凡东北民众之农田无力耕种者，即得租与日本，有租与者五十年内不准赎回"。但不知此等条列，各友邦有否？即可知暴日独悚之手段矣。

八、延吉县商务会因有自卫军请求给养等事，此是军民亲善之常事。后为暴日所知，立将商会会长及农界各要人捕去九人，加以苦刑，复加极惨之枪杀，反布告以通敌者戒。国民与国军亲善，不知通敌之名由何而起？因此，东北商民现在暴日压迫之下，而无一人敢出怨言者，皆因威力所迫，幸有和平使者此来调查，作一公正之报告，或能拯救我东北商民于水深火热之中，恳切上言，幸望垂鉴！

东北民众联合会
五月十一号呈
恐其前呈未鉴

资料来源：日内瓦国联与联合国档案馆藏李顿调查团档案，卷宗号：S36。

150. 呼兰县乐安镇公民来信

调查员诸位先生大鉴：

见报章知贵团莅临哈埠，只以杰民无故并无机会，未得欢迎，实为抱歉。想此次贵团毅然决然到东三省调查之目的，不外得其真像［相］，对中日两国作公平之裁判。然以贵团未曾身临其境并受日方之蒙蔽，传闻虽多失实，兹就民等所感受各情形，为贵团缕晰陈之，祈予以公平之裁判，是民等所馨香祈祷者，必志。自日本维新后，以我中国之贫弱，并以邻迩我东三省，故对满蒙早拟具侵略政策。在去岁九月间，即开始施行其侵略政策，因此，万宝山惨案及朝鲜惨杀华侨等事件,遂以发生。以后遂继续不断的施展侵略之伎俩,如阴伎使匪徒扰乱我国各处之治安,金钱买动我国失意军阀政客作其爪牙,种种卑鄙之手段不一而足。我国本和平之至诚,循外交之正规,与之交涉。而日方不但置若罔闻,反敢违世界之公约、冒天下之大不韪,公然出兵辽宁、强占吉林、鲸吞龙江。按诸民意,本欲与以武力周旋,灭此朔食。而我国民政府以遵世界之非战公约,遂提请国联,希予以正当之解决。虽数月以来,我国一再退让,而日本则施展鬼域[蜮]伎俩,借机侵袭。因此,民等非常愤忱,拟与蕞尔之日本作最后之殊死战。

今幸贵团至东三省调查,民等只可暂息,以听公决,盼恳本至公至正之决心,予以裁判。则民等幸甚!中华民国幸甚!不然,民等惟有联合东三省三千万民众武装起来,誓灭民贼,以警顽强而伸世界之公理。临颖愤慨,不尽欲言。专此泣恳,冒请公安!

呼兰县乐安镇公民同泣笔
中华民国二十一年五月十一日

资料来源:日内瓦国联与联合国档案馆藏李顿调查团档案,卷宗号:S36。

151. 日军在中国东北虐杀民众惨状
——所谓"日人之自卫行动"如此

一九三一年九月十八日深夜,日本军队突袭占中国辽宁省城——沈阳——杀伤中国人民甚众。其后陆续进占吉林、长春、洮南、昌图、浦城、怀德、黎树、开原、铁岭、辽阳、营口、本溪、开平、牛庄、通辽、开通、抚顺、安东、新民、敦化、永吉、额穆、延吉、和龙、汪清、龙井村等二十余处中国领土。复于十月八日,派飞机轰炸锦州等地,炸杀中国无辜人民甚伙。日军到处烧杀淫掳,演世界人类空前未有之惨剧。兹由在东北之各国人士,设法搜集上述各地惨杀真相照片之一部分,汇刊于此,以供全世界人类公平之裁判!

....

(3)日军刺伤中国军人与警察(附图)①

(4)日兵拦路屠杀中国人民,左端为已被刺死之乘车者与人力车夫(附

---

① 编者按:卷宗内未发现附图,本文下同。

图）

(5) 日军在沈绑缚中国军人在街市示众，旁观日人皆欣然有得色（附图）

(6) 日兵刺杀中国青年知识分子（附图）

(7) 日兵刺杀华人坐汽车者及其司机（附图）

(8) 日兵围困一群华人皆逼跪地下（附图）

(9) 日军捆缚徒手华兵迫跪地上（附图）

(10) 日兵围迫一群华人跪广场上（附图）

(11) 沈阳城内日军戒备之状况（附图）

(12) 在沈阳之日本机关枪队（附图）

(13) 日军围攻徒手之华人（附图）

(14) 日军机关枪队向街市扫射（附图）

(15) 沈阳街头示威之日兵（附图）

(16) 东北兵工厂被日军占领（附图）

(17) 沈阳街市中之日军（附图）

(18) 日军收缴中国军队之枪械、军帽、制服等物（附图）

(19) 日军占沈后所缴中国军士枪械之一部（附图）

(20) 日军占沈阳后东北飞机场亦被占领（附图）

(21) 沈阳城上之日本旗（附图）

(22) 日兵在沈强占之兵营（附图）

(23) 日兵外寂无人影之沈阳街巷（附图）

(24) 日兵包围中之中国兵营（附图）

(25) 屯［囤］积沈阳街头之日军（附图）

(26) "日'支'交战"满洲事图画（附图）

日本各地发卖之日兵占领中国沈阳照片之封袋，公然大书"日'支'交战"字样，日本在国际间不承认其在东省之暴行为战争行为，此信袋已可证其为妄言矣。

(27) 丛集于沈阳街巷中之日军（附图）

(28) 被日军以暴力占领之辽宁省政府（附图）

(29) 锦州车站少帅楼前炸死杨耀林之妇一名（附图）

(30) 车站车房墙外炸死拾煤人刘敦祖一名（附图）

(31) 交通大学北沙家坟炸死李姓妇人一名（附图）

(32) 东关柴火市理发处屋外炸死关子扬一名(附图)

(33) 车站邮局对过鲜果床[店]炸死八岁小孩王双喜一名(附图)

(34) 车站老源合栈门前炸死车夫陈正一名(附图)

(35) 东关柴火市理发处,炸死刘振云并无名男子二人,伤二人(附图)

(36) 车站天泰合西邻鲜果床[店]炸死王姓父子二人,曹姓一人(附图)

(37) 东关柴火市孙姓院内炸死段孙氏并伤小女孩一名(附图)

(38) 锦州东关无线电台炸毁房子一间(附图)

(39) 昌图附近红顶山兵营被炸(附图)

资料来源:日内瓦国联与联合国档案馆藏李顿调查团档案,卷宗号:S36。

152. 奉天难民代表金台尸来信

万宝山迁居于奉天,又着此害,复被日使鲜匪强夺我家庭及一切商号,迫我民众逃难于哈尔滨。今年二月间,日军又强占哈埠,驱旧吉军于东方无立足之地,甚致[至]吃食皆无。同时,马贼四起,民众自反,一时间吉、江两省之地皆成胡匪之区,扰乱我民族不得安居,买卖不得营业,东跑西驰,聚集哈埠,囊盛清风,饥饿荒色。

回溯民国以来,东北民族安然自乐,马贼无如此之重,满洲亦无独立之心。因何日本军进关东,胡匪四起,民族自反,满洲独立,混兵片[遍]地,这是何等情由?什么原因?岂不是日本之迫乎?致使我难民受苦受罪,以至家败人亡,无有安静藏身之处,每日就可抱头自哭,未有畅述怨情之地。昨日梦中惊醒,闻得贵调查团来至哈埠,难民放大胆伏地下陈屈情,并请识[质]问日军:因何在"满州[洲]国"干涉军政两事,及各机关置日本顾问,并党[挡]御旧吉军等,这又是什么理由呢?判断决定是有一种企图的,要不解绝[决]此问题,我难民不久即补[步]朝鲜之后尘矣。如日本军为助"满洲国"独立,是[试]问:日军首占东北领土,而后"满洲国"有独立说,andere何要人与日本约求此事?然"满洲国"独立并无反对军,所【谓】内乱者皆反对日本之军队之占东省。由此观之,用日军有何益?而实有害于国家,所以使之内乱,民众不得安居。近看国史,日本侵略东三省之野心业已数十年之久。自咸丰年间,日本乘我清廷内乱而灭我属琉球。同治年订约通商,借口征生番,近[进]兵台东。清政府给银抚恤,始寝其事。是后日本【于】光绪十三年,阴磨[谋]我藩属,朝鲜内乱,助新学党独立,攻大党。清政府申明朝鲜为属国,拒绝之。日本突攻我国兵于牙山,宣战。我国忍败,迫割台湾彭[澎]湖诸岛,这就是日本的野心起始。光绪二十九年,日俄宣战,以我国领土为战场。俄败即将俄属东清铁路及旅顺、大连让于日本,原租借期为二十五年。让日时,迫清廷延期为九十九年,这也是日本野心表示。可是,他援助朝鲜独立,故属同情。以后因何使其亡国,吞并为日本有,这也是他不良之野心。由此看来,现下日本主使满洲独立以后,必定企图灭亡我民族之野心罢。呜呼!我难民巨[距]亡国时期岂不在眼前乎?危险哉!尤其民国年间,日本在上海、汉口、济南等地杀我民族之惨案,苦情难述。又在奉天将我国陆海军大元帅炸死于皇姑屯。这个事反之,要将日本大官炸死,我国岂不早亡乎?想想现在的世界,就能如此之不平等哉!不过中华【民】国能忍耐而已,恐匿[惹]起战争之事。然日本尚不知足,反来要夺我大辽东。请问委员长,现代的潮流就能如此之无理吗?现下我纳[拿]小小问题问问日本,就是本埠江沿上轮船的旗子,怎么罢[把]日本旗子安置在"满洲国"新旗子之上方?怎么不罢[把]日本旗子安置于下方或者安置于旁均可,何故独独在上方呢?以此小事也知其野心了。再问"满洲独立",日本怎么这样热心邦[帮]助呢?先头也未有这样好交情,办理这事间[简]直比自己事咳[还]用心,呜呼!一切种种的难情说之不尽,望贵调查【团】细细调查罢,哀告到这处就不能再述拉[啦]。难民本是蠢愚的庄稼人,对于中国文言及各国文言也不明白,草草寸禀,畅述胸外[怀],求委员长要海外原谅。幸甚!

最后,恭祝委员长公安之福!调查团全员之福!

难民代表金台尸鞠躬
五月十日

资料来源:日内瓦国联与联合国档案馆藏李顿调查团档案,卷宗号:S36。

153. 无名氏来信

国联调查团诸公钧鉴:

敬启者:

诸公由沪起程北上,领[令]我人民喜于天外。闻已驾临哈埠,感激之至,为调查"满洲国"之事,非我东北三千万同胞之心愿,此乃日人压迫,如害朝鲜之手段。由侵占东省以来,瞬将一载。忆此载间,我东北同胞及各国贵民均受惨[残]害极甚,以用炮攻弹炸、目睹扫平。人民栖宿无处,饮食无粮,冷冬无衣,处处不得避难。又出告示云:如有反对"满洲国",查之枪毙;在街立谈者枪毙;不卖日货枪毙。倘"满洲国"实行,诸贵国各货亦难进口。望祈诸公分神调查一切,去[取]消"满洲国",再于[与]其经济绝交,人民始能平稳。

祈诸公千万费心是荷。敬请诸公贵体旅安!

五月十一号谨泐

资料来源:日内瓦国联与联合国档案馆藏李顿调查团档案,卷宗号:S36。

154. 东北小民一份子来信

国联调察团诸公钧鉴:

迳启者:

东北小民泪诉而言曰:自去年九月十八日,日本军强占东北三省,逼迫敝国官僚设立"新国家",这是东北三千万民众不能许可的、不能赞成的。今闻国联诸公来哈,故用寸纸报告我东北三千万民众之所愿望,乞调察团诸公主持公道,打破日本在东北之阴谋,打倒满洲伪国家,这是我东北三千万民众之所至盼至祷也。

东北小民一份子鞠躬

中华民国二十一年五月十一号上

资料来源:日内瓦国联与联合国档案馆藏李顿调查团档案,卷宗号:S36。

155. 无名氏来信

伪军的官都留着,使我有要紧的不能通达他们。又叫中国人做胡匪,不知我国人叫他们偷偷的打死了多少。凡是中国的各机管[关]的人都归小日本人所管,他们谁竟[随便]杀人,夺我的自由权和各条铁道。所以,我最反抗而又特抗了。我顶不原[愿]意"大同国"成立。

资料来源:日内瓦国联与联合国档案馆藏李顿调查团档案,卷宗号:S36。

156. 史王氏来信

敬禀者:(日兵进氏家,将氏小女逼奸,警察知道的)
国际调查团钧鉴:

民生于中国领土而【受】日本压迫,难哉!吞下商民泪未拭完,正忧虑之际,忽奉各团来哈,如阴雨而见青天。各机关、学校自有房楼,均被日本兵所占用,而且残[惨]无人道,掳去钱财,强奸幼女,小民无地诉讼,只可用信前来略陈。专此,敬请钧安!(请详细调查为祝。)

史王氏叩首

资料来源:日内瓦国联与联合国档案馆藏李顿调查团档案,卷宗号:S36。

157. 哈尔滨平民大会来信

国联调查团诸公台鉴:

九日驾临哈境,未得苙场欢迎,殊深歉疚。奈因事实不能作到,尚祈谅之。自九一八事变,已逾半载,中国之损失莫计,人民之涂炭亦不堪言喻。并盼国联实以有效之制止,同时更待吾政府以武力解决之。奈我中国政府信守国际之盟约,申诉于国联以求公判。而狡日再三周折以延岁月,今又组伪国以图借口,阴谋尽露,世所公认。但"满洲国"成立纯非民意,官僚为傀儡,亦是在其势力之下,无如之何也。今国联欲明真象[相],派调查团莅东省躬自调查,以希彰照[昭]。但诸公不避艰难跋涉,来吾中国调查一切,其使命之大亦可想见矣。盖日本之奸谋,莫过于摧残教育,操纵经济,往往无辜受戮者及东路各站惨杀之人民实不为少,诸多劣迹,不胜枚举。国际之和平丧断,国联之信义不遵,似此恶为,国联当所不许。若非立即实以有效之制止,和平盟约将由此告绝矣!谨代民意,特此表请。敬致国联调查团公鉴。

哈尔滨平民大会谨启
西历一九三二年五·一五

资料来源:日内瓦国联与联合国档案馆藏李顿调查团档案,卷宗号:S36。

158. 东北民众代表来信

国际联盟调查团钧鉴：

自贵团到哈以来，我中国民众甚为欢迎，因为国联调查团是主持世界和平、公道行事【的团体】。现在，小日本侵略我东北，民众实不得已，强迫我们建设"新国家"。各处由日军骚扰民得[的]居【所】，日军【到】各民户搜查，强奸妇女。日本占领，开设赌局烟馆，并将中国各机关按设日人顾问，每每所入款项由日人带去。又到邮局扣留关内报纸。现时，更加紧急，扣留向调查团所寄各种函件。现在，我们中国被日本逼迫，这样不堪。

祈望贵团到地实实调查，以公正处理，中国方能及于【恰】当结果，并能解放民众之困苦。此大纪念，民众决不能忘记贵团之恩德也！特此敬告书。

国际联盟调查团公鉴！

东北民众代表同拜
五月十二日

资料来源：日内瓦国联与联合国档案馆藏李顿调查团档案，卷宗号：S36。

159. 无名氏来信

国联调查团诸公钧鉴：

日本之残暴蛮横，想为世界所公认。甘欲称霸世界之野心，亦早为各国所切齿，尤其对我们中国东北为尤甚。自威惑东北独立以来，其阴险压迫之手段，更无微不至。

贵团此次来哈，凡我民众之稍具智识者，俱行禁止谒见。至于各报所载有关"满洲国"之新闻，全系日本监视、强迫登露[录]，若稍有言语不慎，即遭杀戮。各报之新闻稿件，均须受其检查，方准登载。贵团所住之马迭尔旅馆内为特设之电话，其线路均过日本特务机关处。关于民众呈交贵团之信件，亦均被其特设之收信处扣留。至于甚[什]么民众建"国"宣言、民族自决、顺乎民意……全是日本强迫伪作。本埠各机关均置日人监视，长春、奉天等处更是利害，想调查团诸公早所洞悉。再，至其增军东北，日有所闻。现正在方正县、一面坡、三姓等处，任意屠杀。吾东北三千万民众，实无法再处这水火之痛，创[倒]悬之苦。

望诸公大公无私之精神,详细调查,千万不要被其拘住,被其限制,取得正确材料,返回报诸国联,俾资公断。庶几我东北民众,将均以血泪洗诸公之风尘。现在民众之请愿,实不敢举动,因有生命的关系。至于别的暴迹,遍地皆是。我们三千万民众只得焚香,以待诸公之调查矣。

不敢署名泪笔

资料来源:日内瓦国联与联合国档案馆藏李顿调查团档案,卷宗号:S36。

160. 东省民众来信

国联调查团委员钧鉴:

久仰鼎名,幸获驾临,羡慕之望,亦云绝矣。民想此次光临敝埠,必按公正之典论判断事实,和平之手段监察恶劣。如此而吾东省三千万民众感甚!幸甚!兹将经过详情录述于下,以供贵团之阅历。噫!自去年间日本突占我东省,侵我辽吉,伤害黎民,掳掠资财,而吾管理当局不欲破坏非战公约,时[是]以未加反抗。日本竟大施其雄威,蔑视非战公约。复又增兵上海,种种阴毒手段,笔难尽罄。建设伪政府,创造"新国家",以遮众人之耳目,明虽中人名号,而暗确是日本管辖,各处机关均属日本约束。此次建设"新国家",民众决不承认。调查诸公驾临敝埠,定必有相当之处置,铲除恶劣,而吾三千万民众感恩非浅,前怨殊能可伸,真吾民众之幸福矣!专此拜肯,诸希鉴查是荷。

东省民众恭泐

资料来源:日内瓦国联与联合国档案馆藏李顿调查团档案,卷宗号:S36。

161. 哈尔滨市民禁烟大会来信

迳启者:

穷[窃]闻哈埠朝鲜居民,酒斯局内依势强横,多竟开设雅[鸦]片烟馆,借获大利,以图灭杀,一般有为青年多被涂[荼]毒。实于种族有莫大关系。敝国官厅亦处于无可奈何之地,彼等更得以自扬,故即明设而不顾不虑矣。敝会深知烟毒为害非浅,并闻有公令,谨请贵团严查禁除,实与民等除害不浅,万幸之及[极]。慈悉有埠内工厂街七十号院内第五户鲜人金光河者,有大烟具十来套,供客已久,并设有分号,在中国十道街十六号院内四户,雇有中国人招待吸客。又有中国四道街三十九号第三、四户鲜人安太进者,亦系开灯卖烟,计亦数月获利颇多。以上二者,实为哈埠卖烟大主。其他鲜人,约十有八九之多。伏请贵团究查惩办,与民除害,实与哈埠民众造福无涯,前途幸甚!

此致国联调查团公鉴。

哈尔滨市民禁烟大会启
五月十日

资料来源:日内瓦国联与联合国档案馆藏李顿调查团档案,卷宗号:S36。

162. 工人一份子来信

国联调查团诸公钧鉴:

敬启者:

久仰诸公主持人权,今日始到哈埠,真乃有哈埠市民拨云见日之期日,均在诸公不辞劳苦之所赐也,感邀之至。东省自民国廿年九月十八日事变以来,商民所受之损失及受之痛苦,笔难尽述。暴日以万宝山案,唆使朝鲜人将华人在朝鲜营商之侨民抢杀之状,惨不忍闻,所受之损失不下千万元。我国乃以理交涉之,日本不负责任保护,还加入鲜人暴动事,任指挥之责任,有[由]此可见日人侵占东三省之野心矣。今日,满洲伪国成立,并非东三省三千万民众所愿,建设的乃是日本强迫我们这几个无识的华人头名[目]组制[织]的,实济[际]还是日本抄从[操纵]之。东三省三千万商民,近中被日本处于我们死的死者原因(近来,受日本压迫,死的死,逃的逃),商者不能前途,农者则不能耕,以致均以待毙。

幸诸公驾临东三省,真乃东三省民众之救星福星也。素日,日本在国联会议席上宣布者,皆是造谣言。

今日诸公实地视查,所得之结果,谅不能不负调查之使命,亦不负东三省三千万民众之盼望也。

今日,诸公视查,切定有相当之结果,万望主持公道,主持人权,是三省三千万商民没齿难忘矣。对于不具名之原因,实因在日本范围以内,迫于危险万分,故不具名。无名,敝亦知有法律关系,处此地步,不得已矣。

此呈调查团诸公鉴。

工人一份子

资料来源:日内瓦国联与联合国档案馆藏李顿调查团档案,卷宗号:S36。

163. 无名氏来信

为强日侵占华土恳请国联挽救东北民众事：

窃查东省万民处于日人铁蹄之下已非一日，目的何在，为世人所明了。查东北领土本为中国所有，强日竟敢目无公理、侵占华土！中国近些年来内乱频仍，故无敌当外侮之力，如是，东北三千万民众无不仰救与［于］国联。惟东省事变之始末，即渔人樵夫亦明真象［相］，何况国联。今者国联委派诸翁北来调查，其宗旨何为？是否故意延长战期？国联如果主持公道，应否指令日人期内撤兵，请问国联之威权何在？国联之目的何在？如果国联不能主持公道，请问世界之上有否主持公道之人？有否主持公道之国？倘或有人评论中日之事，我想国联当必汗颜相对。倘何［或］再有某国见事不公，兴兵干涉者，是否引第二次欧战？世界大战以［一］起，此咎将谁归也？国际联盟为世界主持公道之机关，不图虚有其表，余亦不能深责，不过略叙国联之弱怯耳。此……

资料来源：日内瓦国联与联合国档案馆藏李顿调查团档案，卷宗号：S36。

164. 中华民国民众来信

日本特务机关原定哈埠各机关、各团体均须派人赴站欢迎调查团。昨日忽然改变，不准中国人赴站欢迎。概由会说华语之日本人穿中国衣服，假充中国各机关首领及民众等人，赴站欢迎。

请阁下转知调查团主要人，勿受其欺，是为至要。敬请勋安！

中华民国民众敬启
一九三二年五月九日

资料来源：日内瓦国联与联合国档案馆藏李顿调查团档案，卷宗号：S36。

165. 张翼鹏来信

敬启者：

鄙人为劳【动者】之一份子，不学无术。此次国难临头，国民应各尽力量所及挽回之。若鄙人己身为国，牺牲无济于事。谨以心得所及，聊尽义务，逐日记录报告之。除另函顾代表暨国联调查团一函,并报告书一批,一并烦由本埠英国领事府同日代达外,兹将草稿底件寄奉,至希诸君以作参考可也。至于本埠各报所载新闻,有关九一八事变,业已留心剪下,附粘国联调查团报告书内,俾便证明。并择要件五项附粘本稿末,相应奉闻。

惟吾贵团记者先生扶弱抑强,为世界万民喉舌,务祈口诛笔伐,以公理战胜强权。而我国数千年文明古国挽回劫运,全仗诸君毅力以成之,应永久碑志不忘耳。专此勿[匆]匆,叩请诸先生建[健]康!

鄙人张翼鹏谨上

一九三二年五月九日

资料来源:日内瓦国联与联合国档案馆藏李顿调查团档案,卷宗号:S36。

166. 吉林自卫军告哈尔滨民众书

亲爱的同胞们:

我们自卫军前次为保全哈埠安宁起见,自哈撤退的时候,我们心中是十二分的难过,有说不出的痛苦,知道日本必用种种手段,强迫你们作那些不够人格卖国的事,也知道你们手无寸铁,毫无抵抗力,不得不含冤忍辱,屈伏①在日本的铁蹄之下,任他蹂躏。你们从前一切不得已的苦衷,我们都能原谅的。可是现在呢,国联调查团快到了,据可靠的消息,昨日已经暗来哈埠,我们自卫军已经联成一气,东面已到三颗树一带,西南已逼近顾乡屯一带,江北马军又迫到松浦镇的最近处,已把哈埠围得水泻不通,不日即可下总攻击令。现在,还是你们改【过】自新的好机会。你们商民人等都好好的将青天白日旗备好,以备临时悬挂。警团以及各色军队,务要及时反正杀敌,除奸救国,以作内应,这是我们最希望、最欢迎的。倘或奴隶性成,始终为敌人作走狗,帮助敌人,抵抗国军,杀害同胞,这种无廉耻、无良心、最阴险的卖国贼,我们绝对不能容留,必全数杀尽才能甘心。同胞都要仔细想想,别等事到临头,悔就晚了!

资料来源:日内瓦国联与联合国档案馆藏李顿调查团档案,卷宗号:S36。

---

① 编者按:原文如此,今做"屈服",下同。

167. 黑龙江省主席马占山告哈尔滨民众书

哈尔滨各界同胞公鉴：

占山自抗日以来，深蒙各界爱戴。嗣以饷械不支，并为保存实力计，不得不与日人假事周旋，暂时妥协，以便借此探听日人阴谋究竟如何。不料，日本居心委实毒辣，东省如果被日本得去，不但有亡国之忧，定有灭种之祸。

占山得知日本底蕴之后，立即脱离虎口，退守黑河，一面电知国联，揭破倭奴种种阴谋；一面整顿部下，对日积极抵抗。在国联调查员到哈之日，即以武力驱逐倭奴，收复东北失地，表示我中华民族决不为三岛倭奴所屈服。现在，联合各方大军，已临哈埠包围，望军、警、商团保安队以及其他各色人民宜速武装起来，努力杀敌以作内应。如果执迷不悟，甘心媚外卖国，抵抗国军，大军到时玉石俱焚，以涉[泄]公愤而正国法。

占山一介武夫，只知保种爱国，不知其他，此心此志，敢告无愧。哈埠各界不乏明达，其各宜自爱，速行反正，这是占山所最希望的。同胞奋起，这才是杀日本的好机会呢！

资料来源：日内瓦国联与联合国档案馆藏李顿调查团档案，卷宗号：S36。

168. 东三省人民代表来信

国联调查团台鉴：

敬启者：

日本伪造大同政府，不是东北民人愿意的。日本不退出东三省，东三省人众不能安居乐业的。我们东三省各法团去见国联调查团，有日本【人】在场，皆不敢说不愿意。日本并"大同国"，东北人众实实在在的反对，日本伪造□"大同国"，求国联调查团□□南京政府收回东三省，救商民于水火之中。日本各地强违民意进兵，人民不服，群起自围[卫]，日本惨害我中华民不堪言了。

此【致】调查团先生。

东三省人民代表

资料来源：日内瓦国联与联合国档案馆藏李顿调查团档案，卷宗号：S36。

169. 东北民众救国总会来信

国联调查团诸公先生勋鉴：

溯自暴日侵我东省以来，瞬将半载余矣。忆此半载间，我东省同胞备受涂炭，发不胜指，炮火狼烟，夜无栖宿，丢妻弃子，饥饿之食，悲苦境遇，如履水火，此众所目睹，无须申述。强日自持武力之威，侵我中华国权，国际法例有专条，独敢破坏蹂躏，居心叵测，藐视万国，殊堪痛恨！

乃故东省当局迷于金钱，干[甘]供驱使，置三千万同胞于不顾，买嘱多人，假借民意，伪设新政府。大事搜括，以日军为后盾，民敢怒而不敢言也。"新国"土地视日军势力为范围，由日军负保卫之责。"新国"主权系自日军赐与，政事由日人主持，名为国家独立自治，实不啻亡于日本。更趁此机会，极力移民，以为实力之保障。各处遍设赌场，吗啡、鸦片烟馆任凭自由贩卖，无形贻害尤烈。而一般有志青年，失身堕落者，不知凡几。既而得瘾，莫不欢跃，"新国"为人民所造幸福，盖即此之谓耳。帝国之实施政策，仍欲效吞高丽之故技，渐次并灭，是而可忍孰不可忍！值此生死关头，当局犹在执迷，三千万同胞势将绝望。

幸蒙诸公先生重于公义，不惜跋涉，定能秉公调处，解散伪政府，以舒民困而惩强暴，则我中华四万万同胞皆感激无涯矣。临书不胜悲切之至，敬此布陈，乞希明鉴！

民众救国总会
大中华民国廿一年五月十一日

资料来源：日内瓦国联与联合国档案馆藏李顿调查团档案，卷宗号：S36。

170. 三百二十七家被害民户来信

国联调查团钧鉴：

东北事变以来，日本当局声明"无侵占满蒙之野心"，现在王兆屯之地，被日本商人铃木强行霸占三千余亩，埋立标桩，上写"铃木农园用地"，民户流离失所，无处安身。

查铃木系日本无赖商人，倚仗日人势力，强行霸占民户种地。请贵团主持公道,明白宣布。该处距哈埠半里之遥,并请亲往查验,以明真相。

被害民户三百二十七家同叩

五月十日

资料来源:日内瓦国联与联合国档案馆藏李顿调查团档案,卷宗号:S36。

171. 民众一份子来信

国联调查团诸公钧鉴:

启者:

　　早闻贵员离申东泣[去],刻念极矣。昨闻贵员安然抵哈,窃民感激之极。今将我等窃民之苦脑[恼],廖[聊]述一二。所为[谓]"新国家"成立,非我东三省三千万民众之同意,乃受日本逼迫,万般无奈所致。今得贵员抵哈,暗私相[详]实调查,调查民众之苦害为盼,以救济我等生命为重。

　　专此,叩请旅安!

民众一份子鞠躬

资料来源:日内瓦国联与联合国档案馆藏李顿调查团档案,卷宗号:S36。

172. 东北无名民众来信

主持公正的调查团:

　　你们可是来了。我本来打算也到站台上欢迎诸公,无奈被一些少数有强权的,把我们活【活】限制住了。所以,无从表现我的心理。今天,以片纸代表我们平等阶级的数十人,向明公陈叙心想。小日本无故来侵略中国的东三省,自去年九月十八日至今,已经七个多月,中国的东北各重要埠头,已经全归小日本的势力范围内,主持一切事务,总受小日本的指挥。为此,他还贪心不足,还是到处搅扰东北的民众,固而不得生活者,无数可考。相[想]这些印象,贵调查团未到哈【尔】滨以前,大约早就明白。

资料来源:日内瓦国联与联合国档案馆藏李顿调查团档案,卷宗号:S36。

173. 东北三千万民众来信

国联调查团救命先生钧鉴：

暴日侵占敝国东省，歼杀我们民众，并以武力压迫我们军队，以归他之操纵。促使敝国不良份子设立他所包办非法政府，俾以掩饰世界舆论之耳目，更且迫我东北三千万民众屈为服从。种种非法行动，各友邦国谅早洞鉴，及[而]且暴日破坏世界和平，蔑视国际公法，并对屡次国联大会之决议毫无顾及，而施行吞并满蒙之政策，有加无减。只照哈尔滨一偶[隅]而论，各要机关，其权均操暴日之手，无非以我国不良份子以作他之假面具，并强迫我农商代表签字，脱离国民政府。现在，我们东北民众受暴日之铁蹄蹂躏，已不堪言状。奈我民众一无抵抗之能力，只得敢怒而不敢言，屈为服从。暴日侵占东北之计划，可谓无微不至矣。

近闻贵调查团不辞数千里之跋涉，现已莅哈埠，实地调查，主持公道。并祈速电驰国联大会，制止暴日凶恶行动，完成敝国之领土，恢复九一八前之原状，我们东北三千万民众之所幸甚盼甚！此请钧安！

东北三千万民众泣
一九三二·五

资料来源：日内瓦国联与联合国档案馆藏李顿调查团档案，卷宗号：S36。

174. 东北无名民众来信

国联调查团钧鉴：

启者：

昨阅报端得悉，贵员不远千里来哈，中国幸甚！三千万民众幸甚！本当到站欢迎贵团，被日本之压迫，难以遂愿。查东三省事变之原因，乃三省之官僚在日本铁蹄之下，无可如何。而成立"满洲大同国"，伪设政府，以塞众国之耳目，此皆日本之诡谋也，实非三千万民众之心，不得已耳。视中国之民众犹如草芥，可恨中国之民众而受日本之辖制，良可悯也。望贵员明查，则民众感激无涯矣。

五月十号

资料来源：日内瓦国联与联合国档案馆藏李顿调查团档案，卷宗号：S36。

175. 民众会来信

救命的活神仙公鉴：

民众们万般之事，笔难尽述。受小日本拍[迫]逼不得已，故他们立"新国家"，但愿早早扫灭了小日本，"新国"即立灭。

民众会泐

资料来源：日内瓦国联与联合国档案馆藏李顿调查团档案，卷宗号：S36。

176. 中华民众会来信

兹为民众会之三千万人民被日本压迫之下，而望国际调查团救护星，实不异大旱三年望云雨耳。想我中国被日本占据各地，杀害我男儿，侮辱我妇女，种种惨状，实不忍闻，即世界之友邦亦莫不嗟叹。日本之狼心，占我东三省以后，日本恐为世界所敌，又辅宣统成立"满洲国"，以遮诸邦之耳目。而宣统虽为一"国"之主，张景惠等为伪国务卿，此皆出于逼迫无奈耳。日本复为宣传"伪国乃为三千万民众自愿"。想世界人谁无父母，而国家亡其国，何以存身而作情愿亡国奴？日本之阴谋竟大如是，于其公理仁义，将何以存？幸有我中国之仁邦调查团之公断，赴各处调查真像[相]，以救我国被日本压迫下之人民，则感激实难宣矣，我的手此时气的也不会写。至此，就算停挥，但求急于救护，则幸甚！

此呈国际调查团勋鉴。

中华民众会血启
五月十一

资料来源：日内瓦国联与联合国档案馆藏李顿调查团档案，卷宗号：S36。

177. 商人王秉惟来信

国联调查团鉴：

我三省领土竟被日本无理占【领】，每天空【中】飞行机在上示威，突如今天不见矣。该之军队，车站上人山人海，遂于昨天贵团到时，则一个日军亦不见矣。不知何去,是何等用意？我之教育,至今亦未上课。第二、第三、第一中学,皆全住的军【队】,简直无理极矣。贵团虽来调查,顶好亲到东路实地查看,农人不能种地,现在人畜皆无,长此以往,非起共产不可。又旧中国长官全是迫不得已,硬逼上台,目下被日人限制太重。虽是贵团,亦不敢说话,大谅这等情形,亦能明白。请贵团及早秉公解决,以期收回国土。否则,共产非起不可！

特此。

商人王秉惟上
10/5/32

资料来源：日内瓦国联与联合国档案馆藏李顿调查团档案,卷宗号：S36。

178. 东北民众来信

国联调查团救命先生钧鉴：

暴日侵占敝国东省,奸杀我们民众,并以武力压迫我们军队,以任他之操纵。促使敝国不良份子设立他所包办之非法政府,俾以掩饰世界言论,更且迫我东北三千万民众屈为服从。种种非法行动,各友邦国谅早已鉴及耳。暴日破坏世界和平,蔑视国际公法,并对屡次国联大会之决议毫无顾忌,而施行吞并满蒙之政策,有加无减。只照哈埠而论,各要机关重权均操暴日之手,无非以我国不良份子以作它之伪面具耳。现在,我们东北民众被暴日之铁蹄蹂躏不堪言矣。近闻贵调查团不辞数千里之跋涉,现已莅哈埠,实地调查,主持公道,并祈速电驰国联大会,制止日本凶恶行动,完成敝国之领土,恢复九一八前之原状,我们东北三千万民众之所幸甚盼甚！此请钧安！

东北民众叩
一九三二·五·十
中华民国二十一年五月十号

资料来源：日内瓦国联与联合国档案馆藏李顿调查团档案,卷宗号：S36。

179. 哈尔滨东亚通讯社记者史澍宏来信

黎[李]翁委员长钧鉴：久仰芝标，时深葵慕，近维公私咸宜，为颂为祷。

敬启者：

公以当代伟人，外交泰斗，此次国联调查莅哈，中外人士靡不同声称庆，颂外交界之得人，国际前途定可增一曙光也。本应鄙人于昨亲自赴车站欢迎，奈因日昨出有布告，奉中央电令："国联调查团莅哈，除领事团既招待委员赴站欢迎外，其他概不得赴站。"因此，鄙人未得赴站欢迎，歉也。何如谨奉尺书，用抒寸楣，借表欢迎，临颖无任翘企之止[至]。肃此，敬颂公安。并请诸君委员处代为致意。

哈尔滨东亚通讯社记者史澍宏

资料来源：日内瓦国联与联合国档案馆藏李顿调查团档案，卷宗号：S36。

180. 东三省民众救国同盟会来信
——日人强迫民众庆祝"满洲国"之证据

一、致哈尔滨特警处，市商会通令商民参加庆祝会文。

迳启者：建"国"庆祝宣传大会，业经定于本月十日、十一日、十二日举行。所有各商号、住户，均须派人前往参加，列队游行，每户有十人者出二人，人多类推。若有违抗者，一经查出，即以反对"新国家"论罪。除分函特警处外，相应函请贵会，传知各商号、住户一体遵照，勿违为要，此致。哈尔滨市商会。

二、致哈尔滨各机关令，通知全体职员列队参加庆祝会文。

迳启者：建"国"庆祝宣传大会，业经定于本月十日、十一日、十二日三天举行。所有各机关全体职员，均须参加，列队游行。如有无故不到者，应由主管官署查明，即以旷职及反对"新国家"论罪，以示限制。除分函外相应函请查照，并特饬所属各机关一体遵照为要，此致。电业局。

"大同"，实乃欺蒙世界之语，其谁信之？综观以上情形，日本之凶恶残暴以及侵略东北真相,暴露无余。犹复延长祸端,侵犯内地,天津受其扰乱,松沪被其攻击,闽浙沿海,苏杭要地,无日不在日人飞机炸弹之下,即无日不在日人战舰威协[胁]之中。使我松[淞]沪华荣,尽成焦土,江上区域,悉遭蹂躏。今犹进兵东路及松花江下游一带,攻击义勇救国军,屠戮残杀,当无已时。我东北民众,至此已忍无可忍,苟一息尚存,决不为日人残暴武力所屈伏,誓与暴日抵抗到底,宁为疆场杀身之鬼,不作偷生亡国之民。要知我东北民众,为世界人类公理正义而战,为国家民族图存而战,即或因此牵动世界和平,其责任亦全在日本。

所望阁下暨诸位代表,本仁义道德之观感,作公平正直之记载,明白宣布,切实报告,将暴乱残贼之公敌付诸国联之审判。督促日本还我失地,复我主权,则我东北三千万民众亦愿息戈罢战,永保世界和平,是所馨香祷告者也。

东三省民众救国同盟会谨上

资料来源:日内瓦国联与联合国档案馆藏李顿调查团档案,卷宗号:S36。

181. 东北民众救国同盟会敬告国联调查团书

李芝顿①爵士暨诸位代表阁下:

诸位负国际联盟神圣尊严与世界和平之伟大使命,莅临中国,调查日本以武力侵掠中国之实况,吾东三省民众对之谨以极诚恳、极热烈之情绪,表示欢迎和希望。

自去年九一八,日本以强暴武力占领东三省各地之后,所有中国之交通、实业及公私财产,无不被其强盗行为所掠夺。人民之生活行动及言论自由,无不被其残暴武力所压迫。无辜民众亦多被其惨杀。又复强迫组织傀儡政府,以为日本侵占东三省之影身草,而用人行政及种种对外计画,则全由日人发从[纵]指挥,所谓"满洲国"政府,绝无自主能力。在"满洲国"政府成立之前,日本曾以武力强迫各地懦弱少数民众假造民意。迨伪满洲国政府成立之后,日本又曾强迫各地懦弱之少数民众开会庆祝(有证明附件),并以日兵列队随行监视,有违抗者即屠杀之,民众在此威吓之下不敢不从。

现在,阁下暨诸位代表莅临东北,经过沈阳公主岭、长春、吉林以及哈尔滨

---

① 编者按:原文如此,应为李顿。

各地，日本又以强暴威胁少数懦弱民众，发表与日本有利之种种述愿及标语，以掩盖其侵略形迹。近来，对于民众之武力压迫，更愈加严厉，偶或有所表现，必遭惨杀。阁下暨诸位代表之左右，又全为日人垄断包围，东北民众处此困难环境，绝无机会表现意见于阁下暨诸位代表之前，而认[任]凭日本以阴谋诡计，颠倒是非，欺蒙世界，此乃我东北民众所最悲愤痛惜之事。惟阁下暨诸位代表目光如炬，观察入微，万不可为日人种种欺饰手段所蒙蔽，而失国联之伟大使命。凡由日人以强迫威胁所造成之种种言论与事实，绝非吾东北三千万民众之公意，誓死不能承认。此乃东北三千万民众所要向阁下暨诸位代表首先声明与热烈期盼者也。

中日两国同为国际联盟之会员国及非战公约之签字国，而日本竟于去年九月十八日趁中国毫无防备之时，忽以武力攻击沈阳，不宣而战，违反非战公约，破坏世界和平，炸毁北大营及兵工厂。次日，占领沈阳全城，南满沿线各城市如海城、盖平、辽阳、铁岭、开原、昌图、梨树、公主岭以及长春等地，亦同时以同样手段占领，并解除各地中国军队武装。又隔数日，复进兵占领吉林、洮南、通辽等地。当时，各地中国驻军及民众，酷爱世界和平，遵守国联非战公约，故忍辱一时，未与抵抗，以期付诸国联，以公理正义合法解决，而免牵动世界和平。乃日军复变本加厉，蚕食不已，复进兵攻击齐齐哈尔及锦州，于去年十一月七日占领齐齐哈尔，今年一月二日占领锦州，又于今年二月三日以武力占领哈尔滨。至此，东三省二十万方里之领土，几全为日人以强暴行为所掠夺。当占领以上各地之时，并以武力占领行政机关、通信机关、产业机关、金融机关以及文化机关，驱逐各机关之官吏，对各地民众凶暴残杀，无所不用其极，较往昔朝鲜、波兰亡国惨祸，犹且过之。

当日人占领东三省各地之同时，日本为欲掩盖世界人之耳目，以达成其侵吞东北之计，乃劝诱蒙古王公，使之脱离中国，并以武力强迫组织傀儡政府，实行满蒙独立，否认中国政府在东三省之统治权。所谓满洲伪国政府之一切县，亦均派日人为指导员，监督指挥，故伪满洲国政府，实即日人占领东北后之统治机关，无异朝鲜第二。借此而强迫"满洲国"政府私订种种侵略领土条约及有利与[于]日人之法律，规定准许日人及朝鲜人入"满洲国籍"，与"满洲国人"享同等权利，而有居住、耕种、营商、采矿、官吏服务及其他种种自由。近更计画由日本内地向满洲移民，以为永久占领之计。

东北交通亦被日人占领。如北宁路之榆宁段已由日人强占，而改为奉山路。四洮、吉长、吉敦、吉海、沈海、洮昂、齐克等路线之重要职员,亦均更换为日人。呼海铁路系以黑龙江省款数千万元所修筑,强迫张景惠以三百万元抵押于日,即将由日本派员接办矣。其他邮政、电话、电报无不被其把持,中外信件无不被其拆阅,日人宣传之所谓"满洲乐国"世界,用人、行政以及交通、财政、军事、实业、外交等大权,完全在日本以武力威胁包庇之下操纵指挥,满洲伪国政府不过为其傀儡而已。各院部、各局以及各省之重要机关,无不用日人为重要官吏,如"国务院"总务部长日人驹井德三总揽伪满洲国政府之大权,等于国队[务]总理。"财政部"总务司长阪谷希一、"外交部"总务司长大桥忠一、"民政部"总务司长中野虎逸、"财政部"税务司长原田松三、"交通部"铁道司长森田成之、"司法部"总务司长阿比留乾、"司法部"法务司长栗山茂二、法制局长松木侠、奉天市总务厅收集处长上野魏、奉天市总务厅人事处长高野中雄、主计处长浦角巴卫、需用处长隅元昂、奉天省公署警务厅长三谷清等等,其他各省市机关亦均有日人为顾问,暗中操纵政权,华人官吏不过徒应其名。奉天各……

资料来源:日内瓦国联与联合国档案馆藏李顿调查团档案,卷宗号:S36。

182. 东三省商民代表来信

禀为日军无故侵占我们东三省的国土事。窃民因恐贵员调查被日军拍[迫]压我们中国,睹面实报。商民实不敢虚言,兹将东三省详细侵占情形报告。

委员长公鉴:

自日军侵入我们东三省以来,商民日日不得安宁,更兼人民惊惧异常。日军大队有十余万众,在我们东三省地方遥处乱行,遇见我们中国妇女自由调戏,种种不良暴动行为,商民痛恨万分。松花江所有商家船只,俱都被日军抓去装兵,追战我们中国军队。每日日军飞机在我们东三省自由飞行,在乡民间投掷炸弹,烧毁我们中国的房舍,并炸死我们中国的人民,核算无数。如此,但我们中国一未侵占他的地盘。二未搅乱他的商民,可恨日军因何强拍[迫]夺取我们中国的国土哪?更兼又不礼的压拍[迫]我们东三省独立,"满洲大同国"改换新"国旗",并又将我们东三省的机关的主权,完全硬拍[迫]夺去,归他们主办。但是,我们全中国的人民都被日人压拍[迫],无有生活如此。

久仰贵国调查团明正,请乞公端。商民感德无涯,敬请国联调查团委员长公鉴。

五月十五日具

资料来源:日内瓦国联与联合国档案馆藏李顿调查团档案,卷宗号:S36。

183. 哈尔滨代表张某来信

国联调查团委员长暨众委员勋鉴:

察目今之"满洲新国家"与旧时中国吉黑军之纷争,纯系国内问题,于[与]诸列国毫无关系。独日本无故兴兵参于[与]敌对,正式作战,到处先把持机关,夺我主权,显系侵占吾领土。否则,是何用意?望请贵团熟思,详为调查,据实证明。况吾东省三千万民众,脑中只有中华民国,并不知"满洲新国家"属何物件。决不承认,坚不服从!请照转达国联会,秉公处理,是所至幸,特此函达台端,希为查照。

此庆公绥,旅祺百益!

哈尔滨民国代表张谨启

资料来源:日内瓦国联与联合国档案馆藏李顿调查团档案,卷宗号:S36。

184. 中国东省民众来信

国联调查团台鉴:

自去岁九月十八日,日本强行占领辽宁后,则该地之民众受其迫压,笔何尽述。但最使人痛心者,无故屠杀青年阶级份子,掳掠奸淫则无所不为,此人所鉴,不待锁[琐]叙。而后夺我吉林,连击黑龙江。可见日本之阴险要谋,彼已昭彰。自日军炮火轰占哈尔滨后,遂进行其鬼谋,以利器强迫我当局组织所谓"新国家",我当局因受尽其残虐,不得已而与其周旋,此不过敷衍其暴刑[行]而已。谁料日本竟广大宣传,所谓"新国家"告成,"满洲独立",以敝国人为名,借以掩护世人之耳目,其阴谋之可证矣。更以在哈南岗及其他地点,特设有日本特务机关,其目的专为研究建设"新国家"。近因东北所最仰望的贵国调查团驾到,该机关为掩饰起见,已停止办公,其鬼计竟至此也。东北民众是绝对的反对,誓死不能承认此种无人道的伪国家。奈东北民众皆赤手空拳，又如何与其利器对抗？只仰望国联主持公道，维持和平。此种恶劣国家，不但世界所不容许，即上天亦所不容。更以强制东北民众承认"新国家"，我民众何以甘作亡国民？仅哭述主持公道之国联面前，将有以相当处置此等无赖国家，以重人道。庶几。

国联信用珍重（??）①，为受压迫之民族所欣佩、所信仰也。

中国东省民众之谨具
五月十日

资料来源：日内瓦国联与联合国档案馆藏李顿调查团档案，卷宗号：S36。

185. 中华民国哈尔滨商民代表海北天等来信

国联调查团诸先生阁下：
径启者：

民为邦本，众志成城，古训昭垂，东西无异。故国家之建设与破坏，皆以民意为依归，民意所附则国家成，否则败矣。民意之赞成与反对，皆以自能为标准，自能所超则民意真，否则伪矣。此次满洲之建设，其对外所标榜者，一则曰真正民意，再则曰民权自决。究其实际，无非日本人之一手包办耳。

盖东三省以七千五百万方里之面积，年产约三千七百万石以上之大豆，一亿五千万石以上杂粮，八十三万二千二百廿八吨以上之铁，三万九千四百吨以上之金，一千万吨以上之石炭，立木蓄积量百五十亿万石以上之森林，物产富饶，世称天府。世界各国，莫不需要乎[于]是。日本以极小极穷之国，垂涎久矣。近以吾民国政府励精图治，张学良亦积极整顿军备，乃大干日本之忌，认为及今不图，将贻后悔。而又苦于无隙可乘也，于是弃信蔑义，伪造事实，谓民国军队毁其南满路，借口自卫，占领奉天，不数日间，嚣嚣以保侨、剿匪二事相号召，而长春、而吉林、而哈尔滨、而黑龙江，相继以暴力占领。伊知暴力之不可久也，乃以政治方法继续之。斯时，其督促满洲建"国"之意已定，故先于奉天设自治指导部，以日本人、朝鲜人、金州一带业已归化日本之中国人，及南满铁路学校毕业之中国学生组织之，毕业以后，分散各地，宣传建"国"。而又先以利诱、势挟两种方法，迫得张景惠、熙洽诸人入其彀中。乃于二月底，在奉天

---

① 编者按：原文多"珍重（??）"两字。

开满洲建"国"宣传大会，迫令各处民众，推举代表赴会。哈尔滨各法团，共推代表十人前往，由日本赠各代表每人金票一百五十元。会中招待员、办事员等，无不以熟娴华语之日本人充之，临时穿着华服冒充华人。会场标语，无非"人民自决、真正民意"等字样。真正华人，孰敢稍持异议？其议决案为"建设'满洲国'，举溥仪为执政"，迹近似此强盗与窃盗之行为，其心太苦，其手太辣矣。

满洲建"国"之关键，即在辨别其自动或被动。其谓真正民意，人民自决，而马占山之举动，果何谓乎？丁超、李杜、王德林等之举动，果何谓乎？其他一切自卫军、义勇军等，果何谓乎？即以哈尔滨最小之事观之，二月廿五日，在南满[岗]开庆祝建"国"大会，会终由主席团领导三呼"'满洲国'万岁"，当时除主席团之数人外，寂然无一应者，亦可睹民意之所在矣。

然因民意不属，而日本之暴行，乃复本加厉。试分言之：

（一）民众方面　民众反对建"国"，故对于建"国"一切标语，往往朝贴出而夕撕毁。且或故贴"打倒日本帝国"之标语。日本恨极，于是，侦缉四出逮捕之。哈埠人民之因受嫌终遭惨杀者，已不下数百矣。

（二）学生方面　学生青年爱国举动往往激烈。事发以来，已八阅月。特区教育经费，并非无着。而日人命令教育当局，除女学校及小学校外，中学以上不准开学。不过恐有知识之学生宣传反对耳。

（三）机关方面　无论大小机关，皆设日本顾问。一切施设，均须求其同意，否则无效。

（四）交通方面　凡"满洲国"之新闻杂志，均由日人派有专差，在邮局检查扣留。各处无线电，亦均设法破坏，听闻不能真切。

（五）社会方面　日人或鲜人公能[能公]开设烟馆或赌场，扰乱社会治安，而官厅不敢过问。

以上种种，无非促使东三省脱离中华民国，完全独立。而又设法使其政治不能改良，预留日本干涉之地步。盖非如此，无以达其并吞满洲之目的也。虽然，满洲并吞，恐不惟中国之不利，即世界各国之经济，亦将受其影响。世界二次大战，迫于眉睫矣。

诸先生皆当世英豪，对于世界各国之利害，无不洞若观火。东三省非惟中日两国之问题，乃世界各国之问题。将来结果，或仍收归中国，或即归日本并吞，或归万国共管。孰利孰害，望本中国从来之历史，小日本之暴行，一熟筹之。

□□□等世居中国,爱国之心,不敢后人,惟迫于日本之淫威,一启口已有生命之危险,兹特密秘[秘密]上陈,千万切勿公开为本。挥泪陈词,罔知避讳。籍[借]烦公绥。诸维珍摄!

(六)军队方面日本除惨杀华人外,其(多门)、土肥厚[原]诸人,阴令哈尔滨市政局市长(鲍观澄)授意官厅、各法团等,为之赠送银瓶、银盾等物,歌颂功德。并将各官厅、各法团之名称,镌于其上,以作欺人之具。无不认为大耻,痛心不已。

中华民国哈尔滨商民代表海北天
同记工厂大罗新、同吉隆、同生泰

资料来源:日内瓦国联与联合国档案馆藏李顿调查团档案,卷宗号:S36。

186. 含泪待拯小民来信

国联调查团钧鉴:

经[径]启者:

自暴日入寇,无故侵我东省,用盗灵之手腕,效吞高丽之故技,逼造傀儡伪政府,我国始终抱定是非曲直有国联公断为宗旨,是以处了[处]让步。岂知暴日竟贪而无厌,得寸进尺,使无告之小民等受无故之压迫、惊慌、捐[损]失、侮辱。更有甚者,暴日所到之区,奸淫掳掠,无所不至,拉车征夫,致使老幼死于沟壑,少壮抠[驱]毙前敌,其惨淫[残忍]令人敢怒而不敢言。今幸贵团驾临,如同重见天日。恳将小民等苦衷报告国联,或可拯小民等于水火。

素闻贵团秉诸大公无私之调查,当不忍坐视小民等陷于水火。请速设法拯救,德莫大焉,是所切盼!

含泪待拯小民等具

资料来源:日内瓦国联与联合国档案馆藏李顿调查团档案,卷宗号:S36。

187. 被逼三省民众来信

启者:

自从去年九月十八日,日军乘人不备占了三省,驱除官署、枪杀青年、奸淫妇女、抢掠银行,种种行为惨不忍言。数月以来,我三省民众,子不能见父,妻

不能见夫,农不能耕,工不能作,商不能业,惨状如斯,古来未有。日本反言为我造福,永谋和平。直至目下,四路交通断绝,民不聊生,流离失所,沿街丐讨,何谓和平之有?日本若不占我三省,我等民众岂能受此无辜涂炭!时下,我等在该势力之下,各事敢怒而不敢言,勉强服从。虽受其欺,反逼我等倡言日军仁义,既在该范围以下,只得忍辱受之。设若日军将三省地盘侵占稳固,我等无力小民更得受其无人道之压逼耳,但我三省民众之心里无论赴汤蹈火,决不受日本势下"满洲国"之逼迫。今求国联诸公主持公道,秉公详细调查,为我众力争为感。此呈国联调查钧鉴。

被逼三省民众叩
民国廿一年五月十三号

资料来源:日内瓦国联与联合国档案馆藏李顿调查团档案,卷宗号:S36。

188. 誓死救国者王志远来信

谨启者:

  日本以武力强占我东省,我们的不抵抗主义不是无血性、甘心作亡国奴,因为恐怕奸险的日本颠倒是非,主持正义的国联议会不明真相,无法解决,隐忍以待和平的使者之调查。今贵团已莅东土,实事在目,望据实秉公报告,使世界不致因远东时局演二次大战,救无量数之生灵。唯诸公是赖,此上国联调查团钧鉴。

誓死救国者王志远谨上

资料来源:日内瓦国联与联合国档案馆藏李顿调查团档案,卷宗号:S36。

189. 无名氏来信

  日本在民国廿年六月①,中国正在江淮水灾、在忙预之时,日本突然发兵侵占东三省,破坏重要机关,残杀人民,不通铁路。而又占吉林、哈埠【各】县,日本兵抗力很小,不幸,被他打出去,占了。对于人民,非常虚待。商业、工业和农业不得安,日本私连徒[土]匪,枪杀人民。而后,立新兴"满洲国家",人民

---

① 编者按:当为九月。

不肯应,但强压迫,这是日本等等的不平等之不良意,请国联平[评]判。

无名氏

资料来源:日内瓦国联与联合国档案馆藏李顿调查团档案,卷宗号:S36。

190. 无名氏来信

贵团以公明手段解除我们痛苦,为感永铭五中,存没难忘贵团大德。二月间,我们民人,还有几位新闻记者,用报纸指知我们点新闻。时下,又被日本拘压[押]日本司令部。又闻恐有枪毙之虑,凄惨万分。望祈贵团救护新闻记者,为祷为盼。更祈贵步到日本司令部调查,还有许多冤情,祈慎重考查。日本在哈尔滨有无注[驻]兵之条列。

特此见谅是荷!

五月十四号

资料来源:日内瓦国联与联合国档案馆藏李顿调查团档案,卷宗号:S36。

191. 无名氏来信

国联调查团李顿爵士氅[麾]下鉴:

启者:

去岁九一八发生以后,东北三千万无辜同胞,被羁绊压迫之下,倭奴无故出兵东北,占据中国城、县、市,枪杀、任意奸屠、宰割均施,被害弱者数万人。并在奉天,将女学生剖腹置于电杆,施其手段威吓吾同胞。先自将铁路毁坏,无故出兵。至万宝山一事,及汉、京各地,以鲜民扰杀华侨等之恶手段。次则,九一八无故侵占都城,连向吉林,后则攻打锦州,次又出兵黑龙江等。有马占山将军卫国护民,与倭奴抵抗,连战不持,继则使其阔刀宽斧之手段,强迫马军无法,故则撤退。复又进攻哈尔滨,后则以满洲假名目创造满洲伪国,强逼官民屈从。人民怨恨不敢言,满街巷张贴标语,三千万民众无一随愿者,皆彼使威吓之势,被毙哈埠不下数千人,皆无故冻馁,逼于冻饿。今又使其等等军阀之畜行,强逼高丽人并白俄人至马迭尔旅馆,宣告中华待外籍侨民之摧残,想中华民国待东三省之外侨民已自[自己]人……

资料来源:日内瓦国联与联合国档案馆藏李顿调查团档案,卷宗号:S36。

192. 无名氏来信

李顿爵【士】先生公鉴：

近闻贵团抵哈，敝国公民庆祝阁下暨诸公万岁。此烦[项]任务望祈慎重调查，免除官僚正[政]客甘心卖国蒙混，贵团难得真像[相]，敝民奉此以作实情小报告。

查报载：贵团在吉向熙洽谈话，照该说法荒谬已极，此种人不如凉血动物，假词云云，公民举该【奸】执掌省政，焉有此理？查东三省自客【岁】九一八暴日侵占辽吉之后，三千万人民及无数生灵均陷于水火之中，起因日本欲占东省为已[己]有，敝国政府交涉无效，无奈诉之于国联，主持正义公道，业经总会议决，限期日本撤兵。该之强暴不但兵不撤，复派大军伤害我国兵民。敝国政府恐引起国际战争，始终遵从国联议决案，故而未向东省出军，延迟日久，人民无法，是以爱国志士各处组织义勇军，抵抗暴日，宁无岁月。日寇察看我国人民不甘作亡国之惨，以致反变面目，而将废帝溥仪票架长春，设立天堂地狱，行事职权，不外木偶，一切观望日方。假招牌名曰"大同"，此系东三省卖国总机关，查熙洽、于大头、张景惠毫无治国之志，无庸之辈，不过在日寇范围内扛招牌、混吃喝而已。我们中华民国东三省三千万民众决不承认如此造作之伪政府，望贵团努力主持公道，调查真相，表白公理，速命日寇撤兵，世界和平万岁！我中华民国万岁！

资料来源：日内瓦国联与联合国档案馆藏李顿调查团档案，卷宗号：S36。

193. 哈市民等四百十七人来信

国联调查团诸君阁下：

贵团惠临我们中国领土而被日本暴力侵占的哈尔滨，敝地民众悲愤之余而又如何表示欣幸。祈祷贵团主持公道，扶弱抑强，不令日本之无理政策来扰乱东亚的和平。至于是非曲直，世有公论。贵团想已搜有真实之材料，不待放市民申诉，唯祈贵团持光明磊落之态度，来制裁日本之暴强，庶几东亚和平不致被其破坏，三千万民众早出水深火热之中，则施恩于我三千万民众，实同再造也。至于所谓建设"满洲国"，完全日本嗾使，逼中国官僚作傀儡，实为公理所不容。望联盟及早令其解散，还我中国整个的东三省，那才是东亚真正的和平。

此祝诸君健康！

哈市民等四百十七人同启

资料来源：日内瓦国联与联合国档案馆藏李顿调查团档案，卷宗号：S36。

194. 中国一份子来信

主持正义的国联调查团诸公：

我是被压迫受凌辱、将要作亡国奴的一个中国人，自从强暴的日本军夺取了我们的地土、主权，有志的受同病相连[怜]同胞们全都加入救国军，自谋抵抗去了。因为我年纪很小，只可躲着很利[厉]害的日本军逃荒罢。小学校虽然开啦，很不愿意念那日本化的洋书。请贵团调查：中学至道[直到]现在还糜[没]有开学呢，校舍也被惨[残]酷日军给占毁啦，警察及行政权全被强设的日本人顾问夺去啦，电业的进款也被日本人强抢啦。有这几宗，不是侵占我们领土，是干什么呢？余者说不尽了。敬祝健康，恳乞主持正义，是小学生的万幸及祷叩了。

依赖调查团不作忘[亡]国奴的中国一份子

资料来源：日内瓦国联与联合国档案馆藏李顿调查团档案，卷宗号：S36。

195. 哈尔滨十万民众来信

哭呀！

自九一八暴日强占东北，我东北三千万民众无日不在暴日铁蹄下呻吟。

自九一八暴日强占东北后，我们三千万民众言论都不自由了。

自九一八暴日强占东北后，我们的南京政府也不敢承认了。

自九一八暴日强占东北后，我们的教育都日本化了。

自九一八暴日强占东北后，我们民众如无国籍之流民，含垢忍辱亦无处申诉了。

自九一八暴日强占东北后，主持公道之国联调查团是我们的救命星。

自九一八暴日强占东北后，我们中华民族强迫为满洲民族矣。

国际联盟调查团勋鉴。

哈尔滨十万民众同启
中华民国廿一年五月十四日

资料来源：日内瓦国联与联合国档案馆藏李顿调查团档案，卷宗号：S36。

196. 东省特区青年商人于州林、山石皋来信

调查团委员长李顿爵士：

我们东北民众从失去国家的保护，所受日本一切侮辱压迫，纸墨难以述尽。于今沿街所贴的标语，全是日本利用有日本血族关系的鲍管[观]澄，假冒民意，以图遮掩调查团耳目，诸公明鉴，必不受其欺也。

我们向贵团请愿，希望调查团主持公道，严惩破坏和平的日本，以消灭第二次世界大战。

"满洲国"是日本一手包办，利用失意军阀所成立的伪组织，我们三千万民众断头不能承认。

满洲国伪国家是日本制成的第二朝鲜，我中国四万万民众至死不能屈服。

东省特区青年商人
于州林、山石皋

资料来源：日内瓦国联与联合国档案馆藏李顿调查团档案，卷宗号：S36。

197. 东三省公民来信

李敦[顿]爵士啊！！！

东三省的土地为什么要叫日本压迫，用军力来强占着什么愿原[渊源]呢？请爵士想想，敝国的土地被日本以[已]占去不少了，东三省的兵工厂一且[切]的机关和一且[切]的权力和一且[切]的学生中学校唉！以[已]经被日本压占着。爵士想想，学生和公民老百姓都被他们杀害甚多了，如果要是有闲谈国家的事[是]非，被他知到[道]就要到死了。真唉，贵大的英国啊，现在日本的权力非常大大也，因为何情何理呢？要占东三省，中华国设立为"大同"啊，知道了日本想把东三省慢慢的吞了，然后在[再]有别意，不知何意呀，爵士！日本是我中华国的大大的敌人，日本以[倚]仗着军力来压迫中国的弱小的民族们。

日本是界世[世界]上最坏的国家,从前日本把①高丽被日本用强力把他的国家占来做服[附]属,现在又想把中国灭了。他要把黑龙江、吉林、奉天做为他们的服[附]属,还想强占关里呢,不知何意。通信如要有说他国之不好,就把信留烧了,不肯叫人宣传。如叫人宣传他们的不好,人民就反抗的,所以人民不觉呢。日本太不知自爱,这吞那占,毫不讲人道呢。

东三省公民寄

资料来源:日内瓦国联与联合国档案馆藏李顿调查团档案,卷宗号:S36。

198. 东北民众二十人来信

国联调查团委员长李顿爵士钧鉴:

敬启者:

自一九三一年九月十八日,日本以该国中村大尉事件【为】借口,用武力侵占敝国东三省,想辽宁贵国领事馆已洞悉,肇事之原因不复一一【赘述】。敝人等本当将始末原由②面向贵委【员】长报告,可恨在日本铁蹄支配下之满洲中,不得面晤,只得垃[拉]杂草陈,请原谅。

一、辽长吉之侵占大致及经过

一九三一年九月十八日,日本军司令本庄【繁】领兵占据辽宁后,将敝国东北兵工厂、迫击炮厂、飞机厂一切枪械子弹等等扫数掠去。东北大学、冯庸大学各种文物夺取殆尽,奸淫杀戮,任意行之,秩序大乱。日人竟用其本国人土肥原贤二任奉天市长,我政府通知国联,日人为当[挡]各国之眼目,乃找卖国贼赵欣伯继之。同时,省主席臧式毅,被监禁七日夜,不与饮食,日人又逼迫作傀儡。又招袁金铠、于冲汉等一群走狗开维持会,土肥原遂往天津扰乱治安,后为各国领事干涉,和解了事。彼时,日军既占领辽宁,多门又率军北来攻长春,卖国贼熙洽认贼作父,接多门贼兵入吉林。省主席诚允不作亡国奴,领随员潜至宾县。日人用权势引诱张海鹏(洮辽县镇守使)由四洮线攻黑龙江,而宾县诚主席所组织之临时省政府,日人恨之切齿,乃着其阴[淫]威下之吉林省长官熙洽,不能支配各县,日本人遂嗾使于险舟攻宾县,且明目张胆用飞机炸

---

① 编者按:原文多"日本把"三字。
② 编者按:原文如此,今做"缘由",下同。

宾县，人民死伤无算，宾县省府不得已遂消灭。此时，日本又以黑龙江省长为饵，唆使张海鹏攻黑龙江，不料中途被屯垦军半途打退，日本看黑龙江不能到手，遂假修嫩江桥为名派兵修理，倘不得逞即以武力压迫之。黑省主席马占山以为守土有责，嫩江桥与日本毫无关系，断不用日人修理。答复日本言："嫩江桥中国自能修理，不劳贵军修筑。"等语。日人蛮横不论理，进攻黑龙江，马主席奋不顾身，血战二十余日，待十一月十六日国联（日内瓦）议决案通过，日军当撤退，日本仍不听，强攻三四日，待十八日，日本用飞机十余驾载大批硫磺弹炸大兴阵地，马占山以众寡不敌，遂退海伦，日军遂占黑龙江省城，杀害人民较辽宁稍轻。

二、日本侵占哈尔滨之经过

日本攻得黑龙江后，暗促熙洽（此时熙洽被多门推荐，改吉林主席为长官，受日皇委任）派于险舟攫取哈埠军政各机关，又以吉林长官名义派其辈金名世氏接电业局长，派汤武涉接滨江公安局长，水上警察局长亦换熙洽氏嫡系，日人土肥原（此时任哈市特务机关长，早日人无此机关，各国亦无此设者）逼特区张景惠长官撤宋文郁市政局长，强荐鲍观澄任特市长（查鲍观澄乃在辽宁被张学良押于监狱之囚犯）日本占辽宁时，鲍氏烦人化［花］万元日金买动土肥原，从狱中救出鲍氏，以瓮中鳖又得复生，乃由走狗进级而为卖国贼，遂忠心土肥原，以报救命之恩，简［间］接尽忠日本天皇，甘作李克用之后身，丧心病狂，不知国家为何物。哈埠人民怒不敢言，恨不得剖其心肝而食之。待一九三二年一月廿日前后，有更动护路军及滨江镇守使和依兰镇守使的消息，丁超已预交代，而冯占海团长（冯当日本入侵吉省时率全团士兵出走另谋恢复者）与依兰镇守使李杜接洽，绝不许熙洽引狼入哈。乃于二月二日，李杜率兵来哈，与丁超核［合］计御敌。彼时，汤武涉潜逃，金名世鼠窜，凡熙洽新派之官吏，扫数偷走。熙洽之爪牙于险舟领兵攻哈，拟得护路军司令，或中东铁路督办及特区长官等职。不料被丁、李击退，日人遂由长春派兵助纣，丁、李分兵御侮双城，日兵不支，多门贼子特遣重兵、飞机、重炮、小炮、野炮、铁甲车、坦克车，总攻三四日不下后，日人用六万金元买动丁部宋团，宋受贿乃令全团退却，日人乃由马京沟攻入哈埠，丁、李二将军不肯在哈作巷战，恐扰各国商民，遂退走江北，时一九三二年二月五日也。日兵进哈后，为掩各国领事之眼目，阳为保侨，阴行险毒，所有各机关，无论军政方面、交通方面、银行方面、各煤矿等等，均置顾问多名，纵［总］揽实权，特区教【育】厅及各中学校均为日兵占据，任意横行，为所欲为。闻调查团诸公将莅哈埠,或将顾问撤回或暂避,为遮调查团眼目计,乃催长官公署及教【育】厅令各小学开学。当日兵到哈之次日(即二月六日),特派飞机过江,炸呼海路沿线各站,以威吓马占山军。又用多数金钱引诱马占山,马将军亦阳为受其引诱,以窥日人之内容,伪呈合作,于是黑龙江之人民得以暂时幸免蹂躏涂炭,告无事矣。日兵又沿东路哈长线各站各县,时派飞机轰炸丁、李之救国军及冯团之自卫军,是以吉林全省各县,如宁安、苇河、一面坡、珠河、帽山、阿城、方正县等地,及沿东线各埠,无一处不受日兵扰乱、飞机轰炸者,至今仍未停止。

三、"满洲国"之组织由来及经过

哈埠得到国联调查团诸公由上海北上的消息,日人乃以溥仪作执政,召集一般[班]卖国贼和走狗赵欣伯、谢介石、熙洽、鲍观澄、张景惠等,强迫民意,组织"满洲国"。彼辈在日本势力范围下,支配如何,即得如何,绝非东三省三千万民众之真意。马占山探悉内容,换言婉词,托故北归,由长春回江省,乘日本顾问及监视者不加意之时,潜往黑河,重整旧部,决心死战,恢复国土,以维华盛顿九国条约中之"保全中国领土主权之完整"。日本无法,又知调查团必来哈埠,乃将道里石头道街之坦克车三、铁甲车二及十余处装沙麻袋堆如土垒者,如临大敌,一一撤去。又于二月十五日,着令埠内各小学开学。又办运动会,迫教育厅令各小学校,限出一定学生数,和日本学生会操,拟待国联来时,可以知"满"日融合,不知内中乃是日本人强迫教育界为之,呜呼痛哉!同时日人又派东北海军舰队之军舰三艘、东北航务局船十数只及商船等数只,船上外边沿做许多草人,内藏日兵,沿松花江而下,攻打通河。又用飞机投弹,竟将通河民众炸死殆尽。国联调查团到哈后,贼子鲍观澄明为保护国联,实则监视甚严。日本又着朝鲜人往莫[马]迭尔诉苦,言中国东北军阀之恶劣待遇,不知东北各地各埠岂止日、鲜人耶?德、荷、比、法、意、波兰、英、美、土耳其、希腊等等各国之侨民,为何不受中国东北军阀之恶遇耶?日本人无中生有,惑人听闻,各国贵领事馆想已尽知之。敝人等盼望国联调查团来哈尔滨,眼珠如穿,心急如焚,可惜诸公莅此不得面谒,祥[详]禀种切,人人心中不承认之"满洲国",在日本武力压迫范围内,深望诸公详查察之。敝人等想国际联盟会,既烦英、美、德、法、意各大贵国名望重诸君子远涉重洋来我国东北,必能撤[彻]底查察,断不至被日本支配下之谢(介石)、鲍(观澄)二贼子所包围蒙蔽也。日本在国联一再声明,"满洲国"与彼国无关,何必调查团来信不许转邮递,人民不许访问,派走狗密探不让中国人民面谒政府所派之参与员顾维钧博士耶? 果与"满洲国"无关,大桥忠一为何任外交司长? 若真日本与"满洲国"无关,东北人民为何不在日本不占东北之前组织国家? 又为何不在日本退出东北后组织国家耶? 万恶之日本,戕杀我同胞,强占我领土,掠夺我土地主权,在东北之各贵领事及各贵国之商京[人],无一人心不明者也。敝人等敢请诸公决心照定之计画,会见马占山,遍[便]知端倪。再会李杜、丁超,更能知所以。再会各县地方之民众,定能知日本之野心如何,又可以知道"满洲国"是个什么东西。诸公乃和平之天使,责任攸关,自不待言。东北三千万人民之生命,悉操都[诸]公之一查。中国领土主权的完整,尤在都[诸]公之一报。披肝沥胆,不尽欲言。

恭呈英委员长及德委员、意委员、法委员、美委员、本国参与员顾钧鉴。

东北民众二十人谨禀

资料来源:日内瓦国联与联合国档案馆藏李顿调查团档案,卷宗号:S36。

199. 哈尔滨民众兰荆珊来信

中华民国民众一份子,住哈尔滨兰荆珊,焚香百拜,陈告国联调【查】团委员长李顿爵【士】案前曰:

自二十年九月十八日,日本无故侵占我国疆土,戕杀我国人民,炮击弹炸,三省水旱商埠,蹂躏殆尽,民即不言,已在洞鉴中。素稔贵团主持世界和平,维治全球公道,弱小民族,赖以存在。故贵团到此,我等如赤子之得父母,援救于水深火热,即在目前。讵【料】日本防范甚严,操纵一切,我等即欲有言,何由而达尊闻? 是我等坠于狱囚,无底止也。况彼等于贵团来前,沿街粘贴标语,借掩耳目,思逞刁狡手段。大人明镜高悬,当不为该所蒙蔽也。万祈大人与列强代表慈悲为心,道德在抱,实地考求民意真像[相],以判曲直,则将来国联威权,不至泯灭。我等民族终身焚香供祀,朝夕百拜,高呼和平福音,国联委员【长】大人万岁! 众委员万岁! 跪请旅安。

住哈中国民众一份【子】兰荆珊跪叩
一九三二年

资料来源:日内瓦国联与联合国档案馆藏李顿调查团档案,卷宗号:S36。

200. 无名氏来信

呈国联调查团钧鉴事：

为去年九月十八日，日本帝国主义者无故用他强迫的手段，用他所帐［仗］恃最快利的枪炮，强【行】占领我们中华民国的东三省。当日，用武力强占辽宁之时，因小民全家人三十余口世居辽宁城里，均被日本驱逐四散。令人最可恸心之点，小民现有年将七十之父母及未满周年之婴儿，当时均被驱逐，流落失所，因各逃一方，至今未能团圆。当日并闻：凡日兵所占之地，男女老幼被其枪杀者、被其奸污者不胜其数，凄惨之状不忍见闻。小民因求生活，先日来滨工作，于哈尔滨市内，幸得脱免。惟事后由家来人，见告我辽宁领土已遭失没，我全家人已遭失散，得闻之下痛心如何！想世界人类为国、为家、为父母，均必表同情。来人见告小民全家遭此惨事如此，谅辽宁城里全城民众必无一幸免者。因小民留居哈埠，未得亲眼，其余别种情形及多数惨无人道之举，不敢加以妄告。想贵调查团到辽宁之时，必有切实见闻。小民当辽宁事变之时，所想哈尔滨距辽宁甚远，日兵必不能再来哈照演辽宁之惨状。素料于今年二月五日午后三点钟的时间，日兵又帐［仗］恃他精勇的先锋、飞机与炸弹，枪炮与锋利的战刀，又来强占我们的哈尔滨。当日兵进街之后，哈市的人民被其枪杀者有之，被其刀刺者有之，妇女被奸者有之，哈尔滨的市民现被［备］受其害者，及所受其损失者，非经小民亲眼或遭受者，绝不敢加以妄告。就以小民小小织布工厂而说，全厂不足二十人之数，自九一八事变发生以来，日兵在我东省随便出发，到处布阵，人心恐惶，交通时断，战事就地发生，以致小民之工厂每日所成之货，无处去寻受主，因货压成本，及受贷款拆息之亏，并全厂每日开支及全厂每日之使费，每日非有二十元之哈洋赔数，不足开消［销］，至今将已阅八月。想小民一小小工厂在此八阅月之间，现已显亏赔之数已达五千元之哈洋，又可知哈市内有千百人之工厂，或数百人之商店，每日所受之损失，概见一般［斑］矣，此亦可说日兵保护我们工商利权么？再以"满洲国"全市所贴的标语而说，"满洲国"是我们三千万民意所建设的，即按三月九日、十日、十一日是"满洲国"大同年庆祝的日子，在哈尔滨开市民大会，未开会日前，即饬使各地面的警察按户通告，每户有十人者必强迫去三人，余按十分至［之］三推计，临期不去即按反对"满洲国"法律处罚。既至九日、十日、十一日，地面警察又手持户口册子，按户找查，追逼至派驻所，势若逮捕犯人，由派驻所再驱送我们到警察署内，由署内再派多数巡警，武装齐备，又若解差式严防，驱送我们市民到会场。不料，未到会场之门，驱送的警察稍未加注意，夺路而走者又多，这亦可说民意所愿欲的？再以悬挂"满洲国国旗"而说，警察按户强送，每面旗讨两个大洋代价，不留还不允，我们自作又不允，若照警察强送的旗子，我们市民到卖布的商店去购作，至多价额不须哈大洋一元，这亦是我们民意愿意购买么？这亦是民意所愿欲悬挂的么？再见贵调查团当首初到滨之日，则见街衢满贴的标语，国联调查团是"满洲国"之天使，又是"满洲国"之福星。贵调察[查]团诚非"满洲国"之天使，又不是"满洲国"三千万民众之福星，实实再再[在在]的是我们中华民国之天使，是我们中华民国东三省三千万民众之福星，尤是我们中华民国四万万民众之福星。又想贵调查团万里跋涉，不辞劳碌，肯来东北，全为中日之纠纷而来，非为"满洲国"而来，何有"满洲国"三千万民众之欢迎？再以日兵自占领哈尔滨以来不数月间，即将我们素所最光明正大、灿烂耀目的哈尔滨，现在已竟[经]变成黑暗的阴府，街前明设赌局，市内高悬招牌，售卖鸦片、吗啡，公卖海洛英[因]，更不禁止。

　　大凡祸国殃民之毒物，世界各国所固禁之毒品。现日本在哈尔滨及滨江县可云无微不备，势必将我全市民众尽驱进黑暗地狱之中，使我民族万劫不复矣。此情无论加诸何国，谅来均难忍受。此番我中华民国东三省之失，诚为我中华民国亦系国联会员国之一，因有国联之神圣条约遵守，始终不敢违犯，始有今日之国耻。不然，日本即有今日之强，总[纵]有许多的战斗利器及猛烈的炮火，我中华民国现有四万万人民的头颅，决可冲断日本杀人之利器。若有我四万万人民之热血，亦必可扑灭日本猛烈之炮火，亦未必能有今日之大耻。此番日本侵占我们东三省，又使用他的吞灭高丽之故智，必使我们东三省三千万民众作高丽之弟[第]二，步高丽之后尘。又见四月十二日哈市及滨江各报纸记录，贵团与鲍观澄之谈话及问答，据鲍观澄进告之词，该人是否被日本之逼迫，该人是否出自本心，暂令我们无智无识之小民实难祥[详]知。想鲍观澄现在虽是"满洲国"之人，然察其先祖及其父兄，均纯粹是中华民国的国民，而该现在已不知因何转变"满洲国"之人耳。暂且不问，该当居官中华民国之时，过去的劣迹，即按该自承认的经过，颇有令人注视之必要，当该在奉天时代任居秘书之职，适逢我中国南北统一，将要告成之期间，该居其中，再三设法破坏，不使我中国统一告成，并有别种祸国殃民之事实证犯，始被张学良纳禁狱中，此非遇此次之事变,谅难脱免受法律之惩治。熟[孰]料该之贼星又旺,遇此绞律,遂致不死,得有今日之再生,若稍有人心者,即当退居林舍,悔过自新,以尽中华民国国民之天职。不想该今有[又]再来任哈尔滨特别市长,为报该一人之私愿,再三设法,将我大好的哈尔滨的领土断送与日本之手,又愿将我全市民断送与亡国之乡,其良心何在？其用意何为？

资料来源：日内瓦国联与联合国档案馆藏李顿调查团档案,卷宗号：S36。

201. 无名氏来信

敬启者：

为日军占我东三省建立"满洲国"事,久欲诉告,皆因无处投递,幸喜国联调查【团】至此,略舒[述]反对日本侵占东三省,反对满洲假国家。伏望上裁,怜拯无辜难民。东三省中国领土,日军为何占据？伏望使日军速全退出东三省为祝。此上国联调查团勋鉴。勿负诚心民意是幸！敬请大安。

本市【市】民谨上

五月十八日

资料来源：日内瓦国联与联合国档案馆藏李顿调查团档案,卷宗号：S36。

202. 梁中愚来信

国联调查团诸公台鉴：

今闻调查【团】来哈埠,我们中华民族在东省三千余万,闻贵调查团到哈,如见情[青]天了。日本种种蛮横,目无天下,自九一八,日本无故出兵占我辽宁,将兵工各厂损坏,我飞机、军用品完全抢去。又压迫各党徙[徒]树立伪政府,又监视溥仪为伪国执政,日本之阴谋实觉[搅]世界不安矣！日本主谋成立"新国家",迫商户每家出三二人在市民大会欢迎"新国家"【成立】。人民被迫,焉敢不去？只可听其支持。在会场之时,有鲍市长演词叫人民鼓掌,人民无一人与他鼓掌也。又云日本无故杀害军民,破坏东省各机关,日本贴各告示说,出兵系保护侨民等语,他为何赴各省各县打我国救国军呢？为日本近数十年在我中国贩卖毒品,卖与匪人枪械,以及种种犯法笔难细详。日本勾结假国家各处贴标语,说"满洲国"是基于民族自决而健[建]设之话,此言差矣,人民万不能任[认]可也。前马占山抵抗日军之时,我们中国各省各县均有慰劳将士之款,为日本军及伪国军,我人民一份慰劳的无有也,足见我人民实在反对"新国家"。为[以]后,我救国军如到之时,人民准特别欢迎耳。谨祝诸公拥护公理,维持和平,名高一世,功著千秋,是非所定,关系重大。须知日人无故出兵,破坏盟约,占我领土,危害和平,罪恶昭著的日本人,也请贵调查团实地调查,就是我们四万万七千万民族的希望也。敝民今呈此书,多有冒犯,请诸调查员原谅为感。

梁中愚谨拜
中华民国二十一年五月十二日

资料来源:日内瓦国联与联合国档案馆藏李顿调查团档案,卷宗号:S36。

203. 林醒华来信

国联调查团诸公勋鉴:

鄙市民誓死反对新组之伪满洲国,更反对日本武力侵占东三省。深望公正廉明调查团诸公主持正义,使日军撤出东三省,俾吾民早出水深火热之中。并祝诸公康健!

林醒华启
五月十八日

资料来源:日内瓦国联与联合国档案馆藏李顿调查团档案,卷宗号:S36。

204. 无名氏来信

国联调查团诸公钧鉴:

为东三省事变,被日军占据,迫逼成立伪满洲国节,而民众之涂炭,何克言罄?其成立"满洲国"并非吾民众之真意,该贪官污吏符合助虐,不顾民众日处弹霖[林]、时受蹂躏、无刻而能得安。且日军何为占据东三省,实无以为名。以建立"满洲国"为名,外遮众民国联之目,而内实贮蚕食鲸吞蹈高丽之辙,而其豺狼之毒不可言宣。是以民众誓死反对日本占领东三省,反对伪满洲国。无所控诉,累积日久,望祈贵调查团诸公裁垂,主持正义,使日军速即退出东三省,拯民众于倒悬之下,水火之中,则撅角稽首鳌戴縻[靡]涯矣。

此祷贵团德安!

五月十八日
市民众拱启

资料来源:日内瓦国联与联合国档案馆藏李顿调查团档案,卷宗号:S36。

205. 小民来信

国际联盟调查团诸翁台电:

惟客岁日本侵占东三省,指使无耻之徒立"满洲国"伪政府,效[消]灭高丽之手法。小民实不甘心,虽然无能,诚实反对日本侵占三省,又兼反对"满洲国"。惟望诸公主持公道,速着日本退出东三省,以求世界和平,俾小民感戴无涯。专此,并候公安!

小民敬叩
一千九百三十二年五月十八日

资料来源:日内瓦国联与联合国档案馆藏李顿调查团档案,卷宗号:S36。

206. 王久如来信

打倒违背公约的"满洲国"!
打倒摧残民意的哈埠各机关首领!
拥护国联!
公理战胜!"满洲国"是日本的前身!
调察[查]团是和平的天使!
全世界主张正义人道的国家携起手来!
打倒无正义无人道的日本!

王久如上

资料来源:日内瓦国联与联合国档案馆藏李顿调查团档案,卷宗号:S36。

207. 辽宁市民张秉钧来信

李顿先生：

我是个无知的商人，我家先在辽宁北大营附近。自九一八事变，我不知家还有没有？我的母亲和外祖母、妻子都不知音信了。听我亲戚说：当晚住宅被大炮轰着了，我的祖母亲及妻子都被烧死在内了。我的财产家私一无所存。生活自己不能维持，我才投亲访友来在哈埠。做什么也不赚钱，因外县民众都反对"满洲国"，哈埠也受影响了。到现在一日十惊，市民都无心营业，我们受"满洲国"的"恩惠"真算够了。这明明是日本人捏造假招牌，来欺骗世界，用伪政府做他的傀儡，把东三省作他的殖民地。还说什么保侨——出兵占据东北，无一处不被他破坏！倘使世界还有"公理"，怎叫他这样横行八[霸]道的不顾国际公法？特恳贵团伸"公理"抑"强权"，世界才能光明啊！

市民张秉钧谨叩

资料来源：日内瓦国联与联合国档案馆藏李顿调查团档案，卷宗号：S36。

208. 中国公民邱成福来信

李顿爵士鉴：

蒙降敝国（中华民国而非"满洲国"），深觉荣幸！

爵士肩膺大任，责成重要。吾中华民国存亡所系，愿爵士细查焉。自东北事变，吾中国东三省已不成人世界矣！农不得耕，工不得做，商不得营，教育封锁，机关被占，奸淫烧杀，其残忍无人道，未有过于此者。民众丝毫无自由，社会尽行破产，以侵略为殖民地，而曰"满洲国"，欲掩天下人之耳目。幸贵团（世界还有公理）主持正义人道，解吾东北民众之痛苦（亡国之危），予以取消"满洲国"，则世界各邦幸甚！中国幸甚！此敬请旅安！并祝大英国万岁！

中国公民邱成福上
五月十六日

资料来源：日内瓦国联与联合国档案馆藏李顿调查团档案，卷宗号：S36。

209. 市民张百万来信

国联调查团诸公勋鉴：

为东三省九一八事变之情，鄙市民处此，被日本武力侵占并怂恿贪官，阳为组织"满洲国"之名，阴实以吞并高丽故辄［辙］，占据东三省，不顾吾三省民众之真意，武力压迫。以此，吾民众誓死反对日本占领东三省，反对伪满洲国。此望贵调查团诸公主持正义，使日本兵即行退出东三省，恢复九一八事变以前的原状，使俾吾民众早出水深火热之中，则激感莫名矣。此祝诸公康健！

市民张百万手启

资料来源：日内瓦国联与联合国档案馆藏李顿调查团档案，卷宗号：S36。

210. 双城县厢白旗二屯全体农民来信

李顿爵士钧鉴：

贵团临哈，与我们东北的民众前途有一线的曙光，千万不要为日本蒙混而使真像［相］莫明，我们誓死打倒强奸民意、以日本为背景的"满洲国"。"满洲国"的建设是日本利用和强迫少数卖国贼所建设的，敢请贵团要注意这一点。主持公道，不胜切盼！谨叩钧安！

双城县厢白旗二屯全体农民同启

资料来源：日内瓦国联与联合国档案馆藏李顿调查团档案，卷宗号：S36。

211. 双城县农民代表于敬一等来信

打倒盗卖国土的鲍观澄！

打倒囚犯式以日本命令是从的张景惠！

打倒非民意建设、步朝鲜第二的"满洲国"！

双城县农民于敬一、叶守志
王冠三、王财、吴有信、蒋吉有
汪长胜、许万有、魏有正、李凤

资料来源：日内瓦国联与联合国档案馆藏李顿调查团档案，卷宗号：S36。

212. 无名氏来信

救国爱民的天使李顿爵士：

可恨的倭奴！当我国内忧紧急之际，于九月十八日进兵辽宁，炮击北大营，毁我火药库，杀我民众，抢我财产，把辽宁当作自己的领土一般。但是，他的野心不足，又北占吉林、长春等处。于是，又大演而特演他那杀人的惨剧，可怜无辜的同胞，不知丧在倭奴铁蹄之下有多少？真是只有冤魂暗泣了。他想拿亡朝鲜的手段，来亡我们的东北，来亡可怜的中国。在前几星期，又成立"满洲国"，表面上是中国人主持，实在还是鬼[诡]计多端的倭奴主持。唉！倭奴实在是我国的大仇敌。我希望主持公道的和平天使，救救这可怜的中国吧！祝您永久和平慈善！

资料来源：日内瓦国联与联合国档案馆藏李顿调查团档案，卷宗号：S36。

213. 唐子芳来信

国联调查团公鉴：

李顿委员长、顾代表维钧钧鉴：

诸公此次辱临东省，据铁蹄范围下的口号合[和]标语，恭称谓和平天使；换一方面，据我们东省三千万民众的想象合[和]见解，除顾代表一人是被强权的趋势[使]及贵团的使命，各大强国的共同欺骗外，其余：（一）或意为借题发挥，到我们东省，游山观景，消遣岁月。（二）或意为因欧西的馔饵不适于口食，想来尝试东省的什么山珍海错[味]啦，什么燕窝鱼翅啦，蜜其口，而沫其油。（三）或为根据商战上考察得东省沃富，意想趁机调查东省的状况，是[适]宜于何种手腕，方可伸张你们欧西的权势，诸多类此推想。不过，少数人尚抱疑问，谓此次调查团之来中国，是根据九一八之事变而发生中日双方在国联纠纷，已成两不相下的趋势。国联为保持和平计，主持公道计，各派使命，组成团体，定名曰"调查团"，跋涉山川，远道而来，是为实地调查，期明真像[相]而下最公正的判决，以国际法解决强霸的，这是我们中国的幸福，是我们东省三千万民众的一线光明。上述三项，意为是理想得[的]谬误，众意分歧，喷喷相道，甚为愤激。至如横眉立目、互相扭结而供之于鄙，鄙本无识，学理单简[简单]，不过一般民众脑海中认为鄙曾涉身政界出身，曾卒业于东省特别区警官高等学校，仍然意为稍有见达，求为代剖。鄙三数辞谢，不见容于民众，故就卑见，一一详释，并允与贵团作长言报告，陈述东省遭遇，民众所受的残暴，以及所谓现在"满洲国家"机关的恶军阀、恶政党，他们假借民意，蒙蔽贵团的显端，就所见者，一一指择，第是否正当，又非鄙之所敢断言，不过浑圆之上，东西各国，文化不同、言语不同、风俗不同，而国际联盟协定之国际公法，以及非战公约，又不外乎最彰明的公理。故凡事有必至，理有固然，理势相因，公理自现。查东省自九一八事变，日本进兵我奉天，种种的无理残暴，节次的经过，我中华民国国民政府，当然有严重的报告国联，那时我们的东省还没有整个被占，虽然通信关卡被日人阻阂[隔]，无线电话尚可通闻，被[彼]时我们东北奉吉死亡者无论，流离者嗷嗷待哺，盼望政府早日解决，以庆生途、以雪国耻。我忠诚信守的政府，日盼国联作公正的表示，以伸公理。迁延迄今，凡八阅月，残暴的日本，继续努力[奴役]我弱小的民众，残死者残死，流离失所者无自谋，倒毙自横死者指发难数，世界上残[惨]无人道，曷此为极！维持人道，诚若此乎？各委员国之公理不执行，破坏和平的公敌不制裁，万国联盟条约等如虚设而无效乎？抑此条约专为执行弱小民族乎？岂各委员国之惧日而不敢施行条约欤？抑鉴于一九一八年前之世界大战，各国感苦于损失起见，惧步蹶足，而各自谋利欤？诚如此也，则巴黎会议之一幕，何此诸演员饰装摄影，涂粉唱曲，只可当别论了。鄙意贵团涉山跋水，不辞辛劳，据名分上绝对不能无效果的表示。阅诸报端，披录李顿【团】长访特区市长鲍观澄，作详密的问答。度情，是否缘个人之私隙，愤懑所致，并无所谓民众什么幸福，是否仍属一人之专？区区市长动辄自专，还唱什么高调"代表民意"，是从何方面看得出来代表的价值？其他所谓执政啦、长官啦，是否为日人之鬼垒[傀儡]？是否被日人利用？是否甘自卖国求荣？是否狼狈为奸？是否甘愿做李克用之后辈？又是否我东省三千万真诚的民意所推戴的？谅难掩蔽全世界人之耳目。即以日兵自二月五日占领哈市而论，满贴布告，大书特书"日军来哈，纯为保侨，无领土之野心，无政治之思想"，何今日凡我文武之机关、财政与实业之市场、凡官关设无不被其强收，另派有日人顾问，或司管人。其谓顾问者，何异长官与处长耳？其谓司管人，何异总办与经理耳？若果有土地之野心者，若果有政治之思想者，能待如何耳？再以日兵占哈以来，先以猛烈之枪炮任意残杀我无辜之小民，势非杀尽又不为满，复用险毒的阴谋，再加以暗害，竟在灿烂辉皇[煌]的街衢，明设有极大的赌场，市内鸦片公卖，吗啡、海洛英[因]尤不禁售，凡关祸国殃民之毒品，又可云无微不备，势必使我东省民众驱黑【奉吉】三省。除奉吉两部及东省特别区南路线，被强权的铁蹄蹂躏，处于范围下的军阀合[和]政党，因为贪生不肯牺牲、为求全计者。有因私欲不满与政府、趁机甘作叛逆而希位高禄丰者。有曾犯法律、受过我立法机关制裁者。有反对日兵、因势力不敌走向我国府报告者。有我国府尊重非战、诉诸国联，正待国联予以公正的裁判【之】蛮横无理违犯者，施以条约上的裁制。即各委员国扪心自问，早应援用十五、十六条之裁制，先作第一步之公理观测。讵意各怀利见，所谓会议啦、缓期啦、定期撤兵啦，完全拿萍浮敷衍的手腕奖励强暴，愚弄中国。中国亦决非甘受愚弄者，徒以公法具[俱]在，出自国际协定。再以中国天灾人祸接踵并至，救死不暇，希暇问战。残暴的日本，因得恣意，节节进攻，迄至于黑。当去岁十月间，日兵攻黑之际，哈埠俄报曾刷印最讥诮之讽画，一、恶犬，二、生肉，三、多数碧眼耸鼻之西人，犬欲食肉，西人呵止，继而衔口，目视西人，西人复呵，再继下咽，而西人徒形于指手划足，相视默默，而咽者已听其自咽矣。吁！天灾人祸的中国，比得一块生肉，恶犬比者暴日，多数西人，毋乃贵团受命之国联乎？日兵侵我，国联呵止，非据国际公法乎？及至衔口复呵者，非缘联盟公约乎？迄于下咽，徒形默默，则非鄙之所敢知矣。窃忆一九一八年前之世界战祸，始有一九一九年巴黎之和会，联盟国既欲维持世界永久之和平，始有万国联盟之规约二十六条，何等庄严！何等正大！言念及此，委员国其骤忘耶？是国际裁判所等于虚设耶？若必谓贵团使命调查，期明真像[相]而论，我上海之闸北、吴淞、狮子林、江湾镇，各地之陆海军防各建筑物，被暴日炮毁几尽，长江中航日军舰数十艘，炮火连天，占我东北，攻我沪淞，可云全世界孺子愚嫂，有耳皆知，有心皆忿。否啻铁证，诺大据证，尚不能公示曲直，惩强扶弱，而复搜罗毫发寸丝，所谓证据，复奚可笑！我东省三千万民众，自九一八事变后进黑暗地狱之中，万劫不复矣！其居心之险又可见一般[斑]矣！想贵调查团此次出关，北来所经过之地点，谅均在被[彼]强权铁蹄蹂躏之下，一切建筑物被暴日炮火毁坏，谅均能存在。凡我弱小民族，又被残杀之血，谅未必能干。世界人类之惨情，我小民族所受已至极矣！贵团既为世界和平之天使，又为世界和平之福星，兹为我东省之遭遇，人民所受之残害，必能以良心之主张，又能以公理之主裁，非但我中华民国国民政府所仰盼，又是我四万万弱小的民族焚香祷祝的。

并祝国联调查团万岁！李顿委员长万岁！顾维钧代表万岁！

鄙唐子芳鞠躬
中华民国二十一年五月十六日

资料来源：日内瓦国联与联合国档案馆藏李顿调查团档案，卷宗号：S36。

214. 小学生笨及来信

李顿觉氏［爵士］：

  日人并［逼］迫我祝"满洲国"，摄影纪念。因吾等系一小学生，手无缚鸡之力，只得随师长前去庆祝"大同国"，任日人指挥。以致现在救国之军，名曰"匪徒"。日人盘踞哈埠四境六七个师团，日日抓商户之车，车内装沙土，以防枪炮。民船开往下江，尽被轰沉。农民失耕种之期，白地千里。五月十七日夜间，日军攻击马主席。

  贵团目睹焚烧民户房间，火照江南。中国妇女迫今［令］裸体，赴往阵前，残暴不仁，莫此为甚！而犹曰三千万民众欲建"满州［洲］国"，其谁欺？欺调查团也！查"满洲国"，尽是日人掌权，无一处不是日人造成，以灭高丽之手段灭我东三省。想贵团明镜高悬，必是洞悉其奸，为是哀哀上告。

笨及

资料来源：日内瓦国联与联合国档案馆藏李顿调查团档案，卷宗号：S36。

215. 失学学生来信

李顿觉氏［爵士］：

  自去年九月十八东北事件发生以后，我们学校便在日本的炮火之下解散。现在，虽然跑到哈尔滨，可是，已经得不到求学的机会啊！贵调查团是弱小民族的救星，万祈尽力援助啊！

失学的学生禀

资料来源：日内瓦国联与联合国档案馆藏李顿调查团档案，卷宗号：S36。

216. 哈尔滨市民郝金声来信

反对"满洲国"的口号：
1. 打倒日本捏造的"满洲国"！
2. 东北民众誓死反对（不承认）不合公理的伪政府！
3. 打倒匪首鲍观澄！
4. 打倒昏愦无知的卖国贼张景惠！
5. 世界主张公理的国家联合起来！
6. 打倒人类之敌的日本国！
7. 国联万岁！
8. 中华民国万岁！

哈市民郝金声禀

资料来源：日内瓦国联与联合国档案馆藏李顿调查团档案，卷宗号：S36。

217. 哈埠市民李维新等来信

国联调查团诸位先生勋鉴：

敬呈者：

前日贵团到哈，本埠民众本拟做极热烈的举动，欢迎贵团诸位先生。无奈，最戕贼民意的鲍观澄、最可杀的鲍观澄【规定】，非但不准欢迎，倘有接近车站的即以违法论。

民等无可如何，只好作罢。此次贵团到中国调查九一八事变真像[相]，系本人道主义。而且，国联大会又是倡导世界和平者。而日本不顾及国联之尊严，竟破坏世界和平，夺我领土，残杀我民众，犹以为不足，而又以灭朝鲜之手段，亡我东三省。强迫溥仪、赵钦[欣]伯、鲍观澄、熙洽等卖国贼，组织"满洲国"，诓我政权。我东省三千万民众是有血性的国民，是知爱国者，非如朝鲜暮气沉沉的国民也。日本如不交还我领土，归还我政权，我三千万民众势必与之长期抵抗，不达到目的不止。

望国联调查团诸位先生本仁[人]道主义，不失国联之尊严，扶助我民族打倒最残暴、最无仁[人]道的日本,是我东省三千万民众之感激也!

哈埠市民李维新、王伯言、孙子民
胡万升、张万财、杜海山、吴魁、郑殿甲
冯海、张坤、褚永祯、魏春生同启
中华民二十一年五月十八日

资料来源:日内瓦国联与联合国档案馆藏李顿调查团档案,卷宗号:S36。

218. 中国热血的勇士来信

委员长钧鉴:

　　率员来哈调查,受压迫的民众们十二分的庆幸,我东北三千万民众的生命或不致被日本都残害了。日本此次出兵哈埠,名为保侨,请看哈埠在丁超和李杜势力下的时候,他们日侨那[哪]一个被害啦?他们不过是掩耳盗铃,假借名义来侵占我们的山河罢了。日军入本埠时:(一)将各机关的房舍均占用,如教育厂[厅]、粮食交易所、黑龙江广信公司、交涉局、护路军司令部等处,各中学校舍被害更大。他们不独占用房舍,还将各中学的桌椅、床铺和标本、仪器,值钱的偷去,不值钱的损坏,尽力实行他们破坏的工作。因此,各中学开学无期,莘莘学子失学,有多们[么]痛苦呢?(二)将无线电和电报局旧有人员尽行撤出,关于要职换日人把持,不重要的换中国亲日派的人接充,收入由日人每月提去。室内外皆有日兵岗,处处以伪满洲国名义掩饰各国耳目。这就是日本以为亡中国最妙的高计。以上等情并非妄报,请贵团前往调查就明真像[相]了。苦多纸短。

　　最【讲】和平公理的李顿觉士[爵士]!最调查明白的李顿【爵】士!!!

　　自从您到东北以来,数日也没有调查明白双方的公道。那日本现在虽然是用武力占了东北,也不能强暴的武力压迫我们。自从事变以来,那日本不论日夜,就跑入人家抢夺,东北无论什么人,目见了日本人,没有不怕他的。

　　现在东北各小学,已数日才开学,听您要到东北来,所以他才要各小学开学,怕公平的国联调查出来,所以他到如今才开学。

　　现在的各中学,全都没有开。只开了两个,他们还没有书,只是念古时的四书。我现在是一个贫贱的小工人,自从日军到东北,我敢[感]受的痛苦,实在是没处可说,就得向您这位和平的天使说,现在学校中的书,内中连一点趣味也没有,都是古时红楼梦上的小说,实在是有什么意思呢?

就是现在的东北同胞,受的痛苦实在是不少,谁也不能说,就是自己知道。倘然叫日本人知道,他就不得了。请您一定要好好调查明白才好。

中国热血的勇士寄

资料来源:日内瓦国联与联合国档案馆藏李顿调查团档案,卷宗号:S36。

219. 哈尔滨工人来信

国联调查团代表委员长李顿觉氏[爵士]鉴:

我们东北三省之地,自从民国二十年九月十八日事变已[以]来,东北的三千万民众不得安居。自从日本占了辽宁后,把辽宁的民众不像人类看待,把人民惨杀的不像样。攻打兵工厂,把各地重要的机关都给他占去。占了吉林,把我们人民比小蚂蚁都不如,随路[意]惨杀我民,比辽宁更要利害。他的野心真大,辽、吉二省已给他占去,他还想占黑省。幸而黑省有个马主席,他有救国救民的心,和日本抵抗数十回。我们人民的痛苦,真是说不完,若是诸公不信民众这话,那么诸公就请到黑省马主席那里问个明白,那时诸公就明白了。此次诸公来到东北,真是使我东北之三千万民众欢乐到二十四分的快乐,我想诸公一定能救我们。

自甘愿作李完[克]用之儿孙。察现在我们东三省三千万民意,无一人愿作"满洲国"之人民,更无一人愿作第二国[个]高丽者。惟日本在我东三省建设之"满洲国",是我们三千万民众誓不承认的。惟有望光明正大、为世界主持公道之天使,国际联盟会及贵调查团与我们东三省三千万民众作良心的主章[张],不再在我东三省发生无人道之惨事,更不望引起世界二次大战争。非但我东三省三千万民众感激莫及,即是我们全中华民国四万万国民,亦均感没齿难忘的大德。并祝国联调查团诸君万岁!

哈尔滨的工人鞠躬
一千九百三十二年五月十五日

资料来源:日内瓦国联与联合国档案馆藏李顿调查团档案,卷宗号:S36。

220. 东北难民来信

李顿觉士[爵士]钧鉴：

自从去秋发生事变以来，弄得我国民众衣食无靠，东逃西奔，无立足之地。强夺我东省领土，强逼民众。敝难民上抛父母，下弃妻儿，夺我土地，弄得我国官民不能自由，只有日本横行霸道，明是"满洲国"，暗途[图]篡谋，罪大恶极。请贵调查团秉公办理，以救难民于水火。民等感德非浅！谨禀泣告，敬祝公安！

敝难民鞠躬

资料来源：日内瓦国联与联合国档案馆藏李顿调查团档案，卷宗号：S36。

221. 市民来信

国联调查团台鉴：

鄙民众俱以反对日本侵占东三省，反对满洲伪国家。祈体民众之真意，急令日军全退出东三省是祝。伏乞贵团上裁青垂，谨请德安！

鄙市民敬呈
五月十六

资料来源：日内瓦国联与联合国档案馆藏李顿调查团档案，卷宗号：S36。

222. 东三省三千万民众代表团来信

呈为仗强欺弱，侵略领土，阴谋独立，破坏公约，卖国求荣，丧权辱国，中华民国东三省三千万民众代表叩请国联调查团诸位勋公大臣案下秉公澈[彻]查，以维世界和平而救蝼蚁之命，保持公约事。

窃以民为邦本，本固邦宁，强者扶弱，富者济贫，平等方能实现。强国而欺弱国，富国而掠贫国，世界大同何期之有？民想日本原本东洋三岛小国，以明治天皇维新之后，日俄之战一跃而为列强，自占强国地位之后，灭朝鲜、并琉球，豪霸东亚，世界共鉴。而其野心以为不足，继而又侵略中国领土，霸占主权，层层迭出，当在中国末清时代，腐老庸臣，朝纲无执。日本乘机进兵国内，强占主权,逼协条约,霸修铁路,强开矿业,东三省之要枢无处不在日人掌握之中。

诸位公卿贵驾东来,真像[相]早能洞悉矣,日本仗强欺弱,侵略领土,昭然若揭。日本在东三省虽居最高权势,意为不满,莫若终归已[己]有,心始能甘。当在鄙国东三省张大元帅作霖执守边疆时代,而日本专心研究阴谋东三省独立,助巨款而兴实业,中日通商,出全力而助内乱,以有所得。鄙国民国成立以来,直奉之役、江浙之役均出于日本唆使造成,施鹬蚌相争渔翁得利之手术[段],孰不知之?讵料鄙国张先大元帅作霖,种种受其阴谋,借款割地,贻祸于而今。敝国张大元帅作霖于民国十七年统一南北,北镇北京,大有觉悟,如梦初醒,始知日本阴谋欺骗之事实,昭昭披露。该日本国重要人物,知事不妙,不能受其愚弄,始有奉天西站之暴[爆]炸。敝国张大元帅之死稍泻[泄]其恨,日本阴谋毒辣手段,由此更进一层。迩来四年之久,欲夺东三省,乃无机可乘。时至鄙国国运不兴,内乱迭出,建国之基,在所不免之步骤。日本将看时期已到,于去岁由万宝山之案起,始唆使朝鲜强开鄙国国民良田而为水力[利],此役之惨剧情形,到达全世界矣。继而朝鲜国民暴动,屠杀华侨,均是日本阴谋所至[致],犹接九一八事变,强占辽吉,屠杀人民,以及上海之役,一切经过,诸位大人早即明了真像[相],日本实现吞并满蒙之原因如此之速,实因鄙国东三省先大元帅张学良接守边疆以来,将一切政治均移交国民政府为综枢,听命国府。而日本由此以往恨如切齿,深恐侵吞目的不但不能达到,而且内阁田中奏章大陆政策完全破产,日本人声言东三省与该国人民生命线大有关碍,不能不下冒险决心,以武力夺掠。查日本既居列强之地位,应行列强之事业,因何有田中首相之奏章,吞并中国既能征服全世界之宣言,想诸位公卿大臣当能目视此物,由此可见,日本有愧列强之地位,破坏公约,目无法纪,天理难容。上海之战,日本考查中国国民党势难摇动,复犹转机,威逼鄙国前清末帝溥仪,宣布"满洲独立",竟有熙洽等甘为戎首,卖国求荣,丧权辱国,热心建设"满洲国",日本施以灭朝鲜之计画,掩耳盗铃,孰不知之?而日本当在国联屡次宣言:东三省三千万民众自动独立,非第三者有侵略的野心【之】唆使行为。"满洲国"成立以来,三千万民众何人知之?有何建设条文?有何治平现象?际此三千万民众何日不在水深火热之中?兵匪交加,扰乱各处,不得安居,老者转于沟壑,少者散于四方,父子不相见,兄弟妻子离散,此其卖国求荣者一也。民想:无论任何国家或改造或变更国体,定能使全国人民了解情形,欣欣然有喜色,内无怨女,外无旷夫。伪满洲国成立以来,民有饥色,野有饿殍,百姓于[如]丧考妣三年,此其丧权辱国、卖国求荣者二也。任何国家成立之后,一切政治改革,均由一国维新人物变化,何用第三者干涉？查伪满洲国成立后,各机关、各法团无处不有日本人操其大权,是何道理？想日本种种阴谋勾串,吞灭东三省,由此可见一般[斑]。

诸位公卿大臣来东三省之前,一切事实尚有疑窦之点。刻以各处调查,实确是中国含有排外性质,是日本确有灭东三省之行为,叩祈诸位大臣公正评判,造福万世。近几日,日本仍是各处调兵遣将,到处紊乱。民等三千万民众欲匍匐来至诸公大臣案下,述诸东北之苦状。奈日本到处监视人民,不得自由,只得片纸奉告诸公大臣大展慈悲心肠,维持公道。敝国根【本】,以道德立国,自事变以后,一切行为,无有不信仰国联为神圣之尊位。若能任其暴行之国一切所为有效,将来世界和平破坏到底,即东三省三千万民众绝不甘心,亦能精诚团结起来,一心一德与日本奋斗到底,绝不为强暴所侮。叩请诸公大臣秉公判断,以维人道而保弱小民族永世存在,盼将东三省被日本强占一切恢复回来,"满洲国"取消,恶魁治罪。

诸位公卿大臣积德于万世子孙,禄保千年,中国三千万民众勒碑而纪之,永世不朽。代表东三省三千万民众拜恳国联调查团诸位公卿大臣案下,祈福。

东三省三千万民众代表团具

资料来源:日内瓦国联与联合国档案馆藏李顿调查团档案,卷宗号:S36。

223. 中东路五家站二屯农民代表王凤宽、白全喜来信

国联调查团伟鉴:

日本子强占了我们的国土,采用亡朝鲜的手段,建设一个伪国("满洲国"),硬说是民意,大概贵团不能相信吧？长官张景惠不学无术,让金票买住了,甘心当日本官,作日本走狗,我们非打倒他不可。同时,希望贵团作切实的报告,是为至祷,并叩贵团前途无量！

中东路五家站二屯农民代表
王凤宽、白全喜同具

资料来源:日内瓦国联与联合国档案馆藏李顿调查团档案,卷宗号:S36。

224. 热血动物中华人民某人来信

李顿觉氏[爵士]鉴：

自日本占我国东北以来，东北的中国人民受了日本的极惨虐待和惨杀，把我以前的管[官]吏都不叫做，并且察[查]着还要惨杀。现在的管[官]吏全是日本人所举，都是受了他们的贿赂，做日本的傀儡，惨[残]害自己的同胞。这都是日本的奸计，好叫我们自促其亡！满族独立，本不是我们人民的同意，全是日本的支配，"满族国家"也就是日本瞒世界各国的耳目而已！徒一时之美观，以谋求把中国做第二个朝鲜。日本现在不虐待我们中国人，是给国联看，所以不撤出东北来的野手段，惨杀中国人。现在，日本便一面把守中国人，不叫报告他们的不好；一面在表面当着大家，待中国人好。

我们全哈埠的中国同胞，都向国联和平的天使要求，此次到东北来，往黑省一住才好！听马占山主席详细的报告！请不要听日本的鬼话！【日本】不叫到江省去！若到江省决不能有危险，除非是日本出好心弄危险！我们中华民国的人民决不能出坏心！请和平的天使决定一住才是！以谋考察的真却[确]，夺回世界的和平，仍然共存共荣大快乐！敬祝和平天使贵体健康！

热血动物中华人民某人上

资料来源：日内瓦国联与联合国档案馆藏李顿调查团档案，卷宗号：S36。

225. 无名氏来信

国联调查团诸公惠鉴：

为东三省，自去岁九月十八日被日本以强盗行为占据东三省，明知如此侵占，内不合三千万民众之真意，外难邀国联之同情。似此竟异想天开，仍以吞并高丽之覆辙，怂恿贪官污吏以成立独立"满洲国"为名，行占领并吞之实。鄙民众久欲将真意告诉诸公之前，但苦无途径。今幸贵团驾临，本意趋前画[话]诉，但日本监视极严，不敢前往。故此修草，奉向贵调查团之前，若以鄙民众诉说不实，请调查各政治机关、税收处、海关，皆派有日人把持，所有税收多被日方解去。如此，虽名有"满洲国"，而实为日本占领矣。望乞贵团主持正义，令日本即行撤出东三省，以保东亚及世界之和平而解吾三省民众之倒悬。此颂公安！

市民叩

一千九百卅二年五月十七日

资料来源：日内瓦国联与联合国档案馆藏李顿调查团档案，卷宗号：S36。

226. 无名氏来信

国联调查团诸位先生惠鉴：

窃查吾国自被有计划日本帝国侵占，今已九阅月，人民无故受惨杀，财产之损失已不计其数。张学良为边防司令长官，不与强暴抵抗，人民颇为激奋，误国之罪，死有余辜。幸经国联主持正义，维护世界和平，组织调查团来东调查，民等不胜欢迎之至，并祝诸君万康。想自日内瓦起身，而东京、而南京、而北平，以及奉、吉、哈尔滨等处，所受之辛苦，民等已向主上求安康、求护佑于诸君。伏请本大无畏之精神，将被侵害之事实报告国联，以公理判服强暴，不但吾中国四万万人民戴德，及全世界上之人民亦感极矣。

查日本帝国侵占东省以后，利用一班奴颜婢膝之徒，不顾廉耻，捧场作戏，演成"新国家"，陷害人民于水火，惟国家无许乎？为新旧两当国者能否施政，与人民之良否为断。今一班与"新国家"之服务者，彼辈廉耻尚不认识，岂能治国？不过借彼辈之手，将东三省送与日本享受而已。看现在之措施，首先将东省之财政完全侵吞，次则打倒人民教育智识。查各县小学校取缔十之七八，中学一律停课。现哈尔滨除省立第六中学外，特区一、二、三中学均被日军所占。吾想：国无民不立，教育为国家之基础，如国民不受教育，其国家安能存在？查暴日行此两大毒政，即是亡中国也。近者，驱使亡国民白俄及高丽等，亦派代表向贵调查团请愿。民想：白俄与苏联均是斯拉夫民族，不过宗旨不合，未能并立，现受吾国保护得全生命，待遇不谓不厚，何谓中国不好？高丽自脱离中国，日本保其独立，未几被日本所灭，夺其土、驱其民，在吾中国维持其生活，中国待彼有活命之恩，彼反无情，硬云中国不好，想此辈等实无心肝，竟派代表申诉，实令民深痛恨者。再查"新国家"之政权，完全由暴日掌握。"新国家"之一班傀儡，不过听命而已。凡财政机关、国税局、盐务局、邮政局、电业局、航务局、海关税均由日本支配。将来，侵占之东省巩固时，凡一切军用品均由东省备妥，那时不但门户不能开放，更要限制外货进口，或者与苏联开战以征北满，或者与美国起衅以争霸,势所难免。民愚昧无知,不揣冒昧,尚希原谅。民所申请者,仍求诸君本大公无私之精神,放开远大眼光,调查侵占事实、假造民意的国家,中国兴亡在此一举。民不胜感激涕泣之至。此请诸君健康万岁!国联万岁!

小民未便注名谨行三鞠躬
中华民国二十一年五月二十日

资料来源:日内瓦国联与联合国档案馆藏李顿调查团档案,卷宗号:S36。

227. 哈尔滨中国民众一份子来信

国联调查团委员长李顿爵【士】先生鉴:

自九一八日军无理强占辽吉以来,杀我中国无辜市民,攻我军营,缴我军械,占领官署、兵工厂、北大营,解除警卫,商业倒闭,治安紊乱。并且,无论到何地,都是以杀夺为示威,以战争为后盾,使各处军政机关全部割断动脉,弄得人心慌慌[惶惶]不可终日。虽是这样蛮不讲理,还以为不足,又轰炸北宁铁路和锦州城,到处破坏、掠夺、烧毁、暴力侵袭,无所不用其极。总而言之,自从日军强占辽吉以来,我们中国人民无不受着他那惨无人道的压迫,过着那世界各国尝不到的苦恼生活,不想他还野心不足,又继续用武力攻打黑龙江。幸喜黑龙江马占山主席,能尽自己的责任,去保守领土和人民。但后来终因一省军械之不足,只支持不到一月,又入日本铁蹄之下了。只因这一抵抗,更增加他的暴怒,一切的压迫更甚于辽吉二省。听友人来言,日人得到中国兵士都用土活埋,像这种惨无人道的举动,真令人言来发指。三省他既已强占到手,遂把亡朝鲜的手段加在中国头上,召集中国失意之官僚、军阀,独立组织"满洲国",以掩外人之耳目,实际现在三省就是朝鲜第二。还要更甚,一切国家权利都操纵于日人之手,中国各长官如有不愿给他效力的,就说是反叛分子,立时处以极刑。就是现在特区小学开学,也就是因为贵团要到,不得不作假面具给外人看,并且高唱"'满'日共存共荣,维持东亚永久和平",其实是只日本存中国不存,中国如不存,东亚完全属于日本,日本一国自然能维持东亚永久和平,那还用赘叙吗?又声声说民意要成立"满洲国",是要脱离旧军阀的压迫。请想,我们中国民众怎【么】那样昏庸,放着平安国家不要,去甘心给日本当亡国奴,恐怕世界上没有这样呆痴的民族吧!再者,难道说他们几个日人就能代表东北三千万民众的意思吗？我想明白真理的调查团一定不能相信他这种虚伪的言动[行]吧。我们民众处在这恶势力包围之下，又没有武力去抵抗，并且孤掌难鸣，所依赖希望的只有能维持世界和平的调查团了。我知主张人道维持和平的调查团诸公，一定能把东北民众这点悲哀带到国联，使我们中国民众早日脱离日本铁蹄之下，那是我们所最盼望的。

上面所述之言，都是能减而不能加的事实，如不相信时，请访问马占山将军，就能知道所言不虚了。这种信原以[已]写过，闻都被日人给焚毁了，假作一些伪信，说"满洲国"对民众如何的好，日人如何维持东亚和平，以欺国联。我相信国联调查团一定不能信他们的伪作，以埋没世界上的真理与和平。现在，听说从英领事馆邮，不能失落，所以才有这一封书。余不多叙，此祝主持公理与人道！并祝维持世界永久和平！

哈尔滨中国民众一份子上

资料来源：日内瓦国联与联合国档案馆藏李顿调查团档案，卷宗号：S36。

228. 中国哈尔滨民众来信

李顿先生勋鉴：

敬启者：

贵团莅哈已旬余日，所得材料均来自日方，所谓真正民意竟未一得。而日方之虚伪，"满洲国"之假造，谅为贵团所洞悉，兹不赘及。而日人之横暴、惨无人道，有[尤]非贵团所尽知者。适贵团在哈之际，而日人竟大事[肆]调兵遣将，穷其武力，于哈埠之近郊肆其暴行。日昨（十九日），日兵在马船口，意欲入该处之广信涌油坊，因该商号开门稍迟，致开罪于日兵，进门后不问皂白，即用机枪扫射，将该号之柜伙枪杀百廿余，受伤者尚有百余（因该号共有柜伙三百余），世间之残暴尚有逾于此者乎？斯事，贵团何妨前往调查，以明真相。两国未宣战，而贵团尚在哈，日人竟敢如此暴行，不但无人道且置国际公法于不顾，而贵团亦不值彼一视也。贵团系联盟所委，联盟系各国所组织，想绝不任此世间之凶徒横行也。据报载，日人用种种恫吓阻挠贵团赴黑见马占山，而贵团有中止赴黑说，查日人惯用此术，前曾阻顾维钧来满，今又阻贵团赴黑。彼阻顾，而顾不顾一切毅然来满，而日人亦莫如之何。阻贵团，想贵团未必不顾一切，决行前往一见马占山也，且贵团在东北所到之地，均为日人兵力所及，行动均受日人监视,我民众真意毫无所得。若不赴黑见马,则贵团之来满,岂不虚此一行乎?请诸公熟思焉。肃此,敬请旅安!

中国哈尔滨民众叩
五月廿日

资料来源:日内瓦国联与联合国档案馆藏李顿调查团档案,卷宗号:S36。

229. 东北民众代表来信

国联调查团李委员长及各委员钧鉴:

敬启者:

自贵团莅满洲以来,我东北三千万民众莫不弹冠称庆,诚以维持世界和平,主张正义,拥护非战公约,救我同胞,皆赖贵团实地调查,不偏不倚,不屈不挠,有以致之也。民众引领而望,所最恨而最愧者,现处日军势力之下,未能躬往欢迎,把酒临风,与贵团哀诉沉冤,是民众所痛心疾首者也。谨具寸草,略述我民众真正心意,请贵团采纳是荷。

(一)自去年八月十九日[九月十八日]事变以来,日本派大军分驻各要隘、城市,占据土地,奴隶人民,强奸我女同胞,枪杀我男同志。如本埠东郊三棵树屯王姓女,年方十四岁,被日军强奸。又沈阳市同泽女中学学生被日军强奸者数名,报纸曾刊录数次。阿城县教育会会长、敦化县农务会会长等知识阶级十余名,皆无辜而遭枪杀,此已往之明证,可见日军之暴虐惨无人道也。

(二)日本以亡朝手段吞我东三省,逼迫溥仪、熙洽、张景惠、臧式毅等辈,设立伪满洲国政府,凡各机关、各部分重要位置皆日人把持,视华人职员如木偶一般,无论事之大小,皆日人命令是从,此之谓傀儡政府,实行亡我东三省之初步也。据日人之心,吞亡满蒙后,实行五年计划,可以北侵苏联,西抗英美,称雄于世,无敌于天下矣(见田中政策,载之甚详)。我东北民众及中国当局诸公皆以非战公约、国际联盟为宗旨,未敢破坏世界和平,为天下公敌。而日人以为我怯,得寸进尺,甘为戎首,此为各友邦人士所共见者也。

(三)日本进兵,设立满洲政府,辄曰我民意也。殊不知,我民众虽愚,决不能引狼入室。自贵团入满以来,日人以逼勒手段,强迫当局征民夫若干,手持旗帜,伪造民意,并各处满贴标语,以掩饰贵团耳目。我民众气愤不平,有扯去其标语者,日人则枪杀之。我民众受其压迫,不得伸张真正民意,故北去推戴马占山，东走拥护丁超、李杜，共同起事，作自卫方法，此之谓真正民意也。请贵团赴江省一行，面询马占山，即知其内幕隐情矣。

（四）日本利用无赖之徒，如鲍观澄、谢介石者，充重要官僚，以伪造民意方法，作日本之走狗，谅贵团查伊等履历，足能证明其人格矣。我民众被日人凌虐，死期已至。所望者，贵团主张正义，救我三千万生命，将来世界和平、人类幸福皆贵团之功也。不独我三千万民众感谢，及世界上素爱和平之民族亦表同情也。言长纸短，书不尽意，谨此，恭请钧安！

东北民众代表谨启
五月十九日

资料来源：日内瓦国联与联合国档案馆藏李顿调查团档案，卷宗号：S36。

230. 哈尔滨市民王华来信

李顿委员长及诸委员钧鉴：

自九一八事变后，我国为遵守国际约章，保持世界和平，卒未做自卫之抗御，忍辱以待国联之解决。公等承国联之使命，秉公正之良心，必能使满洲三千万民众复见天日，世界永久之和平，故敢把日本之残暴及我满洲人民苦衷敬陈钧座。

日本知我国防未修，匪患未清，水灾未平，人民饥苦，乃逞其大陆政策之野心，邃肆凭陵，侵略我边陲，屠害我民众，凶残恣肆，莫如比伦。警耗纷传，举世共见，非余个人造谣也。

日本事前早有极阴险、极细密的计划。故于侵占之下，师昔年吞并朝鲜之故智，假造民意，扶助满洲不逞之徒及失意军阀，组织伪满洲国，宣布独立，与中国脱离关系，隐然成为一日本的保护国，以为自动的请求加入日本帝国之预备，其计可谓周密极矣！而我人民未起反抗者，一方固受日方暴力之压迫，而他方无非静候国联之解决也。故吾敢断曰："满洲国"之建设乃一二汉奸受日本愚弄之所为，绝非真正民意也，其各种建"国"宣传品皆日人逼汉奸为之粉饰耳。

以此次诸公来哈言，曾与一个真正中华民国国民接谈乎？曾一度真正领略民意乎？曰：未也。盖公等已受日本包围矣。若鲍观澄者（市长），乃因报张学良之私仇而媚日。若张景惠者（长官），乃失意军阀，因不得志而媚日。若李绍庚者（督办），乃因借日人势力得升督办而媚日……

以上诸人所谈,能谓之真正民意乎? 能不为日本遮掩乎? 诸公明察,不待余言而早知之矣! 现在满洲民众正与日本周旋相抵抗,如马占山、丁超、李杜,皆有兵数万。又如王林①、李海青,皆有救国军数万人。其他如宫长海、刘快腿等人,有数千人者,有数百人者,无一不以收回国土为目的,若民众欲建"新国",能如此乎?

此后,国联若不按公理行使职权,以惩日本之野心,将使满洲民众永远堕入黑暗地狱,我中华四万万同胞,人人将具必死之决心,与彼倭奴作世世抵抗,欲免第二次世界大战,岂能得乎?

就满洲之历史、地理及人种,在中国亦有很久之渊源,至于风俗、语言、文字……又无不与内地相同,岂能允少割与他人也? 总而言之:满洲,中华国土也。人民,中华国民也。海可枯,石可烂,满洲不能亡于他人也。现在,满洲民众已团结起来,欲做最后之奋斗,"宁为枪下鬼,不做亡国奴","宁为玉碎,不求瓦全",公等有救人之术,和平之方。以为可救,则按真正民意告于国联,勿为日本蒙蔽,勿为日本掩饰,则满洲人民幸甚! 中华民国幸甚! 如为不可救,则请看三千万枪下鬼送死也可!

公等乃和平天使,故略陈苦衷,希为代达国联,不胜盼望之至! 僅[谨]此,敬请勋安!!!

哈尔滨市民王华上
1932.5.17

资料来源:日内瓦国联与联合国档案馆藏李顿调查团档案,卷宗号:S36。

231. 黄子兴来信

愿公义之神祝福爵士!

嗟! 我东北三千万民众无日不辗转呻吟于日人铁蹄淫威之下,屠杀焚掠,惨无天日。今幸我正真[直]公义之爵士负和平之使命,莅临调查东北,民众莫不额首[手]相庆,以为倒悬之厄,可因爵士之行而得解矣。此次所谓"满洲国"之成立,竟昭告于世界,曰民意所归,双手蔽天,悖谬可矣。似我敢宣誓:我东北三千万民众,除十数汉奸之外,无愿脱离中国而投诚所谓"满洲国"者。惟我

---

① 编者按:"王林"为"王德林"原名,系同一人。

们慑于日人之淫威,不但不敢实际反抗,即稍露愤懑之语,若为日人察觉,即遭逮捕,或加以反对"新国家"之罪名,处以死罪。此次所谓"满洲国"之成立,无非少数汉奸(彼等均受日顾问之指挥)受日人之利诱威胁,甘作傀儡,强奸民意所建设。至少数汉奸所以甘为傀儡,不外下列原因:

一、因彼等在东省有大宗财产,并在日银行存有大宗款项,倘不顺从即遭没收,如张景惠、袁金铠等是也。

二、本人小有才,未为中国政府所重用,因而谋乱后经官厅判处死刑、徒刑,如谢介石、鲍观澄之数是也。

尤有进者,日人强设"满洲国"之意,是其大陆野心之开端,欲借此以备他日侵略全世界之计划,此举想明达之爵士早已洞悉。再日军之暴虐行为,在东线及下江各处尽情暴露,于攻击反"满洲国"军时,遇有平民逃走不及者,非遭活埋定遭屠杀。而居民房屋则尽被纵火焚烧,残忍之性实禽兽不若。日昨,松浦马船口之役,广信火磨(在马船口)工人在屋工作,硬被指为便衣队,以机枪扫射,遭惨杀者数十人,幸经常与该行往来之日人亦于内,代为请求,其余数十人始得幸免。至江北各村屯之民房,多被日军烧毁。呜呼!我东北三千万民众尽在水火之中,望爵士本上天好生之德,速加援手,则中国四万万民众均感大德无涯矣。

黄子兴鞠躬
中华民国廿一年五月廿日

资料来源:日内瓦国联与联合国档案馆藏李顿调查团档案,卷宗号:S36。

232. 张少五来信

大领事转国联调查团诸公均[钧]鉴:

启者:

自九一八事变,日人强占东三省,扰乱世界之和平。近更借满蒙人民自决,以建设伪国蔗[遮]人耳目。夫"满洲国"者,实为日本之附属物,所有之政权均在日人掌握之中。又所谓民族自决者,非吾东北同胞之自决,乃日人自决也。满洲虽多满人,而自民国以来以至于今,已二十余年,已无种族之分、血统之别,所信之宗教亦无分别,此乃为世人所公认,非吾一人所言也。且自九一八事变之后,东北之同胞无一日不思祖国以驱逐仇敌,无奈处于日人严厉监示［视］之中，敢怒而不敢言。今贵调查团至此，正可以述吾人心中不平也，而深盼照公理进行调查也，是乃被历［压］迫者所至盼也。

愚民张少五鞠躬

中华民国二十一年四月二十三日从城西寄

资料来源：日内瓦国联与联合国档案馆藏李顿调查团档案，卷宗号：S36。

233. 上国联调查团书
——颂建"国"歌

(辑录者注)这是日本军令部编的，用飞机寄来逼迫中国【国】民学习。

资政局弘法处作歌　村冈乐童作曲

歌词：

（一）灿烂的日光，普照着万方，喜气弥漫着，在大地的面上。

极东的新兴"国"前途无量，本着共存共荣的意向，

去建设，去建设，

临行切莫说脚难扬。

（二）红日的威光，照偏［遍］了穹苍。

八方的么［妖］魔，都急急的躲藏。

极东的新兴"国"前途无量，本着共存共荣的意向，

去建设，去建设，

全凭双手把狂澜挡。

资料来源：日内瓦国联与联合国档案馆藏李顿调查团档案，卷宗号：S36。

234. 上国联调查团书
——建"国"纪念联合大运动会会歌

(辑录者注)日本文写来，足以表出日本人的野心了。

资政局弘法处作歌　村冈乐童作曲

歌词：

（一）滔天胡沙吹去了，风和日丽杏花开。

青空荡漾春光好，新天地内何快哉。

这般大的新生命,劈开大地涌出来。
(二)满洲大地灿春阳,东亚黎明认曙光,
　　快哉民众三千万,大同世协和万邦。
　　五色"国旗"新表现,新"国"民众意洋洋。
(三)世界和平享幸福,万众一心想大同。
　　"满洲国"人诸种族,屏除隔膜乐融融。
　　互相携手互扶助,前途进步更无穷。
(四)爱与正义要发挥,"满洲新国"大振威。
　　全身豪气荣光满,敢作民族健儿魁。
　　勇〔踊〕跃奋斗来赛技,扬眉吐气精神好。

资料来源:日内瓦国联与联合国档案馆藏李顿调查团档案,卷宗号:S36。

235. 大中华民国国民李思远来信

国联调察〔查〕团诸位先生鉴:

我们中国发生不幸的事,被日本帝国主义强行霸占了东北,我们三千万民众无日不在蹂躏、摧残、杀戮之下,受他们的中伤和残暴的凌辱!!!

破坏我们的建筑,占据我们中国的行政机关,驻兵在"大学"、"中学"、"小学"校的校址,使我们培养人才的地方不能受一点知识的训练,用愚民政策,使我们教育机关根本破产!!!把我们亲爱的民众,作成他们的牛马,将来可以任意宰割、任意杀戮!!!

请看现在的事实:

东铁东路线:"成高子"站附近,发生一次炸案,是日本兵车从山里回哈的车,车里装满炸弹、大炮等等武器,还有许多日本兵。车行此处,铁路道钉坏了,至全车倾覆,因车内有汽油及燃烧物等起火,便把火车烧了两三列。但是,日本兵听说炸了车,便由哈尔滨开去廿列车兵去救援,不问是非,把附近农民打死非常多!!!

因旧吉军反对他,上各处去派兵剿,抓几千辆小车,给他们拉炮弹箱子,兵坐在车的中央,四面有砂子袋遮蔽,他在上面用机枪扫射,车夫在外面赶车,结果把车夫都打死了!他们不但没有给工钱,还把车拉回来装船,再预备往下江去打丁超、李杜(在依兰一带)。他们解决真正的中国兵,施行他们"满蒙侵略政策",完成他们伪国家的领域！争讨他们现在的殖民地,反对他的军队,自然是他障碍,所以把上海的军队尽量开来,预防"军民"的攻击！！！

我们三千万民众,那个敢反对?！赤手空拳,更不敢动了！连"说话"、"结会"、"集社"、"通信"、"思想"、"行动"都没有自由了！！！

我们现在的地位,甚于"亡国奴",我们愿意和欧美各国联合起来,共同走入世界的光明大道,绝不愿意受日本主使,成立的什么伪国家的"满洲国"！！！

啊！！！光明的日子来到了！

贵团是一主张正义、主张人道的天使！！！

我们三千万民众,正待拯救！我们如何的热烈的欢迎啊！！！

大中华民国国民李思远谨具
1932年5月16日

资料来源:日内瓦国联与联合国档案馆藏李顿调查团档案,卷宗号:S36。

236. 中国东北民众来信

李顿爵士鉴：

我本是一个年幼无识的一个小孩子,也不知国【家】间的一切情形。对于英国话我更不会说,只知每日贪玩,那[哪]里知道国际间的事情呢？不过,在上年九月十八日的那天晚上,日本趁着我国水灾和长官因公不在辽省,突发数万大兵,弹雨一般的攻进我辽省省城。我国素抱宽宏的心怀和和平的趋向,所以丝毫没有敌[抵]抗。因此,日倭以为我国无力敌[抵]抗,便施其侵略的心理和贼窃的特技,把我国各机关一概占据。兵工厂的子弹、枪炮盗之一空,飞机场的飞机窃之全无,且搜掠富户的家产,强夺长官的蓄积,竟把张长官多年的金库盗回他们本国去了,其他贵重物品概不胜计。淫乱良家子女,倒埋行路活人是乃数见。我国当局为持和平计,为遵守协约计,向不与之争抗。而彼小日本竟敢得寸进尺,进占长春、吉林、黑龙江、哈尔滨等重要地方,到处骚扰,民不堪矣。我国民众早待国联的秉公判断,赶退强暴顽梗的小日本,日复一日,一直到现在。彼之攻打上海,以求即时吞并东三省,既不得逞,更施毒计手段,效亡朝鲜的旧辙,利用我国的利禄熏心的一般腐败人物建设伪国("满洲国")。强逼溥仪作执政,威迫几个人作部长,但大权均在日人手里,仅用各部长盖章而已。并于执政屋里设上无线电,用日人侍候,一举一动,均有人监视,一言一笑，均经日人知道而记录之。一切机关均用日人作顾问，用日人土肥原作沈阳市长，用亡命徒的鲍观澄作哈尔滨市长。将归并三省永衡、吉林、广信各银号，统辖于中央银行。收东三省官银号的特产于工商业部管理，名是如此，实则均成日本的财产，均为日人没收。其阴贼诡诈的行为彰彰明矣，有目皆见，有耳皆闻。而国联调查团诸公恐难明其真像[相]，因为到处均受日人执[指]使，均受日人包围、日人的防范。

诸公无微不至，日人竟化[花]三万余元收拾马迭尔旅馆，诸公所住的各屋均设无线电，以窃听诸公的谈话。此者，诸公知之否耶？日倭的侵略行迹，压迫手段，惨酷天性，一切无人道的事实……昭昭毕露，擢发难数。因限于时间，不能尽述之于诸公，祈详察之！

以上的事实凿之有据，不敢妄书一字，如经查过，即知余言之不诳也。若日人之唆使韩人（以前万宝山事件，今之辽阳地方）强修水道以种稻田，不及备述矣。想诸公不为中国处水火的民众计，又不为诸公尊誉计鸣[乎]？不为诸公尊誉计，更不为国联声威计鸣[乎]？国联声威的高下，在诸公此一查耳！诸公明达，早即洞悉及此，不待我民众的喷之也。

祝诸公精神百倍！

中国东北民众同启
五月十八

资料来源：日内瓦国联与联合国档案馆藏李顿调查团档案，卷宗号：S36。

237. 哈尔滨商界公民田在苗等来信

国联调查团诸委员、李顿爵士委员长公鉴：
敬启者：

诸君此来，衔世界和平使命，不辞奔波劳顿，凡经过调查之处，受良心驱使，当必无不精心公平考查，敝商民等深感谢之。微闻贵团到处，多受日本人设计包围，务乞诸君明察以诘其奸，则世界幸甚，中国幸甚。今择其要数端，报告于贵团诸君之前者：

（一）自去岁万宝山，日人唆使鲜人租中国人地不给租金，抢佃夺粮，酿成重大惨案。本埠曾有民众热烈数次之运动大会，可以证明。

（二）九月十八日奉天事变，日本人在南满军备甚严之铁道，伪造诬为中国人拆毁，竟不宣而战。中国政府因遵守国联盟约，未加抵抗，诉诸日内瓦国联大会。孰意日本人得寸进尺，目空世界，进占奉天、长春、吉林、黑龙江，与马占山将军对抗。彼时，哈尔滨民众复热烈捐款慰劳伤兵，此亦真正民意之表现，可以证明。

（三）二月二十六日，日本军又出无名之师，进占哈尔滨，把持交通，破坏教育，监督财政，收没官产，肆意横行，无所忌惮。包庇高丽，明卖鸦片，大开赌博，明设烟馆。有人过问，日军瞪眼，公理道德一概不管，纵匪殃民，无日不干。

（四）在长春，日本保护下成立之伪政府满洲国，东三省民众并未投票选举，不过买通三五贪官污吏，日人用其威吓利诱卑鄙手段，使满洲人明主其政，日人暗派顾问，严［俨］然作太上国，强奸民意，莫此为甚。

（五）哈尔滨教育。曩日大、中、小学校林立，自日军进街，各中学以上俱被停止，作军人用地。小学课本则日人监视删除，以施行其教育杀人主意。为蒙蔽贵团之耳目，到达以前，小学三月十五日方开始上课。

（六）哈尔滨商场，近年颇甚发达，市面所销货物除来自中国上海内地者，即运自欧美而来，日本货物因不受此地人民心理之欢迎，因之销路极狭。敬乞贵团可到大商店详细调查，自明鄙言不谬。

以上所云，不过仅将浅显易明之数端略陈一二，慨［盖］受日人密探之监视，不得【不】译成洋文以详尽之。尚希贵团详细翻译，借作证明，以作调查之铁案是为德便。此祝诸君幸福！

哈尔滨商界公民田在苗、山子敬、徐会友、公理同启
五月十九号

资料来源：日内瓦国联与联合国档案馆藏李顿调查团档案，卷宗号：S36。

238. 无名氏来信
（代表东省人民向诸先生略报事变后之东省及慰劳顾代表维钧先生）

国际联盟调查团诸先生尊鉴：

仆本贱微，亦国家一份子，安危存败，亦国民应晓天责。溯一八九［九一八］日人侵入东【省】以来，成立种种伪政府。此等关系中人谄媚倾向者不可谓无，而处于日奴军事势力范围，不得已而为其驱使，亦何堪数计。前马占山之

对敌,尚可表证不甘屈伏。义勇军之织行,亦可证明人心之未死。至若张景惠等,形势上则历历表示以深愿效马牛于日贼,据某方言,彼亦不可【谓】其丝毫人心未有。前此以往,日奴之严烈羁束,聊忍辱暂时静待机会耳。长春之久留不返哈埠,是日奴之待有的确证明其有不甘心之举动而杀之也。且昔李、丁诸义士,曾几次访问,探索其深心,处处都深剖其不为胡儿之儒隶,此际虽如此,软弱之所至,军方之弗能敌,以地方治安为重。念仆但有机会可乘,始愤吐其深痛,诚借此以何时也,不得同胞之原谅,而遭我中国四万万同胞唾骂。更横得东省同胞之痛责,亦为现在之屈伏,而不过未深谅解其初时之苦衷。不独仆为之抱屈,识之者无不为其抱屈也。以后事实请诸公旁眼冷观。但所祝者,诸公能以公理,本乎平等之又大公无私之心,裁制日奴,则世界幸甚,中国四万万民众幸甚。敬请公安,并祝为民劳碌之顾先生维钧努力出东省于陷阱。

无名氏呈

资料来源:日内瓦国联与联合国档案馆藏李顿调查团档案,卷宗号:S36。

239. 无名氏来信

贵团到哈,本市商民无有不欢迎的,无有不快乐的,我们很盼望贵团快快的来救我们这些贫苦的商民吧。我在日军的铁蹄蹂躏之下,实在是难过的。又加上那些卖国贼,假借日军的势力来压迫我们,我们实在难以忍受。然无论如何痛苦,也是敢怒而不敢言。想从前的时候,哈尔滨多么繁盛,大小买卖多么发达。自日军占了,顿时变成凋零的世界,大小买卖倒闭者不计其数,即未停止营业者,为有种种关系不得不勉强支持,但也无买卖可作。现在连房价、以[衣]食都赚不出来,比之事变以前的时代,岂不相差太远了吗?且是卖国贼的军队,仗恃日军的势力,其强暴横行更比胡匪还甚,往往在小街僻巷的地方任意欺负百姓们,时常在小铺里买东西就不给钱,在大街上尚且不敢做小买卖的人,任吃天大的亏,也无处告诉,且也不敢告诉。较之丁司令在哈尔滨的时代,那样纪律严明的仁义军队,真有天洞[壤]之别了。种种痛苦笔难尽述,望乞贵团急速给我们解决,令日军急速撤退,把"满洲国"取消,令丁司令回哈,我们商民真如受再造之恩,这是我们所要求贵团的,请贵团急速给我们解决了吧!

资料来源:日内瓦国联与联合国档案馆藏李顿调查团档案,卷宗号:S36。

240. 滨江市民来信

中国民族自决，日本何故来此主使成立"满洲国"？既然成立"满洲国"，他们还为甚［什］么大事［肆］侵夺烧杀？我们除不承认"满洲国"外，并请贵调查团主持公道，制止日本一切自由的行动。我们深信贵调查团是解放三千万民众的救命星啊！此呈专请爵士勋鉴及贵团安好！

滨江市民谨呈

资料来源：日内瓦国联与联合国档案馆藏李顿调查团档案，卷宗号：S36。

241. 哈尔滨青年团来信

叛逆伪政府不是我们民众所承认的政府，是暴日侵略东北、威胁民众屈为服从的政府。但是，我们三千万民众宁死也不能承认的。

国联调查团勋鉴！

哈尔滨青年团叩
一九三二・五・十七

资料来源：日内瓦国联与联合国档案馆藏李顿调查团档案，卷宗号：S36。

242. 东北民众来信

暴日威胁下之中国，叛逆伪政府是日本一手所包办，东北三千万民众是宁死也不承认的。日本军以武力强侵敝国领土，并切［且］到处杀人放火、奸淫掳掠及惨无人道行为，是全球友邦应取缔的。

国联调查团勋鉴！

东北民众叩
1932.5.16

资料来源：日内瓦国联与联合国档案馆藏李顿调查团档案，卷宗号：S36。

243. 东北民众来信

今阅报载：不顾牺牲一切，不辞数千里之跋涉，贵调查团已于昨日安然抵目的地矣。自九一八暴日强占敝国东省后，对占据领土之野心政策，各友邦早已明了。但对压迫我东北三千万民众屈服政策，各友邦尚未完全明了。今贵团莅哈，为实地调查明了之工作，俾我东北三千万民众得脱恃虽①权蔑公理及世界舆论不能容忍之武力政策者，皆贵[因]及友邦之援助也。今照录暴日侵占东北计划铁证，系本庄繁与其天皇所上表章，兵[并]尤希贵团传阅，以备调查之参考耳。此请钧安！

东北民众拜
中华民国廿一年五月十日

资料来源：日内瓦国联与联合国档案馆藏李顿调查团档案，卷宗号：S36。

244. 无名氏来信

李顿委员长爵士勋鉴：

此次贵团来东三省各地调查，对日本之种种暴行与日本设立之"满洲国"，当然已观察明白。不过以短促之时间，恐怕不能详细其底蕴。谨将其经过实在情形为我委员长爵士陈之，请执行国际联盟约，主持公道，救三千万已将亡国之民众，保东亚之和平，维持世之公理。所谓"满洲国"其名，实则即是第二朝鲜。上自执政、"国府"各部院，每部由日本军部派来一日人充秘书，系特任职，凡应行应办之事，全该一日人意旨，"满洲国人"听命签字。开会时，亦全由日人拿出预先议好之纸单行事，不准违背国府之命令。大权非日本军部及日本秘书之命令不能出，就是接见一宾客，亦得日本顾问许可，问明何事后，不[方]许传见。行政方面，自委任以上，须出日本顾问之命令。动用一文钱，亦得日本人之签字，"满洲国人"就是一木牌位，如哈尔滨各收入机关、各科、各股各用一日人监视其办事。凡财政，每日至晚停止办公时，将一日收款，日人即全数提走。用一文款，须请日人顾问拨付。如电业局、市政局、道外公安局、

---

① 编者按：原文多一"虽"字。

管理处、地亩局,全是这样。倘到该处一看,自然明白。所谓"满洲国",完全日本叫出,我民众无一人承认。至"国名"与"国旗",亦由关东军司令部作出,事后告知各卖国奴。前哈尔滨护路军司令部王处长,因反对此事,曾被日人看押。哈尔滨市上粘贴建"国"标语,亦由日本军部印成,用飞机运来者。再"满洲国歌"及昨开运动会歌,亦由日本军部作好,用飞机成箱运来而发者(谨附一纸)。即运动会序、项目及日方职员,亦全由军部印好。到哈尔滨,现加入中国人,以强压手【段】,每校照级数多寡要学生,每一级要运动员二人,参观人十名,每校团体操一个,不到即以反对"新国"论。请考查各校到会运动员及参观人数均一律,即可明白。又十五日,在场日"满"学生作团体操,日人鼓掌,俄人鼓掌,中国人不鼓掌,可以见其人心向背。哈市之标语,全鲍局一人所作。因鲍系一罪大恶极之囚犯,日人将他放出,方作此卖国之运动。在贵团未到之时,日人在长春召集各处首领,告以对答之话,不准稍差,就说你小心者[着]点。有敦化蚊河十三人榜样在,监视一步不离,一句话也不能说,也不敢说。就到哈尔滨事先欢迎,也是鲍市长挑选的人,日人告述说何话,驻[住]处安上电话,全通日人特务机关处,无线电亦全接到特务机关处。凡求见的人,亦更得市局日人许可,给以执据,方能接见。

无名氏呈

资料来源:日内瓦国联与联合国档案馆藏李顿调查团档案,卷宗号:S36。

245. 中国工人黄克敏等来信

国联调查团诸大委员:

举和平使者,东亚福星,主张公道,惩此鞠凶。查日本趁中国水灾,尽力侵略中国领土,以破坏世界和平,欲用吞并朝鲜方法而来吞并东三省。所以,巧立名目,建设"满洲国",利用卖国贼熙洽、赵欣伯、张景惠、鲍观澄等,反对国民政府,硬说东北民族自决,东北民众乐意,其实那[哪]有那们[么]一回事!全是日人摆弄一群汉奸,把东北漫漫[慢慢]的就给日本国了。我们东北,除几个汉奸以外,没有一人赞成"满洲国"的。请国联调查团主持公道,打倒日本,就是维持世界和平了。

敬祝诸位委员健康!

中国工人黄克敏、林允中、王礼
刘永久、王清、苏允成、王永成
刘长太、李云发、修云冬鞠躬
五月十七日

资料来源：日内瓦国联与联合国档案馆藏李顿调查团档案，卷宗号：S36。

246. 吉林省扶余县、阿城县、珠河县、宾县农人代表团体来信

李顿委员长鉴：

我们是农民，住在乡间，关于"新国家"、旧国家是怎么一回事情，我们也不晓得。只有在现在"新国家"的时候（"满洲国"），我们生活怎样，和在以往旧国家的时候（中华民国），我们生活怎样，是我们所知道的。

在以往旧国家的时候，我们到过年的时期就过年，到过节的时期就过节，到种地的时期就种地，到割地的时期就割地，到收藏的时期就收藏。所以，衣、食、住、行四件要素，自己可以供给自己，一切均能如意，生活甚觉舒适。

自从"新国家"成立以来，可就和以往大不相同了！今天来了"满洲国"的大兵向我们要草，明天来了日本国大兵向我们要粮，再明天又来了一起大兵向我们要房子住，若是有人运输迟慢，就说他是反动分子，不是枪刺火烤，就是枪毙。像我们农民能有多少粮草？几间房屋？那[哪]能够他们今天要明天要，今天他住明天我住呢。并且大兵今天走了明天胡匪又来了，闹得我们吃没吃、烧没烧、住没住的，粮草马匹均无，地也不能种了，我们生活无着，目下即有冻馁之忧，一腔痛苦，无处告诉。

听人说，贵团委员是世界和平天使，专管人间不平之事，解散残暴国家，扶助弱小民族。像"满洲国"这样的残暴，我们这样的弱小，你们一定能解散与扶助！所以，我们天天盼望贵团驾临这边，切实调查一下，解除我们的痛苦，救济我们的生活。今何幸贵团驾临哈埠，我们真乐的手舞脚跳。但是，要见你们述说，也不能如愿，因为那一些险恶的日"满"大兵手执利刃，监视我们，不准与你们亲近。我们无法，只有写信述明我等的现状，请贵团解除我们的痛苦与束缚，方不负我们的热烈盼望，方可呼之为世界和平天使。

谨呈国联调查团委员长李顿爵【士】鉴。

吉林省扶余县、阿城县
珠河县、宾县农人代表团体谨俱[具]

资料来源：日内瓦国联与联合国档案馆藏李顿调查团档案，卷宗号：S36。

247. 哈尔滨商人团体来信

1. 打倒非民意的"满洲国"！！！
2. 打倒和平障碍的日本国！！！
3. 打倒帝国侵略主义的日本国！！！
4. 打倒卖国求荣、升官发财的张景惠、鲍观澄、谢介石、袁金凯[铠]、赵伯欣[欣伯]、熙洽、于仙[险]舟！！！！！！！！！！！！

1. 我们不愿为高丽的第二者！！！
2. 我们愿做青天白日旗下的国民！！！
3. 我们不愿做"满洲国"旗下的国民！！！
4. 我们愿脱离受日本管辖的"满洲国"！！！
5. 我们愿灰[恢]复真正平等自由的中华民国！！！
6. 我们愿和平使者（国联调查团）认真工作，施行职权，急速打倒和平障碍的日本，推翻非民意的"满洲国"，救水火中中国三千万民众，保世界永远和平。

谨呈国联调查团。

哈尔滨商人团体谨俱[具]

资料来源：日内瓦国联与联合国档案馆藏李顿调查团档案，卷宗号：S36。

248. 东北民众工人团体来信

1. 打倒非民意的"满洲国"！！！
2. 打倒和平障碍的日本国！！！
3. 打倒帝国侵略主义的日本国！！！
4. 打倒卖国求荣、升官发财的张景惠、鲍观澄、谢介石、袁金凯[铠]、赵伯欣[欣伯]、西[熙]洽、于仙[险]舟！！！！！！！！！！！！

1. 我们不愿为高丽的第二者！！！
2. 我们愿做青天白日旗下的国民！！！
   不愿做"满洲国"旗下的国民！！！
3. 我们愿脱离受日本管辖的"满洲国"！！！
   灰[恢]复真正平等自由的中华民国！！！
4. 我们愿和平使者（国联调查团委员长、委员）认真工作，施行职权，急速打倒和平障碍的日本，推翻非民意的"满洲国"，救水火中中国三千万民众，保世界永远和平！！！！

东北民众工人团体谨呈国联调查团鉴

资料来源：日内瓦国联与联合国档案馆藏李顿调查团档案，卷宗号：S36。

249. 东线商人王有财来信

李顿委员长鉴：

日本此次进兵东三省，假借种种名义，正产、保侨、剿匪，不一而足。实则日侨在事变前后均未受何危险，自当无须保。而"匪"则实系爱国运动而反对"满洲国"，与日本又何干？况无日侨之处很多，而日本又进兵，这又是什么意思？可见日人的矛盾了。总之，均假借名进兵，以满其侵略野心而已！委员长明鉴，查早已料及此事，无需赘言。兹特将日军之残暴，就目观者略写一点，给委员长作一参考。鄙人系东线商人，故【有】关日兵军在东线之残暴均所目睹。日军每至一处，必大施[肆]焚烧，使村市房屋同归于尽。他烧时的方法，是进屋时收炕席卷成卷立地上，洒点石油焚着，待席尽而屋亦起火矣。至奸淫妇女，每轮流奸淫，待完时，被奸而不能起，须用人抬，如此比比皆是。至商家时，将豆油浇屋地上成小泽，然后将面粉袋打开，浇油上成面泥。见中国人骑马上者，一枪将人打死，然后取马，走近前，见马瘦无用，乃复将马也打死。你想马物何辜而亦受其残害，见日本人横暴已极了。

如调查员乘汽车在哈街行，而日军车故撞之，而反暴打警察。这是各委员亲睹者，日人强横如此，可见一斑了，故日人早已置公理人道及国际公法和国联于不顾了。委员长明鉴，想早已看出了。我们三千万民众只有希望委员长主持公道,以维和平而打倒日人才好!

东线一商人王有财具
五月十七日

资料来源:日内瓦国联与联合国档案馆藏李顿调查团档案,卷宗号:S36。

250. 无名氏来信

最公正调查团、眼光深远先生监[鉴]:

敬陈者:

惟世界罪恶者,狼虎者耳,为日本更甚与[于]虎狼耳。九一八事变,借口保侨,道[到]处焚烧,不故[顾]人民,韩国具[俱]吞,逐民亦来东三省,明为保护,暗为使支[之]恶心。谋占东三省,倘占东三省,逐三省人民。谋蒙,故苏俄、中国内地,均遂他意,可谋全世,无可敌也。倘诸先生不主公道,全世界生命送在诸公之手,诸公主之公正道德,先不准用他金票,示知全世界,可消他运动事[势]力,全世界幸甚!——诸公幸甚!

上国联调查国诸公人[仁]慈惠监[鉴]。

狼虎食足可亦不食,日本吞食多者为愿。

资料来源:日内瓦国联与联合国档案馆藏李顿调查团档案,卷宗号:S36。

251. 乌吉密商人吴庆财来信

李顿先生:

我是一个不学的商人,并无丝毫政治学识。批阅报章,知道贵调查团是拥护和平、主持人道正义的天使。所以,我立定志愿,在贵团到哈之后,将我自己亲身所受的痛苦报告一下:

我在乌吉密开设杂货店,在日本未进兵东北之前,市画[面]繁盛,生意很好。自日军侵进东省后,吉林军队逐渐退归山里,日军随后追击。飞机大炮,不论城市乡村,任意轰炸,妇孺被击伤者无数,烧杀奸淫,暴虐已极。居民房屋亦被烧毁,民之商店、房屋现已被焚无存。日人知贵团来满视查,处处掩饰,欺人耳目,贵团到处,皆为都市,在日人势力压迫下,谁敢表示!

贵团如果真欲详察,请到偏僻的城市,深到民间去看,日本之欺诈行为,自可完全暴露。绝非我们三千万民众的意思,要成立"新国家",实在是在日人武力下,无力反抗罢了!

此请公安!

商人吴庆财谨上
五月十七日

资料来源:日内瓦国联与联合国档案馆藏李顿调查团档案,卷宗号:S36。

252. 中华民国东三省人民来信

敬肃者:

查现在所谓"满洲国"者,皆日本人一手造成。自去岁九一八以来,日本人即从事运动,硬将清宣统帝溥仪,从天津用木箱劫来长春,教坐[做]"满洲国"执政,四面受日本包围监视,视听言动[行]均失自由。前日,朝鲜人之请愿,及昨日哈埠学校之运动,皆为日本所主动压迫,无丝毫民意。

请贵调查团千万不要受小日本子之欺骗愚弄,则东三省人民幸甚!中华民国幸甚!此事本应诉诸调查团,奈调查团左右前后,均有日本监视,虽欲往诉,实难作到。

知贵领事素持公正,必不至扶同徇隐,是以不揣冒昧,代三省人民吁恳贵领事将此意转达国联调查团,或将原函送达,尤为感戴。总之,无论如何,千万不要受小日本子之欺骗!须知,凡日本所言所行者,皆与事实相反。东三省人因受日本监视压迫,皆敢怒而不敢言,非东三省人民之心死也。专此切恳,敬请勋安!

伏乞垂察!

中华民国东三省人民匍匐叩上
五月十七日

资料来源:日内瓦国联与联合国档案馆藏李顿调查团档案,卷宗号:S36。

253. 旅哈闽籍商民来信

李顿委员长尊鉴:

日本兵来哈尔滨的时候,声明保侨,再声明保护其他各国侨民及中国良民……除此以外,无他责任了,就应当规规矩矩的表示文明国的庄严。乃竟大谬不然,占教育所及各中学校,把各中学校里的物品偷的偷、毁的毁,教员和学生存的衣服,竟为之拍卖,东亚强国的真相败露无余了。哈尔滨无日本殖民地,为什么设特务机关,置特务机关长,是霸占哈尔滨的首领了。限制学校不开学,限制警察的添招,电业场也要住[驻]兵。满洲开"国"运动会,日本学校也要参加,职员更操纵一切,东山里的救国军,管他们甚事,也要出兵去祸害、去烧杀、去淫戮,种种非法行为,真是指不胜指。他日本国的委员,在贵联盟会曾声明过,无侵占东北土地、主权的野心吧,照以上说来,真正没有人信了。日本用大刀阔斧,欺侮东北人,固然得俯首帖耳。但是,拿那此东西欺诬世人,不过短期间罢了,岂能长久吗?咳!日本人真目无公法,目无公理了。咳!

谨祝健康!

旅哈闽籍商民谨呈

资料来源:日内瓦国联与联合国档案馆藏李顿调查团档案,卷宗号:S36。

254. 哈埠市民之一来信

李顿委员长钧鉴:

关于日本以假民意建立伪国的铁证很多。现在我举出几件,以表示我们实在反对"新国家",并给委员长一个参考。

一、日本既云"新国家"是民意,并【且】日本也无吞并之心。但日本人因为什么在各机关都要握重要职权,他们也现【在】入"满洲国"籍!立时当官,这不是用以监视中国人,而视"新国家"为朝鲜第二吗?!因这一层看,附寄去两个歌,就知道了。这两个歌,既是"满洲国歌",因为什么要中日合璧,并此歌是日人所作,观其意思,简直宣扬日本武威,不但吞并满洲,简直还要吞并世界呢!委员长明鉴,看了自然明白了。

二、日本为假造民众,以掩饰各委员眼目起见,故强迫教育,广[又]转迫各学校开哈尔滨组合运动会,各委员在开会的第二天也曾往观,各学校因在日人势力之下,无枪阶级怎能反抗?只得勉强参与,会场中最鲜明的现象,就是悬日本旗,"新国家"——日人既称"独立国",不是他附属国,因为什么悬日本旗?这不是足以表示出日本的恶意吗?各要员临场时已看见这件事,绝不是说假话罢!并【且】团体操要作"满"日合操,也持日本旗,这又是什么意思?也不用说了,委员长明鉴,还看不出他的意思吗?各校在当时虽在被日本监视和督迫,也略作一点反对的表示，就是各委员所亲见的，重作"满"日合操时，日本人和白俄均拍手，而华人无一拍手者，各委员应当照①亦注意到此项罢！这不足以表示出真正民意吗？或者以为此是小事，但别的表示，在当时被日本监视之下敢有吗？不但这时俱在开会，第一天唱"国歌"时，宣告员宣告两三次，无一人唱者。后日人乃以大乐队作领导，同时报以加紧的威胁，乃有不满三十个小学生勉强唱了，这又不可表现出民意吗？这项，各委员虽未亲见，但也可以打听得出。

以上两件事，足以证明出日本蛮横侵略的真意，和真正民意是反对"新国家"。现在，如小偷般的偷寄了这封信，并附寄两份日人发下的歌，给委员长及各委员作个参考！希务主持正义，维持世界和平，而拯三千万同胞于水火，那真是委员长和各委员的责任和功劳了！！！

祝委员长康健！

哈埠市民之一

资料来源：日内瓦国联与联合国档案馆藏李顿调查团档案，卷宗号：S36。

255. 哈尔滨市民姜季海等来信

李顿爵士先生钧鉴：

到哈数日，日人在哈之实在情形谅能熟悉。各方面专用其欺骗手段，以掩饰贵团之耳目。故乘是时，强迫中国、白俄学校与日人学校联合运动会，名之曰"'满洲国'哈尔滨建'国'纪念联合大运动会"，一切的筹划均为日人主持。最惹人注意的，则开会时会场所悬挂的"国旗"，既为"满洲国"建"国"纪念运动会，应该单悬"满洲国旗"，而日人将日本国旗亦悬挂会场当中。当升旗之际，日侨及日学生均鼓掌欢呼而特呼，此时，中国教员及学生均行落泪。开会行礼时，有执政代表一人，最出奇者，非中国人，乃系日人，特区长官及市长、所长等，均向该日人行礼。中国人目睹此种状况，无不垂首捶胸者。复令中国学生与日本学生合作团体操，左手执"满旗"，右手执日旗，故意表示"满"日亲善。总之，日人开运动会时，各种举动，不过欲令中国学生脑海中有个日本的印象。复于贵团方面，表示"满"日亲善。此种沽名邀誉的举动，掩耳盗铃之技术，谅先生必能深切的明了。

---

① 编者按：原文多一"照"字。

希望贵团将日人此种鬼蜮行为报告国联,是为至盼!是为至祷!

祇[祗]请台祺!

哈市民姜季海、王永吉
李万清、沈长林、赵广发同启

资料来源:日内瓦国联与联合国档案馆藏李顿调查团档案,卷宗号:S36。

256. 中国农人张敢言来信

我是中国一个贫穷的种菜农人,在哈种菜多年,全家很可【以】太平度日。我中国的东三省,早先是很太平、很富足的宝地。自从日本盗贼行为的强占东北以来,地方被其蹂躏,经济破产、商工业停顿,人民被逼无路,焉能不流为乞丐、盗匪?连我这个穷种菜人,现在的生活即不能维持,痛思这都是日本所赐,中国人均要永不忘的。凡是日本铁蹄所到的地方,无不被其惨杀、抢掠、焚烧。更甚者,日本军人遂[随]意私入民户,奸淫妇女,无故逮捕人民,加以杀害,种种兽行,不胜枚举。日本人假借民意,成立伪国,以掩其丑行。这一个不知耻的"满洲国",实不是中国东三省老百姓的本意,确是日本人的鬼[诡]计。

以灭朝鲜的故技,又来吞灭我东北。凡是中国人,谁能忍受?因此,各处的义勇军群起抵抗日本惨无人道的军队。由此观之,日军一日不撤出我东三省,则我东北绝无安宁之日,我东北民众将全数丧于日人之手。我知道,贵调查团是和平使者,能主持公道,才向贵团呼救,速饬日本军队撤出东三省,保全中国领土及民众之生命财产,则我民众当永世不忘及铭感贵调查团诸君之大德。兹特谨祝贵团诸君万岁!和平成功!

此呈国联调查团李顿委员长钧鉴!

中国农人张敢言具
中华民国廿一年五月十八日

资料来源:日内瓦国联与联合国档案馆藏李顿调查团档案,卷宗号:S36。

257. 中国东北民众团体来信

东北三千万民众的救星李顿爵士:

我们誓死不承认"满洲国"!誓死不承认日本逼迫成立的"满洲国"!我们

不怕日本快枪、重炮,甘心作他的枪下鬼,不作亡国奴!满洲事变的责任在日本,破坏东亚和平的是日本,轻视公理的也是日本。那末[么],"满洲国"官员说的话,全是日本逼着说的,全不能信了。

中国东北民众团体同具

资料来源:日内瓦国联与联合国档案馆藏李顿调查团档案,卷宗号:S36。

258. 东三省三千万民众代表团来信

国际联盟调查团委员长李顿爵士公鉴:

世界各国素仰国际联盟会威信,互为通商,以求和平。而日本背叛国际公法,不遵联盟条约,思欲鲸吞欧美,威振[震]全球,独称雄于世界。所以,先侵占我们中国东三省领土为根据地,断绝各国通商,破坏世界和平,强迫东三省少数官僚建设"满洲国",藉辞[此]脱离中国,实施其阴毒手段,劫清帝溥仪,囚于长春,名为执政,实则作其傀儡而已,使清帝溥仪敢怒而不敢言,则东三省人民堕落于火坑之中矣!可知"满洲新国家"决非三千万人民所建设,完全是日本之国家,行日本之号令,则人民不过供其驱使,为亡国之奴隶而已!日本军队在东三省各处横行,奸淫抢夺,无恶不作,真是土匪式的军队。人民求生不得,求死不能。东三省之财政归日本掌握。东三省之土地归日本所有。东三省人民供日本驱使。东三省之政治归日本管理。东三省商业归日本操纵。东三省之矿产归日本开采。东三省的铁路归日本所有。至于东三省所有政治、土地、人民、财产,无一切不归日本所有,都归日本所有权,假借"新国家"名义,实为日本国矣。素仰调查团委员诸公正直无私,实事求是。今不辞劳苦而来东省,为我们中国调查日本侵占东省国土、枪杀人民之情形,则东省人民不胜感德。万望贵委员诸公将以上之详细情形报告国际联盟会,以求公断。则东省人民虽死亦感大恩于九泉矣!希望速为拯救我们东三省人民,早早脱离日本暴威压迫之下,共谋世界和平,则不但我们东省人民幸甚!亦世界各国人民都幸甚矣!至于日本人之横行,枪杀人民、奸淫妇女、夺劫财物,种种暴行及其暴政,一言难尽!惟亮察。

东三省三千万民众代表团泣叩
5月17日　1932.5.17

资料来源:日内瓦国联与联合国档案馆藏李顿调查团档案,卷宗号:S36。

259. 哈市商民来信

国联调查团钧鉴：

迳启者：

自贵团来哈，本阜商民无不踊跃庆祝，表面上虽不能到站欢迎，而精神上则同具此情。商民等以为贵团系世界和平的使者，对于满洲事变必能维持公道，切实调查，俾得最后公正的解决。但深恐贵团受日本与汉奸之蒙蔽，商民又受伊等势力之压迫，欲奔告面诉而不得，为此，不得不用函转陈如下：

慨[盖]自九一八事变以来，东省商民无不受日军之蹂躏残杀，种种之毒辣手段，不胜枚举。即就哈埠言之，商民受其害者尤甚。在事变以前，本埠极为繁盛，商业极为发达。自事变之后，一变而为凋敝之区，商家倒闭故不计其数，即勉强支持者，亦为生活问题不得不力行挣扎。此种情形当为贵团亲眼见到，其中之种种困难已达极点。为此，不得不向贵【团】吁恳泣血陈情，望贵团主张正义，彻底调查，俾得迅速解决，以苏[纾]民困，是为至盼至祷者也。临书不胜翘企之至！

即颂旅安，并祝健康！

哈市商民泣血上陈

资料来源：日内瓦国联与联合国档案馆藏李顿调查团档案，卷宗号：S36。

260. 哈尔滨商民李振中来信

李顿爵士及其他国联调查团诸位先生公鉴：

我们东北被日人灭掉已经逾八九个月，在这八九个月中间，我们东北三千万人民真是痛苦到极点。但是，在日本压迫之下，我们又无可如何。就是言语间稍有论及日人处，他便拿去把我们性命杀掉。我们平常保护家庭，所预备的少数枪械、子弹，偶然要教他们知道，也要说我们反日，把我们杀死。我们真是在世界上最痛苦的了！日本利用一些老朽昏庸的人，或经他们久已豢养、入日本籍的华人作傀儡，来建立"新国家"，纯粹出于武力的威胁，有什么丝毫的民意！他说民意者，是借民意两字作借口，以蒙蔽世界各友邦。其实，他是真把我们灭掉了。此次,贵团来东北调查,若在大面上去问他"建设'新国'是不是你们大家同意?"恐怕他一句也不敢说,因为日本侦查暗探很多,我们已经受他完全包围,万一泄陋[露],性命是很危险。这可见日人在东北怎样用心、怎样布置了。不但我这样,恐怕贵团前后左右也都有日本人跟随,使你们失去自由吧。

"新国家"名目上是独立,实际上发号施令,那[哪]一件不是日本人把持?不是日本人执行?"新国家"要是完全独立的话,因为什么执政府用日本人中岛比多作参议?外交部用日本人大桥作总务司长,财政部总务司长也是日本人,沈阳警察厅长也是日本人。无论那[哪]一个机关,都有日本人居重要位置,甚至连偏僻的一个小县,也都有日本人立的指导部来监察一切。这倒是什么用意?

日本向国际间各友邦宣称,"满洲国"人民已完全平复,完全统一,这真真欺人到几[极]点。假设,若出去长春、哈尔滨各大城市一步,毙[逼]近的地方,也总有我们成千成万的反抗日人的战争,这怎能算平复?怎能算统一?极偏僻的地方也有人民们组织的反抗日本的团体,这种大小团体已经组成正式军队的也不下三十万,这怎样能算作平复?算作统一?

日本他说他保护侨民,所以才作军事行动。但是,我们中国人素主和平,并没有危及他侨民生命财产的事项发生,他陡然作军事战争行为,真令人不可解到极点。就令他是保侨,因为什么极荒凉没有侨民的地方他也派大兵去占领,占领之后便立下指导部,他说他对中国没有领土野心,这不是欺人的话吗?

日本未来的时候,我们生活很自然,地方很平稳。日本进来之后,于是慌乱的不得了,地不能种,工商不能作,眼看三千万人都要饿死,这是该多么可怜!日本又使他们浪人在各地作不法营业,就以哈尔滨一处而论,日本进来开设的吗啡、鸦片烟馆,已经有一百二十家之多,这又是多么卑鄙!

日本他占领我们土地,夺我们政权,这是很显明的事。最大最令人难堪的是摧残文化,日本兵驻的地方都是学校,他们尽量摧毁校具,焚烧图书,别的地方不用说,就以哈尔滨而论,那[哪]一个学校没被他们弄个精光,就是微小的东西,像一把椅子、一个床,他们要拿走。哈尔滨第一中学、第三中学,那是哈尔滨几十年经营的精华,试问,是不是完全糟【蹋】完?并且,不令各学【校】开学,哈尔滨男女中学不下十处,今开的仅有规模极小的女子二个中学,这还是为给调查团看才开的。他说他一切不干涉,其实他没有一切不干涉的啊!日本专能用蒙蔽人的手段,满蒙建"国"庆祝会,强迫人们去庆祝,十个人得去三个庆祝,标语已经叫人们撕坏,太不好看了,那是贵团来时又重新粧[粘]糊的,这次运动会也全是强迫加入。

总之,日本威胁我们建立"新国家",这不是我们同意,我们敢说,没有一个人能同意的。就是"满洲国"执政、部长,他们也有极大痛苦,不过对调查团不敢说就是了。就是贵团调查在日本人所居在的城市,是没有方法调查的,最好还是到海伦、宁安、同宾、依兰或者延吉一带,到那地方,你们能听到日本残杀我们的枪声和我们民众反抗压迫的微弱的呼声呢!总之,日本是打破人类的和平,打破远东各国在中国的均势,他的野心在东北小小的一块地方,他在整个的并吞中国,整个的独占,排【斥】各友邦在太平洋上的势力,这是日本不容否认的计划。我们东北三千万人,已竟[经]无力抵抗他的暴虐,我只可哭诉于维持公理的国联,尤其是希望负有重大使命之国联调查团,诸位先生代我们请命,以维持公道,以造成人类之真正和平,实在感谢!

此颂旅安!

哈尔滨商民李振中叩拜
五月十六日

资料来源:日内瓦国联与联合国档案馆藏李顿调查团档案,卷宗号:S36。

261. 中华民国之民来信

顾维钧代表钧鉴:

自调查团来哈,经数日之工作,所调查一切,均为日本侧一面之词,不知我代表为何感想?可查近两日各报所载,鲍观澄对诸调查团所谈之话,均系背景。当日,张学良司令逮捕鲍观澄,并非为政治关系,鲍某纯是"共产分子",各处蠢动,张司令特将其缉捕、监禁。去年九月十八日事变,日本兵到东【省】,将其放出。鲍某竟以日本为护身佛,甘原[愿]为卖国求荣,并为日本之走狗,日本着鲍观澄强迫摧残我中华民族。今年三月十日,本埠办理庆祝伪政府成立之时,鲍某登台演说,大骂中华党局,口称日本是他的天神。最后,差大家呼"满洲万岁",而大家均不之动声,可见,我中华民族人心未死。现在,伪国政府以下各机关均由日本顾问主持。不然,即请到管理处查询,即蝇头之事,不经日本签字,即不能执行,诸事就请参阅报章登载。伪政府之重要职务,均任日本司长,我代表谅早阅过。近日,有韩民及白俄等请愿调查团,云及我民国如何待遇不周。现在,朝鲜已无国际,属于日本。白俄,当初苏联政府请中华民国将其驱逐出境,而我民国慈心发现,将其容留于此地,其甘愿为日本支配,既云国际之民,应守民国之法律。此中请愿,纯为日本之主使,有眼人尽知。以上所陈,请我代表转述李顿爵士及诸公。

谨祝健康,并请努力!

中华民国之民泣叩
五月十二日

资料来源:日内瓦国联与联合国档案馆藏李顿调查团档案,卷宗号:S36。

262. 无名氏来信

鲍观澄,年三十五岁,原籍江苏镇江,寄籍沈阳。北洋大学政治法律系毕业,历任财政部烟酒秘书佥事,特派赴美考察财政事宜,航空署参事、国务院参议、华盛顿会议中国代表办公处顾问、镇威军总司令部顾问、东三省保安总司令部顾问、奉军第一军部上校参议兼交通处电信处处长、交通部直辖上海电话局局长、讨贼联军第一路总司令部少将秘书长、讨贼联军副总司令部中将总参议、河南全省警备总司令部总参议、外交部河南特派交涉员、河南汝阳道道尹、第四集团军总指挥部秘书主任、安徽省……

资料来源:日内瓦国联与联合国档案馆藏李顿调查团档案,卷宗号:S36。

263. 哈埠汽车工会来信

调查团诸君台鉴:

"满洲国"就是日本国,就是日本国设立一个过渡的傀儡,好搪塞国联,好像朝鲜那样的吞并,明明显显的世界公认的。

诸公也都早就明白了,我举一样事情说说:

"满洲国"举办建"国"庆祝运动大会,外国人与会的,不过就是表示庆祝邻国建"国"而已,何以把日本国旗也与"满洲国旗"并列而升悬到会场中呢?这是怎么一回事?世界上再没有第二份离奇的事情了。是不是吞并人家的领土,破坏世界的和平?不问可知了。

借此敬请客安！

哈埠汽车工会谨启
21.5.17

资料来源：日内瓦国联与联合国档案馆藏李顿调查团档案，卷宗号：S36。

264. 哈埠中国民众一份子来信

国联调查团委员长李顿觉［爵］【士】鉴：

东洋蛮横的日人，在九月十八日，以武力无故攻打我辽宁，又炸毁兵工厂，因事前没有准备，事后没有计划，竟被蛮横的日人得了辽宁。各处的机关都被占领，并且纵放兵士任意杀戮、抢辱，各处没有不被日本蹂躏过的，民众受了莫大的痛苦，真是世界没有经过的。继又起兵攻打吉林，因吉林熙洽甘心当卖国贼，所以日人不费吹灰之力又得了吉林。枪［抢］民众，抢乡间，比辽宁更甚。但他野心勃勃，贪得无厌，又派兵攻打黑龙江省，幸黑龙江之主席马占山，抱着救国救民的宗旨，调一省之兵誓死抗敌，后因交战一月余，因兵少器械不精，不得已退兵海伦。日人进了省城，兵士的目的就是奸杀焚掠，无所不为，比辽、吉更惨无人道，惨不忍闻。一月间又派兵攻打哈尔滨，哈埠幸有丁超、李社［杜］两位将军，也抱着救国救民的热诚抵抗日人，技［支］持半月之久，也因枪械不精，退兵别地，东三省才完全在日人铁蹄之下。强横之日本虽要朝鲜那样之东三省，因恐忙［怕］国联的干涉，所以日人便鼓动这些官僚们，官僚因图升官发财，所以建设"大同国家"，并不是民众之意啊！我们民众更受甚苛待不堪，又所谓各县的指导部，完全是日人，简直说是日人的势力了，民众受这样压迫，真令人悲痛！民众忽见报纸上载国联调查团到东北来，民众是极【热】烈的欢迎，知国联诸公是世界和平使者，又是东北三千万民众的救命星。国联诸公既主持公道，就要把东北三千万民众从水火中救出来，脱离日本的压迫，那真是主持公道了。诸公若不能救，东北的民众就要当亡国奴。所以，还求诸公叫日本立刻撤兵，救出民众，真感激不尽了！

哈埠中国民众一份子上

资料来源：日内瓦国联与联合国档案馆藏李顿调查团档案，卷宗号：S36。

265. 中华民国国民方一柱来信

国联调查团钧鉴：

吾人以至诚之意直陈于贵团之前，吾人深信贵团为世界之和平使者，亦为世界公理之保护者，想此之中日不详之事，贵团早已于国内北平等处得知其详矣。然吾人犹有所陈者，吾深信吾为中华民国之国民，而现在之满洲政府为日本人之所设，凡此东三省之中华国民无不痛心疾首，热血几崩。其所能待静如此者，惟欲贵团能按实调查，揭露日人无理强暴之恶行，公布于世界耳。不然，今后吾三千万民众能共起，驱逐强敌，虽然负破坏世界和平之罪名，亦所不顾。吾亲爱负和平使命之调查团乎，吾三千万中国国民正在强暴日本人之手下任杀割。祈贵团不为狡猾之日本人所蒙蔽。

并祝贵团健康！

中华民国国民方一柱敬陈

资料来源：日内瓦国联与联合国档案馆藏李顿调查团档案，卷宗号：S36。

266. 张冠军来信

国联调查团诸公：

今贵团至东北灾区，实为东北民众所欲何谓，因东北民受暴日铁蹄下之历〔压〕迫，有理无地可诉，只可说"世界上有强权无公理"，始可实现。由于日本现在闻贵团由大连乘南满火车赴沈阳，我想无事情可调查，因日本之铁路线，诸事早已稳当，暗中有日人管理。近几日的秩序，若是调查真情，可由南满路转至北宁路，因东北受压迫最甚之区也。然而，贵团已由大连赴沈阳，不能再转北宁路，其东北民众的心理及日本暴残人民并日本之野心不能详知。

小民今日有告贵团日本在东北的情事及东北民众之心理啊。

1. 日本于1931年9月18日下午占领东北，残杀民众不可胜数，强男霸女无所不为，尤其对于知识阶级。这样看，日本之行动不但对中国，恐怕将对世界亦有这种野心。我们大家想象世界有没有这种野蛮民族存在的可能，他们假冒为善，以势力、以文词、以手段去淹〔掩〕国联。而国联信以为真，于是，不施行国际公法去限制日本之暴日行动，我希望贵团深加以思之吧！

2. 现在东北民众的心理，没有一个欲为"满洲国"人，因日本强迫不得已而随之。若反对则斩，如上月欢迎"新国家"成立，有各省的代表及士农工商之代表，开欢迎会，游行势[示]威，但是这些代表多日本的商人及移民，而朝鲜人更系穿中国人的服，拿着旗子作代表。东北民众之心意，绝对反对日本建设"满洲国"成立！望贵团接收东北民【众】不欲建"新国家"的实心。日本现在极力宣传东北民【众】欲建"新国家"，其言不可信。

3. 现在，所谓之"满洲国"，有其名而无其实。各机关皆有日人为顾问，以日本人为准标[标准]，岂不是为日本之属国乎？因此"新国家"无成立的必要了。

以上说的全是良心语，望贵团诸公深思之。并祝贵团体安，主持公道！

小民张冠军拜

请发至国联调查团。

资料来源：日内瓦国联与联合国档案馆藏李顿调查团档案，卷宗号：S36。

267. 哈尔滨弱小市民来信

李顿觉[爵]【士】委员长勋鉴：

慨[盖]自九一八事变，日本非法行动，不一而足。兹仅举其最著者数端，开列于后，祈注意及之。

"满洲国"之建设，纯为日本一手所造成，阳假人民自决之美名，除[阴]行其吞并满蒙之野心，司马昭之心，举世尽知。此种非法组织，是吾中国人民致[至]死而不能承认者也。哈尔滨各机关一切行政事宜，均由日本支配之。处此积威之下，无论任何领袖，均系过其器械生活。故对于外方所表示之意见，纯非己意，不过迎合日人之心理耳。日本刻正进逞兵松埔，肆意横行，奸淫掳掠，无所不用其极。似此惨无人道、毫不顾信意[义]之举动，如国际间不早主持正意[义]，稍遏其锋，吾国民惟有拼命疆场，与之周旋，遂引起世界大战，亦所不恤也。

哈尔滨弱小市民谨启
五月二十日

资料来源：日内瓦国联与联合国档案馆藏李顿调查团档案，卷宗号：S36。

268. 中华民国辽宁省沈阳王圣民来信

国际【联】盟调查团台电[鉴]：

六个月的亡国奴生活，我们是做够了！我们的生活完全是日本人给予的恐怖，受压迫的生活。我们绝对不承认"满洲国"！并且承认日本人确实以武力、兵力占据了东三省，假造民意，一面欺人之辞。设贵团不以和平公理为目标，而受日本人之欺弄，虽然制成定案，吾三千万民众必流血反抗到底！

特此敬陈贵团之前。

中华民国辽宁省沈阳王圣民上

资料来源：日内瓦国联与联合国档案馆藏李顿调查团档案，卷宗号：S36。

269. 中国沈阳人刘阳明来信

国际联盟调查团：

东三省的中国人，正在受大难的时候，幸吾贵团不惮车舟之劳，来此东三省，东三省三千万民众谨以诚心真意，欢迎于贵团之前。

吾东三省人自然饱尝日本武力之一切压迫，吾三千万民众亦敢确证日本实实在在占据东三省，破坏中国之一切权利主权，更保证满洲之政府为日本之政府。凡贵团在东三省所目睹者，均为日本武力所造之假民意，各种团体之宣言辞，均为日本人武力所迫为。吾三千万中国人，誓死反对日本及日本所假造之"满洲国"到底。

按理吾中国人应当至贵团供献一切，唯独日本人之武力与枪弹在监视我们，不容接待贵团。区区此情，望贵团见谅。

敬祝贵团为真理之护卫者，奋斗到底！

中国沈阳人刘阳明上陈

资料来源：日内瓦国联与联合国档案馆藏李顿调查团档案，卷宗号：S36。

270. 被难团来信

国际联盟调查团钧鉴：

自一九三一【年】九【月】一八号，日本占据我东三省以来，我国民众莫不气愤填脑，痛恨日本的惨无人道。但因在其势力之下，不敢露有不满意之态度，并且还要受其种种压迫，使我等亲善日本，如稍有不愉快者，则处之于死，或枪毙、或刀杀，总言日本种种阴毒，实甚于利刀枪炮。然受此之惨逼，其他实不堪设想，只好忍气吞声，含愤忍辱而已。

杀人不眨眼的日本，竟于一九三二【年】三【月】一〇号，用势的压迫，使这欲死不能的溥仪、熙洽等，公然成立了不可靠的一个"满洲国"。据日本方面的宣言和建设一切牌楼标语等，像上标的言辞，完全是一片狂言，实非民意，乃出于日本之毒心耳。

今幸贵团至此，特书数语，祈为公判，以释民生！

被难团同启
五月十二日

资料来源：日内瓦国联与联合国档案馆藏李顿调查团档案，卷宗号：S36。

271. 东三省三千万民众之一来信

秉正的诸先生啊！世界上各国并列在地球的上面，于是，在国与国之间发生一种邦交，无论他[哪]一国都设有外交官，足见外交重要了。并且，办外交之时，也都愿意占胜利。请看现在的中国和日本，中国的外交好像失败，可是实在呢？并没有失败。因为中国亦为世界主持和平国之一，国联内之一极力主张和平的，故小日本占领满洲之时没有抵抗，以为有国联，亦是能阻止暴日了。虽然如此，中国并没有失败，而国联竟等于废物，终日开会玩。自事变至今已将至八月矣，尚没有停止，而反把日本贯[惯]成了什么不怕，天生犊儿不怕老虎，岂国联无力吗？非也！不肯出力耳。所幸者，蒙国联使诸先生前来调查一切，想诸先生定能以大公无私之行为来裁判事理之分明，将东北之事情要详细调查一切，而作个说和者，使暴日退出满洲，而将中国之良情佳意诉之国联，和平解决。"满洲国"之成立，纯系日之工具，以亡东北之先锋也。东北三千万民众,那[哪]有一点邪念,托[脱]离祖国的观念呢?不过所有的官僚政客,实在不得已耳,实在纯心无有托[脱]背祖国之思想,特日鬼之压迫,不得不使之然耳。

总而言之,东北之情形,诸先生亦皆洞悉,只求将良心判裁、说个公共[平]正当的话罢了!

最后的一句话就是"良心裁判"!

东三省三千万民众之一

资料来源:日内瓦国联与联合国档案馆藏李顿调查团档案,卷宗号:S36。

272. 辽宁省锦州人石玉民来信

国联调查团钧鉴:

自暴日侵占东三省以来,中国人无一不痛心疾首、欲与暴日作生死斗。然久闻贵团不日东北来,故吾数千万民众均压住热血,而期待贵团之公平调查而判决也。

不意于此时期,暴日竟假造民意,用世人不承认之"满洲政府"为拒绝顾博士之来,到底贵团由海陆来,由此尤见日本人之险毒狡猾也。

所可奉陈者,吾人为中华民国之国民,绝不承认日本之满洲政府,更不甘心使东三省残缺或失掉主权一点。中国民族绝不承认日本污蔑中国民族之种种无理事件。望贵团取[切]记:中国绝不丧失一点东三省之主权!更不承认"满洲国"!

特此问候遥安!

中国辽宁省锦州人石玉民叩

资料来源:日内瓦国联与联合国档案馆藏李顿调查团档案,卷宗号:S36。

273. 无名氏来信

自民国二十年九一八事变迄今八月有奇,我三省民众陷于绝境,终日受惨[残]害者到处皆是,攻城陷镇浩劫尤惨,此文明帝国、文明纪律乎?暴日高唱中日亲善、保持东亚和平、维护国际公法、东亚永远和平等等空调,高音咏词贯达五洲世界,各大友邦之耳壳内,谅必早被其充塞溢满。岂知日方明修好感,暗伏吞并满蒙,仁义其面,豺狼其心,近已勃勃爆发。实现吞满蒙,施行日本田中义一内阁新大陆政策,施行殖民计划,建立帝国,大和民族百年之大计在此一举,势必征服满蒙,数年后继而侵占西欧,亦在蹂躏之期,成世界大同,今日之"满洲大同"即是将来世界大同预兆耶？日本居心凶猛,岂非亚洲一地,伊之鬼[诡]诈多端,口是心非,视公法如无人[物],目空一切,期为各友邦所洞察。

资料来源：日内瓦国联与联合国档案馆藏李顿调查团档案,卷宗号：S36。

274. 无名氏来信

贵团谅能三思,勿须细评。

恳祈贵团详细报告总会,勿受其欺是盼！惟三省富源：延吉煤区、敦化森林区域、镜波[泊]湖水利【等】天然利益,奉天、南满等处触目皆是。大石桥、鞍山等处产五金,又咸富足,若果彼到手开办后,军备原料不用由外洋输入,足够日本帝国使用。黑龙江省牡丹江流域金矿到处皆可创办。三省铁路、粮石、实业等等,每年收入可达数十亿万之世外桃源,日本垂涎已久,如此远东大战随时皆可爆发行动,二次大战一道火线,日本破坏国际公约,蔑视国联无……

资料来源：日内瓦国联与联合国档案馆藏李顿调查团档案,卷宗号：S36。

275. 辽宁省锦西县二十万民众代表杜希清来信

国际调查团公鉴：

贵团不辞风尘之苦,远道光临东省,我东省民众不胜欢迎之至也,亦即我受压迫民众之幸事也。朔[溯]自客岁九一八事变以来,暴日以武力占我国土,侵我主权,抢、掳、烧、杀之等等小事,更不待言矣。敝人锦西县本土人氏,故以锦西一县之景况言之,即可知暴日之阴毒矣。请略为诸君陈之,伏祈监察。

自客岁日军占领锦县之后,既更奉【命】西进,(锦西县在锦县西百华里)复进占锦西。是时,敝乡民众不愿受强日之侵占,稍有反抗,日军即屠杀我良民,烧毁我民房大半,飞机炸弹,日日不息。我锦西人民何辜？遭此屠害！阔而言之,我东省民众何辜？以致遭此残害！离家失业,不得安居。乃今春以来,又假造民意,到处宣传,成立"满洲独立国",假溥仪等之名字,而实权完全操之于日本人之手,以此欺骗国联,欺骗世界。试问：我锦西民众,我东北同胞,谁愿作伪国之国民,而甘心为亡国奴也?

贵团为和平之使者,重视真理正义。故敝人此次代表我锦西之民众拜请于贵调查团之前,无论如何,我等宁可一死,绝不承认伪国家之政府,我等绝非"满洲国"民。"满洲"之成立,亦可谓完全为日人武力之造成,我等身小力微,手无实力,在日本范围之下,敢怒而不敢言,故亦无可如何。今所幸者,贵团亲临沈垣,为真理之寻求,敝人虽不敏,不得不将我等之苦衷陈之于贵团之前。更乞注意者:近日沈阳之光景,完全日人之掩饰,以欺骗贵团,幸注意焉。肃此,谨陈伏礼。

监察为世界之和平、为正义、为公理,为我民众除此不顾真理、正义之破坏和平者,则锦西之民幸甚矣,我东省之民众亦感之不尽。

贵团之名誉亦将永垂不朽矣。

敬叩均[钧]安!

敝人杜希清敬启
代表辽宁省锦西县二十万民众同启

因日本时时检查行人信件,故特交英使馆代为转交。

资料来源:日内瓦国联与联合国档案馆藏李顿调查团档案,卷宗号:S36。

276. 中国东三省吉林滨江县人民李德来信

国联调查团委员长李顿爵士:

钧前泣肃者:

自去年九月间,日本国以武力侵占我们的东三省,至今已有九个月之光阴了。在此数月内民不聊生,死亡万千,日本人的猖獗难言,杀我民族以为儿戏,抢我国之钱帛以为自有,种种恶端难以尽载。后又伪造民意,办[成]立"满洲国",各机关皆是日人顾问,实即监视,以[与]灭高丽之法不异。次之,日本派兵下乡,收取民间枪类,托言清乡剿匪,实视察民心。如果有交头谈话、行路急忙者,皆认为匪人之类,即时逮捕而枪杀之,死亡人数难以尽载。然自欧洲战后,全球各国共立非战公约,以为人类乃万物之灵,故想勿得互相杀害,共抱大地乐观也。倘有破坏条约者,则共以力排之。今者日本国恃强,暗以武力侵灭我东三省,目中即未见有国联也,破坏条约者出现矣。自被侵灭后,我东三省人众以信仰国联公立条约之实行也,如翘云之望雨,人等度日如年。现今各国委员爵士来我们东北调查,实快活我东北人众之心。想日本人之伪造民意之诸事,是全明明白白的实见了。盼望爵士早日判明,否认伪新满洲国之成立,速实行非战公约之各条件,以救我们中国东北三千万人民之生命。事成之后感德且一人永镌心版也。

中国东三省吉林
滨江县人民李德泣陈鞠躬
中华民国廿一年五月廿二日

资料来源:日内瓦国联与联合国档案馆藏李顿调查团档案,卷宗号:S36。

277. 戚锦堂来信

国联调查团委员长诸君钧鉴:

敬禀者:

闻诸君驾临哈埠,不胜欢迎!民等所遭之苦衷,特诉与[于]诸君之前。我东北民众享太平幸福久矣,敝地山林、矿务[物]出产丰富,甲于中国。而日本早起觊觎之野心,自民国成立以来,正欧战发生,值此时光,首要"二十一条",继炸张大元帅,又主使鲜人在万宝山霸种稻田,此等伎俩未生效力,终又捏造退伍军人中村在华遇害,实此人早私回本国,此等事敝国尊重非战公约,忍而受之。不意日本野心未退,暗派人损坏南满铁路,赖华人所为,因此而去岁九一八事于不觉中忽然发生。自发生之际,不至十二小时,占领奉天、营口、吉林、长春等处。尤犹不足,又占黑龙江、哈尔滨等处,【此即】指名保护侨民而实即[际]强占东北为国有之野心初步也。查该日军未入华以先,商民等安居乐业。自日军到后,贼匪四起,市内抢案日有数起之多,民不料[聊]生,每日提心吊胆,处此水深火热之中不堪言状。自日军进城,强占各机关、各学校、各银行及税捐局,款项均皆收去,无异强盗行为。又异想天开,假建"满洲国",迫商民请愿,以亡朝鲜之伎俩亡我东北,此等手段尽人皆知。又急[极]力迁民,不移[遗]余力,极急[积极]进行。各机关皆是日人主持,满洲人作为招牌,言之痛心。飞机飞游天空,烘[轰]炸宾县、阿城、一面坡、乌吉密等处,商民房产、货物焚烧一空,望之一片赤土,此等浩劫闻所未闻。又在哈强号民船,载日军及军火、大炮等开赴三姓、通河、加[枷]板站一带;又有飞机侦察,与我义勇救国等军为难,而此处之商民死伤无数,房产焚烧、人无住处,农人不能种地及奸淫妇女等等惨无人道之事不胜枚举,言之痛心,民等处此铁蹄之下敢怒而不敢言。不但商民如此,即机关领袖等人物处处有日人监视,更不敢错言一句,倘一说错即有性命之险,市内无故枪毙者不悉确数。以上所禀人人皆知,毫无半句虚语。伏恳诸君细细调查,主持公道,救民于水火之中,则东北三千万民众感大德无涯矣。

敬请均[钧]安!

小民戚锦堂三鞠躬
中华民国二十一年五月十七号

资料来源:日内瓦国联与联合国档案馆藏李顿调查团档案,卷宗号:S36。

278. 哈埠小贩祖光明来信

敬启者:

日人自强占三省之地,即积极以灭朝鲜之手段,利用汉奸张景惠、于冲汉、西[熙]洽等,并威迫清裔溥仪为执政,成立"满洲国",但一切重权均操日人之手,日方对于世界反云我三省人民自决独立,对我三省人民则取万毒之手(即如枪决敦化县商务会长、扶赊税捐局长等十三人于长春),我三千万人民即处燃薪之釜,幸而不死,即得仰望世界各国主持人道,不忍视我三千万人民均为日人牛马。方今贵团前来哈埠调查,我尚一息尚存,略具片段数语,敬呈国际调查团诸公鉴查。

哈埠小贩为生祖光明禀
五月十六日

资料来源:日内瓦国联与联合国档案馆藏李顿调查团档案,卷宗号:S36。

279. 中国人张福来信

国联调查团诸位先生公鉴:

自九一八事变之后,我们东北的三千万民众,在日本铁蹄压迫下,受尽了蹂躏和摧残!他们利用卖国贼假造民意,在他们的军权势力下,成立了非驴非马的"满洲国",弄的我们人民日处水火之中,农不得耕于野,商不得市于肆,工人失业,百姓一夜数惊。他们借口剿匪,请问匪是从那[哪]里来的?在日本没有进兵到满洲各地时,中国的胡匪也是这样的甚吗?! 何故他们出兵之后,到处皆匪,人民倒不得安居了呢? 他们设立假政府,在各机关里安排了许多日本重要职员,一切政令都出自日方,所谓执政(溥仪)、长官(熙恰[洽])……者,徒有虚名,并无实权,木偶而已!

贵团在东北考查了这许多天,走过了许多城市,日人骨子里的秘密,谅早已考查详细。我等小民在他们的武力征服下,言论、文字早已不得自由。今幸贵团来哈视察,特书此报告实况,至于是否能到贵团面前,尚难逆料,不过稍书吾心而已!谨此,敬祝旅安!

中国人张福拜启

五月十七日

资料来源:日内瓦国联与联合国档案馆藏李顿调查团档案,卷宗号:S36。

280. 阿城县、一面坡、方正县商民等来信

谨呈国联调查团委员长:

兹闻贵团为中日争夺特来东北调查,敬悉之下曷胜雀跃!因民等住东北,经商有年,从来尚称安谧。不料,自去岁九一八事变以来,民等处于水深火热,农不能耕于野,商不能安于市,种种之事实全乃日本之所赐也。自日军强迫成立"满洲国",迄今三月余矣,此实吞灭朝鲜第二手段,请看"满洲国"文武机关,俱有日本人监视,一切之事皆得取决于该监视人,"满洲国"不过徒负虚名而已。而日政府尚不能满其欲望,又遣兵调将,总数约有十万之众,虽云保侨,实借保侨而觊觎东北地盘。又日兵军纪耗[毫]无,到处欺压商民,强占民房,抢掠粮石,强派商船,力捉贫民官车,强奸妇女,种种惨无人道之事,不胜枚举。民等处此环境之下,实是敢怒而不【敢】言。现在,松花江及哈至绥交通完全杜绝,因日军正在该处与义勇救国军争斗之际。日军既为保侨而来,因何到处破坏学校,抢夺货物,焚烧产业,枪杀无辜商民?窥其用意,实是吞我东北,置我华人于死地,然后始快其心耳。以上之事确是实情。

谨呈贵团详细调查,谅贵团主持公道,必能救民等于水火,还我东北与中华,以副贵团主持公道之实,则民等感德无涯矣!此。

阿城县、一面坡

方正县商民等同呈

五月十六号

资料来源：日内瓦国联与联合国档案馆藏李顿调查团档案，卷宗号：S36。

281. 王化南来信

国联调查团诸位先生尊鉴：

自日人如虎如狼侵占了东北三省之地之后，即分成两方面积极进行：一方面，即用险恶毒辣手段，威胁我三千万人民不敢反抗，设立暗查总总［种种］机关，邮局设检验信件人，民间自卫武器，完全没用，对于知识阶级即行陷害。中等以上学校完全停顿，小学虽开，严加限制。二方面，即处处【掩】饰世界人之耳目，即到处贴些民众愿意成立"满洲国"标语，修纪念路、纪念碑。即如此次建"国"运动会，强迫举行，借此表示民意，为演［掩］贵团之目。万祈贵团据实转告国联，我三千万人民决不承认"满洲国"、脱离中央，仍服从中央。

清河县难民

逃至本埠王化南禀

五月十四日

资料来源：日内瓦国联与联合国档案馆藏李顿调查团档案，卷宗号：S36。

282. 无名氏来信

自九一八事变以后，日本无故进兵，夺了我们东三省，任意惨杀我们同胞，努力破坏我们伟大之建设，劫夺我们财帛，盗取我军械，明目张胆，不顾一切，蔑视国际公【约】，违背非战公约，置华府九国条约而不故［顾］。由此可见，不但【是】我们中国之公敌，可以说是全世界之公敌也。国际公法、非战公约，不能因为日本而作破坏这种法律。是凡我们中国小民，都是希望诸个大国必定干涉之，日本必为公理所战败。而到了现在，日本就抱着不管一切的态度，换一句话，就是有强权无公理而蛮横行动。我们中国，我们全中国，现在希望就是国联，将来决定给我们一个善后的解决！

再说日本在我们东三省成立"满洲国"，年号"大同"，把我东三省一切政治、法律、教育，都叫小日本给我夺去了！对我们东三省妇女，出了一种惨无人道的形像［象］，不是强奸就是惨杀。把我们住的房子，都给我们变成灰了！他成立这种"满洲国",我们民族受了这种压迫,都是敢怒而不敢言,我们民族都是万分的不愿意。而今,诸大调查员来到哈尔滨,日本在这种情形【下】,对我们民族,还设【更】加严格的对待我们的民族!将来诸大调查员走时,不知到【道】对我们怎样的压迫,也就不知道了!不过小民对国际的报告,很报告不清楚,最后我们全中国对日本成【立】"满洲国",决[绝]对不能屈服,可以说决不能软化,因为我们在这时候只能等着诸大调查员在国联会议时,给我们一个公理评判,就算我们小民的希望了!……

对我们东三省教育,简直给我们摧残的了不得!对我们东三省小学,不是开啦吗,实因为调查员诸位来到我们东三省的缘故,它很忙迫的把小学开了!以作将来见着诸位大调查员有话说,我们小民不说都是很坦白的,明潦[了]这就是小日本的用意。再说普通中学,现在是决定不能开了!在那成群结党的呻吟,徘徊歧路,无处为宿,没有学校入,那该多们[么]难呵!诸大调查员都是很明白的,照这样说来,不但我们东三省或者我们全中国文化不能进步,而将来影响全世界的文化不进【步】,这种罪过,是为于日本那种手段。由此看来,我们东三省这些失业的青年,不但没有职业去赚一餐饭吃,而对经济特别的恐荒[慌],并且对经济这一种可以能影响全世界,日本所作所为这些事业太惨到极点了!这是我们小民所报告国联这些消息!也是报告调查团这些消息!话说到此处,请诸位大调查员给我们一个好办法吧!……祝一路平安!

小民无名氏写的

资料来源:日内瓦国联与联合国档案馆藏李顿调查团档案,卷宗号:S36。

283. 民众刘德正来信

国联调查团台鉴:

你们为东亚的和平、为世界的和平,不辞劳瘁,来到东北调查,祝你们平安!我们政府是迷信联盟的神圣,始终未同那暴日开衅,因为这个缘故,我们民众受的痛苦可是太利害了!如果贵团真能本和平使命来调查,将来用效力的方法能使暴日撤兵,东亚幸甚!世界幸甚!否则,我们东省三千万民【众】不惜一切,不能说东亚和平讲不到,就是世界和平恐怕也难安宁吧!谨祝贵团幸福及公正!

民众刘德正拜启

资料来源:日内瓦国联与联合国档案馆藏李顿调查团档案,卷宗号:S36。

284. 哈埠民众姜鹏程、毕忠义来信

调查团先生钧鉴：

日人在哈种种暴行，谅已在洞鉴之中。各机关均置日人顾问数人，始则监视，继则揽权，中国官吏只供其驱策而已。复于遍处增兵布防，动辄开炮轰击，城内无辜人民死于日人枪炮之下者不知凡几。兹据珠河一县调查，被日人用炮击毙者已逾五百余人。彼尚云所打者匪人也、马贼也，所谓胡匪马贼，正是中国之自卫军。各处为自卫起见，不得不有以相当之防范。彼则捏称胡匪马贼，驱众兵、携利器，到处寻衅构兵，以致东北各路线交通均行断绝。复以数十架飞机盘旋空中，任意投掷炸弹，毁坏房屋，毙人民尤不可胜数。此外，尚在本埠暗设密探数十人，专司侦查民意及一切言语行动有无反日行为，如不幸被彼视为反日者，立即扭交该管司令部，处以死刑。用此种种严厉之压迫、阴险之手段，谋杀我人民。凡此种种，【百姓】均敢怒而不敢言。幸蒙钧团有来哈之调查，定必本诸正义，维持人道而有以相当之处断，则不胜盼祷之至。专肃，敬请均［钧］安！

哈埠民人姜鹏程、毕忠义同启

资料来源：日内瓦国联与联合国档案馆藏李顿调查团档案，卷宗号：S36。

285. 哈埠民众李兆芳等来信

李顿爵士先生勋鉴：

我东省民众不幸受日本之屠杀，破坏我教育，而卖【国】贼鲍观澄、赵钦［欣］伯等，为求当官发财，甘为日本利用，戕贼民意，组织"满洲国"。硬说组织"满洲国"是真正民意，如果是真正民意，又何曾由民组织义勇军来抵抗呢？足征卖国贼之语不足信也。我民众等为打倒日本帝国主义，打倒鲍观澄等卖国贼，势必长期与之抵抗，不收回领土、不夺回政权不能甘休。望国联调查团顾及国联之尊严，实行国联盟约，以保世界和平，中国民族则感大德矣。

哈埠民众李兆芳、赵国斌

孙禹言、高鹤楼、戴季贤等同启

中华民国二十一年五月十六日

资料来源：日内瓦国联与联合国档案馆藏李顿调查团档案，卷宗号：S36。

286. 哈尔滨市民何子玉等来信

李顿爵士先生钧鉴：

贵团由欧出发时，吾等即计日盼望，今日始得驾临哈埠。日人在东北的种种布置及东北民众等被其压迫的状况，谅先生已能明了。观哈埠街面往来之汽车，非日人运弹药即日人拉给养。全埠各街荷枪实弹之兵士，不是日人骑兵即是日人步卒，且在各街冲要地点均布有防垒，问其此种举动是何居心？彼反说保侨，替东北剿匪，给东北人民筹治安，造此种种欺人之语以图掩饰。若云保侨，试问哈埠白〔日〕侨曾否受过虐待？有无何等危险？若云替东北剿匪，试问地方何尝有过胡匪？即使有匪，东北地方治安自有东北负责之人，何用彼国越俎代庖？此种不合乎道理的捏词，三岁幼儿均能了解，彼竟敢公言于世界。

先生为调查真正的是非而来，决不能轻信日人欺人之语。

希望先生主张公道，将日人在满洲之种种阴私报告国联，则中国幸甚！东北三千万民众幸甚！专肃，祗请台祺。

哈市民何子玉、赵正馨
高天福、邓金顺、周锡福敬陈

资料来源：日内瓦国联与联合国档案馆藏李顿调查团档案，卷宗号：S36。

287. 哈尔滨工人邵新民等来信

李顿爵士钧鉴：

现在"满洲国"境内，必能明了"满洲国"的情形。夫满洲，本为中国领土，此番竟要叛中国而独立，试问此种办法的主动是谁？果能是东北的民意吗？纯粹是日人欲吞灭东北的一种手段！复行前灭朝鲜时之故技，故将清废帝载至长春，令其充当木偶式的执政，并有甘心媚外的张景惠、熙洽、赵欣伯等，极力筹划建"国"，以取日人的欢心。日人复派顾问若干人，分任于自执政以下的各机关，人民如有反对"满洲国"者，日人则用兵力压制之。试问世界上建国的，有无似日本这样帮忙的？所以，处处均足以表现日人对于东北的真面目。东北的人民早已识破日人的欺骗，将来非步朝鲜的后尘不可。故迁出境外者有之，牺牲身家、充军敌抗者有之。吾等虽未充军远徙，亦不能安然忍受，则每

日盼望贵团早日驾到,以明日人在东北的真像[相],好拯救东北三千万民众不受日人的虐待,不遭亡国的惨祸,这是吾们民众大家盼甚感甚!

专肃,敬请勋安并祝前途无量!

哈工人邵新民、刘永生
张作梅、宫世才、王福禄谨启

资料来源:日内瓦国联与联合国档案馆藏李顿调查团档案,卷宗号:S36。

288. 东北市民来信

李顿爵士:

  阴险的日本压迫我们已到万分了,他拿着灭朝鲜的故智,来灭我们东北,名义上且说保持世界和平,其实正是破坏世界和平。利用满洲人立"国",使和他们亲善,什么共存共荣、机会均等,简直是他们霸占,实行他们的侵略野心。出兵北满,其始说是保侨,再进一步,就是占据,户口也要干涉,财政从中把持,一切凡他所承认的"满洲国"的政治均实行干涉,保侨是这样吗? 更出种种卑劣手段,信用白俄人话以逮捕东铁职员,用中国亡命徒的鲍观澄等来宰制北满,这种手段可把我们无辜的三千万人民置于水深火热中了。在九一八以前,一切都得平安。从他们虎狼似【的】、凶狠的兵士到来,把一切秩序都破坏了,都搅乱了,不但我们受着偌大的痛苦,即贵国侨商亦有同样的损失,托名为保护东亚和平,正是破坏东亚和平,这种不顾他人利害只求利己的做法,真是东亚的罪魁,世界的恶魔!!! 我东北三千万民众,深信主持公道的国际联盟大会和关心东亚和平的贵调查团,予以正轨[规]解决,使我三千万在水深火热中的小民恢复九一八以前的状况,真是恩同再造了。谨愿打倒假仁假义的日本强迫立的"满洲国"! 打倒卖国求荣的鲍观澄! 逐除杀人放火、奸淫掳掠的日本兵! 打倒破坏东亚和平、世界和平、不顾公理的日本国! 恢复九一八前的自由!

  不信任"满洲国","满洲国"是日本用汉奸成立的,"满洲国"是日本强迫中国人立的,"共存共容"是日本欺人的名词。

  谨祝贵爵士健康! 贵团万岁!

东北市民谨叩
五月十六日

资料来源:日内瓦国联与联合国档案馆藏李顿调查团档案,卷宗号:S36。

289. 北辰民众代表来信

李顿委员长！

我们愿打倒日本！打倒满洲伪国！打倒卖国贼！

我们希望委员长和各委员仔细调查！真实调查！判明中日的屈[曲]直！

祝调查团健康！

北辰民众代表谨启

资料来源：日内瓦国联与联合国档案馆藏李顿调查团档案，卷宗号：S36。

290. 中国人民一份子来信

一、日人心迹恨[狠]毒、手术[段]溜[尤]辣，对中国【国】民已用其呃[极]。所以，强占东省各地，首先将教育破坏，压迫知识分子。至今，哈埠各中学、大学校舍尚被日军占据，不令开学。即已成立"新国家"，主义为共存共荣、同享快乐，何竟学者不得学也？盖其意，不过令中国国民均成盲目已耳，此其毒辣手段一也。

二、飞机扰乱各地不安，缘各村民众被胡匪掠夺，故有连庄会之举。日机随意飞翔，不管民团住所、是否胡匪，任意掷弹，因而遇难者实不胜数。至民住宅，每闻飞机即警[惊]【慌】失色，不知又望[往]何处掷弹，民间仰天叹苦，徒唤奈何，此其固[故]意扰乱者二也。

三、哈埠此次运动会纯由日人主谋，强至[制]执行，何尝民意？所悬中旗、"满旗"尚由执政日人做来，至大会组织亦在日人掌中。所以，日"满"团体操半由中国学生，半由日方——亦系鲜生，并无日生一人，即称日"满"团体操，何以日方竟用韩国子弟，是其故意嘲笑、压迫民意也。至每场运动，欢呼之声不绝于耳，均出之于日方。中国学生垂头观阵，若有所失。运动会即属民意，何不乐之有？况国联诸公于第二日到会参观，亦可见一斑，并非虚语也。

四、禁人路语。如遇学生或类似学生在路上或被[背]人处众人而语，若被日军视之，即目为反叛分子，先代[带]宪兵部严询，问其家住何处，然后到家搜翻，若稍有旧官庭[厅]书信或委任文件，即为反动证据，加重惩办，非制[置]之死地不可，因而无故被害者不堪言矣，此其任意欺凌者四也。

敬请国联诸公钧鉴！

中国人民一份子具

五月四日

资料来源：日内瓦国联与联合国档案馆藏李顿调查团档案，卷宗号：S36。

291. 珠河县旅哈难民代表王永祥等来信

我们中国人的生命财产、一切一切都失了保障，简直不如亡国的人民！

我们东北的人民虽愚，这样的摧残蹂躏，还能甘愿做亡国奴吗?！日本所谓的民意，都是在他们铁蹄下伪造出来的，我们无权无势的小民敢说什么！！请贵委员等仔细调查，不要受了他们的欺蒙！！！

就此敬祝贵团诸公快乐！主持正义！！

珠河县旅哈难民代表王永祥、李有公、朱庆和
张国安、朱有祥、何麟瑞、吴玉书、蔡德全同叩

资料来源：日内瓦国联与联合国档案馆藏李顿调查团档案，卷宗号：S36。

292. 不堪压迫小民郑筱峰等三十一人来信

叩启者：

暴日自以强盗式全军动员、占据东三省以来，全民已皆麻木不仁，如坠水深火热中；我国官员维[唯]恐违反非战公约，是以不加抵抗。讵料暴日视国联为无物，视公约为弃毛，不但不知悔过，且又积极得寸进尺，竟用拉夫式由天津将废帝溥仪劫来，强奸民意，成立伪政府，试其吞并全球之野心。现下，伪国官员除一二反动分子听其驱使外，其余各级官员举止行动、生命财产，皆在暴日监视之下，早已失却自由，满腹冤枉不敢表示。在伪政府各大小机关，重要主事者皆是日本人。以上两点，请贵代表设特别法注意调查，然日人诡计多端，谨防受其瞒混为要。贵代表皆世界有名人物，必能主持公道，倡行正义，则中华全国人民感德永世难忘！即世和平亦有赖也。

此祝国联调查团诸公康建[健]！

不堪压迫小民郑筱峰、李文惠
欧喜春、孙文远三十一人叩上
五月十七日

资料来源：日内瓦国联与联合国档案馆藏李顿调查团档案，卷宗号：S36。

293. 东省平民姜维善来信

无论如何，诸公要明白东北民众的心理，绝不能背【叛】了祖国。而所谓"满洲国"者，实系日之冲锋之大炮耳。受了他的历[压]迫，受了他的限制，真无有立足之地。望诸公体谅东北三千万民众之苦心，诸位将心放公正就行也。日之侵占政策，想诸位亦显然在目，无需再赘【言】也。

敝东省之一平民姜维善呈

资料来源：日内瓦国联与联合国档案馆藏李顿调查团档案，卷宗号：S36。

294. 无名氏来信

自去年九一八中日事变至今，半载有余。中外皆知，敝国军民为遵守作[非]战公约，维持世界人道和平起见，故未与日本抵抗。孰知日本野心勃猛，得寸进尺，实行吞亡我中国，枪杀民众数在百余万，炮击各省埠，占我领土，一手蔽天，目中无他国，敢为强迫我官僚假意欢迎日本，改设"满洲国"号，推倒南京政府。种种残烈手段不胜言举。当起事时，国联委员长白里安为之讲和，毫未见效，亦未能行有严厉办法，甚不符国际非战公约的明目，要此何用？今幸赖贵诸委员等惠驾敝国，重另调查曲直，谅早获得美满材料，早早主持正道，以救我全中国民众水火之中，感谢难忘，尤符国联威信。此后，世界诸小弱国可免日本侵占是幸。

专此，敬祝国联调查团诸委员阁下察阅！

民众敬陈
大中华民国廿一年五月十五号

资料来源：日内瓦国联与联合国档案馆藏李顿调查团档案，卷宗号：S36。

295. 东北民众代表来信

国联调查【团委员长】：

从前，日本亡高丽、夺台湾、灭流[琉]球，那些法子明眼都是知道的，不必详述了。现在，日本又用那些手段来亡我们东北来了，眼看我们三千万民众要作亡国奴了，处在日本铁蹄下的人是敢怒而不敢言的。东北的存亡与我们民众是否有救，全以贵调查团为依归了。

敬祝贵团康健！

东北民众代表泣上
五月十五日

资料来源：日内瓦国联与联合国档案馆藏李顿调查团档案，卷宗号：S36。

296. 中国哈尔滨市卖莱[菜]人张文魁代同业二十四人来信

日本之谋吞东三省，早为世界所共知，勿再赘述。自其出兵南北满，我华人受其奸淫掳掠，不胜枚举；现在其势力之下，敢怒不敢言。请贵团报告国联会议席上，促其反省，速即撤兵，俾不使强权打倒公理，危及世界和平，而救我东北三省三千万民众之生命。更请不要承认满洲伪国，完全系日本一手包办，虽有中国人，亦是被其监视，强迫中国人，三尺童子亦不受其骗，无一个愿意的。因日本此刻之举动全是招牌，实则欲使我人步朝鲜之第二也。诸公主张和平，速使日本早日撤兵，全世界幸甚！华人幸甚！

谨呈国联调查团钧鉴！

中国哈【尔】滨市卖莱[菜]人
张文魁代同业二十四人谨呈
中华民国二十一年五月十五日

资料来源：日内瓦国联与联合国档案馆藏李顿调查团档案，卷宗号：S36。

297. 松花江下游农村联合抗日救国会代表孙铁锋来信

国际联盟大会调查团诸位先生钧鉴：

敬启者：

日前得悉诸位先生驾临哈埠，本欲到站欢迎以表敬意。惟因我们民众现在处在这种水深火热、日本淫威之下，何能得到一刻的自由的？我们民众很是抱歉的，深望诸位先生明意鉴原是幸。

鄙系前日奉敝会民众二十万人的使命，只身由乡村来哈，欲睹诸位先生，面陈一切。不幸，因拜见未遂，在返程中被日本侦查员擒获。现在，生死鄙早置度外。但是，鄙的使命未达到而牺牲，很愧对我最亲爱乡村二十万人只真诚盼祷心。幸者，鄙早料必遭此一举，在我未启程以前，早将此信修好。今来哈果应所料，在万急时间，竟得日人转瞬机会，将此信窃抛与我不识面同胞脚下，嘱捎数语，信皮已标明，能不能投到台前，这是一个我至死不放心一个思点。咳！不能顾了。倘万一达到台案，鄙代表民众意义，当得台闻。

松花江下流［游］农村二十万乡人抗日救国会对国联调查团表示宣言于下：

调查团诸位先生今日驾临东北，是负重大使命而来的。我们民众是十万分希望诸位先生由东北调查后，能以有力的正义方法，拥助国联大会执行盟约的神圣，制止日本在我领土的暴行。再，我们民众对于现在日本一手造成之伪满洲政府，我们是誓死不能承认的。如国联大会不能以有力手段制止日本的暴行，那么，我们民众只有最后自决，不论如何，只有流血奋斗。

特此表示，谨祝公安！

松花江下游农村
联合抗日救国会同叩
代表孙铁锋手启

资料来源：日内瓦国联与联合国档案馆藏李顿调查团档案，卷宗号：S36。

298. 东北三千万民众抗日救国会哈尔滨分会来信

敬呈国联委员各国先生钧鉴：

东省事变将阅八月，凡我人民无一日不在水深火热、铁蹄蹂躏之下度生活。一则纵容胡匪到处掠夺,再则嗾使洋奴按户搜翻,哀我小民苦矣!痛矣!甚至大开赌场,渔[鱼]肉良民,如道外头道街仁义巷内路南十九号院内是也。诸如此类,遍我东省,其他吾人料想所不及者,尚属笔难罄述。至于学校,则摧残殆尽,得焚者焚之,得运者运之,倭寇官兵直等盗贼。近因贵团莅止,为掩饰耳目计,则催促开学数处。又筹办体育会,为表示欢迎建"国"之意。其实,倭奴如此弄鬼,卖国贼如此逢迎,虽三尺童子亦皆唾骂,遑云其他。今幸国联诸公辱临,必定遍访诹咨,询诸各国领事,接受人民密禀,作公正之评判,为有力之仲裁,使我东省人民得一线生路,岂独中国之幸,亦世界之福也。

今将东省卖国贼胪列于下,以便处以极刑:若"满洲国国务院"各部总长、次长以及赵欣伯、郑孝胥、金璧东、张景惠、熙洽、臧式毅、于冲汉、袁金凯[铠]、阚铎、吴恩培等,均罪大恶极,死有余辜,乃人人皆知,不必详叙。其他为人所不及知者,如东铁督办李绍庚,首先提倡与日本输送军队,转运粮秣,所以,日本能在东省铁路出兵自由。"新国家"能委李为代理督办,路局挂旗,亦为李所主张。东省特区市长鲍观澄,原为市井无赖,乃因充土肥原秘书,所以对于庆祝"新国家"无微不至,尽力宣传,如街上之标语、礼场石柱上之标语,皆伊一人所为。今则又在西马家沟通道街建设土肥原路、多门路矣。故李、鲍之罪,尤在以上诸贼之上。再,奉天则有齐恩铭、金梁、韦秀石、张海鹏。吉林则有孙其昌、于琛澂、李文炳、刘宝林。黑龙江则有赵仲仁、窦连芳、万国宾。东省特区则有航务局英顺、英达,江运处长严东翰,前路警副处长于鉴寰,设立警备队护日抗中警务处长王瑞华,副处长齐知政、贾文琦,长官公署政务厅长宋文林,电业局长金名士[世],滨江公安局长汤武涉。东铁方面则有监事长郭崇熙,理事长沈瑞麟,理事金荣桂,车务处长唐士清,地亩处长蔡运昌,皆熙洽之走狗,受日人之利用,乃贿赂公行,无恶不作,皆宜明正典刑,杀之无赦。

尤有进者,当庆祝"新国家"时,鲍市长令各警署按户搜人,到场庆祝。倘不到场,即以违反"新国家"论。至于偏脸子五署,因管界人烟稀少,则沿街雇用苦力及乞丐共三百余,均手持红旗,到场庆祝,并劝诱庆祝场外之观望民众,令之入场,不准再出,以备充数。若商民所挂之门旗,均由警署沿户送卖,每面一元五毛。至商民之自购者,仅化洋四角,则不准悬挂,必须购买官发之旗,违者罚办,一般商民皆敢怒而不敢言,由此可见"新国家"之劣政矣。今者,当贵团来临之际,又捏造民意,遍贴标语,并各处均设暗查,以防商民与贵团接近而泄露倭奴嗾使之真迹。再"新国家"向日借大宗款项,是将人民有形之负担变为无形之负担,则尤为我三千万民众之痛心疾首者也。况当此春耕之际,胡匪遍地,种植无望,则后患尤有不堪设想者矣。

以上所陈,仅略述梗概。敬恳诸公多方搜取证据,以期众志成城,救我三千万民众【出】于水火之中,使登诸衽席之上,则感大德于无涯矣!

肃此,谨呈国际调查团均[钧]阅。

东北三千万民众抗日救国会哈尔滨分会谨禀

资料来源:日内瓦国联与联合国档案馆藏李顿调查团档案,卷宗号:S36。

299. 无名氏来信

国联调查团主持和平的诸公啊:

敝人以满洲一民众的地位,来和诸位谈谈话,不知诸公能容纳呢,或不能呢?但是,一定要说的!夫欧战本是十四年以前的事迹,虽然这些近的日期,但一个社会进化上悲惨的过程,人类口不忍谈,心不忍想,脑不忍忆的和平污点。但这事迹、这过程、这污点,底[的]确的又预定了下次的大战比较更为惨[残]酷杀戮的一幕。在欧战时,有许多妇孺、小孩被兵马、炮火给杀死了。记得巴黎的大街,在清晨,有一个妇女携着小孩,戴着防毒面具正走之时,被一个炸弹给炸得四分五裂,皮肉飞至天上去,下来倒挂在电线上。更有许多老人被炮火葬身了。记得曾参与欧战的退伍的中国兵士说,在走过的垛塌村落间,很多的老人死在那里,有的为枪弹所击,有的为炸弹所烘[轰],更有的为屋壁土块所压死,这类的事也太多了。至于兵士的伤亡则更难以描写,像这样的事,我们是一定不欢迎他来临的。而且,我敢代表全世界人类来说一句话,就是愿世界永远和平。不错,世界似乎趋向和平了,大家每日在安乐的度着,国际上也从未发生战争。虽然,有些人在那里似乎作无病的呻吟,说世界要有第二次大战(我也是其中之一),但在前十三年的空间、时间,也未见有如何变动,倒是平平安安的过去了。虽然在客岁,竟有那野心勃勃的日本小鬼将满洲占领了,我们想:这一定是第二次大战的导口[火]线了。虽然那样,但我堂堂的华国没有抵抗,因为有国联的同盟是永远主持和平的。然而,国联竟等了[于]一个零!自暴日占领满洲,迄今已七月之久,国联左次开会、右次开会,结【果】终了没有将暴日限制住,恐怕还越开会日本越称强了呢!虽然在那时未肯制止暴者,因为不知底细,不知原由。故耳,今国联明见诸公调查一切,想诸公定能正大光明的、大公无私调查一切详情。今已出发数日,想对于满日之关系亦皆明了矣。虽然日之诡计多端,望诸公不要为其所蒙蔽,敝敢大胆的下一断言:日之野心,占领东三省,有以是耳。

请发至国联调查团。

资料来源:日内瓦国联与联合国档案馆藏李顿调查团档案,卷宗号:S36。

300. 华民唐庸勃来信

大英帝国领事阁下尊鉴:

兹有奉者。窃华民自日本以武力侵占我东北三省及残杀屠房,无所不用其极,暗无天日,致使我东北陷于无政府状态,人民无日不在水深火热之中,流离失散,痛苦万分,谅早在明鉴之中。今幸主持公义之联盟国到哈调查,谨将身感目睹种种实在情形录成报告,敢请贵领事转呈委员长李顿爵士,则感载无涯矣!

华民唐庸勃叩拜

资料来源:日内瓦国联与联合国档案馆藏李顿调查团档案,卷宗号:S36。

301. 哈尔滨商民唐庸勃来信

国际联盟调查团委员长李顿爵士尊前:

窃自日本以武力侵占东北以来,无所不用其极,残杀焚掠,奸淫屠掳,使我东北三省数千万民族无日不在水深火热之中度地狱生活,呼天不应,欲死不得。此种情况,谅早在明鉴之中。查在事变以前,民等安居乐业,何尝有现今情形!目下成立"满洲国"等等行为,纯系掩饰国际听闻,用武力方法强使民众举办庆祝会、提灯会,张贴标语等等,究竟何尝是真正民意?不过人民敢怒而不敢言,良以处死者累累也。时下,山里人民被日兵残杀多半,不死于炮火则死于奸淫,十室十空,尸骨遍地。伊虽之究[究之],东省本系中国土地,日本则强行占据,试思此种行为,是否贼盗不如?而日本并不知耻,在国际方面强词夺理,以乱听闻,其并无占领领土云云,试谁能信!试思既无领土之野心,何谓而首议移民数十万来满之政策?又何谓而仇杀我华人如此?我国当局酷爱和平,故于事变发生之时,毫无敌[抵]抗,致使我数十万民族[众]受此涂炭。

阁下代表国际前来调查,不啻和平之神,谅必主持正义,我民众最终之希望,亦即公理与正义也。

哈尔滨商民唐庸勃
五月十五日

资料来源:日内瓦国联与联合国档案馆藏李顿调查团档案,卷宗号:S36。

302. 无名氏来信

正大光明的国联调查团鉴:

暴日侵略中国,处心集[积]虑,已非一朝一夕。而今竟不顾公理,强占东三省,残杀良民,用奸除善,成立伪国。呜呼!中国处于天灾人祸,困苦不堪,何能应付此毒恶之日本耶?眼见东省良好山河为人宰割,悲愤何如?!幸国联主持公道,体恤中国,派贵团亲至东省,调查实况,诚为中国之唯一希望,亦奄奄一息的东北民众之万幸也。敝人是被压迫民众的一分子,愿陈数言,切盼贵团主持正义,万勿被伪言所惑。

1. 伪国成立非民意之证据

日本久有占据东三省之野心,又怕各国干涉,故用迅雷不及掩耳之手段,成立伪国。百般威吓,强假民意,任意杀戮,惨状难述,惧其阴谋外扬,遂扣留外来的各种新闻报纸。而日本在此种种之暴行,亦严禁泄出,因我东省之中华民族于大狱中,使外界不明真像[相]。故民气愤愤,待机即发。前几日伪国成立,开庆祝会时,恶日强迫商界晚间提灯,大众怒气难忍,将灯摔碎,一哄而散,可为民意不服之一证。义勇军编[遍]地皆是,东北一带,为数颇众,可惜器械不充,缺乏援助。而日本专用利器。使我义军虽有愤[奋]勇牺牲之决心,慷慨就义之伟志,卒不能逐出暴日,良可叹也!

2. 日人之残暴

进兵侵占之后,随意乱杀。视中国人轻于草介[芥],贱于牛马,惨无人道,世所共弃。哈埠系中外人聚集之地,日本尚畏主持公道之国家干涉,其暴行稍为收敛。辽宁、长春受祸尤深。而四外小县,日兵一到,村庄丘墟,鸡犬不存,其惨也,何有深于是者?

3. 暴日狡猾多端

日人惯用奸计,甚恐贵团来此,识破她的真面目,故用各种手段,阻止进境,尤不欲中国之招待。顾氏随至,造出许多恶空气。及至贵团进境后,乃使心服[腹]人监视,名为保护,实际是恐民意发泄,显露她的丑态,使我危亡之民众不得见贵团。

资料来源:日内瓦国联与联合国档案馆藏李顿调查团档案,卷宗号:S36。

303. 中国商人吴三交来信

噫!自九一八事变以来,我中国人的生活及经济等等,所受日本一切压迫,实不堪言。伪造"满洲国",虚说民众们愿意。但是,我们中国人实在不愿建设,而日本以武力强迫,故中国人们不敢违命,如有反对者,则为斩之。如此,日本在世界实是恶贯□□。贵调查团已至哈埠,恭请相[详]细调查,并保世界和平,除此一暴国也。为恳为恳!

此请国联调查团台鉴!

中国商人吴三交启
民国廿一年五月十六日

资料来源:日内瓦国联与联合国档案馆藏李顿调查团档案,卷宗号:S36。

304. 哈尔滨全体市民代表金观海来信

国联调查委员诸君:

君等为世界和平、人类道义,远涉重洋,莅临敝土,谨代表被难三千万民众敬谨致词曰:

夫人类社会之演进,暨乎斯世,已见文明之阶段,其链索无不由互爱互助以造谙于无疆,东西间隔,其理无殊,此西方之有耶稣基督,东方之崇释迦孔子也。乃东邻日本,本为同种同文之邦,竟昧人类人道之义,处心蚕食,蓄意鲸吞,往事昭彰,斯成恶果,乃有去年九一八之事变。我东北民众慑于暴威之下,忍辱含垢,七月余矣。我民族为东亚和平计,为人类正义计,宁愿不与周旋,以待公之世,谋和平解决,此为世界人类文明应守之轨道也。不图毫无信义之日本军阀自绝于人类,始则扰乱津沽,继以惨无人道之武器毁灭国际商场之沪滨,生命财产不可数记,此尤彰彰在人耳目者。至东北民众被屠杀活埋、奸淫掳掠,无所不用其极,惜为日人设法蒙蔽,或为世界所不知,同为上帝子孙,言之痛心,恨之刺骨。至于制造伪国,更属一手遮天之诡计,观马占山将军之通电可为例证。我东北民众恨日阀刺骨,绝无赞成日人卵翼下傀儡政府之人,现各地义勇军之抵抗奋斗可为例证。其中所谓中国人者,不为无耻之囚犯,即系暴力威胁之弱者,生命自由,均操彼手,何有于成立"新国"?此尤为我三千万民众痛心疾首、誓死不能承认者也。

诸君西方贤豪,和平天使,本互助互爱之精神,作人类人道之事业,我民众虽遭受肉体之痛苦,实偿精神之快慰。现在虽仍辗转暴力之下,然而愤怒之机实藏于觉醒之后,若果日阀不顾世界正义、国际公法,则我民众誓必牺牲铁血,立与周旋,魔手掩不尽光明,努力破除黑暗,人类前途实利赖之。

谨祝调查团委员诸君万岁!

正谊[义]人道万岁!

中华民国万岁!!

世界和平万岁!!!

哈尔滨市民全体代表金观海谨具
中华民国二十一年五月十六日

资料来源:日内瓦国联与联合国档案馆藏李顿调查团档案,卷宗号:S36。

305. 工人王子仁等来信

自一九三一年九月十[八]日,暴日以武力侵占我东北以后,我东省三千万民众无一天不在日本人枪杀炮轰、强奸屠掠之下苟延残喘,敬候国联公正解决,以求早日解除我三千万民众受种种日本惨无人道的痛苦。而日本人野心无穷,不但无丝毫顾及国际正义,而竟冒世界的大不韪,倡言民族自决,伪造民意,建造伪国,企图转移国际视听而逞其永久占领之野心。日本先以武力侵占辽吉,然后进攻黑龙江,彼时江省实行武力自卫,结果被暴日占领,接连进攻哈尔滨。自日本军队进占哈尔滨以来,东三省重要城镇完全被其占领,政治为其破坏无余。经济组织、经济生息之工具消减,掠夺尽矣。当贵团来到哈尔滨以前,我哈尔滨教育完全停止,各学校均被日军占据,即哈尔滨各重要机关、教育[机构]被日军强行占住后,知贵团不日来哈,乃为掩蔽国际耳目起见,急速使学校开学,归经[毕竟]小学校算勉强开学,而大学、中学学生除被日本惨杀之外,余者知国联走后,学校立即解散,学生定遭惨杀,所以大学、中学均未能开学,学校图【书】仪器均被日军损坏。贵团来哈,本应一详过[述]经过【及】遭受种种痛苦,只因被日监视奇严,借此稍述梗概,以白日人所谓民族自决欺骗世界之谬论,并贵团均系国际伟人,当亦不能为其蒙蔽也。

李顿爵士大鉴。

工人王子仁等祝

资料来源:日内瓦国联与联合国档案馆藏李顿调查团档案,卷宗号:S36。

306. 商民来信

久仰尊委员长公正明廉,适闻于前数日间,大驾已临东埠,为调查日军侵占我们东三省详细情形,以明公端。商民乃被日军压迫所逼,今特禀告尊委员,以削[消]我们中国万【民】之恨。自从日军侵入我们中国以来,商民遭其涂炭,寸路难避。每日带大队在我们东三省非奸即杀,更兼飞机满天自由的飞行,投掷炸弹,烧毁我们东三省的房舍不计其数。而又侵夺我们东三省的主权,杀害我的同胞,迫令我们"独立大同国",改换我们的旗号,侵夺我们的财产,幸仰贵团明端[断],此请李顿爵士公鉴。

商民具
五月十二日

资料来源:日内瓦国联与联合国档案馆藏李顿调查团档案,卷宗号:S36。

307. 弱小中国民族一份子来信

国联调查团:

民在一九三一年以前,原是安居乐业、享受无荣无辱的生活。不料,自九一八事变以来,民全家离散,无家可归了,无亲可投了,这全是日军所赐的痛苦。由此看来,我们中国的民族在世界上存在是不应当的了。

恳乞贵调查团设法营救营救吧!

弱小中国民族一份子哭诉

资料来源:日内瓦国联与联合国档案馆藏李顿调查团档案,卷宗号:S36。

308. 三千万将死之民众来信

国际联盟调查团诸委员先生钧鉴：

自九一八日本出兵满洲，强占我东北，我们东三省的三千万民众如处水火之中，受尽了流离之苦。但在日本武力征服压迫之下，我们是"哑子吃黄连有苦说不出"。自去岁事变到现在，这八九个月中，我们的行动、言语、书信早都失了自由。贵团来满调查，日本为掩饰他们的侵略和残暴，他们强奸民意，假造了许多文饰太平、欺弄贵团的标语传单，预备了许多日本走狗与委员诸公接见，暗地里安排了无数的日本军兵和密探，分散布满各街衢要路，并加紧的检查信件、新闻，以期掩盖世人耳目及防备贵团查得真实证据！我们知道贵团是世界和平拥护公理、打倒强权、主持人道正义的天使，所以我们才敢冒昧陈词，将我们所亲受的痛苦和蹂躏简要报告，以供贵调查团的参考。我们是珠河县逃难来哈的难民，在日本没有进兵东北之前，珠河的街市虽然很小，商业却很发达。事变后，中国军队在哈尔滨失利，退往山里，日军追击，在珠河县相遇，激战数日，日军失利。后来，他们的援兵到来，击退中国军队，他们占了珠河县城，深恨人民帮助中国军，于是他们烧杀掳掠、无所不用其极，珠河街市的房屋被他们放火烧了大半，居民的财物掠劫一空!! 唉!!! 我们现在有话无处诉，有苦说不出！真是生不如死！所以，现在山里的人民，激于日人之蛮横，迫于生计之艰窘，所以全体起来反抗日本。

贵团此次调查所到之处，都是通都大邑，并没受着多大的蹂躏，所接见的都是在职掌权的人物，他们都是日人武力征服和金钱收买了的中国人，丝毫不能代表我们东北的民意!! 请贵团到偏僻的山里的县份去查，深入平民中去详细考查，就可以知道东北的民意，这才是真正的民意！

日本在执政就任时，通令各县：无论大小机关、团体，都得要通电庆贺，否则以反对"新国家"论！所以，执政就任时，各县都有贺电，这是他们的强迫，也不是真正的民意呀！

有许多中国人不肯卖国，不为他们利用，他们就处以死刑，在吉林杀害了无数，我们知道的有盖文华等一十三人。在各县，有人以黑信陷害，即捕去枪杀！现在包围的水点不通，那[哪]能得着实在。闻鲍市长奉日本命令，假写民意赞成"满洲国"的信，共投一百余封，想贵团早已收见了。怕民众投反对的信,各领事馆门口、各邮局、各路口全由日本人看守。时下,东路丁超、李杜、王德林、吉林自卫军在江路南天门,陆路苇沙河一带正激战。江省马占山军在呼兰县亦正交战呢!依兰(丁超、李杜)、海伦(马占山)均有无线电台,如由哈电台去问,一定即立刻得回电的,若得真象[相],倘能为保持公理,遵[尊]重人道,赴东路及海伦视察一次,一定得见真象[相],一定没有危险的,民众十二分欢迎的,并无一个胡匪,全是日人奸计,诬以土匪以为掩饰之具。再,有极好的测验的方法,设日军仅在前退出,立时管保反正就是。全体日人所委之官吏,自动亦必逃走。如谓满洲自己立国,日本来二十多架飞机,来了三四个师团陆军,伤财劳力作什么?总之,关东军就如朝鲜之总督,"满洲国"就是朝鲜第二,我三千【万】将死之民众,惟有仰恳贵团主持公道,维护条约,伸张公理,实现和平,努【力】拯救也!我民众在虎口下求生,只有待时而起奋斗也!

哈市民众同叩,并祝爵士健康!

三千万将死之民众泣血陈述

资料来源:日内瓦国联与联合国档案馆藏李顿调查团档案,卷宗号:S36。

309. 哈尔滨公民来信

李顿爵士勋鉴:

自从九一八事变以来,日兵扰乱不已,宪兵队到处施野蛮的威风,动以检查为名。居留各地日本侨民,亦以主人自居,而实施欺凌事实。那[哪]想他们时时处处声明保侨,谁知他口是心非,怂恿建设"满洲国"之后,便插手干涉一切政事,什么顾问?简直是主官!什么是"满洲国"?简直以次奴隶地位看待。所以,我们要承认"满洲国",简直自取灭亡!我们自先祖以来,未曾脱离中华美名。日本何故来此,强逼我们脱离中华的国家呢!惟望贵团主持公道,永保世界和平,免掉我们预定最后的牺牲,真是恩同再造了。

此颂勋安!

哈尔滨公民谨述

资料来源:日内瓦国联与联合国档案馆藏李顿调查团档案,卷宗号:S36。

310. 中华民国哈尔滨市民孙复等来信

国际联盟调查团委员长李顿爵士勋鉴：

自去年九一八，日本突然向我东三省增兵，既占沈阳，又取吉林，更攻我黑龙江，复扰乱我哈尔滨，不顾国联盟约，侵略我国土地、主权，破坏东亚和平，扰乱世界安宁。凡我东三省民众，无不痛恨日本之强梁横暴，绝不屈服日本权威之下。我民众所以隐忍者，实有待于国际联盟会出以和平之判断，抑强扶弱，还我中华民族之平等自由也！惟贵调查团莅哈以来，凡我民众欲投诉之苦衷均为日本权威监视下之军警所阻，我三千万民众之苦衷均不得表达于贵团及爵士之前，能以言词达于爵士及贵团之前者，均为日本威逼利诱、以钱购买中国汉奸所为者，毫无东三省民众之真意。我东三省无论在历史上或地理上均不得谓非中华民国领土，我三千万民众亦不得谓非中华民国民众，凡谓我三千万民众欲谋独立建设"满洲国"者，皆日本人之奸谋谲计，举世无人不知。日本实欲借此"满洲"独立之名，以遂其永久占据东三省，以为破坏世界和平之根据地。司马【昭】之心，路人皆见之矣。

惟望贵调查团将我东三省真正民意代达于国际联盟大会，谅解我东三省民众爱护和平之苦心，不欲屈伏日本权威之下建设"满洲国"，而作不自由之亡国奴隶也。现在，凡我东三省民众均抱必死之决心，作永久之抵抗，其所以暂时隐忍不即发者，惟望国际联盟会出以和平之判断，抑强扶弱，以维持人类永久之安宁与福祉耳。

中华民国哈尔滨市民孙复等启
五月十六日

资料来源：日内瓦国联与联合国档案馆藏李顿调查团档案，卷宗号：S36。

311. 中国人来信

国联——亲爱的国联呀！

你们这次的游东三省，和往次大不相同，往次是为游逛，这次是为我们中国问题呀！我在这次也就述述我们的苦吧！

东三省以及山海关以内四边全都是我们中国的领土。而现在的东三省已被日本占领了，这是多么的残［惨］呀！

东三省不但被占，而杀死我中华的大同胞，在辽宁杀死我国的学生、工人、商人等等，以及活葬，是多么的可恨呀！尤其是对于学生，死的埋的最多。来占我国的土地，还要杀我国的人！

如黑省，日本人如果看见了中国人，就要活活的烧死。有一个年七岁的小孩，日人看见了，就用草把小孩包上，用很极［急］的火来燃烧。这是我所知道的。

如哈埠，日本自从占领以后，就暗暗的杀我民众不少。用胡匪的刑法，在死以后，就说是胡匪。哪里来的这些胡匪呢？哪个不是中国的侦琛［探］！哪个不是好人！哪个不是中国的民众！唉！我们中国所受日本的压迫，无极［不计］其数，唉！

诸位！诸位！这次的来哈，请想个方法罢［吧］！我也用很高的声音来叹吧！国联！国联！最和平最亲爱的国联呀！

你们来哈快快的想个方法吧！我也不能再说了，就盼你们了，唉！

中国人草

资料来源：日内瓦国联与联合国档案馆藏李顿调查团档案，卷宗号：S36。

312. 李有年来信

国际调查团诸位先生：

你们是和平的天使，是拥护公理、铲除暴力的使者，主持人道正义，所以我欢迎你们，崇拜你们！

日本人以武力占领了东三省，用了强盗打劫势［式］的手段，驱除了我们的边防军，利用卖国贼伪造民意，设立"满洲国"，希图掩饰，以欺骗世界！

诸位先生，我怕你们受了日本人的欺骗，请诸位到江沿看看，凡江中无论谁的轮船都挂日本国旗。本埠特区的中学没有一处开学，他们有特务机关长，凡本埠的军事、政治、司法、教育，没有一处不归他日人统辖的！长春、吉林的状况都是这样，这样的国家还是独立国么？这不是高丽之续吗？怎能谈是我们民意呢？我们的知识虽然低，然有谁愿做亡国奴呢？恳请诸位详细调查，不要受了日本的欺骗。就此祝你们快乐！

李有年上

五月十七日

资料来源：日内瓦国联与联合国档案馆藏李顿调查团档案，卷宗号：S36。

313. 耿思源来信

有家难奔，有国难投，哭请世界和平天使国联调查团诸君公鉴：

自欧战以后，成立国联公会，倡立非战公约、九国盟约，赖此得有和平。不想野心日本不顾一切，破坏公约，蔑视国联，于去年九一八强占东三省，武力驱逐我国军人。我国官府因遵[尊]重非战公约、依赖国联，故未用武力抵抗，是以暴日得寸进尺，强逼民意，买合反动份子成立伪满洲国政府，虚设机关，内中主事皆该日本人监视指[执]行，以掩外人耳目而成他，使我东三省人民归第二朝鲜亡国奴。而小民乃是吉林省□□县商人，因当地被日本军连次占领，被我国义勇军铁血同志打败，近来城市受军事作用，遭无限损失，人离家散。小民逃难来哈尔滨，曾见该成立伪国之日，强拘民众持旗游街，垂头丧气，无可如何。各国人民定然共见，至南岗大礼堂时，典礼演说，经演员倡言伪国万岁，连说数声，又高呼数声，而还是无一人应合，足见人民之心，此其证也。现小民身居异地，川资缺乏，生计艰难，忧国思家，无可如何。

幸贵联团光临，本想叩请求见，奈有暴日早有设警戒严。无法，只得奉禀呈诉苦衷，请贵团主持公道，施行国联会应有之权，令该日本急速撤兵，归还我国领土完整，以重国联会数次决议案，而免暴日横行世界、吞并全球之野心也！此祝诸公万岁！

小民耿思源敬上

中华民国二十一年五月十六日

资料来源：日内瓦国联与联合国档案馆藏李顿调查团档案，卷宗号：S36。

314. 傅文有来信

李顿爵士：

自去年九月十八日日本进兵占据东三省后，在这八九个月中，东北三千余万同胞，无日不在水深火热中！使我们父子离散，妻子分离，四民失业，强奸我民意,强迫各县机关、法团祝贺执政就任。

干涉我军事。凡"满洲国"军队,每连中都设有日人教练,凡事连长必须告报教练,然后方能有效!

干涉我司法。日军到处,释放罪犯,任意判审民刑诉讼!

干涉我警察。日军到处,严查户口,巡逻察街!

干涉我行政。"满洲国"各县均设有指导员,凡县长所行之事,均须与指导员商量。

凡此种种,都是日人的强盗行为,这不是【用】亡高丽的方法,日本又来占我们东北吗?

请诸位秉公查查,万勿受其饰骗,就此祝你旅安!

傅文有拜言
五月十六日

资料来源:日内瓦国联与联合国档案馆藏李顿调查团档案,卷宗号:S36。

315. 哈尔滨热血民团来信

敬启者:

暴日抄袭亡朝鲜之旧【伎】,又来亡我东省,占我领土,夺我政权,摧残我教育,剥夺我生命财产,组织傀儡之"满洲国",使我东省人民同归于沦亡。凡我同胞,莫不欲得暴日而甘心焉,虽无寸铁亦必战斗而死,决不坐以待亡也。然卒抱不抵抗主义,隐忍不发者,因有主持公理之国联,和念能以正义解决,不敢轻举妄动,牵动世界大局也。

今贵团已到,远东实事在掌。望据实报告,维持远东之和平,即所以解脱世界之战劫也!无量数生灵之存亡,在诸公之一转念耳。

此上国联调查团诸公钧鉴!

哈尔滨热血民团同人敬上
中华民国廿一年五月十七日

资料来源:日内瓦国联与联合国档案馆藏李顿调查团档案,卷宗号:S36。

316. 中国国民阎习武来信

国际调查团诸公钧鉴：

从九一八事变那天，计算到现在，已经半载了。可是，在这半载之中，日本竟将死亡和疾病的蹑足踏遍了东北，使我三千万无辜的民众饱尝了亡国的滋味。同时，那种摧残、剥夺、压迫，更不是几句话所能形容尽的。最可恨日本利用了几个卖国贼，就敢代表三千万民众的意思，成立了一个伪政府，但究其实在的情形，无异就是日本政府的分设处。因为一切事务统归日本方面支配，仅就军政、财政、行政、司法各机关的重要位置，那[哪]个不是日本人呢?! 尤其他们借剿匪的名义，用飞机、大炮毁坏了无数的县城，击死了无数的商民。还有不足，更施出许多亡我们东北的虐政，以十家联做[连坐]，为"满洲国"人民者登记，这种侵略的计划，是怎样惨[残]忍啊！

现在，诸公为主持人道和正义才来到满洲，对于以往的视查[察]，大概很透澈了吧！因为我承认我是中华民国的一份子，我的血没有冷到零度上，所以不能不将我所尝着的和所见着的，来虔诚的报告诸公。同时，更要诸公费一度精神和时间，去到我们救国军那边看看吧！如吉林省的依兰、扶锦、方正等县，江省的黑河、绥化、海伦、讷河、兰西、巴彦、呼兰等县，这就是我哭着请求你们的!!!

敬祝旅安！

中国国民阎习武谨叩
五月十七日

资料来源：日内瓦国联与联合国档案馆藏李顿调查团档案，卷宗号：S36。

317. 哈绥线工人代表来信

李顿委员长钧鉴：

我代表哈绥线工友热烈的来欢迎委员长！并把我们苦痛的话来向委员长陈诉！想委员长明鉴，定能主持正义和公道！来拯救我们三千万同胞！

日本拿他们恨[狠]毒手腕，侵略野心，久欲吞并东三省。以前却用中日亲善口号作他们的假面具。在去岁九一八时，突把他们的假面揭破，露出他们的恶脸，进兵辽宁，硬行强占，不顾国际公法，蔑视国联，强横蛮野已极！当时纵兵民间，奸淫掳掠，种种【行径】莫不表现出日本人的淫威之极，而反觉不便径行吞并，以惹人忌，乃利用中国之无赖来组织"满洲国"，如鲍观澄，本剥夺公权的犯人，日本人却用他来作市长。张景惠、熙洽也被他硬逼，他①顺从日人之意！他们本来就是中国的卖国贼，又施以种种监视和威迫，他们越卖的起劲，这样的"国"，能真民意吗？因我们反对他，才组织好些团体来抵抗他，如马占山军队、王德林军队，以及李杜、丁超、宫长海、李海达②、冯占清③、刑占清等，他却说是匪，越发来兵，假名清匪以满其侵略，本是爱国运动，怎能叫做匪？并且九一八以前怎没有这些匪？匪之生却在日兵来东三省以后，究否是匪，委员长明鉴，自能观察得出了，况既以人家为剿匪矣，因为什么日兵到山里、到下江放火杀人，奸淫掳掠，无所不至，可见日人的矛盾了。总之，"满洲国"绝对不【是】民意，日本人所说民意是假的！即一些说赞成"满洲国"的人，也是被威胁才那样说，那不是本心的话，因为日人监视中国人极严，甚至偶语者弃市，使真正民意无从发表。如调查团来此，民众以为有机会说话了，日人却施种种手段，使我们不能与各委员接头，话还是无从说。凡得和委员长和各委员说话的，都得日人的许可和监视了，怎能代表民意？并且，他有真意又怎敢说呢！并日人又暗中迫中国人与调查团去信，称赞成满洲伪国，以证明他所谓民众意【愿】是实，你想真正民意看出吗！希望委员长千万勿听信伪民意！千万要设法调查真民意！最后我呼几个口号：打倒日本！打倒奸淫掳掠的日本！打倒满洲伪国！不赞成满洲伪国！"满洲国"是日本民众，不【是】中国民意！我们不愿作朝鲜第二！打倒卖国贼！打倒剥夺公权的日本走狗鲍观澄！国联调查团是主持公道的！国联万岁！中国万岁！东三省三千万民众万岁！

祝委员长健康！

哈绥线工人代表谨具

资料来源：日内瓦国联与联合国档案馆藏李顿调查团档案，卷宗号：S36。

---

① 编者按：原文多一"他"字。
② 编者按：此处"李海达"为笔误，应为"李海青"。
③ 编者按：此处"冯占清"为笔误，应为"冯占海"。

318. 哈尔滨农人王子文来信

□□先生：

"满洲国"是日本灭朝鲜的旧手段，何曾是一个国家？何曾是我们民众同意？我们受他压迫是无可如何的，日本惯用欺人手段、欺人言论，一切口头的声明、街市的粧[装]点都是假的。所以，我们希望贵团者几项：

1. 向城市以外去调查。
2. 向农商人秘密单独调查。
3. 只向东北边地去调查。
4. 调查各机关的行政权及行政状况。
5. 调查日人军事调动。

哈尔滨农人王子文拜
十六日

资料来源：日内瓦国联与联合国档案馆藏李顿调查团档案，卷宗号：S36。

319. 不敢出名的三[二]千七百五十万小民来信

国联调查团诸委员先生鉴：

你们是世界和平的天使，也可以说是弱国的救星，更可以说是东三省民众的救护者。你们已到中华民国许多日子了，对于暴日侵凌中国的真相，大概早已明白了，似乎是不用我们平民来说。但恐有不详知的地方，兹就我们的现状，提要陈之：

日本对中国，向来是拿侵略为对付的手段，年来国内的战事，张作霖的炸死，已足证明他们侵略的行为。张学良和蒋介石携手中华民国统一，各友邦没有不额首[手]庆贺的，而日本就恐荒[慌]【的】不【得】了——因为他们向我国结的条约称为秘密约，大概是违反民意的一种东西，一切外交事项，要由国府解绝[决]。他那秘约掰[摆]不出来，密约既掰[摆]不出来作他侵略的工具，他几年来的工【夫】都白费了，所以他才又变方法，嗾使鲜民向我们直接冲突，所以才有万宝山案的发生，我们无辜的同胞死了若干！

现在，东三省的官僚，除了熙洽、张景惠、鲍观澄、李绍庚几个人外，别人都是处在日本的铁蹄下,不得不暂时从权。日本人说立"满洲国"是东北三千万民众的公意,您们此次来华,到的都是通都大邑,现下乡村——即哈绥路线一带——已民不堪生了。父母、兄弟、妻子离散的已竟[经]不知有多少了,现在活着的没有吃的,都吃草,所有的什物住所,完全葬在日本的炮火下了!您们乘车来的时候,一定看【不】见铁路旁有人种地,而那一带人都不敢出屋。日本兵到那一带竟屠杀农民!说他们拆铁路,死的也不知道有多少了!您们请想:东北二[三]千万【民众】中,那[哪]个疯狂,愿意引狼入屋来吃他的,这点一定是您们深知道的了。

您们此次到哈,本想当您们进街的时候跪着哭诉这种情由。日本鬼子以前就传出命令来了:国联调查团来时,若是三五成群围着看,枪杀!!! 所以,我们也没敢去作,所以还请诸委员大人们,要本和平正意[义]……多吃些辛苦,到乡村调查一次,看一看小民们的饥苦!再到李杜、丁超、马占山他们现在驻在地,详细的调查一下,在民国廿年九月十八号以前,有没有像现下这种状态,即自然就明白到是不是民众真意立"国",也可以知道了。您们去,民众们自有欢迎的,绝对不能加丝毫的轻慢,危害是更谈不到了。致[至]【于】丁、李、马,他们盼您们来,就像大旱望云霓似的,保护您们一定比日本鬼子还要周密,请就此去吧。

您们到满洲各机关所得材料,那都是日本压力下的东西,如果若以为是我愿意立"国"的证据,那我们可太冤枉了!

日本宪兵、警察已在门前过了二次,不能再说了。

祝您们健康!

不敢出名的三[二]千七百五十万小民泣上
1932.5.18

资料来源:日内瓦国联与联合国档案馆藏李顿调查团档案,卷宗号:S36。

320. 无名氏来信

谨呈报告:

敝国受日本侵占,逼迫抢[枪]杀民命,以及东三省各县、各村共二千余处,均被日本飞机炸旦[弹]炸伤民命数万,房间其数难记。于民国十四五年间,炸死张作霖帅。于一千九百三十一年秋季,吉林省天宝山地,日本主使高力[丽]

人强占民地,枪杀民命。我中国忍受,以和平完结。日本看其不得进兵,又在高力[丽]地主使高力[丽]人枪杀华桥[侨],强抢民间财务[物]。如中国不能忍受……

资料来源:日内瓦国联与联合国档案馆藏李顿调查团档案,卷宗号:S36。

321. 中华民国真国民一份子来信

李顿爵士及调查团诸君钧鉴:

查自九一八事变后,日本向国际间宣传,对于中国无政治及领土野心。究其实在,则不但行不顾言,且欲置东三省于朝鲜第二之列。惟恐诸君调查未详,受其蒙混,使公理不能彰明于世界,特将个人所得,供献于诸君之前,一以尽国民之天责,一以作诸君之参考,更望译成各国文字,公诸世界,俾暴日中止其野心,则中国幸甚!世界和平幸甚!将暴日对于各种侵略之方法分列于下,祈详查之。

(A) 关于军事者:欲灭人国,必先毁灭其武力,使之不能抵抗。兹将其毁灭之方法列下:1. 九一八之夜,日人以演炮为名,实行占领辽宁北大营。2. 占据各警厅,枪杀警察多名。3. 驱逐一切中国军于关内。4. 改编警察并缴械。5. 令各县长缴乡团军械。6. 占据兵工厂,运去步枪八万余枝[支],机关枪二百余架,大炮二百余尊,子弹无算。7. 占据航空处,抢去飞机二百余架,有兵工厂及航空处之外国技师可以为证。飞机夺取后即行改加油漆,涂以日本国旗以灭痕迹。8. 占据哈尔滨航务局,收去全部船只,载日兵赴下江一带,船员均换日人及白俄,中国人尽行裁去,沿江住户有目共睹。9. 扫荡锦州残军、黑龙江马军、哈东丁李军,以及各处旧中国军。10. 利用汉奸张海鹏、于琛澄之类,以实行其以敌制敌之策。初则汉奸军队在前,日军在后督战。嗣因士兵以下尚具爱国热心,枪则高射,不败即降。日人知不可利用,乃缴其械,以后作战日人不得不作前锋矣。

(B) 关于行政者:治理人民,惟政权是赖。暴日欲吞东北三省,故亦由政治上入手,兹分列于下:1. 在辽宁先因臧式毅、金毓绂等,使之不得不受其指使。李友兰、吴家象等不受其利用,先后在逃。袁金铠老奸巨猾,丁鉴修甘心卖国,均为日人之走狗矣。2. 在吉林则由熙洽率领欢迎。在哈则由张景惠首先承受。熙则似出本心,张则似出被迫,观其扣留新京不便归哈,可以概见。

张在贵团到哈之上午始由长春乘飞机回哈,大约贵团去哈之日亦即张离哈赴长之时矣。3. 暴日为统一政权、欺骗世界计,先捏造成"满洲国"为其傀儡,如果世界承认,即与中国脱离。第二步,自然是"满"日联邦及合并,不待智者知之矣。将宣统废帝由天津法界抢回日界,绑到大连,找几名中国人命名为人民代表,并迫张景惠等劝进,同时教溥仪三让后始允。此种黄袍加身之故伎,虽三尺童子亦难欺矣。4. 鲍观澄本系卖国囚犯,受日人纵囚,所以最为出力。赵欣伯由日人自幼养成,送与法学博士头衔,用心至远,所以赵亦特别出力。其他之新掌政权者,非其素日养成之汉奸,即为留日之中国之浪漫学生。此外则较小之差,非被其威胁即为生活所迫,不得不暂为敷衍以待时机耳。5. "中央"各部司长大半为日人,而咨议、顾问尚不在此列,附上满洲政府公报四本,内有任命某日人为某官,可以为证。各市镇机关、警署均有日人,哈埠电业局顾问为激样、小久保、小泉、野岛、松井、中泽、黑川,特警处顾问有八木等,市政局有平田等,银行监理有平田等。人数过多,难以枚举。6. 各县均设指导部,派日人指导一切行政,换言之,即代行县长职权,仅令县长签字而已。

（C）关于警察者：辅助行政,监察人民行动,端赖警察。所以,日人急由警察入手,在辽宁初占时逐出警察。嗣又逐渐招集改编,初则无军械,嗣则每五人给以三枪十五粒子弹,夜间且须收回。近来虽与以枪弹,然警署有日人支配,另有日军威逼,警士无知又为生计所迫,遂甘令其驱使矣。辽宁警务处处长已换日人,哈埠恐亦不久矣。

（D）关于邮电者：夫欲掩人耳目,必先使消息断绝。兹将其接收邮电之情形列下：1. 辽宁之电报局由日人占领后,局员大半逃走。电话、无线电自九月十九日即已占领。邮局因有外国人巴立地拒绝,方迟延多日。2. 哈蚌[埠]电话局前局长徐士达因系国民党真正党员,早已逃走。现在之范局长系留日之学生,原藉[籍]金州人也。3. 电报局及无线电同时被日人接通,目下而管辖之矣。4. 吉黑邮务管理局于四月一号由奉天中国邮局邮务官田中（日人）受"新政府"命令,带领臧委员、范局长及长官公署电务董主任等若干人,率同日本宪兵及中国警察数十人,包围邮局,武力接收。邮局长以未奉中国命令为辞,严行拒绝。日人不得已,仅将□款、财产账目清查后划请签字而去,并嘱以以后收入之款不准动用。邮局因此遂停止汇兑、储金及保险【业务】,后因辽局巴立地与"新政府"商妥缓冲办法,方于四月三十日恢复保险及汇兑,而储金仍未恢复,此在邮局均可证明者也。5. 日人恐邮局人员同盟罢工,乃假"新京交通部"长丁鉴修名义,在邮局张贴布告,禁止人员辞职。该布告为日人所作所书,一望即可断定,且并未盖关防,足证缓不济急。该布告现仍在吉黑邮务管理局张贴,贵团均可往视也。6. 邮局换旗最晚,由日人迫长官公署派人送旗令挂,仅挂两小时。现在,该局接待室中仍悬孙总理遗嘱及遗像,可往察以证明也。

(E) 关于教育者:教育为立国之本,故灭人国者必先灭其教育。兹将日本灭中国教育各点分列于下:1. 辽宁自九一八后,各校均被日军捣毁,东北大学及第三高中物品一空。教育厅缩小范围为筹备处。小学始于三月一号开学,中学均已关闭,且为防人耳目计,一面催教育当局从速开学,一面令财政当局万勿发款,此辽宁教界人所共知者也。2. 哈尔滨五小学于四月十五日始行开学,中学仅开女子一中、二中两校,以女子无能为役故也。其他尚开职业学校数处,以备充其高等亡国奴而已。3. 改革教科书。辽宁各教科书均由南满中学堂堂长主持改革,并由日人印就,而改革者系国语、历史及社会科学,其爱国思想及国耻教授均行删除。至于党义各科,早令停止教授。试查东北各校新订课程可以证明。至各小学学生往往有畏罪,致将一切教科书焚毁者,倘贵团遍寻各小学学生之旧教科书,绝不能尽数可得,足资证明也。4. 破坏校产无微不至,如至本埠第一高中,即可知其校产完全破坏,计其价值当在三四万元之谱。凡是资教授之用具一概无余,其他类此之事正多也。5. 占用各校之舍。日军到处先占校舍,其用意即存破坏,往往一校仅住十余人。虽由中国官府代为另觅宽大房屋,请其迁移,亦属无效。即令日军外出,亦令警备队(中国新招之军,受其指挥者)移往其中。其不欲中学开学于此可见。至教育厅,则占至四月初,始行让出,亦固贵团将来哈始出此也。6. 辽宁教育厅共分四科,现在日人任科长者三人,科员十六人,其他日人充咨议、顾问者,不止数十人,哈埠因贵团未去暂可苟延,一旦贵团去后势所难免,将大行更换矣。

(F) 关于交通者:查用兵之道,交通最关重要。故日人于九一八后即强筑吉会路,接收东北各路,又强迫中东路为日人运兵,因此逮捕俄路员数十人,又于"新京"设交通委员会统一交通,可以证其野心也。

(G) 关于财政者:日人占领之日后,即在经济权之获得,故先借款二千余万金票,设法开除,最终不过令"满洲国"负一笔空债而已。"中央"银行不久即行开办,此后独有票权,将一切旧银行一网打尽,颇足制三千万人之死命。海关、税务、电业局、矿务局以及凡有收入之机关,均行派有日人直接管理监察,而款项收入应解"中央",日人坐享其成,不费吹灰之力矣。

(H) 关于扰乱者:日人到处纵韩人及中国无赖大开赌场,公开【售卖】鸦片、吗啡,接济胡匪,鱼肉良民,因缴民间私枪激成民变,因中国军队被逐,胡匪遂起。日人以剿匪为名,良莠不分,一概炮击,因而民不聊生,不得已而为匪,是以胡匪遍地也。

(I) 关于宣传者:改易人心,宣传为要,所以日人大肆其宣传。兹将其宣传之方法列下:1. "新政府"设"中央宣传部",派日人率同汉奸赴各地宣传,强迫一班市民及教员、学生听讲,并附上该宣传员名片三张可以为证。该宣传员来哈,大招教界人之反对,忿忿而去,观报纸中其自登临别赠言可以为证。2. 建"国"庆祝大会各处齐开,哈埠开会费至九万元之多,演中外戏剧两台,亦不过招来无知识之下愚来观而已。开会之日,由鲍观澄领导欢呼"'满洲国'万岁",时仅鲍一人大呼,无一应者,鲍大怒而返。盖来者虽有数千人,但因军警威逼而来,不敢抗也。3. 到处遍贴标语,但贴后即被人破坏,有用刀割者,有用手撕者,有泼以墨水者,及贵团将来哈时将已破者撤去,又换新标语,此到处可寻其痕迹也。4. 日人令设建"国"思想普及宣传委员会于旧党部。因贵团之来,暂已停顿。然其牌额仍悬于旧党部,可查知也。5. 日人唆使韩人□见贵团,又雇用浪人为贵团造作假信,颂扬"新国"。其实,除少数卖国奴外,无一赞成"新国"者。况明知"新国"系日本卵翼而成,其寿命至短乎。6. 各报馆非受其压迫即受其收买,所以东北一切报纸,均由日人一鼻孔出气,东三省报纸即日人之报纸也。

(J) 关于监视者:1. 天津之《大公报》、《益世报》以及京津沪各报,早已禁售。在最初,尚可由邮局露出数十份,其价之昂至每份二元,每看一次价洋五角。其后,日人检查过严,致将卖报者捉去三人,实行暗害又扣留一切可以寄报之邮件,加以规定:售《大公报》即处极刑,从此《大公报》遂绝迹于哈埠矣。2. 贵团初到马迭尔时,有爱国国民为贵团去信,报告实况者不下五千封,均被日人焚烧,殊为可惜。3. 日人将贵团包围,风雨不透,中国人无敢近者。盖稍涉疑忌,即遭杀身之祸也。4.《国际协报》曾宣布日人之短,因而一度被封,有日期可证。5. 中央执政居住之室内,设有广播音机,每一发言,日人尽悉。其他要人之号房、会客室乃至寝室均有日人,故一举一动,一言一行,均不敢稍越雷池一步也。6. 本埠道外五道街邮局张局长,曾因不服从日人检查信件,几被捉去。彼曾报告邮局长,一询便知。道里南道街邮局于局长,因检查时遗于口袋内信件两件，经日人查出，捉去毒打一顿，此事邮局长亦知，可询问也。以此武力，遂不敢拒绝其检查矣。但检查时均由日人经手，且穿中国便服检查，后令中国警察盖章，以灭痕迹。日人之用心亦狡矣。

（K）此次各地之运动会，均由日人主持，造成"满"日合作之局，借以欺世。附上其计划书一本，末后通讯亦为关东军参谋部宣传课可为铁证，且此次运动会专为贵团而开，初拟正在贵团到境之日举行，继又改为前后，继又改为十四、十五，询诸棚铺亦可证明。又选日本学生、中国学生若干，事前预备合作团体操以表示合作之意。童子无知，奇〔岂〕敢不从。由日人作妥之"国歌"，随函附上。开会时，中国学生无一人唱歌，赞礼人喊至五六次，助以音乐，仍无应者，仅日本学生唱歌而已。童子天真，其反对"新国家"、反对日人于此可见。至向"国旗"行礼时，无一人点首，亦可证其一斑矣。

（L）利用人民反对张学良等贪官污吏之心理，以转移其思想。夫张学良等固为东北之罪人，亦应反对。但铲除打倒其【政】权，在东北人民不愿假手于人，更不愿以暴易暴，且前门驱狼，后门进虎也。

（M）日昨方知信件可以达到贵团，故于百忙中略书以上各节。虽属挂一漏万，然对于贵团调查上不无小补。贵团主持公道，个人欣佩万分，故不能不略尽国民天职。其中未敢有一句虚言，敢失天日。含泪作书，不免语言无次。

尚祈鉴原为幸。

中华民国真国民一份子叩
中华民国二十一年五月二十日

资料来源：日内瓦国联与联合国档案馆藏李顿调查团档案，卷宗号：S36。

322. 不乐意当亡国奴者来信

敬启者：

特呈草缄，别无可详。现在，我中华民国的人，甚不乐意叫大"满洲国"成立的，只因在日本苦害无边。请国联调查团公使待〔代〕我救国，是为大感。

专此，即请国联调查团公使台鉴。

不乐意当亡国奴哭呈
大中华民国廿一年四月八日

资料来源：日内瓦国联与联合国档案馆藏李顿调查团档案，卷宗号：S36。

323. 平民李裕民来信

国际调查团钧鉴：

　　自九一八事变后，我政府未以兵戎与日本正面战争者，不过尊[遵]守联盟之公约，恐起世界之战，故隐忍信赖国际平[评]判。而日本竟不顾一切进行领地之野心，占辽宁、占吉林，更谋占江省，以吞朝鲜之前例，压迫三省不自由之官吏，及利用少数不良份子，作傀儡式之"满州[洲]国"。凡我国民无不切齿，故各地有义勇军之起，爱国军人之不归复，所谓民意立"国"完全子虚。虽少数人加以运动者，不过受武力之压迫，不得不然耳。故占相归复，终必返[反]抗，如宫长海及丁超等是焉。现日本已悉我国人心，故现在政权完全归其掌卧[握]，如各官署之顾问。倘贵国际调查团如不能以正义批评日本，已视满州[洲]为己有矣。但我民众亦不能坐受灭亡，必以全数之血肉与奋斗，即波只[结果]如何地，亦所不顾。再日本之野心，本为过渡矣，廿世纪战胜为心理战胜，如仍用武力，恐不免德意志之前辙焉。惟望贵团持公正之大义、本和平之天资早为解决，东亚之曙光，尚可重见天日焉。专此，敬祝贵团平安。

平民李裕民谨上

资料来源：日内瓦国联与联合国档案馆藏李顿调查团档案，卷宗号：S36。

324. 中国教育界来信

委员长钧鉴：

　　日本压迫东北民众，无处申冤。幸有国联调查团组织来亚调查，正是中日纠纷，是谁理曲[屈]，得以充分表现国联面前。不奈，国联一到东北，就受日本包围，我们就是有多大的痛苦也不得申诉了。可是，日人却能主使鲜人和白俄到国联面前申诉伪情，颠倒是非，使国联没有证据。我想：国联一行人员都是精明强干，谅不致是非为之转移。日人又将哈埠各机关添了许多日人顾问，事事均须听顾问指示方准照行，似此设施不是亡中国的明证吗？又如，伪满州[洲]国政府里一切重要职务均置日人，一切事务均听日人指挥。中国那些丧心病狂的人员，不过甘为傀儡供日人驱使罢了。请看世界各国，既成为国家，内部重要职务有无用外国人员的先例呢？似此卑劣手段能掩饰过谁呢？所以,伪满州[洲]国乃少数中国人受日人压迫组织的,并非民意。现在,东北三千万民众除甘心做亡国奴外,大多数均有组织救国团啦、讨满团啦、抗日救东北团啦等团体。如国联无相当办法,此种团体当拼以死命和日本作永久的周旋,决不能甘心做"满州[洲]国"民,仅此奉闻。伏恳委员长于人道着想,应鼎力拯救东北三千万民众于水深火热之中,恩同再造。

肃此,敬虔勋安!

中国教育界同人同启
1932.5.20

资料来源:日内瓦国联与联合国档案馆藏李顿调查团档案,卷宗号:S36。

325. 中华民国民众申请书

1. 请求国联调查团主持正义,将小日本侵占之东三省立即交还中国,并令小日本迅速退兵。
2. 取消小日本造成的"满洲国"。
3. 一切宣传均系小日本伪造的,我们民众绝不承认。
4. 速将小日本赶出中国以外。
5. 打倒小日本。
6. 打倒"满洲国"。
7. 打倒小日本雇用的汉奸。
8. 祝国联调查团万岁。
9. 祝中华民国万岁。
10. 祝顾维钧万岁。

中华民国民众谨具
中华民国五月六日

资料来源:日内瓦国联与联合国档案馆藏李顿调查团档案,卷宗号:S36。

326. 中华国民一份子许某来信

国联调查团公鉴:

为呈请惨吞我中华民国事。自我中华民国二十年九月十八日,日本即施用吞朝鲜之手段，以南满路进兵，无故占据辽宁，次及东三省各地。因我军无利器敌［抵］抗，由其任意猖獗，横行于我东三省，谅各国不言自晓。但此种【情】形为万国联盟之条律界岂有之？不特如此，后又侵我上海，以致沪地遂成战区。而东三省则拥立清废帝为君，国号"满洲大同独立国"，与吞韩人又何异哉？而此种手段，我人知识稍开，已尽明了，但无抗力，只得忍受。我想，将来亡国之奴隶气定与亡韩无异。而"新国家"之人员，均受日人监视，令其装犬，即如狗形，真犴类也。贵团来哈，曾有白俄与日本投函，承认"新国家"。此皆受日贿赂，万不可信。即以哈论，各地无一处不是日本军，江沿船均旋［悬］日本旗，分明侵我疆土，夺我利权，借"新国家"名目。近闻撤上海军队，移向东省。吾本欲长篇延书苦情，不平事甚多难书，提奉至此，不由泪下湿纸。乞贵团回会，以公言论之，救我国民出苦，乃大慈悲也。顺请固［顾］外交先生旅安。

我国民中华一份子许具

资料来源：日内瓦国联与联合国档案馆藏李顿调查团档案，卷宗号：S36。

327. 中国民众王其正来信

敬启者：

中国不幸遭此颠覆，然有强权无公理，日本野蛮行为，不但侵略中国领土充其企欲，尚欲侵略世界各友邦之完整山河也。夫国际间之友情，必相互维持，互相信赖。乃此次日本不顾舆论，冒世界之大【不】韪，占据满洲（东三省），做其侵略世界各国之根据地，出产之富饶，占据世界第一，日本不惜任何之牺牲，其政治目的为一惯的，"必须侵占东三省（解决满蒙问题）"为日本外交第一步骤，果其实现，恐世界危矣。故不独中国严予拒绝其侵占横行，即世界亦当摈斥其野心狂蛮。夫今日之中国形势又非其灭朝鲜、琉球等可比，东亚几千年之古国，在世界文明上及科学上亦曾有相当之贡献，为东西洋国际情感及巩固邦交，成此世界和平气象，是亦吾人类之幸福也。乃者侵东省、据中国内地，由此扩张其军备，西攻欧洲，南平非洲属地，东去征伐美洲，则世界独有日本矣！大和民族一匡天下，凡吾他种民族，将无嚼［噍］类矣！可不猛醒，共惩其凶恶。今吾为正义人道，请贵国联诸公以公平之判断。幸甚！

中国小民王其正上言

资料来源：日内瓦国联与联合国档案馆藏李顿调查团档案，卷宗号：S36。

328. 冯夷陆来信

国联调查团诸公：

负世界和平之使者，当此际日本狡猾群起、围绕诸公之前，用武力蒙敝[蔽]一切真意，只由日本一方面之辞句为诸公而道时，吾弱小之中国人犹有所欲进言者。

中国为最有力之中国，东三省为中国之东三省，凡此次日本新立之"满洲国"及一切非法之举动，吾中国绝【对】反对，不承认日本所诉诸贵团前之假民意，绝不屈服日本之武力。今者有贵团至，望诸公以至诚之意伸护真理。不然，凡背中国民族之真意者之意思，吾中国人绝【对】流血反抗，虽有破【坏】世界和平亦所不惜，望诸【公】采纳。敬祝诸公精神建[健]壮、身体康泰！

冯夷陆敬达

资料来源：日内瓦国联与联合国档案馆藏李顿调查团档案，卷宗号：S36。

329. 中华民国木工匠王富有等来信

拥护抵日到底的马占山将军！

打倒盗卖国土正牌汉奸鲍观成[澄]！

打倒骑墙汉奸、误国害民的张景惠！

中华民国木工匠王富有、王强、李江
孙景成、王洪志、刘永、袁天志、张有

资料来源：日内瓦国联与联合国档案馆藏李顿调查团档案，卷宗号：S36。

330. 无名氏来信

我们再有向先生说的就是日本惯用欺人手段，像朝鲜人、"满洲人"的向贵【团】所投的声明书，声明如何如何对"新国家"的诚意，各团体向贵团投与这相同的函件，这都不是他们的诚意，背后是受日本胁迫、不得已的举动。贵团千万要觉察及此，不要为他所蒙蔽。

又启

资料来源：日内瓦国联与联合国档案馆藏李顿调查团档案，卷宗号：S36。

331. 无名氏来信

救国救难的天使李顿爵士：

万恶滔天的倭奴，趁着我们江淮水灾和内争的当儿，于九月十八日，偷偷的进兵，首先占我辽宁，屠我同胞，炮击北大营，奸杀掠夺，无所不为，其野蛮行动，于此可见一斑。但是，他的野心不足，又向北进占吉林，于是又大演而特演它那残酷的杀人惨剧，把中国人杀得血流满地！人头滚滚！不知丧在倭奴铁蹄之下多少?！在前两星期，又成立"满洲国"，拿亡朝鲜的手段来亡我。

资料来源：日内瓦国联与联合国档案馆藏李顿调查团档案，卷宗号：S36。

332. 无名氏来信

呼声！亲爱的全世界广大的群众们！

你们知道吗？当一九三一年的秋季，在这自号世纪文明高涨的帝国主义社会里，开始了一件划时代的惨剧，这惨剧的演场，就在你们后面所看到的伤心惨日［目］的满洲，假如阅者不是什末［么］帝国主义者的附庸，而是和我们一样的劳苦的民众，那这儿的印象，它将怎样来震撼你们的心灵哪！一定和帝国主义所宣传给你们的反宣传，在感情上是截然不同的，请你们同情于这些惨死的革命群众们！

亲爱的群众们！只是同情是没力量的，更应进一步地来认识这次事件的真义，须知这次惨剧的使命和意义，实超过了前代任何历史上的战争与屠杀。因为以前的战争和屠杀，都是资本家和帝国主义驱使一般民众为其私人牺牲的把戏、屠杀的结果。无论是谁家胜负，吃亏的只是一般死心眼的老百姓。而那所谓罪魁祸首，还不是躲在一旁私自狞笑么！但我要提醒你们！这一次的惨剧，绝不是前代许多把戏的重演，而实在是帝国主义和世界革命群众决斗的最后一场惨剧！

中国民众是世界上最和平而诚实的人类，我们内受封建军阀的剥削，外受残暴帝国主义的压迫，已是无路可走。而目前唯一的活路，只有联合全世界被压迫的民众，向帝国主义和军阀决一死战。

中国革命的高潮已震撼动了帝国主义内部的基础，推翻了帝国主义的统治和近邻日本帝国主义。所以,这一次的惨剧决不单是日本帝国主义屠杀中国民众而已,乃是全世界帝国主义有计划、有组织地向全世界革命群众[采]取围攻形势的一致阵线。

帝国主义者眼见目前自身危亡的迫近,乘着尚能欺骗一部群众做其傀儡的最后时代,不能不出此极残忍毒辣的手段,以围攻当前世界群众的革命阵线。这无异议地指示给我们了:世界上二大人类最后一次的斗争已在登场了。

我们相信:帝国主义者的残暴、无耻的行为,不但扫灭不了中国群众悲壮的革命潮浪,反倒横冲直冲[撞]地扩大了斗争的领地!

是的,亲爱的群众们!我们大多数都是同样地在帝国主义残忍凶暴的铁蹄之下辗转而呻吟着。是的,你们虽未直接身受帝国主义的屠杀和诛戮,可是平日的剥削、压榨和狠毒,早已把你们的血、肉和筋骨吸吮净尽了。其方法无论怎样巧变,而其欺骗、蒙蔽的结果,总是我们民众的死关。因此,我们才来把这人类前史悲剧的过程,捧献给世界广大的被压迫的群众们!使你们了然帝国主义者是用着怎样残暴而非人道的毒辣手段,来屠杀这些无武器的劳苦群众们!

我们相信:人类是有真理的,这真理的泉源就存在于我们广大群众们最纯白的心灵里,它不但络[终]要觉醒起来,恐怕已在迫切地即要发动起来了!

劳苦的群众们!我们当前急务是:第一,要把握着人类最光荣的使命。第二,要坚持我们革命的路线。第三,要认请[清]谁是我们的敌人,勿为压迫者和帝国主义的反宣传所蒙蔽、中伤。要知道:在资本主义制度之下,压迫者永久是压迫者,被压迫的也永是被压迫的。我们这些被压迫者应当对压迫者,拼命的来反抗她,才是我们被压迫劳苦群众的唯一的出路!

全世界被压迫的群众们!联合起来!反抗人类的恶魔——帝国主义者,造成灿烂光明的和平新世界!

资料来源:日内瓦国联与联合国档案馆藏李顿调查团档案,卷宗号:S36。

333. 察哈尔省延庆县教育会等团体来电

北平顾维钧先生译转国联调查团诸先生钧鉴:

前电谅邀垂鉴,敝[敝]邑人民欢迎诸先生之熟[热]忱,日本在东北树立伪政权之真相,以及敝国人民对东北事件所报之决心,前电已约略述[述]及。兹当诸先生赴东北视察即将启程、敝国人民万分热望之际,敝会等愿再将日本侵占东北各地之实际情形贡献数语,务恳诸先生垂焉。

查东北伪政府确系日本一手所造成之傀儡工具,早为世人所熟知,无容再加赘述。但据察东北各地之实际情形,三省土地已为日本所占领,不过组织伪政府以欺世界耳,如东北伪政府之实权完全操于日本官吏之总务处,一切政务均由日员指挥之。至各县行政无不如是,日员为其指挥者、立案者、监督者。如日人主管之地方自治指导部,即操县行政权之主要机关,此系东北政权完全操诸日人之大略情形也。至军事、交通、财政等项,则更无论矣。如言军事,所谓东北伪政府之国防军,则完全为日军。其维持伪都及各地治安者,则为保安队。如言交通,所有东北三省铁道均由南满铁道会社经营,由统监府统辖之。如言财政,现东北设有伪国中央银行,大权则操诸日本之手,所有一切税收机关、财政机关,亦无不操之于日人。盖日本攫去[取]东北之实权,破坏中国主权及领土,已成一不可掩饰之事实,乃日人近视诸先生即将莅临东北实地考察,惟恐其内幕揭破,乃大施其掩饰伎俩,如伪造拥戴名册,假托民意之证据,并将其省城自治指导部总机关临时取消,将各机关之日员临时调走或改着中国服装,并将历来日军部发出指导伪政府一切盖有印信之公文一律收回封存,意图消灭证据,凡此种种,俱足证明。日本在东北之一切侵占行为,昭然若揭。总之,日本无论若何掩饰,亦难掩其事实,东北一日不归还中国,中日纠纷恐无解决之可能。

惟望诸先生本拥护世界正义和平之伟大精神与公允调解中日纠纷之重大使命,对日本侵占之事实予以详切之考察,俾东北真相详明报告于国联,以达完成国联神圣义务之目的。

敝邑人民实不胜感盼之至!

察哈尔省延庆县教育会(印)、农会(印)、商会同叩　删

资料来源:日内瓦国联与联合国档案馆藏李顿调查团档案,卷宗号:S38。

334. 中华民国察哈尔省张北县教育会等团体来电

四月十九日
第一○六号
张北来第零八九八号

送顾
民国廿一年四月十八日下午五时零分到

来报纸			中国电报局			本局号数

RECEIVING　　　　　　　　JOURNAE. NO. _____
THE CHINESE TELEGRAPH ADMINISTRATION
局
_____OFFICE

由 From				附注 —REMARKS—	交 TO		
时刻 Time	点 H		分 M		时刻 Time	点 H	分 M
签名 By					签名 By		
原来号数 TELEGRAM NO.		1019	等第 CLASS		字数 WORDS		179
发报局 Office from			日期 Date	20/4	点 H	17	分 M	19

			4846	7031		1036
			绥	靖		公
5002	0047	2232	2121	7357		0108
署	乞	探	投	顾		代
5903	4850	6874	6230	6547		0948
表	维	钧	译	转		国
5114	6148	2686	0957	6175		0361
联	调	查	团	诸		公
6874	7003	5261	0046	0001		0360
钧	鉴	自	九	一		八
2480	2609	1730	0148[0594]	2053		2639
日	本	强	佔[占]	我		东

(续表)

4164	4275	1095	2053	0031	2938
省	破	坏	我	主	权
3938	0072	7281	2399	2111	6131
用	亡	韩	故	伎	诱
5178	0356	0948	0681	6766	0037
胁	全	国	同	敝	之
3302	0308	0644	0366	3541［2477］	5108
溥	仪	及	其	無［无］	聊
7825	5038	4809	4930	0264	8085
党	羽	组	织	傀	儡
2398	1650	0117	0366	2172	0169
政	府	任	其	指	使
2347	4912	0017	6700	6153	0677
操	纵	并	邀	请	各
0948	2110	6126	0110	6671	0366
国	承	认	以	达	其
0072	2053	2639	0554	0037	6851
亡	我	东	北	之	野
1800	6602	2577	2948	1599	0013
心	近	更	欲	蔽	世
3954	0037	5121	5113	4544	
界	之	听	闻	竟	
0686	0948	7139	1357		
向	国	际	宣		
0278	1174	6182	0427	5261	3046
传	妄	谓	出	自	民
1942	2974	4467［4429］	7113	6180	3701
意	此	稺［种］	阴	谋	狡

(续表)

5890	0057	1395	2507	1757	2411
术	事	实	昭	彰	敝
4915	3046	5883	0001	1873	1424
县	民	众	一	息	尚
0961	6129	0008	2110	6126	1630
在	誓	不	承	认	幸
6311	0957	5539	5478	3234	0207
贵	团	苙	华	深	信
6175	0361	0031	2170	2973	5030
诸	公	主	持	正	义
6807	1947	0735	1627	2417	2017
酷	爱	和	平	敬	恳
2354[2207]	1395	6148	2686	0191	0366
據[据]	实	调	查	促	其
2483	2480	6703		2053	7325
早	日	还		我	领
0960	0037	1346	2419	0110	1757
土	之	完	整	以	彰
0207	4766	5079	4850	0735	1627
信	约	而	维	和	平
3541[2477]	0117	4162	4411	0022	5478
無[无]	任	盼	祷	中	华
3046	0948	1390	0761	3643	4164
民	国	察	哈	尔	省
1728	0554	4905	2403	5148	2585
张	北	县	教	育	会
6593	2585	0794	2585	0661	4646
农	会	商	会	叩	筱

资料来源：日内瓦国联与联合国档案馆藏李顿调查团档案，卷宗号：S38。

335. 察哈尔省涿鹿县教育会等团体来电

四月十九日
第一○五号
北平探投

顾中国代表维钧博士译转国际联合会调查团诸大使钧鉴：

查日本侵略我东北三省，实为四十年来大陆政策之总结晶。至攻取我文化中心之上海等地，举世更现不安之状。幸赖贵调查团莅华实地调查，吾人极表欢迎。深信贵团能以国际公约及非战公约之根本原则解决上海及东省事件，俾得恢复我国家之完整，维持全世界之和平。贵团责任重大，敬祈秉公澈查，申〔伸〕张正义，前途光明，实多利赖。如日本仍侵略无已，我惟有取自卫手段誓死抵抗，宁为玉碎勿为瓦全。敬怖〔布〕悃诚，即祈公鉴。

察哈尔省涿鹿县教育会（印）
商会（印）、农会（印）
米粟斗行业同业公会（印）同叩　寒（印）
中华民国二十一年四月十四日

资料来源：日内瓦国联与联合国档案馆藏李顿调查团档案，卷宗号：S38。

336. 绥远省农会等团体来电

来报纸 RECEIVING				中国电报局 THE CHINESE TELEGRAPH ADMINISTRATION 局 _____ OFFICE	本局号数 JOURNAE. NO. 738			
由 From					交 TO			
时刻 Time	0.	点 H	30	分 M	附注 —REMARKS—	时刻 Time	点 H	分 M
签名 By					签名 By			

(续表)

原来号数 TELEGRAM NO.		1—75	等第 CLASS		字数 WORDS		343
发报局 Office from			日期 Date	13—7	点 H	00	分 M	50
				7357	0108	5903
				顾	代	表
4850	6874	6567	0948	5114	6148
维	钧	转	国	联	调
2686	0957	0971	7003	2480	2609
查	团	均[钧]	鉴	日	本
1996	1853	2976	0560	2456	0637
凭	恃	武	力	于	去
2979	0046	2588	0787	0748	2053
岁	九	月	侵	占	我
2639	0534	0005	4164	0843	0936
东	北	三	省	嗣	因
0441	1730	0037	7236	7181	0035
列	强	之	非	难	乃
6699	0648	2639	0534	0005	4164
避	取	东	北	三	省
0037	0682	2347	0648	2639	0554
之	名	操	取	东	北
0005	4164	0037	1395	0298	6644
三	省	之	实	伪	造
3046	1942	8141	4814	0657	1778
民	意	勾	结	叛	徒
2392	6314	0960	0564	4809	4930
收	买	土	匪	组	织

(续表)

0264	8085	2398	1650	0871	0769
傀	儡	政	府	嗾	使
3352	1169	1357	6056	3747	4539
汉	奸	宣	言	独	立
0110	6659	0366	0164	0691	0037
以	遂	其	吞	并	之
4180	3938	1800	7145	3021	5280
谋	用	心	险	毒	与
3981	1628	3319	0072	1600	7639
当	年	灭	亡	朝	鲜
0681	0001	2087	3008		
同	一	手	段		
6602	2577	6231	3082	2110	6126
近	更	议	决	承	认
0298	0948	5280	0013	3954	3634
伪	国	与	世	界	为
2420	0138	2974	7607	5790	5887
敌	似	此	鬼	域[蜮]	行
3634	0008	1919	4275	1095	2053
为	不	惟	破	坏	我
7325	0960	0031	2938	0037	1346
领	土	主	权	之	完
2419	0011	1412	0948	5114	4145
整	且	将	国	联	盟
4766	0046	0948	0361	4766	7236
约	九	国	公	约	非
2069	0361	4766	0001	5282	5079
战	公	约	一	举	而

(续表)

3014	0037	0028	2053	0022	5478
毁	之	凡	我	中	华
3046	2469	6129	2984	1017	3082
民	族	誓	死	坚	决
0646	1417	2411	2585	4583	0708
反	对	敝	会	等	代
5903	4840	6678	4164	0005	4102
表	绥	远	省	三	百
5502	3046	5883	7449	1783	0948
万	民	众	愿	从	国
0086	5280	0037	1164	7591	0451
人	与	之	奋	斗	到
1646	0741	0022	0948	0086	3046
底	但	中	国	人	民
1193	4807	0207	0717	0948	5114
始	终	信	任	国	联
4815	5174	0110	2589		
绝	能	以	有		
2400	0037	2455	3127	0455	5932
效	之	方	法	制	裁
2480	2609	0037	2552	5887	2399
日	本	之	暴	行	故
0001	0375	1804	5082	5721	0230
一	再	忍	耐	听	候
0948	5114	6043	3082	5417	1630
国	联	解	决	兹	幸
6311	0948	5539	5478	6148	2686
贵	团	莅	华	调	查

(续表)

3159	3608	2480	2609	1169	6180
洞	烛	日	本	奸	谋
2494	4229	0022	0948	4176	2973
明	瞭	中	国	真	正
3046	1942	0523	6153	0710	0361
民	意	务	请	以	公
2973	0037	1966	1653	0755	4176
正	之	态	度	作	真
4315	0037	1032	0707	0220	0348
确	之	报	告	俾	国
5114	2589	2076	2704	2354	1779
联	有	所	根	据	得
0710	0361	3810	2973	5030	2117
以	公	理	正	义	抑
1764	2552	5887	1073	5887	1459
彼	暴	行	执	行	屡
2945	3082	6231	2714	7098	2601
次	决	议	案	限	期
2327	6622	2639	0554	2480	6511
撤	退	东	北	日	军
0710	4850	0948	5114	1218	0207
以	维	国	联	威	信
0463	0948	5714	1630		
则	国	联	幸		
3928	0022	0948	1630	3928	4840
甚	中	国	幸	甚	绥
6678	4164	6593	2585	4164	2403
远	省	农	会	省	教
5748	2585	4164	0794	5114	2585
育	会	省	商	联	会

(续表)

4164	0966	2455	5281	3112	0791
省	地	方	自	治	促
6651	2585	6164	2405	0948	2585
进	会	省	救	国	会
2981	4840	1579	0794	2585	0704
归	绥	市	商	会	同
0001	2429				
叩	文	Seal			

中华民国廿一年七月十参[三]日到

资料来源：日内瓦国联与联合国档案馆藏李顿调查团档案，卷宗号：S38。

337. 北宁铁路工会来电

来报纸　　　　　　中国电报局　　　　　　本局号数
RECEIVING　　　　　　　　　　JOURNAE. NO. _____
THE CHINESE TELEGRAPH ADMINISTRATION
　　　　　　　　　　局
　　　　　　　　　_____OFFICE

由 From	CP 14.7			附注 —REMARKS— CHG	交 TO			
时刻 Time	23	点 H	50	分 M		时刻 Time		点 H	分 M
签名 By	S. YU.				签名 By			
原来号数 TELEGRAM NO.	G26 8165	等第 CLASS		SSS	字数 WORDS	249		
发报局 Office from	TIENTRSIN	日期 Date	14	点 H	23	分 M	15	

PEIPING

2232	6623	7357	4850	6874	0108	5903	6230	6567	0948
探	送	顾	维	钧	代	表	译	转	国
5114	6148	2686	0957	6874	7003	5261	0046	0001	0360
联	调	查	团	钧	鉴	自	九	一	八
0057	0115	4099	3932	0110	0171	0022	0948	1193	4807
事	件	发	生	以	来	中	国	始	终
6690	1343	0948	5114	0037	3082	6231	3061	0678	3810
遵	守	国	联	之	决	议	求	合	理
0037	6043	3082	2053	0022	5478	3046	2469	2076	6129
之	解	决	我	中	华	民	族	所	誓
2984	1017	2170	0008	5174	2397	4912	0037	7820	0613
死	坚	持	不	能	放	纵	之	点	即
0961	4850	6233	2053	0022	5478	3046	0948	7325	0960
在	维	护	我	中	华	民	国	领	土
5280	5887	2398	2938	0037	1346	2419	3541	2384	0648
与	行	政	权	之	完	整	无	攫	取
7325	0960	5280	5887	2398	2938	0037	6851	1800	1429
领	土	与	行	政	权	之	野	心	尤
3634	2480	2609	0427	1598	0948	5114	0108	5903	
为	日	本	出	席	国	联	代	表	
1459	4842	3981	5883	5110	2494	5074	0035	2480	2609
屡	经	当	众	声	明	者	乃	日	本
6602	0011	0361	3544	0402	0271	2110	6126	1764	0001
近	日	公	然	准	备	承	认	彼	一
2087	0545	6586	0037	3341	3166	0264	8085	4809	4930
手	包	办	之	满	洲	傀	儡	组	织
0008	1917	6672	0646	0948	5114	3082	6231	4275	1095
不	惜	违	反	国	联	决	议	破	坏

(续表)

0948	7239	0735	1627	2019	6153	6311	0975	1412	0366
国	际	和	平	应	请	贵	团	将	其
7236	3127	5887	0520	6567	0707	0948	7139	5114	0678
非	法	行	动	转	告	国	际	联	合
2585	1783	6643	2231	0648	2589	2400	2455	3127	0455
会	从	速	采	取	有	效	方	法	制
2971	2480	2609	2552	5887	0191	0366	0613	6643	2327
止	日	本	暴	行	促	其	即	速	撤
6622	2639	0554	2480	6511	0110	4850	0948	5114	0037
退	东	北	日	军	以	维	国	联	之
1415	0917	5502	0001	0948	5114	3034	0008	0668	0207
尊	严	万	一	国	联	?	不	可	信
6351	2053	0022	5478	3046	2460	3981	2609	1380	3034
赖	我	中	华	民	族	当	本	宁	为
3768	6295	0543	3634	3907	0356	0037	3082	1800	5280
玉	碎	勿	为	瓦	全	之	决	心	与
0037	7028	1004	0234	0001	0543	6245	1730	2552	1779
之	开	战	借	一	勿	让	强	暴	得
6642	0048	6210	7193	0142	6671	6175	4850	2597	3564
逞	也	谨	电	布	达	诸	维	朗	照
0554	6380	6993	6424	1562	2585	0661	1383		
北	宁	铁	路	工	会	叩	寒	SEAL	

资料来源：日内瓦国联与联合国档案馆藏李顿调查团档案，卷宗号：S38。

338. 热河省围场县农会干事长潘瑞麟、副干事长张浩等来信

上海吴市长转国联调查团莱[李]顿爵士勋鉴：

慨[盖]自暴日占据通辽、炮轰淞沪以还，我围场县地处热河北边，倾向吾等中央，乃亦感受暴日侵略行为的意外苦痛。盖暴日野心勃勃，自东省而西窥，煽惑满蒙为其傀儡，狡焉思逞，以致吾热北各县风声鹤唳，咸忧祸至之无日。此等彰明较著、已为全世界所共见所闻的强横野蛮，充分加诸吾中国的行为，岂但破坏东亚和平，实即破坏世界和平。岂但违反国联盟约、非战条约及九国公约，实即蔑视国联决议与种种国际条约。而吾□中国对于以往沈阳事件之容忍，与此次上海事件之抗拒，皆系为吾中华民族争生存及维持世界正义与公理，并坚决拥护国际盟约与国联决议。而吾等处此遭遇荼毒的环境中，与强权劫持严重的情势中，早已印入脑筋，早已热望属[瞩]目的贵调查团员荷庄严伟大的使命，远涉重洋，惠然肯来，莅此多难之邦，实地视察中日真相。吾等恨不能九顿以请，壶浆以迎。又恨不能插翅飞到贵调查团之面前，以倾倒吾等被压迫之惨痛。惟吾等所馨香祝祷者，即企图公等站在正义公理与任劳职责之立场上，制裁日本之暴行，以维持国际之神圣盟约与尊严决议。倘国联对日本侵略中国之暴行不能依据国联盟约及尊严决议，迅采有效之制裁，则吾中华民族只有取自卫手段，继续抵抗，奋斗到底。吾等重新郑重宣誓：宁为玉碎，不为瓦全！然吾等终久[究]信赖公等，决能得以极公平、最合理的解决，使公理之终胜强权也。

谨代表吾围场全县五十万人民尽挚诚之欢迎，恭祝贵调查团诸公福祉。

热河省围场县县农会（印）
干事长潘瑞麟、副干事长张浩等同叩敬叩

资料来源：日内瓦国联与联合国档案馆藏李顿调查团档案，卷宗号：S38。

339. 绥化县农会等团体会长来信

国联调查团钧鉴：

日本出兵满洲，以武力侵占东北，实行其灭韩故智，假造民意，设立傀儡式之伪政府，利用机会操纵政权，并用其巧妙之宣传，谓系我民族自决，岂非欲以一手掩尽天下耳目耶？

今幸贵团秉公平忠正之意，亲临调查，不第为东亚和平保障，实世界人类和平之明星也。李茂林等代表绥化三十万民众于欢迎之余，敬为贵团一披陈之。查日人侵略我国由来已久，种种鬼谋笔难尽述。兹将其荦荦大者，略述于下：

此次强迫张景惠成立伪国筹备委员会，并令张景惠、赵仲仁率日方所收买辽吉黑三省之伪代表十二人，赴旅顺敦请溥仪为伪国执政，并由日方授意溥仪三次推辞，代表三次敦请，始完成三月九日成立伪政府之使命。此后，凡伪国政府之政令，均由日人执掌，如现充伪国务院总务厅长驽[驹]井、伪高等顾问坂垣，在伪国务会议发表，将来定由日人占充。伪政府官吏之半及各省府官吏十分之四现已实现。委驹井德藏[三]为伪国务院总务长官，板谷喜[希]一为"财政部"总务司长，大桥忠一为"外交部"总务司长，三谷清为奉天警务厅长，总揽各省财政、警务全权。又复于土地、交通、金融、教育为积极之侵略，如伪国务院议决：（一）土地官吏所有的没收，民有以半价收归一半。（二）呼海铁路强迫承受三百万押款，以期永占。（三）筹设满洲银行，仿朝鲜办法。（四）强改学制，限用课本。复派遣泽井铁马到各县调查一切政治、财政等项，时用飞机到处示威。凡此种种，有进无已，一经揭穿，举世痛恨。窥其用兵，直等公约如废纸、视国联如无物，开国际未有之恶例，创人类残酷之痛史。凡我民众，莫不泣血。有生之日，誓死抵抗。

今贵团来东调查，真象[相]既明，定能主持正义人道，抑彼强横，扶我弱小，使世界人类同享和平幸福。本人类互助之精神，作国际盟约之保障，民众等不胜馨香祝祷之至！謹上国联调查团。

绥化县农会（印）会长李茂林（章）
绥化县商会（印）会长韩捷三（章）
绥化县教育会（印）会长梁仑（章）

　　　　　　　绥化律师公会(印)会长董世洪(章)
　　　　　　　中华民国二十一年四月二十九日
　　资料来源:日内瓦国联与联合国档案馆藏李顿调查团档案,卷宗号:S38。

340. 中华民国察哈尔省多伦县救国会等团体来电

国联调查团各委员勋鉴:

　　慨[盖]自日人挑衅,破坏和平,侵占我东北于先,蹂躏我沪淞于后,精华丧失,骨肉流离,敝国人民抱痛曷极!近更利用汉奸,组织满蒙伪国,图穷匕见,闻者骇然。贵团激于义愤,远道而来,劳怨不辞,盛情可感。但耳闻不如目见,公理终胜强权。此次贵团莅止,对于日人暴行,洞烛无遗,尚冀据实转陈,并为正当裁判,俾东南悬案同时解决,敝国领土整个保存,则贵团维持远东和平即无异维持世界和平矣。临风祷祝,无任依驰!

　　　　　　中华民国察哈尔省多伦县救国会、农会、教育会、商会等同叩　鱼
　　　　　　　中华民国□年□月□日
　　资料来源:日内瓦国联与联合国档案馆藏李顿调查团档案,卷宗号:S38。

341. 察哈尔省立农业专科学校学生自治会全体来电

　　　　　　　　　　　　　　　　　　　　收文第一六二号

国联调查团钧鉴:

　　窃以日本无故称兵,侵我辽吉三省,恃力蔑理,情已难堪。近复成立满洲政府,妄称顺从民意,冀淆世界听闻,以遂并吞欲望。凡我民族,罔不痛心!东北何人宁愿为此?或以势力所迫,欲图违反,无能【为力】。

　　兹幸贵团莅我中土,惟望认真调查,主张公道,否认伪政府之组织,归还我中国之边疆,感激盛情,没世无既。敝会本为学生团体,非敢妄言国事,只以关系领土主权,遂尔难安缄默。谨电陈情,惟冀鉴察!

　　　　　　察哈尔省立农业专科学校学生自治会(印)全体叩　佳
　　　　　　　中华民国二十一年四月九日发
　　资料来源:日内瓦国联与联合国档案馆藏李顿调查团档案,卷宗号:S38。

342. 中华民国察哈尔省律师公会来电

收文第一四九号
上海、北平邮局探投

国联调查团公鉴：

日本图谋侵略，久抱野心。自九一八突以武力占我满洲，置国际公法、正义、人道于不顾，唯用灭亡朝鲜之故技并吞我东北三省。因劫往溥仪，并威胁利诱少数不肖华人，唆使组织所谓"满洲国"之傀儡政府，以行其操纵之实权，事实昭彰，讵容遁饰。乃近来竟向国际宣传，谓系出自东北民意，掩耳盗铃，冀淆世界听闻，此而可忍，孰不可忍？迹其诡谲强暴、种种阴谋，实为破坏世界和平之戎首。察省民众以国难临头，痛关切肤，对其狡诈行为断难承认。

素仰贵团主张公理，保障和平，夙为国际信赖，用特电请洞察实情，依据国际盟约、非战公约及九国公约，毅然主持正义，促其及早还我领土之完整，以彰信约而维和平。无任屏营翘盼之至！

中华民国察哈尔省律师公会（印）叩　鱼（印）

资料来源：日内瓦国联与联合国档案馆藏李顿调查团档案，卷宗号：S38。

343. 中华民国察哈尔省商会等团体来电

中华民国廿一年七月廿九日收到

来报纸 RECEIVING	中国电报局 THE CHINESE TELEGRAPH ADMINISTRATION _____ OFFICE	本局号数 JOURNAE. NO. ___509___ 由京北分局抄送

由 From	CP 349			附注 —REMARKS—	交 TO			
时刻 Time	点 H		分 M		时刻 Time	点 H		分 M
签名 By					签名 By			150

(续表)

原来号数 TELEGRAM NO.	24·287	等第 CLASS	5	字数 WORDS	302
发报局 Office from		日期 Date	28/7	点 H	18	分 M	50

6993	3740	1311			
铁	狮	子			
5176	0681	7357	0108	5903	6230
胡	同	顾	代	表	译
6567	0948	5714	6148	2886	0957
转	国	联	调	查	团
6157	1201	0765	8133	7003	3237
诸	委	员	勋	鉴	淞
3337	2069	1775	2480	2609	4082
沪	战	后	日	本	倾
0357	0500	5842	3970	2639	0554
全	力	侵	略	东	北
2376	1161	2053	7070	4451	2384
攘	夺	我	关	税	攫
4648	2053	6755	2938	7173	4842
取	我	邮	权	虽	经
6311	0957	6174	0538	2607	5174
贵	团	讽	劝	未	能
4455	2061	0366	2110	6126	0298
稍	戢	其	承	认	伪
0948	0037	3082	1800	7173	2589
国	之	决	心	虽	有
6311	0957	4148	6018	2407	5174
贵	团	监	视	未	能
4455	7091	0366	3583	3109	2600
稍	阻	其	热	河	朝

(续表)

7122	5437	6575	3498	2974	0942
阳	之	轰	炸	此	固
2589	4158	0364	4212	1395	0008
有	目	共	睹	实	不
1769	0710	5086	4720	7395	6311
待	吾	人	粉	饰	贵
0957	6298	6850	1129	0037	0169
团	负	重	大	之	使
0730	5297	6508	0295		
命	舟	车	仆		
0295	2472	2588	2456	5417	1653
仆	数	月	于	兹	度
2456	2480	2609	6672	0646	0046
于	日	本	违	反	九
0948	0361	4766	0948	8114	4145
国	公	约	国	联	盟
4766	0037	5587	3634	4275	6095
约	之	行	为	破	坏
0013	3952	0735	1627	0037	0120
世	界	和	平	之	企
0956	6451	6497	2639	0854	0037
图	蹂	躏	东	北	之
0057	1395	0022	0948	2897	5926
事	实	中	国	横	被
0187	3970	0037	1906	1748	0207
侵	略	之	情	形	信
6351	0948	5114	0037	1695	0434
赖	国	联	之	迫	切
1947	1170	0735	1627	0037	4737
爱	好	和	平	之	精

(续表)

4377	2483	2589	4161	3981	2494
神	早	有	相	当	明
4229	0037	6126	6221	0710	0086
了	之	认	识	吾	人
0093	2480	0787	0001	0037	1585
今	日	唯	一	之	希
2598	1919	7339	6311	0957	2609
望	惟	愿	贵	团	本
2456	0361	1627	6148	2686	0037
于	公	平	调	查	之
2076	1779	1783	6643	1032	0707
所	得	从	速	报	告
0948	5114	0484	0843	1122	2076
国	联	切	勿	多	所
7357	1982	6318	0013	3954	3541
顾	虑	贻	世	界	无
4522	0037	1129	4393	1429	4162
穷	之	大	祸	尤	盼
6311	0957	1412	2552	2480	0187
贵	团	将	暴	日	侵
3970	1393	1906	1357	4355	2456
略	实	情	宣	示	于
0356	0013	3954	5079	2589	0455
全	世	界	而	有	制
5932	0037	1659	1437	2639	0068
裁	之	庶	几	东	亚
0001	1129	1921	7671	2966	0366
一	大	恶	魔	敛	其
3230	1218	0694	0463	6259	0284
淫	威	否	则	岂	仅

(续表)

0022	0948	0694	0366	5442	3021
中	国	受	其	荼	毒
2419	0222	0013	3954	1412	0971
整	个	世	界	将	均
6685	0008	1630	0057	0528	1838
遭	不	幸	事	势	急
1695	0008	0524	1456	3602	0022
迫	不	胜	屏	营	中
5478	3046	0948	1390	0761	3643
华	民	国	察	哈	尔
4164	0794	2885	2405	0948	2585
省	商	会	救	国	会
7403	5148	2585	1562	2585	6593
教	育	会	工	会	农
2585	0681	0661	0313		
会	同	叩	俭		

资料来源：日内瓦国联与联合国档案馆藏李顿调查团档案，卷宗号：S38。

344. 高钟华等来信

收文第一七八号

国联调查团钧鉴：

日本去年乘我国水灾遍地之时，突然进兵，占据我东北三省，随即组织傀儡政府，期以灭朝鲜之手段来灭我中华，此不特破坏我国领土主权之完整，亦且破坏世界人类和平。

诸公为和平之使者，今远道东来，务祈主持公道，根据国联议决案，对于日本非法侵略及一切非法措置，迅予以有效之制裁，勿为狡猾之日本所蒙蔽。倘日本仍执迷不悟，不服国联决议及诸公公正之处置，我民众誓为政府后盾，与暴日相周旋。决裂之咎，应由日本全负。

特此电达,敬祈鉴察!

财务局长高钟华(章)

建设局长李慎行(章)

教育局长刘路通(章)

职业学校校长梁择中(章)

救济院长杨树棠(章)

资料来源:日内瓦国联与联合国档案馆藏李顿调查团档案,卷宗号:S38。

345. 中华民国察哈尔省宣化县教育会、农会、商会来电

收文第一七九号

南京探报

国际联合调查团钧鉴:

吾华不幸,迭遭暴日侵凌。近复包藏祸心,肆其鬼蜮伎俩,于贵团莅华调查之际,竟怂恿溥仪组织东北伪政府,以遂其操纵支配之野心,实属世界罪人、民族公敌!

吾华民族一息尚存,誓当表示反对!除联络各地民众积极抵抗外,用特电恳贵团,迅予主持正义,以还吾华领土之完整。临电不胜翘企迫切之至。

中华民国察哈尔省宣化县教育会(印)

农会(印)、商会(印)叩　文

中华民国□年□月□日□午□钟□分□发

资料来源:日内瓦国联与联合国档案馆藏李顿调查团档案,卷宗号:S38。

346. 绥远省农会等团体来电

129　S435　FY4　11/4　18:30

2232 探	6623 送	0948 国	5114 联	6148 调	2686 查	0957 团	0971 钧
7003 鉴	2480 日	2609 本	0110 以	2976 武	0500 力	2398 政	4595 策
1161 夺	2053 我	7325 领	0960 土	2275 损	2053 我	0031 主	2938 权
1167 奴	2053 我	0086 人	3046 民	0637 去	2979 岁	0187 侵	0148 占

(续表)

2639 东	0554 北	0005 三	4164 省	1775 后	0936 因	0441 列	1730 强	
7236 非	7181 难	0035 乃	6699 避	0648 取	2639 东	0554 北	0005 三	
4164 省	0037 之	0682 名	2347 操	0648 取	2639 东	0554 北	0005 三	
4164 省	0037 之	1395 实	0298 伪	6644 造	3046 民	1942 意	0551 勾	
4814 结	0065 [0651] 叛	1778 徒	2392 收	6314 买	0960 土	0564 匪	4809 组	
4930 织	0264 傀	8085 儡	2398 政	1650 府	0110 以	3302 溥	0308 仪	
4583 等	0155 作	0264 傀	8085 [8079] 儡	0778 唆	0169 使	3352 汉	1169 奸	
1357 宣	6056 言	3747 独	4539 立	0220 俾	2639 东	0554 北	0005 三	
4164 省	0341 先	5192 脱	7180 离	0022 中	0948 国	3544 然	1775 后	
1395 实	5887 行	0164 并	0691 吞	3938 用	1800 心	7145 险	3021 毒	
5280 与	3981 当	1628 年	3319 灭	0072 亡	2600 朝	7639 鲜	0681 同	
0001 一	2087 手	3008 段	0093 今	1628 年	0642 又	4276 炮	6575 轰	
0006 上	3189 海	4275 破	1095 坏	0013 世	3954 界	0735 和	1627 平	
7173 虽	4842 经	0677 各	0645 友	6721 邦	0810 善	1942 意	6148 调	
0255 停	3544 然	3730 犹	3701 狡	1455 赖	5502 万	4551 端	3032 毫	
3541 无	6134 诚	1942 意	0001 一	7240 面	7122 阳	7030 开	2485 [2585] 会	
6231 议	5711 虚	5280 与	1201 委	5748 蛇	0001 一	7240 面	6663 运	
6551 输	6511 军	3499 火	4480 积	2817 极	0271 备	2069 战	1758 影	
7302 [0742] 响	2076 所	0644 及	0008 不	1919 惟	4275 破	1095 坏	0022 中	
0948 国	7325 领	0960 土	0031 主	2938 权	0037 之	1346 完	2419 整	
0011 且	1412 将	0948 国	5114 联	1218 威	0207 信	0948 国	5114 联	
4145 盟	4766 约	0046 九	0948 国	0361 公	4766 约	7236 非	2069 战	
0361 公	4766 约	0001 一	5282 举	5079 而	3607 毁	0037 之	2577 更	
0936 因	0022 中	0948 国	0207 信	6351 赖	0948 国	5114 联	0035 乃	
0155 作	4467 [4429] 种	4467 [4429] 种	6672 违	0646 反	0057 事	1395 实	0037 之	
1357 宣	0278 传	0110 以	6180 谋	0022 中	0281 伤	0138 似	2974 此	

(续表)

2976 武	0500 力	0187 侵	3976[3970] 略	1730 强	1695 迫	3046 民	1942 意
6644 造	2052 成	0037 之	1444 局	7240 面	0028[0416] 凡	2053 我	0022 中
5478 华	3046 民	2469 族	6129 誓	2984 死	0646 反	1417 对	2411 敝
2585 会	4583 等	0108 代	5903 表	4840 绥	6678 远	4164 省	0005 三
4102 百	5502 万	3046 民	4191 众	7349 愿	0681 同	0948 国	0086 人
5280 与	0037 之	1164 奋	7591 斗	0451 到	1646 底	0141 但	0022 中
0948 国	0086 人	3046 民	1193 始	4807 终	0207 信	6351 赖	0948 国
5114 联	1417 对	2480 日	2609 本	2552 暴	5887 行	4815 绝	5174 能
2231[6846] 采	0648 取	2489 有	2400 效	0037 之	0455 制	5932 裁	2399 故
0001 一	0375 再	1804 忍	5082 耐	5112 听	0230 候	0948 国	5114 联
6043 解	3082 决	5417 兹	1630 幸	6175 诸	0689 君	5539 莅	5478 华
6148 调	2686 查	2480 日	2609 本	0187 侵	3970 略	0022 中	0948 国
0037 之	4842 经	6665 过	0523 务	6153 请	3137 注	1942 意	3337 沪
2714 案	0644 及	2639 东	0554 北	0005 三	4164 省	0057 事	6239 变
4176 真	4160 相	0110 以	0361 公	2973 正	1966 态	1653 度	0155 作
4176 真	4315 确	0037 之	1032 报	0707 告	0220 俾	0948 国	5114 联
2589 有	2589①	2076 所	2704 根	2354 据	1779 得	0110 以	0361 公
3810 理	2973 正	5030 义	0455 制	5932 裁	2480 日	2609 本	0037 之
2552 暴	5887 行	0110 以	4850 维	0948 国	5114 联	0037 之	1218 威
0207 信	0463 则	0948 国	5114 联	1630 幸	3928 甚	0022 中	0948 国
1630 幸	3928 甚	4840 绥	6678 远	4164 省	6593 农	2585 会	4164 省
2403 教	5148 育	2585 会	4164 省	0794 商	5114 联	2585 会	4164 省
5261 自	3112 治	0191 促	6651 进	2585 会	4164 省	2405 救	0948 国
2585 会	2981 归	4840 绥	1579 市	0794 商	2585 会	0104 同	0661 叩
4176 真							

资料来源：日内瓦国联与联合国档案馆藏李顿调查团档案，卷宗号：S38。

---

① 编者按：此处缺字。

347. 北宁铁路工会来电

来报纸　　　　　　　中国电报局　　　　　　　本局号数
RECEIVING　　　　　　　　　　　　　　　　　JOURNAE. NO. ___744___
　　　　　　THE CHINESE TELEGRAPH ADMINISTRATION
　　　　　　　　　局　　　　　　　由京北分局抄送
　　　　　___279___　OFFICE　DELIVERED BY N. B. O

由 From	14/4			交 TO				
时刻 Time	16 H	点	00 M	分	附注 —REMARKS—	时刻 Time	点 H	分 M
签名 By				签名 By				
原来号数 TELEGRAM NO.	11/5161	等第 CLASS		S		字数 WORDS		160
发报局 Office from		日期 Date	14	点 H	15	分 M	30	
Pi	2232 探	6623 报	7357 顾	4850 维	6874 钧	0341 先	3932 生
6230 译	6567 转	0948 国	5114 联	6148 调	2686 查	0957 团	6175 诸
0108 代	5903 表	6874 钧	7003 鉴	2480 日	2609 本	0607 卯	5065 翼
0007 下	2076 所	3934 产	3932 生	0037 之	3341 满	3166 洲	0298 伪
0948 国	4315 确	3634 为	3480 日	0086 人	0691 吞	0164 并	2639 东
0005 三	4164 省	0037 之	0264 傀	8085 儡	4809 组	4930 织	2480 日
0086 人	0936 因	2976 武	0500 力	0037 之	0148 占	7325 领	2706 格
2456 于	0948 国	7139 际	0361 公	4766 约	0037 之	0008 不	6079 许
2399 故	0035 乃	0250 假	0691 吞	0164 并	2600 朝	7639 鲜	0037 之
2087 手	3008 段	0110 以	0691 吞	0164 并	2639 东	0005 三	4164 省
0057 事	1395 实	0215 俱	0961 在	2589 有	4158 目	0364 共	6023 睹
2974 此	4583 等	4275 破	1095 坏	0022 中	0948 国	7325 领	0960 土
0644 及	5887 行	2398 政	2938 权				

(续表)

0346 完	2419 整	0037 之	2076 所	3634 为	0022 中	5478 华	3046 民
2469 族	6129 誓	0008 不	2110 承	6126 认	0523 务	2017 恳	6175 诸
0108 代	5903 表	0181 依	2354 据	3127 法	1774 律	0057 事	1395 实
6598 迅	0056 予	0361 公	2973 正	5710 处	3810 理	0169 使	0948 国
7139 际	2973 正	5030 义	6351 赖	0110 以	0135 伸	1728 张	0013 世
3954 界	0735 和	1627 平	0936 因	0110 以	7255 巩	0942 固	0543 勿[无]
0117 任	4411 祷	4376 祝	0554 北	1380 宁	6993 铁	6424 路	1562 工
2585 会	0661 叩	1383 寒	SEAL 印				

资料来源：日内瓦国联与联合国档案馆藏李顿调查团档案，卷宗号：S38。

348. 开鲁各团体代表六万人民来电

来报纸　　　　　中国电报局　　　　　本局号数
RECEIVING　　　　　　　　　　　JOURNAE. NO.　7
　　　　THE CHINESE TELEGRAPH ADMINISTRATION
　　　　　　　局
　　　　　　275　OFFICE　　　　　　开鲁来电

由 From				交 To			
时刻 Time	点 H	分 M	附注 —REMARKS—	时刻 Time	点 H	分 M	
签名 By				签名 By			
原来号数 TELEGRAM NO.		等第 CLASS		字数 WORDS	329		
发报局 Office from	Kailu	日期 Date	30/3	点 H	3	分 M	29

Peiping 北京

1444 局	0681 同	0086 人	0567 转	0719 周	1579 市	7022 长	6569 转	
0948 国	5114 联	6148 调	2686 查	0957 团	0957 团	7022 长	2621 李	
7319 顿	3635 爵	1102 士	0644 及	0957 团	0765 员	0361 公	7003 鉴	
2480 日	6511 军	6387 趁	2053 我	5478 华	0022 中	1129 大	2487 旱	
5478 华	0589 南	3163 洪	3055 水	6672 违	0646 反	0948 国	5114 联	
4145 盟	4545 章	0644 及	0046 九	0948 国	2742 条	4766 约	2343 擅	
0796 启	0365 兵	4541 端	0148 占	2053 我	3476 沈	7122 阳	2053 我	
2639 东	0554 北	0934 四	4164 省	2589 有	0063 五	0577 十	5502 万	
2976 武	5944 装	3046 民	5883 众	0005 三	0577 十	5502 万	1601 常	
0271 备	7089 防	6511 军	0936 因	2398 政	1650 府	5280 与	0086 人	
3046 民	0681 同	2128 抱	2340 拥	6233 护	7236 非	2069 战	2742 条	
4766 约	0644 及	0948 国	5114 联	0577 十	2588 月	0934 四	2480 日	
0644 及	0577 十	0059 二						
2588 月	0577 十	2480 日	6031 议	3082 决	2714 案	1193 始	4807 终	
1369 容	1804 忍	6622 退	6245 让	5268 致	2480 日	6511 军	4634 节	
4634 节	6651 进	0187 侵	2053 我	0005 三	4164 省	0059 二	4102 百	
0003 七	0577 十	7411 余	5502 万	2455 方	6849 里	0960 土	0966 地	
3634 为	0366 其	0148 占	2354 据	2053 我	0086 人	3048 民	5261 自	
6126 认	2076 所	2232 采	5887 行	0520 动	0017 并	7236 非	6934 错	
6137 误	2480 日	6511 军	5261 自	0148 占	6639 通	6697 辽	0613 即	
3569 煽	1910 惑	1136 失	2814 业	5536 蒙	0086 人	1626 干	3796 珠	
3946 甲	1580 布	7281 韩	5331 色	2489 旺	0545 包	0810 善	0001 一	
4583 等	0664 召	6314 买	3077 流	3047 氓	1201 委	3175 派	2480 日	
2609 本	2172 指	2264 挥	1351 官	0180 供	4822 给	2750 械	1734 弹	
6007 西	0187 侵	3583 热	3109 河	6079 许	0110 以	4869 组	4930 织	
3747 独	4539 立	2398 政	1650 府					
2076 所	5267 至	0037 之	5710 处	1169 奸	2230 掠	3599 烧	3010 杀	
3541 无	2076 所	0008 不	5267 至	2053 我	7465 驻	6511 军	3634 为	

(续表)

5261 自	5898 卫	2019 应	2069 战	1412 将	0366 其	2345 击	6622 退
0001 一	7240 面	1872 恭	0230 候	6311 贵	0957 团	5539 莅	5478 华
6148 调	2686 查	1412 将	0057 事	1395 实	1032 报	0707 告	1129 大
2585 会	6043 解	3082[0414] 决	3807 现	0093 今	6311 贵	0957 团	1570 已
2107 抵	0006 上	3189 海	5079 而	2480 日	6511 军	7849 鼓	0520 动
2408 败	3391 溃	5536 蒙	0564 匪	0008 不	6695 遗	7411[0151] 余	0500 力
2609 本	0957 团	7555 体	6210 谨	0108 代	5903 表	0356 全	4905 县
0362 六	5502 万	3046 民	5883 众	0110 以	5502 万	0433 分	3583 热
1820 忱	2970 欢	6601 迎	6311 贵	0957 团	1585 希	2598 望	3634 为
0013 世	3954 界	0031 主	1728 张	0735 和	1627 平	4850 维	2170 持
0948 国	5114 联	2742 条	4766 约				
4377 神	5110 圣	0017 并	4376 祝	6311 贵	0957 团	7022 长	4395 福
4363 祉	1660 康	0256 健	7030 开	7627 鲁	0677 各	0957 团	7555 体
0108 代	5903 表	0362 六	5502 万	0086 人	3046 民	0681 同	0661 叩
7030 开	1444 局	0681 同	0086 人	0108 代			

资料来源：日内瓦国联与联合国档案馆藏李顿调查团档案，卷宗号：S38。

349. 察哈尔省商会、省救国会暨全省各人民团体来电

外交部电报室
收察哈尔省各团体电
四月九日发到　第□号

外交办事处转国联调查团委员会鉴：

自去年九一八日本强占我东北三省，破坏我领土暨行政之完整，并用灭朝鲜之故技诱胁少数不良华人为非法组织，借华人傀儡之名，行日人操权之实。前月更将溥仪劫往东省，促就伪执政。近复指示邀请各国之承认，以达其吞并之野心，卑污狡诈，甘为破坏世界和平之戎首。

察省民众为保全世界和平以救危亡计，一息尚存，誓不承认！除径电日内

瓦国际联合会鉴核外,特请贵团主持正义,为最善之努力,促其及早还我土地行政之完整,以彰国际盟约及九国公约之神圣,而维系世界之和平。不胜盼祷之至。

察哈尔省商会、省救国会及全省各人民团体同叩　佳(九日)

资料来源:日内瓦国联与联合国档案馆藏李顿调查团档案,卷宗号:S38。

350. 中华民国察哈尔省商会等团体来电

外交部驻沪办事处转国联调查团诸委员公鉴:

贵团辱临鄙国,调查中日纠纷,远道跋涉,不辞劳瘁,拥护公理,企图和平,伟大精神至堪钦佩。鄙察哈尔民众以中华民国人民身分愿为贵团进公平之陈述。

查国联行政院根据中国之请求,于去年九月三十日、十月二十四日两次决议,限令日本撤兵,世界人士共见共闻,昭昭在人耳目。乃日本自去年九月十八日于中国军队奉令避免抵抗之下,以暴力占领沈阳,逐渐而吉林、通辽、牛庄、锦州、黑龙江、哈尔滨均遭非法攫取,视神圣之国联如无物,尤复不知悔过,冥行独迈,海陆交侵,东南并进,炮轰吴淞,火烧闸北,举我商业文化中心、世界著名之要埠上海肆意摧毁。数月以来,自东北牵及东南,鄙国物质上与精神上之损失何止数千万万!我守沪国军不得已而奉令自卫抵抗,以身为障,以肉为弹,人怀必死,每战皆捷,盖过去沈阳事件之容忍与此次上海事件之抵抗,均系为我大中华民族争生存,为世界伸正义,为拥护国际盟约与国联决议案之现实的表示也。

兹所以为贵团告者,中日两国皆为国联会员,又同为开[凯]洛克非战公约签字国,日本更受华府九国远东公约之拘束,自应尊重和平,及[即]不得以战争为解决纠纷之手段,并不应以武力破坏中国之独立与领土主权之完整,奚待多论。惟国联每一决议,鄙国无不诚恳接受,忠实履行。反观日本,不特蔑视议案,并且侵略行动变本加厉焉,鄙国人民殊不胜其遗憾。

近今日本复扩大作战区域,飞机所炸延及毫无戒备之苏杭,而东省汉奸叛逆更于日本操纵之下,积极成立伪国。倘国联再无有效之制裁,则实逼处此,鄙国人民惟有继续自卫抵抗之最后一条路,宁玉碎不瓦全,虽因此引起世界之扰攘,当有负责之人。

贵团须知:国联于此最严重时,本无论站在正义公理或本身责任立场上,均有惩创日本暴行、维持神圣盟约之必要,因破坏东亚和平者胥为破坏世界和平,征服中国即以征服世界,倘日本目的得达,则今日以东三省为生命线者,他日以太平洋、印度洋为生命线矣。贵团多世界闻人,用特披沥衷曲,愿即察纳而采择之。幸甚!

中华民国察哈尔省全省商会、农会、教育会
妇女协进会、各工会、各工商同业工会
各学校学生自治会同叩　文

资料来源:日内瓦国联与联合国档案馆藏李顿调查团档案,卷宗号:S38。

351. 辽宁、吉林、黑龙江三省民众代表李国权来信——日军在东北暴行之事实备忘录

国联调查团各委员诸公勋鉴:

查日本以其侵略主义之野心,竟敢公然破坏世界和平之公约,歼灭人道,蔑视公法,强杀我同胞,毁灭尸体。奸淫我妇女,抢掠财物。占据我城市,夺霸铁路。炸焚我机关,改造政权。而在我方所以隐忍避免者,原冀国联正义和平之解决,期达日冠[寇]撤兵、还我土地之目的。

兹值贵团征集证据材料,期获暴行之真相,用作国联解决之根据,关系至巨。故凡我三省民众宜个[各]就所知,据实报告,供献于诸公,以为调查之引线,俾获日人武力侵略之确证,庶免是非颠倒。况日寇盘据[踞]半载,以我久被受武力胁迫下之民众与人民法定团体,当无真实之表示,是以日人残暴行为殊难得尽情披露,且际此叛逆业已显著,其所有附逆及实施逆行者,决为日寇掩盖罪恶并作伪民意,【作】有利彼方之宣传,甚至日冠强收私人财产或以杀害交相恫吓,当为调查真相之障碍,终致诸公被其蒙蔽,使真相实难大白于天下矣。欲求被救之方,自应由我现脱开被占区域还复自由者拟具实情,送请诸公详加参证,逐项实地追究,自得真确之事实,借获联盟公正之处置也。谨就日寇最惨忍、最毒辣之行为,敬陈于我素尚正义、主张和平调查员诸公之前。

呜呼!日人惨无人道,昭昭在人耳目,野心勃发,公然违反盟约。乃去岁以其受金贵银贱之影响,致工商凋敝,百业颓靡,岁入顿减,军政各费已现支绌,当局有缩减之议,官民起失业之忧,举国慌慌,蠢蠢思动。为图防止内乱计,遂妄行侵略我满蒙之下策,稽其暴行,计有三端:

（A）爰于去年六月间（即西历一九三一年），该日本驱使朝鲜暴徒，竟在我吉林省属境长春县界万宝山地方，实施强掘人民沃田，使成沟渠，约占面积二百余垧，拟作植稻之需。迨所有权人稍出理论，乃驻在长春日领署当派署警实弹荷枪，驱逐业主，借行保护鲜人非法之工作，并枪伤我人民多名，交涉数月，迄无相当赔偿解决之法。此日本阴险成性，为第一步寻衅破坏国交者一也。

（B）值前项谈判未结，旋于同年七月间，复勒迫朝鲜民众在鲜境仁川、京城、青津、会宁等处，竟对中国侨民实行毒杀，惨死者达五百余人，残伤者达千人以上，并将各侨民所有之动产与不动产悉数抢掠以去，计达四百万元有奇，均有报告，我国府调查表可稽查。除死伤者外，余则尽数逐出境外，不惟莫敢抵抗，即稍行迟移者，亦必立遭枪杀或予伤害，无由幸免。其日本值班警察均熟睹朝鲜人任意残害我国侨胞，不加丝毫禁止，亦未捕获罪犯一人，且反助朝鲜人之势以戕杀我侨民，谓其胁迫有足证也。但念我被惨死之侨民，以耕作菜田居多，次则为饭食业。其间有营小本杂货商，可知伊等既手无寸铁，复乏利器，自无正当防卫之力，尤缺维护避免之方，唯有任人生杀予夺，胆敢抵御，似此惨杀酷劫，正宜急策赈恤，谈判赔偿，乃日本竟使其蛮横狡诈之手段，否认我国所提出之条件。兹恐各友邦未尽洞悉日本一再启衅之线索，特详陈颠末，俾披露其穷极思逞、无恶弗作之野心。此日本毒辣惨[残]忍之行为，故违通商惯例者二也。

（C）际我国长江流域十六省民众突被洪水灾害，死难无算，财帛空虚，人民嗷嗷[嗷嗷]待哺，友邦殷殷给①赈恤，人同此心，孰忍坐视？况救灾恤邻，古著常典，物不忍伤同类，战弗加诸灾害。今独凶暴惨[残]忍之日本竟于同年九月十八日（以下为日军在辽宁暴行之事实）夤夜间，无故先以重炮向我辽宁城北大营发炮数百余响，而我国军队遵令急图避免，尤被击死团长二名、营长十余名、士兵千余名。彼遂相继占据营垣，并另以一部日军适用手榴弹及机枪与重炮向城内轰击，计数千发，逢在街商民军警，不分类别，一律射死，约毙商民五千余，军警千余名。所有尸体尽行焚毁，冀为灭迹。即占据城内，遂向良家妇女强施奸淫，复将同泽学校女生抢掠多名，隐藏队内，生死莫卜。内有锦县籍商人王姓女生被掠，如在锦县街查询被害者家长，自能得其实情也。

微论军、政、学、警各官署，一并将高级官员惨戮或解送其军部。例若前辽

---

① 编者按：原文多一"给"字。

宁省主席臧式毅，尝被监禁，失去自由，曾绝食三日，继被胁迫续任伪职，所有处理政务与其行动，咸被日寇监视，均有事实可寻。至其余职员，悉予逐出，实行占据。

各机关贴有"大日本占领"之标语，俨然居主权者地位，遂分抢各机关及稍优民宅之重要物品金钱等项，并将粮秣厂、迫击炮厂等处，其粮食中成品、机器各物，竟择优掠运南满日站，余如兵工厂所储各项军需利品，亦以载重汽车运送日站。又飞机厂所存适用之飞机三百余架，悉掠为己有，涂去记号以为抵赖。按上项损失约共价达六亿万元以上。复于三省官银钱号提取金票五十万元，作为犒赏其军队之需。同时，将万国商业辐辏之营口，亦实施占领，加驻重军，不惟妨害通商安谧，并对我驻防该处练军营占据。而我国军即避出境外，商工既失保护，秩序紊乱异常。及同月二十四日，复以飞机驶赴锦县东大营，掷下炸弹五枚，炸毙兵民八名。继于十二月间，竟强驶使①北宁机车，调集重兵，适以重炮、机枪、唐[坦]克车等利器，强暴将驻锦县辽宁临时政府驱逐，即占据山海关以东各县，击死兵民甚巨，惟恐一经调查则其暴行咸露，遂三次雇用中国被难乏衣缺食之贫民百余名，每人一次酬给日金四角，使着日本军服，以枪械置于身旁，伪作被枪杀致死之状态。悉予摄影于河滩、壕沟等地，究其用意，不外留作误[诬]赖中国军人枪击伊士兵之反证，图免无故加害于我兵民之愆，但原影俱在，果能详审个人面孔，则不难辨识何国人耶。

未几，竟将曾用抵押借使英国债款之北宁路由辽至山海关间一段强行改为伪奉山路，局长虽由中人应其名，实则纯由日人操纵之。故一切迫令旧日职员交代，悉经日军办理。乃其复恐将届担负赔偿债务关系，遂假称"满州[洲]国"接收，孰不知霸使车辆及以武力迫逐原有人员，无一非日军为之，自无诿责之余地也。

此外，于辽宁城市及锦县要冲街巷均行广置日本浪人与朝鲜暴徒，遍设赌场，开立鸦片烟馆，日军尽为庇护，借收渔利。又以原有商铺或较佳之民宅悉强为索作日人之御料里[理]，无处无之，乃夜以达旦，喧嚣接邻，殊属有妨商民之安居就业。似此各种卑鄙行为，虽野蛮民族涉迹异国尚不屑为，诚有失文明国之光誉也。而反谬称我民众欢迎彼辈，愿与共荣共存，万无斯理也。（以下为日军在吉林暴行之事实）

---

① 编者按：原文多一"使"字。

在九月十九日,当将长春南岭驻防之炮兵团与驻防宽城子之护路军,竟同时以重炮机枪实施轰击,而我方军队虽遵令不加抵抗,力求避免,但奈日军一味顽强,即予一律缴械仍复不允,遂将炮兵团之张营长与士兵二百余名及护路军之傅营长与士兵百余名,均被一并射死,其三十余门大炮亦悉数被掠去。至马匹,除择良驾去,余则连同各营垣器械等均行焚烬。同时,长春市亦有日兵强向市内推进,胁迫警察缴械。适有我方警察六名出勤,乃其中二名为图避免计,遂先将枪械交出。讵料该日军仍对已缴械者枪杀之,因是其余警察四名,鉴于缴械者亦罹死难,遂略施拒绝,乃日军竟悉予射死,旋即强行夺入市内,杀死平民数人。及二十一日,复用重炮、飞机载由吉长火车奔夺吉林省垣,而在我方虽丝毫未加抵抗,尤于吉长车站之荷夫一名,竟为无故射死。又对南江沿南之临江春饭庄执事一名,亦任便枪击致死。即于次日,对代理吉林省政府主席熙洽,强使到日人所设之名古屋旅馆内,由多门师长派日兵数人实弹持枪作预射击状(此时多门竟躲避他室)威吓,令将已避去省城我国军队一律缴械,而该熙洽因感受逼迫,遂允照缴。讵以所有军队已早远避他处,其结果仅缴到大枪三千余支。但当将军械厂所存之三八式及套筒等枪计三万余支与毛瑟枪二千余支,共弹丸四千万粒,炮弹二十万发,又军用载重汽车二十六辆,三轮军用汽车二十五辆等件,悉数装由吉长火车转运大连去矣,并即逼令熙洽实行改组政权,使与旧制脱离,本拟由日军长委派熙洽任伪长官,当以手续欠通,遂迫令省工商农教四会出名,敦请该熙洽充任吉林省伪长官,兼辖军民等政。

追接职以后,又复由省城军政机关与地方团体首领议决长官规则,惟未另行推选长官之程序。似此不伦不类之产生长官方法,显见出自日本军阀之指使,以致颠覆全省政权,因之所有处理一切政务,均系仰承日本多门师团长之鼻息。关于任免公务人员,势非经日人主持,则该熙洽决无自主权能。例如,永衡官银钱号本为地方金融机关,系全省财源,竟由日人迫令熙洽委一素充日文翻译之刘郁芬接长[掌]该号总办之职。察该刘某既无经济学识又乏理财经验,复无金钱信用,不过以赌博为业,恃抽收局利度生活之无赖份子,讵因与日人主计相识遽获现职,故虽妇人孺子咸认为越分,最易查明真相也。

余如吉林市商会主席张松龄①、省工务会长江崇德、教育会长张树珊及前省议会议长程科甲、刘树春,前省政府秘书荣孟枚等辈,均以能逢迎日人之意、

---

① 编者按:"张松龄"字节涛,即前文之"张节涛"。

捏造伪民意之宣传,图事更张"新政权",遂咸获日人之赞助。以张松龄充任印花税处长,江崇德任省城税捐局长,张树珊接额穆县长,程科甲任吉林市政筹备处长,刘树春任德惠县税局长,以荣孟枚长[掌]教育厅长,又以客籍之孙其昌任财政厅长,张燕卿任实业厅长。若此诸汉奸既均因附合[和]日人意旨,始得凭获分任要津,当然无不作伪民意并掩盖日人罪恶之宣传,倘届调查员到境,自必共同出首,抏作民众之代表,为欢迎日军阀之恶作剧耳。但既均被诱之以禄位且尽系宵小之辈,实不足以作真民意之表现也明矣,务请调查员诸公幸勿被其蒙蔽焉。

再日人复强于官银号提取金票五十万元,但美其名,遂迫令地方团体首领承认"甘愿慰劳日军"用作犒赏之资。孰不知日军阀本受田中遗奏,侵略满蒙之传统政策,无故加害于我无抵抗之民众,揆诸情理,岂有对实施加害者而反情愿以巨款作慰劳之理耶?吾民虽愚,又何致如斯丧心病狂乎?且于到吉未久,竟强驱人民在吉长车站迤北哈达湾地方,与其建筑广大之飞机场早已告成,故其损毁沃田,迫令民众代负劳役,形同强盗,亦实现永久霸占不肯退去之意,显与日代表在国联所称"无领土野心"之旨迥相矛盾,借此足资败露其欺瞒世界各友邦之碥[嚆]矢也。

更将吉平通车道轨实行拆断,复强以吉长、吉敦与商民集资所建筑之吉海等铁路并归一局管理,分别派委日人监督办理,所入之款尽归日本掌握,任便提用,亦显久占弗退之意。尤有毒辣者,例如取销[消]大学,实行愚民政策,并删改学生教科书类,填编欢迎日军及切望日人执掌政权各语,由小学起加授日语,以达其根本吞并之阴谋,并对智识份子取渐次残杀灭绝之手段,征诸为其所赞助之张松龄既委以要职,而复逮捕监押,解往大连暗行杀死,已三阅月矣。迨张某家属请求保释,乃日方竟提示被害人亲具结押,内云"已欣然他去,誓不还家"等语。矧知果非遇害灭迹,万无不由大连解回吉林开释之理。况日军任便加害吾民,又何取结为耶?欲调查此事证佐,可暗到该张某家询究详情(伊住吉林省城通天街路北,门第悬"商家牧伯"之匾额),或询问吉林市商会,均可得其真相也。

而最近又将敦化县商会主席万茂森、蛟河税捐局长于登云、垦务公司经理盖文华、吉敦铁路警务段长王涤中、巡官田沛霖、敦化站公务员胡世祺、电务员杨邦振、国际运输系傅宪周、吉林木商李冠荣、利群学校教员王樽、蛟河镇商会长萧庆功、农会长王连恩又一无名氏等共十三人一并解省,在刑场九龙口,逐一用枪击死，复用刀将万、于等挖心（日前复将省城内住之永盛铁工厂工友四名亦悉误指谓便衣队，尽数枪杀）。似此无故妄加杀戮，实属惨无人道已极，此事并逼供通匪，张贴布告，在伪省府所办吉林新报登载甚详。相继将前吉林陆军训练监李振声及永衡官银银号会办秦树藩等二人，均无故押解辽宁，在南市厂张宅花园内悉予杀害。推其原因，不外为从前曾任要差所致也。又对前外交部特派驻哈交涉员钟毓亦被监禁吉林，前吉林财政厅长荣厚亦由长春捕解辽宁，严予拘禁，究有无生命之危险，以视日军阀之喜怒爱憎为断，其生杀予夺，决非我中国人所敢声辩、希冀宽宥也。又前吉林军法处长韩庆云，当日军初抵吉垣，即将其捕押于日旅馆名古屋内，施以非刑拷打，虽未殒命，然已成残废，现仍被监视行动，不准离去省垣。探该韩某罹难之由，原因伊曾判决朝鲜共党案数起归监执行。迨日军到吉，竟受其他鲜人之怂恿，悉将该共犯开释，乃被释之罪犯为图泄私忿，遂唆使逮捕韩某，可知日人虽名曰铲"共党"，其实此乃纵"共党"，亦显其无恶不作，此对我国官员妄加惨害之昭著者，至于下级吏员与平民被害者自更难详述也。

此外，日军在黑龙江省破坏洮昂铁路桥梁，毁损人民住宅，与夫残杀无抵抗之民众尤为苦烈。并调集重兵，强迫我人民、军警驱使为先锋，适用新式之重炮、唐[坦]克车、飞机等利器，加害于我国军，死伤甚巨。而我方为待公理之解决，遂将省垣被其占据也。

总之，因日军铸成此种种没灭人道、丧失国格、为世界各文明国所不耻之行为，遂致激起我三省民众之公愤，因图自卫并救国计，乃自动纠合同志，编组自卫救国义务军，统计三省无县无之，势力雄厚，当有群起抗拒、铲除日军之一日。在我当局虽有禁止之议，但碍日军久于盘据[踞]，实诚难达到目的。况"共党"乘间活动，已发现【于】哈绥沿线各地。似此日本无故妨害国交，寻启战端，将届虽有害及其他友邦或致演成"赤色"世界，亦自应由日本负其罪责也。

且日本国政决自军阀（例如几次暗杀案是其明证也），不顾国际间一切公约，肆意破坏和平，虽口头表示"对外无政治领土之野心"，证以本年三月九日预先造成天津变乱，遂要挟废帝溥仪潜去旅顺，一方积极伪造民意，逼迫建设满州[洲]伪国，加入日人半数职员，且以总务部长操之，一切政权亦由日人任之。复于三省添设日人充总务厅长，执掌一省政权，凡事均决自日人，所有执政省长等于虚设，实即日本人之"满州[洲]国"也。而其尤声称无领土等希冀，其将谁欺耶？况不惟民众无此伪国思想，即被迫之执政，亦敢断言决不甘作此傀儡之上场，观溥仪经民众伪代表三次之表面欢迎，而骨子里受日军始终监视，其意思之自由（例如值各伪代表到大连作欢请之际，其溥仪住室既在楼上，并室门之钥匙亦由日人掌管，如不经日当局允准，决绝禁止与外人晤面，此足证该溥仪万难自由也）万出无奈，始允勉强担任伪职，一年为期，度自为非本意之表现也。据此，如果贵团能担保其无生命之危险或恢复其意思之自由，则该溥仪决可将真情吐露，亦定然之理也。

至非真正民意者亦有确证，例若作吉林欢迎民意之伪代表为谢介石、张燕卿，按该谢某原台湾籍，而台湾又早被日本并吞，则伊直日本国籍也，以日本以一手制造之伪国，复由日本人作欢迎代表，自无不唯命是听。况结果又酬以"外交部长"。再按该张燕卿系籍隶河北省，不过值作欢迎伪代表时，已以无能之名义秘书资格妄任吉林实业厅长，亦为凭借日人之力得获其职，故为报答培植起见，亦无不听命之理；且于伪国成立复任"实业部长"，以自图权利计，亦当尔尔也。此外所有九日庆祝"新国家"之仪式，亦悉由日人主办，届时强迫民众作游行之庆祝，照编成之标语为沿街之欢呼，并随摄活动之影片用宣传之表示。讵料因其不谙中国之习俗，致演成笑柄。例如在辽宁省城之庆祝，竟杂以僧道参加在内，殊乖中国庆贺之仪式，盖因按中国礼俗，本于丧葬哀悼方用僧道唪经，决无以僧道为欢庆之理，此显然为日本主办之明证也。且除少数充任现职之公务人员感于威势，作同流合污之表面欢祝文章外，其一般民众本不赞同伪国之完成，虽迫于威胁不得不作同样游街，然因不发于至诚，故在吉林市遂发现不呼欢庆之口号，并将所持日人先行制就之旗帜，竟于街市公然撕毁，每人仅手执一木杆，致无旗帜与标语之表现，乃日人因此无法拍摄电影，遂复于次日雇用无智民众照旧游行，始得摄活动影片，留作真民意之宣传。但观其次日之旗帜，均系印就同样花纹者，即因异样之填写，殊有赶办不及之势，基此显为非真民意，应由个人备旗以为庆祝可比拟耶？（谨敢代表我三省三千万民众郑重声明：所有欢迎日军之标语及促成伪满州［洲］等情，决非我民众之本意，实皆出彼日军阀之捏造与胁迫使然）尤为出自强奸民意之明证也。此日本霸占领土，妨害和平之信条，违反国际公法者三也。

基【于】上述三项有预谋、有组织之日本强暴举动，则其绝灭人道，实创世界未有之奇祸，破坏公约、违反联盟和平之主旨，敢冒凯洛克非战公约之大不违［韪］，置公理正义于不顾，将欲乘欧洲各友邦战祸之余，原［元］气未复兼以金潮影响交相困窘之际，竟逞其侵略之野心，不惜妄启战争，致使欧洲大战再演于亚洲,遂尔不顾国际公法,毅然作军事之行动,强占我领土,损及我国权,其为世界之公敌,想邀公论也。矧自欧战以还,各国苦尚和平,组设华府会议,主张正义,保护弱小民族,倘有恃强凌弱者,认为签订非战公约各国之公敌,特制定和平法规,使万国信守,证诸巴拉圭与玻利维亚、希腊与保加利亚,咸有相当之处理。尤恐不逞国家仍施其抑压之手段,复设缩军大会,俾永久保障世界之和平。故我国当局遵守公约,本和平之主旨,遂一再避免,不惜牺牲正当防卫,预留诸国际联盟会为公平之裁判。然仍不免发生前述各种惨剧者,实皆出彼日人惨[残]忍之暴行。设我方稍事防御,则我三省之三千万民众,必无噍类矣。乃彼日军现复捏词狡称我军拆毁伊南满道轨,用事抵赖,孰不知该日本在南满沿线分驻重兵,不惟我国军人不准进前逗留,即一般平民亦须远远避离道轨;况我兵民素尚和平,力求躲避之不暇,自无拆毁情事。且我国军尽死在营内,足资为彼无故趋击我军之明证也。况彼日军同时发难于我辽宁、长春、营口等地,显系该国有统一启衅之决心,自难诿谓端在我开,或妄指一部军人之行动也,明矣。

素仰先进各友邦提倡和平,主张公道,对兹蔑视公约之日本,自当有以制裁,促彼速即撤销军事动作,听凭国联会议公平之处置,庶公理得伸,和平永固。

临书泣血,不胜企[祈]祷之至!世界和平幸甚!中华民国幸甚!东三省三千万民众幸甚!

辽宁、吉林、黑龙江三省民众代表李国权(章)谨启
自北平西四石老娘胡同八号吉林新馆寄呈国联调查团
六月廿八日

资料来源:日内瓦国联与联合国档案馆藏李顿调查团档案,卷宗号:S39。

352. 西丰县各机关首领暨刘质文等五千公民公函

贵国联调查团:

迳启者:

兹查于东北独立,"满州[洲]国"是否真伪或受他国逼迫,查其真像[相],明其本其本①体,该[盖]我东北成立"满州[洲]国",非出于东北民众之自愿,

---

① 编者按:原文多"其本"二字。

是受日本逼迫,乃日本人组织之"满州[洲]国",而实行帝国主义侵略之最悚手段也。举其东北各省县份被占夺及逼迫之情形者,陈其要者于下:

（一）在未成立"满州[洲]国"以前,日本人无故出兵占夺东省各要地,戮杀东北民众,焚毁东北之各建筑物及其财产,不可胜数。

（二）既占之后,逼令各省县之首领,皆下聘请书,委日本顾问,办地方一切事务之主权,均操于顾问之手。

（三）既派顾问之后,各省县份机关之首领,皆被日警监视行动,不得自由。

（四）日本于三月十一日逼令各省县份及商民等,均皆悬挂五色国旗,而虚名之曰"'满州[洲]国'成立乃满人民族之自决"。现在,我中国五族共和而融化为一大民族,实无独立之必要。

以上诸端,即东北被日逼迫之大略状况也。请贵国联调查团澈底侦察,知其真像[相],主持公道,维持威信,勿为日本诡欺伪辨所疑惑。祈恳照章处理。不然,日本奸诈无比,险恶已极,不但亡我中国,恐怕亦为世界之劲敌之罪人也,不知将来,伊于胡底。故我东北民众不得不暂时受人之逼迫,绝无成立"满州[洲]国"之事也。恳贵国联调查团主持公道,扶助弱小,实为德便。

谨函贵国联调查团。

西丰县各机关首领报告
西丰县公民等刘质文、王子英、柳子阳五千名报告

资料来源:日内瓦国联与联合国档案馆藏李顿调查团档案,卷宗号:S39。

353. 西丰抗日护国团宣传部来信

国联调查团公鉴:

世界和平之维持,各国与有责焉。今者日本一再出兵中国各地,焚杀淫掠,无酷不至。究其命意安在,未始非霸占东北、灭亡中国之野心也。中国岂人心尽死,甘为奴隶者欤？苟其一息尚存,血液仍流,莫不怒发冲冠,荷戈直冲,虽死在战场亦不做亡国奴。

夫自九一八事变以来,中国自始至终恪守国际公法,以光明正大之理由与之交涉。而日竟得寸进尺,怀灭中国之野心,具破坏世界和平之恶念,岂其辱中国欤？抑亦侮国联矣？然则国联果听其狼子横行,以肇基人类所厌恶之世界大战欤？吾知其决[绝]无仅有也。盖事变后,国联关心綦殷,多方掇[撮]

合,已见实行国联职权之一斑,决非他之作壁上观者可比。今犹组成调查团,惟恐报之失真,传之无确,远涉重洋,拔[跋]涉而来,益证国联注意弥深,并征若丝毫亦弗肯放松一步。

国联调查团既负此若大之使命,自能拥护世界和平为原则,维持人类幸福为目的。诚能以此为出发点,势必实施国联公约,勒令日本即时撤兵,惩治肇事者,中国只在维护土地与政权之完权整[整权],并要求赔偿事变后一切损失。非然者,中国总[纵]弱妇孺子亦必执长枪大戟,与较生死。同时,波及世界,大战继起,东北事变,岂其东北一隅罹其祸欤?翻天掀地,焉知不导火于斯哉?矧此次调查团来东,地理之生涩,时间之匆遽,势所难免,调查亦必失之详且尽,鄙会不揣冒渎,谨报告于下:

一、"满州[洲]国"之成立,东北决无一人赞许!即现在所谓政府上人物,均系窘手枪下,不得已之失节耳。

二、日本强迫各村安插鲜民,并训鲜民:"强硬租种中国土地,不允即与之斗,然后讼于日署,必判给汝。"彼假言声明非占领东北土地,何其狡诈之尤者也。

三、强迫各校以日语为必修科,现派来大批教员,分配各县学校,文化上之侵略又进一步矣。

四、废除中国国民党之党化教育,采中国十年前之课本,并限制各校一律取消三民主义与党义,即史地亦在禁止之列,其使东北人失历史上之观念,养成复古之思想,则其阴险毒辣,一亡东北不能动。噫!亦惨矣!

五、伪政府外交【部】宣称:门户开放,发借外之投资为根本治国之原则。此自取灭亡之道,总[纵]三尺子亦知其掩耳盗铃也。

六、日军所至,焚烧杀奸掠,极其所至毒,人道伤尽,诚难目睹也矣。以致人民流离失所,冻毙饿毙靡计,至为其戕贼以亡命者又比比也。

七、各县维持自[治]安之公安队与警察,日仅每人留子弹五粒。匪来扰,当无对抗力,且日阴供匪,以实力搧①惑其暴动,故匪之肇事,实日之所迫,日之所诱耳。

西丰抗日护国团宣传部谨启
四月二日

资料来源:日内瓦国联与联合国档案馆藏李顿调查团档案,卷宗号:S39。

---

① 编者按:原文如此,今做"煽",下同。

354. 西丰县公民李效山来电

国联诸调查员生为文邦之人，均必明并日月，不远万里而来，定皆怀抱和平主义。公民以受倒悬之危，忍无可忍，故敢函造一切。如此昧丧天良，誓遭横暴。缘我华国东北区域历与日本接壤，自明制［治］维新以来，已具意犯我，若占我琉球，夺我台湾，皆此后现其恶目，得寸进尺，贪得无厌，继又唆弄朝鲜，迫许独立而亡其国。欺人之至莫此为甚，野心博博［勃勃］，愈演而愈炽。后立"二十一条"之无理要求，及炮炸我东北元勋，此皆光明较著之耻侮，国联所共知者也。其他若夺土、祸民、侵权之事，则无年不有、无月不有，而亦无日不有，繁多之正指不胜数、笔不胜书，彼行既曲，然祸不悔。田中内阁复促侵略满蒙之政策，于是于客岁九月十八，捏造毁其铁道之理由，突兴无名之师，占辽宁、攻锦州，而恣杀百姓、据东省、侵满蒙、肆掠财帛，呼号之声被于四野，饥渴转死于籍道中，草木为之而兴悲，日月触目而伤情。狼毒之心亘古无有，羊贪之事只有绝闻。国府以守非战公约起见弗与于抗，则彼甘违和平主义，复自内地进兵，后以国联出而干涉及进取不利，转向东北，建设"新国家"，伪作民意。东北虽愚，何致于此耶？盖纯系日本之流言耳。假东北果有此心，则不致有丁马之举，民如乡［响］应，则彼何致县设顾问，学校为制而变度，机关受制而更名。国联诸调查员亦知之乎？直观其意，即以侵略蒙满为基础，而拟与国联相抗衡耳。盖东北物阜民丰，金矿俱备，材木不胜其用，煤铁不胜其需。视满蒙为宝库，号为黄金世界，垂涎已久，非一日矣。苟握有此地，备力经营，则进可与战，退可以守，希执世界之牛耳，冀得海路［陆］之纵横，是以违和平主义，破国联调［条］约而毫不顾惜者，诚是故也。伏祈国联诸调查员早为鉴核，急惩其咎以解倒悬，则华国幸甚！世界幸甚！

西丰县公民李效山谨具
阳历四月四号

资料来源：日内瓦国联与联合国档案馆藏李顿调查团档案，卷宗号：S39。

355. 东北农民希和平来信

国联调查委员钧鉴：

慨[盖]自远东事变，东北沦陷，国联延迟，误我中华国运。奸滑日本，乃大施其所为，飞机掷弹，攻袭城镇，暗助奸民为匪，为害我民众之工具。助鲜人为虐，强种民间田地，种种无人道之惨事，日本均酷其所至毒。我中国当局，恐破坏世界和平，以待国联。我东北人民，亦忍辱苟活，以待公理之解决。国联支吾，至今始派调查团来华，我东北民众当此之际，不得不作草草之报告，视国联之行动，作最后之解决。分别报告如下：

一、日军在东北残暴之状况。自日军占沈阳之后，到处劫杀，所害无数。又助匪到处奸杀劫剽，至今未已。又助鲜人强种沿河所有之田地，飞机飞至各城掷弹，炸伤无数。总之，日军到处，尸横满地，将我东北人民压迫至极，无民生之可言。沈阳繁华之地，已成荒原之区，遍地胡匪，民不聊生。所有惨状，难形容其万一，作草草之报告，由公理之判断，作最后之准备。

二、伪满洲政府官员之心理。皆怀有不得已之心理，均为日本强迫视事，虽即执政亦如此。倘我中国大军一到，必望风归顺。

三、东北民众对国联之心理。均疑国联有袒日及瓜分中国之野心。今调查团既来，怀疑少[稍]解。

四、东北人民最后希望。今调查团既来，仍盼望依公理解决，免世界大战。最后之希望为四条：（一）日本无条件及即时撤兵。（二）赔偿上海、天津、锦州、沈阳、吉林长春等事之损失。（三）保全中国土地及政权之完整。（四）以上三条件依公理解决。

公鉴！

东北农民希和平上

资料来源：日内瓦国联与联合国档案馆藏李顿调查团档案，卷宗号：S39。

356. 辽宁西丰县公民奂我来信

国联调查团各部钧鉴：

日本野心强占东北，距今已数月有余，其军民残暴之行为，实为当今世界所罕有。而我中华民族依公理、恃国联,故暂忍受,伏待国联持公理、掌大道,以驱世界之公敌而保世界之公理也。而日本屡声其"无侵略满蒙之野心",以及"组织'满洲国'者东北之民意也"等语,以欺国联之耳目,而污东北三千万民众之心也。

幸哉! 国联不顾风寒之苦、拔[跋]涉之劳,至我中华以查真伪,民怨得申,国耻可雪。我民众之生命与东北之领土,全待国联公理之下也。故将日本自占东北后行为缕述于下:

1. 政治:自日本占东北后,即派日人至各县政治接收,将县政府改为治安委员会,迫华人一名为委员长,但每县至少须有两个日本顾问,一切行动均须受顾问的指导。其无侵略野心,何以干涉政治?

2. 军事:自各县政治接收之后,遂迫各县警界、军界将枪械子弹一律撤出,而防反抗。然市面无华人警察,又恐国联公理所不容,遂迫华人为警察,发枪一支,子弹五粒,而枪的钢针已去一段,子弹亦多废的。上次国联调查团至辽宁时,虽市面满布华人警察,但皆此类也。其无侵略野心,何故干涉军事?

3. 教育:军政已全被解决,遂将各县省立中学、小学完全改变,如三民主义、社会学、地理、历史等书,一概取消。总之,凡能开化民智的书,皆不许阅读,而许可学者,皆日人所编的,其文化侵略之野心已达矣。夫日本苟无侵占满蒙之野【心】,何故将军政教三机关已完全变为日本所有,此犹小焉者也。强迫华人承认"满洲国",以灭朝鲜之手段来灭东北,其阴险之极,诚为世界所罕有。故仅[谨]具民诚述诸国联,如有侮言,将国破家亡亦不足惜。

伏祈持公理而详查也,非特中华之幸,亦世界各国之幸也!

辽宁西丰县公民朵我叩述
四月三号

资料来源:日内瓦国联与联合国档案馆藏李顿调查团档案,卷宗号:S39。

357. 辽宁省西安县公民张国屏来信

国联调查团:

启者:

我是中华民国的公民,不幸生在东北。竞[竟]于三一年九月十八日,遭日本之屠杀,迄今无日不在呼天抢地声中。幸国联本维持世界和平之精神,以公正无私之决心,组成中日调查团,为黑暗的东亚弗一曙光,惟莅之城,滞留日少,恐难调查详尽,谨以互诛[助]之心宣誓的、向和祥慈善救人类的国联调查团报告:

1. 反[凡]省县中诸机关与团【体】日人均设委员,但不注于册,故无根据可考。

2. "满州[洲]国"之成立,实日人一手造成,决非三千万民众所同意。即现柄政诸中国人如溥仪、臧式义[毅]、马占三[山],均迫于手枪对胸口下耳。

3. 完全取消中国【民国】十二年后之课本,以日语为第二外国语,严禁各校讲三民主义与史地。

4. 于各地新设农场、工厂,正实行开发东北与经营东北。

5. 强迫购土地。以鲜人之精悍,争斗为先锋,遂以审判广之,袒护为后盾。

6. 各地匪人多系军人变成,细考之靡一不是窘于日本怀疑、监视、酷待之下,不得已投诸匪,故匪实日所鼓动也,于[如]芷山四日人监视①。

7. 日本所至,任意屠杀奸淫焚掠。

8. 暗杀知识阶级。

9. 命令遇日人时须致敬礼,否则毒打,如千金案。

10. 滥收各项税款。

民所请求者:

1. 日本即时撤兵(无条件)。

2. 保持东北土地、政权之完整。

3. 赔偿一切损失。

4. 谢罪、惩治肇事者。

5. 担保不再有同样事发生。

辽宁省西安县公民张国屏敬书

资料来源:日内瓦国联与联合国档案馆藏李顿调查团档案,卷宗号:S39。

---

① 编者按:原文如此。

358. 王甫之来信

亲爱的调查团诸君：

我们东北的民众自古是中国的国民，是不怕死而爱自由的。任何一个虐者来侵犯、来掳夺我们，是要拼命的，要杀上去的。以往我们东北的努力的历史，诸君可以看出得[得出]来，我们要建设，要革新，要打出一切束缚。无奈，日本帝国主义者知道我们是与他不利的，是防范他的。因此，就立刻来牵制阻挠，甚而至于干涉。最末后，便仗着他兵力来威吓。我们无论如何是不怕的，不屈服的。现在虽没开火，将来必定开火的。任凭他狞恶的面孔，毒辣的手段，我们都可以应付的。

诸君秉着公理来到这里，我们十分感谢。按着公理来判断，我们更十二分的感谢！若是日本执迷而不听，我们要下决心合[和]他对待，和他肉搏，怎样牺牲都不可惜。深愿日本帝国主义的光临，深愿表现我们必死的确[决]心，我们的身躯可死亡，我们的公理是永不磨灭的。现在打不倒日本，我们后【代】与子孙十百千年也要打倒他的。我们为世界上被压迫民族作个先锋队，作个领导者，教日本帝国主义者尝试我们的利害。我们东北民族的觉悟，中国是统一的，是一致行动的，一两人是代表不了我们的民意、代表不了我们的精神【的】。诸君试来视查，需知公理是不会沦灭的！

敬祝公理胜利！

王甫之（章）

资料来源：日内瓦国联与联合国档案馆藏李顿调查团档案，卷宗号：S39。

359. 开原县公民李敬中来信

中国受专制的压迫相延已久，民不聊生，告无良谋。幸得中山先生打倒数千年的流弊，一改而为民主国家，人相乐祝，家相庆贺。谁略[料]日本见民国成立以来非常痛恨，故施种种毒辣手段，以离间我国的和平。若报纸的挑驳[拨]，通信社的改换消息，在华设立赌博场及贩卖毒物，种种阴险的手段，指难缕述。

乃于去年九月十八，忽又出无名之师，占我沈阳，奔我长春，及炮炸葫芦岛和占领各铁路,欺人之事遂到极点。同泽女学生之被强奸,市民之被杀戮,房屋之被焚毁,财帛之被掠劫,几难以笔形容。强国之邦竟化无理形[行]为,又不反悔,复进攻锦州,兵临蒙古、热河,贪心无厌,愈作愈甚。

又建设"新国家",以亡朝鲜之政策来亡东北,县府内设顾问,更名为治理地方社,学校变为日本制度,各机关改其原来名词,并没收民间枪械及威迫抽丁作其劳力者,沿铁路线安设兵营,种种侵略愈施愈毒。

国联想情[清]:如东北民族果有设立"新国家"之心理,又何以受其若是之屠[荼]毒与蹂躏?盖日本纯施掩耳盗铃之手段以宣传,而蛊惑国联之耳目耳。公民如有造作妄有之事、不实之处,发誓来说身死必不能得善终!

伏望国联诸调查员鉴查,以整顿世界的和平而驱除天下的仇敌,且不可听一面之辞而损世界正义,则尊国幸甚,世界幸甚!

开原县公民李敬中具

资料来源:日内瓦国联与联合国档案馆藏李顿调查团档案,卷宗号:S39。

360. 开原县公民陈无我来信

国联调查团各部钧鉴:

敬启者:

日本野心强占东北,至今已数月有余矣。其军民之惨暴,实为当今世所未有也。我中华民族持公理,待国联为驱世界之公敌也,故暂屈服。孰意日本宣扬组织"满州[洲]国"者,满州[洲]之民众也,以此欺国联、污华民,何其口不应心之甚也!夫日本自占满蒙之后,即迫华人组织治安委员会、教育筹备会等机关。同时,并派人至各县作政治接收,将各县亦改为治安委员会,迫华【人】为委员长,但至少须有二人日本顾问,一切行【政】均须受日本的指导,此日本政治侵略之行为也。复将各省、县立的中学、小学的党义、社会学、历史、地理以及能提高国民对国家思想的书皆不许阅读,而仅须读日本所编的书,此日本文化侵略之行为也。依任何方面观之,皆为侵略之行为也。其以侵略朝鲜之手段而来灭满蒙,夫灭国而不负责,其阴险实世所罕有也!

国联调查团诸公既不顾风寒之苦与跋涉之劳,来至中华,调查真伪,定能坚持公理,详查种切,非特中华之幸,亦世界各国之幸也!

上述日本之行为,苟有昧心假造之事,誓必国破家亡。望祈垂鉴!

开原县公民陈无我叩述

四月七号

资料来源：日内瓦国联与联合国档案馆藏李顿调查团档案，卷宗号：S39。

361. 东丰县公民张仲英来信

国联调查团委员会公鉴：

我在这远阳千万里外的东丰县，听说诸位不辞劳苦，已经来到北平，我真是喜出往［望］外！因为诸位是为求真而来，是为公理而来。所以，我愿本着良心仰天宣誓，来禀告几件实事：

1. 日本侵略东北早具最后决心，有一定的办法与步骤。

2. 日本在世界上所作的反宣传，即谓多次出兵东北乃因中国军队破坏南满路，纯为捏造，非属事实。

3. 现在之"满洲国"实非东北三千万民众之希望，乃日本一手造成，在职官吏非属被逼即属贿买，故亦【非】真正之民意代表。

4. 日本现在于各机关内均设有顾问，乃政治上之侵略。各大企业均投资入股，乃取得经济权。对于中国昔日之教育课本全为取缔，乃文化之侵略。凡此种种，均有事实有察。

5. 严令各交通机关，凡朝鲜人持有日本之证明券者，均半价通行。十七岁以下者均免费，此乃实行其殖民政策也。

6. 总之，东北现在所有之状态，均日本之意思，非民众之意思也。

7. 希望诸委员本乎公理，深刻认识真象［相］，而后救东北民众出此水深火热之时代，能否如期，只在诸委员之一转思也。

敬祝旅安。

东丰县公民张仲英（押）

三月二十八号

资料来源：日内瓦国联与联合国档案馆藏李顿调查团档案，卷宗号：S39。

362. 东丰县教育会会长王子珍来信

国联调查委员会公鉴：

敬启者：

日本帝国为贯彻其大陆政策，专以侵略为能事，观其割琉球、灭台湾、亡朝鲜，暴迹昭昭，有眼皆见，而独自以为不足，更进一步企谋我东北，故对我经济、政治、文化、交通等机关，无不力谋摧残，急求侵占。

近来东北民知[智]渐开，对日本之野心时加防御。日本恐其世袭之大陆政策不能进展，更东北民众有时不受其侵略，乃于民国二十年急攻猛进，最终借口华军破坏南满路事，出兵强占沈垣，未及两月，东北整个沦亡矣。其为避免世人耳目计，一面大施反宣传；一面以武力强迫东北官吏，以金钱贿买东北汉奸，造成现在之"满洲国"，各机关均设有日本顾问，任意匪为，民众不堪其扰，老幼转乎沟壑，壮者散于四方。东北三千万民众均若痴若狂，几千万里山河皆成黑暗之区。民国廿一年之东北，已成为恐怖时代，可哀可哭之事尚有过于此者？惟朝鲜吾未多见，总而言之，现在东北之一切状态，均非东北三千万民众之本意，完全为日本一手之捏造，为其灭东北之第一步之表现。东北民众之真意，即不欲为朝鲜第二，不愿为伪造"满洲国"之民。

希诸委员能本乎斯意，详为调查，并按真情说一公正话，则感谢良深矣。敬候公安！

东丰县教育会会长王子珍启（左箕）
四月一号

资料来源：日内瓦国联与联合国档案馆藏李顿调查团档案，卷宗号：S39。

363. 辽宁省兴城、绥中等县公民代表李兴周等率廿万公民来信

国际调查团诸公钧鉴：

民等近闻贵团行将到北平，不久即能驾临东三省。民等远在千里之外，除用赤心万分的欢迎外，还有后列数事愿向公等一【一】陈之。素仰公等大公无私，详察民意，兹有一事不敢一[不]向公等告者，即自九一八日本占领后，东北

三千万人民均为俘虏一般,虽一言一动均无自由可言,至于"民意"更曷从表示。民等有鉴及此,特推选代表三人,微服潜行来此(山海关),敬陈种切,以求公等得见真正民意之所正。甚望公等主持国际正义,维系世界和平,此不惟民等所盼,亦公等所希冀也。下列数点敬希俯查。

(一)东三省纯为日本武力占领,绝非我国不履行条约。

(二)日本雄行永久占领土地之[与]占领政治之野心,现在均已证明了日本向国际之宣传纯为相反之事实,如各机关之日人顾问、职员等,沿南满路线强买民田等等,皆土地、政治侵略之证明。

(三)东三省在九一八以前确属地方平靖、土匪极少。从日本占领后,人民均武装自卫,而日意颠倒黑白,向各国宣传反土匪,纯非事实,即有者均为日方所造以扰乱中国人民生活。

(四)"满洲国"纯非民意,日本倚武力强奸民意,用不堪忍受之压迫方法令中国人民参加,实出于不得已,借保生命之苟安。

(五)东三省人民誓死不承认伪国,东三省永远为中国之领土。

(六)日本在武力占领时期内,一切缔结之非法条约,东三省人民绝不承认。

以上数点,略举其要者,民等痛定思疼[痛],处此非人类生活中不尽欲言。素悉公等秉公无私,想不能为日本奸计所欺诳。谨此郑重声明,敬希公鉴。

辽宁省兴城、绥中等县公民代表

李兴周(指印)、杜盛明(指印)

杨玉堂(指印)率廿万公民同拜上

三月廿七日

资料来源:日内瓦国联与联合国档案馆藏李顿调查团档案,卷宗号:S39。

364. 凤城县公民李啸冲来信

国联调查团钧鉴:

自九月十八日,日本以武力占我东三省以来,横行残暴,世所共见,吾东【省】民众目见日军凶悍行为,更有不可言状之惨酷。溯思欧战以后,明达人士莫不提倡新道德以维和平而保人类之幸福,日本对于此种新道德之攻击即为攻击世界任何之国家,亦即为攻击世界文明之基础,故在数月之内威赫[吓]前清余孽,饵以虚荣,使不得已苟生篱下,公然假东北民意自决,组织伪政府,施行伪政权,用以破坏我国土之完整及政治之行施。

我国政府信赖国联,抱不敌[抵]抗之决心,以为世界果有公道,果有文明,绝不容日军之长此猖獗也。然去年国联九月三十日及十月二十四两次限日撤兵之决议,日本竟嗤笑谩骂,置之不理。今年二月十六日之对日警告,亦不过尔尔,故我政府为自卫计,对于沪战不得不稍事敌[抵]抗,以维国联威信。日方当贵调查团启行之前日,仅撤不能应战之一部军队,用图欺骗掩饰。

吾东北民众仰诸公实地调查后,速以有效方法制止非法行为,世界尚有和平之望也。敝国同胞佥谓世界永久之和平,走向大同之正路全系于诸公之手。如为日人欺蒙之手段所锢蔽,则横渡重洋、费时数月、径行数万里之苦,终恐漂没矣,希切实调查焉。专此,谨颂公安!

凤城县公民李啸冲(章)谨上
四月一日

资料来源:日内瓦国联与联合国档案馆藏李顿调查团档案,卷宗号:S39。

365. 辽宁省盖平县全体民众来信

国联调查团诸公鉴:

闻诸公不辞风尘,远道跋涉,是所以为维持东亚之和平,以促进世界和平主义也。希诸公本原来之宗旨,早为解决【冲】突为幸甚。迩来日本为掩饰国际耳目造成伪国,未得我民众之同意,即使有假意屈从,亦是迫不得已也。此系诸公所尽知,遂借此机会大施其殖民政策,朝鲜之民接踵而来,尤使人痛心者,即是这些朝鲜人被日人唆使,各处扰乱,烧杀抢劫,无所不为。

我国之警察多为关内政,我等民众多父母之赤子,任其宰割,束手被戮而已[已]。如前月廿三日,日军伪言入乡清匪并剿红军①枪会,遂之盖平县小村落逮捕良民一百四十六人(三村合计),以机向枪排之。试问农家有枪者早已加入民国义勇军,余皆赤于[手]空拳,谁敢明目张胆组织红枪会及胡匪等事,如此多数良民无辜被戮,忍心哉,日本也!又廿九日,日军伪言剿匪,到县东小

---

① 编者按:原文多一"军"字。

村各农家搜查,有侯姓家,只以家有枪弹四粒即戕,言其家为匪巢,即时枪毙男子一名。总之诸如此类暴行,不胜枚举。希诸公宜早以和平解决。不然,我等只能一死与暴力敌[抵]抗,东亚之和平以[亦]将不保也。此请旅祺。

辽宁省盖平县全体民众泣告
四月八日

资料来源:日内瓦国联与联合国档案馆藏李顿调查团档案,卷宗号:S39。

366. 辽宁锦县民众来电

十九、锦县

国联诸公鉴:

于九月十八日日本占我东三省,任意杀戮我人民,肆意盗窃,数百万生灵悬于炮火之中,数百亿积蓄尽为劫空,剖腹断肢,其惨已极,国欤？盗欤？吾不尽为日人,疑为人类耻也。我国四千年之文化光荣,尽为日人一举而捣碎。十数年之国际和平,亦由是而失其重心,罪乎？恶乎？臻是已极！吾人民焉能再行辱忍询以礼让。

惟望国联主持公道,保人类之和平,免大战之再起,以有效之制裁,使其改悔也。若不,恐日人之野心致世界之混乱,亦不可逆料耳。专此特达,敬请诸公旅安。

辽宁锦县民众泣陈
四月三日

资料来源:日内瓦国联与联合国档案馆藏李顿调查团档案,卷宗号:S39。

367. 辽宁省海城县民众代表赵德尊来信

国联调查团诸公鉴:

日本侵略东北的野心已非一日。田中组阁后,抱定积极侵略政策,霍霍磨刀,跃跃欲试,但无隙可乘。迄后野心愈炽,竟乘敝国天灾人祸交演之际向我进攻,乃演九一八事变。敝国为维持世界和平乃节节退让,始终不抵抗。但日本一味发展其军事行动,实行其侵略计划,两日之内占有辽吉两省,更进袭龙江,再扰天津、攻淞沪,视九国公约如具文、国联决议案如废纸,甘冒天下之大不腆向我侵略。

今委员诸君远道而来华,秉公调查,俾早日解决东北事件,使东三省领土得以恢复,使东三省民众得以复苏。方今日人嗾使汉奸组成伪国,其阴谋亦已实现。夫"满洲国"者,乃日本吞并东三省之工具,我东北三十[千]万【民众】绝不承认!当溥仪在长春就职之日,东省各地民众均有极端反对表示,由此可见东北民意之一斑矣。

其盼调查团委员诸君本和平使命,秉公调查,使东北问题得早日解决,则中国幸甚!世界幸甚!

辽宁省海城县民众代表赵德尊(指印)谨呈
四月六日

资料来源:日内瓦国联与联合国档案馆藏李顿调查团档案,卷宗号:S39。

368. 中华民国辽宁梨树县全体民众来信

二十一、梨树

国联调查团诸公钧鉴:

谨陈者:

溯自一九三一年九一八夜,暴日以猛烈炮火袭击沈阳。我民众酷爱和平,不予抵抗,以希保持国联威信,主持正义。维系人道而予暴日以制裁,讵料倭奴贪心不足,得垄[陇]思蜀,陷吉黑,攻锦州,进逼榆关,称兵上海,摧残文化,破坏和平,非独中华民族之仇敌,亦世界各民族所不许也。

近更威逼利诱,嗾使伪国成立,以欺骗世人而谓之曰"民族自决"。夫处暴日压迫下之民族只得任所欲为,何容置辩?杀我同胞、灭我民族者,日人也。占我土地、侵我国家者,日人也!利用灭鲜故智侵我东北。我东北三千万同胞一息尚存,奋抗到底!东北土地中华国土也,人民中华民族也。日人虽狡猾,只可蒙混一时,铁证昭彰,明眼人定能识破真情,揭穿内幕。我东北三千万同胞生愿做中华民国之民,死愿做中华民族之鬼,誓死不屈服暴日威力下而任傀儡式政府存在,终与之奋抗到底也。想世界之公理尚存,断不容暴日为所欲为,均被其哄骗也。

比闻钧团已莅平津,将来东北,视察实况。用敢掬诚上陈,伏乞一秉大公,迅予调查,转报国联,以明是非而施惩处,重国联之威信,系世界之和平,岂独中华民族之幸,亦全世界人类之幸也!

临草弛切,不胜翘盼待命之至!谨呈国际调查团委员会鉴。

中华民国辽宁梨树县全体民众控告
四月十日

资料来源:日内瓦国联与联合国档案馆藏李顿调查团档案,卷宗号:S39。

369. 山城镇全体民众来信

二十二、山城镇

国联调查团诸公钧鉴:

迩来敝国不幸,世界人类不幸,致有日本不守国际公法,无人道行为遂生焉。国联为维持国际公法及世界人类和平起见,诸君才有敝国一行,不惮路程遥远、栉风沐雨之劳,足见人心不死,公理尚存。国联信用及权威鲜然为世人所注目。

日本去岁九月十八日夜突向我辽宁进攻,惨杀我民众、毁我兵工厂、占领我航空处,其扰乱各国租界不安者,早为各友邦人士所共见共知也。我国民有四万万人之多,常备兵有二百万之众,岂畏弹丸之倭奴!不过敝国自古酷爱和平之道,为保全国联威信及守世界人类和平计,故含垢忍辱,终未肯与其战也。不料倭奴不知进退,得寸望尺,近立伪国于东北,又大肆其残杀到上海,其有背人道,破坏世界和平,藐视国联,置九国公约于不顾,实罪无可再恕,亦敝国忍无可忍!

望诸君将倭奴罪状述诸国联,取公平之裁判。否则,吾国民以全力与其相拼,或至有影响世界和平、引起人类残杀惨况,则不堪设想。果其然也,非中国之不幸,亦非世界人类之福也。

山城镇全体民众呈
四月八号

资料来源:日内瓦国联与联合国档案馆藏李顿调查团档案,卷宗号:S39。

370. 黑山县新立屯公民孙向辰来信

二十三、黑山

国联调查团公鉴：

世界不幸，竟有摧残人道、踩躏公理的日本。于去年九月十八日晚十时三十分，驻沈的日本军队和浪人按其占领东北的计划，开始军事行动，炮轰北大营，火烧迫击炮厂及工厂，登城用机关枪扫射民众，解除维持治安之军警武装，破坏电信机关，摧毁官署，杀我官吏，掠夺财产，屠杀人民，残恨[狠]凶残，莫此为甚！五日之间，竟占辽吉两省。嗣后并占领黑龙江。

我国当局维持和平，一再退让。而日本并不接受国联三次之议决案，向我节节压迫，非但不撤兵，且挑战东南，于是构成上海事件。

今贵团远道而来华，负世界和平之使命，必能主持公道，救我民众于水火之中，而置此衽席之上也，则我东北民众感之无涯矣。

黑山县新立屯公民孙向辰（章）代表谨呈
四月八日

资料来源：日内瓦国联与联合国档案馆藏李顿调查团档案，卷宗号：S39。

371. 京奉石山车站全体民众来信

请蝶周先生将此信设法呈于国联调查团。

国联调查团诸公钧鉴：

项[顷]闻不辞辛苦、不弹[惮]劳瘁，远来敝国，持和平之决心，抱正义之使命，调查日本暴行。我民众欣喜异常，颇堪额庆，希从此人道光明、残暴除净。故今将日本暴行草函呈上，以供调查团之资。

自去岁九月十八日，日本无条件据我沈阳，我当局恐违世界公理、公约，故步步退让。而日本则急急进展，得陇望蜀，先占辽沈，次据吉江，更逼锦州，眼无公约，目空世界，如无人敢禁者焉。抑有进者，日本占我东北后，视我同胞如牛马，无故刺死，无故枪杀，轮奸妇女，强夺民产。再检验行旅，必须男女尽去衣服，好者取之，敝者置之，稍有不顺，即行枪杀。种种暴行，何堪胜举？似此残忍之民族，实从古所未闻、人类所未有也！

务希贵团届地切实调查一切,报于国联,予以相当裁制,以谋世界人类永久之和平,则我同胞幸甚！中国幸甚！世界幸甚！

特此,敬请旅安。

京奉石山车站全体民众同启
四月一日

资料来源:日内瓦国联与联合国档案馆藏李顿调查团档案,卷宗号:S39。

372. 辽宁省四平街全体民众代表孙铁男来信

国联调查团诸公鉴:

暴日阳假扶助满族自决之标识,阴谋鲸吞东北之土地,举凡东北之政治、教育、军事,莫不尽力摧残。商丁[工]、农田、山林、鱼[渔]盐、交通之事,益复极急从事,半载来极力掠夺,大有一日千里之势。现在之东北,已纯为日人之东北矣！

调查诸公负世界正义之使命,不远千里而来,对于此数点,务祈留意,其勿为奸人饰过,是至幸焉！再有数点为诸公告者,即日人入寇之口调,谓:"驱逐东北的军阀为三千万民众谋利",但是,此乃一国内政,未闻有邻邦为造成代谋之也,借以施其侵略之野心者,即挟[协]助满族自决。我们此种过程之上亦附几许辩言,而备考劾[核]。夫中华民国之建设,纯由整个之中华民族,在现在时间之下,五族之观念已经打消,彼类观念已沦于过【去】。而日人所谓"扶助满族自决",更未悉其持何种根据、何种理论？要之,无论如何我们东北民众以及中国满族并未尝需要日人福利。日人之扶助,东北民众并非甘于雌伏、忍作奴隶！东北民族乃循政府主张和平之意旨,暂时忍耐,并且期待将来之和平解决。

但是,我们决不能接受任何丧权辱国之条件！东北民众乃自主之民族,绝定[对]不能忍将来之压迫、将来奴隶。如果必要时,我们东北民众惟愿血涂东北之土地,宁为此死,不作苟生,为中国后人谋福利而奋斗、而主[为]国增光而牺牲。此非东北民众之过激,其实此需不得然耳。

肃此,敬诸公崇安！

辽宁省四平街全体民众代表孙铁男(章)上
三月三日

资料来源:日内瓦国联与联合国档案馆藏李顿调查团档案,卷宗号:S39。

373. 辽东民众来信

国联调查团诸君钧鉴：

遥闻旅旌东来，不胜欢迎之至！今后东北民众庶能脱离残日压迫，可重见天日矣！诸君于未到东北前或对残日暴行知之甚详，今再为诸君略陈，俾诸得借持正义、与[予]以制裁，是则吾国之幸，世界之幸也！

盖自九一八事变后，日军即侍[恃]其武力，携大批鲜民至各地霸占稻田，民众稍加争辩，立遭殴辱。他如日兵之奸淫妇女则常事，民众稍示抵抗，莫不做枪下之鬼，冤声载道，实敢怒而不敢言。其尤痛者：东北无论何村何市，稍有抗日之表示者，全村全市必被日飞机及炮火所毁灭，即鸡犬亦难留。

此外尚有郑重向诸公声明者，为日人一手持成伪独立国，吾东三省三千万民众决[绝]对否认之！望诸公为正义制裁日本，为和平制裁日本，吾东北民众仰首以待之。

专此特陈，顺请旅安。

辽东民众同叩

资料来源：日内瓦国联与联合国档案馆藏李顿调查团档案，卷宗号：S39。

374. 辽宁海城民众代表王永吉来信

国联调察团钧鉴：

迳启者：

代表海城全县民众，以为贵团为东亚和平、为人类和平不辞劳瘁，万里跋涉而来中国东北部，调察日人残暴之情形，使我全县民众引领而望，希由此而离日人之铁蹄，而得光明的道路。故敢希贵团主重[持]公道公约，勿为日人诱惑，并略举日人之残暴事实以资贵团调查：

一、九一八事变，借口我军民折[拆]毁南满路两根枕木而进兵省城，炮炸北大营，据占兵工厂。我亲身化装看见气[汽]车夫被刺而死，并我同学高鸿耀亦同时死在这时，因为他早起上学（学校二工），还不知此不幸事件发生，所以身着制服在街上行走，被日人遇着就刺死在长街了。

二、日军曾轮奸北关第三小学校后方郝永德长女，次女被杀。

三、敝人于事变赴新民、法库、彰武考察情形,结果令人闻之酸鼻。即日,飞机遍炸法西村民(如香木河、叶茂台等村)。在法【库】县城,日人任意恣遂[睢]、奸杀残毁新民尤甚,因新民交通的关系,亦曾以炮击(新家店、公主屯、高台子等)以至于本县亦发生同样事件。以上是残暴的铁证。

敬请贵团主重[持]公道公约。

辽宁海城代表【民】众王永吉泣告

资料来源:日内瓦国联与联合国档案馆藏李顿调查团档案,卷宗号:S39。

375. 康公正来信

国际调查团委员大人钧鉴:

启者:

国联调查【团】东来,负救护东亚民族与维持世界和平最大使命,则此来自当慎重详查而切实解决之。惟停留日少,恐难搜罗至尽至详,生不揣冒昧,大言直陈,或诸委员大人所欲闻,苟能尽为采纳,则当馨香拜祷之。

一、九月十八日夜晚,日本无理由炮轰沈阳北大营,占领兵工厂、迫击炮厂、航空处及其他机关。苟果系中国人拆其铁路,伊自能以正大光明之理由与我交涉,决不致占我各处,且如彼①此之神速,是事前有计划、有准备可知也。观其入城后之竹梯遍城墙,是决非短时间所制成,且如此其多也。兵皆钢胄,乃其常备兵也。生屡乘南满路,从未睹守备队、护路警有斯胄也。且事变前十余日,沈市满城风雨,十七日取下沈阳,且大批运来军人、子弹、枪炮等。四五十【架】飞机突来浑河沿岸上,且同时间袭轰营口、长春、吉林等处,益证其有相当之野心,决非我之挑衅也。

二、尽驾我飞机去,广运我枪炮、子弹往,没收我财政与各很[银]行之银柜。

三、日入街时任其牢[屠]杀焚掠,行人为其演枪之标、试刀之具,至其耳穿。妇女藏之暗室,择其有姿容者群兽轮奸。噫!人道沦丧,日亦酷其所至毒矣!

四、事变时,且进攻吉林、长春、安东、营口、辽阳、通辽、开原、昌图、抚顺、打虎山、海帮子等地。日军所到,尸骸枕野,血流成渠,繁华城镇,尽为焦土。

---

① 编者按:原文多一"彼"字。

五、以金票利用胡匪各地肇事，扰地方不宁，以之借口不退兵。且阴供匪以实力，而各县自卫警兵之子弹每人仅留五粒，匪来自无抵抗力也。

六、沈被袭乃迁于锦，又为炸毁。扼我山海关、占我葫芦岛，益显然其得寸进尺、有灭中国之野心。

七、日便衣队再乱于天津，复攻上海，焚我文化重要机关，烧我规模最大之工厂，则日人主在破坏，致中国一蹶不振也。

八、沪战期间，日迫来溥仪，逼其复辟，创"满洲国"，脱离中华民国。实窘于威胁之下，不得不暂时任其横行，决非中国人民之同意也。

九、废党化教育，采十年前课本，取消三民主义与党义，禁授历史、地【理】，是其愚民政策何其深也！迫以日语为决[绝]对第二外国语，现派来大批教员分发各校矣。

十、各省县诸机关皆有日本参谋、指导而不记之于册，虽有调查人亦难知其奥也。

十一、迫令各村租与鲜人稻田，定期三十年，不得反悔。

十二、"满州[洲]国"外交倡门户开放、机会均等，此借剑自杀，已彰彰甚明也。

十三、已实行开发各地。

十四、日本在东北一日，东北即在苦海一天，故日本一日不去，东北人民即一日心不安。势必尽人皆兵，长枪、大戈、竹刀、木剑与决生死。

十五、东北三千万民众所望于国联调查团者：（一）令日本即时撤兵。（二）赔偿一切损失。（三）保障不再发生同样事件。

学生康公正

资料来源：日内瓦国联与联合国档案馆藏李顿调查团档案，卷宗号：S39。

376. 东省护路军总司令丁超、吉林自卫军总司令李杜暨全体将士来电

收电台： 日期： 时刻： 签名：	兹由等电报台收 无线电报 东北电信管理处 驻平办事处电台 电报用纸 附记：P.2	发电台本台号数： 日期： 时刻： 签名：		
等级：	发报电台：	字数：	日期：	时间：
0356	0948	6511	3046	5459
全	国	军	民	莫
0008	7345	2087	2970	1987
不	额	手	欢	庆
2686	2552	2480	0187	5478
查	暴	日	侵	华
2053	2639	0554	0649	1364
我	东	北	受	害
2584	6880	2970	6601	0037
最	巨	欢	迎	之
1906	1429	3009	2814	3175
情	尤	殷	业	派
0769	0006	2699	1807	2837
王	上	校	志	荣
0108	5903	0679	2651	5261
代	表	吉	林	自

(续表)

5898	6511	0356	6511	6384
卫	军	全	军	赴
1627	2970	6601	0017	0701
平	欢	迎	并	呈
6677	1032	0707	2579	6156
递	报	告	书	谅
6705	7003	1390	0679	2651
邀	鉴	察	吉	林
5261	5898	6511	5281	6386
自	卫	军	兴	起
0626	3634	0202	0948	5898
原	为	保	国	卫
3046	0035	2552	2480	0110
民	乃	暴	日	以
2976	0500	2301	2995	2053
武	力	摧	残	我
3046	2469	2396	2230	2053
民	族	攻	掠	我
1004	6966	6511	5887	2076
城	镇	军	行	所
5267	1129	5127	3230	1225
至	大	肆	淫	奸
1429	0110	4500	6511	6575
尤	以	空	军	轰
3498	3634	5174	0057	3453
炸	为	能	事	滨
3068	0181	5695	6670	0575
江	依	兰	道	区

(续表)

1172	2455	2973	1693	1108
如	方	正	延	寿
0181	5695	0677	4905	1004
依	兰	各	县	城
3941	1311	3297	7559	0500
甬	子	沟	高	力
1604	1311	2585	4099	1854
帽	子	会	发	恒
5012	0515	1378	0677	2625
罗	敕	密	各	村
6966	0644	2639	6993	3116
镇	及	东	铁	沿
4848	3189	2651	4541	3046
线	海	林	站	民
2075	1122	5926	3498	3607
房	多	被	炸	毁
2057	5926	3595	3599	0086
或	被	燃	烧	人
3046	5616	2682	7180	1446
民	荡	柝	离	居
1971	0008	1804	6023	0523
惨	不	忍	睹	务
6153	0311	6148	2686	0957
请	贵	调	查	团
2483	2480	2639	0171	1395
早	日	东	来	实
0966	6848	2686	0500	0031
地	调	查	力	主

(续表)

0361	6670	0455	2972	2552
公	道	制	止	暴
5887	0028	2053	6511	3046
行	凡	我	军	民
0008	0524	2970	6601	0120
不	胜	欢	迎	企
4162	0037	5267	2639	4164
盼	之	至	东	省
6233	6424	6511	4920	0674
护	路	军	总	司
0109	0002	6389	0679	2651
令	丁	超	吉	林
5261	5898	6511	4920	0674
自	卫	军	总	司
0109	2621	2629	2555	0356
令	李	杜	暨	全
0511	1412	1102	0104	0661
军	将	士	同	叩
4646				
筱（十七日）	Seal			

资料来源：日内瓦国联与联合国档案馆藏李顿调查团档案，卷宗号：S39。

说　明

《关外团体与民众呈文(上)》中有二十三篇为编者单独列出,这些呈文从内容上看是批评张作霖、张学良父子在东北的"恶政",且支持"满洲国"成立的。为了保留珍贵的历史资料,展现李顿调查团档案中关外团体与民众呈文的全貌,真实反映20世纪30年代东北政局的纷乱,本着忠于档案原貌的原则,保留这些资料。读者在阅读这部分呈文时需要注意以下问题:

1. 冠以"满洲国青年党""君主立宪会""蒙古自治筹备会"等名目的组织拥护"满洲国",看似具有一定代表性,其实他们代表的是极少数背叛国家民族利益的异类,他们不能代表东北民众的绝大多数。

2. 呈文中揭露的多年来东北新旧军阀霸占土地、横征暴敛、党同伐异、贪污腐败的黑暗统治在一定程度上是存在的,但以此来佐证其引狼入室、认贼作父的合理性是荒唐的。"欢迎东邻友邦""兴义师"以驱逐军阀、革新政治,其结果只能是缘木求鱼、南辕北辙。

3. 东三省和内蒙古自古以来就是中国的领土,上述极少数分子否认中国政府对东三省、内蒙古的主权和治权,是肆意歪曲历史事实的行为。

4. 细读此类呈文,可见上述极少数分子在称赞"满洲国"的同时,也无意中描述了绝大多数东北民众抵制"满洲国"成立的生动场景,细节如下:

尤可喜者,众人之中白俄不少,可知外人对我"新国家"关心之切,尤过于我本国之国民。日军为我维持会场秩序,日机为我宣发传单,尤觉友谊殷殷,难以为报。惜余到场时,已过响[晌]午,盛仪已毕,未得一观,至今以为憾。但闻与会者云,人数虽多,秩序尚好。惟司仪喊向"国旗"行三鞠躬礼,全体昂头不动,司仪者喊呼"'新国家'万岁",全体闭口不言。此二事未免使当局失望耳。不宁惟是,尚有使我当局更为失望者。是日,余行到礼场大门,见庆祝者袖缠黄布,鱼贯而出,意拟游行全市,诚盛举也。不意者,有许多不肖之徒,一出大门即擎去黄布,背道而驰。既归,闻邻人言,沿路亦有逃跑者,及至中国大街,所留已不甚多。好在我当局才大心细,筹划周密,前面有巡警押队,又有监察员随路监视,不然一个个跑完,岂非笑话!

由此可见东北民众的绝大多数是反对"满洲国"的,这样的呈文同样具有重要的价值。

5. 对于此类呈文,李顿调查团在后续公布的《国联调查团报告书》中也有清楚的说明,明白无误地指出此类呈文背后有占领东北的日本当局的安排。内容如下:

本调查团曾接见各公共团体及会社之代表,彼等常以书面之陈述交阅。各代表大都由日本或"满洲国"当局介绍而来。吾人深信彼等所交来之陈述,均系先经日人同意者。……大概言之,此项意见书,皆系不满于旧时中国行政之种种怨语,并对于"新国家"之未来,表示希望及信仰而已。

为便于读者辨别,将此类呈文单独列出,特此说明!

附　录

1. "满洲国"青年独立党支部代表王铁生等来信

兹因意欲直接将别开之血书拜谒呈上,奈因官署戒备森严,不得直接上呈。因此,特以邮便转呈鉴察,此致。

满洲青年党员张世文、王铁生、吴云升等谨上书于和平使者——国际联盟调查委员长李顿卿爵士阁下:

云山万里,枉驾鄙邑。热诚高谊,感感回思。

过去军阀巨头张学良等视民草芥,横暴凶残,其专吸农脂民膏之罪迹,谅经贵团调查周知。以阁下常识,发展人道主义观念极强之欧美人观其愆,尤恐难容许。想张学良统辖东北之秋,其用人行政之荒淫丑秽,吾青年辈言之可耻。即以堂堂帅府,敢行大恶一端,谅亦各国君子淑女所难忍者。如公等贤明,兼以人类和平为立脚点,祈求三千万人民【出】于水火而予幸福,并确立东洋和平之基础。倘克云天广被,立即介于世界,俾咸承认"满洲国",并遂援助完成国家之热望。苟轻视事实,或[惑]于张氏一派之丑言甘语,迟疑逡巡,是则不但阁下等自欺欺人,且国际联盟亦单以己国为基本,不过一私利私欲、不正当之国体,可[何]敢决言!虽然,吾人则何敢悬揣,想阁下各位终不失吾党之期待也。抑再有进者,吾人对人类之公敌张学良一派,虽余遗一人亦与战。兹特代表"满洲国"青年党员血书声明,以促阁下各位决意焉。

"满洲国"哈尔滨青年独立党支部代表王铁生
"满洲国"长春青年独立党支部代表张世文
"满洲国"梨树县青年独立党支部代表吴云升
"大同"元年五月二十五

资料来源:日内瓦国联与联合国档案馆藏李顿调查团档案,卷宗号:S36。

2. 前君主立宪会会长文耀来信

国联调查委员诸公明鉴:

鄙人纯以东亚公民资格,致诚意与真理,供献于诸公之前。敬乞勿以位卑言简而忽视,是则东亚民族之福,抑亦世界民生之大幸也。今请将"满洲国"建设之必要列下:

一、中国一党专横，军阀利用盗匪，酿成廿年惨状，精神法理上已不能完全成法治国家。因之，东亚危乱绝无宁息，此东亚人民应负止乱扶危之责。日本因自卫计，思欲止乱，自当与祸首张学良、蒋中正等不睦，绝非与国民之不睦也。蒋、张等假借国民名义排日，更非国民之排日也，此建"国"之理一。

二、日本屡以解决满洲悬案为请，张学良委诸蒋氏政府，蒋氏政府委诸伪造之民意，迁延日久，适遇中村大尉事件发生，遂酿沈阳事变。而张学良畏难苟安，竟避匿于北平，以若大且要之满洲无一官维持政务与安宁。袁金铠等出而维持地方，自是正理，此建"国"之理二。

三、满洲陷于无政府状况，张学良不思速与日方交涉，反派其散兵结合胡匪，潜伏各县，借名义勇军，到处声言仇日，实则不敢撄日之锋，专意杀烧淫掠满洲人民，祸得人民十村九空，食粮尽绝。此建"国"之理三。

四、满洲人民因受无政府之痛苦，急欲求得仁贤之长官，出而拯救目前之祸，遂拥戴我当年不忍涂炭生民、敝屣天下之逊帝为行政元首，此建"国"之理四。

五、满蒙在历史上，一切政治主权向未属于关内政府。属于前清者，仍是满蒙人民隶于满蒙人主权之下。此次张、蒋等决弃置不理，而我民众建设"国家"，拥戴仁德之逊帝，实为正当，此建"国"之理五。

六、满洲人民拥戴满洲故君为元首，仍然恢复"满洲国"，脱离残暴嗜杀之张学良等军阀和党徒专横之蒋中正，开放满蒙天然地利，容纳友邦投资，组成东亚最大之工商场所，谋世界民族之福利，倡导世界大同之进化，有何不可？此建"国"之理六。

以上乃满蒙建"国"之真理，民族谋生自然之演进。诸公必须切实考虑"满洲国"建设之精神所在，更须考虑逊帝之道德、学识、思想，以与张、蒋等辈之暴行详为比较，夫然后始能评论"满洲国"之建设适当与否，谅解"满洲国"有建设之必要，始能讨论东亚永久之和平。诸公乃世界民族代表，当能扶弱抑强，不论亲疏，主持公理人道，以求东亚永久之和平，不再蹈中国廿年之惨祸。

鄙人虽非"满洲国民"代表，但所陈实为满洲全"国"民众唯一之心理与希望。此上国联调查团诸公亮鉴。

前君主立宪会会长

现任东三省民报编辑文耀（章）谨陈

五月四日

资料来源：日内瓦国联与联合国档案馆藏李顿调查团档案，卷宗号：S36。

3. 张民权来信

九一八事起,旧当局抱不抵抗主义,数千方里之地于数日内丧失殆尽。惟马占山略作抵抗,又以孤军寡援,败退海伦。后且以投诚闻矣。于是,我东北诸新领袖,认为时机已熟,遂积极作建设"新国家"之进行焉。此后,丁超、李杜等虽因利害冲突,与我国军在哈长线一动干戈,但不数日即了,于建"国"之进行,并无大碍也。丁、李二军退出哈尔滨后,即定于三月一日成立"新国家"。于是,开庆祝建"国"大会之声亦随之而起,但因他方有故,皆未得如愿以偿。改于三月五日成立"新国家",而又不果,故庆祝大会又不能举行。盖五日之中,与庆祝大会有联带关系之五彩牌楼,见其在街中几欲搭成而拆去再矣。及至九日,我执政在长春即接位,"新国家"真正成立,我哈埠人士始得于十日举行正式之庆祝建"国"大会也。开会之日,余携诸弟妹往南岗礼场观光,七八丈外即见人头簇簇,车马为阻,行步之难,愈进愈甚,费九牛二虎之力,始得近礼场也。约略计之,人数可数余万,猗叹盛哉。尤可喜者,众人之中白俄不少,可知外人对我"新国家"关心之切,尤过于我本"国"之"国民"。日军为我维持会场秩序,日机为我宣发传单,尤觉友谊殷殷,难以为报。惜余到场时,已过响〔晌〕午,盛仪已毕,未得一观,至今以为憾。但闻与会者云,人数虽多,秩序尚好。惟司仪喊向"国旗"行三鞠躬礼,全体昂头不动,司仪者喊呼"'新国家'万岁",全体闭口不言。此二事未免使当局失望耳。不宁惟是,尚有使我当局更为失望者。是日,余行到礼场大门,见庆祝者袖缠黄布,鱼贯而出,意拟游行全市,诚盛举也。不意者,有许多不肖之徒,一出大门即掣去黄布,背道而驰。既归,闻邻人言,沿路亦有逃跑者,及至中国大街,所留已不甚多。好在我当局才大心细,筹划周密,前面有巡警押队,又有监察员随路监视,不然一个个跑完,岂非笑话!且闻逃跑者,尚以智识份子居多,智识份子如此,可胜浩叹。外人当识我国民为一盘散沙,不知国为何事,诚未为过也。此次建"国"以"真正民意"四字作标榜,而民意如斯,岂不令我当局更为失望耶。晚饭后独坐卧房,于邻人之言不觉疑虑丛生,自语曰:游行时因要事而走者,或有之。不肖之徒,无故而跑者,亦或有一二,决无无故而偷跑之智识份子。因庆祝之后,继之以游行,智识份子皆早知之,既不愿游行,又何以来庆祝? 正疑虑间,适二客来,一为商人,在道外开店,一乃道里某机关职员,皆与庆祝会者。因问其故,一客曰：吾商家接有官厅通知，每店有柜伙十人者，当遣八人到会庆祝，故庆祝者若斯甚多。庆祝有非所愿者，故见隙即跑。一客曰：机关中到有公文云，有不到会庆祝者以旷职论，故不到者甚少，盖所以到场，为签字也，为饭碗也，非为庆祝也，故游行时即沿途逃跑也。呜呼！我当局用心苦矣，何人民不识抬举乃尔！庆祝之日，街上满贴标语，其中有有日本语气者，谓系满洲当局所为，故作日本语气以示亲善于日也。余以为不然，我当局与日亲善，必在大处表示，而不在此种小处着［者］。亦或因"国家"新立，人材不敷于用，此种标语系日人代庖，辄未可知。成立宣言系日人起稿，即其一例。又有人谓，此次开庆祝大会，标语贴满全市，传单飞满全空，纸张之费不资，而所用者，皆日本纸，日本得利大矣。此小人之见也，友之至善，不分彼此，国家亦然。君不见庆祝之日，日人为我宣发传单，为我维持秩序乎？君又不见，庆祝之日，各日本机关亦皆为我悬挂"满洲国"之"国旗"乎？不特如此，日军当不惜牺牲性命，代我各处剿"匪"，君岂不闻之耶？是则日本对我亲善之情形，直将不分彼此矣。我岂可尚在区区纸张上计较利害耶？余写此文章，一祝我"满洲国"万岁，二祝日"满"两"国"日趋亲善，不久达到彼此不分畛域之境地。

张民权

资料来源：日内瓦国联与联合国档案馆藏李顿调查团档案，卷宗号：S36。

4. 蒙古自治筹备会陈情书

蒙古为数千年屹然独立之民族，备具土地、人民、语文、政教等立国要素，其与中国合作之端，实开自满清入关之初，缘满洲以少数民族入主中国，势不得不赖壤地相连、世有姻好之蒙古为其奥援也。是以终清之世，感我援助之劳，待以友邦之礼，尊崇无所不至。

蒙古之内政、外交、土地、人民悉听自主，清帝不过受成而已。中华民国承袭清统沿有蒙古，视其地为征服之土，视其民为俘虏之众。假共和平等之名，施侵略压迫之实。放荒以蹙我疆域，设县以攘我政权。攫租税以窘我财用，借屯垦以夺我土地。甚切［且］驱其虎狼之军队以蹂躏我人民，纵其酷恶之官吏以鱼肉我乡里。他如豪商土棍之依恃官威，欺凌剥削之举，随在皆然，指不胜屈。二十年来我蒙古人民惨受荼毒，以失田庐，丧生计，呻吟于铁蹄之下，憔悴乎牢狱之中，茹泣含悲，凄怆冤愤，以至死亡者不知几千百万矣。即所谓革命伟人孙中山,亦不过拾十八世纪唾余学说,高唱大中华民族主义,以为同化、消灭我蒙古民族之计。至此,我蒙古民族不惟无生存发达之希望,将并我数千年来之民族亦不可得而保存矣。此种险毒荒谬之国策,为蒙人所最痛心而失望者也。是以斩木揭竿以图自救者前仆后继,无地无之。东蒙如扎镇两旗之称兵,宾图王之北上,呼伦贝尔之一再独立,巴布扎布之万里南征。西蒙如张家口之会议,革命军之誓师。最近如郭道甫之举义,孟梅伦之愤起,何莫非军阀官僚压迫之所致哉!夫人情孰不乐生而恶死,其所以出此者毋亦愤强权之横暴,痛种族之沦亡,激昂大义,奋起扎挣,以图生存之路,有不得不然者耳。

乃去岁事变甫起,各地蒙人不谋而同宣布自治,编立军旅,整饬政权,虽经张学良纵其爪牙再三抵制,终因我上下一心,坚持奋斗,卒得完成我二十年来未竟之目的,复与我疾苦同情之全满各民族,本自决自治之原则、平等团结之精神,以联合树立"满洲新国",脱我三千万民众于水火之中,而复我三百年前满蒙合作之故态。过去之奋斗已斐然足述,而将来之建设必本博爱平等之大义,联合满蒙各民族共同努力,以期开展满蒙未来之事业,树立东亚永久和平之光荣,是为我蒙古民族联合建设"新国家"之真意义也。

贵团为主张公理之神圣机关,此次惠临"满洲国",必已了解我满蒙之情势,而对我蒙古民族及此"新兴国家"必能予以更深切之同情援助,以满足我三千万人民将来之希望也。谨将二十年内蒙古民族被压迫情形约略举例于后,恭请鉴核,谨上国联调查委员团公鉴。

(附侵占土地略图一份,压迫事例九件①)

....

二、强制开放及侵占土地

(1)军阀侵略蒙古之最惨毒者,厥为开放土地政权,因之而消灭人民,因之而失业,覆亡之祸,胥在乎此。故蒙古痛心疾首而反对最甚者,莫过于放荒。无如军阀挟其威势,强迫开放,或慑以重兵,或惩以押捕,弱小无告之民族,不得不含悲茹泣、隐忍听命耳。查近年各大军阀若张作霖、吴俊升、万福麟、汲金纯、鲍贵卿等,其在蒙地经略而得之土地各数万方,以至数十万方,拥此多地以殖厚资,小则富敌数县,大者财倾全国,以之养兵则助长内乱,以之牟利则垄断民生。十数年来,该军阀等所以集巨资充军备,不时西向以酿内乱者,何莫非

---

① 编者按:卷宗未发现附件。

蒙古广袤膏腴之田为之后盾哉？夫置蒙人于失业流难之境，夺其地而为残民逞欲之具，天下违背人道之事，孰有甚于此哉？不仅我蒙人所痛哭，抑亦举世仁人所厌闻者欤。谨将侵略事实择其重要者略述于后。

（2）民国五年，张作霖、吴俊升、冯麟阁、鲍贵卿等以陆军二十七、二十八、二十九等三师名目，将达旗辽河南北两岸数万蒙人垦牧生息之膏地四千余方（每方四十五晌，每晌十亩）给以微薄之价，全数强制开放，由张作霖及其岳母王老太太、鲍贵卿、冯麟阁等拣选瓜分两千来方，在钱家店、乌蓝花、那力巴营子、洛邦图衙门站、敖力布皋、耐满太等处设立三畬堂、三益堂、德胜堂等地窝堡以经理之，迄今昭昭可睹，从未缴纳分文田赋。

（3）民国十一年，张作霖之岳母王老太太因向达旗地局局长道尔吉索赠沃田百方未遂，遂授意监毙道尔吉以示惩戒，强逼继任局长朱凌阿发给地照，霸占通辽迤西膏田二千八百余方，未交一文地价。

（4）民国十五年，张作霖借充军费为名，逼令达旗出放四洮路线以东蒙民熟地四千余方。

（5）民国六年，张作霖由辽河两岸选出上地三十余方，留作牧马场。其后逐年展界，陆续侵占至一万五千余方之多，沿河百余里之内无复蒙地，无复民田，不费一文地价，霸占万五千方里之地，天下奇闻无过于此也。该厂经理安荣九系张作霖之连襟，张学良之姨夫也，是以上自经理下至夫役，恃势凶横，无恶不作。每到秋冬征派羊草（饲马之青草），邻近居民送草稍一迟误，即遭毒害。民十八年八月，因催草而枪杀娘儿营子蒙人拉喜一名，击伤依德嘛一名，由旗署控追三年，置如罔闻。其他马夫奸妇女、践田苗、济匪窝及纵匪抢掳之事，笔不胜书。四周居民弃其田庐、避难流亡者迄已数千户矣。

（6）达尔罕一旗累次迫放及霸占之地已三万方，所余数十万蒙民区区生息之地，复经张学良、翟文选等于民国十八年春设辽北、西夹荒两荒务局，扫数出放，寸土不留，全旗蒙民恐慌战栗，莫知所以，乃公推代表孟梅伦、色旺、舍灵尼嘛、升格嘎力布等四人赴省请求张学良、翟文选等，矜恤旗众，维持生计。乃不但不准，反因民情愤激，恐致抗阻，为先事镇[震]慑计，将孟梅伦等四名拘禁于狱，相继派骑兵第三旅全旅弹压达旗，并派第六团王团长率骑兵千名随绳镇[震]慑，积亟[极]丈放，若非遭逢事变，则达旗已告灭亡矣。

（7）昌图、梨树、法库、康平、辽源、怀德等六县为达、宝、傅三旗土地，系清季借地养民之区，非丈放价卖者也。乃于民国十六年，张作霖、刘尚清、莫得惠等强制出放，收价数千万元，以充军费。

（8）民国十三年，吴督军俊升逼租博多勒噶台旗斯卜海地二千晌强，订租约为九十九年，其后逐年向四外展占，以致邻近蒙民之沃田悉被包套，现在已超过原数二倍有奇。又于十四年，吴俊升以每晌奉票五十元之代价强租博旗阿林塔拉最上熟地五千天，但租约上逼书永远为业、不准撤租之字句，荒谬离奇世所罕见闻。又于同年，吴俊升、杨宇霆二人同时霸占傅旗宋林塔拉熟地二千二三百晌，并未予以租价，嗣经该旗再三交涉，吴始付奉票十五万元，而杨则一文未给。

（9）民国十六年，军阀张作霖为便利军运，修筑京奉铁路大通支线，自章古台站至衙门站，百余里间占用达、宝、博三旗土地，即按该路最低价额合计，亦有二三万元之谱。其南段占用县境土地早已发价，独于此项蒙地价款，虽经三旗迭次请求，终未发领。事虽微末，亦可见军阀歧视蒙古之不平等矣。

（10）自民国九年，黑龙江历任督军将东西布特哈、齐齐哈尔等三旗蒙民生计地亩陆续放罄，以致三旗蒙民失业流离，尤为惨苦。十一年，所放西布特哈旗境内巴彦街七百二十方地，悉被吴督军、于省长、广信公司分领。又十四年，所放雅鲁荒地七百二十方，则被吴督军一人独占，名虽放荒，而实则由蒙人之手移入军阀私囊耳。

（11）杜尔伯特旗已放地安达、林甸二县七十余万晌，所余业经令准保留，作为蒙民生计。据民国十五、十六两年，吴俊升派兵压境，强将该旗东部民地丈拨十万余晌，由吴督军及其属下攘为私产，将原有蒙户勒限逐出，并为管理经营之便利起见，添设泰康设治局，该旗屡请退还，迄未邀准。

（12）依克明安旗于从前放荒时请准保留之蒙民生计，长不过三十里宽不过八十里，此区区之地为全旗人民生息之所，稍有人心，何忍迫放以措蒙民于死绝之地？民国十七年，万福麟、常荫槐等觊其膏沃，必欲攘为己有，乃借放荒之名，强迫出放。该旗全体官民一再吁恳南京政府、东北当局，终未宽宥。不得已而赇托黑省权要，赠送万福麟及一般权要上地二百五十方，始得恩准，保存半额，出放七百余方而罢。军阀之贪残黑暗，于此可见一斑矣。

三、屯垦侵略

1. 扎萨克图、扎赉特、镇国公等三旗经累次放荒，结果余地无多，实为土著数十万蒙民垦牧生活之产，已无闲荒可资屯垦。讵自张学良等败归东北以后，感兵多地窄之痛，又存军阀野心，不肯裁兵，恐损实力，于是派惨无人道之邹作华率兵数万占据扎、镇、扎等三旗全境,美其名曰屯垦,以掩世人耳目,而实则驱逐三旗蒙人,强夺三旗民地,俾为安置大军,削［消］灭蒙族之计耳。但顾名思义,既谓屯垦则应开垦闲荒,固非驱逐土著安居之蒙民而代种熟地之谓也,夫扎、镇、扎等三旗之壤无闲荒,既如上述则邹作华所率数十万貔貅之众,住无非蒙民之房屋,耕无非蒙民之熟田,屯垦多耕一亩,蒙民即丧失一亩,军阀多养一兵,蒙旗便多死一民矣。逐其民而据其地,夺其权而犁其野,名为屯垦,所垦者何？号为开疆,所开者何？比之鹊巢鸠居曾不为过也。深望远邦人士勿被所欺,误认张学良之屯垦为真实之屯垦,而反忽略弱小蒙族之因屯垦而死亡枕藉、怨鬼夜哭也。谨将邹作华屯垦期间暴民行为分析胪列。

2. 民国十七年冬,扎、镇两旗之全境及扎赉特旗之全镇及扎赉特旗之西南一部份［分］,悉数被邹作华划为屯垦区域,分设第一、第二两垦殖局,包办全区政治、司法、税赋等政务,布告禁止蒙旗行使政权、受理诉讼,蒙旗固有之官署至此名存实亡,完全失其管理土地、人民、政治之权矣。

3. 两旗土地既成为屯垦区,蒙民原垦熟田一旦变为官产,全体官民恐惶万状,纷纷吁恳张学良、邹作华及南京政府,请予赏拨少许生计地,以免流离,未邀允准。复经十七年奉天蒙王会议、十八年长春蒙旗会议两次,以全蒙名义为三旗请命,亦皆无效,并将热心民生、为斯事奔走呼号吁请之寿明阿、胡永泰等诬以抗违政令,逮捕监禁。

4. 以屯垦为名无价侵夺之蒙地,除一部份［分］招集关内汉民耕种外,其膏腴之田,自张学良、邹作华以下如鲍贵卿、黄显声、丁旅长、顾维钧及团、营、连长,局、处、科长等,莫不尽量瓜分,据为私产。如张学良、顾维钧等合伙而设之华农公司,其所属之地即系镇旗乌尼页希一带数十户蒙民之熟田也。黄显声驱逐扎赉特旗吉噶苏台、乌达两村二十余户蒙人原垦熟地而占为私产。查顾维钧一人之地即有二万五千响之谱。扎萨克图旗境内胡鲁苏台屯之民田被黄显声独自占领,又该旗朱勒图保齐雨屯之民田,则被铁路局长张云齐、团长苑崇古二人据为私产矣。上述各处皆已扫除土著蒙人,大规模的设置宅院,正式经营。其他小官吏之占夺民宅民田,招佃种地者各村皆有,不可胜述。

5. 邹作华为根本铲除蒙旗官府宗教计,将洮索路线故意曲道冲过镇旗公署,借便拆毁该旗公署。又扎萨克图旗之古寺王爷庙被第二垦殖局占用,格根庙佛殿则改为屯垦公署之跳舞场,各庙佛像都被掷毁,喇嘛皆被驱逐,数百年古寺遽变为兵营矣。似此拆毁旗署、侮灭宗教尤为我蒙人所痛心者也。

6. 屯垦官兵往来行走及所招关内佃户，一切饮食、车马悉责蒙民供应。此外，军用草料、车辆等项，亦莫不取自蒙民。故三载以来，各旗蒙民之车辆、牛马被军征用无算，一经征去，永不发还。至若宰吃牛羊或抢掠财物，尤其余事耳。即此次事变，该军临行，逐屯搜觅车马，扫数带走。目下镇、扎两旗已无车踪马影、辙迹蹄声矣。其他屯垦军之奸淫掳掠、惨无人道之行为，另详他条，兹不赘述也。

四、政权之侵夺

我蒙古自昔号称东亚优秀民族，政治、法律以及一切文教无不具备。一百年前，内地汉民移居蒙土者，受我政治之支配，莫不安居乐业，政治之修明从可知矣。惟自军阀当道，本其偏浅之眼光，不知团结提携为何物，斥蒙古为不谙政法，依恃威力，悉将我蒙古政权侵夺殆尽，若县治之积极扩充，司法权之撤归省县，警察权之攘夺，垦殖局之设置，以及东布特哈旗总管衙门之裁撤，西布特哈旗设治局之代政，何莫非侵夺蒙古政权之显明事迹耶？如果法政清明，治理得当，犹可说也。乃官吏贪残，军旅蛮横，司法黑暗，行政不良，匪日以多，民日以苦，不独被压制之弱小各民族感其痛苦，即权力优越之汉族亦皆有与日偕亡之慨，不如蒙人治蒙之得以相安无事矣。故二十年来，蒙古社会之衰落，人民之疾苦，任其咎者应在侵夺政权之军阀官僚，而不在被人压制、失却政权之蒙古也。

五、经济剥削

1. 昌、梨、怀、辽、康、法等六县之地既为借与之地，已如上述则丈放，所收之价自应劈给蒙旗，乃张作霖悉以充作战费，仅提出百分之一发给三旗。

2. 查在前清时代，凡在蒙旗所收税捐，不问种类一律劈给蒙旗十分之三，事理公允，行之已久。民国二十年四月，因销场税改称营业税，张学良竟借为口实，无端强将我蒙旗三成税捐权力减为百分之二矣。至黑龙江境内各蒙旗，则因民国以来军阀蛮横，迄未劈得分毫，强权弱小，惟有忍痛而已。

3. 东西布特哈、齐齐哈尔等三旗历次所放荒价二成提款，除被省政府所派之金总管处分一部外，其余多数皆被吴督军及广信公司没收，蒙人从未得受领丝毫，惟在宋小濂时代所得荒价，蒙人用作齐昂轻便铁路资本，不料现在亦被广信公司剥夺殆尽矣。卖其田产，没其荒价，残酷不仁，何以过此！

4. 乌珠穆沁之盐为东蒙唯一食盐之来源，历来蒙人自由贩运，自由取用，毫无禁例，是不仅为蒙人日用之必须，亦且为多数蒙人谋生之利薮也。乃自张作霖等盘踞满蒙以来,深入蒙地,设局征税,盐价顿昂,销运告绌。计自盐池运出每百斤即征税现洋四元,运至洮南则加至五元,运至郑家屯一带则加至九元。蒙地穷困,蒙人无钱以纳层层重税,因而依盐谋生之蒙众遂感失业痛苦。揆之东西各国保护商业者,真不啻天堂地狱矣,然此犹属消极之剥削也。其尤惨无人道者,吉黑两省禁止蒙盐入境,一遇蒙人运盐之车则视同盗寇,没收全盐,并罚以十倍之原价,且复轻则打释,重则拘役,哀我穷民何来罚款?惟有卖其车牛以饱官囊而已。自上述两法实行以后,蒙人之运盐者自然减少,乃税局复疑蒙人之偷运偷卖偷用也,更广派缉私队深入蒙境,逐户搜查,凡有家储食盐之户,无论多寡,立拘重罚。因此蒙人家中不敢储一粒之盐,秘将食盐化为盐水以备食用,似此病民扰民,洵足为世界奇闻。

5. 东蒙北部逶迤多山,木材甚广,各旗蒙民之建筑、材木、农具、器皿无不取给于此。其附近贫民或习木工或专贩运以资谋生者,无虑万千。自张、吴等执政以来,广置局卡,繁征木税,一般贫民苦于无钱纳税,束手以丧其故业,为害民生已堪痛恨。且复侦逻四出,遇有蒙人之伐运树木者,不问其贩卖或自用,一律责以漏税,没收木材,罚以重款,或并其车牛没收充公,以抵罚款。宁肯弃利于地而不润泽于民,军阀之苛暴如此,又安望蒙人经济之充裕邪?

六、愚民政策

蒙古文化落伍举世皆知,为图民族之进化,则需要教育最为孔亟。唯蒙古一切财赋皆被中国军阀垄断剥夺,已详另条,其办理教育之经费,势不得不筹之蒙民地亩,而所有膏腴之区,不分蒙汉人民,皆被划入县境管辖。故于清光绪三十二年,宾图、博王两旗曾经奏准有案,由划入县境内蒙民之地,自收亩捐以之办理蒙旗学校,事亟[极]公允,故宾、博两旗已曾设立学校多处,成绩斐然可观。迨清祚移后,其他各旗亦拟照办。讵军阀张作霖等恐蒙民文化开启,妨其专制之统治,始终拒绝,未能仿行,并将我蒙已在清季举办有素之蒙民亩捐,于民国十年、十六年间,逐次被张作霖明令夺归法库、康平、昌图等县,以致宾、博两旗历办多年之各学校一致停废,迭经该两旗吁恳恢复,终未允准。至此而仅存硕果之蒙古教育被其铲除,蒙民只有向县完纳教育捐之义务,而无享受教育之权力,蒙古文化永无开启之望矣。此蒙旗人民受偏枯之待遇,以致失学荒时、知识落伍之唯一原因也。谓非愚民政策,世果谁信?

七、愚弄王公

东北军阀张作霖、吴俊升等起自伏莽,出身猥贱,垂涎我蒙旗土地,愚弄我蒙旗王公，向取牢笼之手段，利用结婚之政策，宠以高位，假以颜色，阳与交欢，阴行羁縻。若民国初年，该军阀等以女妻达尔罕王长、次二公子，以姻戚之好行侵略之谋，致将达旗河南北蒙民资为生活之良田牧场均被霸占。我蒙民内畏王威之尊严，外慑军阀之势力，敢怒而不敢言，忍隐含冤者殆二十年矣。至若博旗阿王曾充张作霖之最高军事顾问，凡博旗一切损失权利、强制丈放土地之事皆于彼时订定，以虚衔而损实力，以微爵而易疆土，我蒙王公之愚固可悯，而军阀之野心觊觎、日夜谋夺，其计画亦可谓无所不用其极者矣。至其桀助王公、长其专制威焰，摧残青年，压制民意，利用弱点，贻害于蒙古进化者，阴险巧滑，尤堪痛恨。

八、限制武备

1. 消极的限制。近来内地无业之民陆续移殖蒙地，其中安良之民固不在少，而惯于为匪者实繁有徒，更兼驻防军队济匪通匪，甚且朝兵暮匪，兵匪不分，致号称淳厚安乐之蒙地遽生多匪之痛，蒙旗欲整顿武备，剿匪保安。一、苦于枪械之缺乏。东三省偌大兵工厂，蒙旗欲购领只枪粒弹而不可得。二、苦于经费之缺乏。地方安保经费扫数归县没收，分文不肯劈给。以此两项消极限制蒙旗武备，坐视蒙民罹于匪患而不顾。

2. 积极的限制。宾、博两旗在清光绪三十二年奏准就地征收蒙民亩捐，自办警察已数十年。乃于民国十年，被张作霖将博旗警捐夺归昌图，十六年将宾旗警捐收归法库、康平两县，明令解散两旗固有警察。

3. 积极的限制。温都尔王自昔养有巡防骑队三百名，地方赖以获安。乃于民国十九年，被张学良派骑兵第六团团长王峙亭缴械。

九、束缚言论

蒙旗人民素无言论之自由，即以民国十九年五月南京国民政府招集蒙古会议一端而言，当时莅会代表凡四十余人，代表全蒙民众公意，依法提出议案二百余件，于蒙古发展前途皆有莫大关系。孰意当时东北军阀张学良、张作相、万福麟、汤玉麟等加派代表袁庆恩、李芳春、徐霖、王铁珊等四人参与蒙古会议，凡蒙古代表当时依法所提出之重要案件，均被该四人用种种手段压迫威胁，限制发言，皆未予以通过，仅由袁、李、徐、王等四人拟议数项有害蒙古之议案，逼令蒙古代表通过承认，假冒蒙古代表会议而实施侵略之计。经此会议之后，我蒙古民众始识孙中山三民主义之虚伪，不过强奸民意，徒以供军阀之利用，而张其威焰，实无济于蒙古前途幸福，此不过仅就一端以言之。他若蒙民偶有发表民族思想之论调，往往得罪，非指为破坏统一建设即指为攻乎异端，扰乱社会之安宁秩序，而对于一切新文［闻］杂志，凡有足以开启蒙民文化之事业者，概不提倡焉。

十、蹂躏人权

1. 民国十七年，张学良派邹作华率兵十万屯垦蒙地，镇国公旗公爵寿明阿偕同各邻旗代表迭次吁请邹作华赐留蒙民原有住宅、原有熟地，以维土著蒙民生计。讵不但未准反斥寿明阿为抗阻屯垦，逮捕监押六个月之久，几被残杀，幸有班禅及多数王公鼎力恳求始得幸免。同时，一再派兵剿没寿明阿之家产，并诬其邻近二村五十余户蒙民为与寿同谋，一律剿没，以致二村荡然流徙无贻，并枪杀那蓝满、都孟合等二人。

2. 张学良派陆军骑兵第三旅王峙亭团长率千名骑兵压镇达尔罕旗境内，强制丈放西夹荒。时该荒区域内，土著蒙民公推代表孟梅伦、舍灵尼麻、升格嘎力布、色旺等四人往请奉天省长翟文选，赏留生计之地。讵被翟省长诬为抗荒，一并捕押，因在省城碍于舆论，寄交本旗监狱永远监禁。孟梅伦乘隙脱逃，纠集乡里子弟数百人起兵反抗，屡被张学良重兵剿击，卒于二十年春，含痛战死。

3. 民国十一年，张作霖岳母王老太太因向天惠地局局长道儿吉索赠百方荒地未遂，致被捕押，庾毙于奉天监狱。

4. 民国十九年冬，缴收温都尔王军械时，王团长当场击毙兵士绰吉一名，打伤兵士吉木彦一名，以为示威之计，并将该兵营长陶格托胡、局长额沁巴塔押捕于辽源监狱者四月余。

5. 民国十八年十二月二十八日，扎萨克图旗民众七百余人谒邹作华，恳予保留住宅及少许生计地。讵被邹捕押，为首之胡永泰备施刑苦，监禁月余。

6. 十九年八月，镇旗巴得嘎屯蒙人白巴图之女甫十四岁，被屯垦军第三团王连长强奸，其父控告于屯垦公署，数月之久，不但未得申冤，且花费诉费牛两头，白巴图不得已而邮控于南京政府国民会议、蒙藏委员会各有案。

7. 十八年五月，屯垦军第一团刘营长部下张连附［副］将扎萨克图旗王庙洞屯蒙人沙音朝格图之妻强行抢去。又于七月，屯垦公署卫队二十余人路过布达拉干屯时，强奸蒙人平阿之妻，几至于死。又十九年正月二十一日，王爷庙屯蒙人胖小之妹被屯垦军第二团李连附［副］抢去为妾，嗣经胖小控追三个月之久，始蒙判还。又二十年六月初五日，巴公堡蒙人韬韬胡之妻被屯垦署部副官霸去,屡次追究,终未得回。此种惨无人道之奸淫行为,凡军队所到之处层见叠出,甚至商人为讨账而取蒙人妇女为奴为妾者时有所闻。上列各项仅例举一二以为证明而已。

8. 自各县夺管蒙旗司法以来,蒙人诉讼备受种种压迫刁难。如蒙人与汉人之诉讼,则百无一胜。无辜蒙民坐图囹死非命及被敲诈以倾家荡产者,到处皆是,不可胜数。近来蒙人感于各县司法之黑暗,即有命盗之屈,亦皆苟图和息,不敢赴诉于法厅矣。

蒙古自治筹备委员会(印)谨上
"满洲国大同元年"五月一日

资料来源:日内瓦国联与联合国档案馆藏李顿调查团档案,卷宗号:S39。

5. 辽西慈善联合会陈请[情]书

列国贵调查员诸公钧鉴:

兹闻大驾来到此地,甚是欢喜,均极表欢迎,掬诚仰望已非一日,今天得以会见,实属欣幸之至!敝团系属慈善团体,以救人为事,对于政治本不欲干涉,但是贵调查员诸公此次不辞劳瘁,不顾跋涉来到敝处,其目的在于得到所经过地方的真相,只得将本处已往受的、所见的所有东北旧军阀暴虐专横之实在以及我们辽西人民不愿该军阀回来加重人民痛苦的真情供献于台端,以慰贵调查员求真的苦心,用备采择,并请求将此痛陈各节转行报告,务望抚顺民情,加以援助,万勿令从前旧军阀回我们东北。此敝团所祷请者,东北民众所表同情者,兹敬谨缕陈其梗概。仅就锦县一带所受的痛苦言之,当去年事变以来,只此一隅竟屯兵四万有余,分驻在四下乡里,那【些】兵士们吃民间粮食,烧民间柴秸,强索民间蔬食,杀鸡宰猪,屠掳一空。一至骡马草料无不强索于民间,迨屯驻日久,延及寒冬,尽夺民间暖房卧室充作军士营帐,抢掠民间皮棉用作军人内服,以致四乡人民啼饥号寒,日受逼索警怛。当受此暴掠侵害,尽思群起抵抗,但无实力抗争,亦惟有忍痛含泪,嗟嗟奈何而已。正在水深火热之中,忽传东邻友邦要兴义师西来。这旧军阀前此指挥暴兵胁迫各地良民撇业离家,尽夜不息,毁尽民间门板房檩所构成的壕堑,乃一刻不守、一枪不放,竟率军远飏①、

---

① 编者按:原文如此,今做"扬",下同。

逃避不遑，将所费宝贵的民力及宝贵的农时尽白白废弃了，毫未济用我们民众。原想暴兵一走，民间得复旧观，孰料这旧军阀竟密令属员黄显声招集四方毫无战斗能力的土匪与残兵聚成一团，勾结引类，名为义勇军，其实分股四扰，所至财物一空。凡邻邦义军所在之处远远躲避，只横行民间，一时顿呈混乱状态，到处逼迫良民携枪为匪，稍有不从焚杀继之。所有经过之处，民间枪[枪]马掠夺净尽，全入匪兵之手，许多匪兵横行各村，此时真演成无公理状态，商贾闭市，路绝行人，百业俱废，死止相继，举目愁惨，民不聊生。正在颠沛流离、惊惶痛极之时，幸得东邻友邦义师临境，驱兹暴类，复我安宁，赐我自由。我辽西民众赖此义举得保残喘，余生生存于人世。

敝团痛念灾劫，同胞日在饥寒饮泣之中，目睹心伤，乃相与联合起来，赶紧共同挽救，据实派员调查，只此一方遭匪劫、受损害不能生活的已达十万有余。此外，辽西一带别的县分逃命来此，日不下数百千人，携老扶幼，呼饥哭寒，络绎不绝，声振于途的还另行计算，不在此数。敝团竭尽所有的力量以维持其生活方免为饿殍，业已身疲力尽，至今尚难卸仔肩，此辽西一带所受旧军阀匪兵惨劫之实在情形，而有口不忍述者。此十万同胞嗷嗷待哺，冲风冒雨领取赈粮，无不极口怨恨旧军阀倾[侵]害人民，又人人所共闻共见者，我辽西民众已澈底觉悟。从前旧军阀止[只]知贪图一己荣华快乐，没有一毫心思曾顾及民生，专专厚集个人威力，没有一毫心思顾及民安！多幸东邻友邦一旦驱除了，正合民众心志，我们同胞无不欢呼感谢。今为我们同胞生活计、安全计，坚持到底，拒绝他们旧军阀回来的，这是我们民众公[共]同的意思，也就是人人的良心表现，实不欲再受那专横压迫的痛苦了。

敝团想贵调查员诸公是要为人类谋幸福的、能表同情的，所以不嫌词费，掬诚报告实情。请求贵调查团调查诸公体念群情仰慕的热烈，务据情转报于贵政府俯赐援助，不独敝团感戴公德，我们民众尽戴厚德。再陈民国情况，自山海关以南各处军队肆行蹂躏，加上变兵祸害人民，至于长江南北各省在报纸公然不讳的是"共党猖獗"，追环顾内地各省，民间不在骚扰苛敛中的甚少。在彼军阀们只图作威作福，不顾民生，固属显然的事实。就是那政客党员也未把民众的生活安全稍稍放在心上，日日所争的是此党彼派，所谋求的是专政弄权，网厚利、攫地盘、结党营私、互相攻击，逞其武力，专事杀戮，以致干戈扰攘，甲起乞[乙]伏，新陈代谢，尽是一邱[丘]之貉，中经二十年迄无宁日。我们关外民众习性循良，向来以乐业安生为旨，不愿卷入他们政争，牵入混战，致背上天好生之德,邻邦劝告之盛、仰望之殷。回思东北旧军阀往年逞其野心,染鼎中原,穷兵黩武,数次败衄,大事苛敛,民生凋敝,奉票毛荒,人民生计一落万丈,至今仍痛定思痛。故近兹我东北优秀俊杰乘机群起,为立"国"运动之所由来也。顺兹舆情,建树"满洲独立国",自谋幸福,以图相生相养,与列邦讲信修睦,对世界共存荣。与他们民国断绝关系,免遭涂炭,这是东北民众所赞成的、所盼想的,也是上帝赐给我们民众的良好机会。我们"满洲国"顺从天心,顺从民意,应时成立,决心与民国脱离关系,从此要与世界携手同亲了。敝团切望贵调查员诸公尊重民意,俯赐成全,并据实报告贵国政府,并宣示国民一体援助,并恳请贵调查员诸公千万勿轻信民国三五军政要人、极少数人的欺哄,因为他们所有片面的捏造谰言全是不可听信的。至于他们个人的恶劣,敝团是不必说的,只求与他们民国断绝国家上一切关系就罢了,也就是我们民众的幸福了。

仅[谨]代表辽西民众恭请贵调查员诸公旅安,受那一路风尘劳碌,我们是极诚感谢道辛苦的。

驻锦县辽西慈善联合会(印)会长吴毓麟(章)

吉林正义慈善锦县分会(印)会长冯长庚(章)

锦县全国佛教龙华慈善义赈救济会(印)会长夏云阁(章)

万国道德会锦县分会(印)会长刘钟岱(章)

基督教长老于占鳌(章)

锦县佛教会(印)会长深信(章)

锦县太平慈善会办公处(印)代表员孟海山(章)

资料来源:日内瓦国联与联合国档案馆藏李顿调查团档案,卷宗号:S39。

6. 辽西各县民众代表上国联调查团书

国际联盟调查团诸公钧鉴:

诸公以大国名流,负和平之使命,幨帷所至,公道昌明,世界民众,胥怀景仰,而我"满洲国"甫经成立,即蒙诸公远涉光临,此实我民众无上之光荣宠幸也。我满蒙民众之朴厚纯笃,酷爱和平,素为世界所深悉,是以前者虽日呻吟于不良政治之下备受荼毒,悉婉转忍受之以待将来之改进,何期旧政府之于我满蒙民众止于虐待,毫无矜恤,不独役之若犬马,抑且轻之如草芥,边衅轻开,逡巡避匿,使我三千万无辜之民众既受不良政治之压迫于前,复遭恝然不顾之弃置于后，日处倒悬之中而莫可告语，水深火热，振拔无期。我民众本自救之决心，为逃出死路、求得生机计，乃有建设"新国"之运动，幸赖友邦仗义提携，民众之同心一致，克告成功，得脱旧日之残酷羁绊，获享自由平等之幸福。我三千万民众不啻出水火而登任[衽]席、拨云雾而见青天矣！前蒙枉过，业已陈明。现在诸公已遍历我满洲各地，对于舆情向背与不良政治之流毒，自能于秉公详查之下周知洞悉。夫以现在"新国"告成，政权有主，并蒙友邦不惮征缮之劳，推诚相助，尚属匪患频仍，疮痍未复，使迄今无"新国"之建设，友邦之救援，则我民众所受痛苦更不知伊于胡底。抚今追昔，可知我"满洲新国"之建设实为我民众自救之唯一政策，不容暂缓者也。自决自救之详情当蒙赞许，兹欣逢诸公事毕遄返，谨代表辽西民众恭候旅次安宁，敬谢跋涉风尘之劳瘁，并掬诚声诉我"满洲新国"之建设，纯出我民众痛恶旧政权、欲得真幸福之决心，即我政府之"元首"亦我民众二十余年所眷念不忘、甘愿竭诚拥戴者。须知"新国家"之隆替，为我民众休戚所系，凡有阴谋破坏与肆行扰乱我"新国家"者，皆为我三千万民众之公敌，当深恶而痛绝之。而对于友邦之同情援助，则表示无极之感谢，行且与诸友邦讲信修睦，共向和平之途以进。

敬谨痛陈，希为鉴察。并请诸公返国后转达贵国政府暨民众对于我三千万民众为决心自救而建"国"之措施与[予]以同情之谅解、正义之援助，实为幸甚！

辽西各县代表

锦县代表赵桂龄（章）

绥中县代表张恩云（章）

兴城县代表杜希恺（章）

锦西县代表王雨堂（章）

义县代表郑魁五（章）

北镇县代表李雨春（章）

新民县代表张义振（章）

盘山县代表郑星五（章）

"大同元年"六月四日

资料来源：日内瓦国联与联合国档案馆藏李顿调查团档案，卷宗号：S39。

7. 辽西锦县家庭教育研究会陈情书

国际联盟调查团诸公均[钧]鉴：

兹闻贵驾复临敝境，更无任欢迎。当去年旧军阀退据锦州之际，纵其兵匪四出蹂躏。辽西各县女界倍遭凌辱，屯兵四万余，暴敛不已，殃及女流，竟闹成乡无不受害，年过十三四之闺绣[秀]亦无不受淫辱，四民嗟恐，厌恶已极！一念及旧东北军阀辄痛恨入骨，迄今痛定思痛，愿永与万恶旧军阀张学良等及民国断绝政治上一切之关系。因彼旧军阀荼毒生灵，蔑视人道，辽西各县女界全体无不切齿深恨，不愿彼旧军阀回我东北，再祸害妇女，是人口同情。并蒋介石败德灭伦，凌弃发妻，更为人类所不齿，女界所痛恶。

我"满洲国"应时成立，女界均一志[致]赞成，前曾推举代表，抱自决自救之精神，促成建"国"之运动。今"满洲国"已成立许久，所有攸关以上各种事实，业蒙诸公调查明悉，敝代表等只得掬诚请求贵团诸公主张人类公道，允赐援助，就彼旧军阀蹂躏妇女一端，其事实具[俱]在，历历可考，而民间各家已无年过十三四之闺绣[秀]，尤为彰明较著。凤仰贵团诸公明达，万不能受彼民国党人之欺蒙，且自诸公莅敝国以后，彼旧军阀自知暴政虐民之事实终难掩饰，乃竟实行其扰乱我们"满洲国"境之企图，设种种阴谋残害。代表等身感其苦，殊为忧伤悬心，幸友邦应付得宜，我辽西各县方不致糜乱，此等情形，早蒙诸公审知。惟切望我们满洲早早与民国脱离关系，东北女界得永免旧军阀之荼毒，享受人类自由幸福，尽祷感上帝无既，公祝诸公前途健康。切恳诸公返国，转致贵国女界同胞诸明哲大女士等同赐援助，乃为无量馨香崇祷之至。

辽西锦县家庭教育研究会

女界代表叶英杰（章）、朱文淑

"大同元年"六月四日

资料来源：日内瓦国联与联合国档案馆藏李顿调查团档案，卷宗号：S39。

8. 锦县商会陈请[情]书

奉天省锦县商会代表商界全体专诚敬达：

诸位委员不惮山川跋涉之劳，惠临"满洲国"躬亲调查，曷胜钦仰！更喜今日诸位委员荣旌莅锦,获瞻德范,尤为欣幸,极表欢迎。

溯自满洲建"国",百度维新,盗匪之患,渐次肃清。商民各安生业,商情平稳,商务微兴,体恤商民艰难,减轻捐税,崇尚道德,主持和平,政治修明,人心向化,教育事业比较从前益见发展,文明进步,风俗纯良,长此以往,前途幸福,实无涯际。所望友邦鉴察,俯垂允许,不胜欢迎鼓舞盼祷之至!

敬申微悃,恭祝健康。

锦县商会(印)主席魏铎(章)
"大同元年"六月□日

资料来源:日内瓦国联与联合国档案馆藏李顿调查团档案,卷宗号:S39。

9. 驻锦县辽西慈善联合会等团体陈请[情]书

国际联盟调查团委员诸公台鉴:

前此蒙贵驾经抵敝处,各慈团代表等业将辽西民众厌弃旧军阀,不愿他们再来东北重害我们,并将其以前暴乱虐民各事实举其荦荦大端呈现于诸公座前,请求俯察辽西民众人心,均①拒绝旧东北军阀,爱戴我"满洲政府"执政加以援助,业蒙察照在前。

兹欣闻诸公自莅敝"满洲国"以来,俯顺舆情,秉公调查,躬亲垂询,所至蔼然,到处无不钦仰。已蒙诸公澈晓"满洲国"之成立实出于我东北三千万民众之自决,并承诸公烛破旧军阀以前只②之阴谋诡秘,仰见诸公明哲,必不为彼民国党人所蒙蔽,今幸复睹霁光,尚有不能已于言者。当贵驾进入"满洲国"之际,彼旧东北恶军阀以一己之利禄权位熏心,脉脉不息,竟密遣私党,勾结匪徒,诱惑流氓,袭击铁路附近村镇,肆行焚杀,屠戮良民,希图扰乱我满洲之治安。并利用不良分子,乘机骚动我满洲一带,幸赖友邦剿伐尽致,各地警团和衷协防,用以自卫,始免受其残害。彼旧军阀所以忍心出此者,只图利己,不惜害人。我辽西民众痛恨已极,彼之阴谋险诈事实,昭昭在人耳目。

窃想诸公明哲,早已洞烛其奸计,无待详陈。彼慈团等始终抱定救人主旨,本不干预政治,惟既已深知其为害民之贼,自应本良心上之认识,代表民众

---

① 编者按,原文多一"均"字。
② 编者按:原文多一"只"字。

申诉于诸公座前,得蒙垂察见助,亦救人之一端也。尚祈诸公返国后将此情转致贵国政府,俯赐援助。敝"满洲国"民众幸甚,敝各慈团幸甚!

驻锦县辽西慈善联合会(印)会长吴毓麟(章)

吉林正义慈善锦县分会(印)会长冯长庚(章)

旅锦山东同乡会(印)会长杨敬一

锦县佛教会会长深信

中国红十字会锦县分会(印)职员鲁幼臣(章)

锦县太平慈善会办公处(印)代表孟海山

万国道德锦县分会(印)会长刘钟岱(章)

世界红万字锦县分会(印)会长金又春(章)

基督教会长老于占鳌(章)

青年会代表岳幼樵(章)

家庭教育研究会(印)

锦县家庭教育会会长高正午(章)

"大同元年"六月四日

资料来源:日内瓦国联与联合国档案馆藏李顿调查团档案,卷宗号:S39。

10. 哈尔滨回教族总代表石同举来电

溯自回教族展[辗]转东来,在历史上均有可考之材料。由唐代迄今,已一千余年,生聚教养,人口日蕃,仅以东北四省区回族人口统计而言,达三百余万。历年受军阀压迫,不得与其他民族受同等待遇,而同屈伏军阀淫威下,廿年来吾民担负最重,农工商业不得其所,壮者流离,老弱转乎沟壑,种种痛苦,擢发难述。欲求振奋自拔,脱离军阀铁蹄之蹂躏,绝对不可能。

所幸东邻日本,驱逐军阀,住在诸民族争以民族自决为主意,希望建设有力政府,与民更始,用昭来苏,"大满洲国"应运而生。所发表之建"国"宣言,门户开放、机会均等,不分种族、一律平等,造成一王道乐土之国家,均为吾辈所求而不可得者。斯真拯民于水火之中,希望其迅速巩固、次第施行,完成一世界之桃源。

欣逢国际联盟调查团来满视察,请扶助吾民所欲建设之"满洲新兴国家",即亦直接拯救此水火之中数千万民众。谨述回族之一般意思,期望调查团切实采纳幸甚,并祝调查团各委员健康。
即呈国际联盟调查团。

哈尔滨回教族总代表石同举(章)
"大满洲国大同元年"五月十二日

资料来源:日内瓦国联与联合国档案馆藏李顿调查团档案,卷宗号:S39。

11. 兴城县农民代表县农会干事长王国藩陈情书

窃查近日报纸登载国际联盟调查团一行贵宾大使不辞路途劳苦,为友谊的、亲善的、和平的意旨,有于日内出山海关以外辱临我境实地调查之举,我三千万民众以及我兴城全县十八万农民百姓暨其他各界无不表示十二分极诚恳、极热烈之欢迎,实在荣幸欣喜之至!

溯自本年建设"新国家"以来,地方日见安谧,胡匪日渐肃清,使我东北三千万农民百姓得有安居乐业、耕田而食、各得其所之一日。我等极希望将来贵调查团更进一步的为我等谋前途之幸福,俾民庶得以永久安居度日,是所愿也。盖蚩蚩小民本无知识,唯安是求,唯惠是怀,幸能从此免除战祸,永远不受涂炭,俾我等食能得甘,寝能安枕,则吾山海关外士农工商良民百姓实感恩戴德无涯矣。并希望贵调查团对于"满洲国家"予以努力帮助,尤为盼祷之至。

谨此,敬祝国际联盟调查团全体安康。

兴城县农民代表县农会干事长王国藩(章)
"大同元年"四月□日

资料来源:日内瓦国联与联合国档案馆藏李顿调查团档案,卷宗号:S39。

12. 绥中县农会等团体会长暨民众代表张凌云报告书

为报告事:

查我东北二十年来受军阀之压迫,恶税之暴敛,人民痛苦非可言喻。尤有甚者,上年九月十八日,省城事变,东北旧军阀及旧政权者纷纷迁移关里,置我东北三千万民众于不顾,政权无主,秩序紊乱,治安破坏,盗贼盛行,人民涂炭已达极点。处此无国家之时,爰引起万众一心,努力建设"新国家",以期东三省图存于世界,三千万民众得以自由活动。现在"新国家"业已建成,名为"满洲国",溯自"新国"成立以后,所施政治,咸以民意为依归,如减轻赋税,扩张民权,肃清土匪等善政,人民无不踊跃赞同。所以对于"满洲国"之建设,人民咸表十二分之至诚也。今当行旌过境,浅说以供采纳,谨呈国际联盟调查团委员钧鉴。

绥中县农会长杨润生(章)

商会长马连甲(章)

教育会长马连甲(章)

第一区民众代表张凌云(章)

第二区民众代表叶显春(章)

第三区民众代表路文卿(章)

第四区民众代表张竹青(章)

第五区民众代表庞羽丰(章)

第六区民众代表卢金祥(章)

第七区民众代表杨荫亭(章)

第八区民众代表方瑞廷(章)

"满洲大同元年"四月□日

资料来源:日内瓦国联与联合国档案馆藏李顿调查团档案,卷宗号:S39。

13. 南满线全区商会联合会代表李玉枢宣言书

国于地球之上未有无主义而能长治久安者也,有主义矣又须视其主义之善否,即可预卜国运之兴衰。中华民国立国之始,本以三民主义相号召,但二十年来受国民党暴民专治之害,对内则排除道德,打倒廉耻,带自由、平等、民权、共和之假面具,日事私人地盘、权利之争夺战,捐税之增加逾前清百倍之上,外债之滥借较前清十倍之多,又复滥用私人,贤材隐遁,军阀专横,年月战争。远者不必论,即以满洲论之,在有清一代,虽名专制,而人民无追比供应之苦,无军阀压迫之患。迨民国一兴,张氏以盗魁得机,父子专政,遂使人民日在水火无告之中,十年九战,军费之需急于风火。昔年收捐税六千余万者,自张氏父子搜刮,军费骤增到一万万以上,凡此收入十之七八用于战事,而教育、实业、铁道等于民有益之政废矣。滥发奉票,超逾前之六十倍,以致人民血汗之金钱不翼而飞,六十元之钱产只余一元焉,借东三省官银号与民争利,凡粮食、毛皮之利,只准官银号以纸币收买,而人民不得与争焉。前清贵到宰辅、权领兼圻者数十年之久,财产不过百万。而张学良之私产竟达万万,其他之军阀亦然,破古今之通例,开各国之新纪元,张氏若不侵吞搜刮、吮吸民膏,此款从何而来？张氏之富即万民之穷,人民尚可生活哉？然张氏仍无丝毫之恤民之心也,使东三省官银号突然收买金票而使金价徒涨,突然大卖金票而使金价骤落,一涨一落之间张氏获利无算,而商民之破产者相继,是以外人啧有烦言。又复草菅人命,拘毙钱商以蔽人之耳目,然商民已十室九空,水深火热,负担不胜矣。而张氏则任用私人如故,奸淫跳舞如故,自以为张氏之天下,人莫得而如之何矣。

幸哉邻邦日本逐彼张氏等军阀,然虽扫除军阀不过一时,混乱不久即渐次恢复,吾商民等得乘此时机脱离张氏军阀残暴之政,即如奉天城内因世界金融紧急影响,商家歇业者至伙,而今则照常开业,可期经济发展。兹因民众不忘旧主,建设"满洲国",仍拥戴逊帝溥仪氏为元首,其对内之主义则曰"王道",对外之主义则曰"大同",盖王道云者,以民之视听为视听,政府设于民意之上,视民如伤,与民同乐,偕民之好恶,真正之三民主义之精髓,最新共和之主义也。"大同"云者,门户开放,机会均等,无种族之分,无你我之虞,最适现势之主义也。满蒙产物丰足,人民耐劳,抱此主义无诈无虞,则不数年间当成为世界大同之商场,可免导火线之大战,可求东亚之和平。谅此主义当为世界各国所同情,特述大略。代表全线数百万商民郑重宣言,维希谅察。谨呈国际联盟会调查委员。

南满线全区商会联合会代表李玉枢（章）

资料来源：日内瓦国联与联合国档案馆藏李顿调查团档案,卷宗号：S39。

14. 黑龙江省民治指导会意见书

兹值贵委员团辱临敝省,代表等谨具意见书恭呈鉴核。
谨将我江省五百万民众民国二十年来饱受东北惨暴军阀之虐政及民众期望建设"新国"之意向胪陈如左：

一、在张作霖东北最高军阀时代,吾江省督军吴俊升,伊本一武夫出身,毫无政治经验,而以其兼行省长职权,以致陷吾江五百万民众水火之中,兹将其劣政分列如下：

1. 紊乱金融

任用张星桂为财政厅长,张霭如为广信公司总办,二人狼狈为奸,操纵钱法,于中营利,每年营利千万元,除大部分给吴督外,余者则为彼等与吴之属僚分肥,以我江人之膏血供彼辈分劈红利,江民之生死则毫不顾惜。

2. 收受贿赂、任用下僚

在吴督时代,各县县知事、征收局长、警察所长,除其亲戚及其差弁外,余者以地位之优劣定官价之多寡,否则立时撤换,而以政务厅长王玉科、财政厅长张星桂共为卜柜,由来如斯,尽人皆知。

3. 任用亲戚、霸占民产

吴督在江时其属僚大部为其亲戚、差弁,如其妻弟石青山、石眉峰均为旅长镇守使,其亲侄吴泰来则为师长,其差弁王南屏为旅长,诸如此类,不胜枚举。并派其亲信经理伊之产业,称为管事副官,甚为威严,随意欺压农民,在龙江县属界城北卧龙乡及城西北齐台乡、兴让乡一带等处,廉价强买农民土地房产,如不出卖即遣人堵塞门路,以资贱价购得,或其邻近有较好之地,伊即强与掉①换,否则打骂不休,人民告官,不但不受理反倒越惹其怒,故至今此种事仍有,而其侄吴泰来之强霸行为殆尤甚焉。

4. 枉法压迫民众

地方上因吴前督在督军兼省长任用原系军阀、武夫,对于行政殊有缺点,而前商务会会长孙品一氏拟联合地方绅士,欲保举前省议会议长梁子明氏充任省长之议,讵料事未机密,被吴督查知,因而仇视,唆使商会董事冯子和氏捏造侵占假账,诬控陷害,并贿使地方法院院长吴家驹、地方检察厅长李树滋等枉判以八年四个月徒刑,适逢大赦。嗣后,复加议杀人罪犯判处死刑。迨值吴督死后方得释放解脱。

5. 侵吞及冒销公款、巧立名目

吴督提支江省公款有七千余万元之巨,而巧立名目曰"临时费""军事费"。在民国十四年,吴督在奉天讨伐郭松龄时,王南屏充任兵站处长,此役净化[花]费大洋五十余万元,而王南屏竟报销大洋三百万元,此内竟至浮冒开销多报二百余万元,以该款项下劈给吴督一百万元,而王南屏自留一百五十万元之数。

---

① 编者按:原文如此,今做"调换"。

二、吴督故后，万福麟继之为江督，其武夫之政治较吴督尤过而无不及，兹特将其劣政胪陈如下：

1. 伊子万国宾之胡为

万督在职中除军政自主外，其余庶政权责均归于其子万国宾主持一切，以二十六岁之万国宾充黑龙江省政府委员兼齐克、洮昂两铁路局长，凡关于荐任、委任县长、局长等要职，概以贿卖作升降之门，以故各县长、局长任期之短长，统以贿赂之多寡为标准，否则，即促其任期三五个月一定撤差。旨斯之，因在职官僚例存五日京兆之心，贪婪不职之机，实由万督所酿造。

2. 任用亲戚

一般文武官员无能，万督以其亲戚为重要官员，委其妻弟韩殿选充任军用被服厂长，以资营私，诸如此类，以致一般文武官员咸为滥竽充数之辈。

3. 侵吞公款及吃利

万督以建筑工程为名，冒销取利，并贷放官款生利，据为己有。

4. 官员腐败滥用职权

前奉天省长翟文选之亲弟翟星凡，民国十八年万委其为巴彦县长，假势强要富户捐钱，如不应允即遣人逮捕。又唆使被押之土匪捏词牵连，俟得脏贿便即释放。

5. 强夺蒙旗生计

泰安镇有依克明安旗蒙荒三十余井，每井三十六方，每方四十五垧，为该旗民之生计，被万督强行逼勒开放，以致该依克明安旗地主损失浩大，而万督得以从中获五井多地之利益。

6. 下僚及兵卒之横暴

万督因财政困难，耽误开饷，下僚官员滥用职权向民间强借款项，兵卒到民间饮食止宿，均不付钱，而掠夺污行尽人皆知。

7. 压迫民众

万督之压迫民众，如前江省省议会副议长刘凤池与各界代表五名，民国十八年十一月赴奉向张学良弹控万福麟与窦联芳等分劈包修省城马路，冒销款二十余万元，及中俄战事之敷衍失机等事。回江后十二月十二日，万督派遣窦联芳之卫兵，将刘拿捕，严押清乡局，加以"扰乱治安混惑人心"之罪，于十五号被暗中枪杀。并有张伯龙，前充泰来县长时代，有匪首王甲峰，系万督之子万国宾之表兄，被张县长抓获在案，拟请省命枪毙正法。而万督以亲戚有关，遂命令引渡来省,乃私自释放结案。因而万氏父子心蓄嫉妒,竟致雠仇,嗣将张县长调为通北县长,万国宾乃密嘱地方法院院长黄矩款氏、检察厅长杨玉林氏,诬加罪名,捏用地方绅士名义,控告枉陷无辜,判处无期徒刑。幸经此赦免,得伸冤妄[枉]。旧军阀之不法惨暴,言念及此,不寒而栗!良可叹也。

8. 司法及监狱之黑暗

在万督时代,随意指挥司法官吏,毫不按法律手续施行,而各县之司监狱者尤属黑暗之至。

9. 苛政暴敛及税务之黑暗

暴敛捐税随处罗掘,借中俄战役及兴修全省各县营房工程为名,竟冒销开除[出]江大洋三千万元之多,悉如[入]私囊。历年开销,所属人员薪工之外,每年所余之款,悉数为万督与庞厅长名作屏及属员等,大家均行分劈,自万督江后,始有此例。只查民国十九年终,而庞作屏一人即分劈江大洋四十万元,以此内二十万元赠送万国宾氏。

10. 中俄战事之渎职苛敛

中俄战事发生,万督一味敷衍手腕,断绝军火辎重,其渎职情形至为显明,以致有韩、梁两旅之惨败。不止此也,而竟借此战败为词,成立自动车队,贩卖自动车五十辆,此款已由省库提拨,嗣又通令各县县长强迫捐募,照数解省,收归己有,证据确凿,人所共知。

11. 颠倒官箴、紊乱政纲

万督受特任要职,为封疆重任,凡百政事,均归其子万国宾全权处理,关于应兴应革,先计私利为前提,有利于私即尽先施行。否则,因循推诿。每议一政,其子必须加入,无一事不加参与者,父子同席议政,视国政为家政,破坏官箴,舛乱纲纪,殊为法治国家之怪现象。

12. 摧残教育、冒消[销]中饱

省属呼兰、海伦两县,于十五、六年度预算设立中等师范三学校之经费,万督借词兴修军事机关,将三校之经费挪移,以致学校停课罢学。其妄兴建筑、冒报开销,致使中年学子向学无地,剥削地方、摧残教育无微不至,地方人士受此军阀之压迫莫敢伸张,故侵吞冒销安然无忌,搜刮贪卑打破最高纪录,实为东北军阀饕餮之尤者。

13. 伤风败俗、播恣烟赌

万督纵子为所欲为,除以金钱为属僚取进之捷径,并以春恋女色作献媚之升途，尚不足填其欲壑，乃竟妙想天开，不避世人之指摘詈骂，公然弛禁，冀博私利，巧设名目，兴通地面，在自设之龙江饭店内，招娼聚赌、售烟开灯、供吸鸦片，俨然另造一黑窟，各界迹涉其间，纳款通贿，借得圆满裕如。总之，该饭店包罗万有之不法，如脱此范围，稍涉有违警章之其他者，即以犯刑论，概不宽免。似此一省首政之人淫乱毁法，欺世殃民，溯及上古野蛮部落式酋长之政治，殆有甚焉。

缘以上之情形，吾民具自决之心，甚期望建设"新国家"，扫除旧军阀，施行善政，人民得以享受幸福焉。

黑龙江省民治指导会（印）
"大满洲国大同元年"五月二十三日

资料来源：日内瓦国联与联合国档案馆藏李顿调查团档案，卷宗号：S39。

15. 黑龙江省民众总代表许兰坡等声明书

敬启者：

贵代表团辱莅斯邦，实吾三千万民众破天荒之福星，吾三千万民众尚能相信贵委员团是主张公道之神圣，故特推举民众代表向贵委员团陈述民众二十年来所受军阀之剥削及民众建设"新国家"之意义，并对谅解吾人各友邦表行信义上之亲善，以维持世界永久之和平，是以将吾民众之诚恳意向胪述如左，敬请贵委员团公祺并祝诸代表健康。

一、建国运动之起原［源］

吾三千万民众"独立建国"之运动，始于中俄战事。因该时军阀不能为民众御外侮，从事剥削手段以饱私欲，故我江省拟在此际驱逐军阀而图自立，不意壮图未遂，而民众首领刘凤池于同年十二月被万福麟枪决于齐齐哈尔，因而陷于囹圄之民众首领百数十名。虽如是，吾民众独立运动亦未稍懈，因苦无机会，故未妄动。迨至九月十八日事变，东邻日本驱逐军阀首领张学良，吾民众方面认为"独立建国"机会已到，是以满蒙民众本诸历史上之根据及地理上之区别，遂一致联络以图自决自立，乃建设"大满洲大同国"，虽具规模于今日，必收成效于将来。

二、满洲历代独立沿革史

在西历纪元前数百年，中国野心侵略家秦始皇时代，而于其侵略之余，遂择险要地位而兴超绝古今之工程建筑长城，以分内外国之界限，于此可以证明：满洲为最古之"独立国家"。及至汉武时代，扩大中国之版图。与唐太宗之攻略辽东，终未能占我满洲之寸土。迨至宋末，元太祖忽必烈蹶［崛］起于满蒙之间，遂并吞而有中国。迨明朝全盛时代，亦未尝将满蒙列入中国版图。至明末崇祯时，我满蒙清太祖进据中原，乃将中国之领土列入满洲之版图，遂改称国号曰大清，而满洲地带仍保持原有之地位，旗籍汉籍不许作产业上之交易及异籍之结婚，垂二百七十年，终清之世，仍保持此种法制为习惯例，即大清与国民党成立逊位条约之后，满洲之政治权、军事权，迄未入于正当之轨道，而民众所受黑暗政治之压迫甚于倒悬。迨至军阀首领张作霖死后，张学良犹恐未尽其剥削之能事，又勾结一班国民党高卦［挂］孙中山之招牌，蛊惑一般青年，利用之以排外启衅，遂致吾民族陷于万劫不复之地位矣。

三、满蒙弱小民族独立思想之肇始

当欧洲大战之后，联盟国提倡扶助弱小民族国之独立，应运而立之国家数十，而吾满蒙民族未尝睡熟，不过顾及欧美各国战后民生经济均陷于危殆地位，一旦东亚有事，影响所及，尤致各联盟国于死地。然事之成否，尚未可必。而首倡仁义之友邦先受实际上之祸患，实吾人所不忍为者，故且含辱忍耻，以待国联之修养复原再谋自立。而友邦之援助亦有余力，吾民之成功亦有把握，故此次满洲民众之建"国"运动，实遥应联盟国公道之主张，故此次吾三千万民众之欢迎国联委员团者，实欢迎国联公道之主张也。

四、事变后军阀之阴谋

民国二十年来军阀之剥削已经无微不至，对于用人不问材俱［才具］之长短，专以亲疏为标准，各省主军政大吏均无正当出身，左右之亲信以能作淫媒者为人材。

掌财政者以能与私人搜括者为忠实。诸所如是，其对人民之如何，亦可概见。而人民之颠沛流离、卧雪飧霜者比比皆是。而军阀之私蓄恒超亿万万，军费之支出超过政费十分之八九，则其野心于内争，好乱乐祸之成性，亦至为显明矣。迨九一八事变而不图有轨道之交涉，竟嗾使土匪出以破坏行动，非但妨害国交，尤为交涉上之障碍。而又扰乱民命之安全，又美其名为"义勇军"，除破坏交通而外即奸杀掳掠，所过之处，庐墓一空，遂致老弱者转乎沟壑，狡黠者投为悍匪。而张学良仍聚集羽党，盘据［踞］平津，淫乐如故。历观中外古今史籍，贪残酷烈之辈莫此为甚，复阴使其私党假组民意之团体于北平，满布广告式之标语,以期诈窃民意。如此之伎俩手段,不待智者,而是非即可以判明矣。

五、黑龙江事变经过情形

九一八事变之后,张学良以纨绔之资乏应付之术,而又自知满蒙民众恨之切骨,即邀谅于日本,犹恐不容于民众,故异想天开,阴命其部属挑衅,使酿成东亚大战,既能冒销亿万万之军费以补其私失,又可以激动联盟之干涉而掩饰其罪状,遂命其部属苑旅长炸毁嫩江铁桥,又令马占山积极备战。当此时,日本派交涉员林义秀随员一名到江交涉,请将嫩江桥修复以维对日债权之信用,而该等不但不予以正当之接待,复阴行监视日本之使员。又在省政府开地方绅民会议,民众咸主张以交涉方式解决一切纠纷。军阀恐沮其挑衅之阴谋,使唐副官长率同卫兵手持手枪监视议场,有言"交涉"二字者即行枪决,处以"卖国奴"之罪名,当场欲枪决李荫棠,幸经众绅解救,李荫棠使得脱险,由此将地方绅民驱逐罄尽。遂为所欲为,十一月初为第一次开始战事行动,日本军不过四百名,而军阀军已达七千有余,则挑衅之责任自易明了。至十一月十八日之总退却时,省军一万有余而日军不过千八百名。马之出走,将省库及官银号之款囊括一空,约不下二千万元。至退据海伦时,所敛收各县之征收税款及各方慰劳金亦在一千万以上。而对省军之饷仍旧积欠半年,三千万之巨款囊括中饱,则其为公为私亦不问可知。又万氏父子之祸江劣迹擢发难数,即万国宾最后逃走,尚挟我人民膏血之金钱二千余万元,我五百万江民之精血已被其明夺暗取,剥削无余。刻下仅能残喘苟延一息,将来之结果尚不知葬身何处矣。

六、"满洲国"三千万民众对列强之希望

"我国"三千万民众希望列强一致主张公道,贯彻世界之真正公理,扶植吾可怜之民众,则吾人当生生世世、子子孙孙永感大德。而此次日本之出兵于满洲,实为我民众建"国"之援助不得已而如此,况此刻日本之举非有其他野心,介乎中,不过代替国联执行欧战后所提倡扶助弱小民族之义务,如列强仍维持原议,则日本之举毫不抵触国联之根本主张,而吾民众对国联亦抱同一感激,绝不歧视。假使有一二强暴之国援助旧军阀而来摧残"我国家",则我三千万民众全数之牺牲固所不计,则世界之公理亦将从此沦灭矣。

七、"满洲国"将来之建设

"吾国"行政之立端全在民众之自谋,而政府对民众亦有澈底之援携,而民众对政府亦具有相当之信仰,上下一致,循轨完成"国政",则将来之富强不卜可知矣。

黑龙江省民众总代表许兰坡（章）

黑龙江省民众代表黄海楼（章）

秦炳宗（章）、富恕清（章）

潘渊龙（章）、关溥涛（章）、关燕生（章）

"大满州[洲]国大同元年"五月二日

资料来源：日内瓦国联与联合国档案馆藏李顿调查团档案，卷宗号：S39。

16. 奉天市商会工会陈情书

国联调查团诸位先生均[钧]鉴：

诸公不辞风尘劳苦，远涉重洋，惠然莅止，商工等莫名感激、无任欢迎！诸公负调查使命而来，敝会谨代表全市商工为诸公聊进刍言，以备考查。惟商工知识虽属简陋，意思敢信诚实，所言是否有当，诸希亮鉴。

查奉省近年以来商工业非常凋敝，市面已极恐慌，百物昂贵，生活困难，税捐苛重，无力担负。市街表面重楼高宇，商工内容十室九空，凡此种种，商工备受。推其所致之因，商工等欲哭无泪、欲诉无门，常怀敢怒而不敢言之苦衷，哀我商工何幸而致于此？极可为痛恨而长叹息者也。自上年事变后迄今数月，四处胡匪蜂起，农民逃亡相继，而商工业更不堪言状矣。

兹幸"新政"，当局迭次宣言：免除苛税，与民更始。今已将营业税及各项税捐分别减免，商工等莫不感戴。当兹"新国家"成立，百政维新，商工业定必发达也。我调查诸公负重大之使命，具世界之眼光，学识俱优，莫名钦佩！爰将敝处现在工商业之实在情形缕晰陈之，伏希均[钧]鉴，并请转达各国政府，是所盼祷。

奉天市商会（印）、奉天市工会（印）

四月二十一日

资料来源：日内瓦国联与联合国档案馆藏李顿调查团档案，卷宗号：S39。

17. "满洲国"全国民众上国联调查团书

国联调查员大人等勋鉴：

窃以建"国"之要素有三，即土地、人民、主权是也。然土地为人民而居，主权为人民而设,诗云:"天降下民。"书云:"民为邦本",要皆以人民为重,自古已然。即今中华民国,建国何曾不以民为前提？然观其建国之初,无非是少数军阀家政党家,联合资本家压迫人民,而建设绝非纯出民意。查其二十年来之设施,不过假民国之名以掩天下人之耳目,其实皆为已[己]而不为民,以故军阀则穷兵黩武、夺利争权,征车征夫,连年不息,号粮号草,供应无穷,吾民不胜其扰矣。政客则舞弄政权,名为以党治国,实则以胡匪而为将帅,本孺子而居要职,以致文人奇士退处林泉,商贾贩夫悉登仕版,吸万民之膏血,饱一己之私囊,吾民不胜其苦矣。中央政府既舍民众而不顾,我民众自应脱离中央而独立,于是促进建"国",四省一心,举清逊帝溥仪氏为"满洲国"执政,即位之日,遐迩腾欢,风和日丽,足证天与人归,非偶然也。以土地论,统东北奉天、吉林、黑龙江、热河、哲里木盟、呼伦贝尔,范围七万七千里之广。以人民论,合日、鲜、满、蒙、汉、俄三千四百万口之多,建设"新国"不谋而同,"独立政府"万众一心,考北美合众国脱离英国而独立,未闻各国加以干涉。吾"满洲国"脱离南【京】政府而独立,在南【京】政府断不能强制民意,故为要挟。况吾"满洲国"建设伊始,对外不但谨遵国际条约、国际惯例继续有效,并取门户开放主义。对内则实惠及民。念吾民惨遭兵匪之蹂躏,焚杀淫掠,劫后余生,关于十九年以前之陈欠田赋悉数豁免,二十年之田赋酌量减收,尤复赈济春耕,补助工商,万姓戴德,出生民于水火共上春台,臻世界于大同齐登寿域,较诸"满洲国"新纪元以前,真不啻天渊之判也！

今幸贵调查员等辱临斯土,男女民众无任欢迎！在诸公或系文武领袖,或系硕彦通儒,定能准世界之公理,尊重民意,决不受彼军阀系、政党系旧有政权者一方面之蛊惑,承认"满洲国"纯系真正民意,共同建设为世界上完全独立之国家,更祈将东北三千四百万民众真实诚恳之意志与趋向转达贵国政府,完全接受,永结珠盘之好。更祈转达国联会议公[共]同谅解与赞助,则我东亚民族掬诚顶礼、九顿首以谢也。

敬谨上书,恳祈容纳,恭候道安。

辽西八县公民代表
锦县代表赵桂龄（章）
绥中县代表张恩云（章）
兴城县代表杜希恺（章）
锦西县代表王雨堂（章）

义县代表郑魁五(章)
北镇县代表李雨春(章)
新北县代表张义震(章)
盘山县代表郑星五(章)

资料来源：日内瓦国联与联合国档案馆藏李顿调查团档案，卷宗号：S39。

18. 新京农工商学各代表声明书

迳启者：

窃查我东北三省自旧军阀柄政以来，迄今廿年，其一切虐民苛政，更仆难数。兹就各界在该军阀专制政体之下所受最暴横、最残酷之痛苦，择要分述如左：

一、军阀盘踞东省，惟利是图①，待劳工如牛马，视商民为鱼肉，滥发纸币，经营商业，与我人民争利。第就奉票而论，因不按票面兑换现款，故此日见毛荒，等于废纸，奉省商民受害尤甚。该军阀把持东三省大权，尚未偿其欲壑，更复调兵遣将，连年大举入关，争夺京津各区地盘。军队既多，急谋支应，原有捐税已属烦［繁］重不堪，乃于民国十五年第二次入关之际，于各项正税外又增加特别军费二成，至去岁事变后，始奉令撤销。此工商界受军阀之痛苦者一。

二、军阀时代之军队毫无军事知识，惟以压迫农民为能事。驻防外县，号粮号草，任意诛求。奉令剿匪，散居农户，勒索粳米、白面，供给稍有不周，即怒目横眉，非打即骂，故乡村有"打粳米骂白面"之谚语，其军队之强横，可想而知。对于盗匪，每冀追获赃物，并不认真痛击，故各县绑票勒赎之案时有所闻。乡村农户受此兵匪骚扰，情实堪怜。此农界受军阀之痛苦者二。

三、教育为培养人才之根本，经费如不充足，教育万难办好。东三省教育腐败不堪言状，缘以军阀多系赳赳武夫，不知教育为何事。近年来，恣财黩武，连年用兵，横征苛敛，疲民以逞。东三省教育基金尽被军阀移作军用，故各处教育大半停办。此教育界受军阀之痛苦者三。

以上各界忍受痛苦已经二十年之久，欲死不能，求生无路。幸而去岁秋间，假手邻邦，将此万恶军阀一旦扫平，此天予我三省人民以苏息之良机也。

---

① 编者按：原文如此，今做"唯利是图"。

我三千万民众乘此军阀障害扫除之际,急宜努力自决,协谋长治久安之道。爰经三省全体民众公议,决定创立满州[洲]"新国家",择长春适中之地,组设执政府,推举人民钦仰之前清逊帝为执政。惟自"新国家"建设以来,施政方针以减轻担负、肃清匪患、开发实业、振兴教育为当今之急务。我三千万民众钦承执政,仁政叠颁,感恩戴德,同深欢庆。

近闻贵调查员诸公光临斯土,诚恐对于民众自决、建设"新国家"真像[相]或未明了,故此不揣冒昧,据实声明,请烦查照,借资参考。

此致国联调查员诸公座前钧鉴。

新京农工商学各代表、农会代表张云溪
工商会代表史维翰、王荆山、孙化南
教育会代表李锦文
"大满州[洲]国大同元年"五月五日

资料来源:日内瓦国联与联合国档案馆藏李顿调查团档案,卷宗号:S39。

19. 黑龙江蒙古民众代表阿成嘎等陈情书

"满洲国"建国伊始,正值国际联盟调查团光临斯邦调查各方情形,我蒙古民众无任欢迎!兹将我蒙古由于利害关系而参加"新国家"之根本理由及对于贵调查团之希望陈述如左,敬请鉴察焉。

一、蒙古民众反对中国之假共和及三民主义之伪招牌,以求民族之平等而参加"新国家"。

元起漠北,灭金覆宋,既占亚洲大半,又取欧洲东境,武功之盛以及一切政治之施设夸于全球,勾[沟]通欧亚以融合东西洋之文化,其对于世界之贡献,实非浅鲜。为此,磊磊轰轰之蒙古迄至民国,被其假共和及伪三民主义欺偏[骗],陷于被压迫、被剥削之地位矣,是以生计之穷困不堪言状,名虽国民,实同黑奴,不堪汉军阀及汉奸民之欺凌,连年向北迁居,稍有智识者能不痛心疾首?故屡揭独立之旗帜,奔走呼号,前仆后继。若一九一三年内蒙西四盟之响应外蒙,一九一六年巴布札普之窜入郑家屯及一九一七年富兴阿等占据呼伦贝尔,一九一九年达乌里之全蒙临时政府等种种运动,盖蒙古民族建设"新国家"之意由来已久,非偶然也。今年"新国家"以王道健[建]国,既无民族畛域之歧视,悉又以平等待遇,此所以参加"新国家"者一也。

二、蒙古民众本于民族自决之原则，以求民权之确立而参加"新国家"。

大战后国际间变化——政治上、经济上及社会上——无不夹杂而奇突，而政治上之变化又莫如民族自决或民族独立运动之普遍而重要矣。当威尔逊氏在巴黎和会提出之时，凡弱小民族及被压迫民族皆大为欢呼赞美，一时国际间即充满民族自决之呼声，于是弱小及被压迫民族皆乘时起而作自治独立运动。前者不论，近者如土耳其、阿富汗、波斯等小国的民族革新运动，印度不断的民族独立运动，均经相当时间、艰苦奋斗，或者达到目的成就大业；或者不幸失败而再接再励，我蒙古何独不然？一九二八年，呼伦贝尔连[联]络内蒙各旗，首先举自治之旗帜，虽未成功，然自是之后蒙古自决运动变本加厉，大有不达目的不止之势。幸于去岁"满洲国"事变，乘此机会，布特哈青年团不避危险，联络各方，组织革命团队伍。又奉天辽源一带各盟旗青年又组织革命军，各方响应而为"满州[洲]国"之后盾，以求共存共荣之幸福。"新国家"对于我等之自决运动不为之阻，且表同情，此所以参加"新国家"者二也。

三、蒙古民众为铲除旧军阀之苛政，以求经济地位之平等而参加"新国家"。

昔日所谓内蒙者即现在之绥远、察哈尔、热河及东三省范围以内之哲里木盟、呼伦贝尔、布特哈、齐齐哈尔及西部之青海、新疆、阿拉善、额济讷[纳]之蒙古是也。惟民无[国]以还，行省设县，推至今日，纯为蒙旗行施[使]主权，未设省县，土地寥寥无几，因实行其愚民政策，蒙古民族之文化进步，自较迟缓。又遂[随]政权之被夺，失去经济地位而困于生计者所在皆是。民国以来，军民长官惟便自图，罔顾我蒙众之意，一味压迫，庶政废驰，兵匪横行。迄今思之，尤有余痛，其失政之荦荦大者列于下：

1. 纸币祸众，妇孺咸知，省议会代表商民一再请求限制。吴俊升、万福麟恃为饷源，纵使滥发且胁诱劣绅分肥红利。若江省官帖最初五十吊兑换现银一元，今则两千四百吊始能兑换一元。又江洋流通之初，每一元兑现银一元，今则两元始克[可]兑换一元。其落价之损失，皆归民间负担，一家笑，一路哭，生活日艰之蒙众，能无愤慨？

2. 教育为国家根本，人才为地方中坚，应如何充实培养以为百年树人之计？而江省历任长官对于蒙古教育毫不设施，民初虽设蒙旗中学于省城，不数年停办，以致我蒙古教育不兴，文化落后。侵占我蒙旗土地，收入悉供军费，借归中饱，任意摧残，计在愚民。

3. 民国以来虽经行省设县，然各旗皆保留少数生计地，历任督军施行强迫移民屯垦，无代价之侵占为私有，一［以］致蒙众生活无着，流离失所，各旗请愿即受囹圄之苦。如张学良之压罚寿公爷孟青山等，往往激起蒙众反感，不得已挺［铤］而走险。

4. 选举为民国重典，所以瞻人之趋向为参政之表现也。况省议会代表地方，国民会议解决国事，关系何等重要！应如何由各地方均匀推举代表，为民造福。而历任长官则便于操纵，随意指定，竟不许蒙古有正式议员住［驻］议会，不以我蒙古人为公民，竟视之如牛马。

5. 立宪国家三权鼎峙，司法独立不得干涉，所以重人权慎民命也。吴俊升、万福麟则不谙法律，勒令法官妄加裁判，致判词有"奉帅谕"之言，人民竟无法律之叹。

6. 国家设官分职原在牧民图治，必须慎用名器乃可勤求民隐。而历任长官则分布爪牙，窃据要津，勾结劣绅，把持贤路，浅识武弁，滥膺民社，纨绔少年，谬长征收，受贿乱政，勒捐害民，横政［征］暴敛，敲骨吸髓。上自县长，下至警官，无不地刮三尺，腰缠万贯。哀我蒙众，何以堪命！

7. 至若纵兵殃民，养匪贻患，致民间有"打米骂面"之谣，乡镇感一夕数惊之苦。勒索商民，扰害地方，伸冤无地，呼吁无门。综军阀残酷压迫，擢发难数。含辛茹苦、忍痛而未发者，处于积威之下，敢怒而不敢言耳。

据上三项，吾人参加"新国家"确有由来，且进一步言之，蒙古民族应努力建设独立国家。但查各民族之独立运动，无非保存己族之权利及生存。昨年满洲事变之际，我蒙古郑家屯方面、黑龙江各方面如布特哈之郭兴元等、如齐齐哈尔等地之成立自治军，拟驱逐军阀之恶势力，并与满州［洲］各民族会商立国大计，各民族皆一致主张满州［洲］各民族以王道主义团结，共同建设"新国家"，借以达到民族共存共荣于世界之目的。故我蒙古欣然参加，即希贵调查团彻底考察，主持公道，介绍列强，使我蒙古民族得斯乐园，与世界人类共享幸福，是所馨香祷祝者也。

谨上国际联盟调查委员团公鉴。

黑龙江蒙古民众代表
阿成嘎（章）
郭兴元（章）
那木海扎布（章）

何音扎布（章）

志达图（章）

"满州[洲]国大同元年"五月□日

资料来源：日内瓦国联与联合国档案馆藏李顿调查团档案，卷宗号：S39。

20. 锦县教育会申告书

满蒙青年同盟会

张学良之暴政及其人品：

我东北三千万民众苦于张氏暴政久矣，乃因处彼淫威之下，虽敢怒亦不敢言。幸而皇天加佑，除彼恶伧，另建乐土。兹值贵调查团来满，愿得一陈张氏暴政，深望俯察谅解。张学良之暴政：

一、滥发纸币

1. 溯夫东北币制，当张作霖未曾出师中原以前，银纸两币价本相同。迨第一次奉直战后，财政大窘，乃滥发纸币以谋补充，其额之巨如左：

一九一七年　一六,九〇〇,〇〇〇元。

一九二五年　五一三,七〇〇,〇〇〇元。

一九二八年　一,三〇〇,〇〇〇,〇〇〇元。

纸币之伙既如彼，则价格亦已因之跌落，其相差如左：

年	金币	奉票
一九一七	一〇〇元	一一〇元
一九二五	一〇〇元	四九五元
一九二七	一〇〇元	四,三〇〇元

彼守分农人备尝艰苦，费尽血汗，乃得收获米谷，售为奉票，力谋储蓄。讵知票价暴落，补救无方，十年所积等于废纸，亦惟自认晦气，徒呼负负而已。故百姓以是倾家败产者十之八九，而学良固视之漠然也。

2. 上项纸币之用途多系购买满洲特产（如大豆、高粱等），而大豆尤为特产之大宗。查一九二九年之输出，计达一六八,一六九,二五八关两，实占满洲总输出十分之四，除日本外又复远及英美德法各国。乃代理政府库权之官银号，竟以不兑换现金之纸币，强购民粮，运往大连，易为金币，储诸外国银行，以期安全。每值特产物产出时,则停民间之一切出贷,政府官商乃得大饱贪囊,然后加罪商民,枪决捣把①,以防其兑换银币焉。

总以上两大原因,滥发纸币,不惟纸币自身落价,而所有特产又多被官商用纸币低价收买,两受损丧,于是人民之痛苦益复不堪言状矣。

二、紊乱财政

1. 官银号自张作霖掌权以来,例禁探查内容,非惟不公布收支,更复不详理账簿。除收买特产物外,又复经营烧锅、当铺、杂货、粮栈、油房、丝房、丝厂、火磨等种种事业,压迫民营事业,盖垄断利益之唯一机关也。

2. 学良之私财与官产尚无区别,而私产概以为夫人或亲友名义存储于外国银行,以备万一,每人名下例达数百万元,其统计则不问可知矣。

三、军备

东北军队不为捍卫国民、维持治安之用,专备拥护张氏一家私利而填其欲壑,故学良等致力于军备之事实,得就左表窥知焉:

一九三〇年东北各省总预算及经费:

奉天省总预算　八,五〇〇万元　军费七,六〇〇万元

吉林省　二,七〇〇万元　二,一〇〇万元

黑龙江省　二,一〇〇万元　一,七〇〇万元

共计　一三,三〇〇万元　一一,四〇〇万元

由上表可知,东北总收入八成五分七厘已用于军费,所有关系民生之产业、交通、教育、文化等各方面反而置之不理,其致力于军事之事实,试观奉天城外庞大之兵工厂与航空处即可知之矣。按兵工厂年需经费三千万元,招聘外国机师,佣雇人员数万,以造新式武器火药。航空处则备有精锐飞机百数十架,以拥护张氏一己之势力焉。洎学良觊觎中原,其军备乃益臻完善,反观人民则穷困益不堪矣。

四、兵士与土匪

1. 军队在张氏时代系一种包办性质,军团长受命得处理一团事宜,所有一切经费概由一人自专,故团长吞搂一部分后发与其下级,军官尤而效之,递相剥削,比及下级士卒,则已不得不甘于薄俸矣。

2. 兵士俸微无以维持其生活(每月七八元),遂不得不试行不正,流为盗

---

① 编者按:原文如此,今做"倒把",下同。

贼矣。

3. 兵士素性极劣。谚云："好人不当兵,好铁不捻钉"者,即所以形容之也。故战时则抢掠民家,暴污妇女,一似其分所应为者。长官不惟不禁,且默许之以鼓励士气。呜呼!败行如是,何怪乎人民视之如蝎蛇耶?

4. 土匪之跋扈。盖因兵卒苦于押饷,人民困于苛赋,为维持生活计,遂不得不出此也。

五、官吏之腐败

1. 学良暴政传及部下,榨百姓之脂膏,饱一己之贪囊,以重税课诸人民,视贿赂等于公事,所有就职任官、包工承办官品等项,无一不以贿赂为阶梯,而所谓"作三年县官,赚一生吃穿"者,亦一有力之确证也。

2. 任用官吏不衡以经验才学,惟徒事援引亲故,虽人格卑劣,目不识丁,苟有贵亲权友,即可遽登宦途,博得显爵。张氏之行既如是,则部下群此而效之者盖有以也。

六、压迫与残忍

1. 压迫言论自由,收言论机关为政府专用。凡有反对政府者断不容其存在,此满州[洲]向无代表民众舆论机关之所以也。

2. 违学良意志者,不待审判即处私刑,杨宇霆、常荫槐是其最著,其他大小官吏类是者颇多。学良之所以固一己之警备,通高压电流于其北陵私邸者,即因虐杀无辜大众,防人之报己也。

七、玩怠职务与不伦

1. 注射吗啡,玩视职务,拥艳妾娶美妓,营骄侈之生活。试观商埠地,其妾宅巍然即佐证也。

2. 败行如是,部下犹尽力逢迎。为博其欢心,至出于不德无耻之行如朱、周、沈等,以劣于禽兽之关系,博得闻达者大有人在。学良盖中国道德之叛徒,无领袖人民之资格者也。

结论:

学良乃具有现代彩色[色彩]之暴政执行者。凡可以满足一己之欲望者,莫不率意为之。我三千万民众苦于暴政,迫于兵匪,以供学良一家畅所欲为,凡福国利民之政治以及满州[洲]之治安,盖终难仰望于学良也。

奉天省锦县教育会谨代表教育界专诚上达诸位委员之前,敬念诸位委员不惮山川跋涉之劳,惠临"满州[洲]国",躬亲视察,曷胜钦仰!更喜今日诸位委员荣旌莅锦,获瞻德范,尤为欣幸,极表欢迎!

溯自满州[洲]建"国",百度维新,匪患渐次肃清,百姓各安生业,交通便利,商务振兴,体恤民艰,减轻捐税,崇尚道德,主持和平,政治修明,人心向化,教育事业比较从前益见发展,文明进步,风俗纯良。长此以往,前途幸福,实无涯际。所望友邦鉴察,俯垂允许,邦基巩固,国祚绵长,不胜欢欣鼓舞盼祷之至。

敬申微悃,恭祝健康。

锦县教育会谨肃

资料来源:日内瓦国联与联合国档案馆藏李顿调查团档案,卷宗号:S39。

21. 锦县农会会长赵桂龄来信

敬陈者:

前于四月二十一日美义[意]两国代表路经敝邑,获在车站欢迎,吾农民等得陈情之机,深滋荣庆。兹幸贵委员诸公再临斯土,克请援助。

以委员长李顿卿以次各委员不惜辛劳,调查实情,农人等不第以得欢迎为庆,而为吾等生活及自由计,实为不胜感激者也。敝邑自曩者陈情诸公之后,至今幸得宁谧无事。不料,最近两星期忽有便衣队侵入境内,出没无常,再事抢掠,农户等战栗恐惧。查此种匪患,风闻系张学良嗾使。果而如是,仰恳诸位阁下警告张学良,勿再采此非人道之行动,稍示爱物之仁心,以忏从前之愆,尤是所叩祷,谨表微衷并陈钦敬之意。

伏祈均[钧]鉴,谨呈国际联盟调查委员代表李顿卿阁下。

锦县农会会长赵桂龄(章)
"大同元年"六月四日

资料来源:日内瓦国联与联合国档案馆藏李顿调查团档案,卷宗号:S39。

22. 黑龙江省民治指导会组织大纲

第一章　总纲

第一条　本会以谋民众安全幸福,取引民意,坚守信义,敦睦邻邦,协助政府实施良好政治为宗旨。

第二条　本会定名为黑龙江省民治指导会。

第三条　本会为本省民意最高机关。

第四条　本会方式采取委员制。

第五条　本会会址暂假省城前采金局院内。

第二章　组织

第六条　本会委员以发起人十二人招集组织之。

第七条　本会委员定额六十人,除发起人十二人为当然委员外,其余四十八人由各县、各蒙旗推举招集之。但发起委员与普通委员无特殊区别。

第八条　本会设委员长一人,副委员长二人,由全体发起人推举委员长一人、副委员长一人,其遗〔余〕副委员长一人,俟全体委员招集到齐后由大会推举之。

第九条　本会暂行设置左列各处,各设处长一人,科长、处员若干人,分掌事务。一、秘书处。二、总务处。三、审核处。四、监察处。五、交际处。

第十条　本会各处长、科长、处员均由本会委员兼任之。

第三章　委员资格及入会手续

第十一条　本会委员须具有左列资格者,方得为本会委员。

一、服务地方公益五年以上者。

二、素孚重望,年在二十五岁以上者。但有下列情形之一者,得拒绝入会或除名。

三、品行不端、素有嗜好者。

四、在职军政人员及违反本会宗旨者。

第十二条　本会委员入会,除发起人为当然委员外,其余普通委员悉行具备证件,经本会审查会议审查合格,始准其入会。

第四章　职责及经费

第十三条　本会应办理左列各事项:

一、协助地方政府实施良好政治。

二、监察贪官污吏。

三、审核军政费出纳。

四、划分军事、行政、地方三项权限。

五、提倡教育。

六、振兴实业。

七、整顿金融。

八、讲求安全。

第十四条　本会经费得由地方旧有自治费项下开支（预算另定之）

第五章　附则

第十五条　本会办事细则另定之。

第十六条　本大纲如有未尽之事宜，经大会通过得随时修改之。

资料来源：日内瓦国联与联合国档案馆藏李顿调查团档案，卷宗号：S39。

23. 奉天附近在留朝鲜人代表名单

奉天附近在留朝鲜人代表：

白圣模（章）、李刚□（章）、金乃云（章）、金润煌（章）、独孤檼（章）

李秉宪（章）、郑京龙（章）、朴一东（章）、金正浩（章）、金志□（章）

白承瑞（章）、金时玉（章）、李兴国（章）、金秉武（章）、尹　根（章）

朴永赞（章）、申万成（章）、张义生（章）、吉赞镇（章）、张承业（章）

郑忠来（章）、权永镇（章）、金汉斗（章）、朴成花（章）、文锡泽（章）

权台东（章）、朴允实（章）、李应模（章）、吉昌龙（章）、朴熙善（章）

金西浩（章）、金秉夏（章）、朴斗镐（章）、金士胤（章）、白鹤善（章）

林泽云（章）、吴大涉（章）、金东赫（章）、金吉福（章）、朴鲁星（章）

朴镕国（章）、徐龙浩（章）、朴昌云（章）、李锡昶（章）、李鸿周（章）

徐龙云（章）、李锡和（章）、朴周元（章）、崔现寿（章）、郑元泽（章）

朴大源（章）、李德瑞（章）、金钟权（章）、沈宜达（章）、金东旭（章）

黄菊燦（章）、金显辅（章）、郑乃国（章）、李夏荣（章）、李周凤（章）

朴民玉（章）、朴养善（章）、洪玉山（章）、金东顺（章）、孙相宇（章）

林禹燮（章）、郑承五（章）、李钟洙（章）

资料来源：日内瓦国联与联合国档案馆藏李顿调查团档案，卷宗号：S39。

索　引

A

阿城县　120,153,154,215,304,317,318,340

安达　90,92,112,114,144,146,448

B

白俄　14,35,42,81,122,147,151,180,208,210,211,275,301,323,329,345,368,373,375,439,444

拜泉　120,146

宝熙　197

鲍观澄　18,37,45,50,51,80,134,145,164,167,169,174,180,186,196,218,273,280,281,284,289,291,294,305,307,311,316,318,328,329,343,345,351,365,366,369,371

鲍子安　36,37

北满　5,20,23,24,31,50,82,84,86,88-94,96,97,103,104,114,115,117,118,124,126,128,137,138,147,188,197,210,212,215,301,345,349

北宁铁路　189,235,302,388,402

本庄繁　22,49,121,130,132,148,186,187,189,198,201,315

币原喜重郎(币原)　107,115,132

宾县　5,6,14,20,39,120,140,145,153,188,214,241,247,279,280,317,318,338

滨江　34,80,145,152-154,171,187,192,196-198,208,209,215,219,220,222,280,284,314,337,338,351

C

察哈尔　378,379,383,393,394,399,405-407,474

昌图　177,249,251,268,433,447,451,452

朝鲜　1,3,7,16-20,24,30,31,40,43,44,49,58,59,64,76,78,80,81,83,84,86-88,92-94,96,97,100,105,106,108,119-121,135,141,142,147-149,155,156,161-163,182-185,

187-189,191,193,209,214-217,226-235,237,239,244,246-248,251,252,256,257,268,271,278,281,289,290,294,297-300,302,305,310,315,316,321,322,324,329,330,332,338-340,344,345,349,359,362,363,365,366,368,373,375-377,392,394,398,405,408,409,412,417,419,422-424,426,481

D

《大公报》 154,158,371

大赉 90,92,93,110,114,115,192

大连 1,2,38,50,52,64,66,68,69,72,73,90,93-95,97-99,101,105,107,113,114,117,118,120,121,146,177,188,191-193,212,235,236,252,331,369,410,411,413,476

大桥忠一 30,132,269,282,392

丁超 37,42,46,50,137,144,145,164,168,175,196,200,272,280,282,295,305,306,309,330,359,365,367,373,435,444

东北大学 103,195,279,370

东三省 1,7,17-20,23,25-27,32-34,36-39,46,48,49,52,53,58,81,82,84,86,87,97,100,101,103,104,107,111,119-121,127,128,137,138,142-144,146-150,152,153,160,162,163,166,168-170,174,181,182,184,187,189-195,197,201-204,208-210,212,215,216,220,226,239-244,246-249,251,257,260,262-264,266-269,271,272,274-279,281,283-289,293,294,296-301,304,307,310-312,315,316,319-321,324,325,329-331,333-335,337,338,341,342,347,349,353,354,356-358,360-362,364-368,371,374-376,407,414,424,425,427,428,432,439,443,452,461-463,472,474

多伦县 393

E

俄国 2,56,90,114,116,140,196

"二十一条" 192,338,417

F

方正县 39,46,120,145,152,153,255,281,340

非战公约 3,25,26,29,41,49,82,119,125,126,136,137,144,188,238,249,256,268,291,304,337,338,341,347,348,362,383,394,406,413,414,417

冯占海　50,145,196,200,280,365

抚顺　96,98,99,101,102,111,117,120,177,192,249,433,454

G

盖平县　58,70,426,427

高纪毅　108

高丽　14,23,37,153,199,211,226,240,244,245,261,273,275,279,284,286,287,289,293,296,300,301,312,318,319,337,349,361,363

宫长海　50,145,200,306,365,373

顾维钧　3,4,8,14,27,32,131,162,164,180,241,247,282,293,303,328,374,378,449

官银号　3-5,100,136,148,182,193,195,220,236,237,311,411,462,463,469,476,477

国际联盟　8,15,19,25,34,35,47,54,81,137,156,161,177,182,187,197,204,244,246,255,258,267,268,278,281,287,291,296,304,312,315,325,333,334,345,350,353,358,360,414,442,456,458-463,473,475,479

《国际协报》　15,142,146,149,164,174,180,201,212-214,219,371

H

哈尔滨　5,9,14-18,25-27,33,35,36,39,42,59,80,81,89,90,94,112,120,121,123,124,126-129,133-135,137,138,141,142,144,145,149-152,156,160-162,166,168,170,171,173,174,177,182,185-191,193,195-199,202-205,209,215,218-221,241,246,247,251,254,256,257,259,260,263,266-268,270-273,275-278,280-285,293,294,296,301-306,309-316,318,321-323,326-328,330,332,338,342,344,349,350,352-356,358-360,362,363,366,368,370,406,442,444,460,461

哈尔滨东亚通讯社　266

海龙　24,89,114,115,117

海伦县　120,242,243

海洛因　64-66

和平公约　19,80,243

黑龙江　10,11,13,21,22,30,33,38-42,83,86,89,92,93,110,120,124,129,130,136,137,142,143,152,159,160,182,188,189,192,193,196,198,215,220,237,243,246,260,269-271,275,279-281,295,

302,310,312,330,336,338,
351,356,360,368,406,407,
412,414,430,448,450,463,
465,467,469-471,473,475,
477,479,480

横田喜三郎 154

呼兰县 33,38,41,42,121,146,
160,248,249,359

葫芦岛港 89,113,114

护路军 125,196,208,235,280,
295,316,410,435

华盛顿会议 13,84,86,88,108,
109,116,329

J

《吉长日报》 4,142

吉林 2-6,8,10,16,20,29,35,36,
38,40,44,50,58,61,64,72,73,
77,81,83,86,87,89,90,92-
97,104,110,113-115,117,
120,122-124,129,130,137,
140,141,144,145,152,153,
155,156,168,177,182,186,
188,189,192,193,195,196,
198,200,214,215,220,233,
235-239,244,246,249,259,
267,268,270,271,274,275,
279-281,290,296,310-312,
317,318,320,330,337,338,
351,358-362,364,367,368,
373,377,406-414,418,433,
435,456,460,471,477

吉林青年救国会 2,8,9

《吉林日报》 4,6,142

间岛 61,93,95,96,146

江桥 11,21,41,73,120,144,153,
188,200,202,242,280,469

蒋介石 108,109,131,366,458

金梁 130,197,351

锦西县 336,337,457,471

锦县 120,188,234,235,336,408,
409,427,454,456-460,471,
476,478,479

锦州 19,36,49,128,137,139,144,
154-157,161,168,173,188,
246,249-251,268,275,302,
335,368,406,417,418,422,
428,430,458

九国公约 24,79,238,391,394,
406,427,429

九一八事变 9,14,15,19,23,28,
36,40,49,51,52,79,150,164,
167,168,194,198,199,205,
215,254,259,283,288,289,
291,292,294,298,305,307,
320,326,332,335,336,339-
341,355,357,359,364,368,
373,415,427,432,468,469

K

开鲁 112-114,403

开原县 421-423

抗日救国会　41,42,124,126,350,352

L

李杜　37,46,50,137,144,145,164,175,196,200,272,280,282,295,305,306,309,359,365,367,435,444

李顿　1,2,8-10,13-18,20,22,25-42,44,46-49,51-55,57,79-82,119,122-124,126-130,132-136,138,141,143,146-152,154,158,160-166,168,169,171-173,179-187,198,202-205,225,232,239-243,246-249,251-267,269-271,273-279,282,285-291,293-297,299-326,328-350,352-357,359-368,372-379,382,383,388,390,391,393,394,398,399,401,403,405-407,414-434,438-440,442,443,445,454,456-463,467,470,472,473,476,479,481

李鸿章　227,228,230,231

李绍庚　50,305,351,366

辽宁　2,3,10,22,23,29,36-38,41,50,54,59,64,65,70-72,79-81,117,119,120,124,127,129,134,136,137,144,152,155,156,167,168,186,188,189,195,198,200,201,210,234,235,237-239,244,249,250,270,279,280,283,285,288,290,296,330,333,335-337,354,361,365,368-370,373,375,377,407-409,412-414,417-420,424-429,431-433

辽西慈善联合会　454,456,459,460

林权助　118,132,197

M

马迭尔旅馆　54,166,180,255,275,311

马家沟　186,206,207,210,351

马占山　37,46,50,120,124,130,131,137,144,145,161,164,172,175,187-190,201,242,246,260,272,275,280-282,286,300,302,303,305,306,312,330,356,359,365,367,376,444,469

吗啡　15,24,46,64-66,70,140,144,153,194,208,216,261,284,292,327,371,478

麦考易(麦考益)　11,19-21

满蒙　19,21,24,26,28,40,43,47,49-52,58,68,81-94,96-119,128,131,136,139,147,157,161,173,175,194,197,198,201,218,221,225,233,

236, 242, 248, 261, 263, 265, 268, 298, 304, 307, 309, 328, 332, 336, 375, 391, 393, 407, 411, 417, 419, 422, 443, 446, 451, 456, 463, 467-469, 476

《满蒙管理论》 58, 66, 67

木村理事 107

N

南京政府 118, 169, 260, 277, 348, 448, 449, 453

南满铁路 16, 20, 39, 44, 45, 51, 59, 62, 71, 72, 74, 82, 89-92, 95, 103, 104, 110, 119, 137, 144, 156, 157, 188, 192, 193, 239, 243, 271, 338

内田伯（内田康哉） 132

P

溥仪 3, 10, 13, 15, 21, 22, 28-30, 36-40, 50, 54, 55, 120, 121, 125, 131, 136, 137, 141, 148, 160, 161, 191, 197, 199, 237, 243-247, 272, 276, 281, 285, 294, 298, 304, 310, 321, 325, 334, 336, 339, 340, 347, 369, 392, 394, 399, 405, 412, 413, 420, 428, 434, 463, 471

Q

齐齐哈尔 19, 90, 92, 94, 117, 173, 193, 268, 448, 450, 467, 474, 475

秦皇岛 117, 118

R

热河 91, 106, 131, 147, 195, 200, 215, 391, 422, 471, 474

日本浪人 216, 217, 235, 409

《日本违法悬案记要》 58

S

三民主义 19, 22, 197, 416, 419, 420, 434, 452, 462, 463, 473

山海关 65, 94, 120, 136, 215, 235, 360, 409, 425, 434, 455, 461

上海 3, 19, 39, 42, 46, 50, 52, 64-66, 84, 128, 136, 139, 140, 145, 147, 161, 186, 188, 189, 197, 204, 211, 214, 226, 227, 246, 252, 256, 281, 292, 298, 310, 312, 329, 375, 383, 391, 394, 406, 418, 428-430, 434

沈阳 19, 49-51, 59, 64, 72, 137, 166, 173, 187-190, 192, 193, 195, 196, 200, 205, 213, 215, 216, 249, 250, 267, 268, 304, 311, 327, 329, 331, 333, 337, 360, 391, 406, 418, 421, 428, 430, 433, 443

双城县 163, 164, 289

松花江 20, 24, 37, 45, 92, 113, 135, 152, 175, 186, 188, 200, 241,

247,267,269,281,340,350
松田拓相　107
绥化县　10,30,31,392
绥棱县　244,246
绥远　383,399,474
绥中县　457,461,462,471

T

洮南　90-93,110,113-115,117,119,137,188,193,249,268,451
田中义一　22,82,83,121,148,187,198,336
土肥原贤二　132,189,190,279

W

外务省　58,68,107,112
万宝山　29,40,44,51,59,76-78,119,136,141,144,188,233,248,251,257,275,298,311,338,366,408
王德林　50,145,272,306,359,365
王家桢　107
王芸生　227,228,230,231
维持会　22,49,130,189,279,439,444
五常　5,6,20,39,89,97,112-115,117

X

熙洽　3,50,130,145,189,191,196,197,200,214,235,236,245,271,276,279-281,294,298,304,316,318,330,334,344,351,365,366,368,410
细野繁胜　58,66
仙石总裁　107,108,118
谢介石　120,164,197,238,281,305,307,318,413
兴城县　457,461,471
《醒世报》　71

Y

义勇军　12,18,24,40,81,121,134,136,138,141,143,145,153,160,188,197,200,209,210,237,246,272,276,313,324,343,354,356,362,373,426,443,455,468
《益世报》　371
邮政　12,21,37,50,62,167,269,301
于冲汉　49,130,141,189,279,339,351
袁金铠　189,279,307,368,443

Z

臧式毅　141,145,189,245,279,304,351,368,409
张焕相　196
张景惠　14,30,45,50,128,130,131,134,145,164,185,186,189-191,196,245,264,269,

271，276，280，281，289，294，299，304，305，307，313，316，318，339，344，351，365，366，368，369，376，392

张学良　45，49，107-110，112，114，115，117，118，131，139，146，157，186，188，189，195，196，271，280，284，298，301，305，328，366，372，439，442，443，446-450，452，453，458，463，465，467-469，475，476，479

张燕卿　3，6，236，238，411，413

张作霖　20，108-110，114，118，141，185，196，366，367，439，446-448，450-453，463，468，476，477

赵欣伯　49，130，145，164，189，197，279，281，316，344，351，369

郑孝胥　6，197，351

中村大尉事件　279，443

中东铁路（中东路）　81，114，117，118，125，140，188，196，210，220，280，299，370

自卫军　80，125，137，138，188，208，210，211，242，248，259，272，281，343，359，435

图书在版编目(CIP)数据

关外团体与民众呈文. 上 / 郭昭昭，孙洪军，唐杨编. — 南京：南京大学出版社，2019.12
(李顿调查团档案文献集/张生主编)
ISBN 978-7-305-07846-0

Ⅰ. ①关… Ⅱ. ①郭… ②孙… ③唐… Ⅲ. ①中国历史－史料－民国 Ⅳ. ①K258.06

中国版本图书馆 CIP 数据核字(2019)第 208151 号

项目统筹　杨金荣
装帧设计　清　早
印制监督　郭　欣

出版发行　南京大学出版社
社　　址　南京市汉口路 22 号　　　邮　编　210093
出 版 人　金鑫荣

丛 书 名　李顿调查团档案文献集
丛书主编　张　生
书　　名　关外团体与民众呈文（上）
编　　者　郭昭昭　孙洪军　唐杨
责任编辑　官欣欣

照　　排　南京南琳图文制作有限公司
印　　刷　南京爱德印刷有限公司
开　　本　718×1000　1/16　印张 32.5　字数 550 千
版　　次　2019 年 12 月第 1 版　2019 年 12 月第 1 次印刷
ISBN 978-7-305-07846-0
定　　价　150.00 元

网址：http://www.njupco.com
官方微博：http://weibo.com/njupco
官方微信号：njupress
销售咨询热线：(025) 83594756

* 版权所有，侵权必究
* 凡购买南大版图书，如有印装质量问题，请与所购
　图书销售部门联系调换

ISBN 978-7-305-07846-0

定价:150.00元